Monster Allergy

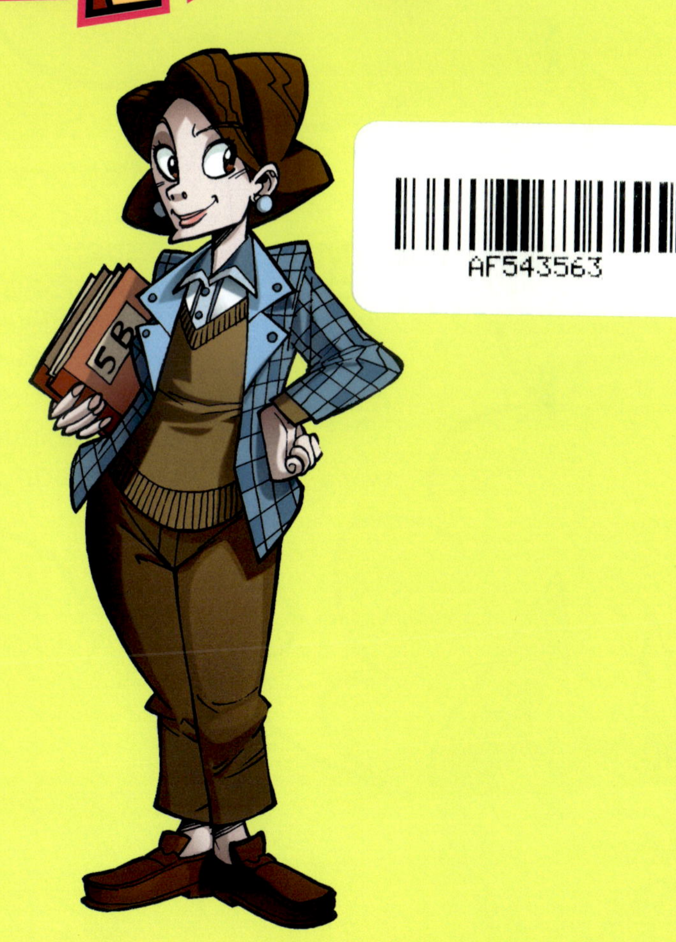

Dani Books

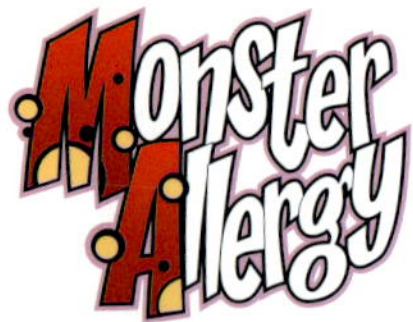

ist eine Produktion von

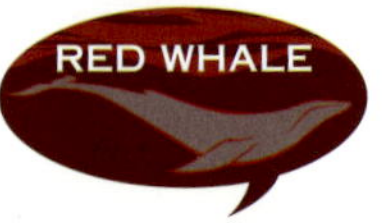

redwhale@redwhale.it

Monster Allergy – Die monstermäßige Gesamtausgabe, Band 3

Eine Serie von Centomo, Artibani, Barbucci & Canepa

Illus S. 1 bis 4: Alessandro Barbucci
Farben S. 1: Paolo Maddaleni; S. 2 bis 4: Barbara Canepa

Übersetzung: Monja Reichert
© Egmont Verlagsgesellschaften/ECC, Berlin

Redaktion, Lektorat und Buchdesign: Jano Rohleder
Zusätzliche Textkorrekturen: Gerd Syllwasschy

Printed in the Czech Republic by Drusala, Frýdek-Místek

Zweite Auflage, Mai 2017 • 1000 Ex.
ISBN 978-3-944077-12-3

DANI BOOKS
Verlag Jano Rohleder
Elisabethenstr. 23
64521 Groß-Gerau

www.danibooks.de
twitter.com/dani_books
facebook.com/danibooks.de

Gratis für dich: Digital Copy dieses Buchs!

Du willst unsere Abenteuer auch unterwegs immer dabeihaben? Dann hol dir gleich deine **kostenlose Digital Copy** im PDF-Format! Einfach Kaufbeleg scannen und an info@danibooks.de mailen. Wir schicken dir umgehend deinen persönlichen Downloadlink zu!

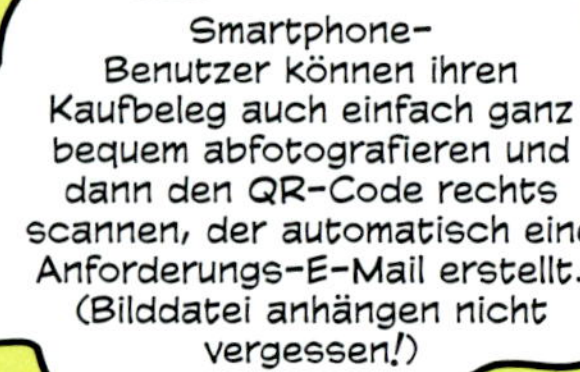

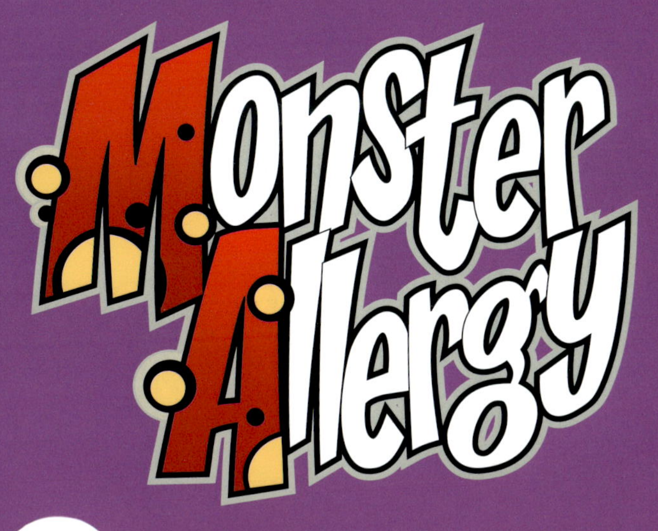
Monster
Allergy

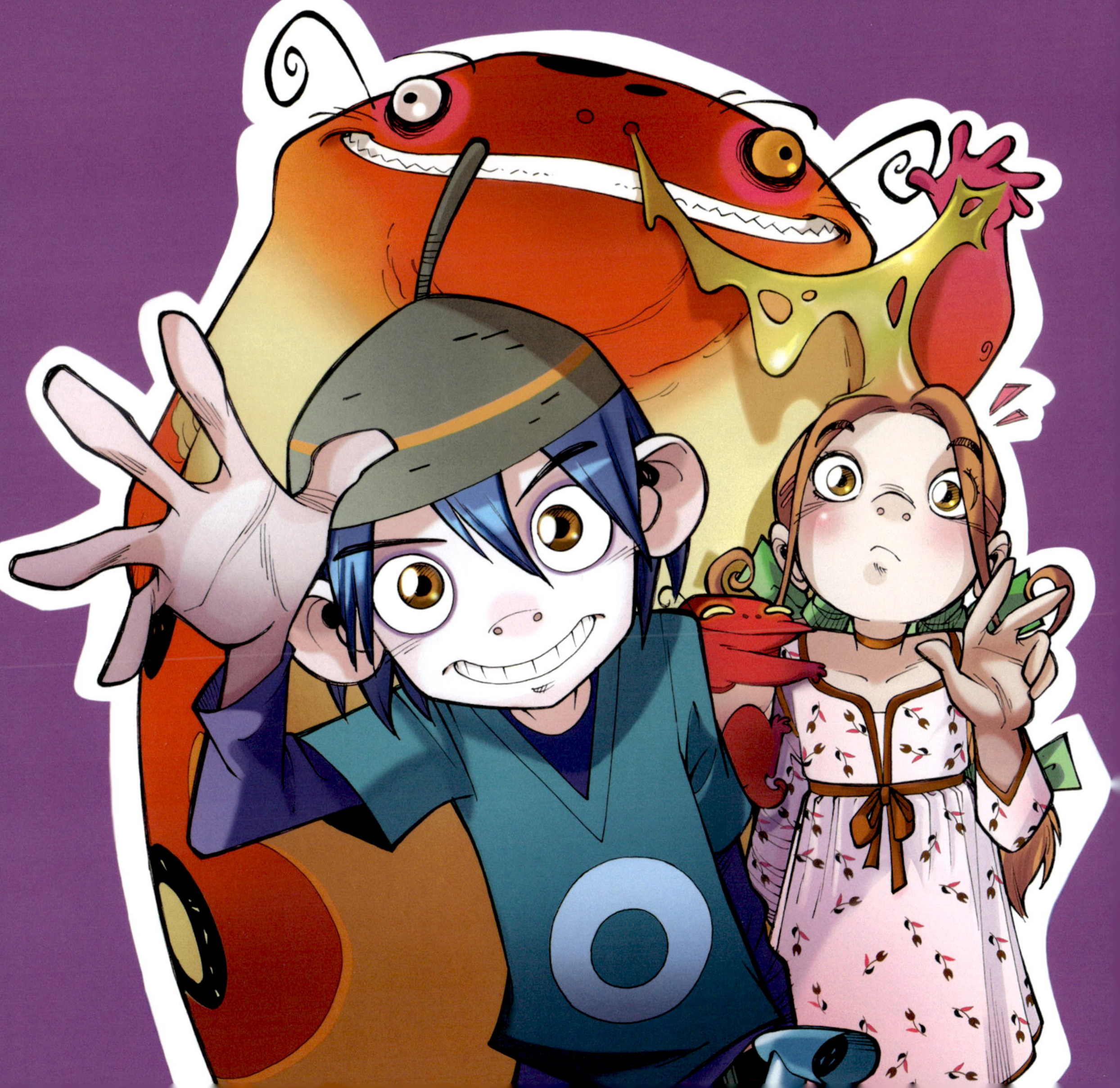

Inhalt

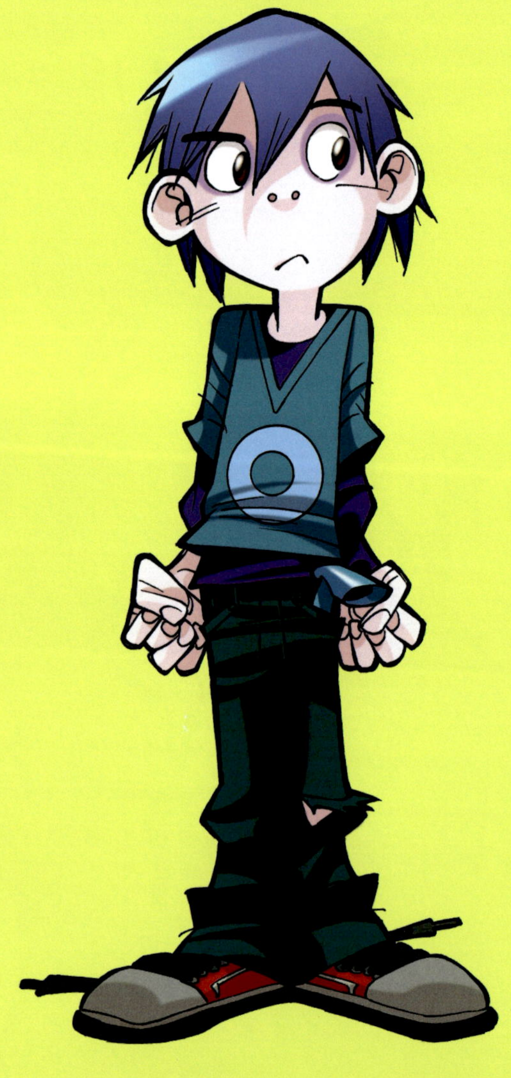

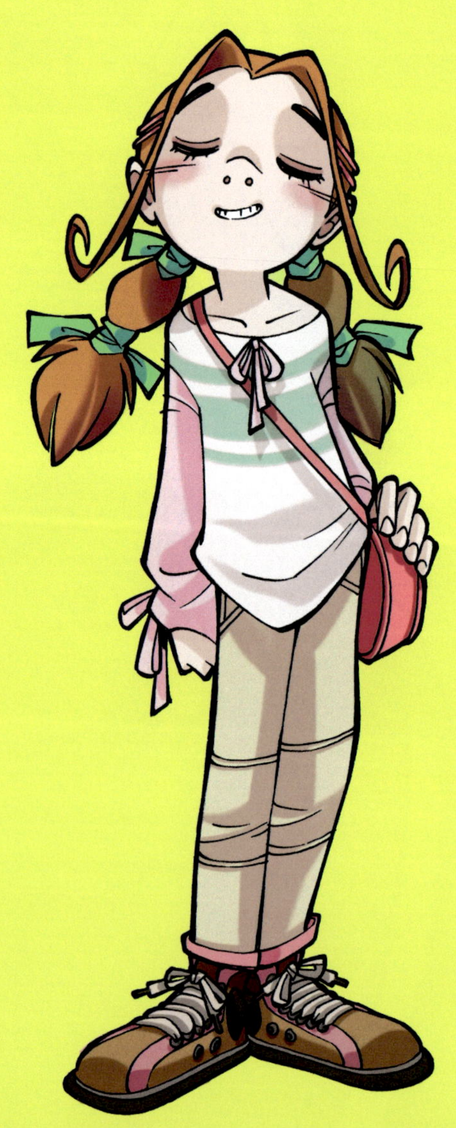

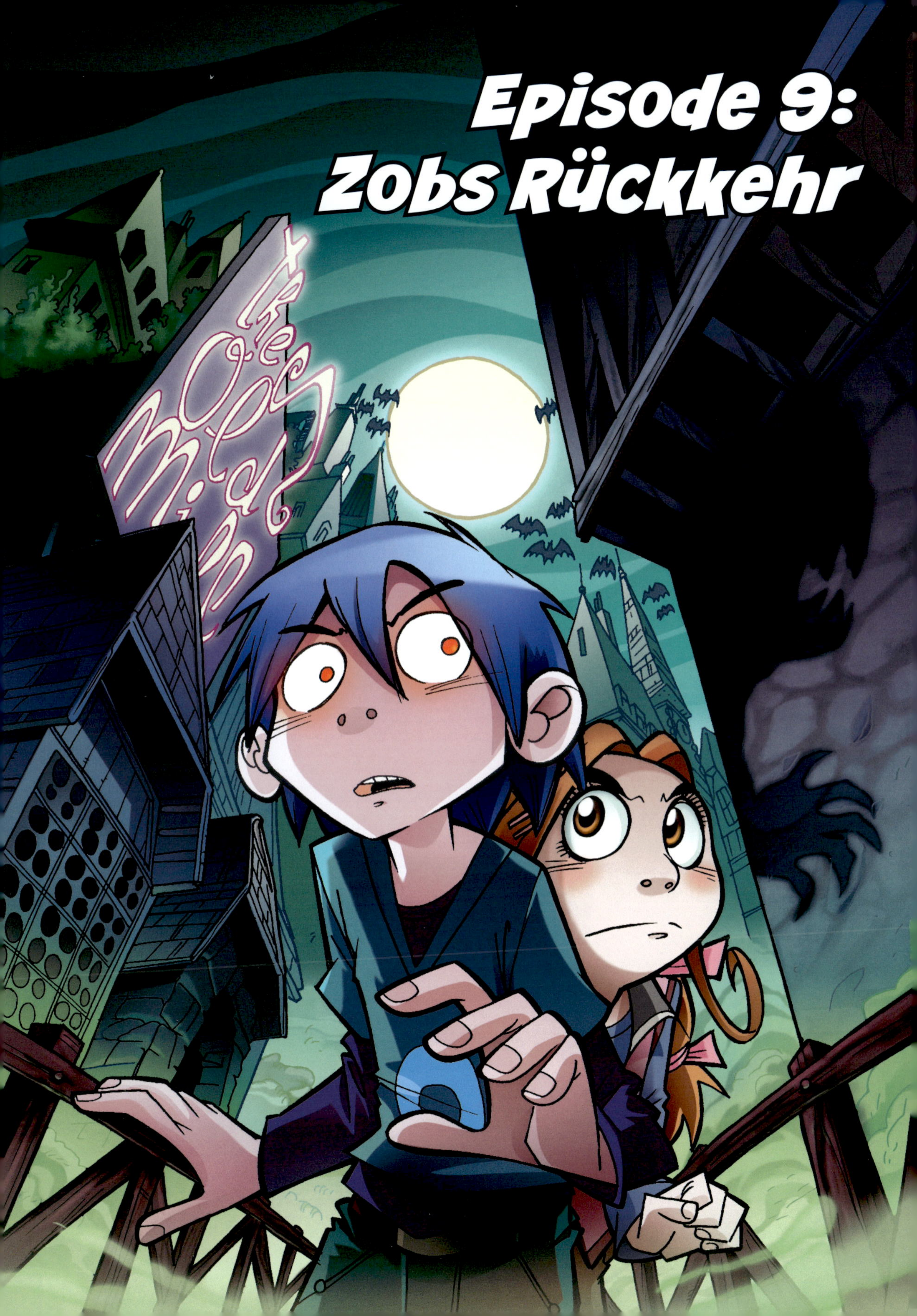
Episode 9:
Zobs Rückkehr

ZOBS RÜCKKEHR

Originaltitel:
IL RITORNO DI ZOB

Idee: Katja Centomo
Story: Francesco Artibani
Zeichnungen: Federico Nardo
Farben: Sergio Algozzino, Pamela Brughera & Cecilia Giumento

Künstlerische Leitung Artwork: Alessandro Barbucci

Übersetzung: Monja Reichert
Redaktion & Lektorat: Jano Rohleder
Redaktionelle Beratung: Konstanze Tants

Erstveröffentlichung:
Monster Allergy, Heft 9
Buena Vista Comics (Italien), Juni 2004

Deutsche Erstveröffentlichung:
Monster Allergy, Band 5
Ehapa Comic Collection, Juni 2006

Coverillustration:
Artwork: Antonello Dalena
Tusche: Raffaella Seccia
Farben: Paolo Maddaleni

Illustration Seite 6:
Artwork: Alessandro Barbucci
Farben: Paolo Maddaleni

Eine Serie von
Centomo, Artibani,
Barbucci & Canepa

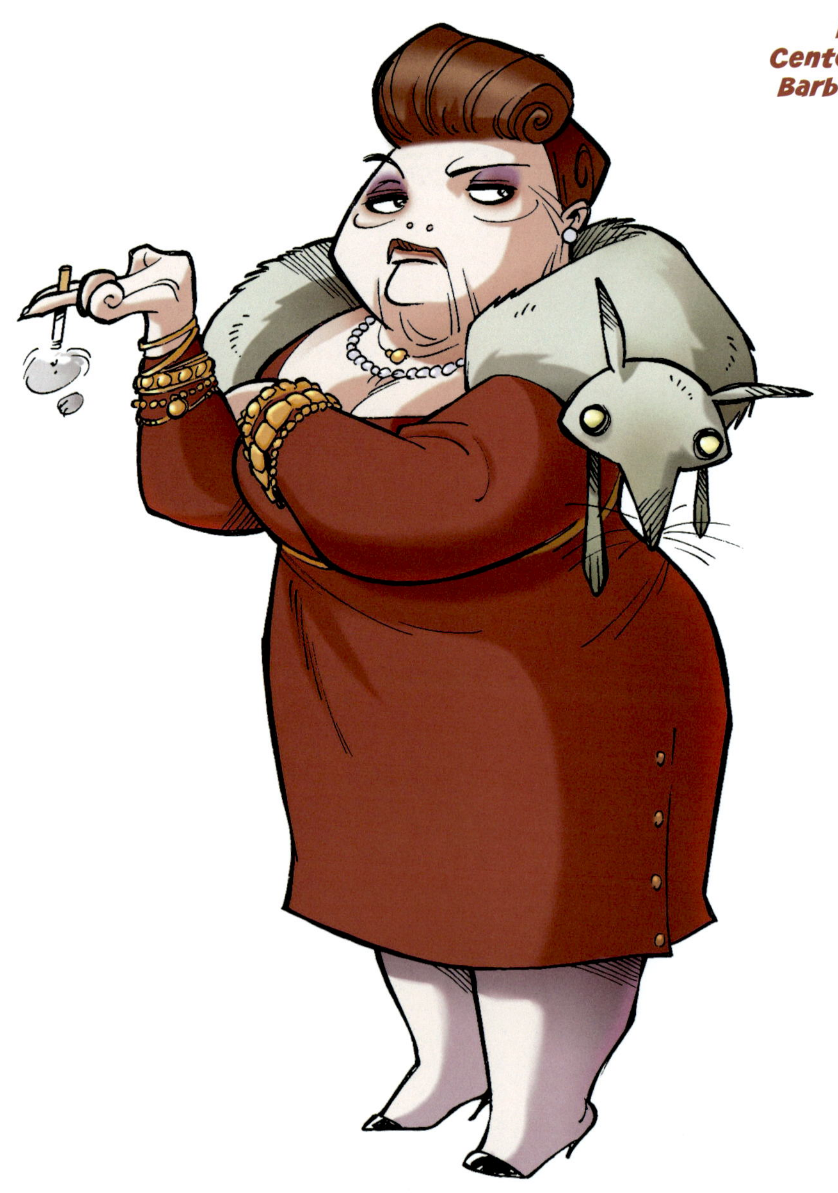

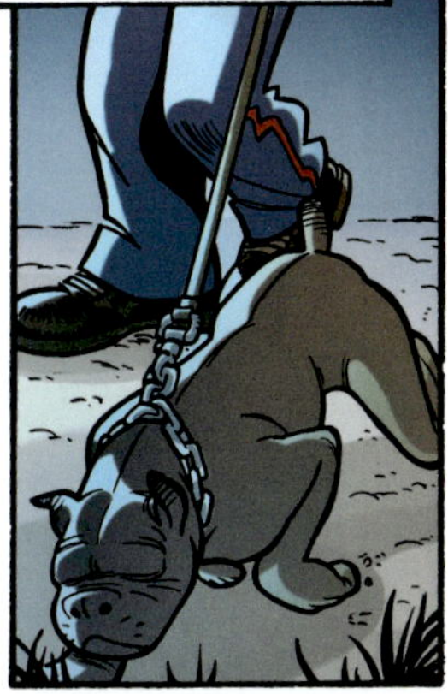
„Werde Nachtwächter und du siehst was von der Welt", sagte die Werbung ...

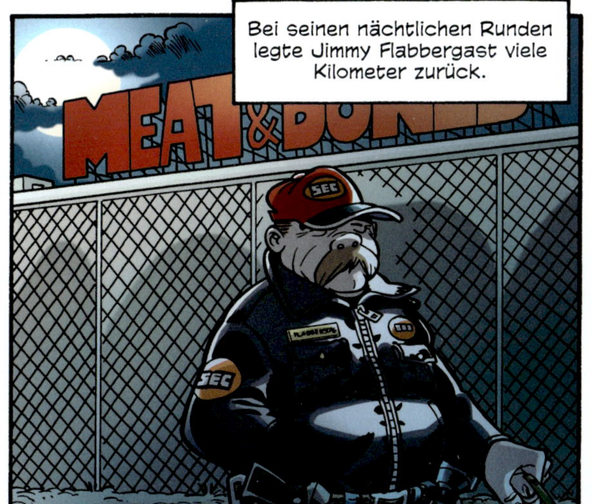
Bei seinen nächtlichen Runden legte Jimmy Flabbergast viele Kilometer zurück.
MEAT&BONES
SEC

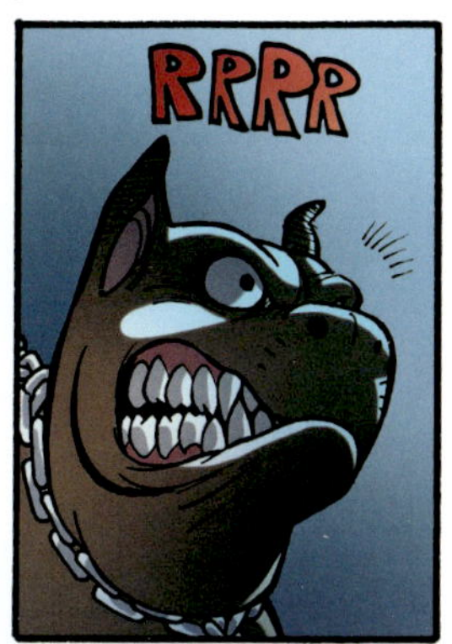
Vielleicht Tausende. Doch mehr als das Fleischdepot sah er dabei nie.
RRRR

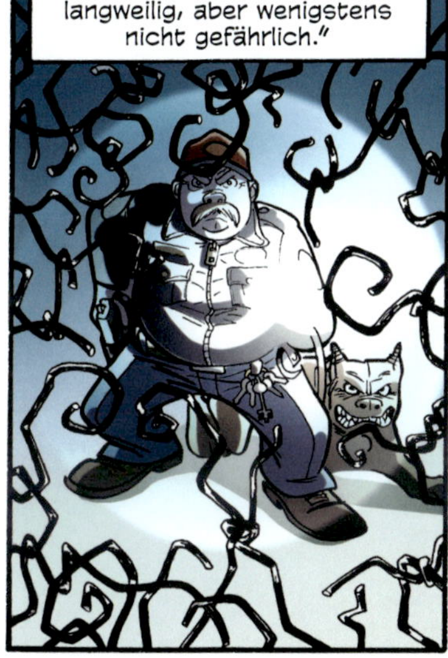
„Gut so", dachte sich Jimmy immer. „Der Job ist zwar langweilig, aber wenigstens nicht gefährlich."

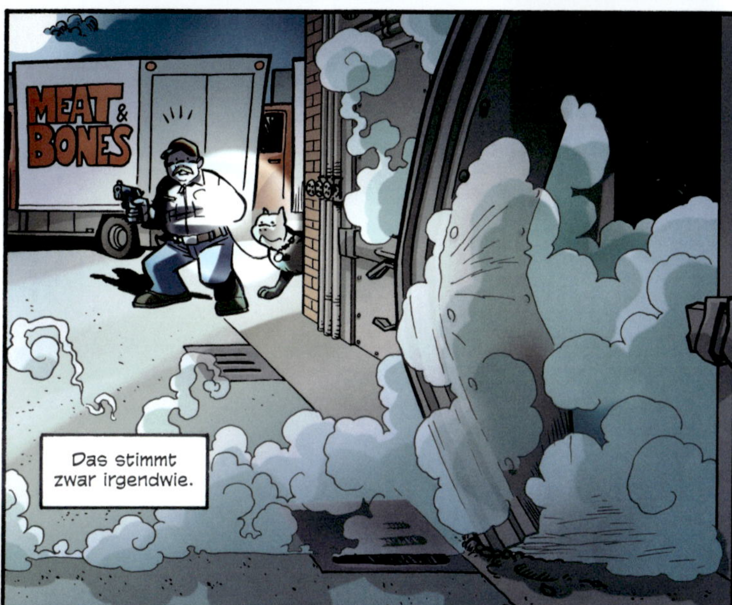
MEAT & BONES
Das stimmt zwar irgendwie.

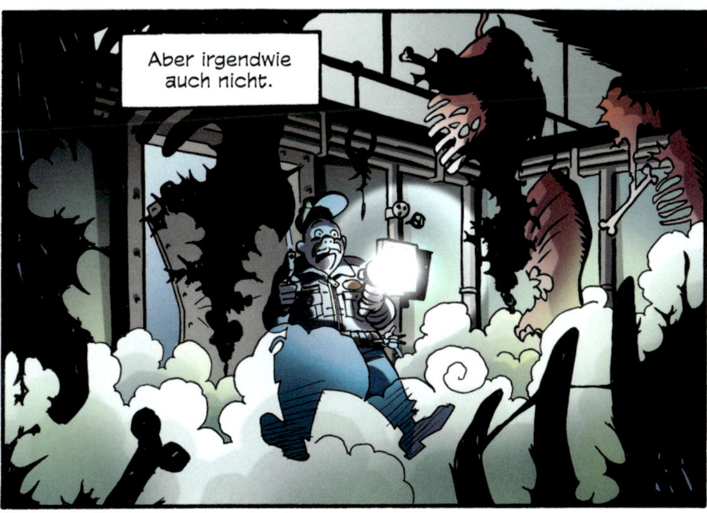
Aber irgendwie auch nicht.

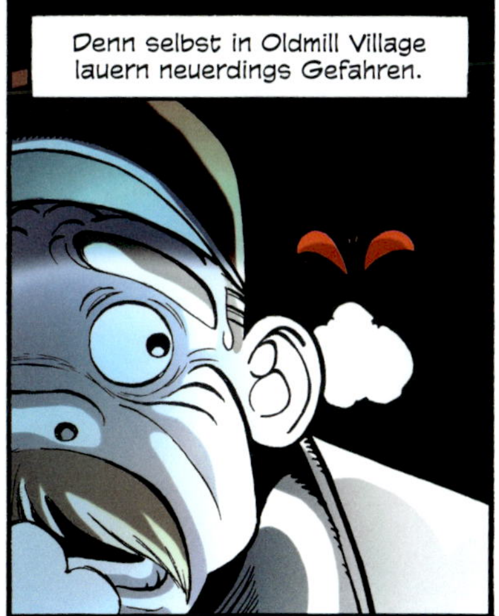
Denn selbst in Oldmill Village lauern neuerdings Gefahren.

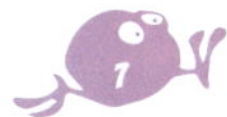

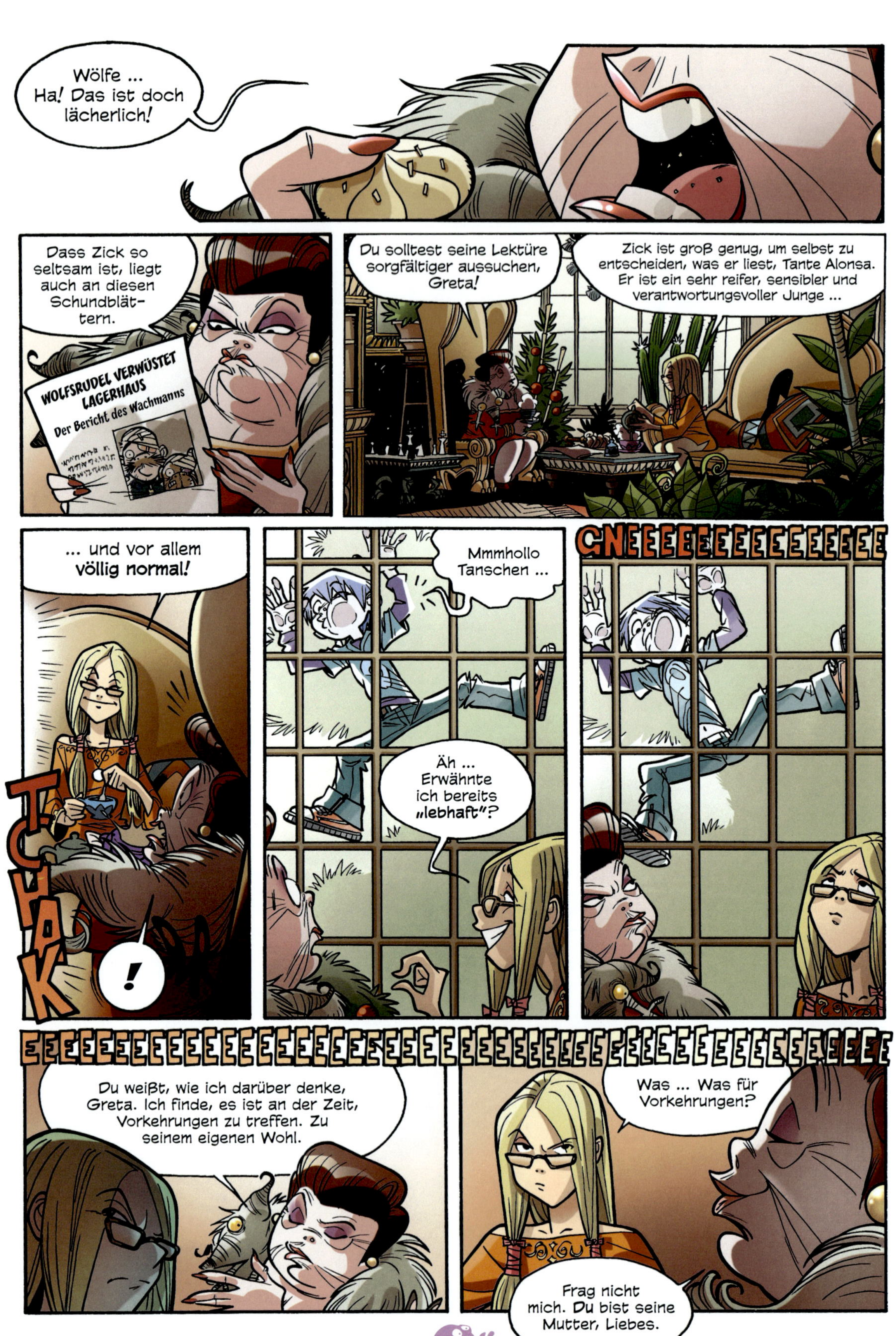

Wölfe ... Ha! Das ist doch lächerlich!
Dass Zick so seltsam ist, liegt auch an diesen Schundblättern.
WOLFSRUDEL VERWÜSTET LAGERHAUS
Der Bericht des Wachmanns
Du solltest seine Lektüre sorgfältiger aussuchen, Greta!
Zick ist groß genug, um selbst zu entscheiden, was er liest, Tante Alonsa. Er ist ein sehr reifer, sensibler und verantwortungsvoller Junge ...
... und vor allem **völlig normal!**
TCHAK
!
Mmmhollo Tanschen ...
Äh ... Erwähnte ich bereits **„lebhaft"**?
GNEEEEEEEEEEEEEEEEEEEEEEEEEEEEEEEEEEEEEEEEEEEEEEEEEEEEEEEEEEEE
Du weißt, wie ich darüber denke, Greta. Ich finde, es ist an der Zeit, Vorkehrungen zu treffen. Zu seinem eigenen Wohl.
Was ... Was für Vorkehrungen?
Frag nicht mich. **Du** bist seine Mutter, Liebes.

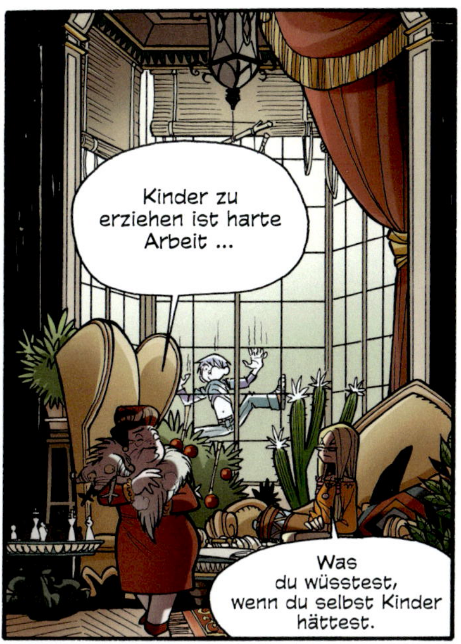
Kinder zu erziehen ist harte Arbeit ...
Was du wüsstest, wenn du selbst Kinder hättest.

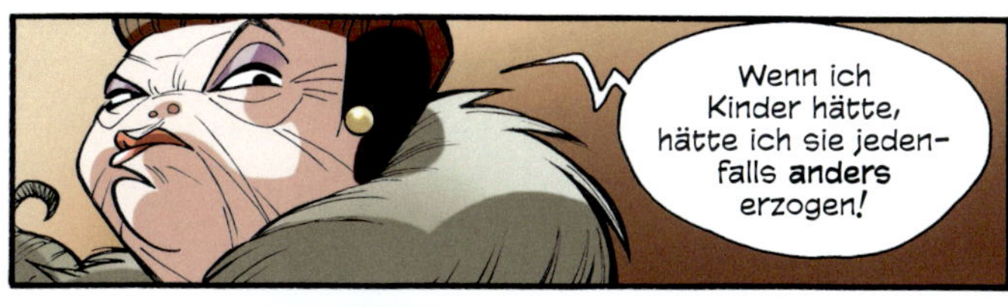
Wenn ich Kinder hätte, hätte ich sie jedenfalls anders erzogen!

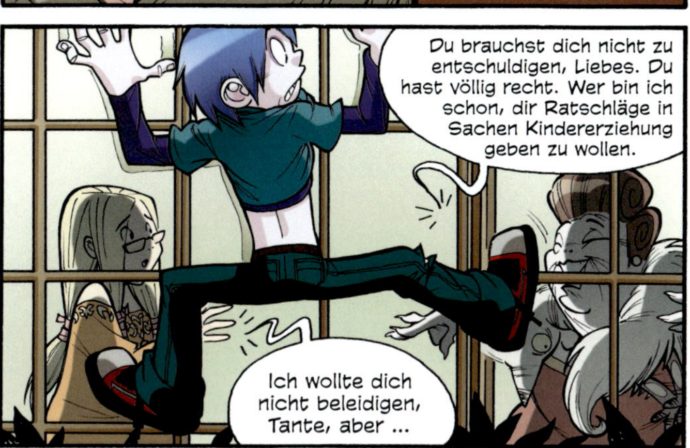
Ich wollte dich nicht beleidigen, Tante, aber ...
Du brauchst dich nicht zu entschuldigen, Liebes. Du hast völlig recht. Wer bin ich schon, dir Ratschläge in Sachen Kindererziehung geben zu wollen.

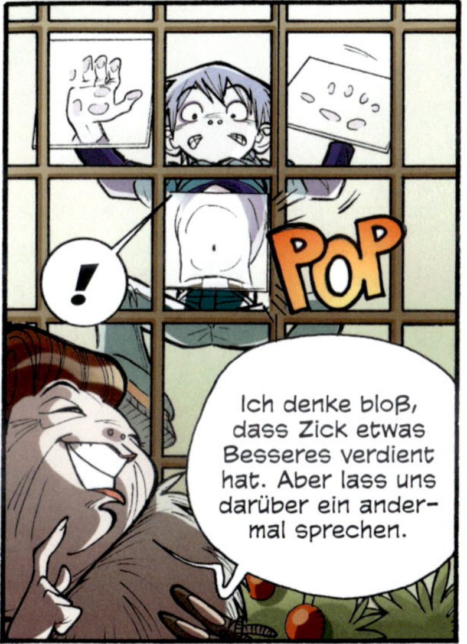
!
POP
Ich denke bloß, dass Zick etwas Besseres verdient hat. Aber lass uns darüber ein andermal sprechen.

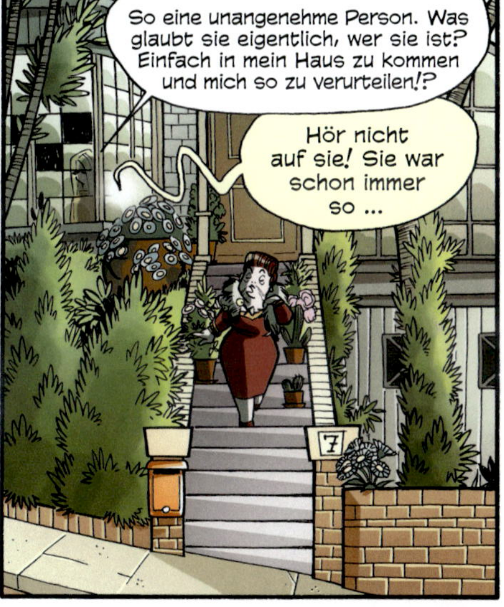
So eine unangenehme Person. Was glaubt sie eigentlich, wer sie ist? Einfach in mein Haus zu kommen und mich so zu verurteilen!?
Hör nicht auf sie! Sie war schon immer so ...
7

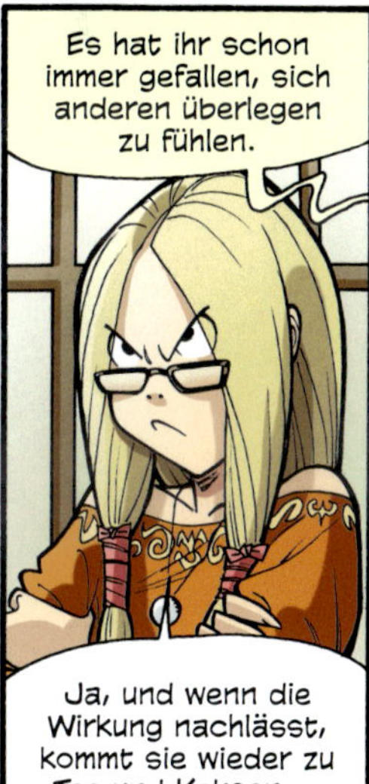
Es hat ihr schon immer gefallen, sich anderen überlegen zu fühlen.
Ja, und wenn die Wirkung nachlässt, kommt sie wieder zu Tee und Keksen ...

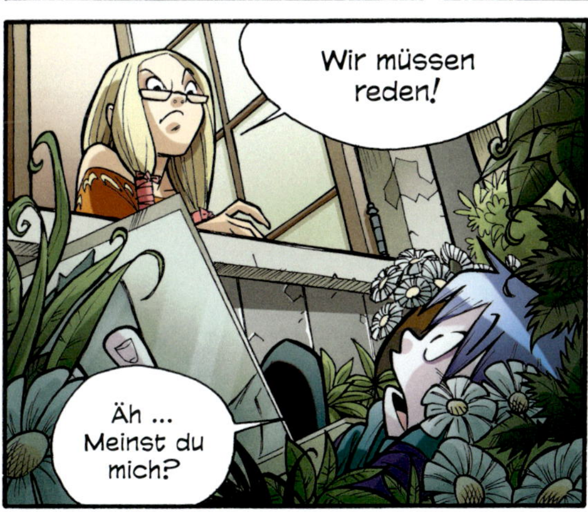
Wir müssen reden!
Äh ... Meinst du mich?

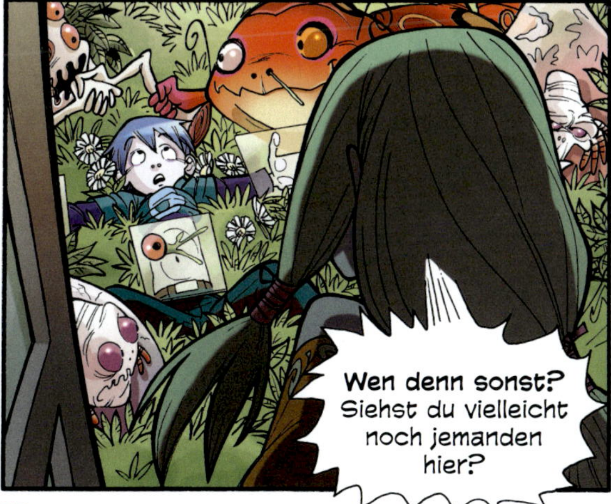
Wen denn sonst? Siehst du vielleicht noch jemanden hier?

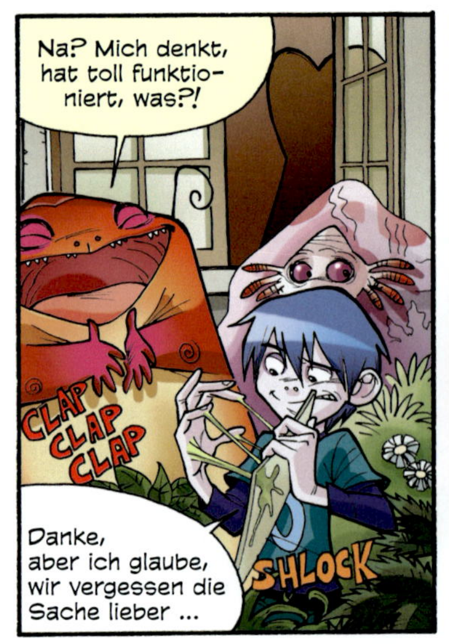
Na? Mich denkt, hat toll funktioniert, was?!
CLAP CLAP CLAP
SHLOCK
Danke, aber ich glaube, wir vergessen die Sache lieber ...

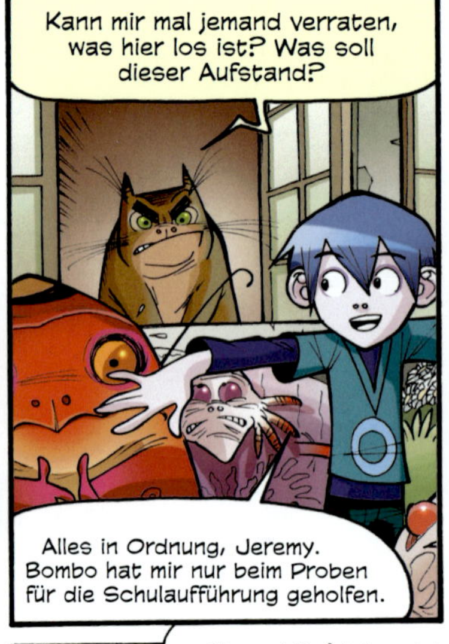
Kann mir mal jemand verraten, was hier los ist? Was soll dieser Aufstand?
Alles in Ordnung, Jeremy. Bombo hat mir nur beim Proben für die Schulaufführung geholfen.

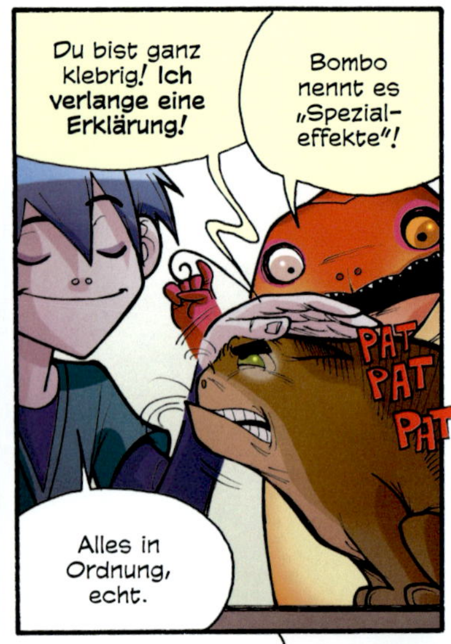
Du bist ganz klebrig! **Ich verlange eine Erklärung!**
Bombo nennt es „Spezialeffekte"!
PAT PAT PAT
Alles in Ordnung, echt.

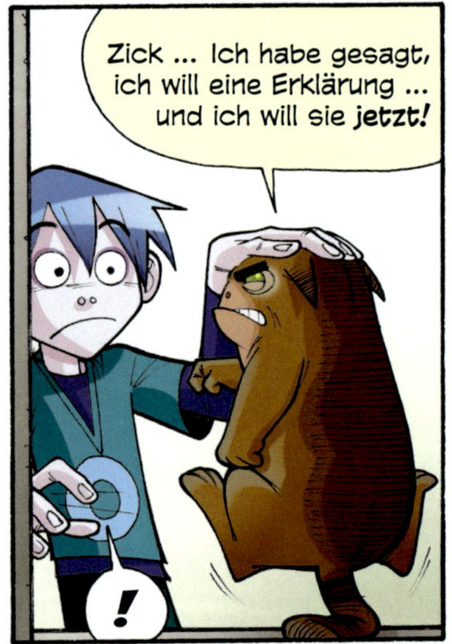
Zick ... Ich habe gesagt, ich will eine Erklärung ... und ich will sie **jetzt!**
!

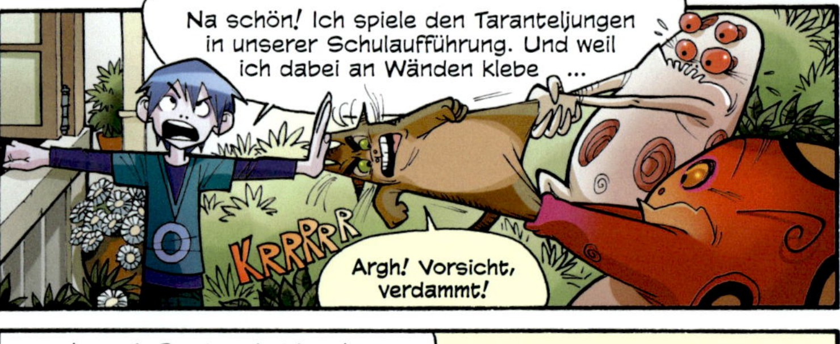
Na schön! Ich spiele den Taranteljungen in unserer Schulaufführung. Und weil ich dabei an Wänden klebe ...
KRRRRR
Argh! Vorsicht, verdammt!
... hat mir Bombo ein bisschen geholfen, um die Sache echter wirken zu lassen.
Bombos Spucke klebt viel besser als Klettverschluss! Hat mich toll gemacht, was?

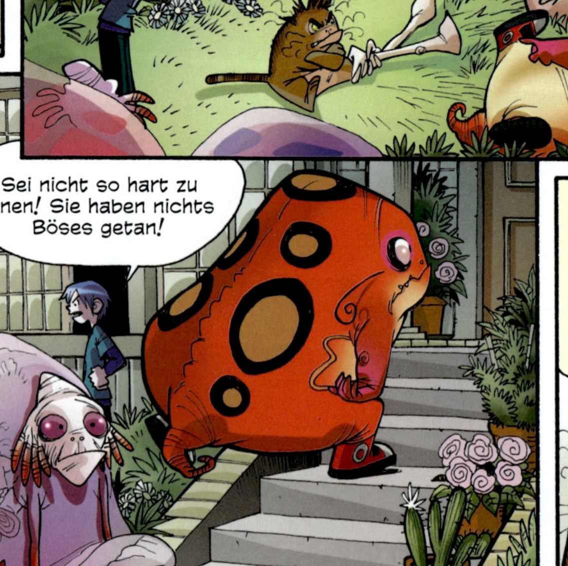
DER HOFGANG IST VORBEI FÜR HEUTE! SOFORT REIN MIT EUCH! ALLE!
Sei nicht so hart zu ihnen! Sie haben nichts Böses getan!
Ich lasse nicht zu, dass Leute vollgesabbert werden, damit sie an der Wand kleben bleiben! **Nicht in meiner Haftoase!**

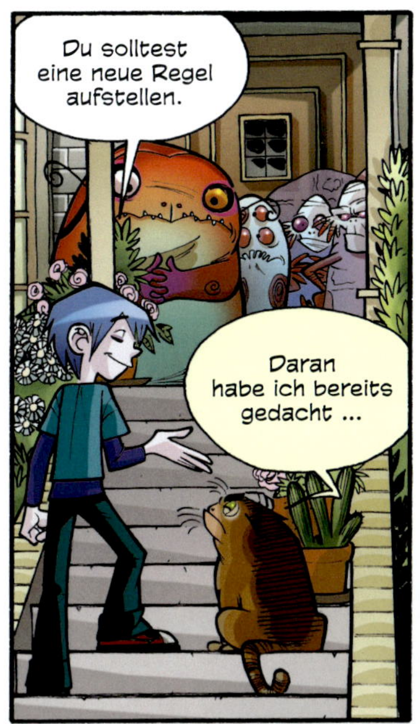
Du solltest eine neue Regel aufstellen.
Daran habe ich bereits gedacht ...

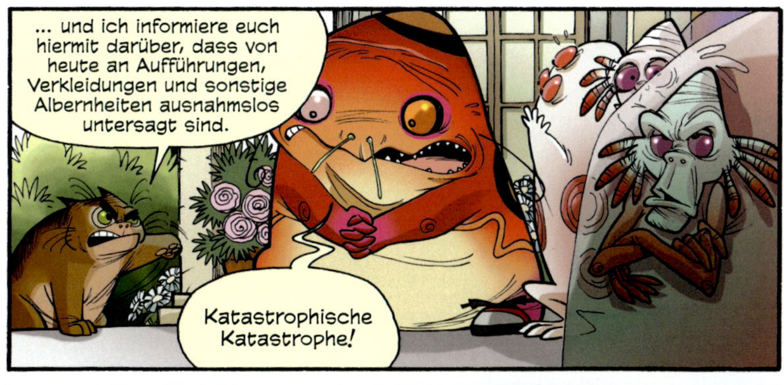
... und ich informiere euch hiermit darüber, dass von heute an Aufführungen, Verkleidungen und sonstige Albernheiten ausnahmslos untersagt sind.
Katastrophische Katastrophe!

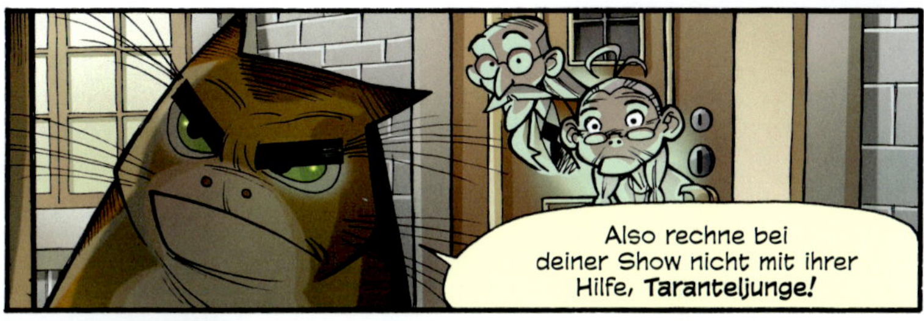
Also rechne bei deiner Show nicht mit ihrer Hilfe, **Taranteljunge!**

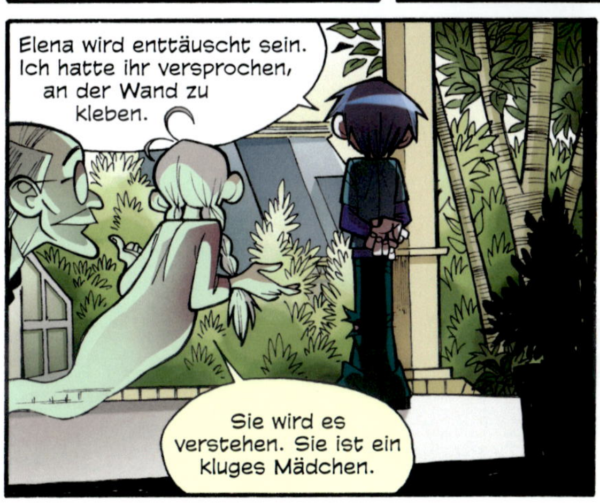
Elena wird enttäuscht sein. Ich hatte ihr versprochen, an der Wand zu kleben.
Sie wird es verstehen. Sie ist ein kluges Mädchen.

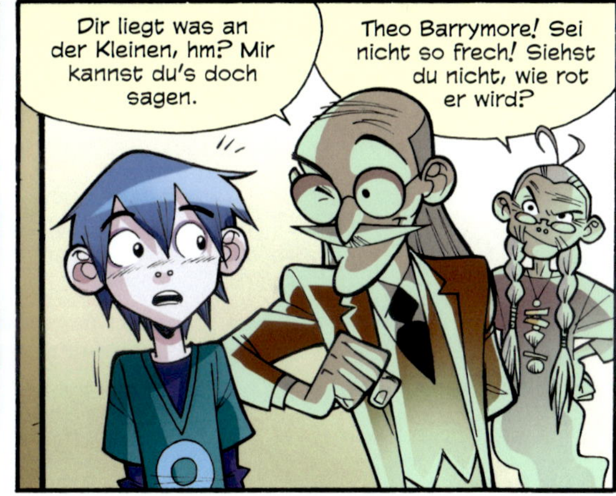
Dir liegt was an der Kleinen, hm? Mir kannst du's doch sagen.
Theo Barrymore! Sei nicht so frech! Siehst du nicht, wie rot er wird?

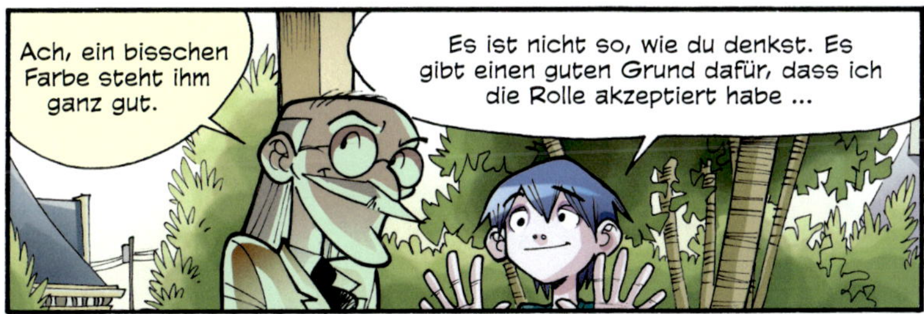
Ach, ein bisschen Farbe steht ihm ganz gut.
Es ist nicht so, wie du denkst. Es gibt einen guten Grund dafür, dass ich die Rolle akzeptiert habe ...

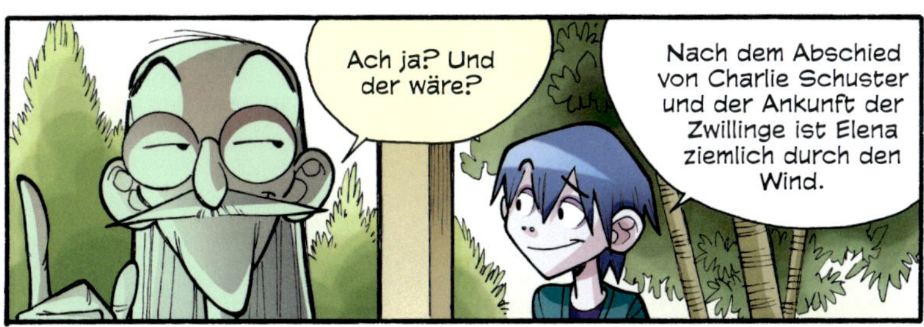
Ach ja? Und der wäre?
Nach dem Abschied von Charlie Schuster und der Ankunft der Zwillinge ist Elena ziemlich durch den Wind.

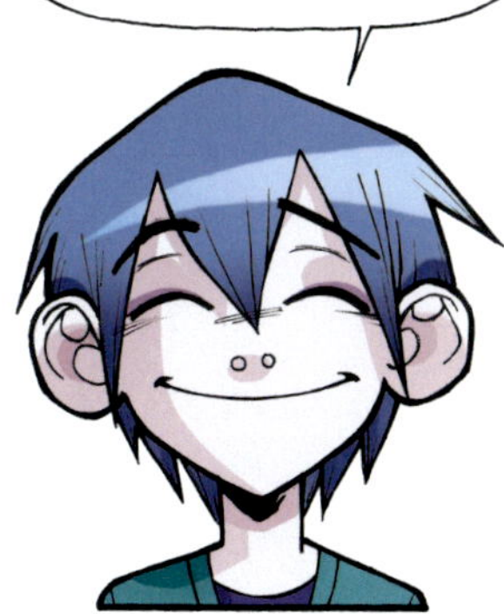
Ich versuche bloß, ihr beizustehen. Elena tut immer, als wäre sie so stark ... aber im Grunde ist sie sehr sensibel.

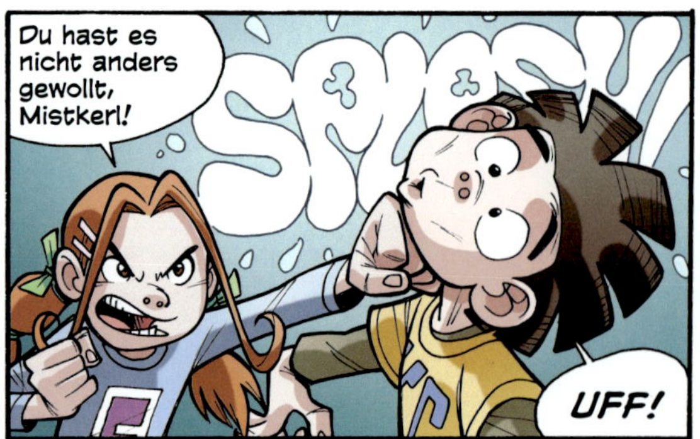

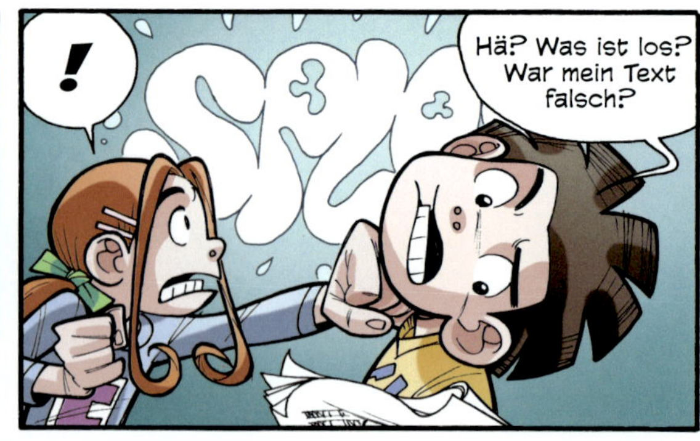

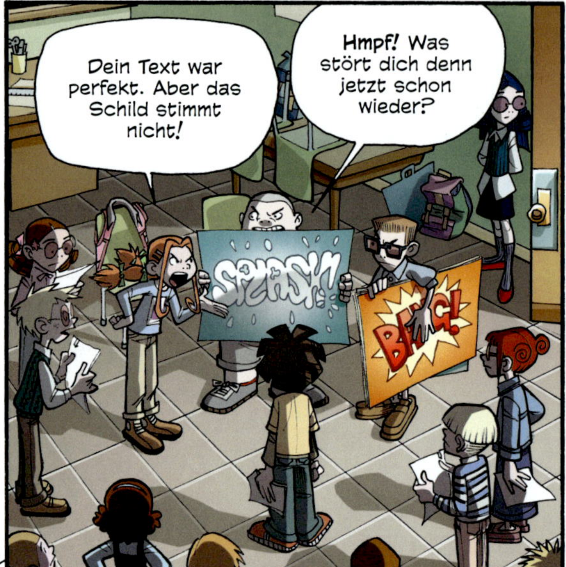

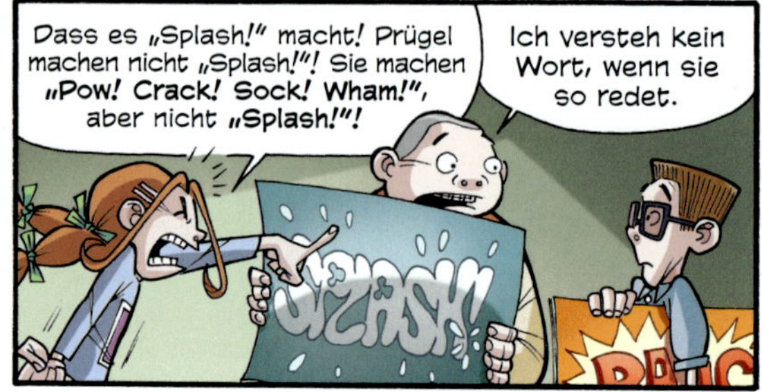

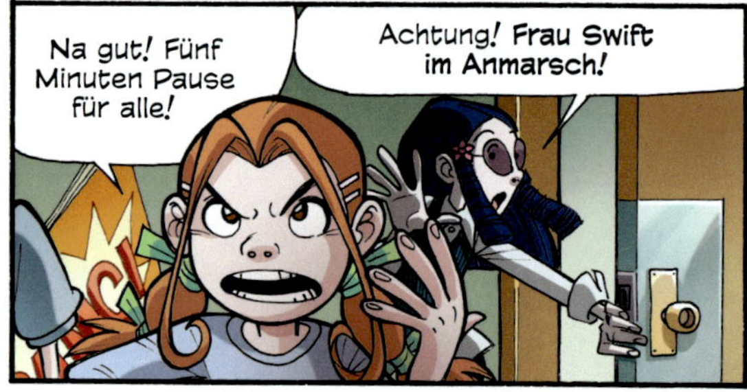

Donnerfrettchen! Alle auf ihre Plätze! Und Perücken auf!

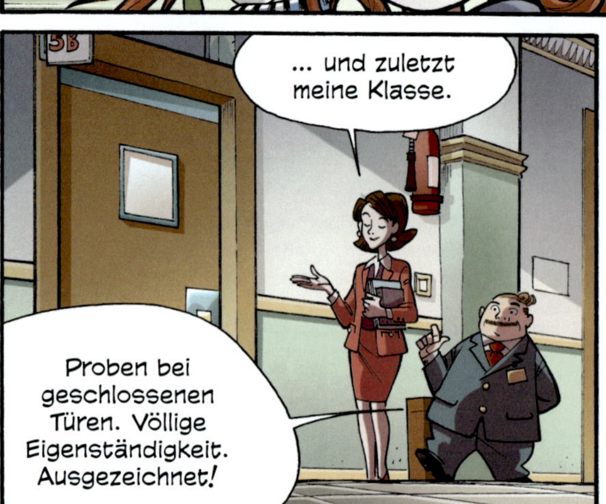

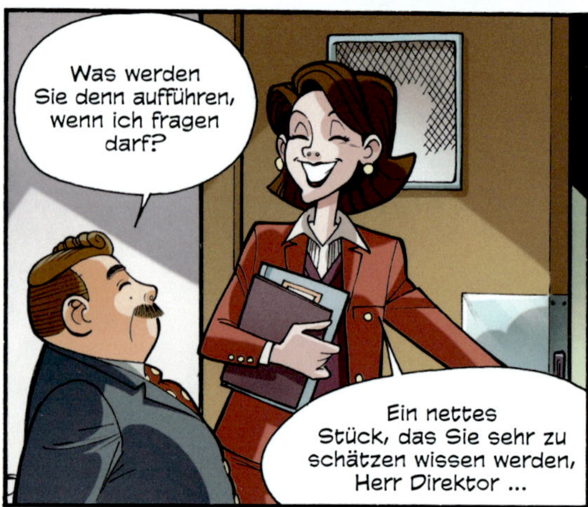

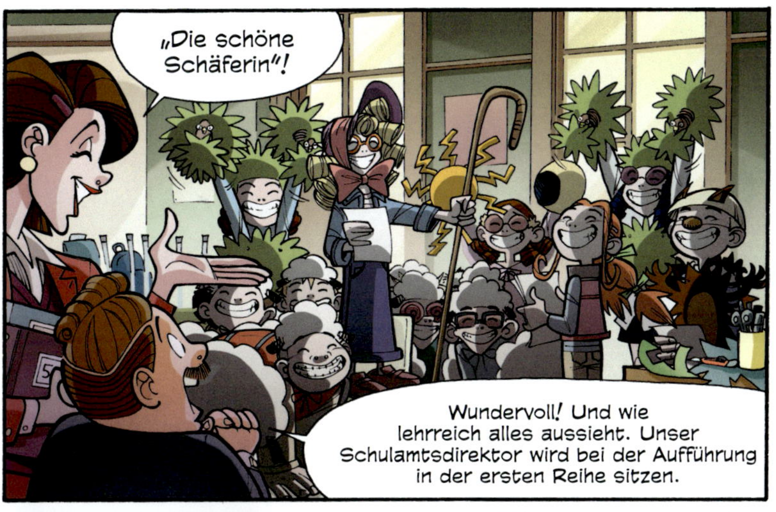
„Die schöne Schäferin"!
Wundervoll! Und wie lehrreich alles aussieht. Unser Schulamtsdirektor wird bei der Aufführung in der ersten Reihe sitzen.

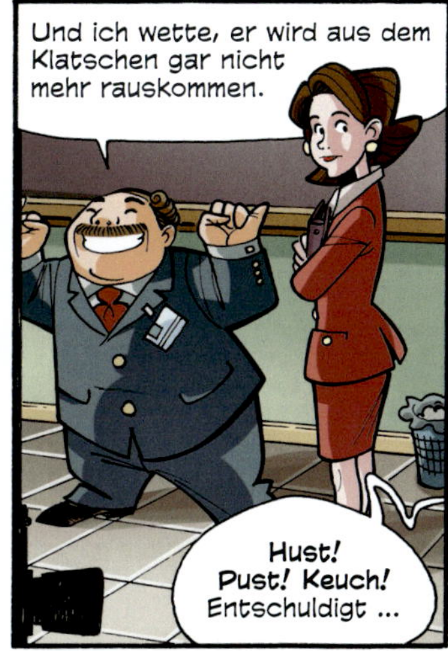
Und ich wette, er wird aus dem Klatschen gar nicht mehr rauskommen.
Hust! Pust! Keuch! Entschuldigt ...

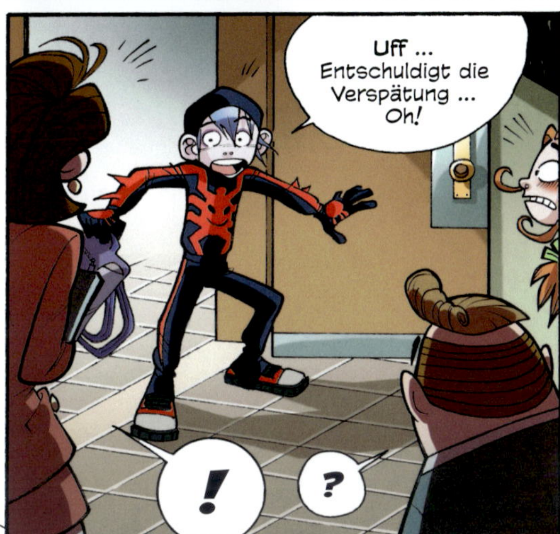
Uff ... Entschuldigt die Verspätung ... Oh!
!
?

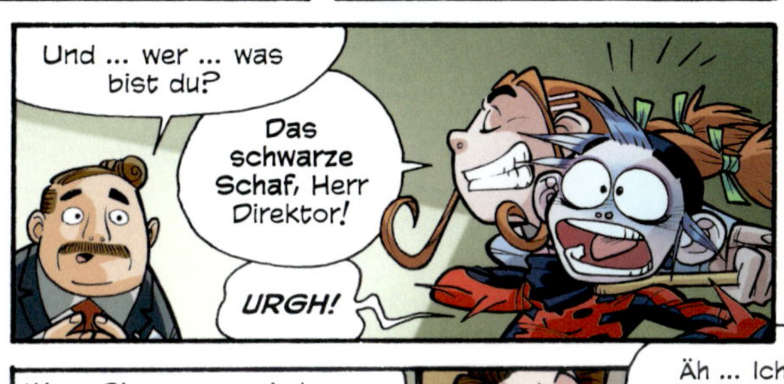
Und ... wer ... was bist du?
Das schwarze Schaf, Herr Direktor!
URGH!

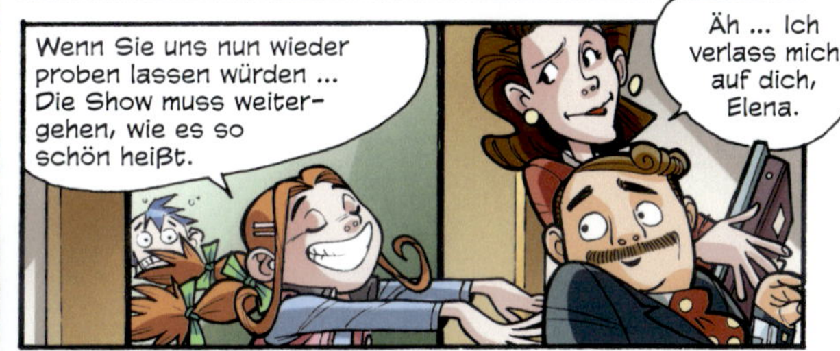
Wenn Sie uns nun wieder proben lassen würden ... Die Show muss weitergehen, wie es so schön heißt.
Äh ... Ich verlass mich auf dich, Elena.

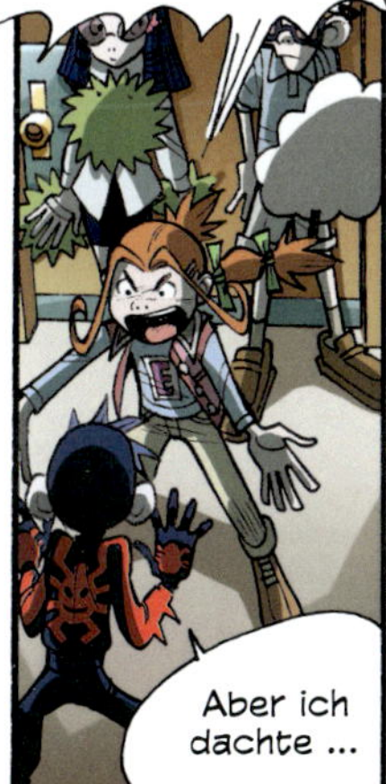
WAS ZUR HÖLLE SOLLTE DAS? DIE KOSTÜMPROBE IST ERST MORGEN!
Aber ich dachte ...

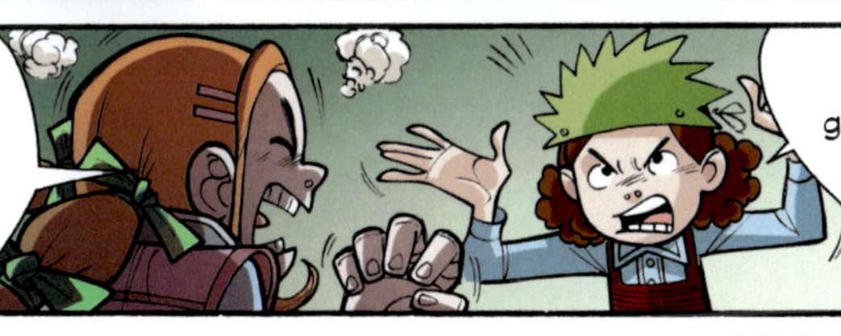
Hier denkt anscheinend jeder, was er will! Hört auf damit!
Mir reicht's! Ich gehe! Warum hören wir überhaupt auf dich?

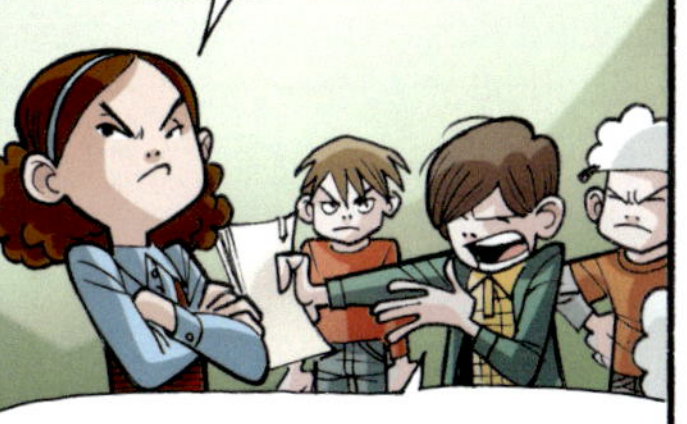
Wir sollten „Die schöne Schäferin" aufführen, wie es Frau Swift geplant hatte!
Patty hat recht! Dieses blöde Spectro macht alles viel zu kompliziert.

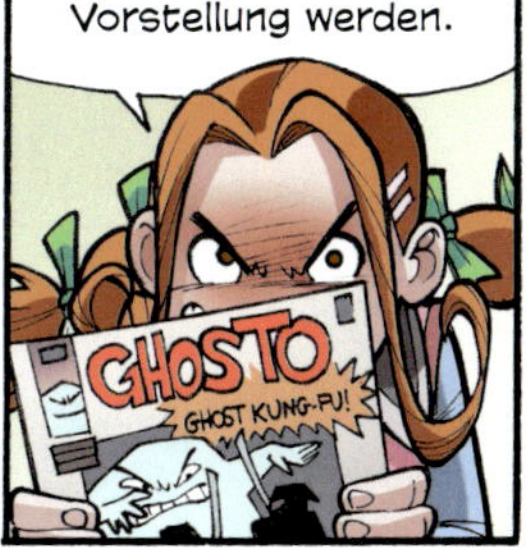
Es heißt Ghosto ... und es ist nicht blöd. Es ist der tollste Comic der Welt und es wird eine sensationelle Vorstellung werden.
GHOSTO
GHOST KUNG-FU!

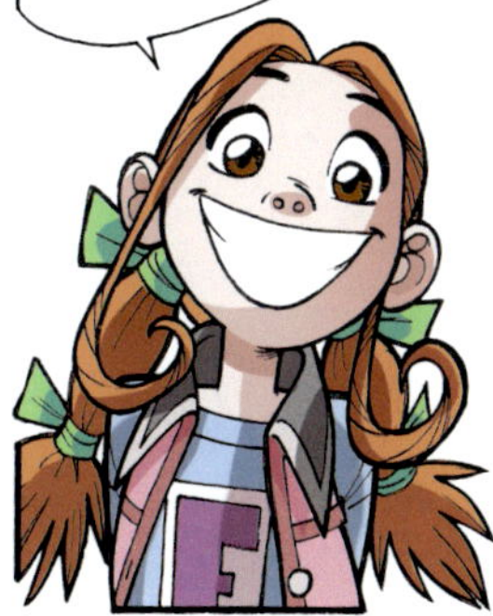
Vertraut mir!

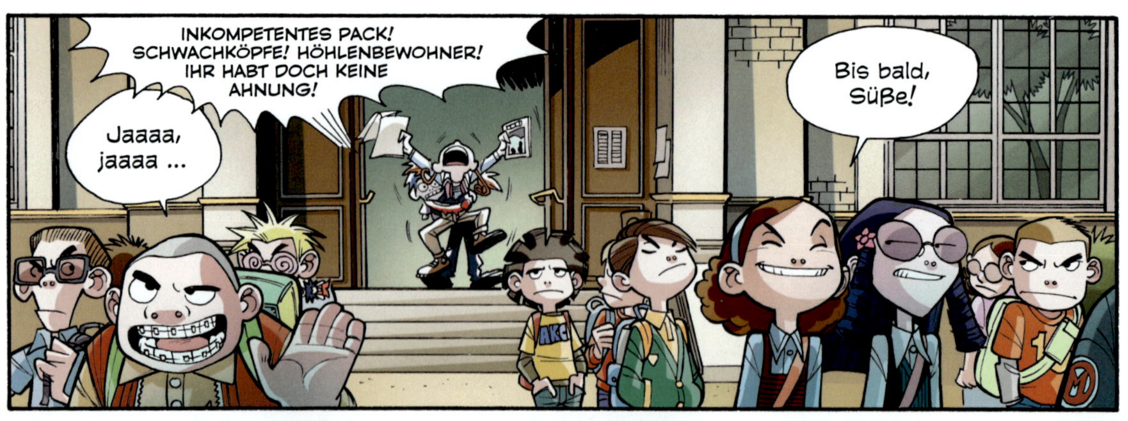
INKOMPETENTES PACK! SCHWACHKÖPFE! HÖHLENBEWOHNER! IHR HABT DOCH KEINE AHNUNG!
Jaaaa, jaaaa ...
Bis bald, Süße!

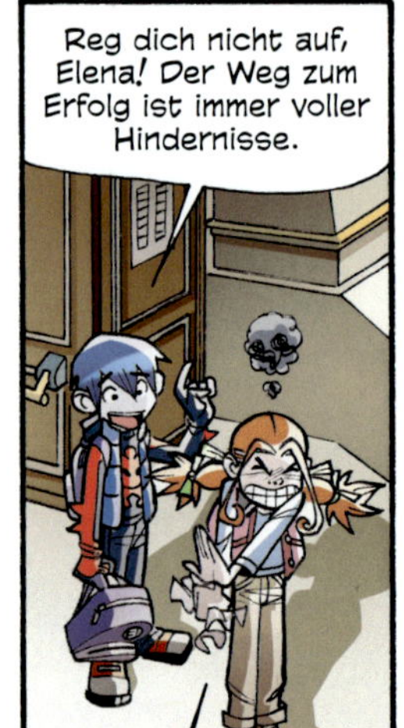
Reg dich nicht auf, Elena! Der Weg zum Erfolg ist immer voller Hindernisse.
Und voller Idioten! Aber das wird ihnen noch leidtun!

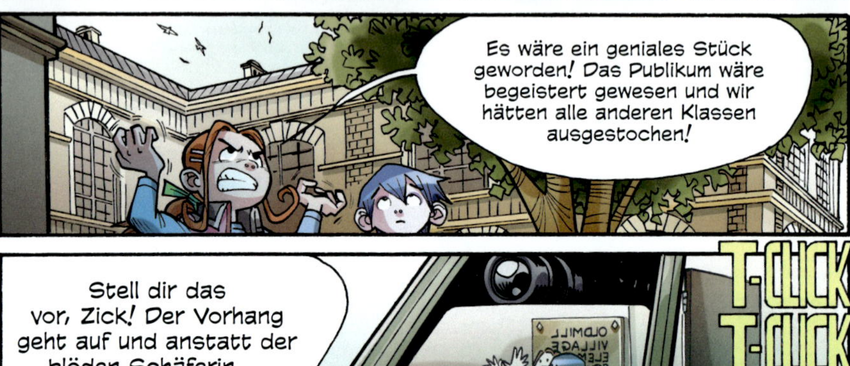
Es wäre ein geniales Stück geworden! Das Publikum wäre begeistert gewesen und wir hätten alle anderen Klassen ausgestochen!
Stell dir das vor, Zick! Der Vorhang geht auf und anstatt der blöden Schäferin ... **Ghosto!**
Dann Kapitän Aasgeier, Professor Gritrock, Miss Buuh ...
... und der legendäre **Taranteljunge**, der unzertrennliche Freund von Ghosto, dem Supergeist!
T-CLICK
T-CLICK
T-CLICK
T-CLICK
T-CLICK
T-CLICK

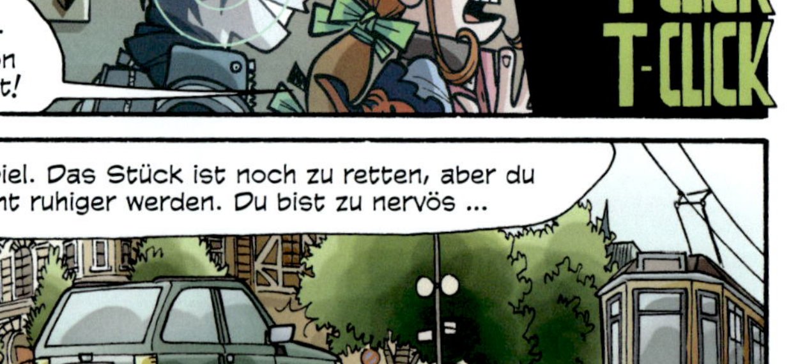
Doch diese Weicheier machen einen Rückzieher! **Pah! Wer braucht die schon?**
Du zum Beispiel. Das Stück ist noch zu retten, aber du musst echt ruhiger werden. Du bist zu nervös ...

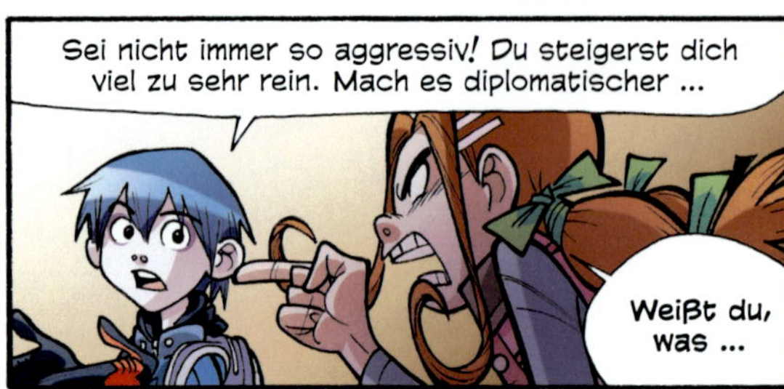
Sei nicht immer so aggressiv! Du steigerst dich viel zu sehr rein. Mach es diplomatischer ...
Weißt du, was ...

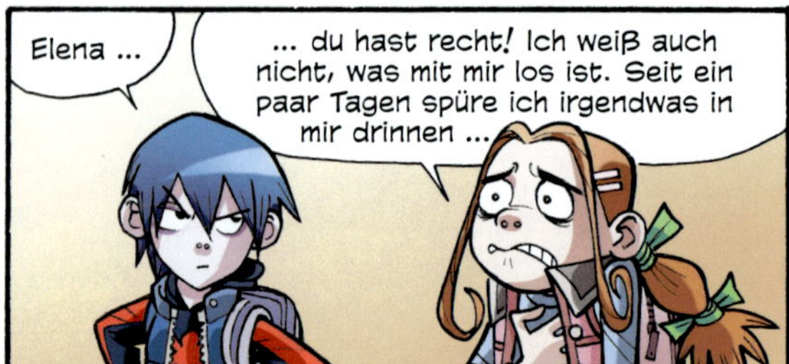
Elena ...
... du hast recht! Ich weiß auch nicht, was mit mir los ist. Seit ein paar Tagen spüre ich irgendwas in mir drinnen ...

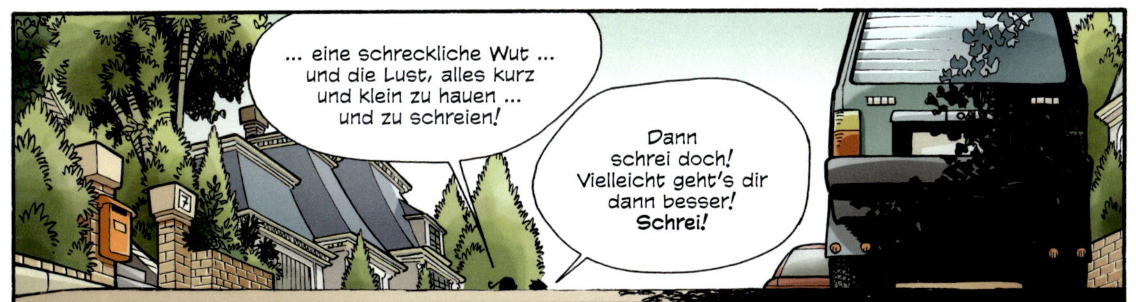
... eine schreckliche Wut ... und die Lust, alles kurz und klein zu hauen ... und zu schreien!
Dann schrei doch! Vielleicht geht's dir dann besser! **Schrei!**

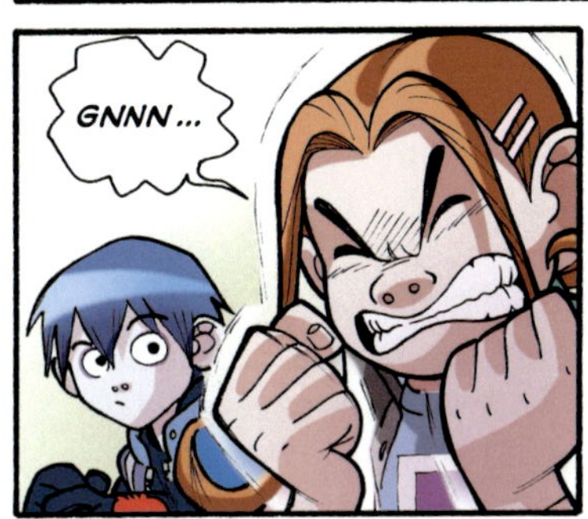
GNNN ...

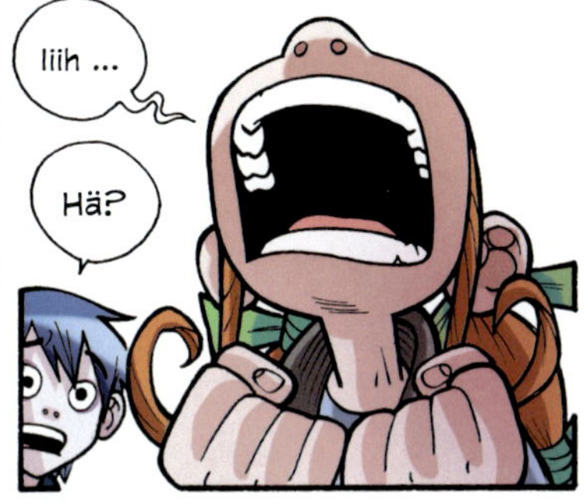
Iiih ...
Hä?

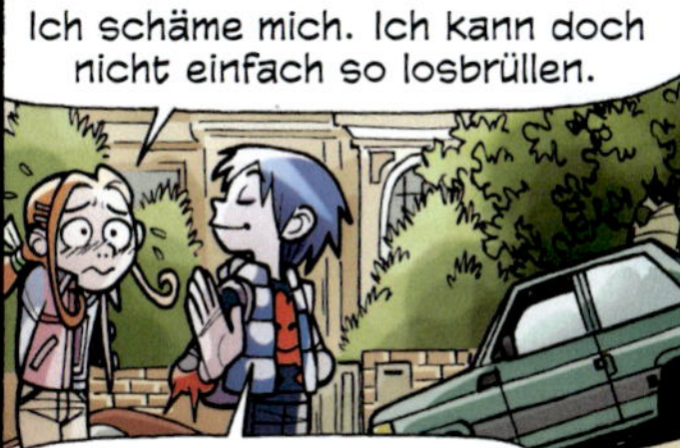
Ich schäme mich. Ich kann doch nicht einfach so losbrüllen.
Na, dann geht's dir doch gar nicht sooo schlecht. Und morgen fühlst du dich bestimmt besser.

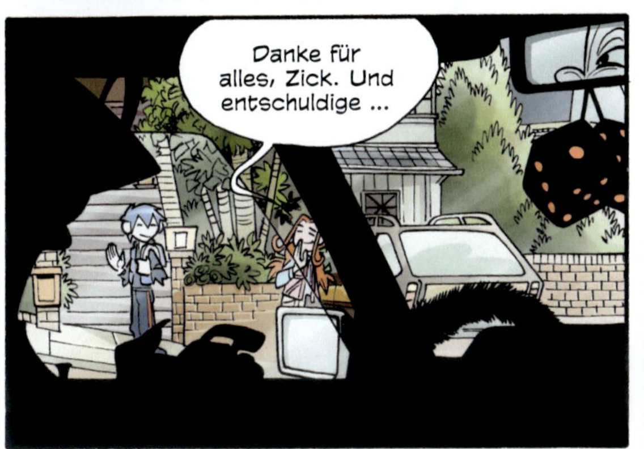
Danke für alles, Zick. Und entschuldige ...

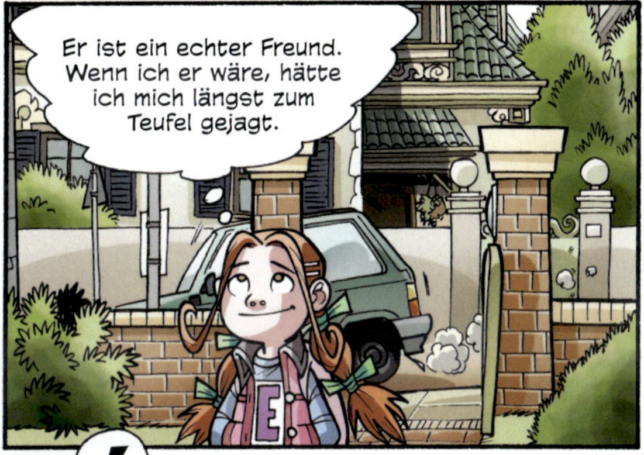
Er ist ein echter Freund. Wenn ich er wäre, hätte ich mich längst zum Teufel gejagt.

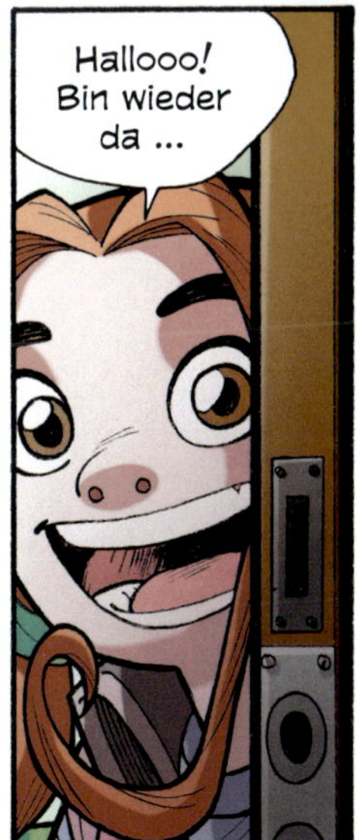
Hallooo! Bin wieder da ...

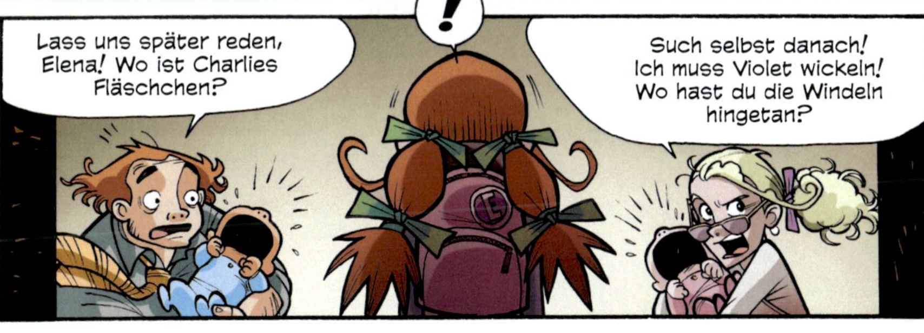
Lass uns später reden, Elena! Wo ist Charlies Fläschchen?
!
Such selbst danach! Ich muss Violet wickeln! Wo hast du die Windeln hingetan?

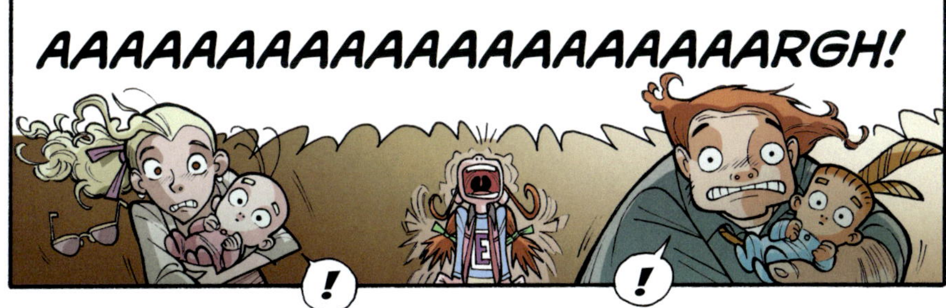
AAAAAAAAAAAAAAAAAAAAARGH!
!
!

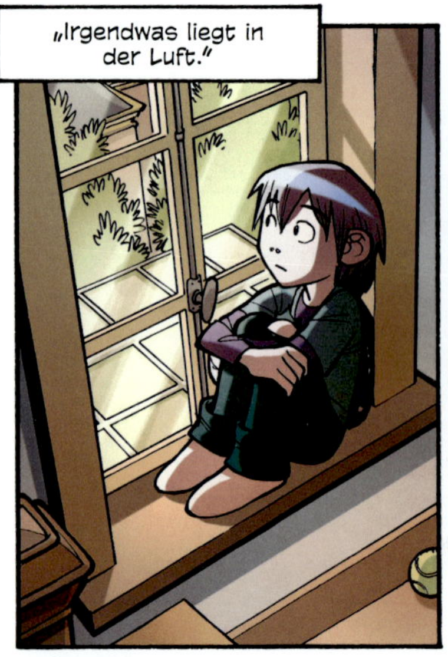
„Irgendwas liegt in der Luft."

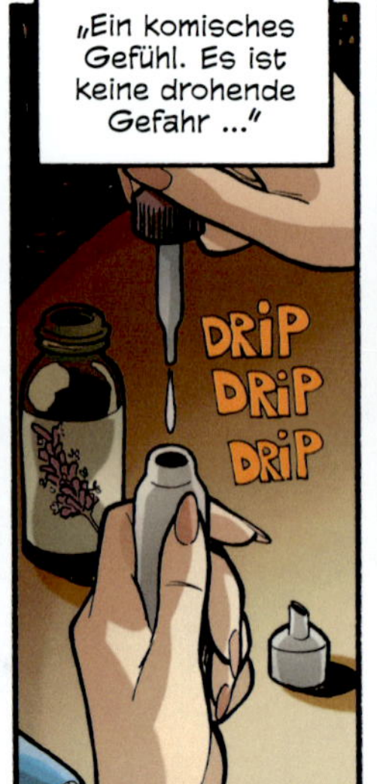
„Ein komisches Gefühl. Es ist keine drohende Gefahr ..."
DRIP DRIP DRIP

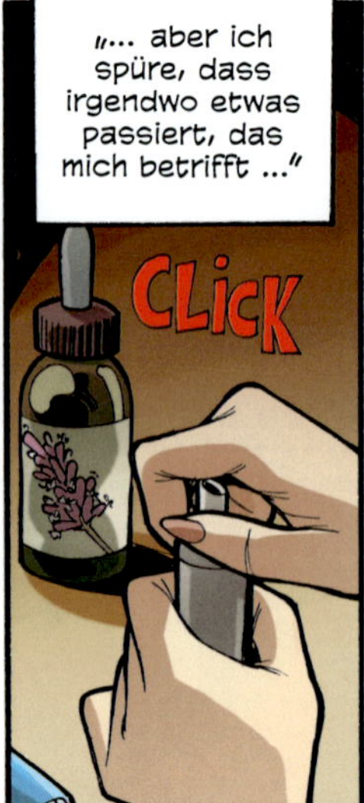
„... aber ich spüre, dass irgendwo etwas passiert, das mich betrifft ..."
CLICK

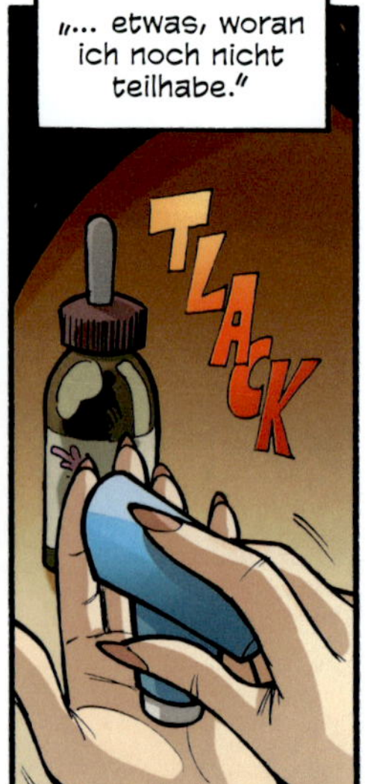
„... etwas, woran ich noch nicht teilhabe."
TLACK

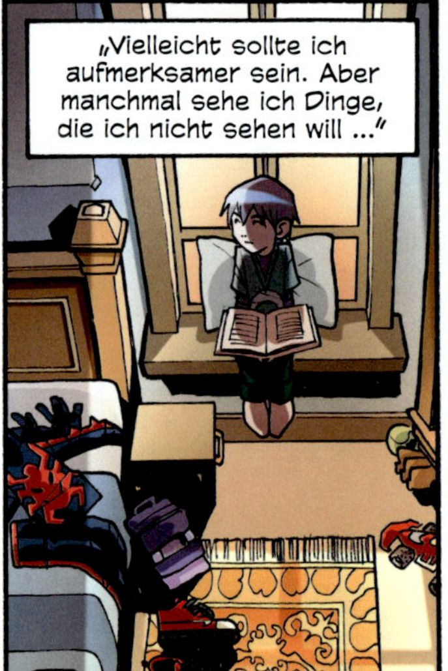
„Vielleicht sollte ich aufmerksamer sein. Aber manchmal sehe ich Dinge, die ich nicht sehen will ..."

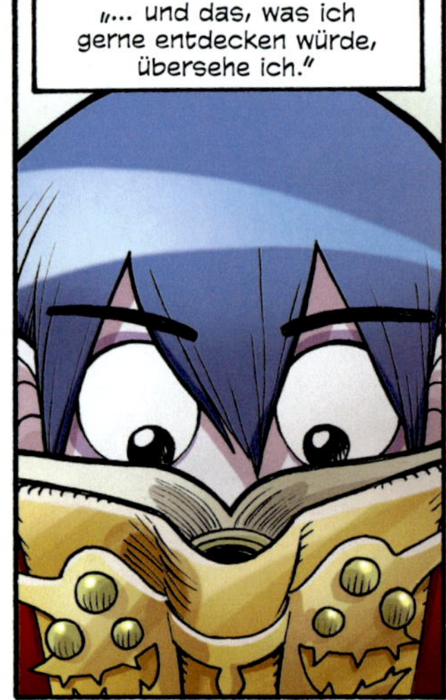
„... und das, was ich gerne entdecken würde, übersehe ich."

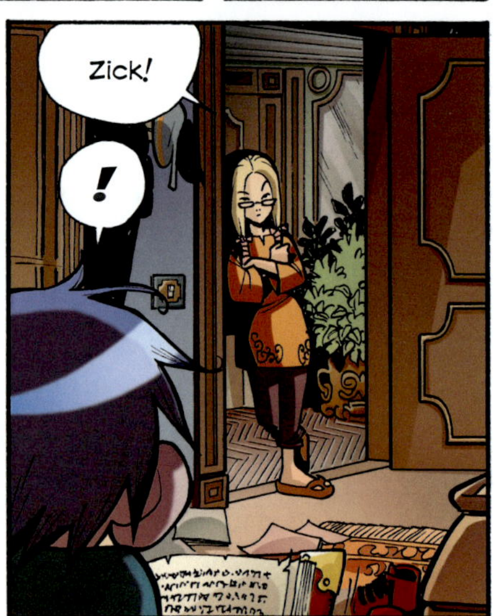
Zick!
!

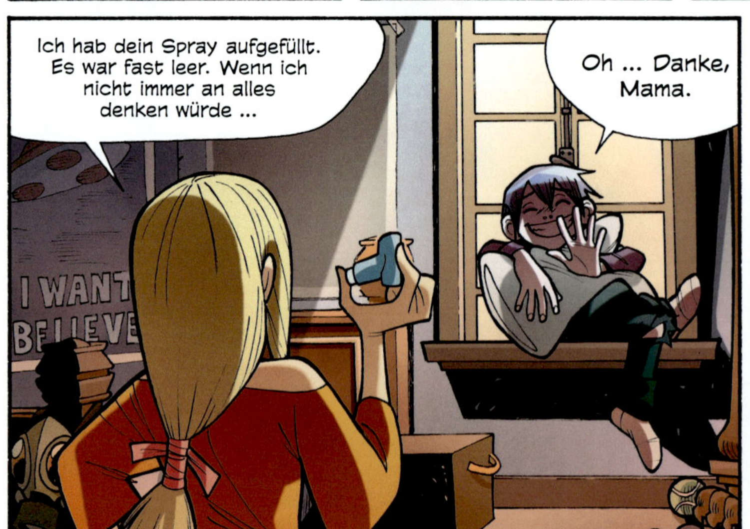
Ich hab dein Spray aufgefüllt. Es war fast leer. Wenn ich nicht immer an alles denken würde ...
Oh ... Danke, Mama.
I WANT BELIEVE

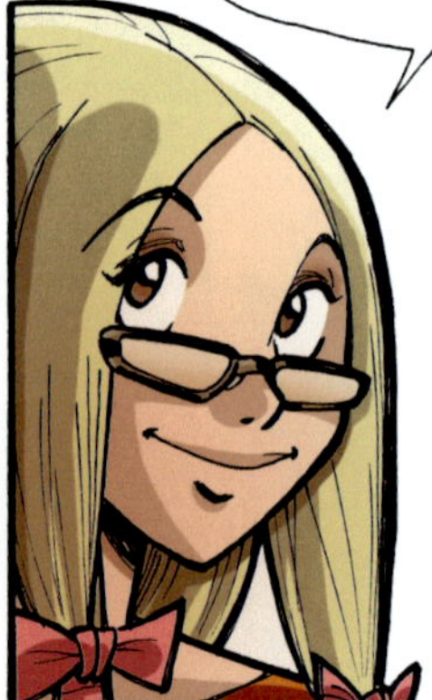
In einer halben Stunde gibt es Abendessen. Komm nicht zu spät! Du magst doch **Grillhähnchen** ...

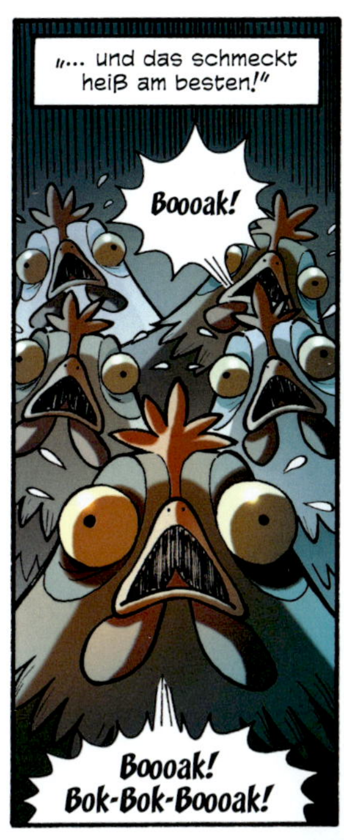
„... und das schmeckt heiß am besten!“
Boooak!
Boooak! Bok-Bok-Boooak!

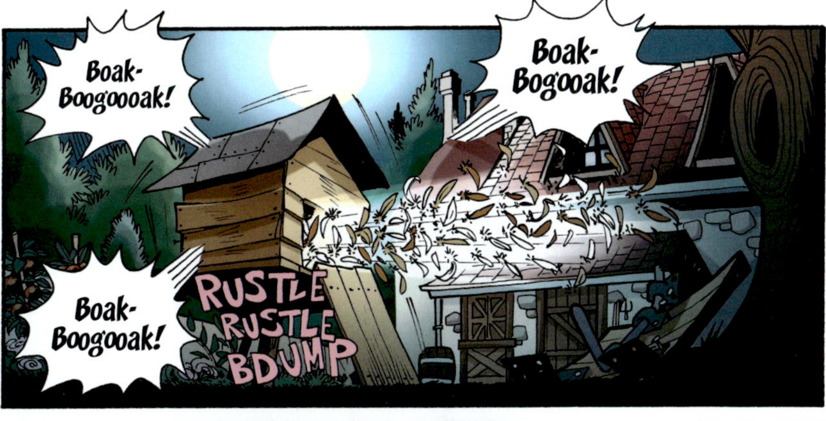
Boak-Boogoooak!
Boak-Bogooak!
Boak-Boogooak!
RUSTLE RUSTLE BDUMP

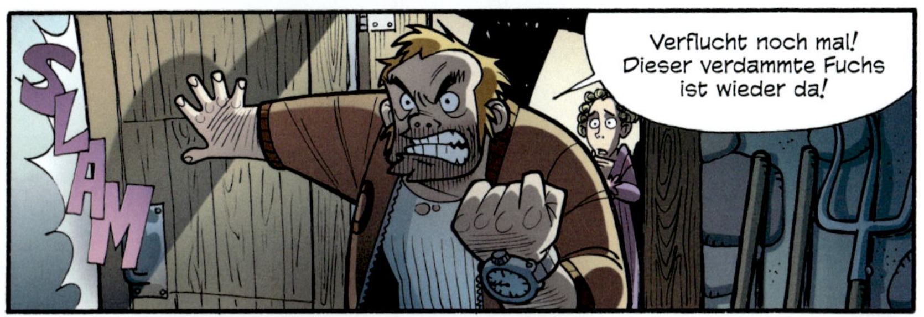
SLAM
Verflucht noch mal! Dieser verdammte Fuchs ist wieder da!

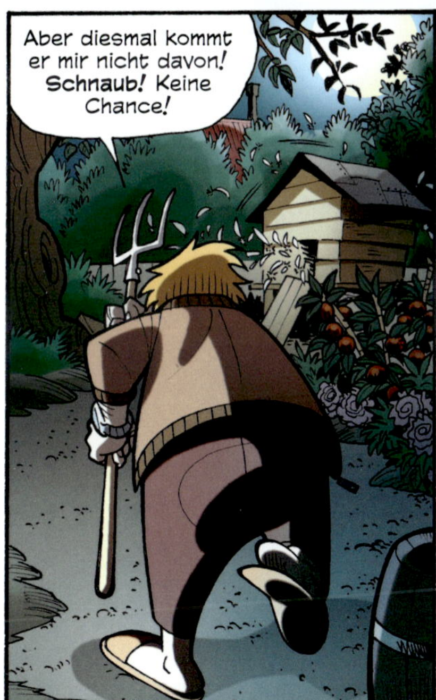
Aber diesmal kommt er mir nicht davon! Schnaub! Keine Chance!

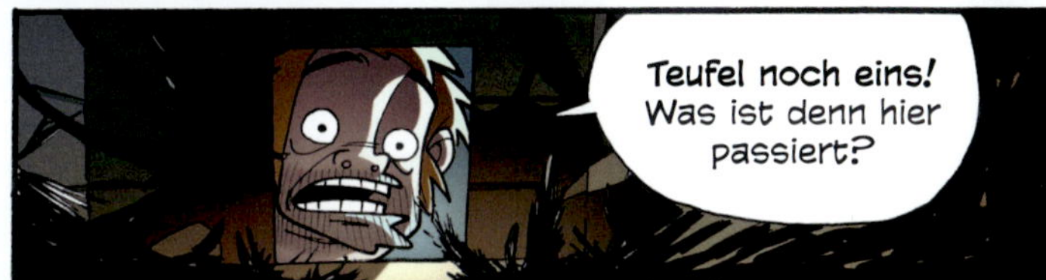
Teufel noch eins! Was ist denn hier passiert?

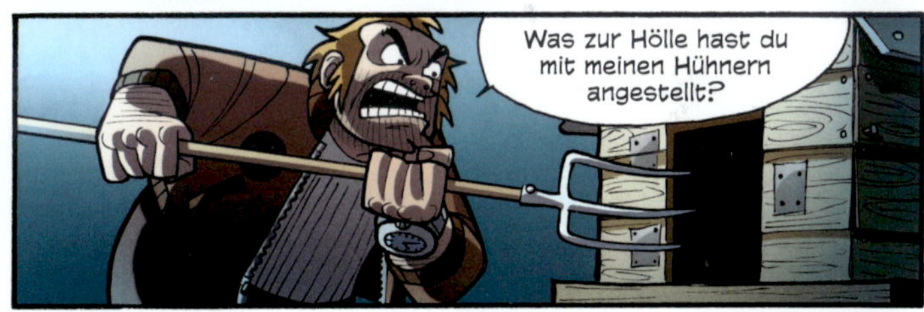
Was zur Hölle hast du mit meinen Hühnern angestellt?

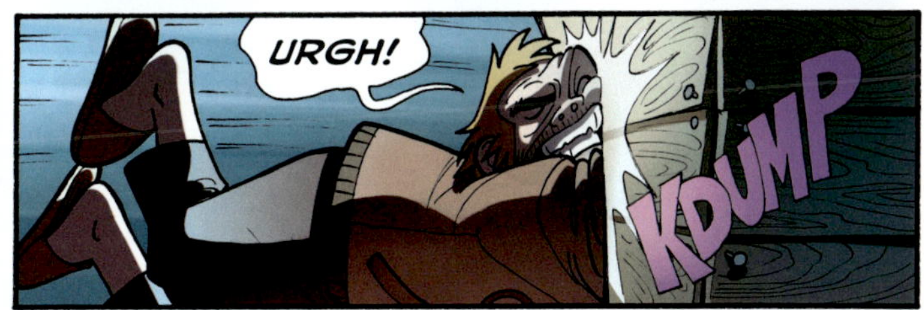
URGH!
KDUMP

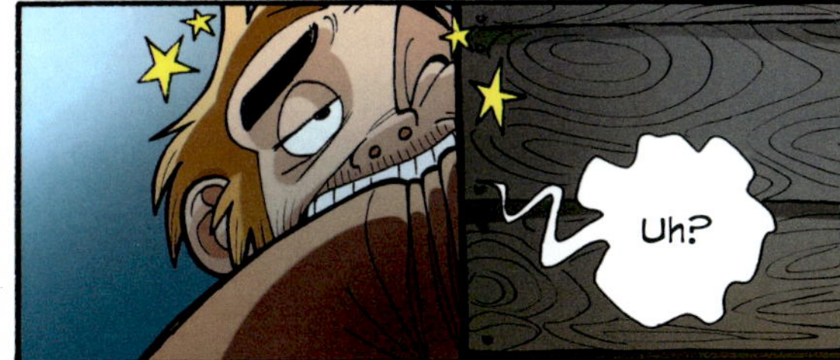
Uh?

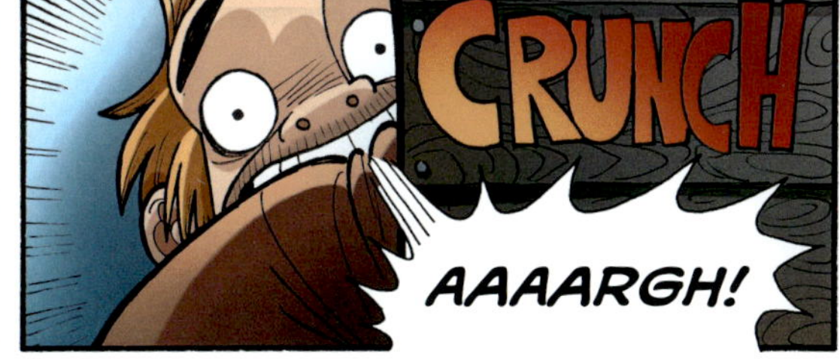
CRUNCH
AAAARGH!

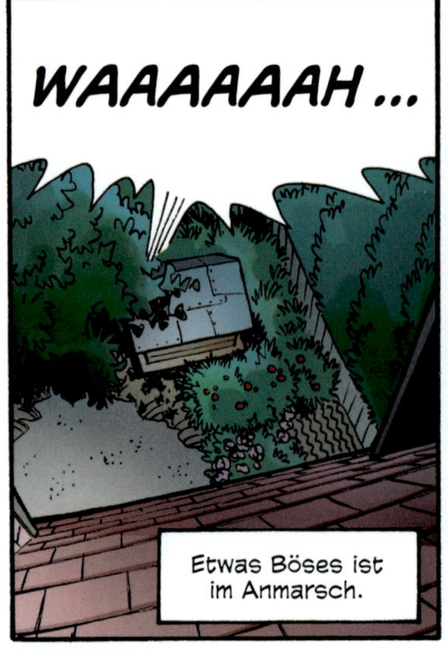
WAAAAAAH ...
Etwas Böses ist im Anmarsch.

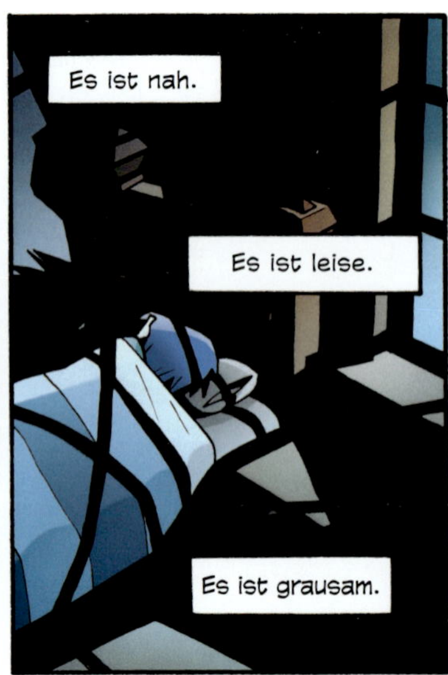
Es ist nah.
Es ist leise.
Es ist grausam.

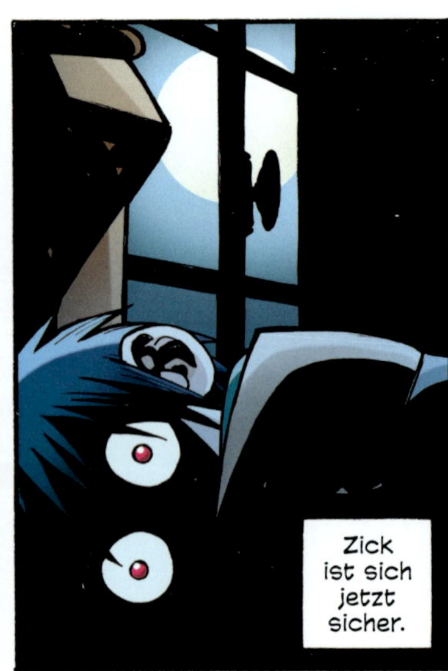
Zick ist sich jetzt sicher.

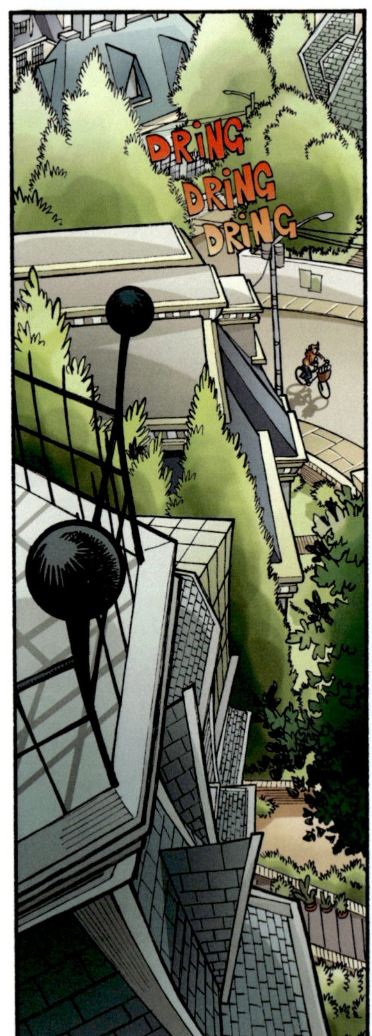
DRING
DRING
DRING

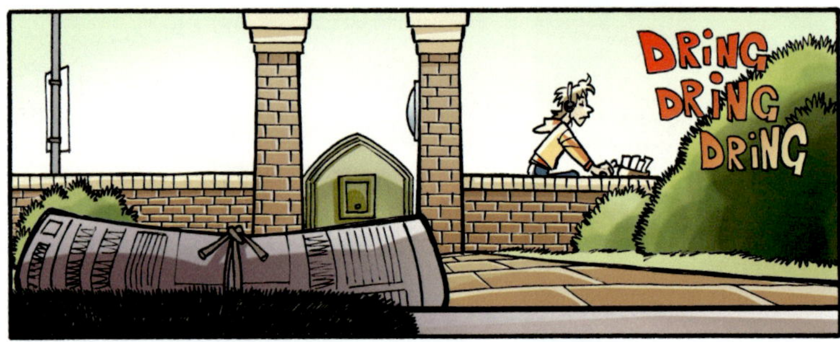
DRING
DRING
DRING

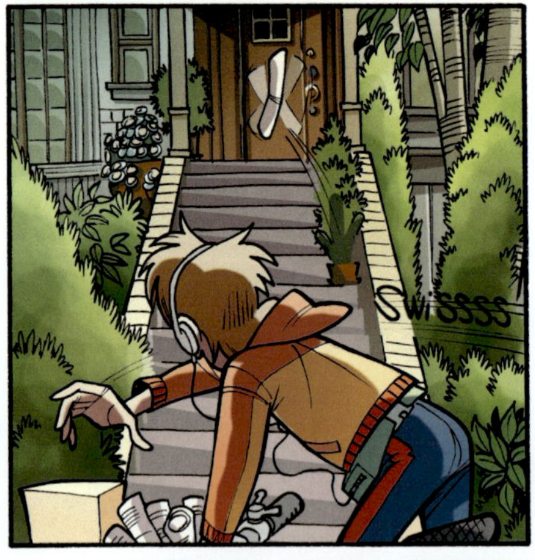
SWISSSS

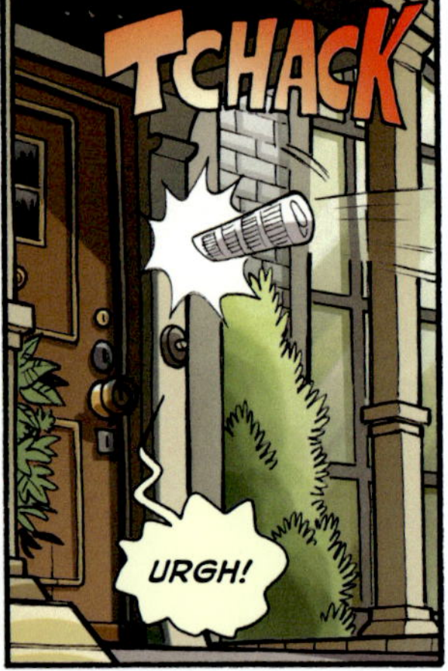
TCHACK
URGH!

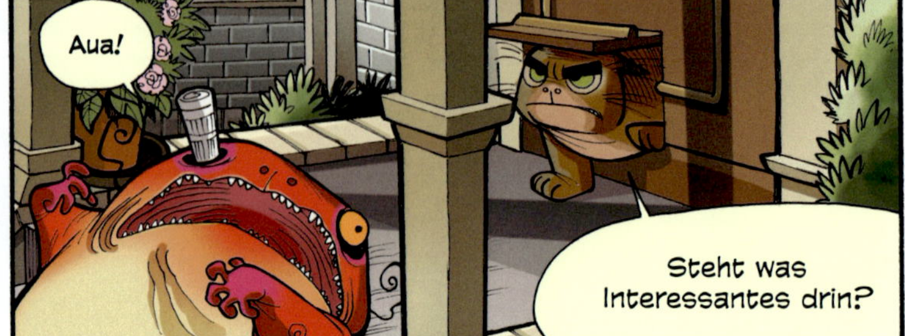
Aua!
Steht was Interessantes drin?

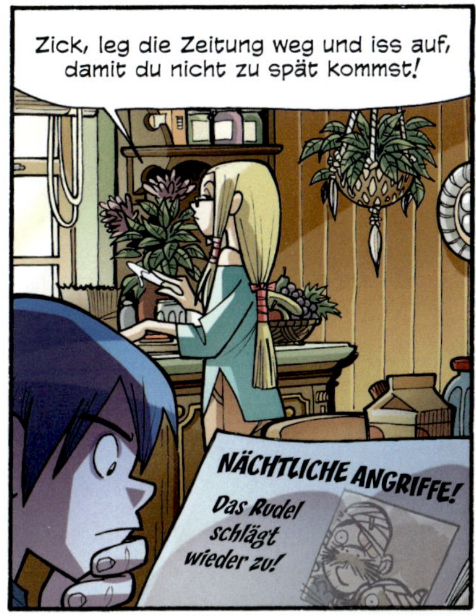
Zick, leg die Zeitung weg und iss auf, damit du nicht zu spät kommst!
NÄCHTLICHE ANGRIFFE!
Das Rudel schlägt wieder zu!

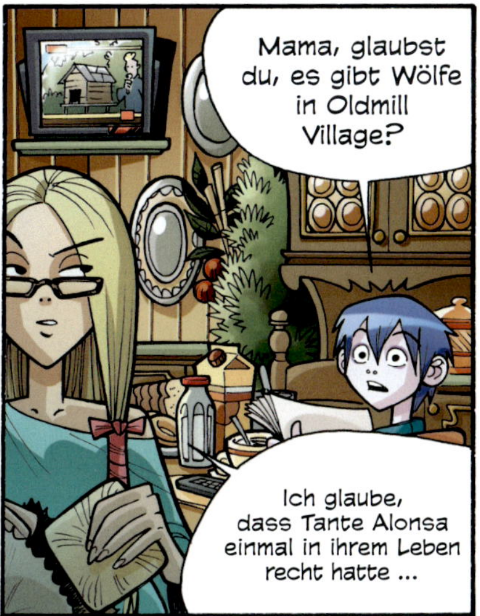
Mama, glaubst du, es gibt Wölfe in Oldmill Village?
Ich glaube, dass Tante Alonsa einmal in ihrem Leben recht hatte ...

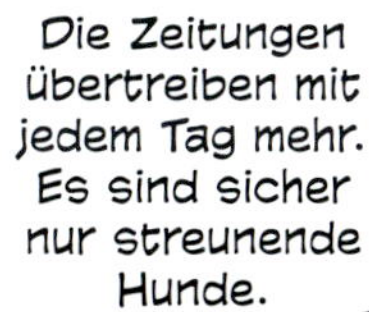
Die Zeitungen übertreiben mit jedem Tag mehr. Es sind sicher nur streunende Hunde.

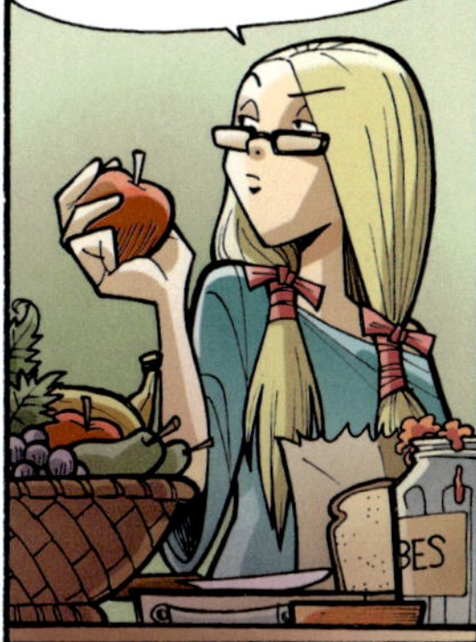

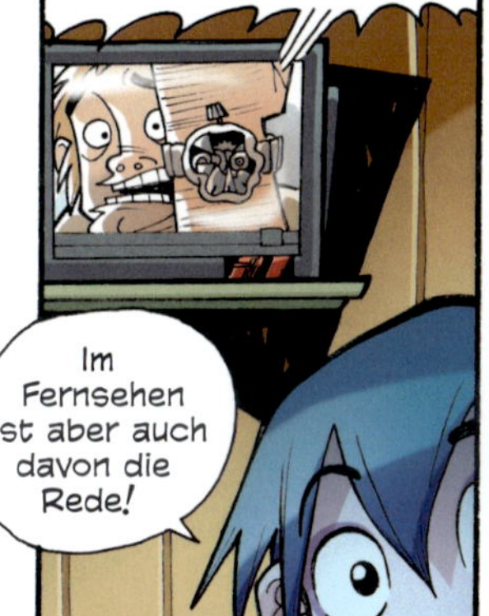
... die Uhr hat mich gerettet! Wenn das Monster nur einen Zentimeter daneben gebissen hätte, wäre ich jetzt Hackfleisch!
Im Fernsehen ist aber auch davon die Rede!

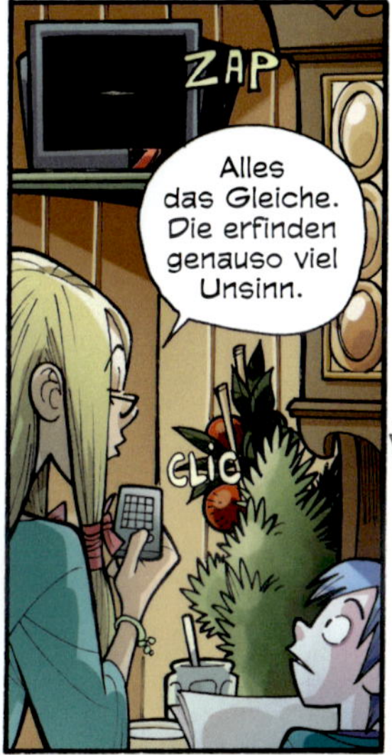
ZAP
Alles das Gleiche. Die erfinden genauso viel Unsinn.
CLIC

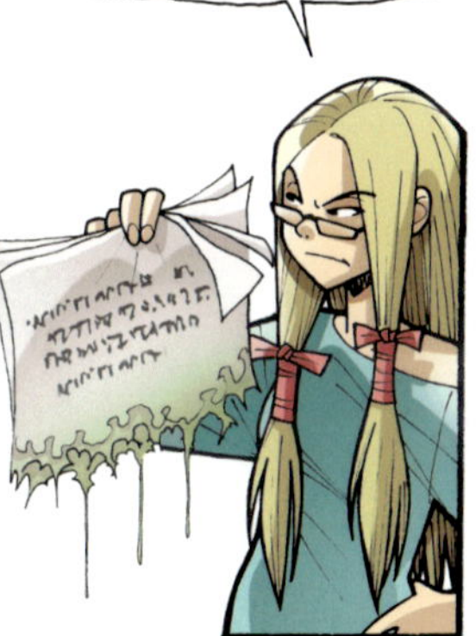
Erinnere mich daran, das Abonnement zu kündigen! Ich zahle für eine **solide gemachte** Zeitung ...

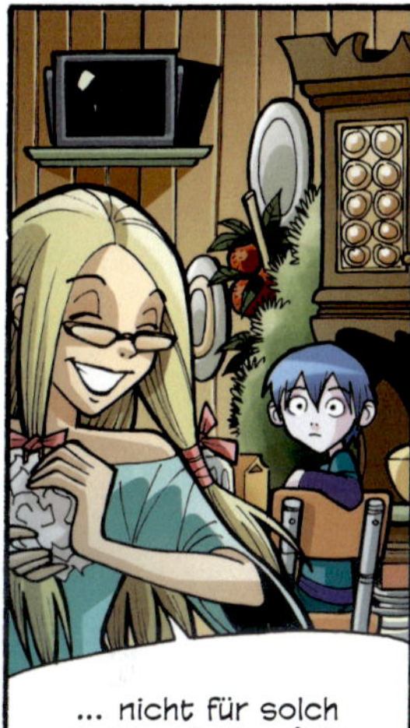
... nicht für solch ein Geschmiere! Bis später, Zick.

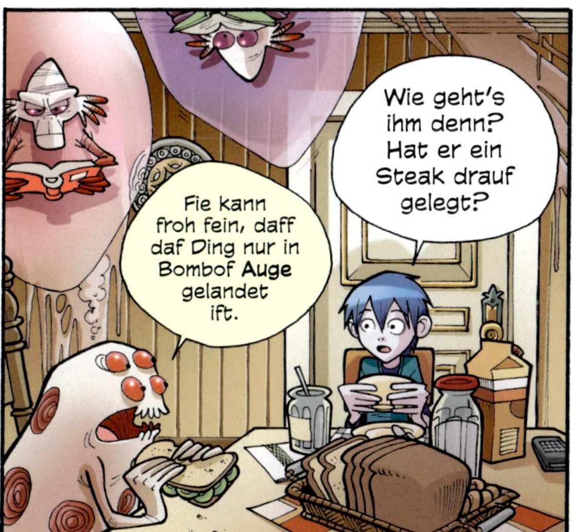
Wie geht's ihm denn? Hat er ein Steak drauf gelegt?
Fie kann froh fein, daff daf Ding nur in Bombof **Auge** gelandet ift.

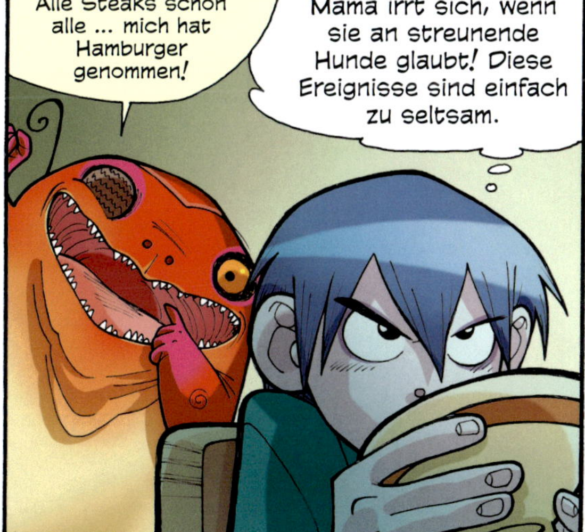
Alle Steaks schon alle ... mich hat Hamburger genommen!
Mama irrt sich, wenn sie an streunende Hunde glaubt! Diese Ereignisse sind einfach zu seltsam.

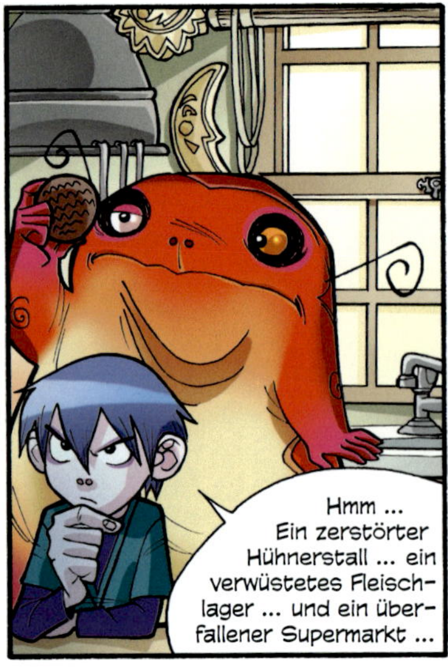
Hmm ...
Ein zerstörter Hühnerstall ... ein verwüstetes Fleischlager ... und ein überfallener Supermarkt ...

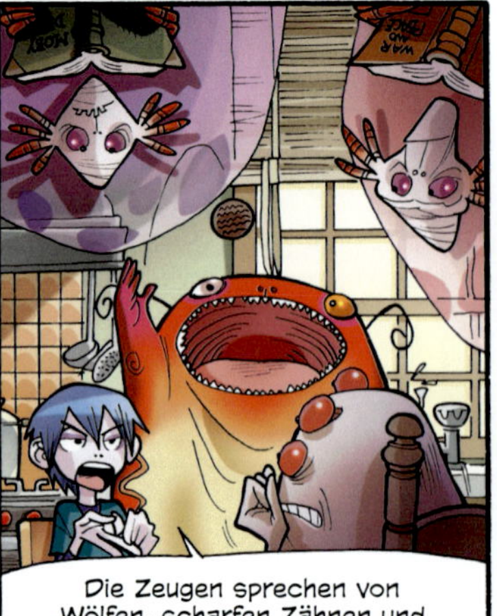
Die Zeugen sprechen von Wölfen, scharfen Zähnen und Klauen ... aber niemand hat etwas gesehen! Türen wurden eingetreten, Gitter eingedrückt ...

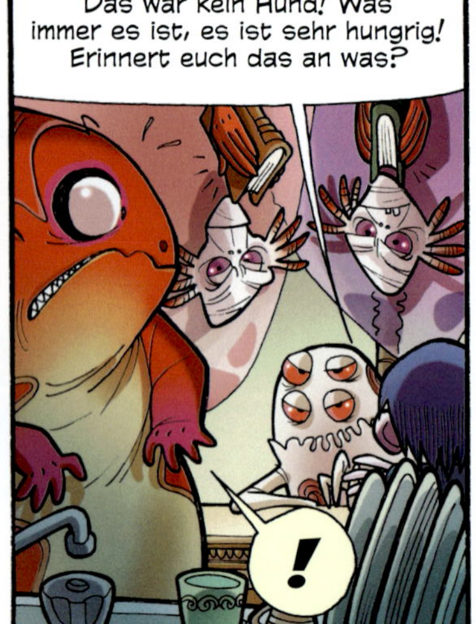
Das war kein Hund! Was immer es ist, es ist sehr hungrig! Erinnert euch das an was?
!

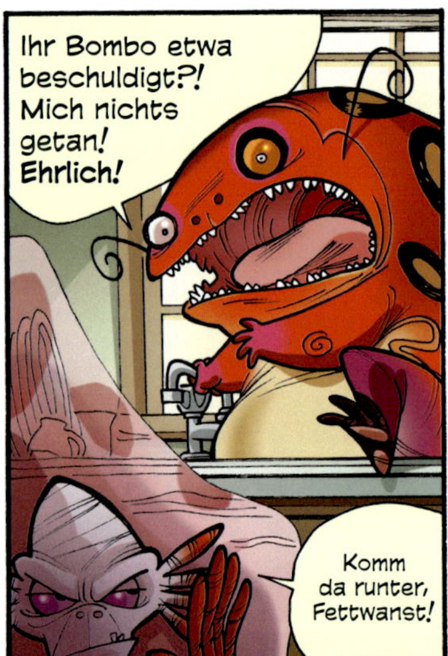
Ihr Bombo etwa beschuldigt?! Mich nichts getan! Ehrlich!
Komm da runter, Fettwanst!

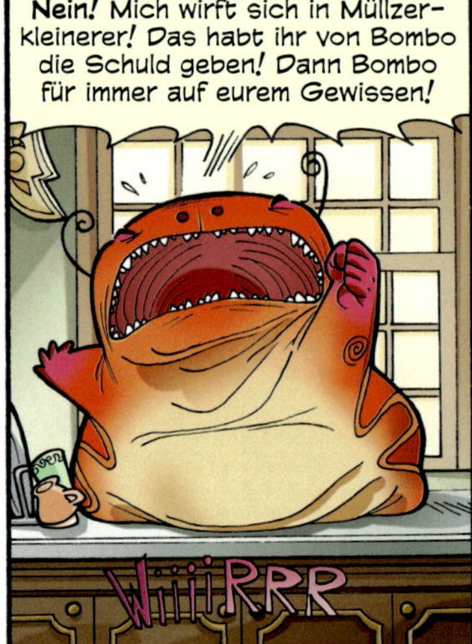
Nein! Mich wirft sich in Müllzerkleinerer! Das habt ihr von Bombo die Schuld geben! Dann Bombo für immer auf eurem Gewissen!
WiiiiRRR

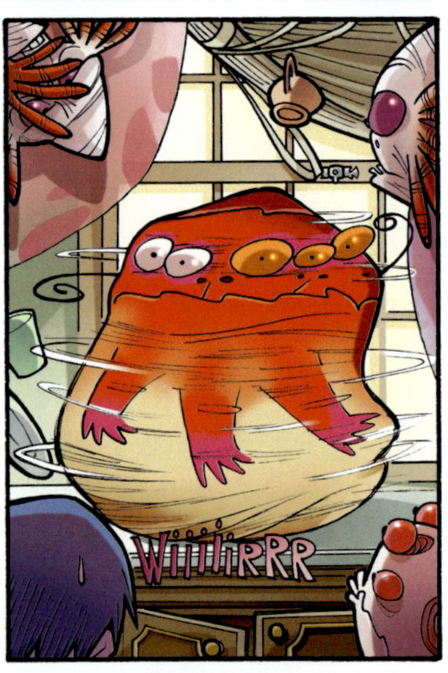
WiiiiRRR

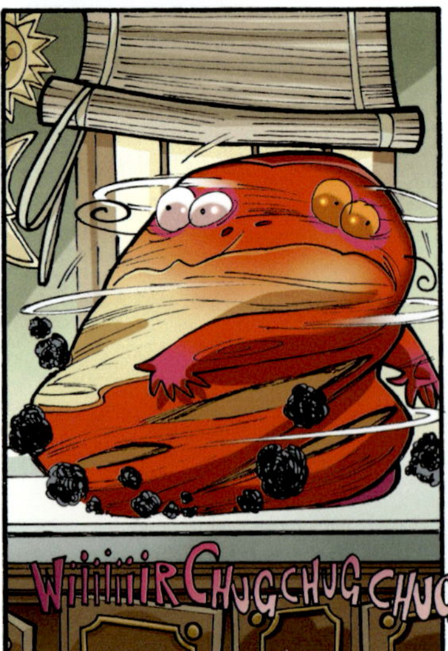
WiiiiiiR CHUG CHUG CHUG

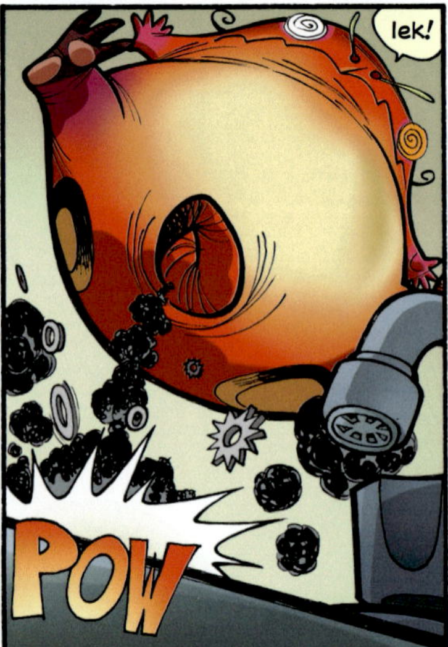
Iek!
POW

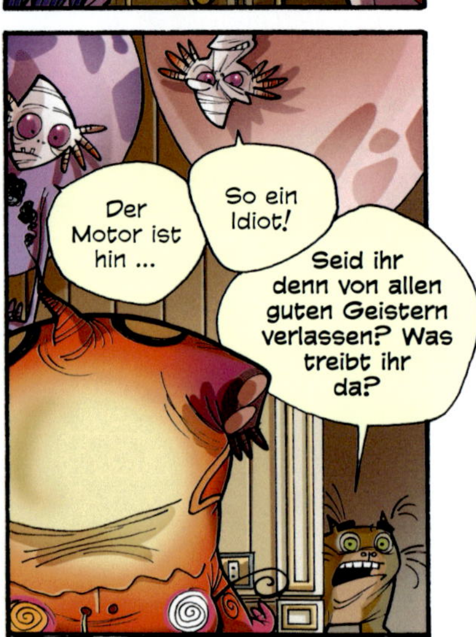
Der Motor ist hin ...
So ein Idiot!
Seid ihr denn von allen guten Geistern verlassen? Was treibt ihr da?

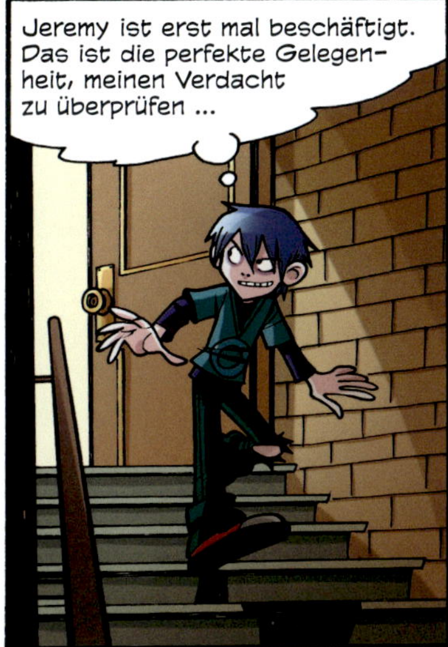
Jeremy ist erst mal beschäftigt. Das ist die perfekte Gelegenheit, meinen Verdacht zu überprüfen ...

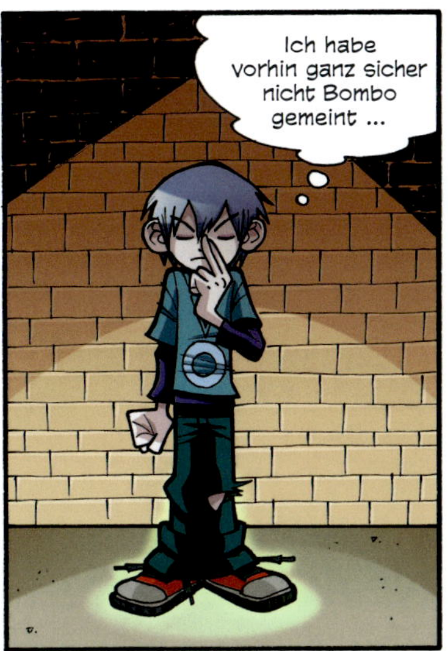
Ich habe vorhin ganz sicher nicht Bombo gemeint ...

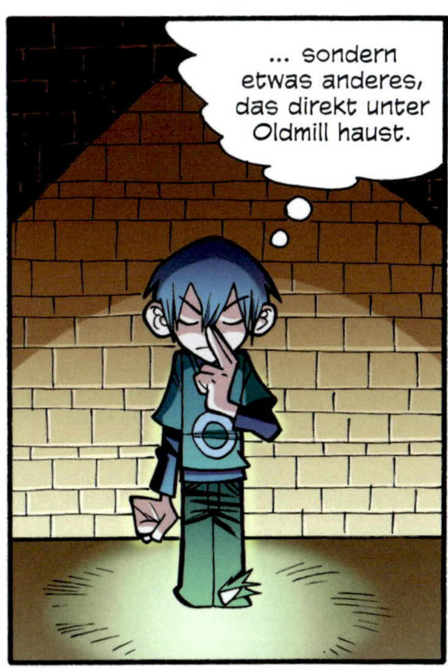
... sondern etwas anderes, das direkt unter Oldmill haust.

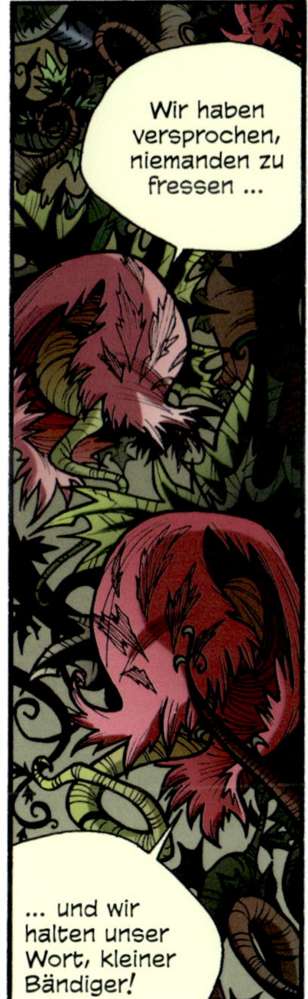
Wir haben versprochen, niemanden zu fressen ...
... und wir halten unser Wort, kleiner Bändiger!

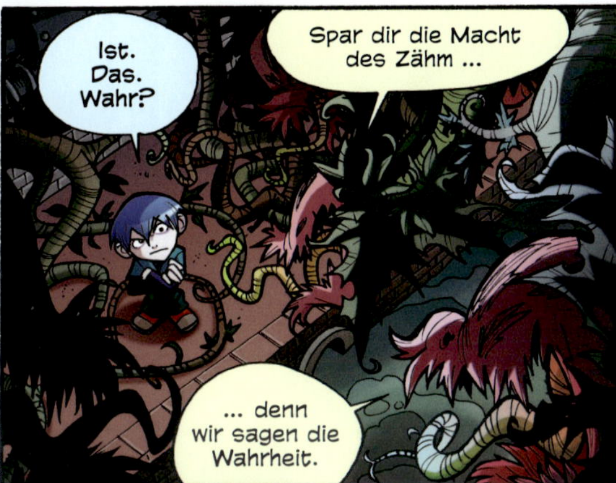
Ist. Das. Wahr?
Spar dir die Macht des Zähm ...
... denn wir sagen die Wahrheit.

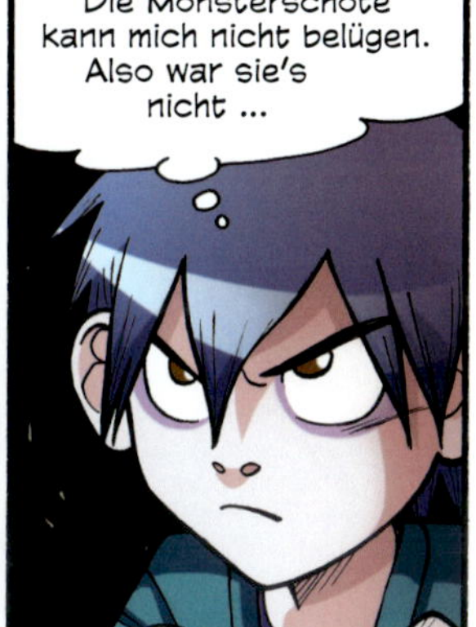
Die Monsterschote kann mich nicht belügen. Also war sie's nicht ...

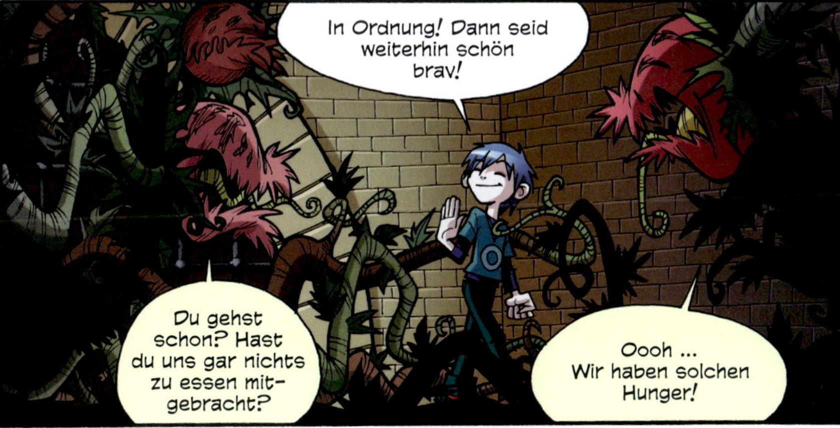
In Ordnung! Dann seid weiterhin schön brav!
Du gehst schon? Hast du uns gar nichts zu essen mitgebracht?
Oooh ... Wir haben solchen Hunger!

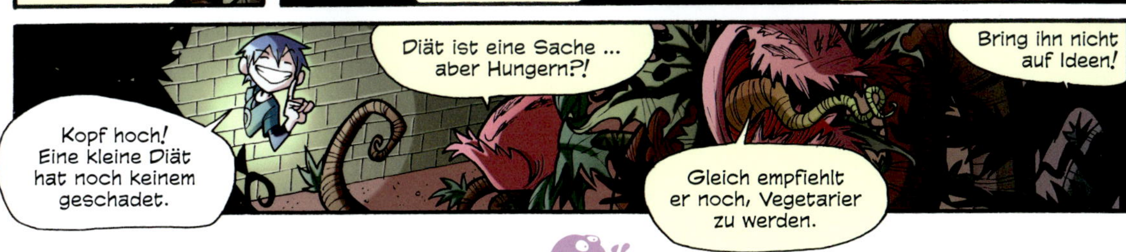
Kopf hoch! Eine kleine Diät hat noch keinem geschadet.
Diät ist eine Sache ... aber Hungern?!
Bring ihn nicht auf Ideen!
Gleich empfiehlt er noch, Vegetarier zu werden.

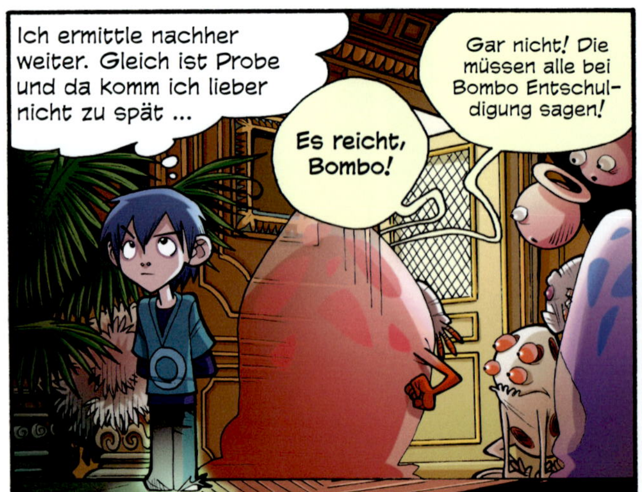
Ich ermittle nachher weiter. Gleich ist Probe und da komm ich lieber nicht zu spät ...
Es reicht, Bombo!
Gar nicht! Die müssen alle bei Bombo Entschuldigung sagen!

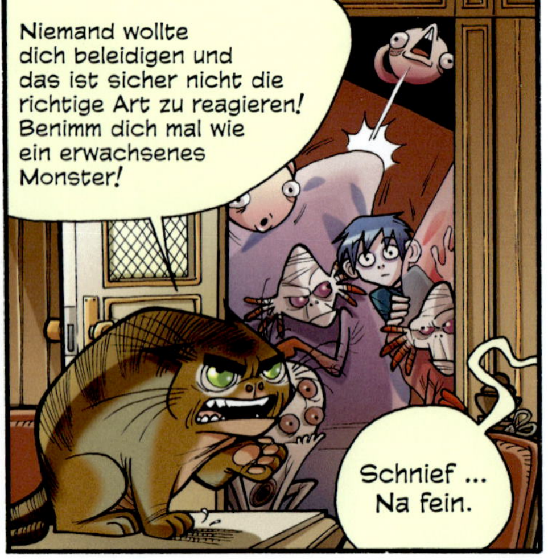
Niemand wollte dich beleidigen und das ist sicher nicht die richtige Art zu reagieren! Benimm dich mal wie ein erwachsenes Monster!
Schnief ... Na fein.

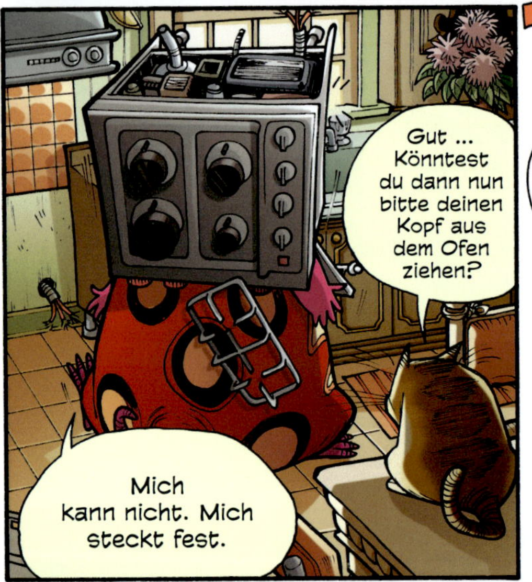
Gut ... Könntest du dann nun bitte deinen Kopf aus dem Ofen ziehen?
Mich kann nicht. Mich steckt fest.

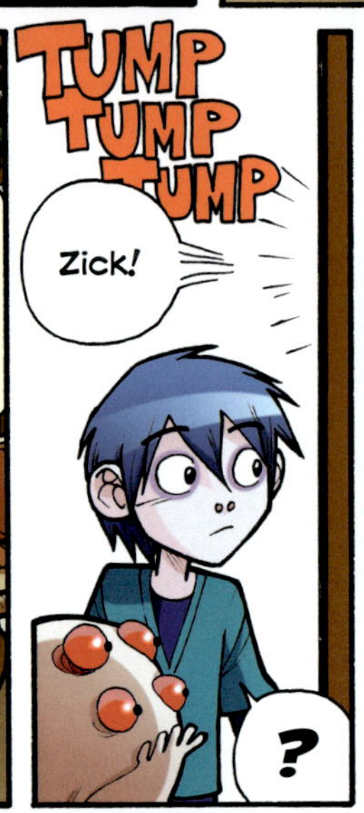
TUMP TUMP TUMP
Zick!
?

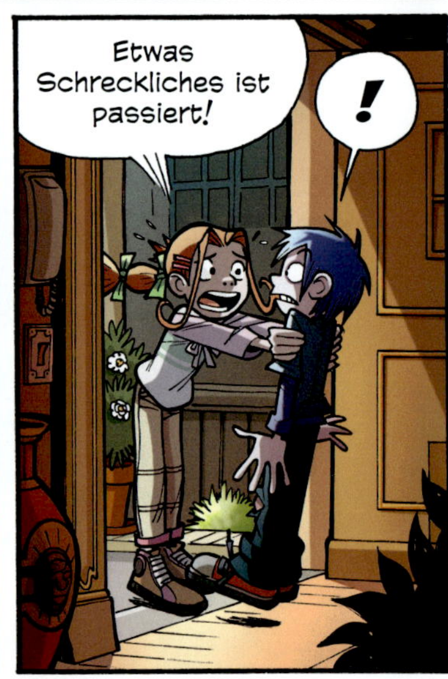
Etwas Schreckliches ist passiert!
!

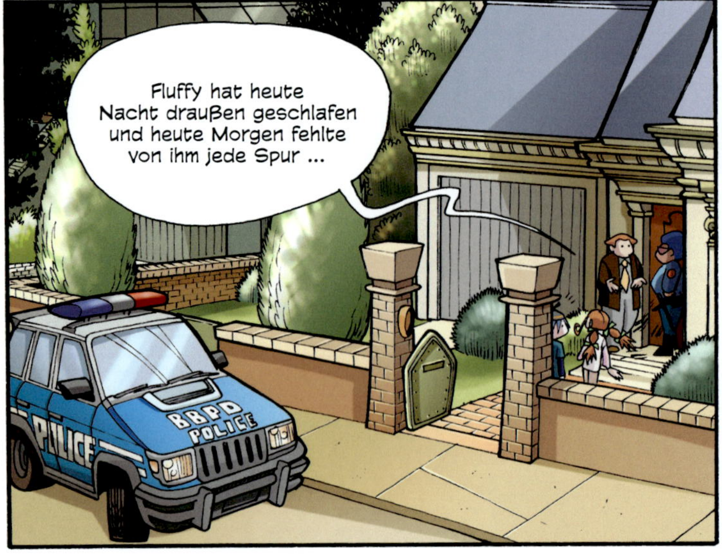
Fluffy hat heute Nacht draußen geschlafen und heute Morgen fehlte von ihm jede Spur ...
BBPD POLICE
POLICE

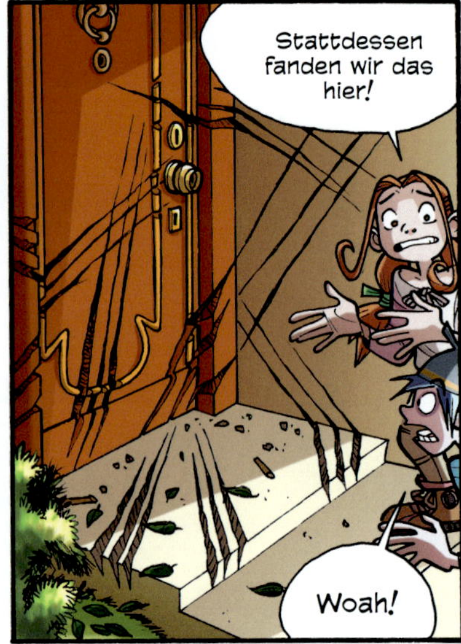
Stattdessen fanden wir das hier!
Woah!

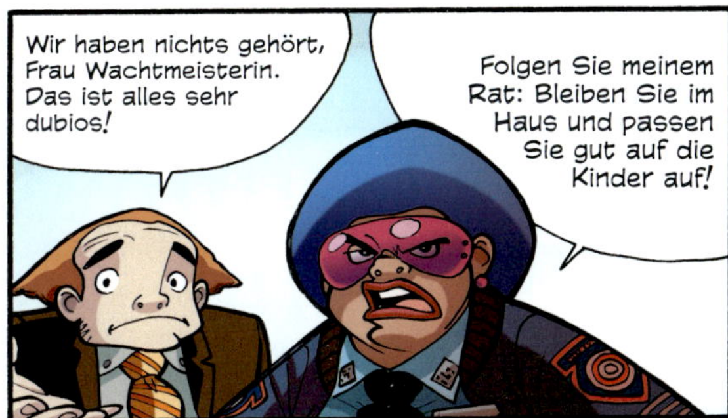
Wir haben nichts gehört, Frau Wachtmeisterin. Das ist alles sehr dubios!
Folgen Sie meinem Rat: Bleiben Sie im Haus und passen Sie gut auf die Kinder auf!

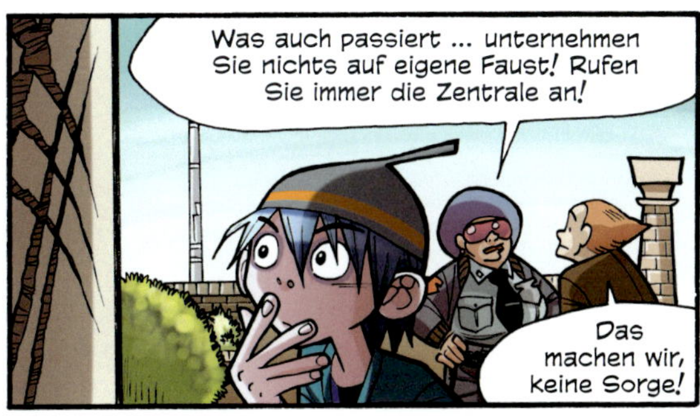
Was auch passiert ... unternehmen Sie nichts auf eigene Faust! Rufen Sie immer die Zentrale an!
Das machen wir, keine Sorge!

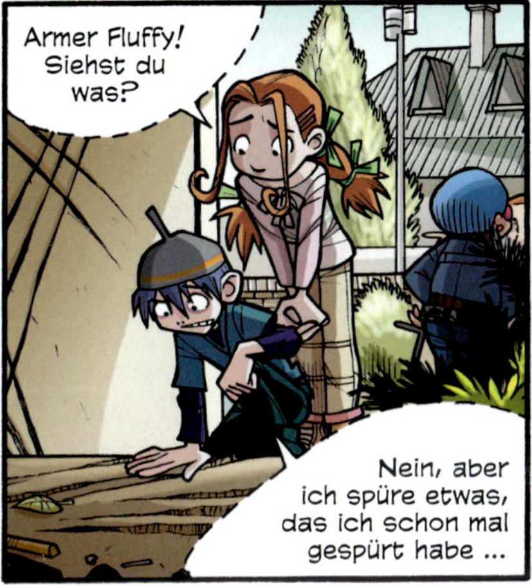
Armer Fluffy! Siehst du was?
Nein, aber ich spüre etwas, das ich schon mal gespürt habe ...

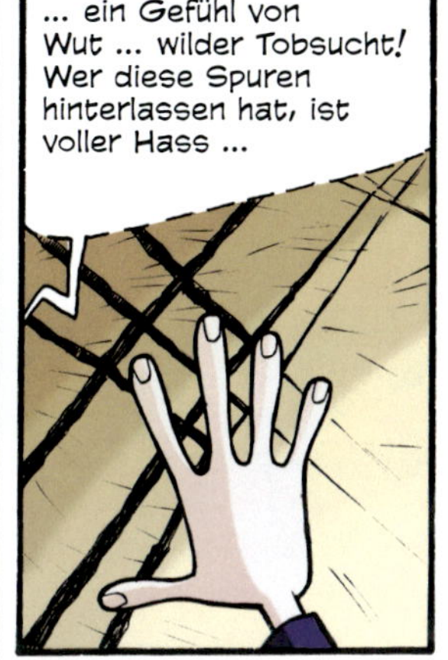
... ein Gefühl von Wut ... wilder Tobsucht! Wer diese Spuren hinterlassen hat, ist voller Hass ...

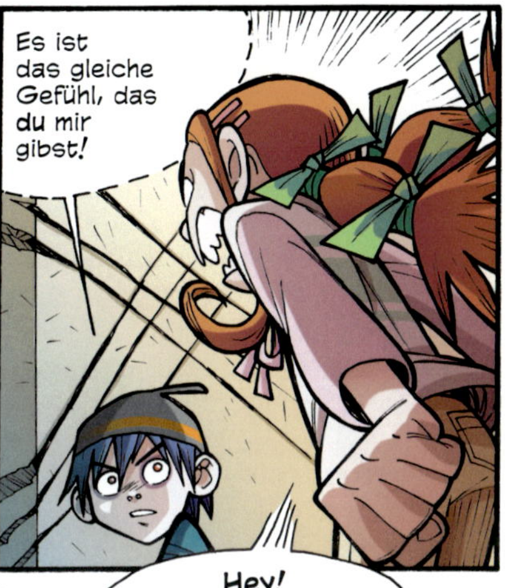
Es ist das gleiche Gefühl, das du mir gibst!

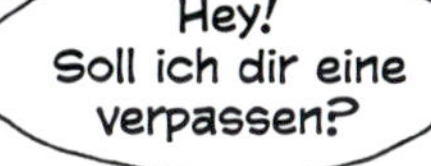
Hey! Soll ich dir eine verpassen?

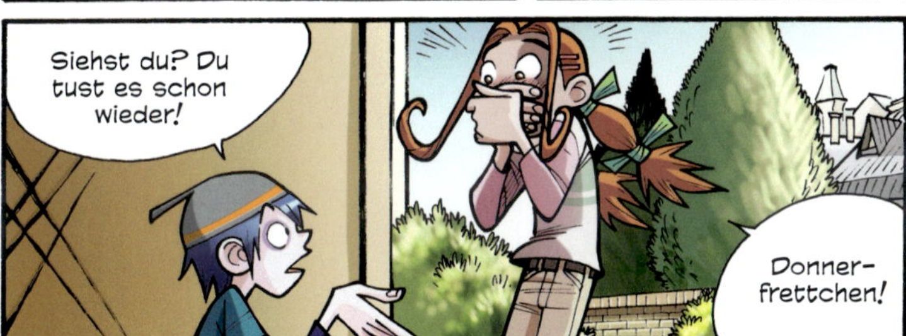
Siehst du? Du tust es schon wieder!
Donner-frettchen!

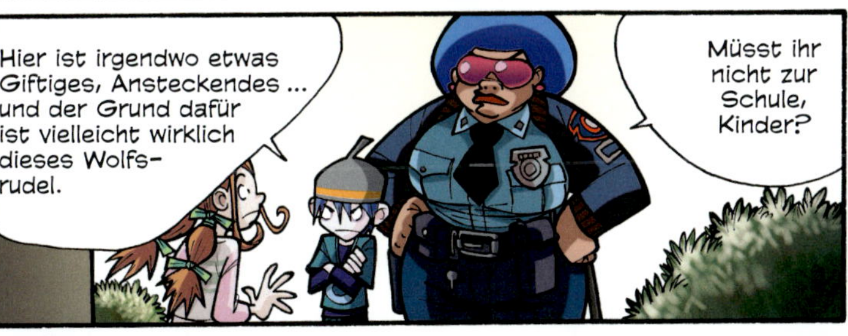
Hier ist irgendwo etwas Giftiges, Ansteckendes ... und der Grund dafür ist vielleicht wirklich dieses Wolfs-rudel.
Müsst ihr nicht zur Schule, Kinder?

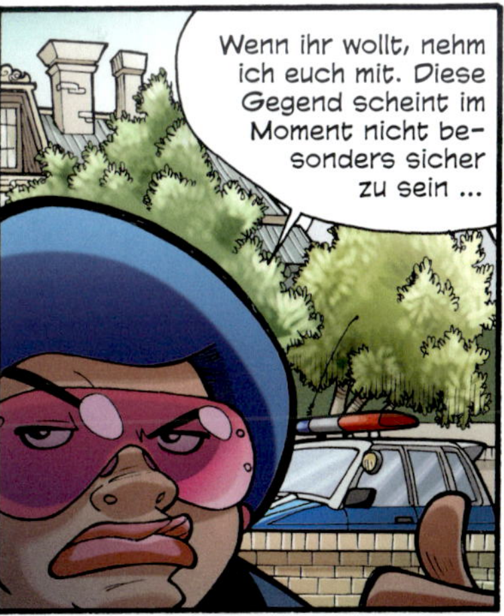
Wenn ihr wollt, nehm ich euch mit. Diese Gegend scheint im Moment nicht be-sonders sicher zu sein ...

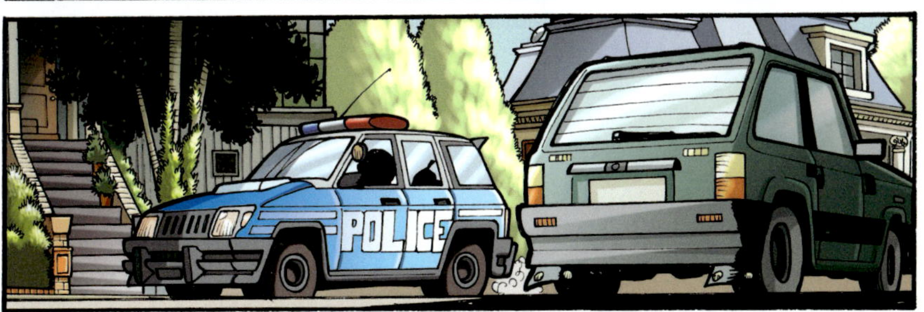
POLICE

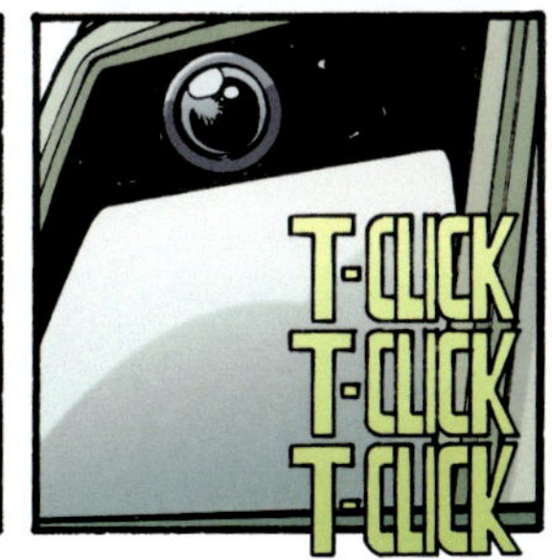
T-CLICK
T-CLICK
T-CLICK

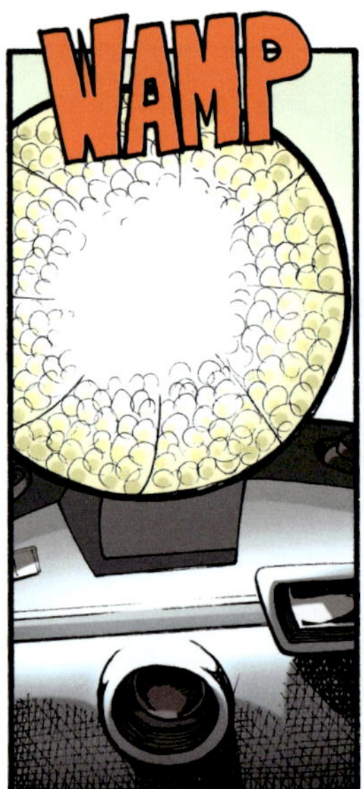
WAMP

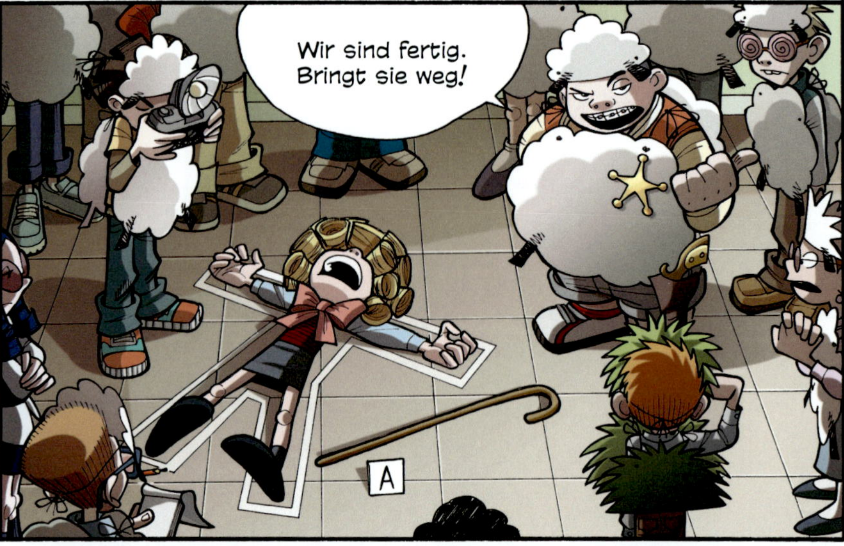
Wir sind fertig. Bringt sie weg!
A

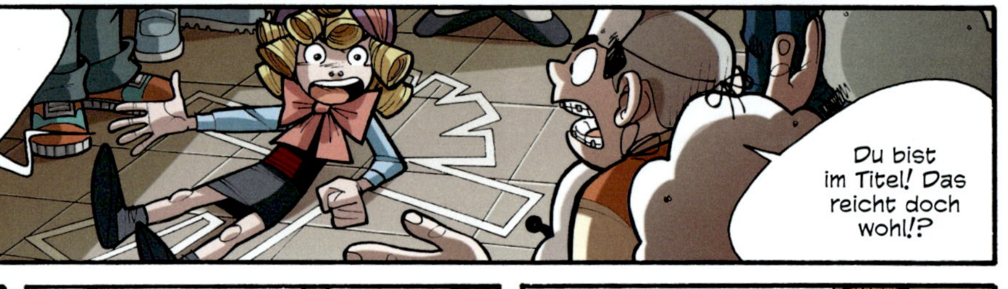
„Weg"? Was heißt hier „weg"? Ich hab nicht mal einen winzigen Text zu sagen? Ihr habt doch gemeint, ich sei der **Star!**
Du bist im Titel! Das reicht doch wohl!?

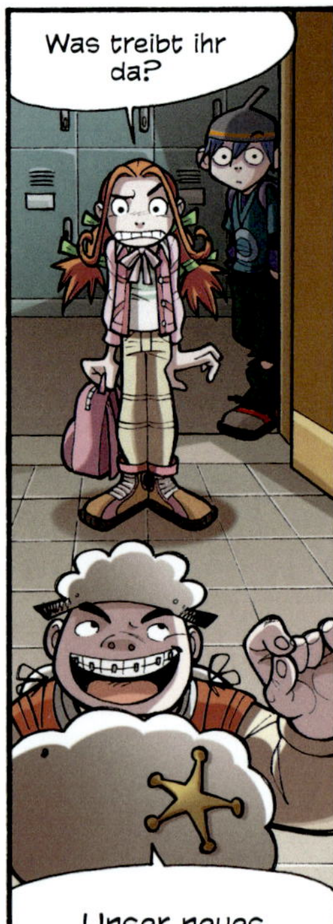
Was treibt ihr da?
Unser neues Stück proben. Du bist nicht die Einzige mit tollen Ideen.

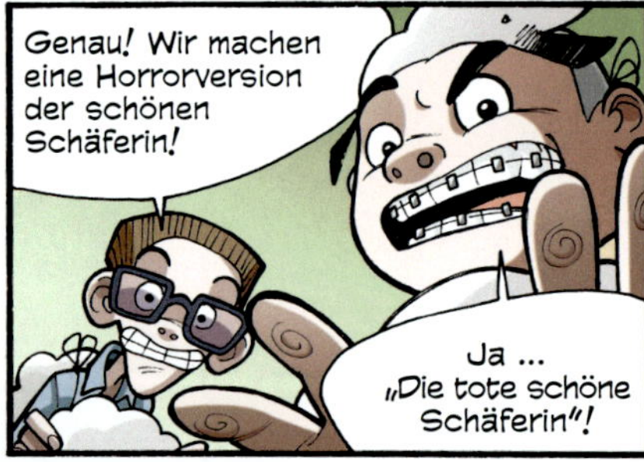
Genau! Wir machen eine Horrorversion der schönen Schäferin!
Ja ... „Die tote schöne Schäferin"!

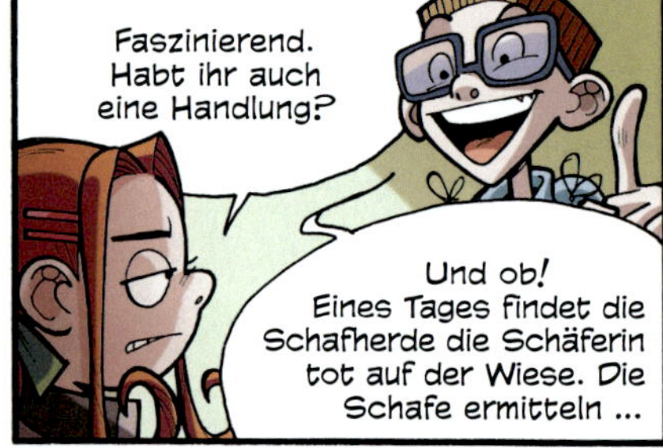
Faszinierend. Habt ihr auch eine Handlung?
Und ob! Eines Tages findet die Schafherde die Schäferin tot auf der Wiese. Die Schafe ermitteln ...

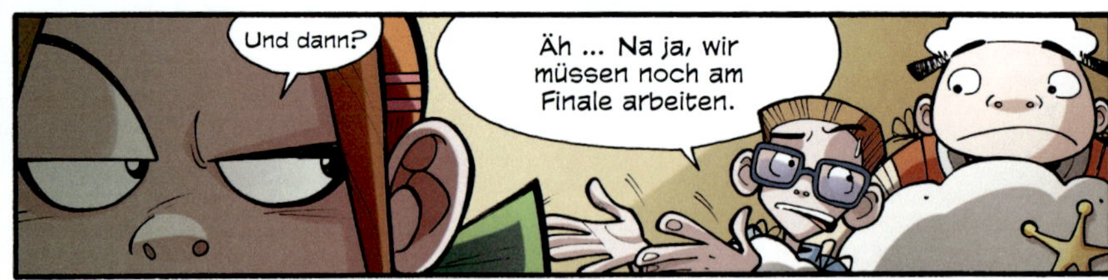
Und dann?
Äh ... Na ja, wir müssen noch am Finale arbeiten.

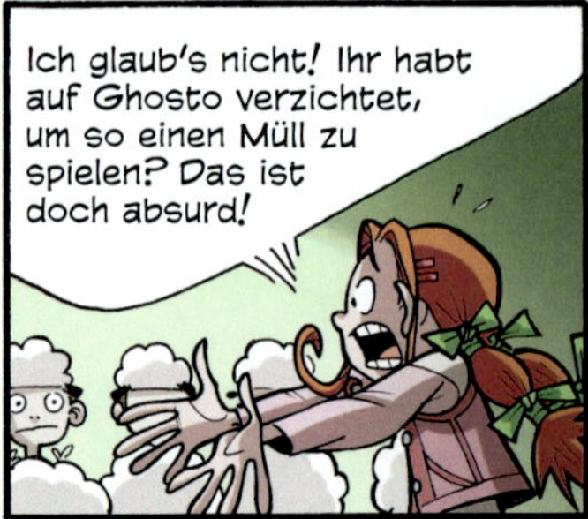
Ich glaub's nicht! Ihr habt auf Ghosto verzichtet, um so einen Müll zu spielen? Das ist doch absurd!

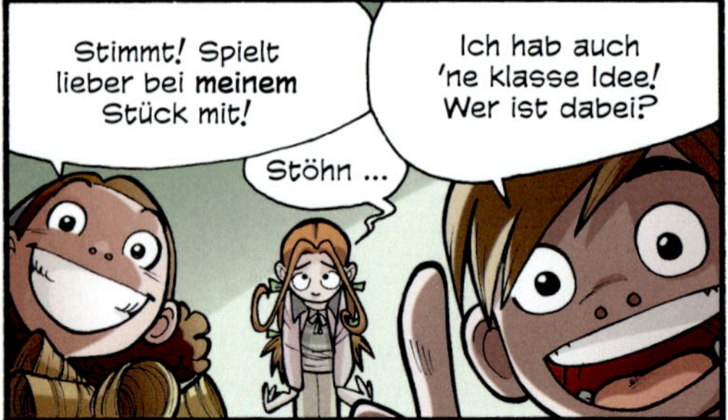
Stimmt! Spielt lieber bei **meinem** Stück mit!
Ich hab auch 'ne klasse Idee! Wer ist dabei?
Stöhn ...

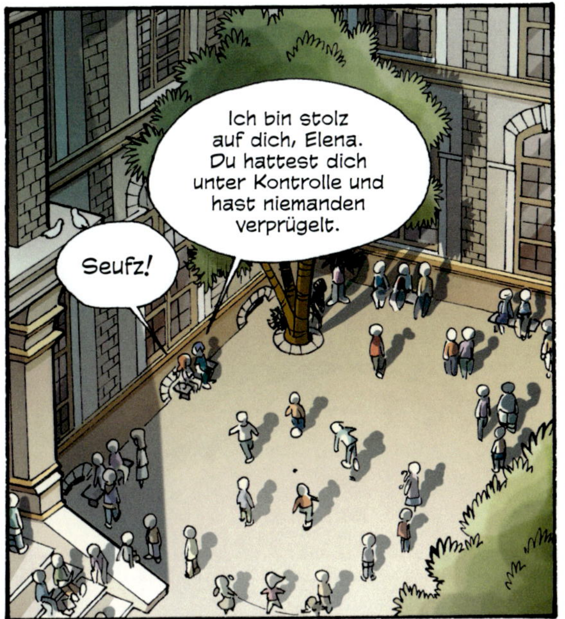
Ich bin stolz auf dich, Elena. Du hattest dich unter Kontrolle und hast niemanden verprügelt.
Seufz!

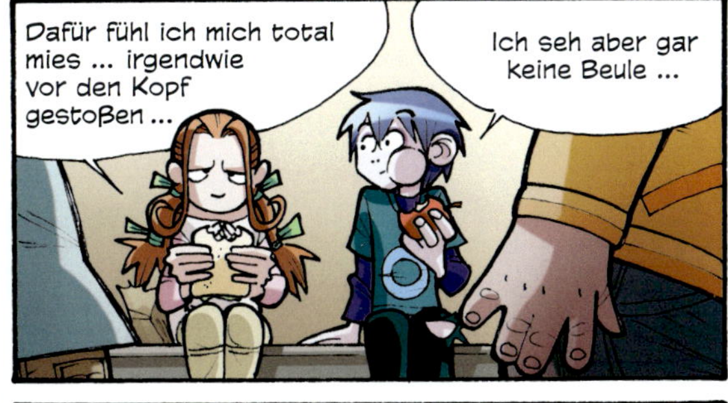
Dafür fühl ich mich total mies ... irgendwie vor den Kopf gestoßen ...
Ich seh aber gar keine Beule ...

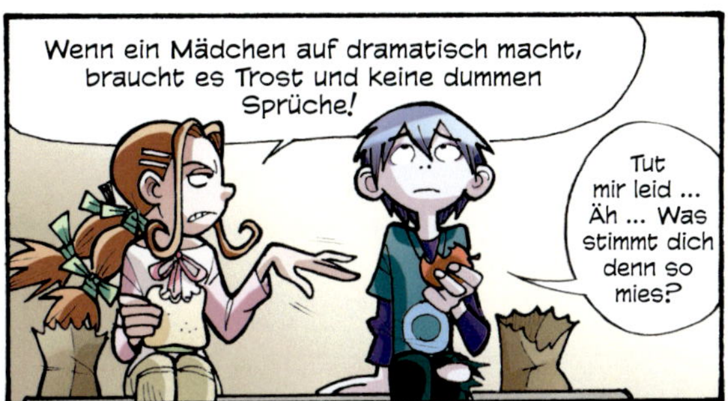
Wenn ein Mädchen auf dramatisch macht, braucht es Trost und keine dummen Sprüche!
Tut mir leid ... Äh ... Was stimmt dich denn so mies?

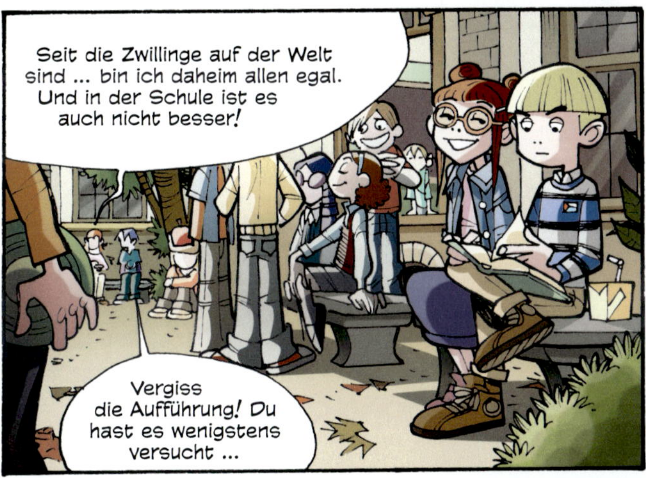
Seit die Zwillinge auf der Welt sind ... bin ich daheim allen egal. Und in der Schule ist es auch nicht besser!
Vergiss die Aufführung! Du hast es wenigstens versucht ...

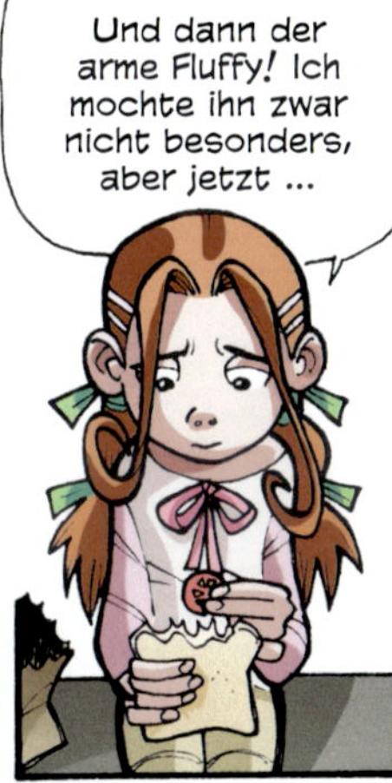
Und dann der arme Fluffy! Ich mochte ihn zwar nicht besonders, aber jetzt ...

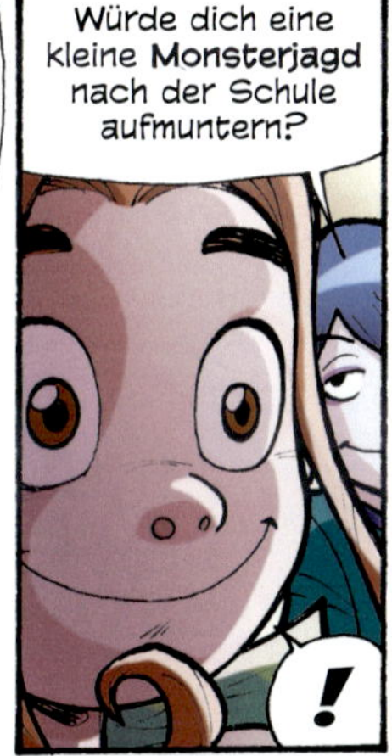
Würde dich eine kleine **Monsterjagd** nach der Schule aufmuntern?
!

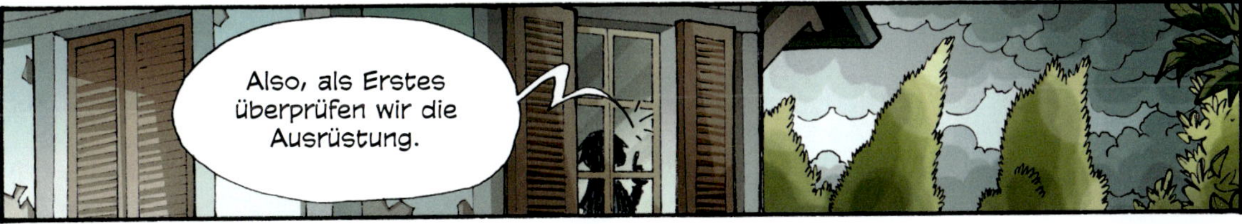
Also, als Erstes überprüfen wir die Ausrüstung.

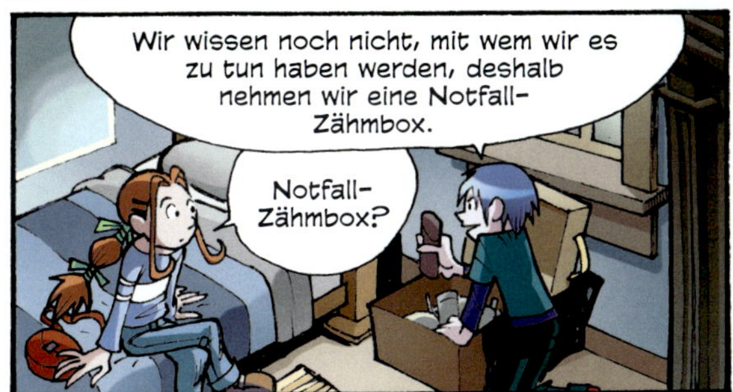
Wir wissen noch nicht, mit wem wir es zu tun haben werden, deshalb nehmen wir eine Notfall-Zähmbox.
Notfall-Zähmbox?

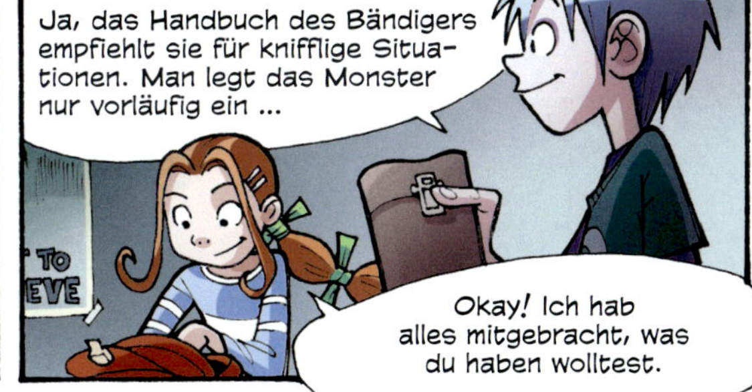
Ja, das Handbuch des Bändigers empfiehlt sie für knifflige Situationen. Man legt das Monster nur vorläufig ein ...
Okay! Ich hab alles mitgebracht, was du haben wolltest.

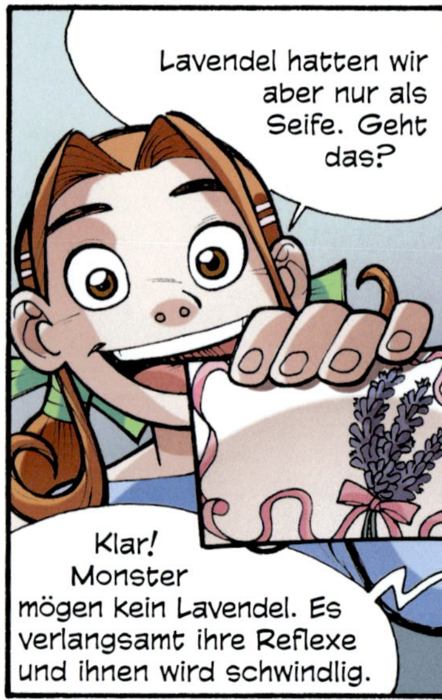
Lavendel hatten wir aber nur als Seife. Geht das?
Klar! Monster mögen kein Lavendel. Es verlangsamt ihre Reflexe und ihnen wird schwindlig.

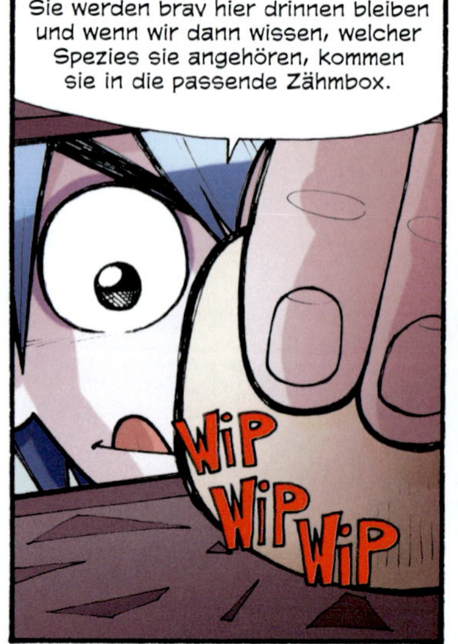
Sie werden brav hier drinnen bleiben und wenn wir dann wissen, welcher Spezies sie angehören, kommen sie in die passende Zähmbox.
WIP WIP WIP

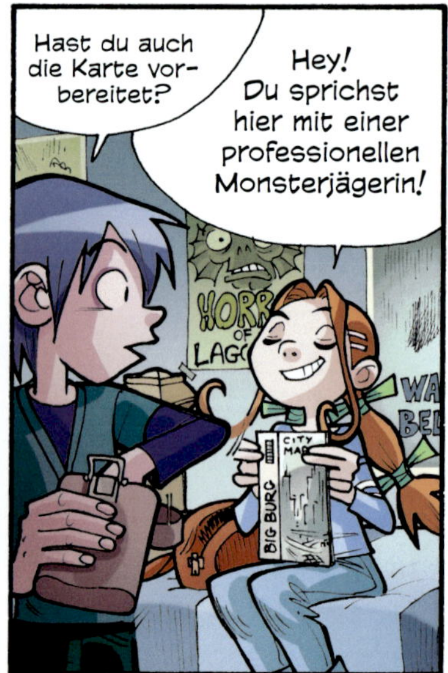
Hast du auch die Karte vorbereitet?
Hey! Du sprichst hier mit einer professionellen Monsterjägerin!
CITY MAP
BIG BURG

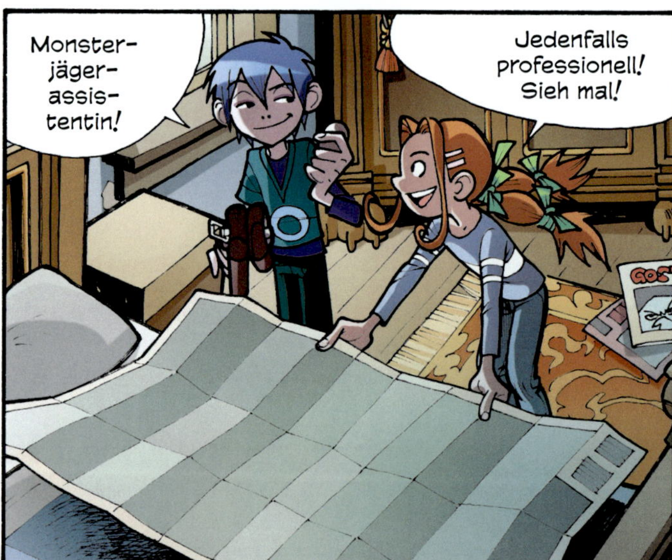
Monsterjägerassistentin!
Jedenfalls professionell! Sieh mal!

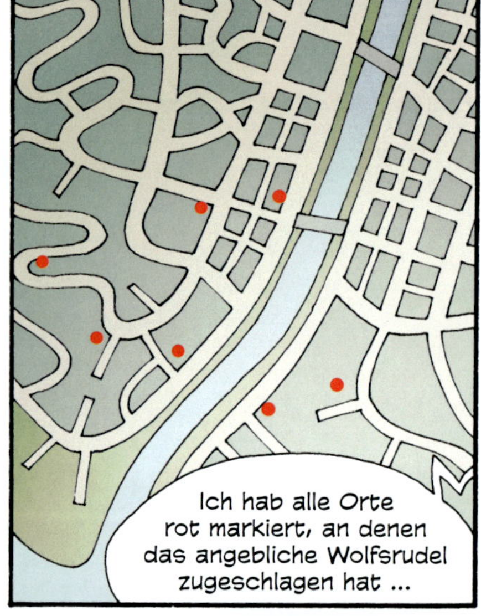
Ich hab alle Orte rot markiert, an denen das angebliche Wolfsrudel zugeschlagen hat ...

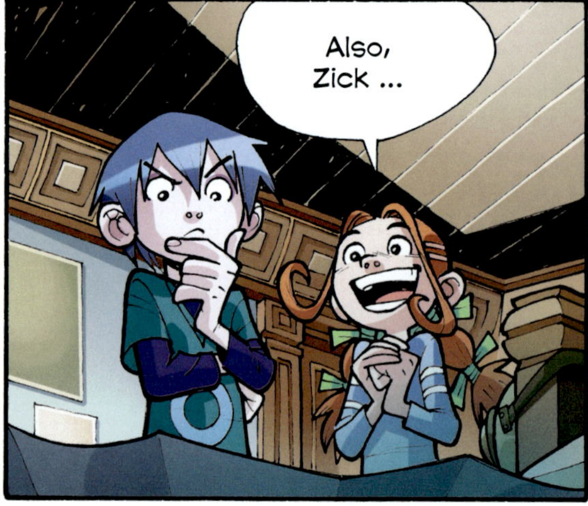
Also, Zick ...

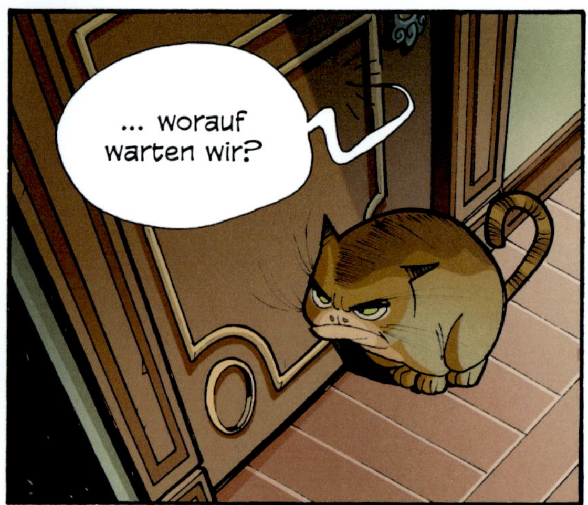
... worauf warten wir?

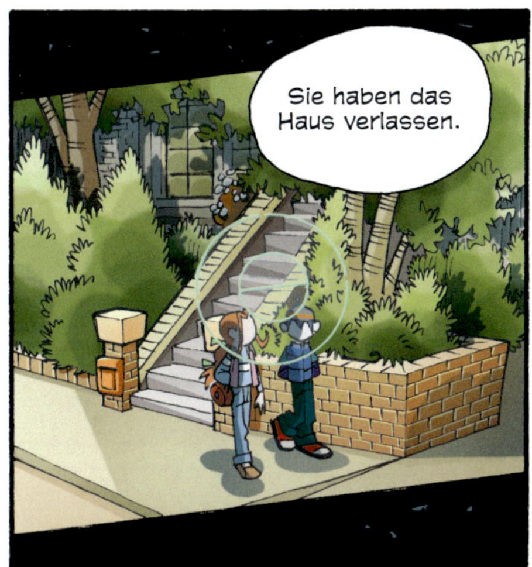
Sie haben das
Haus verlassen.

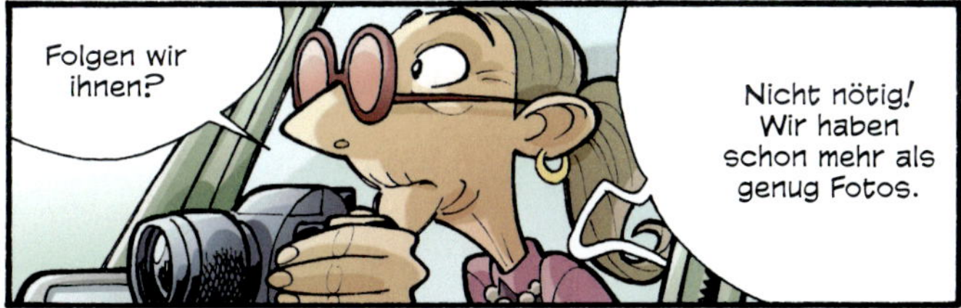
Folgen wir
ihnen?
Nicht nötig!
Wir haben
schon mehr als
genug Fotos.

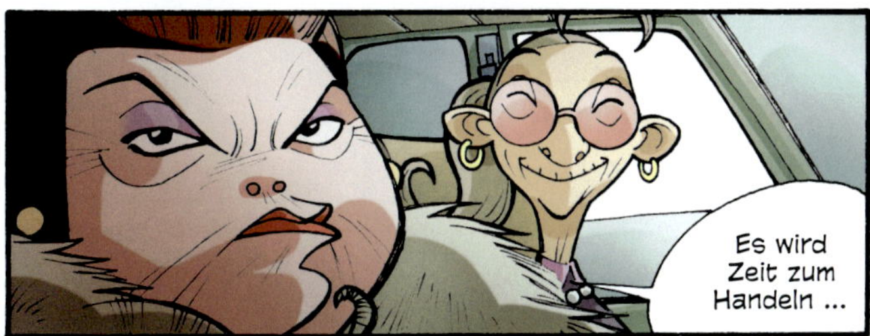
Es wird
Zeit zum
Handeln ...

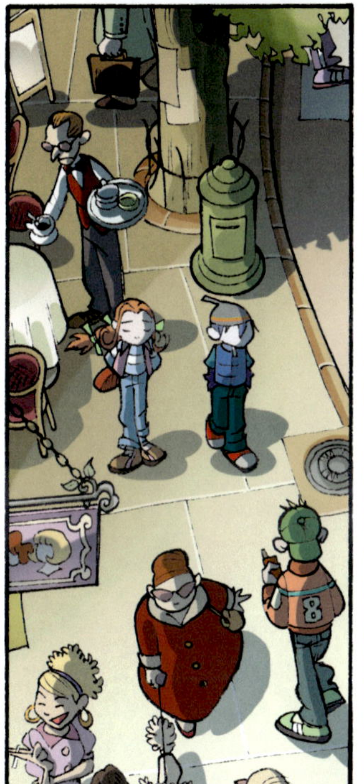

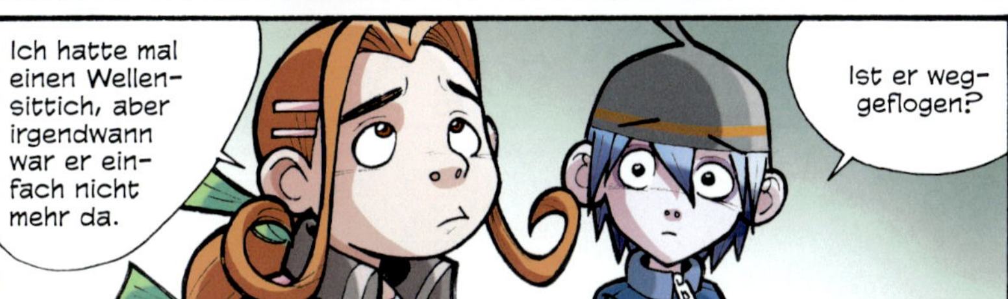
Ich hatte mal einen Wellensittich, aber irgendwann war er einfach nicht mehr da.
Ist er weggeflogen?

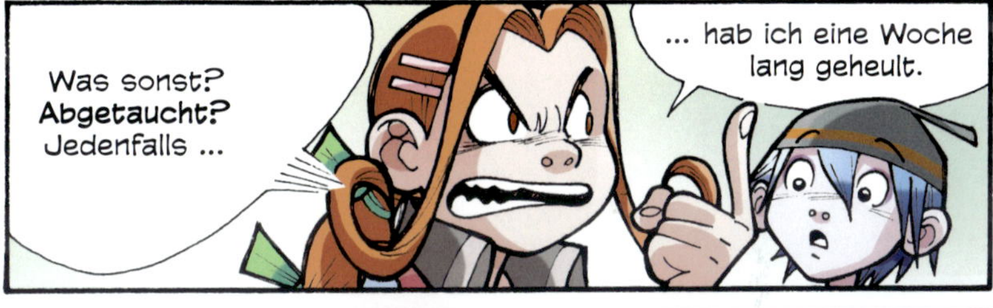
Was sonst? **Abgetaucht?** Jedenfalls ...
... hab ich eine Woche lang geheult.

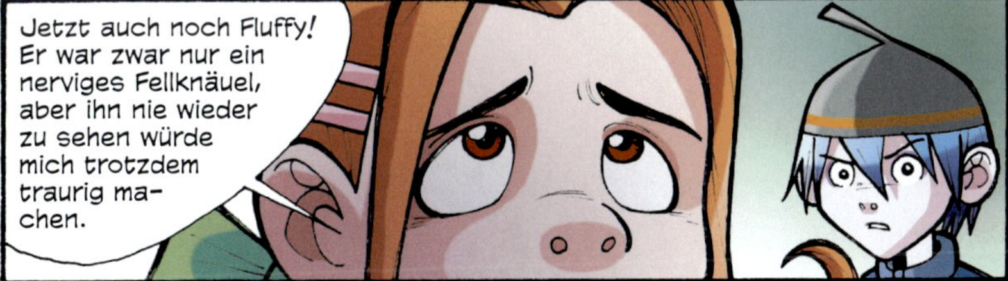
Jetzt auch noch Fluffy! Er war zwar nur ein nerviges Fellknäuel, aber ihn nie wieder zu sehen würde mich trotzdem traurig machen.

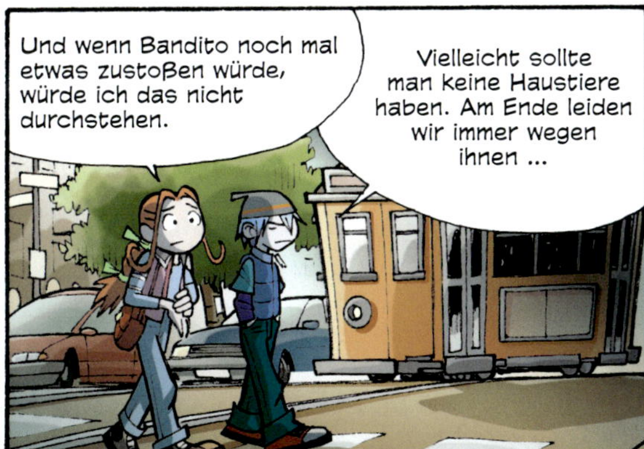
Und wenn Bandito noch mal etwas zustoßen würde, würde ich das nicht durchstehen.
Vielleicht sollte man keine Haustiere haben. Am Ende leiden wir immer wegen ihnen ...

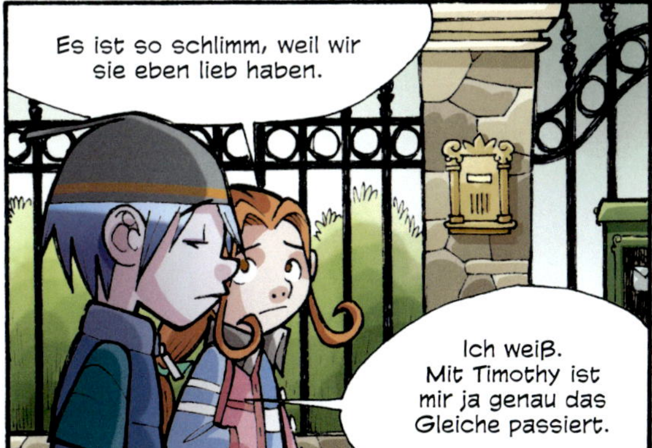
Es ist so schlimm, weil wir sie eben lieb haben.
Ich weiß. Mit Timothy ist mir ja genau das Gleiche passiert.

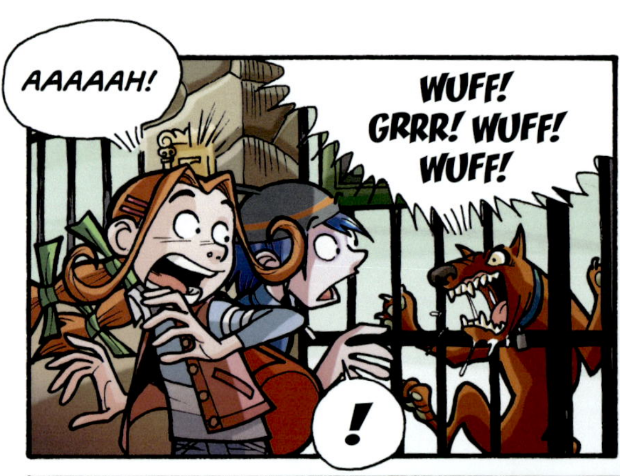
AAAAAH!
WUFF! GRRR! WUFF! WUFF!
!

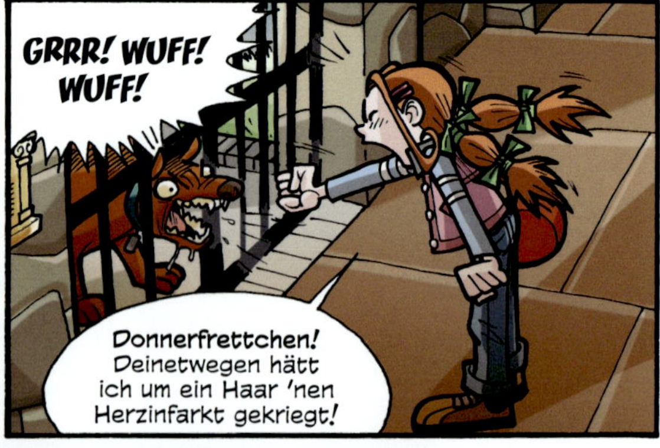
GRRR! WUFF! WUFF!
Donnerfrettchen! Deinetwegen hätt ich um ein Haar 'nen Herzinfarkt gekriegt!

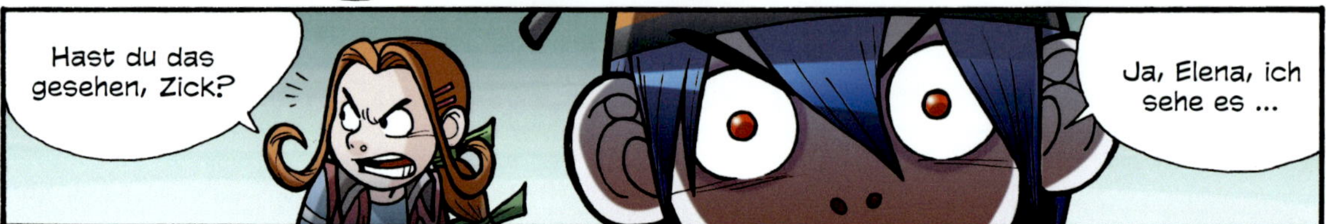
Hast du das gesehen, Zick?
Ja, Elena, ich sehe es ...

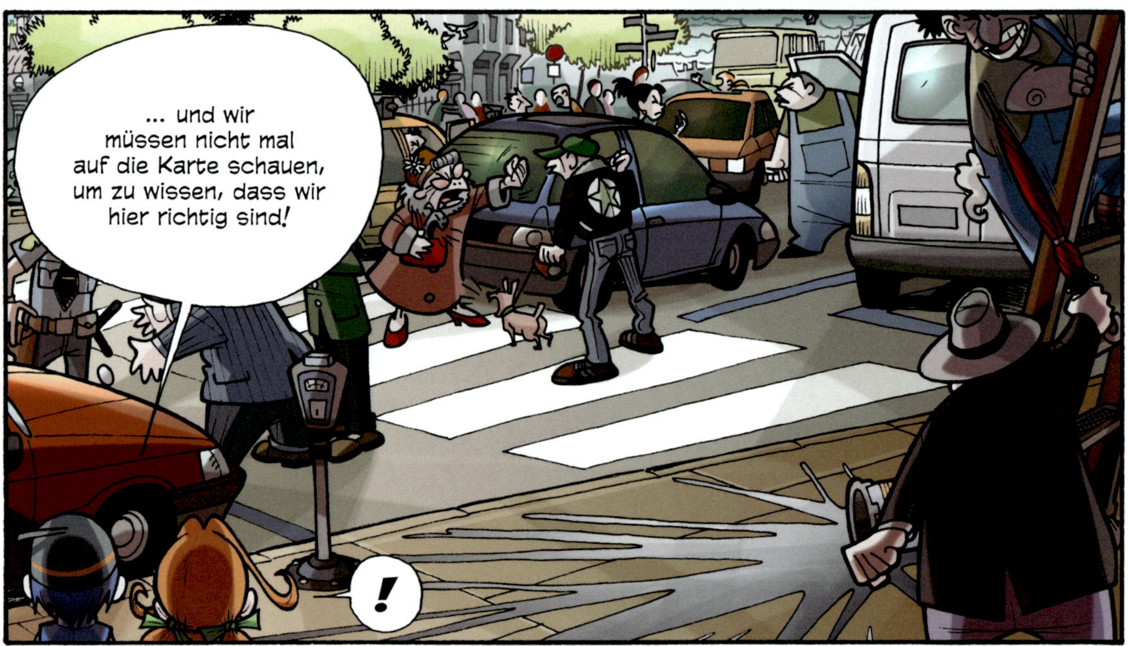
... und wir müssen nicht mal auf die Karte schauen, um zu wissen, dass wir hier richtig sind!
!

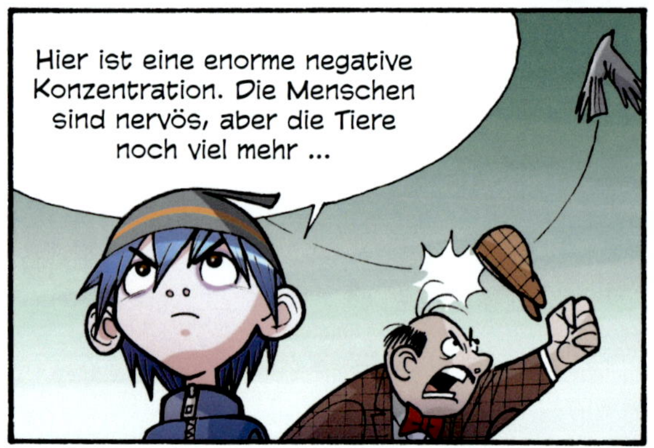
Hier ist eine enorme negative Konzentration. Die Menschen sind nervös, aber die Tiere noch viel mehr ...

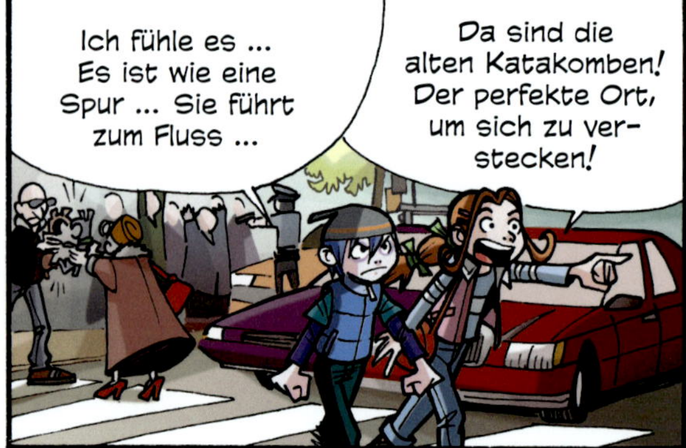
Ich fühle es ... Es ist wie eine Spur ... Sie führt zum Fluss ...
Da sind die alten Katakomben! Der perfekte Ort, um sich zu verstecken!

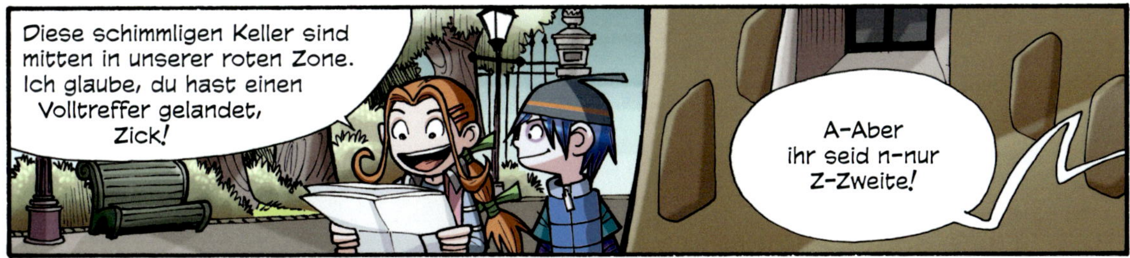
Diese schimmligen Keller sind mitten in unserer roten Zone. Ich glaube, du hast einen Volltreffer gelandet, Zick!
A-Aber ihr seid n-nur Z-Zweite!

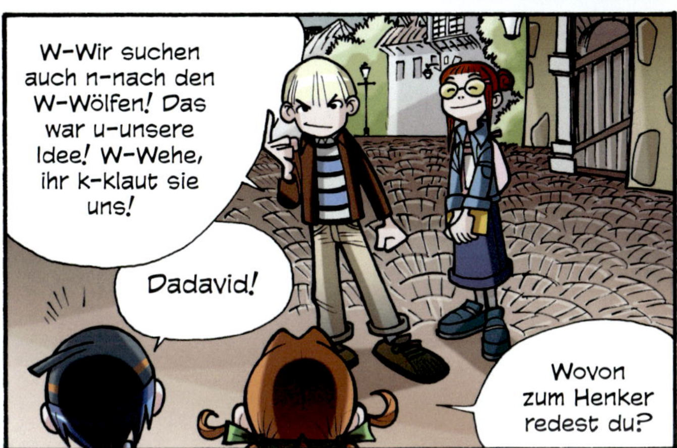
W-Wir suchen auch n-nach den W-Wölfen! Das war u-unsere Idee! W-Wehe, ihr k-klaut sie uns!
Dadavid!
Wovon zum Henker redest du?

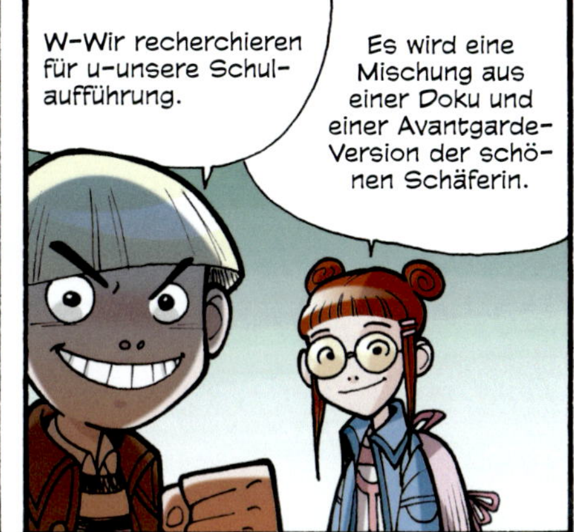
W-Wir recherchieren für u-unsere Schulaufführung.
Es wird eine Mischung aus einer Doku und einer Avantgarde-Version der schönen Schäferin.

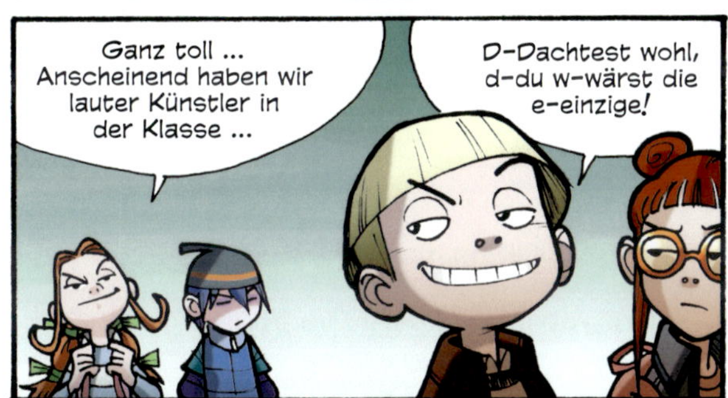
Ganz toll ... Anscheinend haben wir lauter Künstler in der Klasse ...
D-Dachtest wohl, d-du w-wärst die e-einzige!

Was machen wir jetzt? Wie werden wir die los?
Wir überlegen uns was, wenn wir da sind.

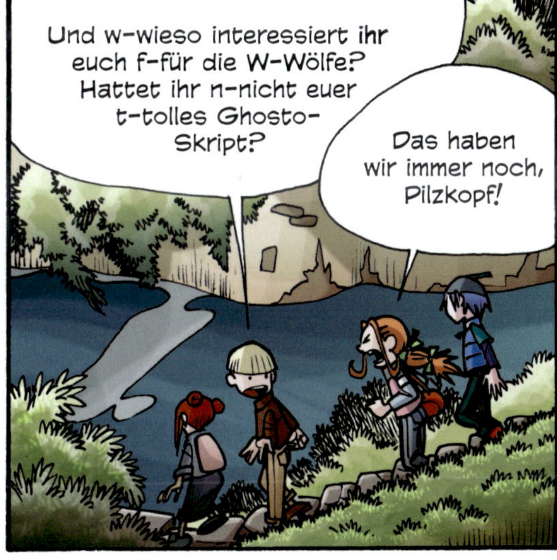
Und w-wieso interessiert ihr euch f-für die W-Wölfe? Hattet ihr n-nicht euer t-tolles Ghosto-Skript?
Das haben wir immer noch, Pilzkopf!

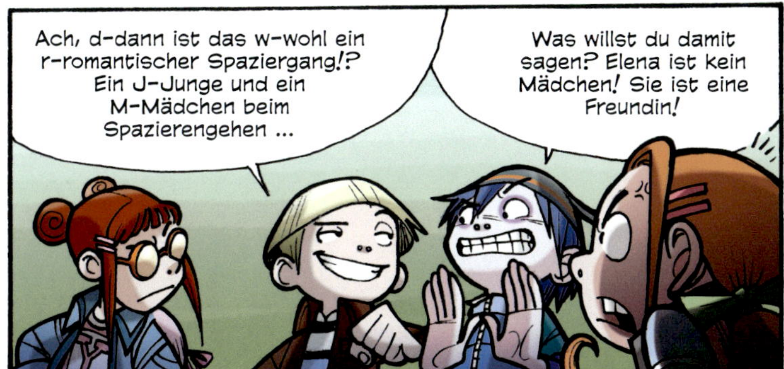
Ach, d-dann ist das w-wohl ein r-romantischer Spaziergang!? Ein J-Junge und ein M-Mädchen beim Spazierengehen ...
Was willst du damit sagen? Elena ist kein Mädchen! Sie ist eine Freundin!

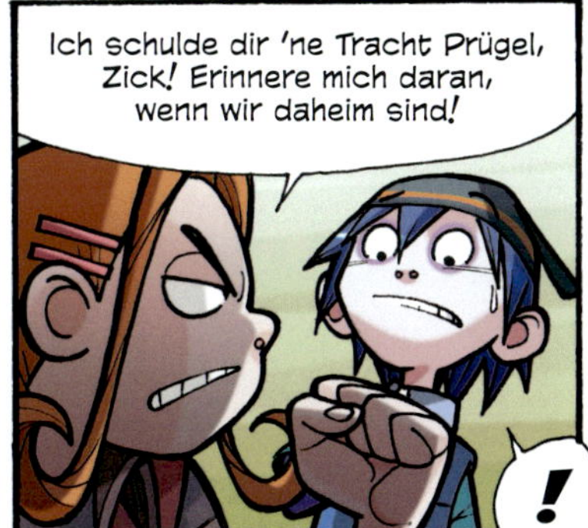
Ich schulde dir 'ne Tracht Prügel, Zick! Erinnere mich daran, wenn wir daheim sind!
!

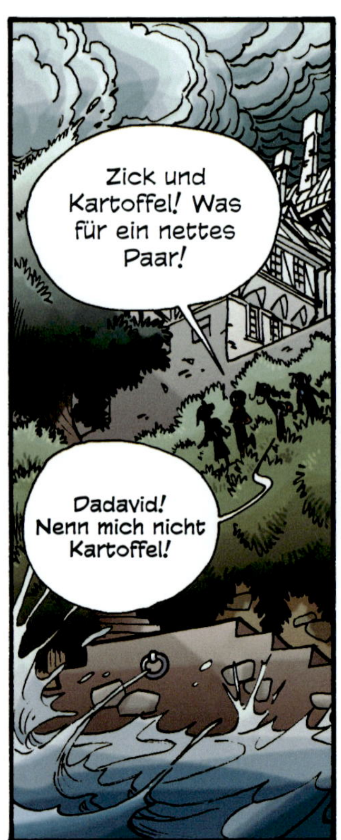
Zick und Kartoffel! Was für ein nettes Paar!
Dadavid! Nenn mich nicht Kartoffel!

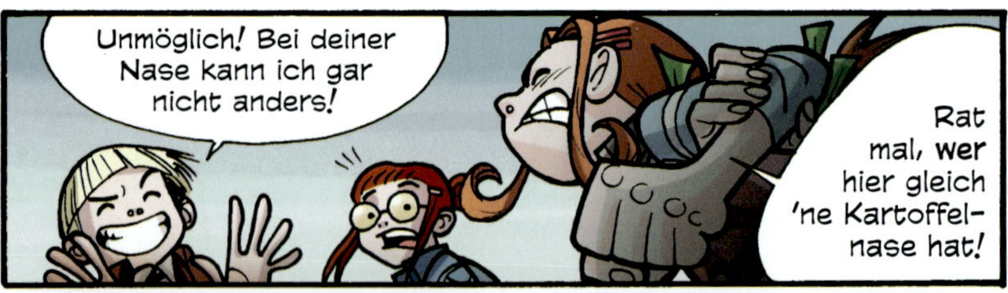
Unmöglich! Bei deiner Nase kann ich gar nicht anders!
Rat mal, **wer** hier gleich 'ne Kartoffel-nase hat!

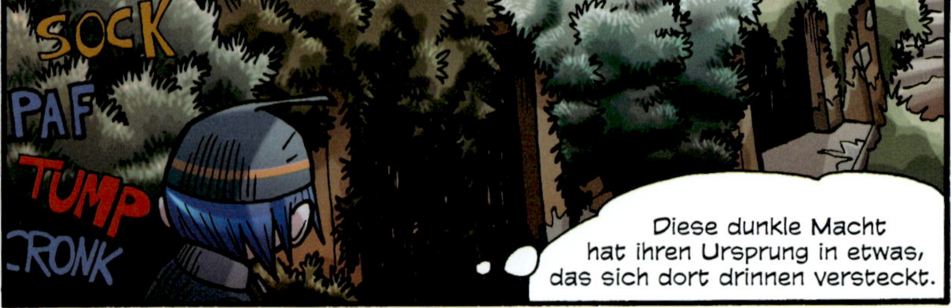
SOCK
PAF
TUMP
CRONK
Diese dunkle Macht hat ihren Ursprung in etwas, das sich dort drinnen versteckt.

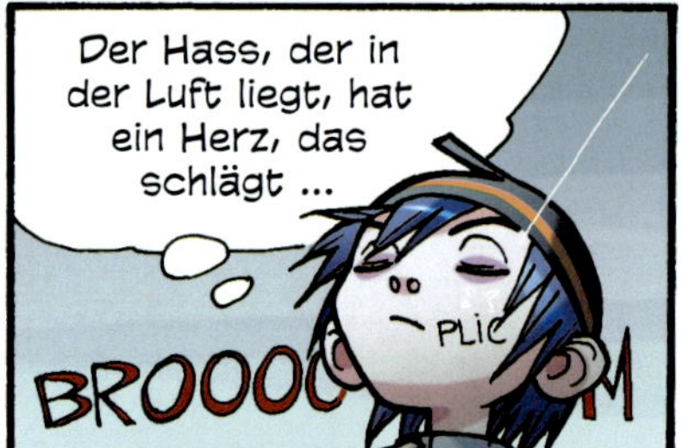
Der Hass, der in der Luft liegt, hat ein Herz, das schlägt ...
PLIC

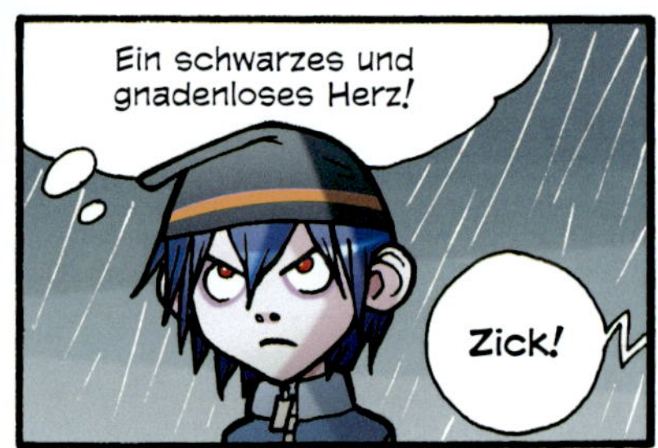
Ein schwarzes und gnadenloses Herz!
Zick!

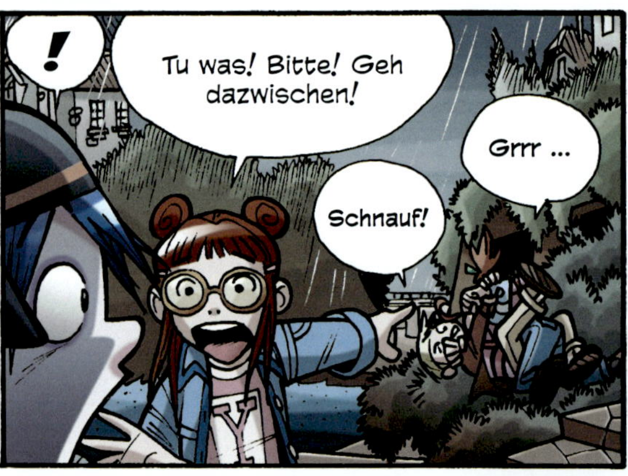
!
Tu was! Bitte! Geh dazwischen!
Grrr ...
Schnauf!

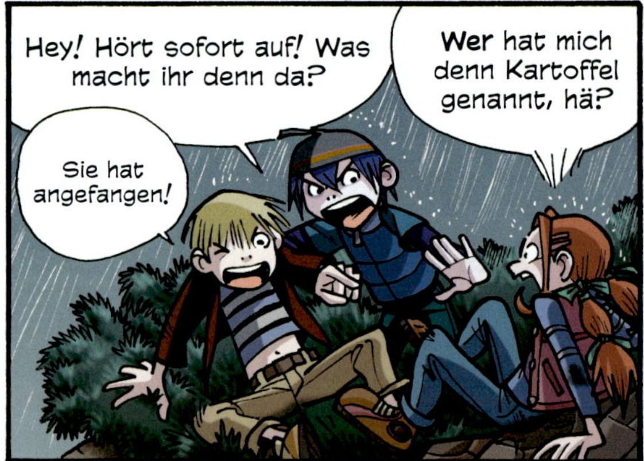
Hey! Hört sofort auf! Was macht ihr denn da?
Wer hat mich denn Kartoffel genannt, hä?
Sie hat angefangen!

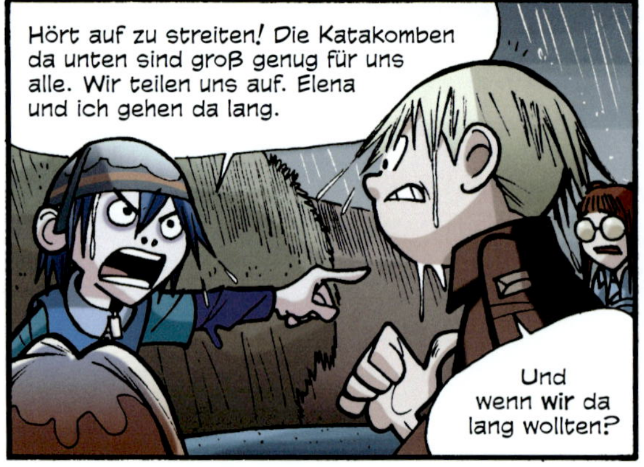
Hört auf zu streiten! Die Katakomben da unten sind groß genug für uns alle. Wir teilen uns auf. Elena und ich gehen da lang.
Und wenn **wir** da lang wollten?

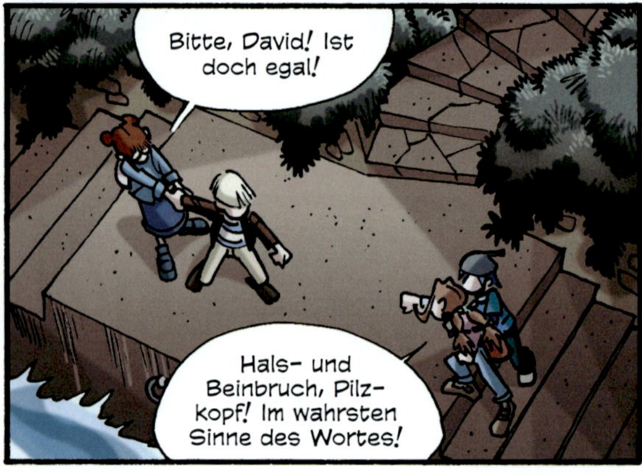
Bitte, David! Ist doch egal!
Hals- und Beinbruch, Pilz-kopf! Im wahrsten Sinne des Wortes!

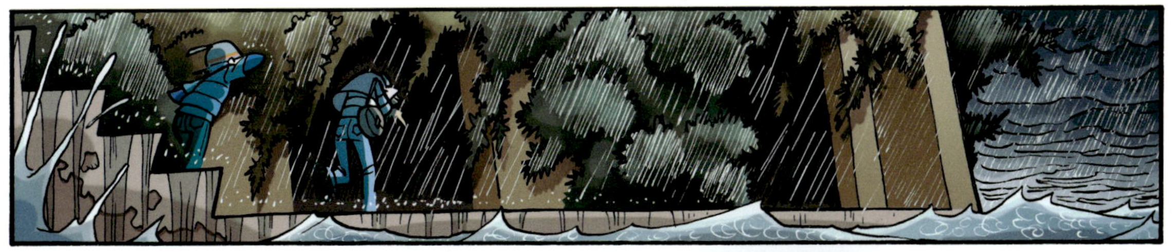

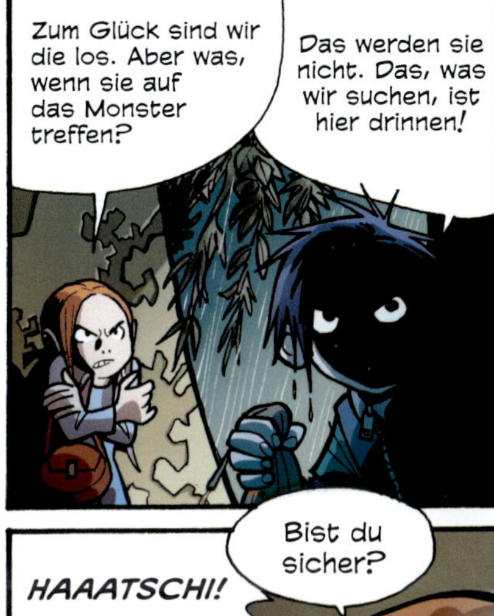

Zum Glück sind wir die los. Aber was, wenn sie auf das Monster treffen?
Das werden sie nicht. Das, was wir suchen, ist hier drinnen!
HAAATSCHI!
Bist du sicher?

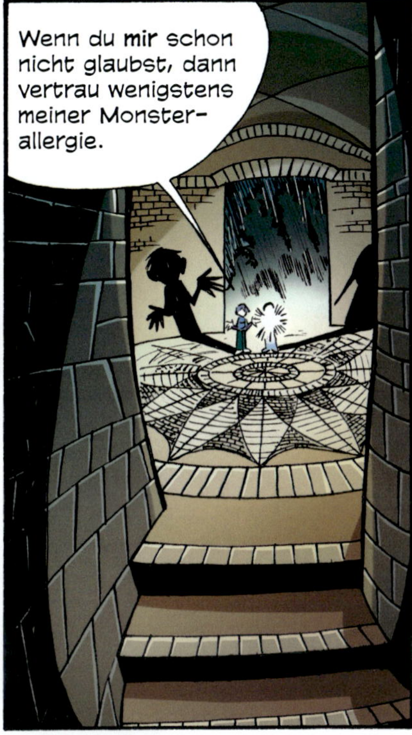

Wenn du **mir** schon nicht glaubst, dann vertrau wenigstens meiner Monster-allergie.

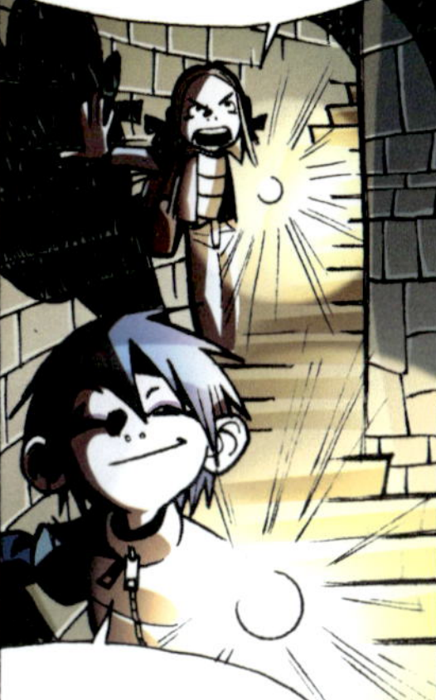

Abwasserkanäle! Gefängnisse! Keller! Warum bringst du mich eigentlich immer nur an so eklige Orte?
Kinos und Pizzerias sind doch viel zu langweilig.

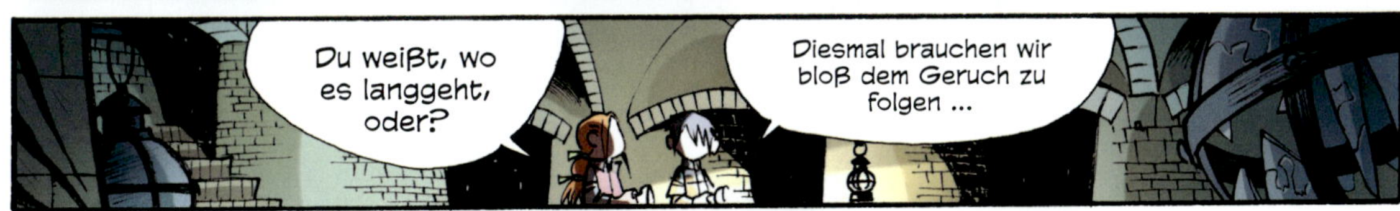

Du weißt, wo es langgeht, oder?
Diesmal brauchen wir bloß dem Geruch zu folgen ...

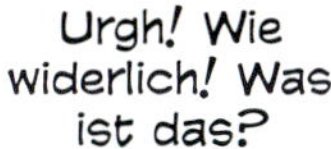

Urgh! Wie widerlich! Was ist das?

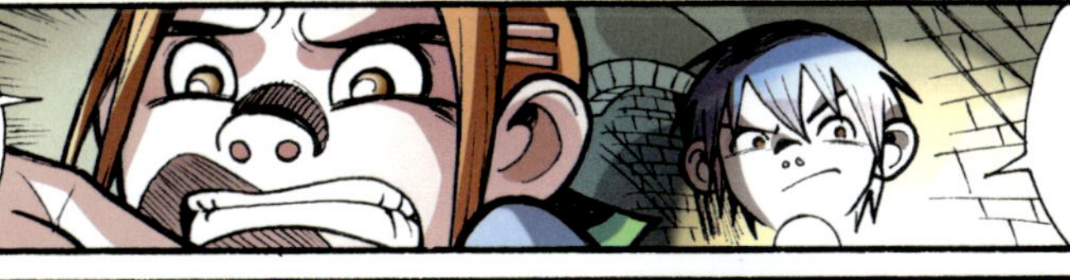

Wahrscheinlich hat unser Monster seinen Teller nicht leer gegessen!

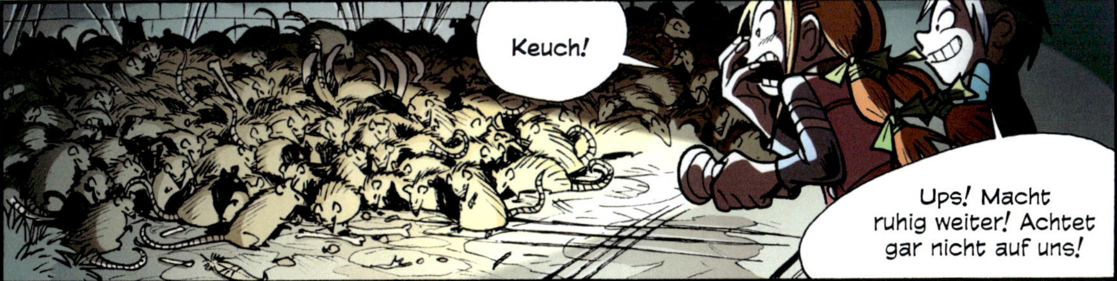

Keuch!
Ups! Macht ruhig weiter! Achtet gar nicht auf uns!

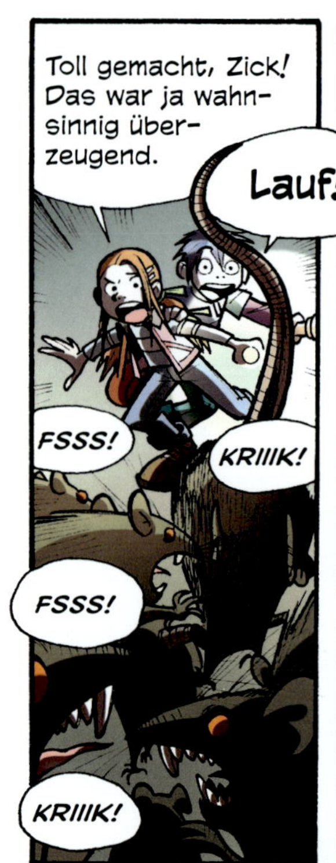
Toll gemacht, Zick! Das war ja wahnsinnig überzeugend.
Lauf!
FSSS!
KRIIIK!
FSSS!
KRIIIK!

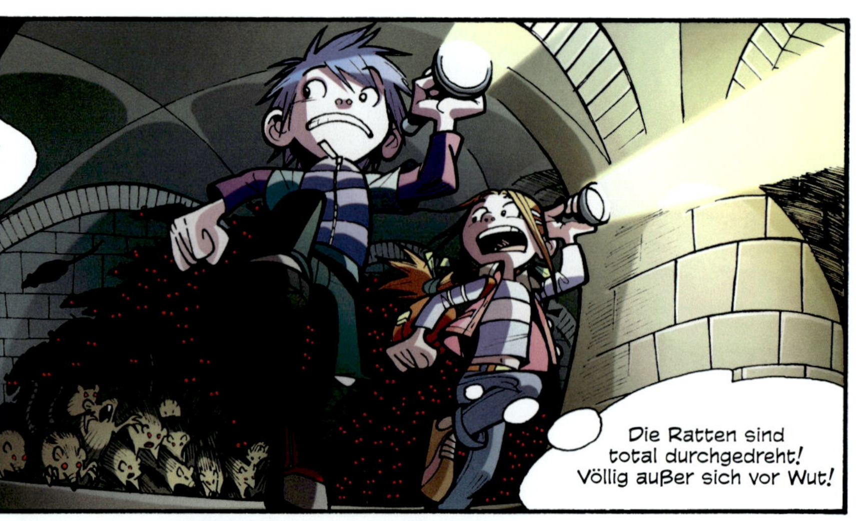
Die Ratten sind total durchgedreht! Völlig außer sich vor Wut!

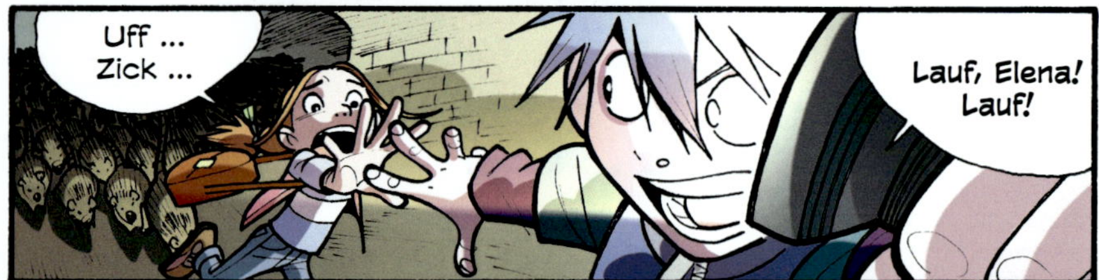
Uff ... Zick ...
Lauf, Elena! Lauf!

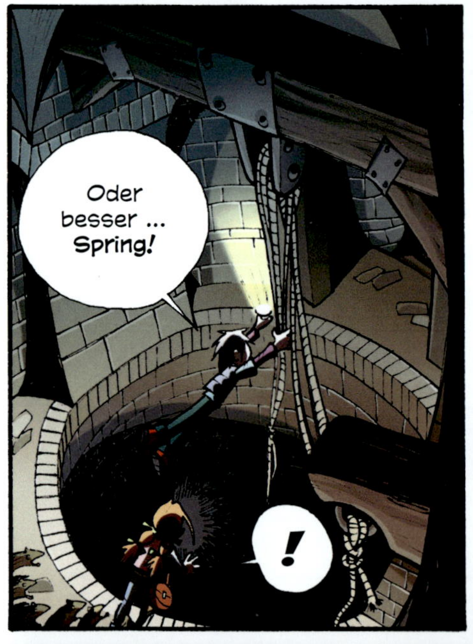
Oder besser ... Spring!
!

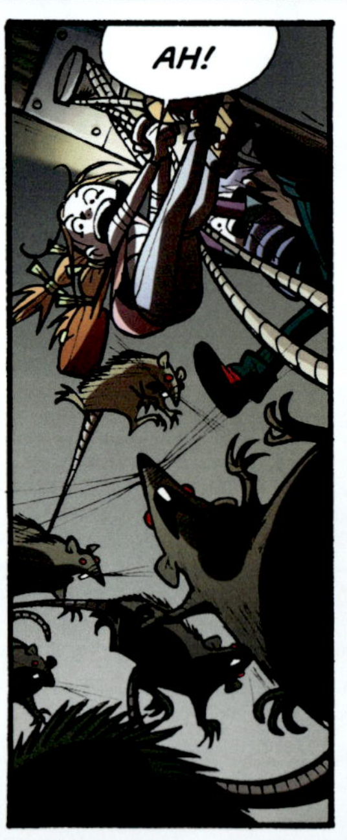
AH!

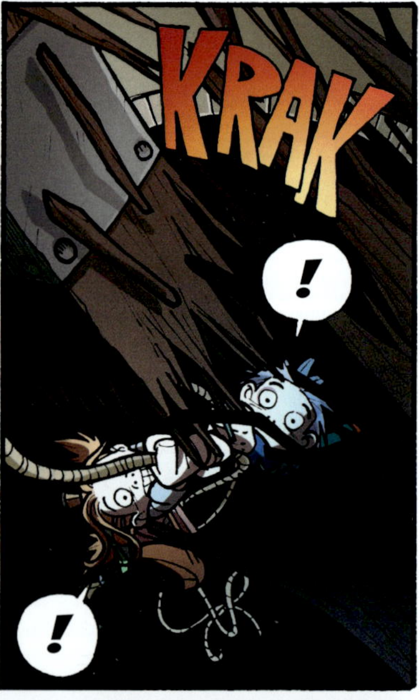
KRAK
!
!

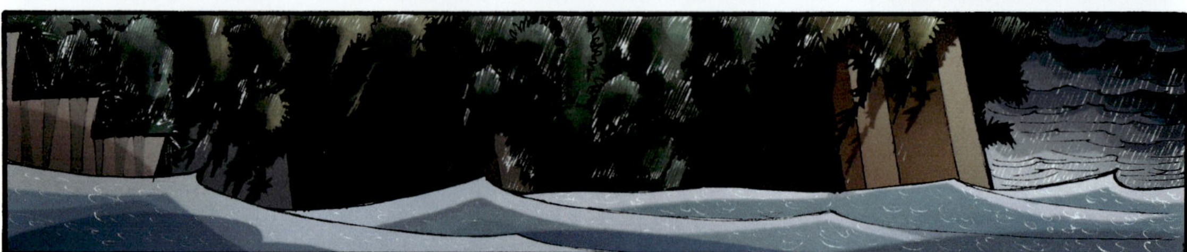

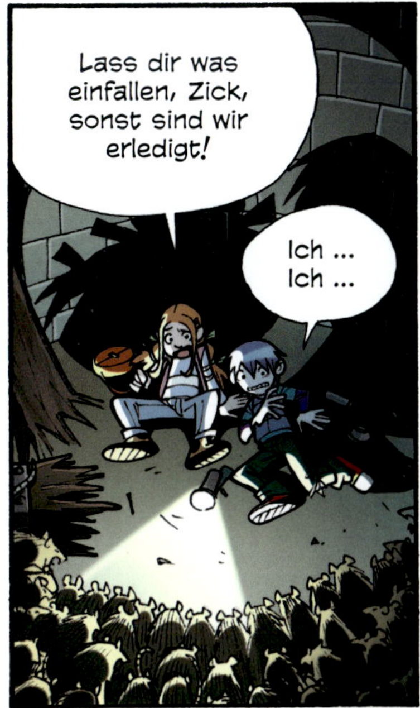
Lass dir was einfallen, Zick, sonst sind wir erledigt!
Ich ... Ich ...

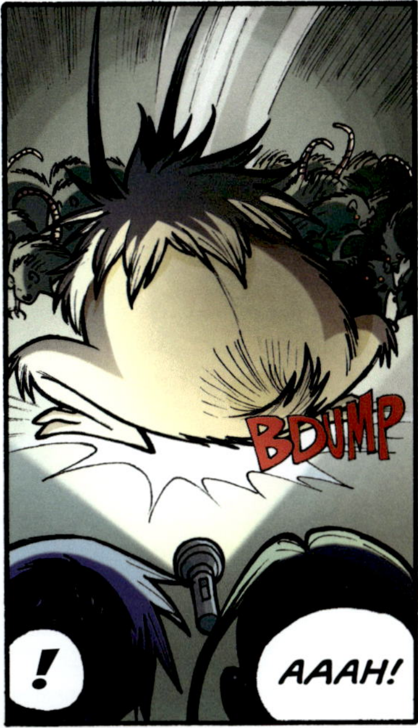
BDUMP
!
AAAH!

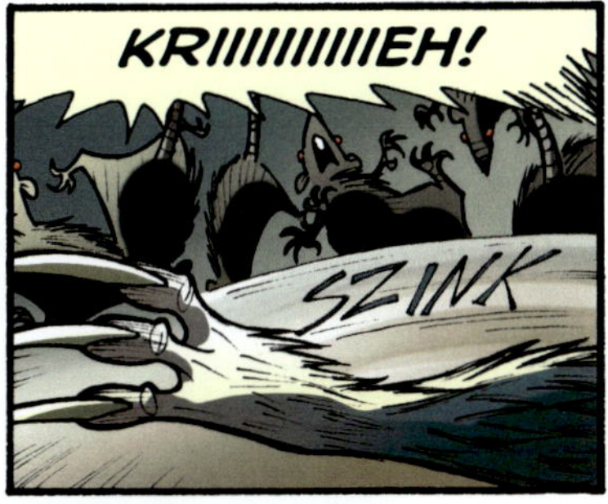
KRIIIIIIIIIIEH!
SZINK

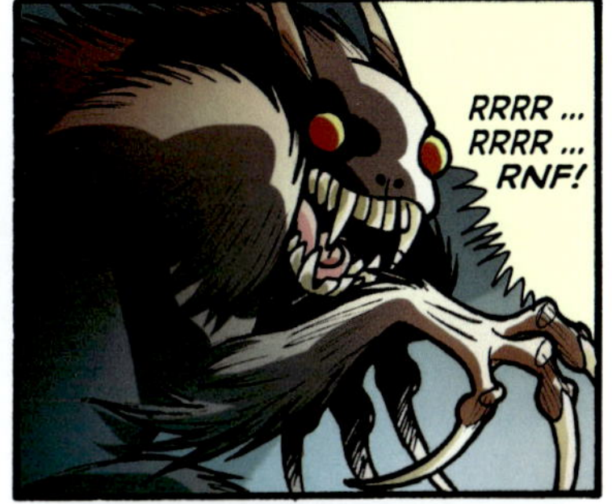
RRRR ... RRRR ... RNF!

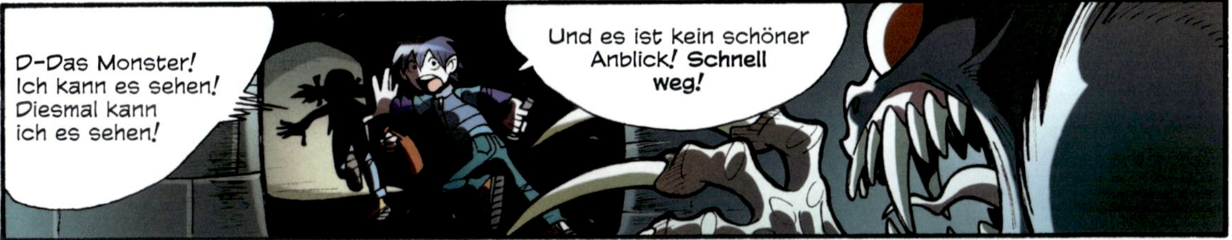
D-Das Monster! Ich kann es sehen! Diesmal kann ich es sehen!
Und es ist kein schöner Anblick! Schnell weg!

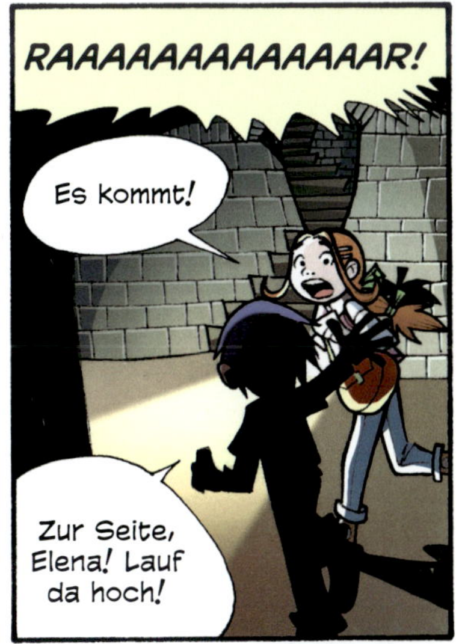
RAAAAAAAAAAAAAR!
Es kommt!
Zur Seite, Elena! Lauf da hoch!

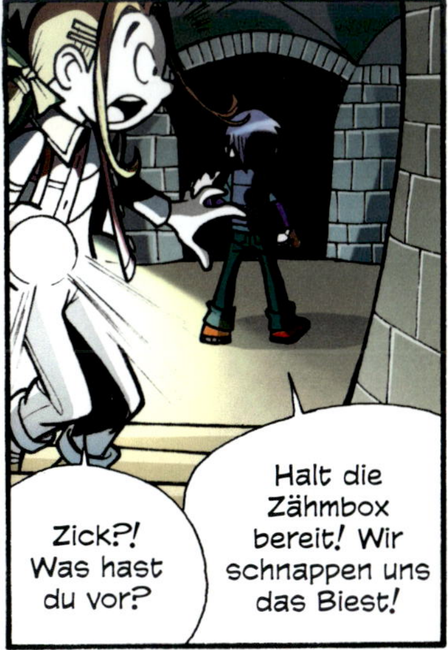
Zick?! Was hast du vor?
Halt die Zähmbox bereit! Wir schnappen uns das Biest!

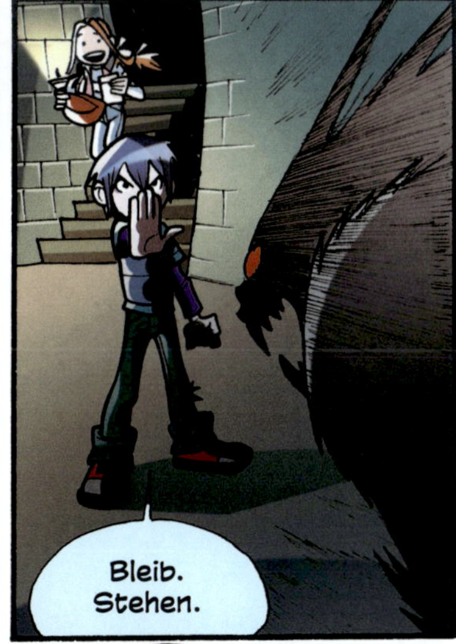
Bleib. Stehen.

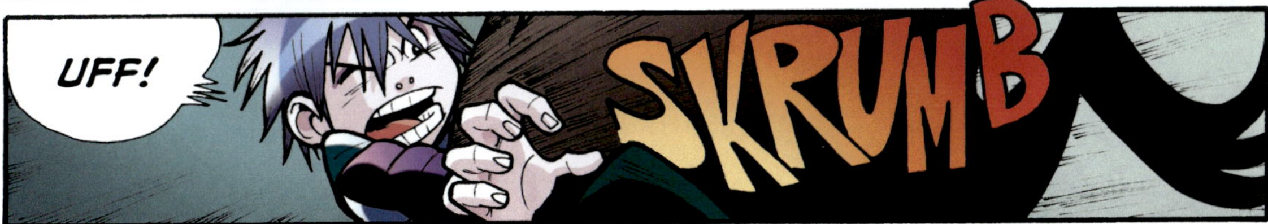
UFF!
SKRUMB

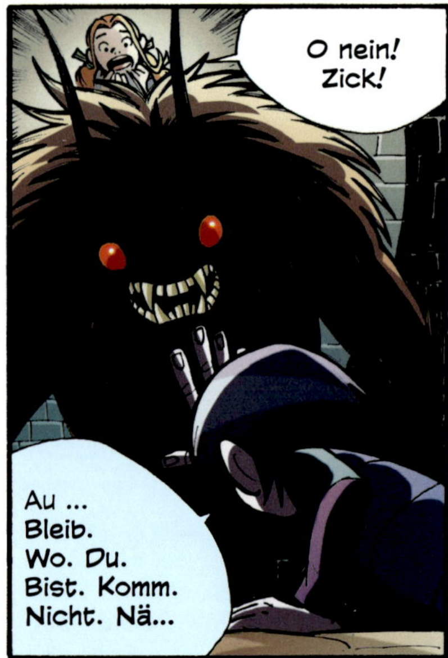
O nein!
Zick!
Au ...
Bleib.
Wo. Du.
Bist. Komm.
Nicht. Nä...

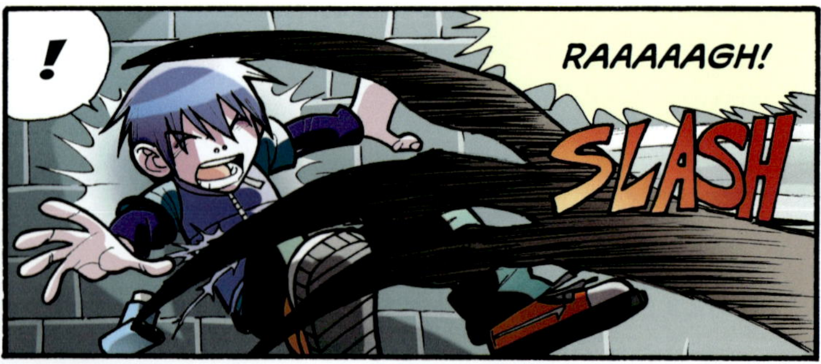
!
RAAAAAGH!
SLASH

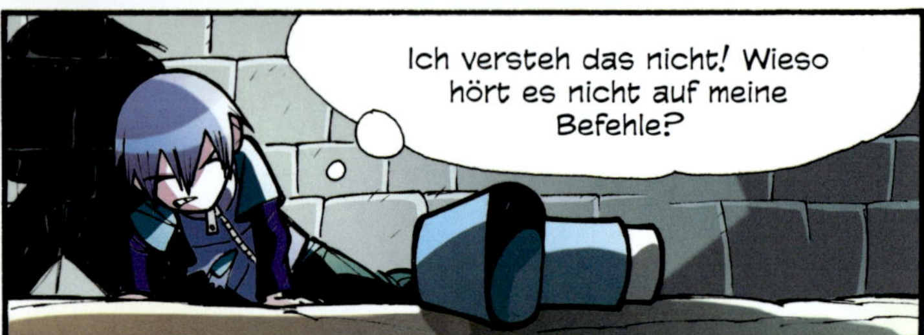
Ich versteh das nicht! Wieso hört es nicht auf meine Befehle?

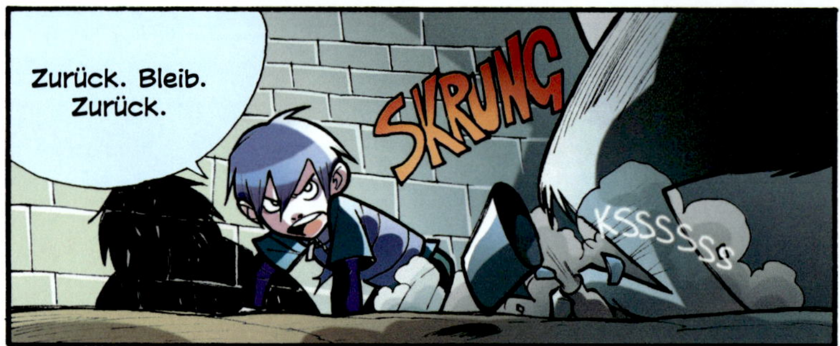
Zurück. Bleib. Zurück.
SKRUNG
KSSSSSS

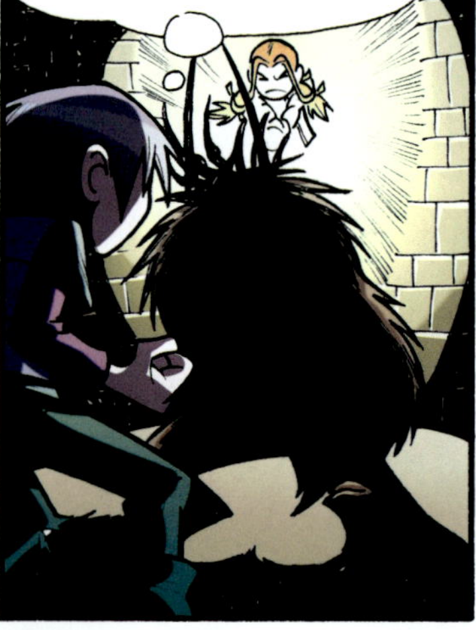
Die Wut in ihm ist die gleiche wie bei den anderen Tieren und Menschen, denen wir begegnet sind.

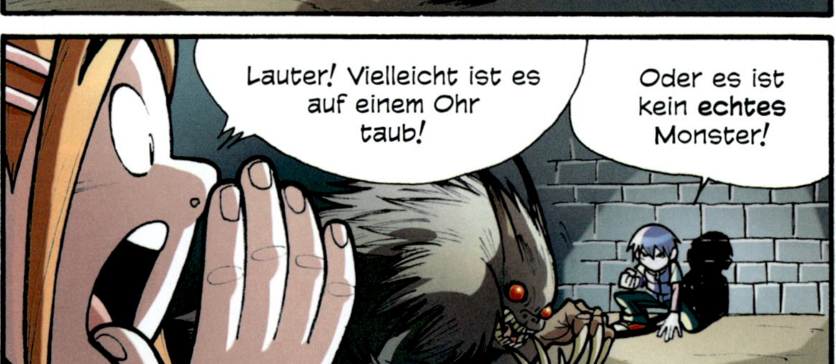
Lauter! Vielleicht ist es auf einem Ohr taub!
Oder es ist kein **echtes** Monster!

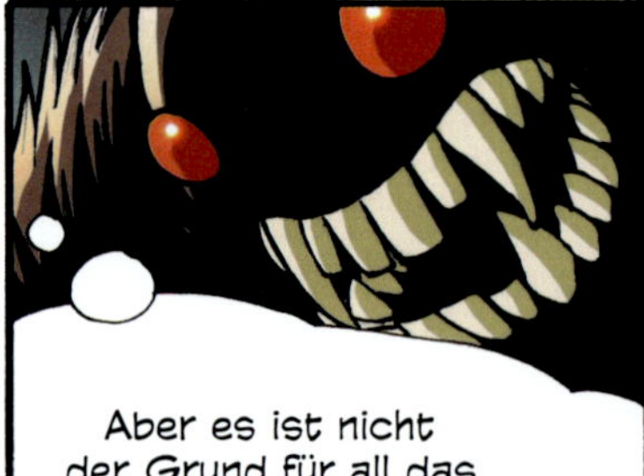
Aber es ist nicht der Grund für all das. Hier ist noch etwas anderes. Jetzt spüre ich es besser ... Es ist näher ... und stärker ...

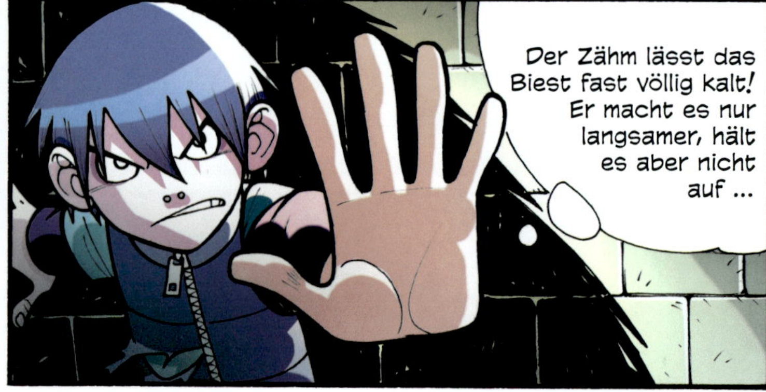
Der Zähm lässt das Biest fast völlig kalt! Er macht es nur langsamer, hält es aber nicht auf ...

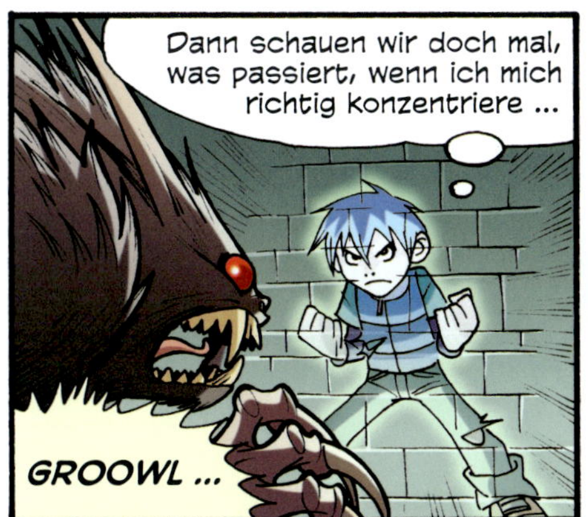

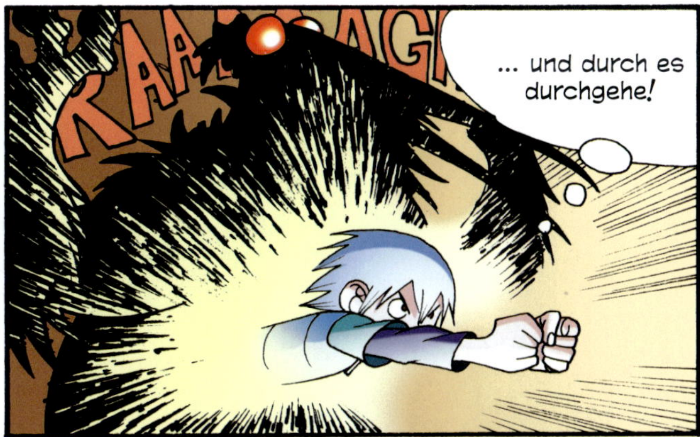

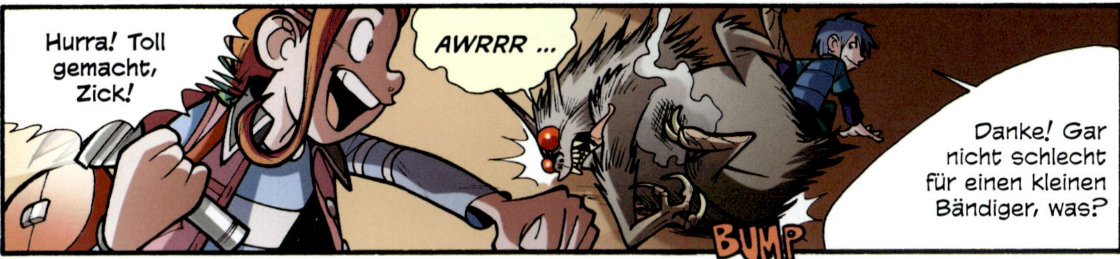

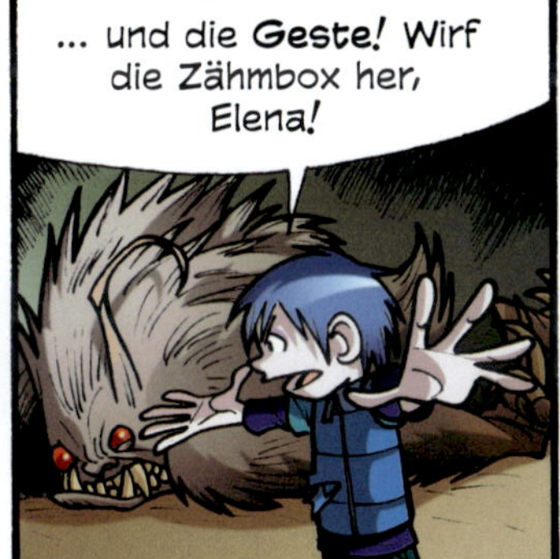

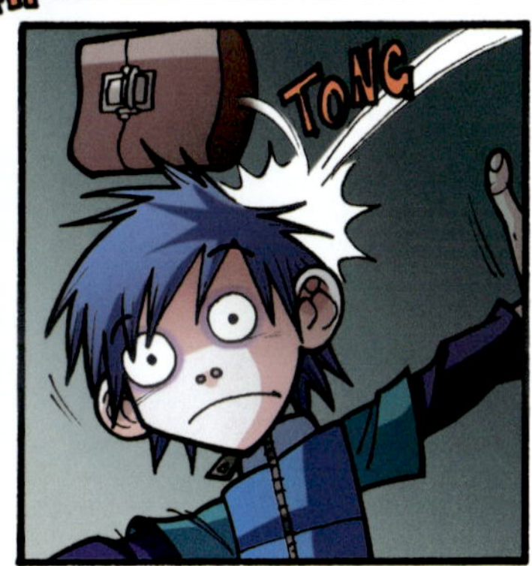

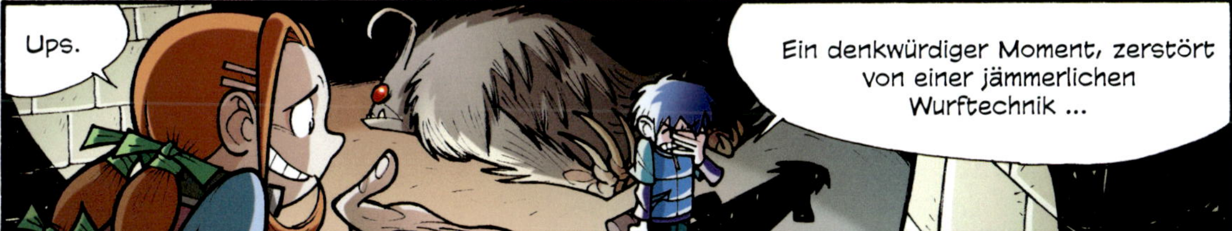

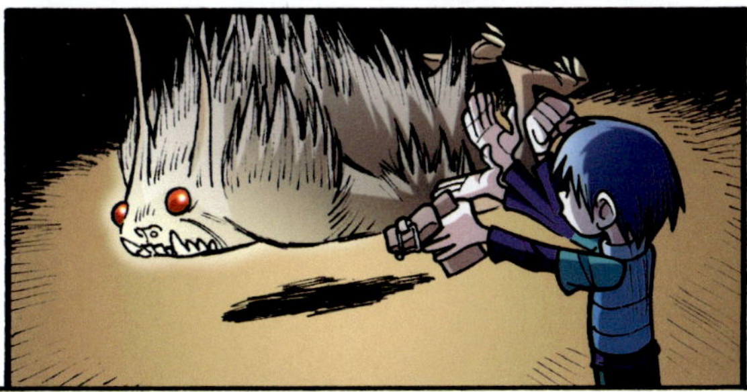

Zick fängt die Kreatur mit den Gesten ein, die er im Handbuch des Bändigers gelernt hat ...

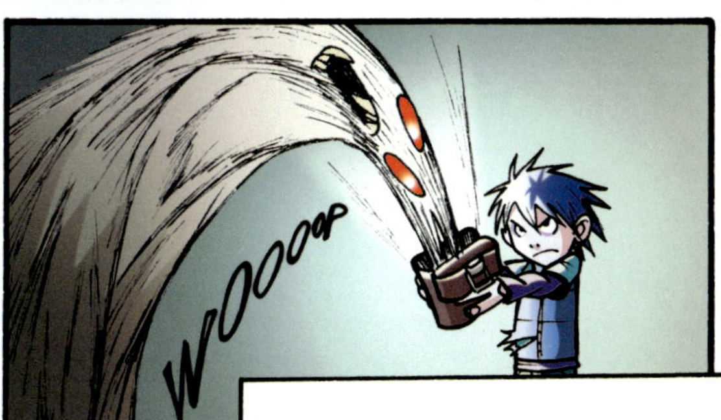

... und im Nu ist sie „eingelegt"!

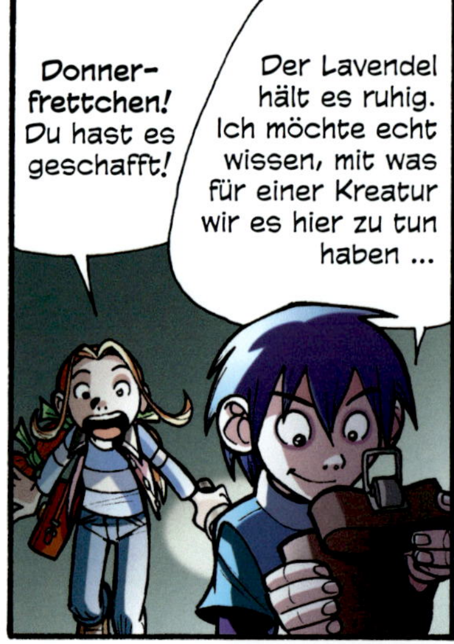
Donner-frettchen! Du hast es geschafft!
Der Lavendel hält es ruhig. Ich möchte echt wissen, mit was für einer Kreatur wir es hier zu tun haben ...

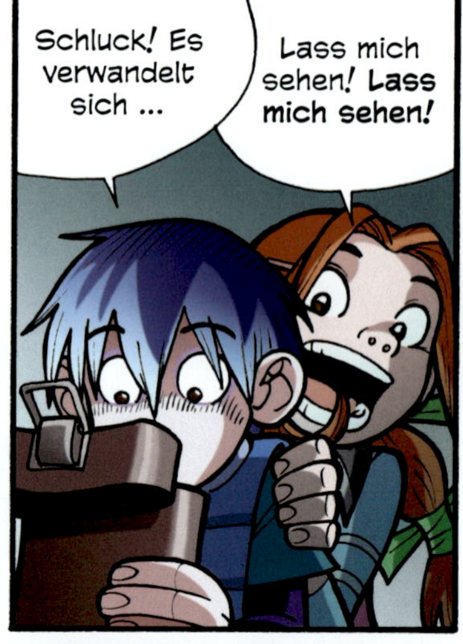
Schluck! Es verwandelt sich ...
Lass mich sehen! **Lass mich sehen!**

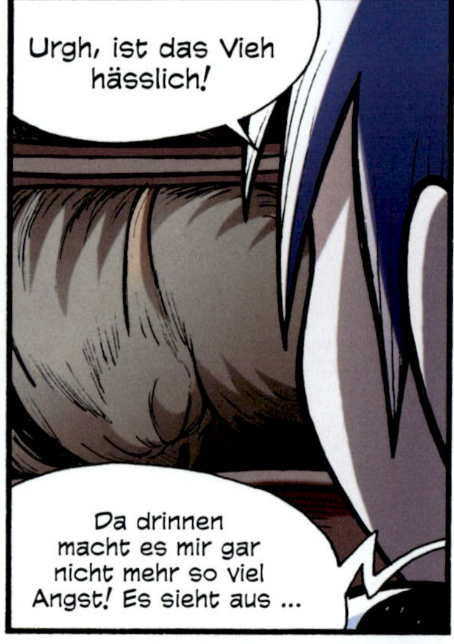
Urgh, ist das Vieh hässlich!
Da drinnen macht es mir gar nicht mehr so viel Angst! Es sieht aus ...

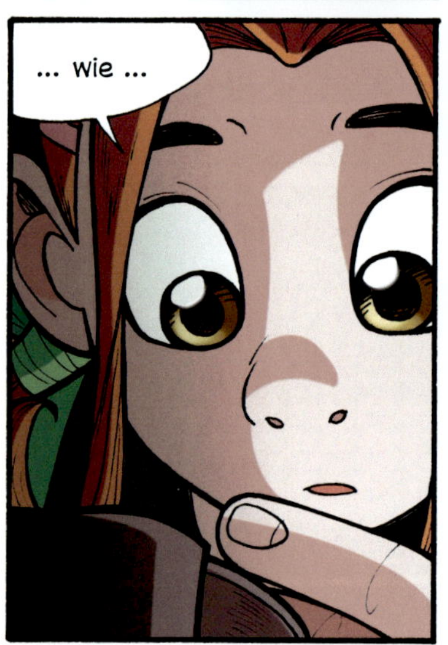
... wie ...

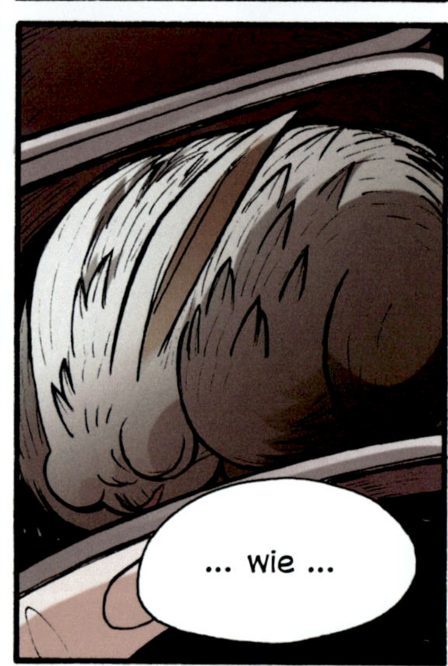
... wie ...

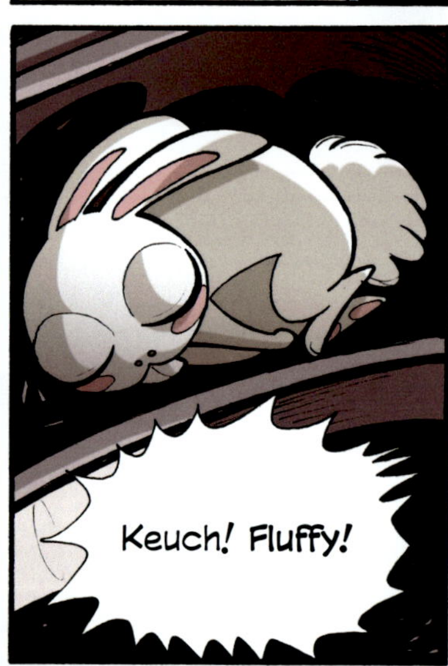
Keuch! Fluffy!

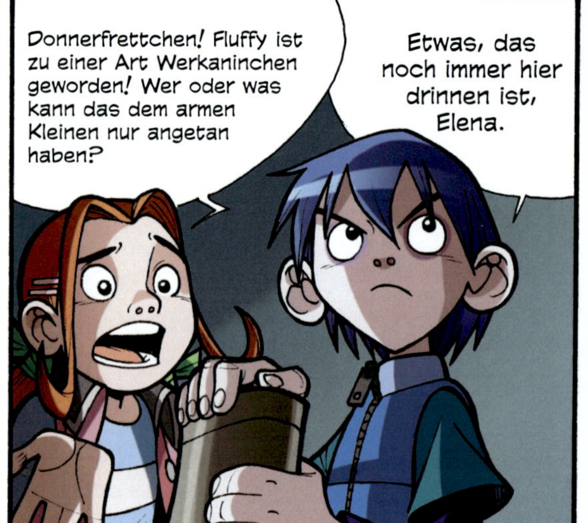
Donnerfrettchen! Fluffy ist zu einer Art Werkaninchen geworden! Wer oder was kann das dem armen Kleinen nur angetan haben?
Etwas, das noch immer hier drinnen ist, Elena.

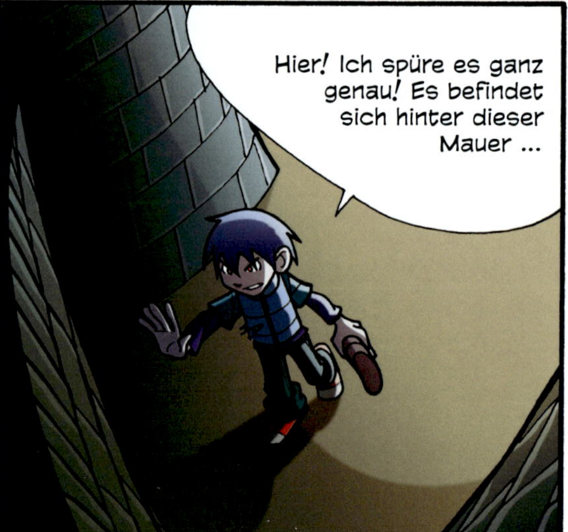
Hier! Ich spüre es ganz genau! Es befindet sich hinter dieser Mauer ...

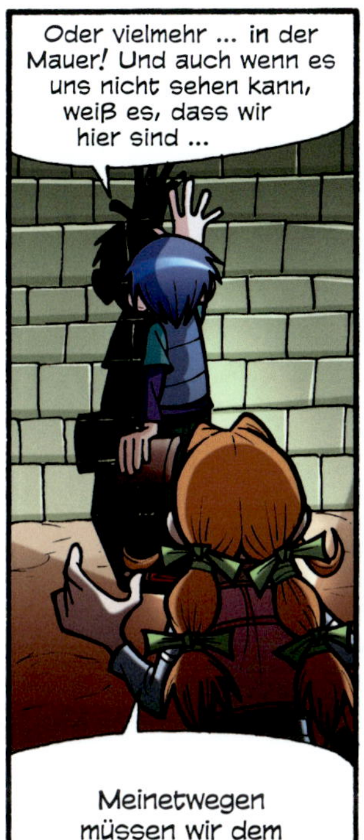
Oder vielmehr ... in der Mauer! Und auch wenn es uns nicht sehen kann, weiß es, dass wir hier sind ...
Meinetwegen müssen wir dem Ding heute nicht mehr Hallo sagen. Wir hatten einmal Glück und ...

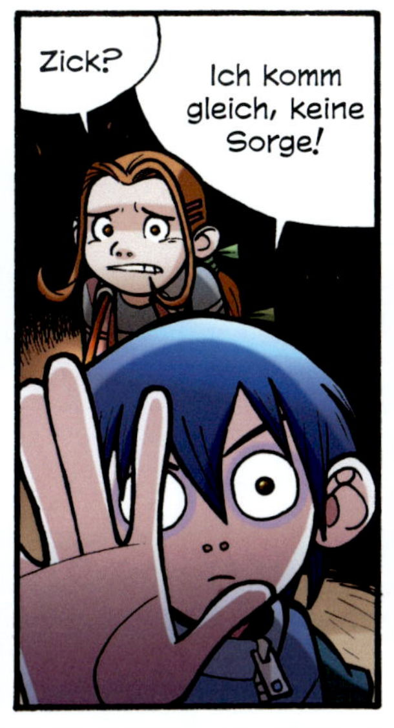
Zick?
Ich komm gleich, keine Sorge!

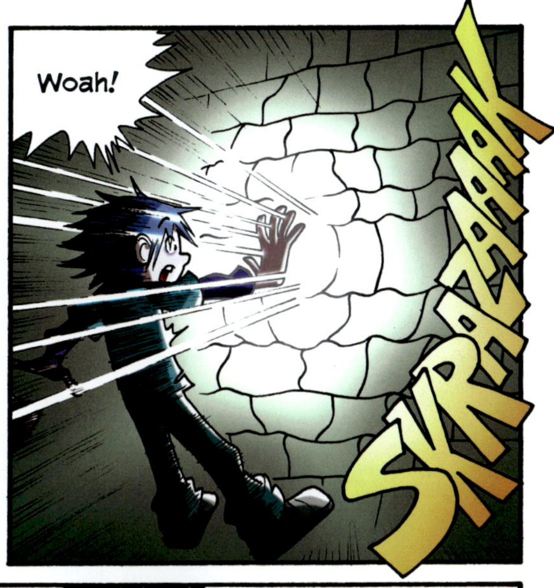
Woah!
SKRZAAK

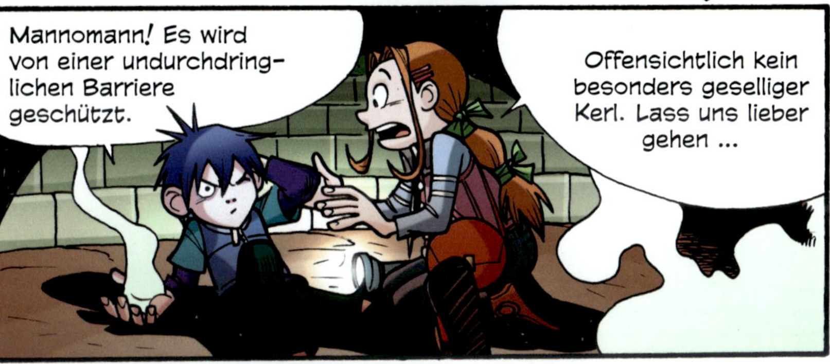
Mannomann! Es wird von einer undurchdring-lichen Barriere geschützt.
Offensichtlich kein besonders geselliger Kerl. Lass uns lieber gehen ...

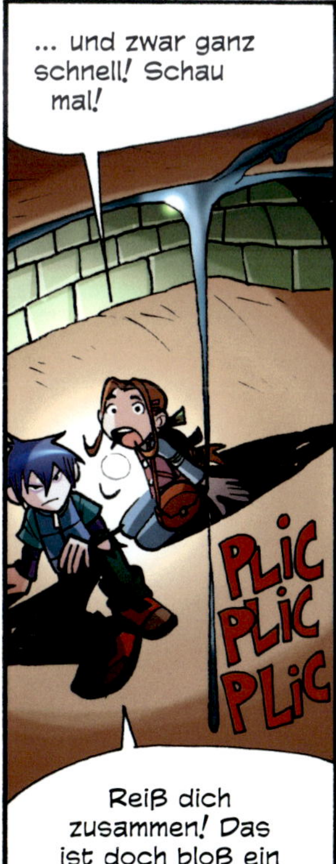
... und zwar ganz schnell! Schau mal!
PLIC PLIC PLIC
Reiß dich zusammen! Das ist doch bloß ein bisschen Wasser.

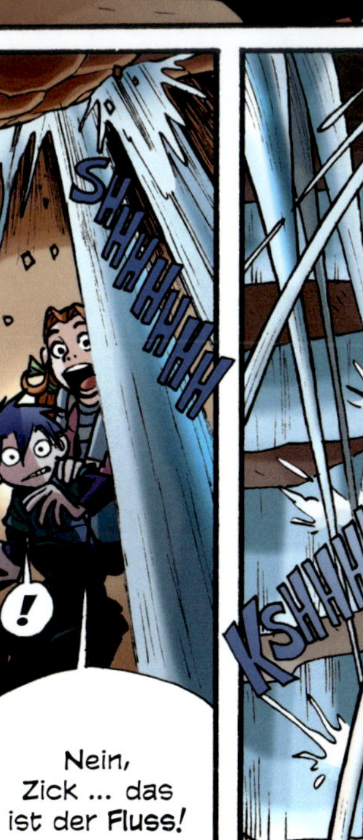
SHHHHHHH
!
Nein, Zick ... das ist der Fluss!
KSHHHHHH

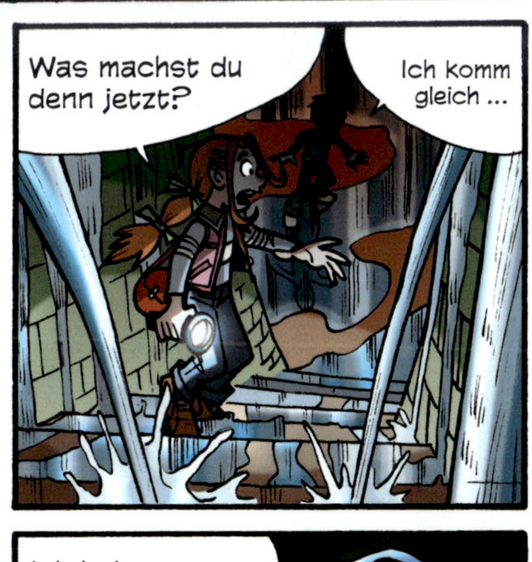
Was machst du denn jetzt?
Ich komm gleich ...

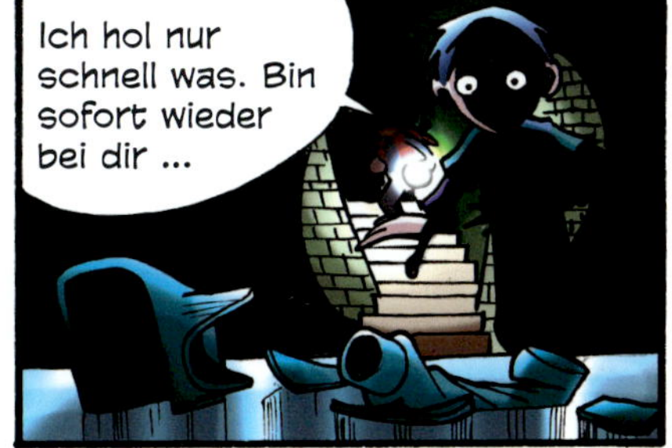
Ich hol nur schnell was. Bin sofort wieder bei dir ...

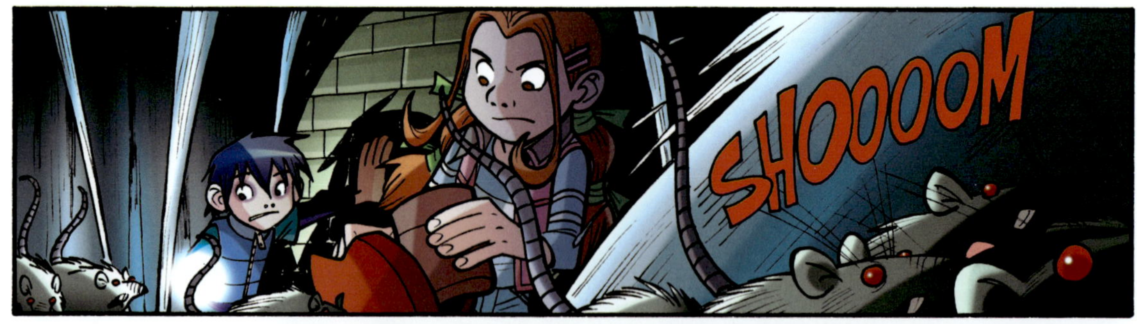
SHOOOOM

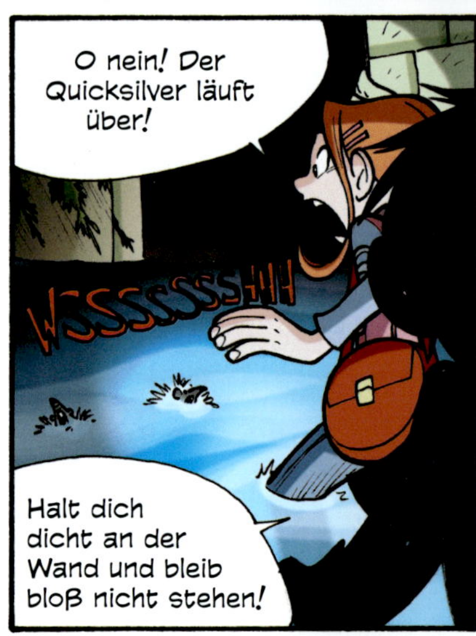
O nein! Der Quicksilver läuft über!
WSSSSSSHH
Halt dich dicht an der Wand und bleib bloß nicht stehen!

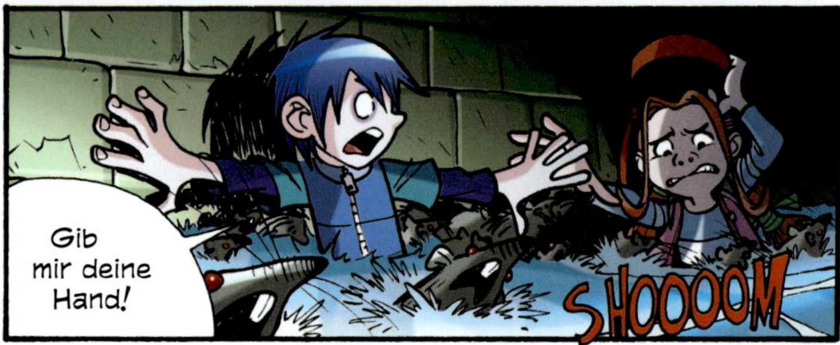
Gib mir deine Hand!
SHOOOOM

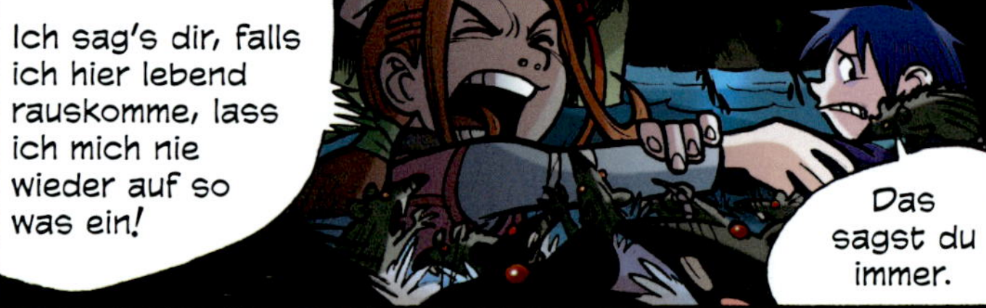
Ich sag's dir, falls ich hier lebend rauskomme, lass ich mich nie wieder auf so was ein!
Das sagst du immer.

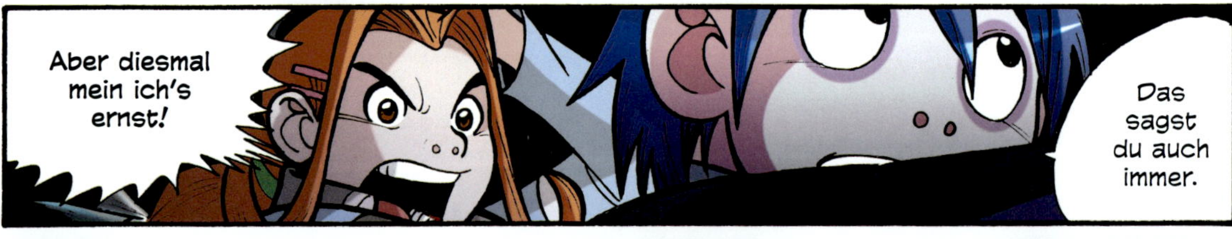
Aber diesmal mein ich's ernst!
Das sagst du auch immer.

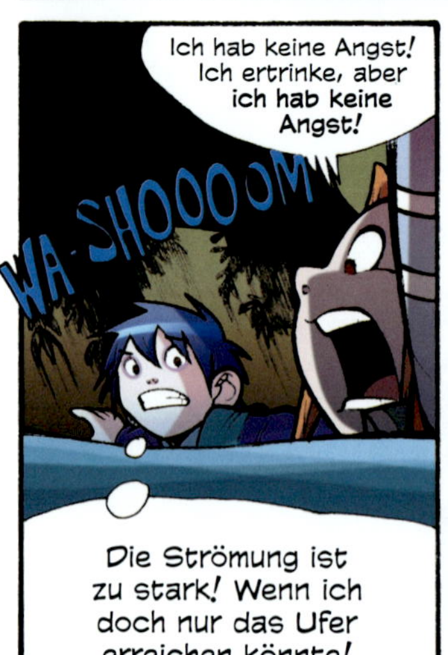
Ich hab keine Angst! Ich ertrinke, aber ich hab keine Angst!
WA-SHOOOOM
Die Strömung ist zu stark! Wenn ich doch nur das Ufer erreichen könnte!

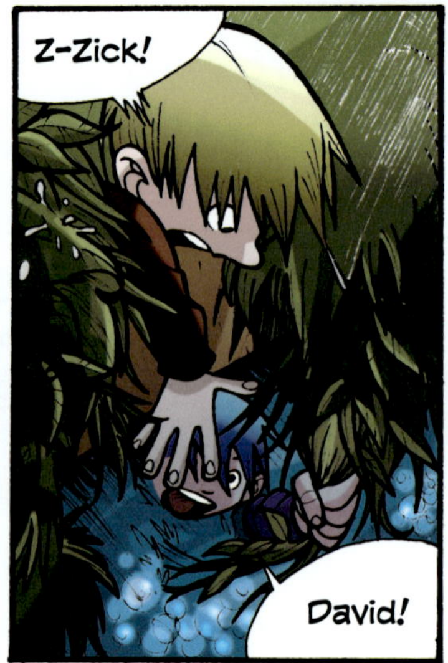
Z-Zick!
David!

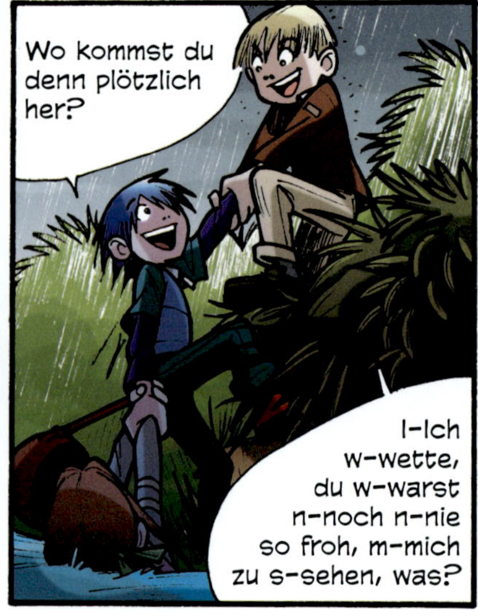
Wo kommst du denn plötzlich her?
I-Ich w-wette, du w-warst n-noch n-nie so froh, m-mich zu s-sehen, was?

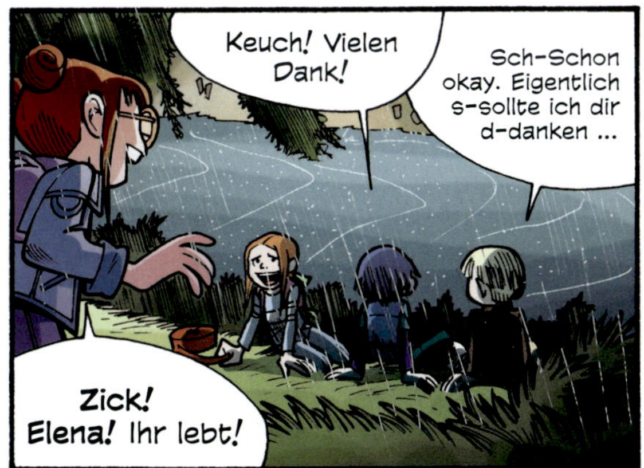
Keuch! Vielen Dank!
Sch-Schon okay. Eigentlich s-sollte ich dir d-danken ...
Zick! Elena! Ihr lebt!

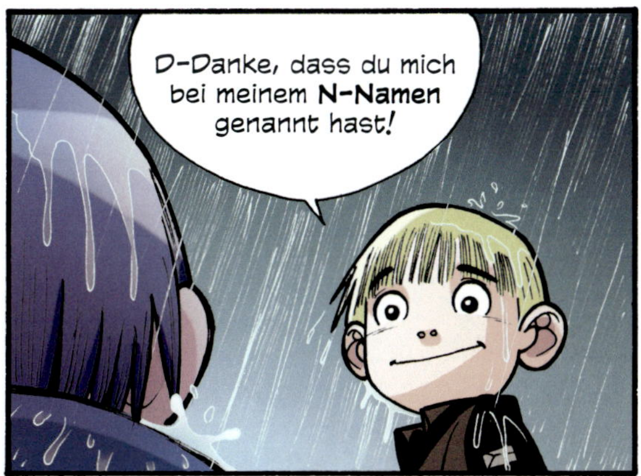
D-Danke, dass du mich bei meinem **N-Namen** genannt hast!

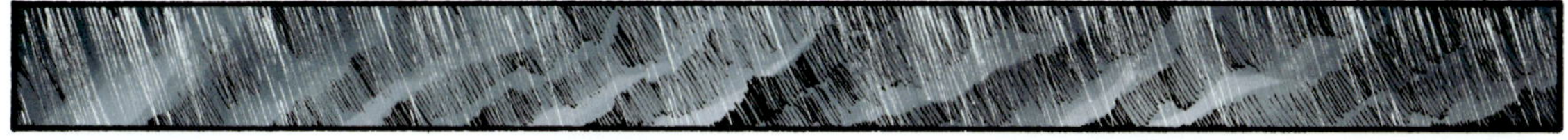

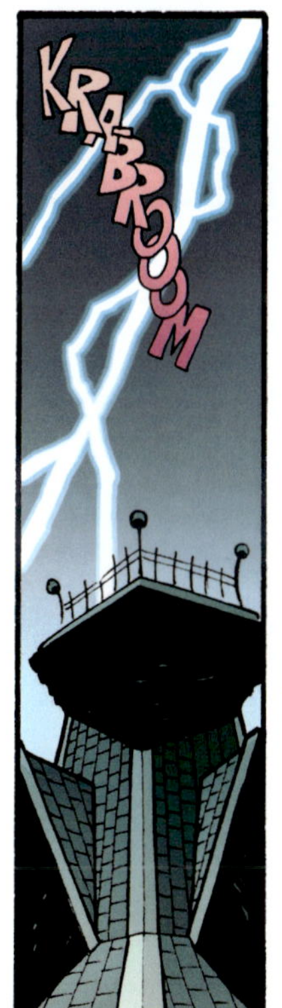
KRABROOOM

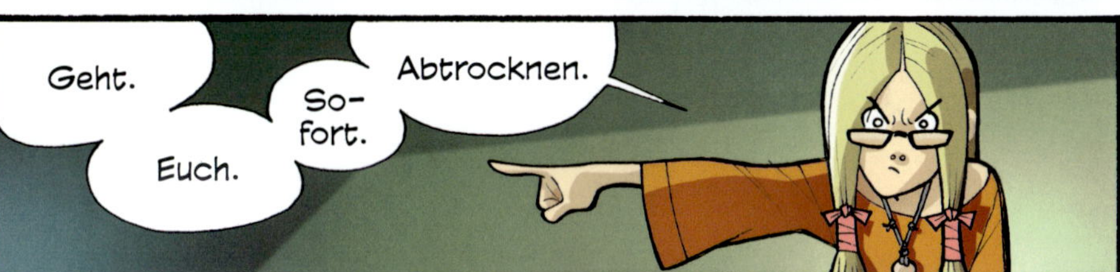
Abtrocknen.
So-fort.
Geht.
Euch.

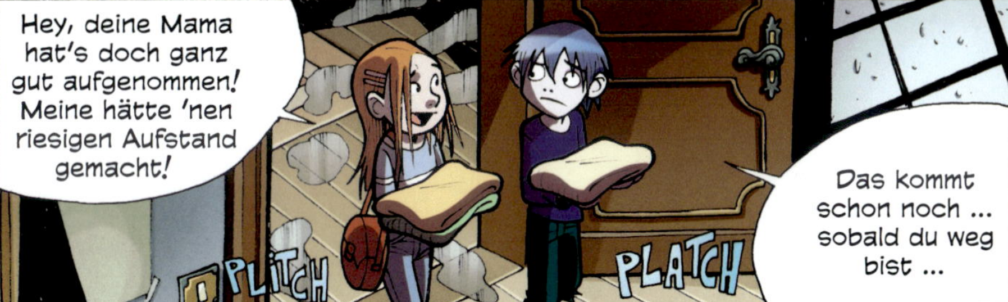
Hey, deine Mama hat's doch ganz gut aufgenommen! Meine hätte 'nen riesigen Aufstand gemacht!
PLITCH
PLATCH
Das kommt schon noch ... sobald du weg bist ...

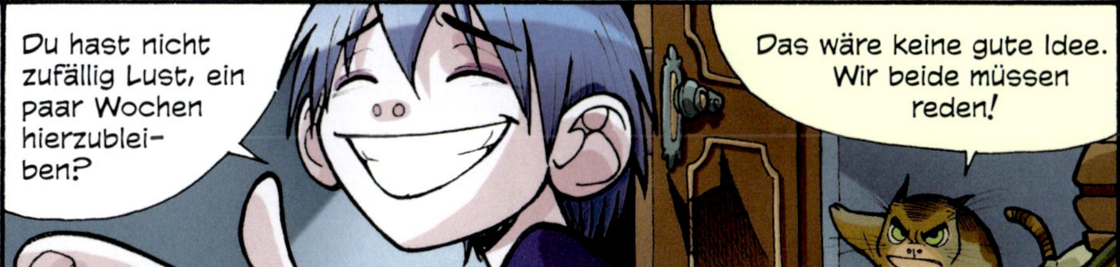
Du hast nicht zufällig Lust, ein paar Wochen hierzublei-ben?
Das wäre keine gute Idee. Wir beide müssen reden!

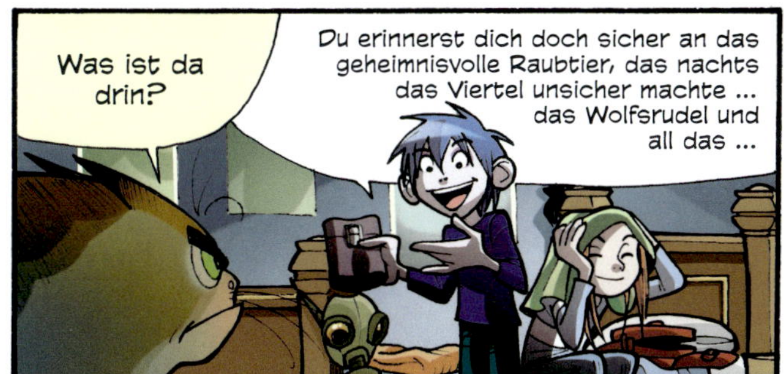
Was ist da drin?
Du erinnerst dich doch sicher an das geheimnisvolle Raubtier, das nachts das Viertel unsicher machte ... das Wolfsrudel und all das ...

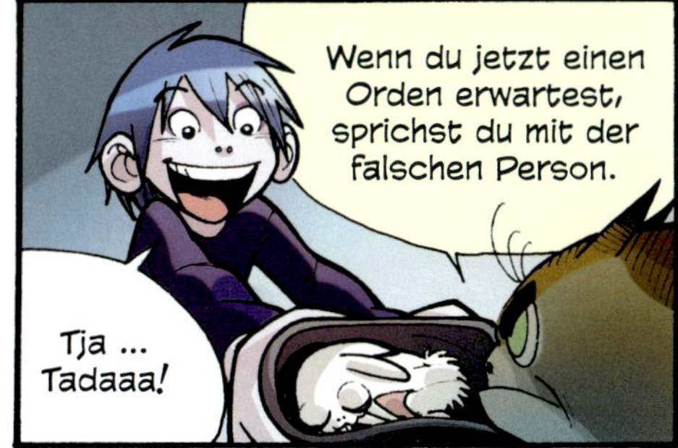
Wenn du jetzt einen Orden erwartest, sprichst du mit der falschen Person.
Tja ... Tadaaa!

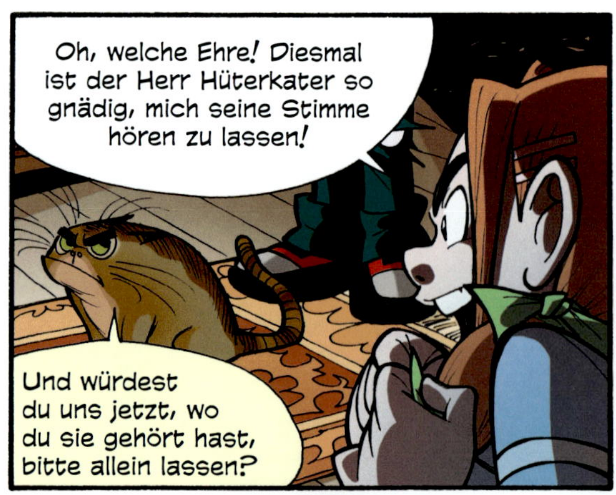
Oh, welche Ehre! Diesmal ist der Herr Hüterkater so gnädig, mich seine Stimme hören zu lassen!
Und würdest du uns jetzt, wo du sie gehört hast, bitte allein lassen?

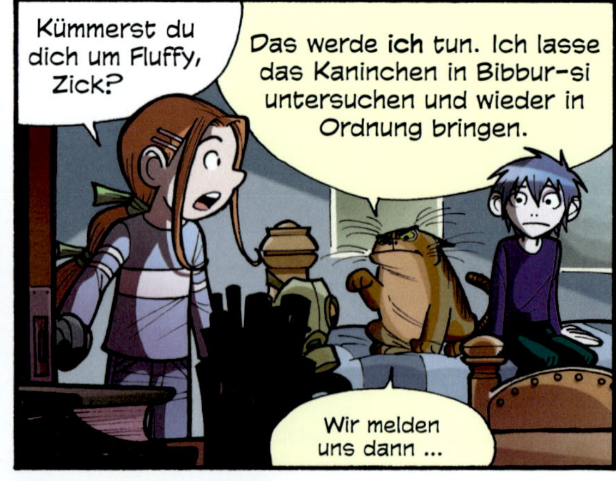
Kümmerst du dich um Fluffy, Zick?
Das werde **ich** tun. Ich lasse das Kaninchen in Bibbur-si untersuchen und wieder in Ordnung bringen.
Wir melden uns dann ...

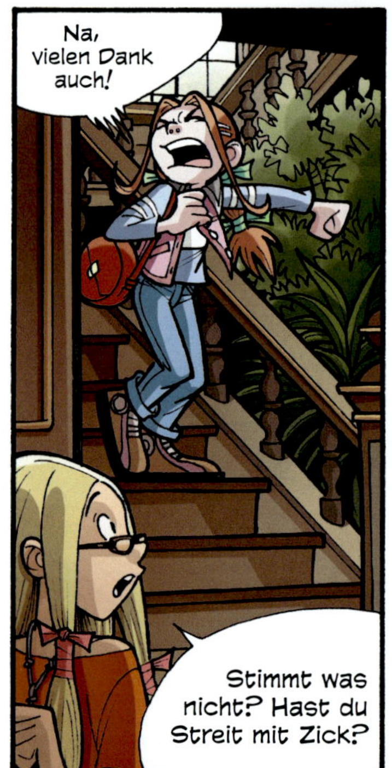
Na, vielen Dank auch!
Stimmt was nicht? Hast du Streit mit Zick?

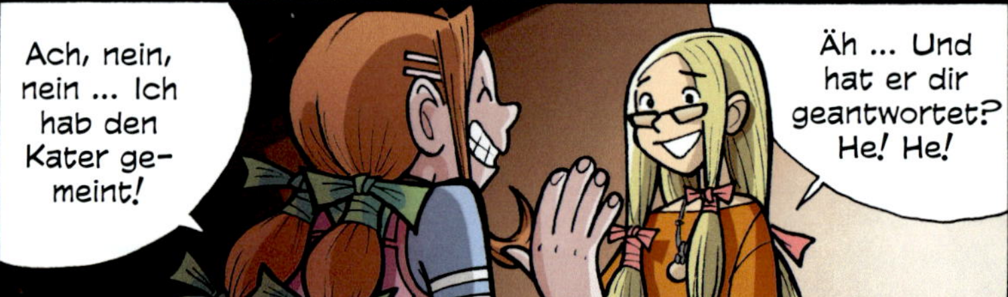
Ach, nein, nein ... Ich hab den Kater gemeint!
Äh ... Und hat er dir geantwortet? He! He!

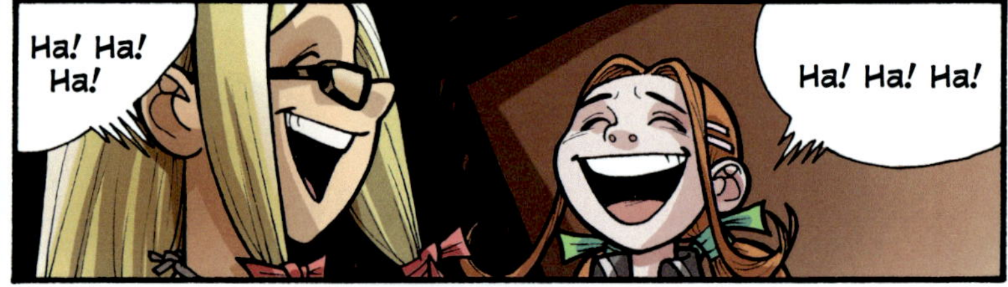
Ha! Ha! Ha!
Ha! Ha! Ha!

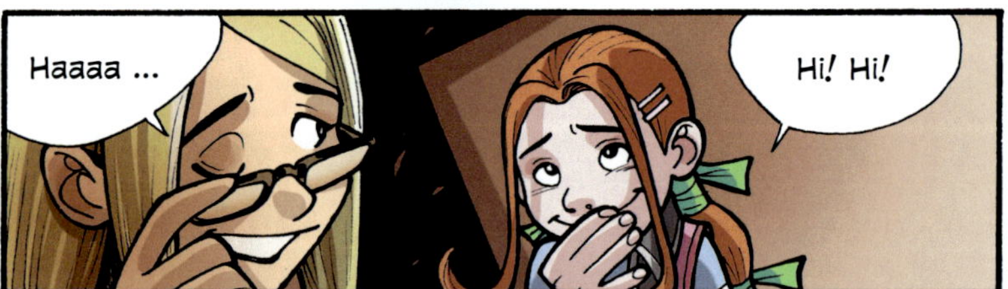
Haaaa ...
Hi! Hi!

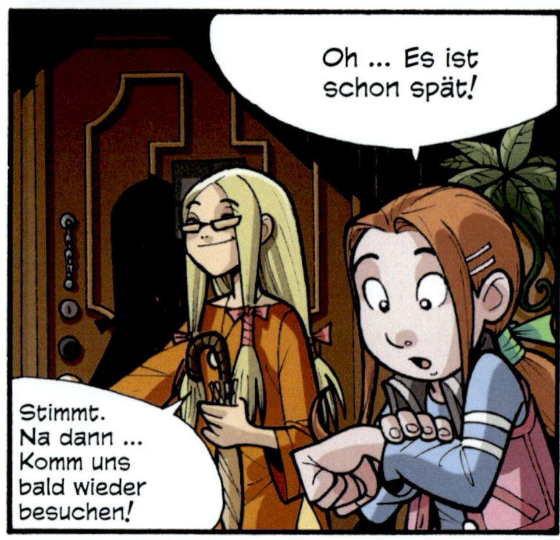
Oh ... Es ist schon spät!
Stimmt. Na dann ... Komm uns bald wieder besuchen!

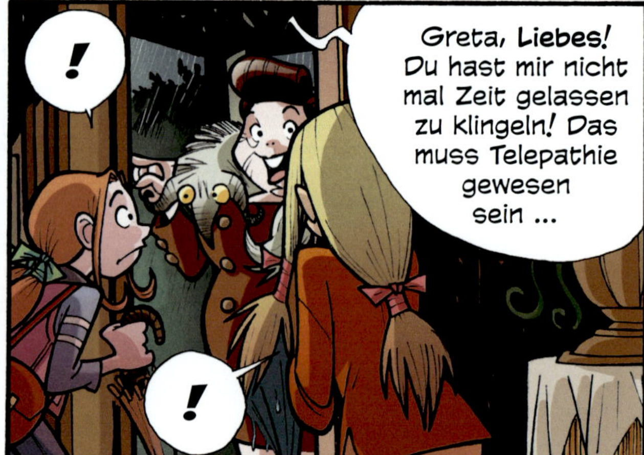
!
Greta, **Liebes!** Du hast mir nicht mal Zeit gelassen zu klingeln! Das muss Telepathie gewesen sein ...
!

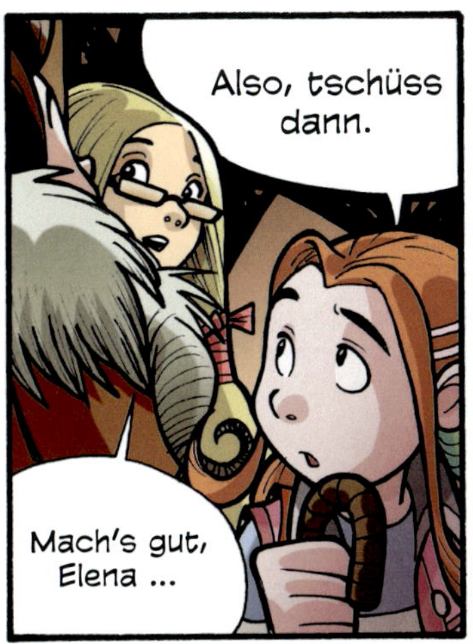
Also, tschüss dann.
Mach's gut, Elena ...

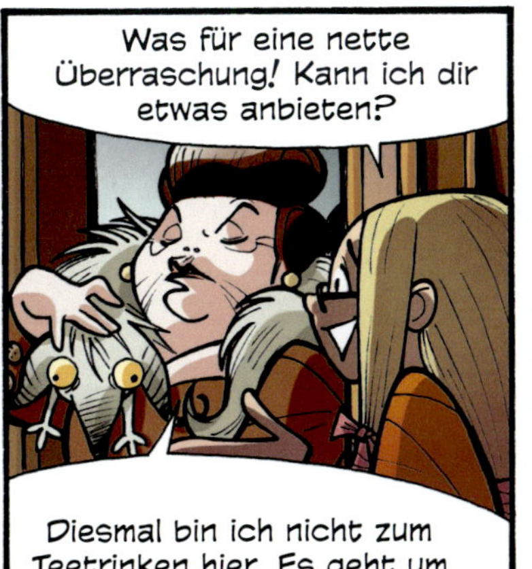
Was für eine nette Überraschung! Kann ich dir etwas anbieten?
Diesmal bin ich nicht zum Teetrinken hier. Es geht um eine ernste Angelegenheit.

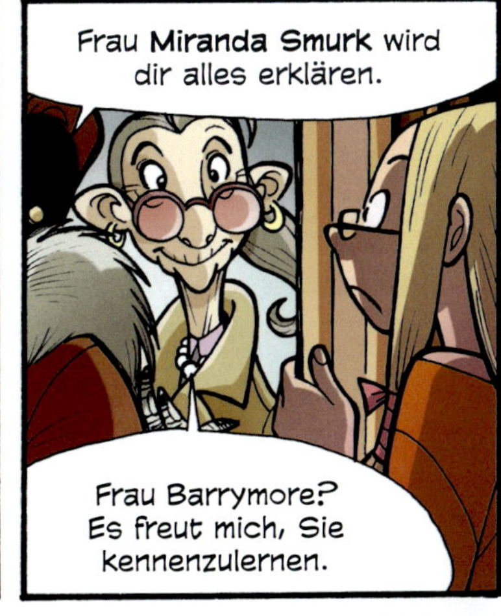
Frau **Miranda Smurk** wird dir alles erklären.
Frau Barrymore? Es freut mich, Sie kennenzulernen.

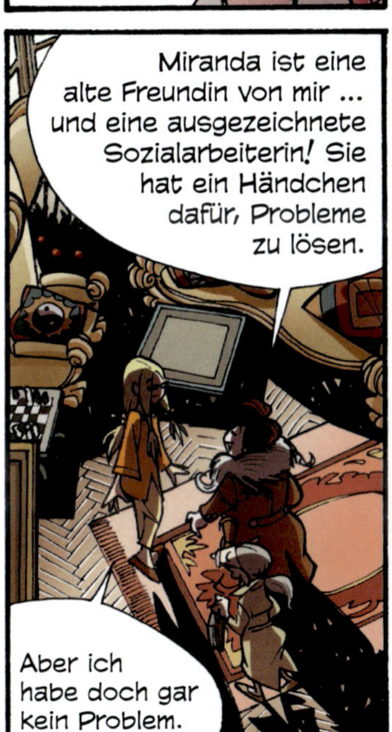
Miranda ist eine alte Freundin von mir ... und eine ausgezeichnete Sozialarbeiterin! Sie hat ein Händchen dafür, Probleme zu lösen.
Aber ich habe doch gar kein Problem.

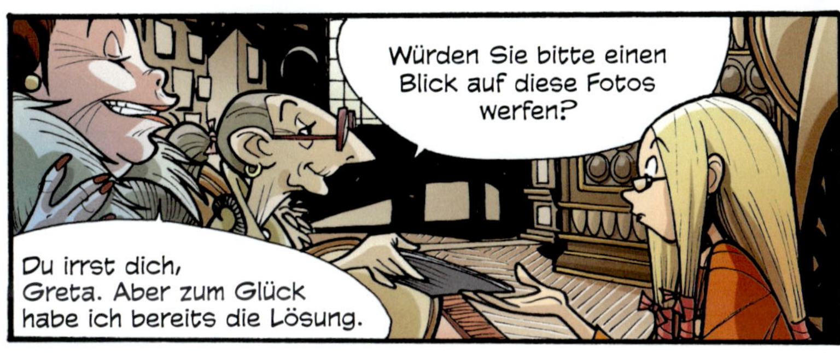
Du irrst dich, Greta. Aber zum Glück habe ich bereits die Lösung.
Würden Sie bitte einen Blick auf diese Fotos werfen?

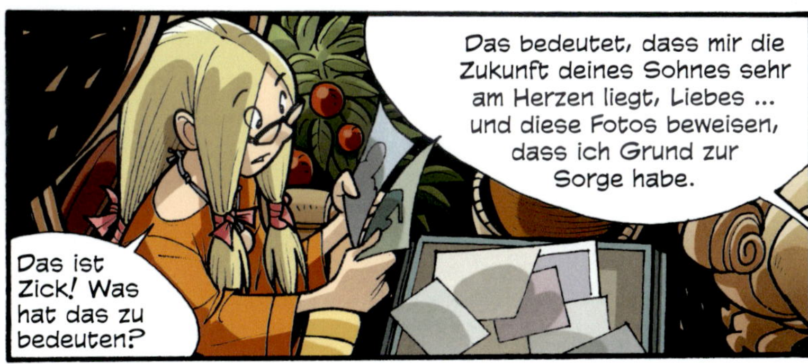
Das ist Zick! Was hat das zu bedeuten?
Das bedeutet, dass mir die Zukunft deines Sohnes sehr am Herzen liegt, Liebes ... und diese Fotos beweisen, dass ich Grund zur Sorge habe.

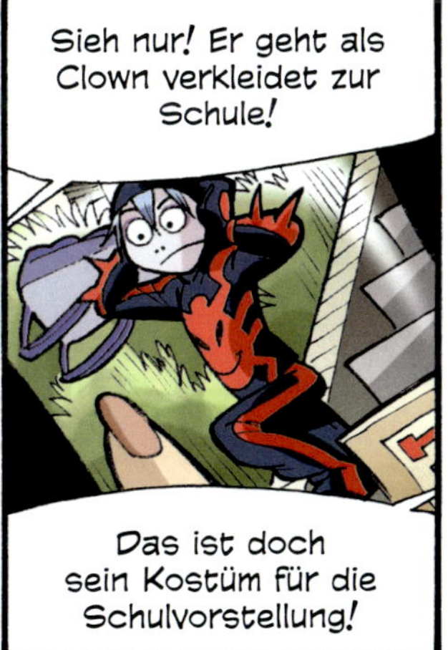
Sieh nur! Er geht als Clown verkleidet zur Schule!
Das ist doch sein Kostüm für die Schulvorstellung!

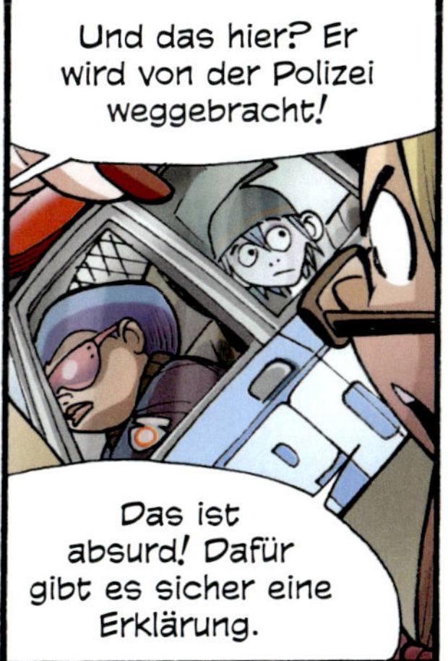
Und das hier? Er wird von der Polizei weggebracht!
Das ist absurd! Dafür gibt es sicher eine Erklärung.

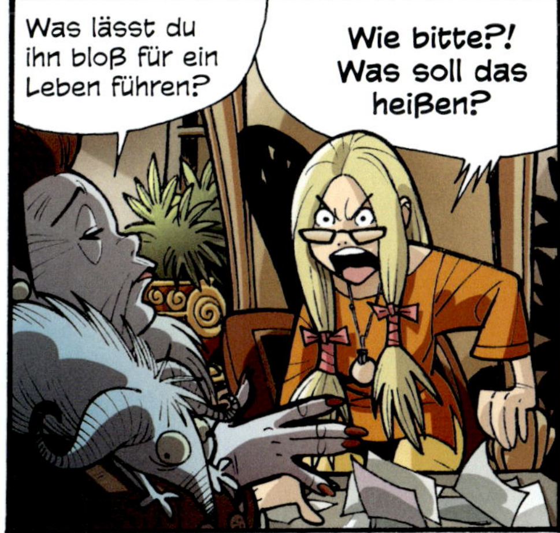
Was lässt du ihn bloß für ein Leben führen?
Wie bitte?! Was soll das heißen?

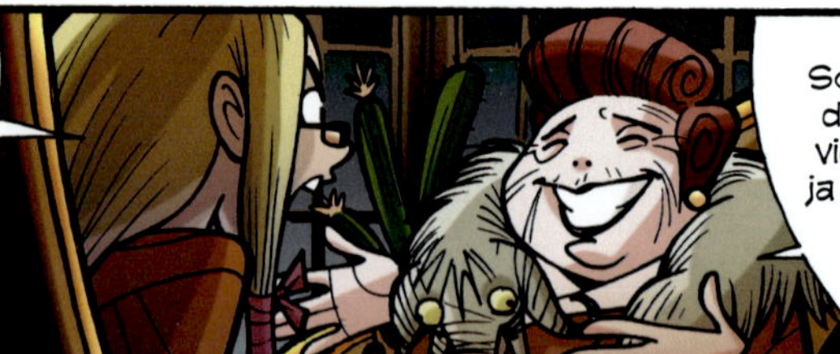
Ich liebe Zick mehr als alles auf der Welt! Er ist die wichtigste Person in meinem Leben!
Solange du dich **erinnerst**, dass es ihn gibt, mag das vielleicht stimmen. Ich sage ja nicht, dass du keine gute Mutter bist ... Ich denke bloß, dass du etwas **unaufmerksam** bist!

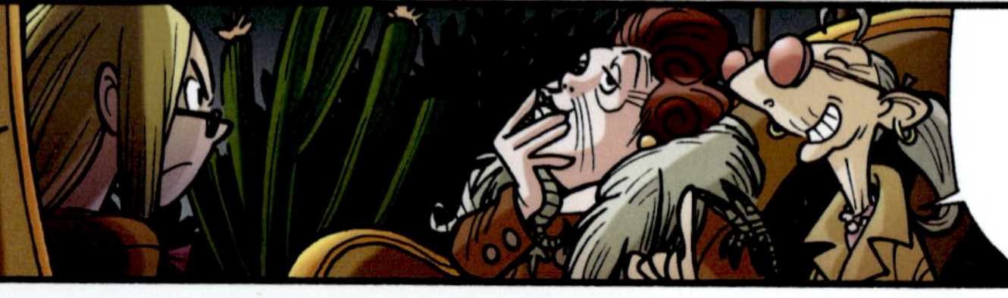
Was willst du von mir?
Das vorläufige Sorgerecht für Ihren Sohn.

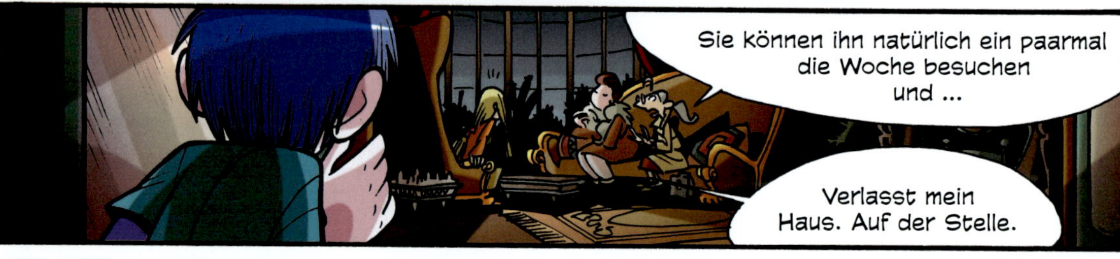
Sie können ihn natürlich ein paarmal die Woche besuchen und ...
Verlasst mein Haus. Auf der Stelle.

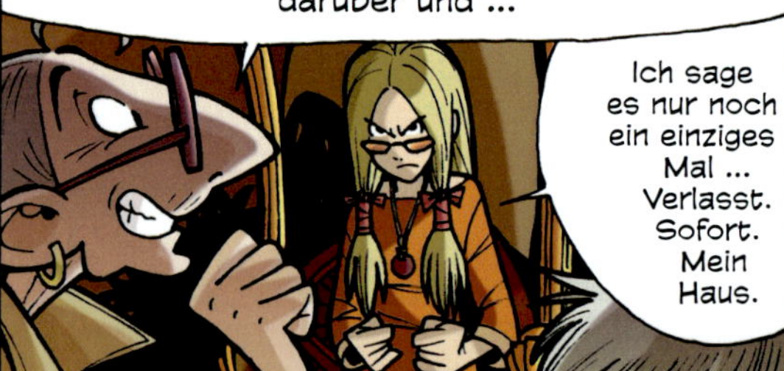
Frau Barrymore, wir wollen nur das Beste für Zick. Denken Sie in Ruhe über den Vorschlag nach. Morgen sprechen wir noch mal darüber und ...
Ich sage es nur noch ein einziges Mal ... Verlasst. Sofort. Mein Haus.

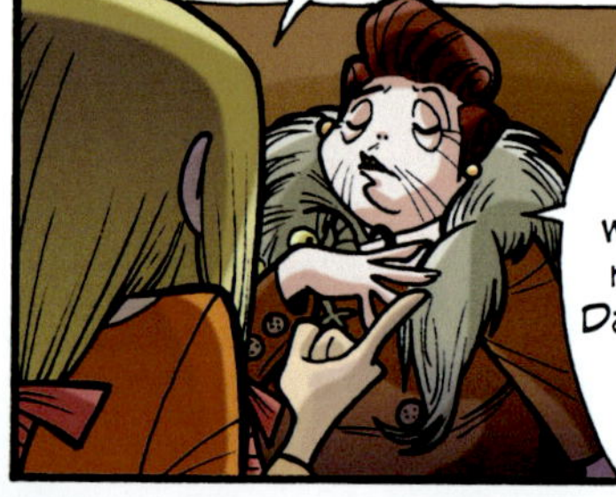
Ihr habt einen zehnjährigen Jungen verfolgt, ihm nachspioniert und jetzt wollt ihr ihn mir wegnehmen?
Ein Richter würde mir recht geben, aber ich wollte das Gesetz nicht einschalten. Das ist so kalt und unpersönlich ...

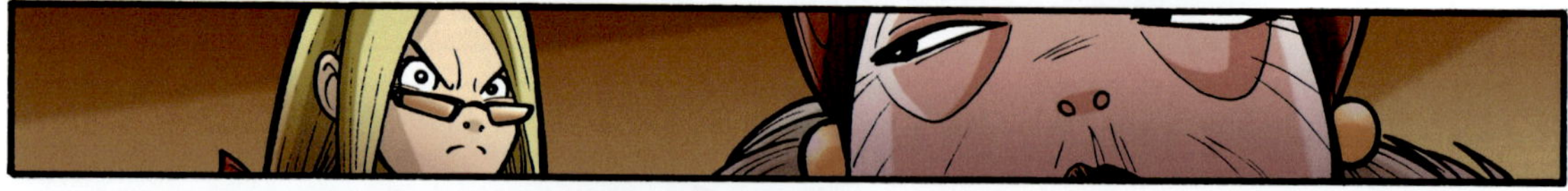

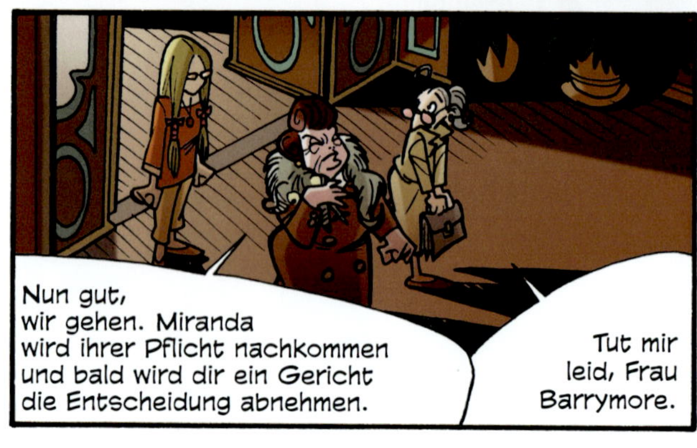
Nun gut, wir gehen. Miranda wird ihrer Pflicht nachkommen und bald wird dir ein Gericht die Entscheidung abnehmen.
Tut mir leid, Frau Barrymore.

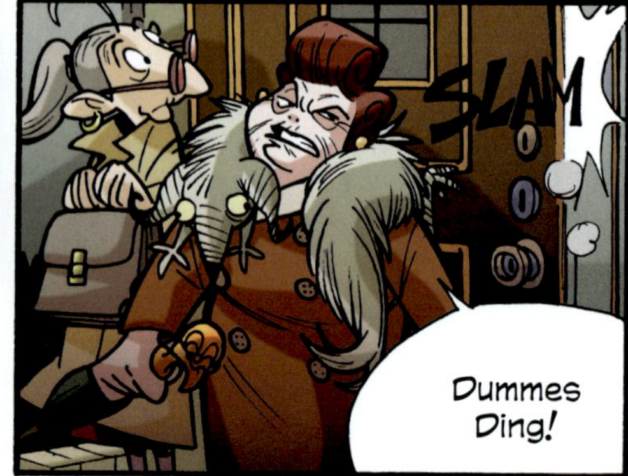
SLAM
Dummes Ding!

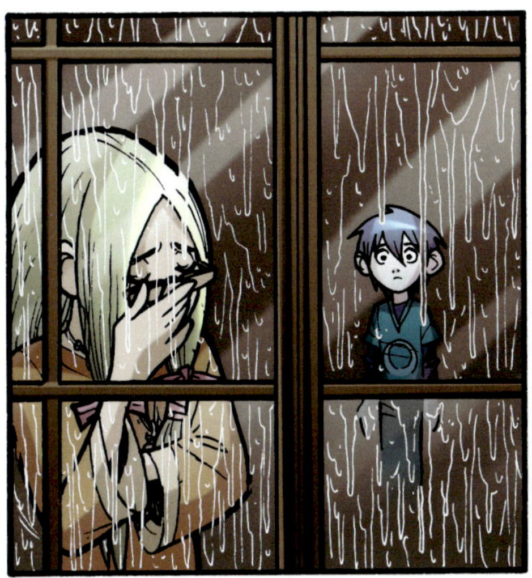

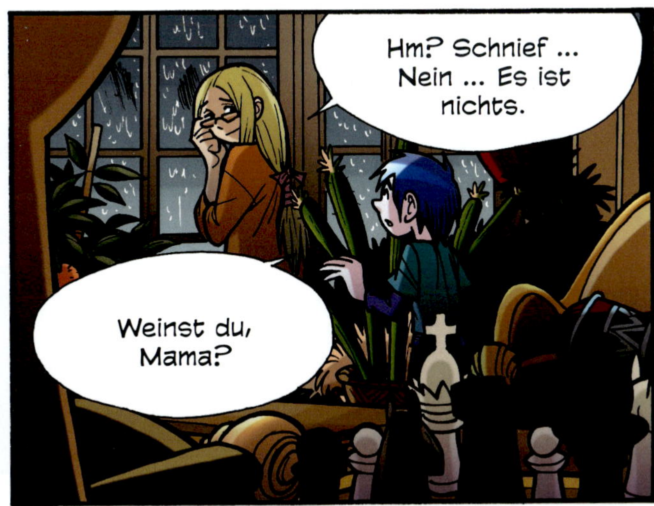
Hm? Schnief ...
Nein ... Es ist nichts.
Weinst du, Mama?

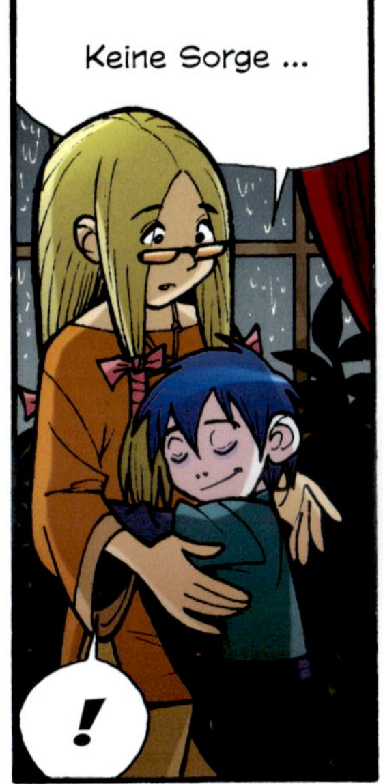
Keine Sorge ...
!

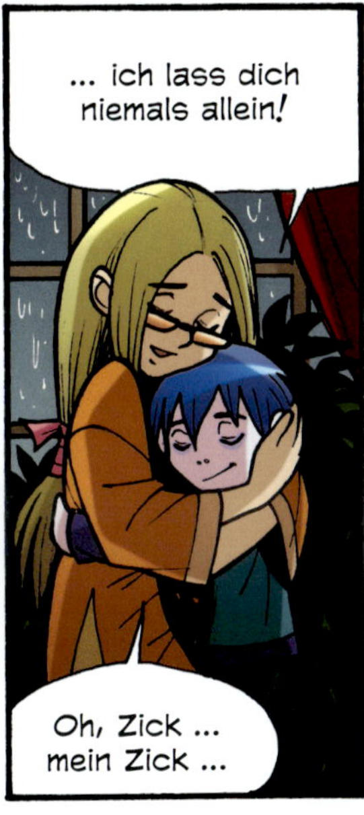
... ich lass dich niemals allein!
Oh, Zick ... mein Zick ...

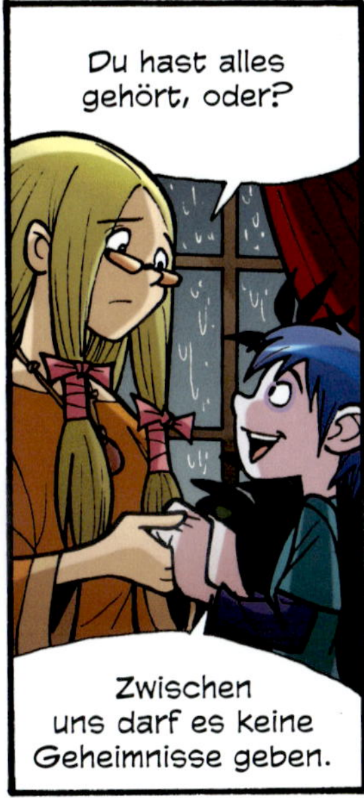
Du hast alles gehört, oder?
Zwischen uns darf es keine Geheimnisse geben.

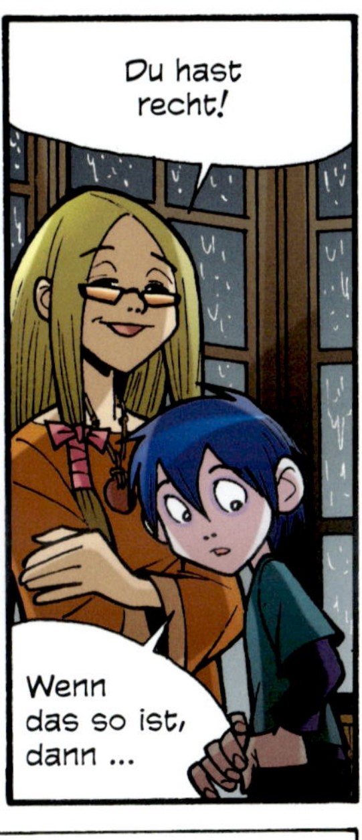
Du hast recht!
Wenn das so ist, dann ...

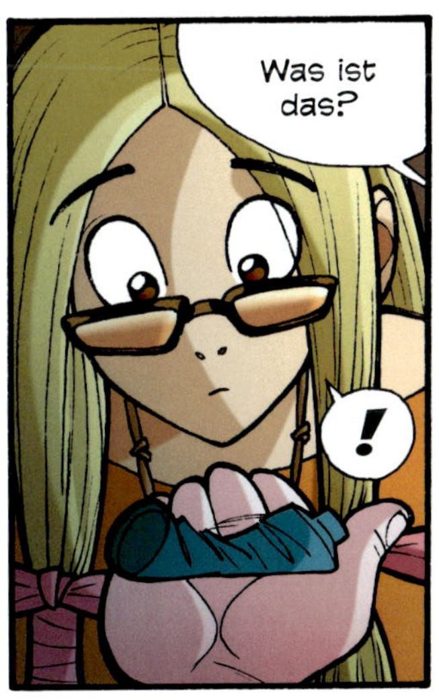
Was ist das?
!

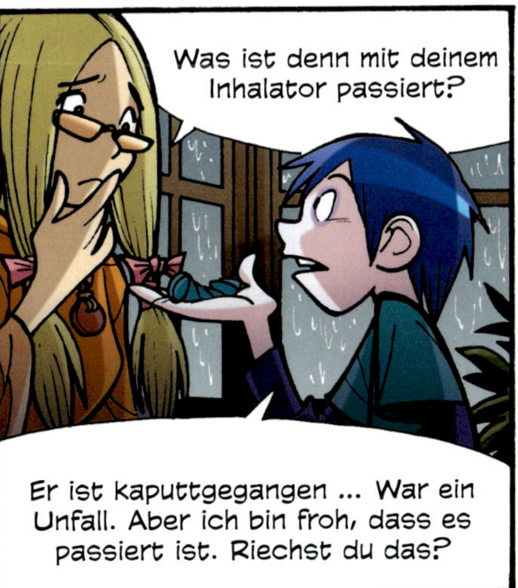
Was ist denn mit deinem Inhalator passiert?
Er ist kaputtgegangen ... War ein Unfall. Aber ich bin froh, dass es passiert ist. Riechst du das?

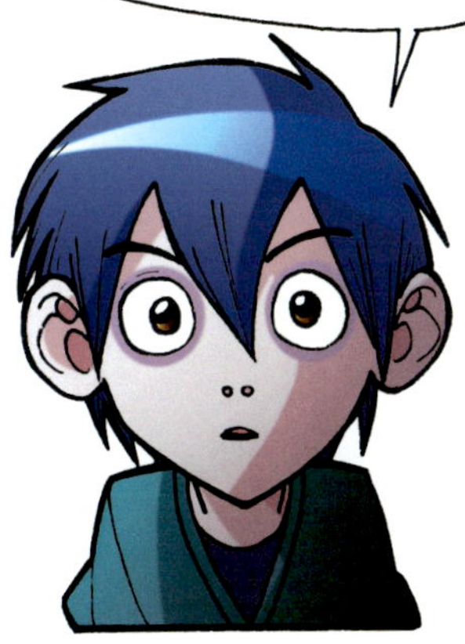
Warum ist **Lavendel** in meinem Allergiespray?

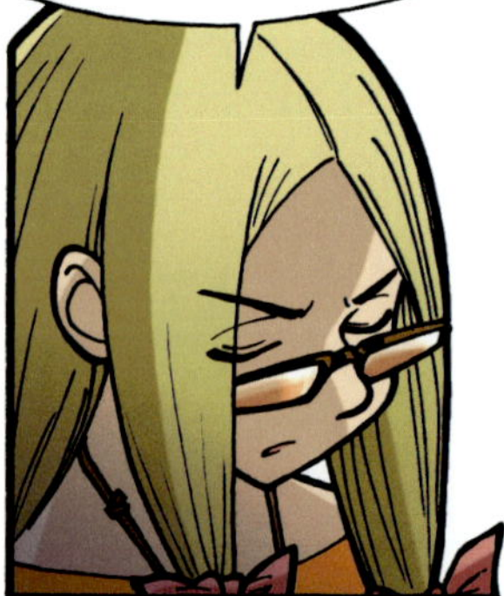

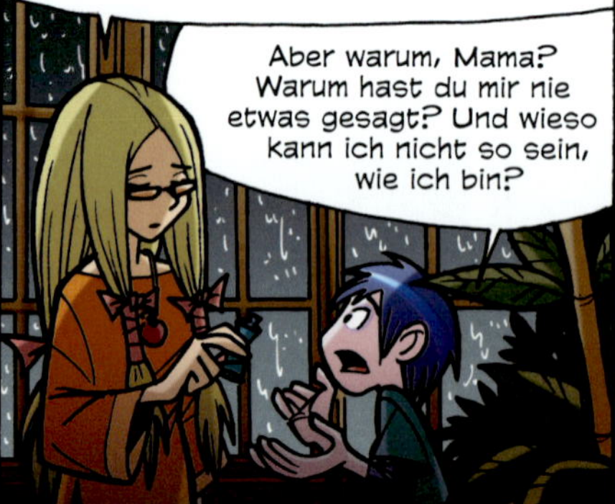

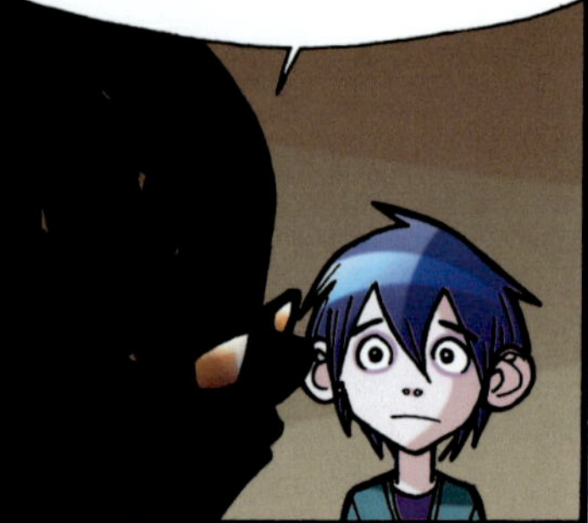

... und ich wollte nicht, dass dich das gleiche Schicksal ereilt wie deinen Vater.

Dann stimmt es also, dass Papa ein Bändiger war. Das mit dem Insektenforscher war nur eine Lüge.

Dein Vater war **auch** ein Insektenforscher, aber vor allem war er ein großer Bändiger. Der beste vielleicht. Doch das letzte Monster, das er bekämpfte, war **stärker** als er!

Ist er ... im Kampf gestorben?

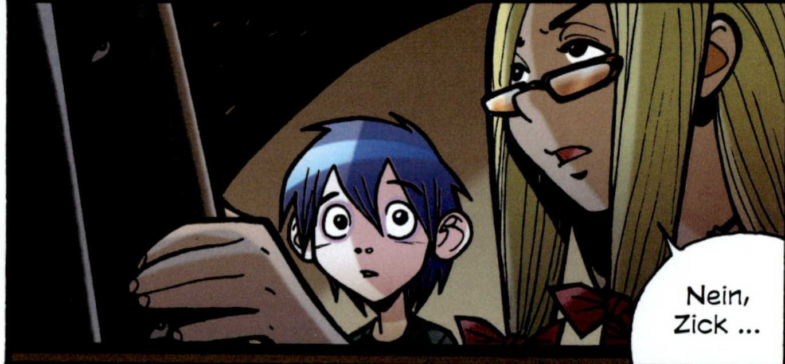

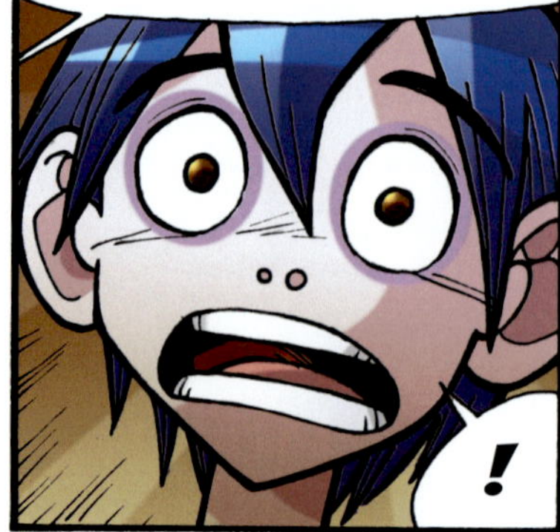

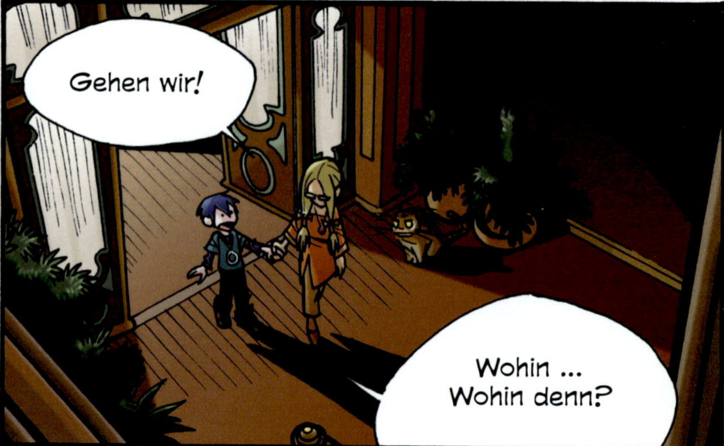

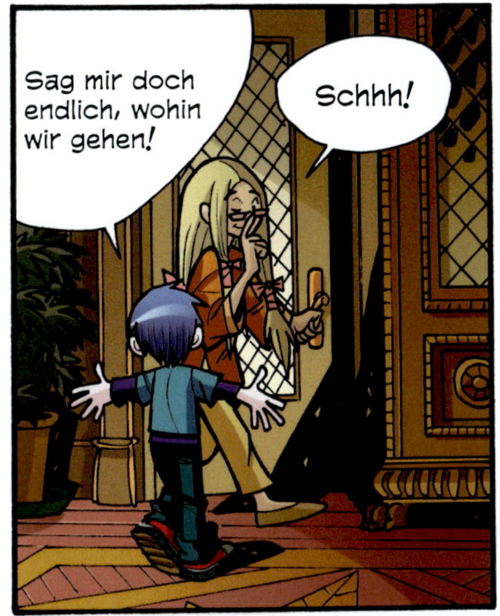
Sag mir doch endlich, wohin wir gehen!
Schhh!
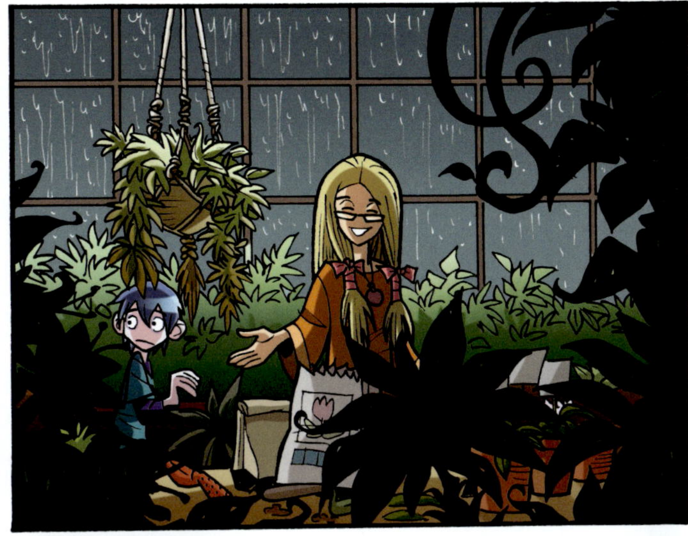
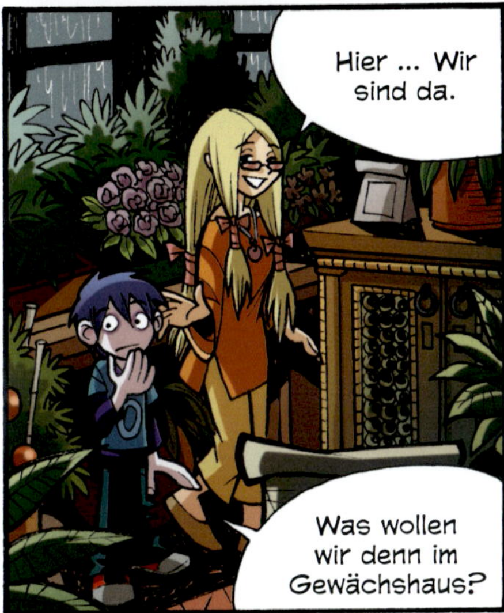
Hier ... Wir sind da.
Was wollen wir denn im Gewächshaus?
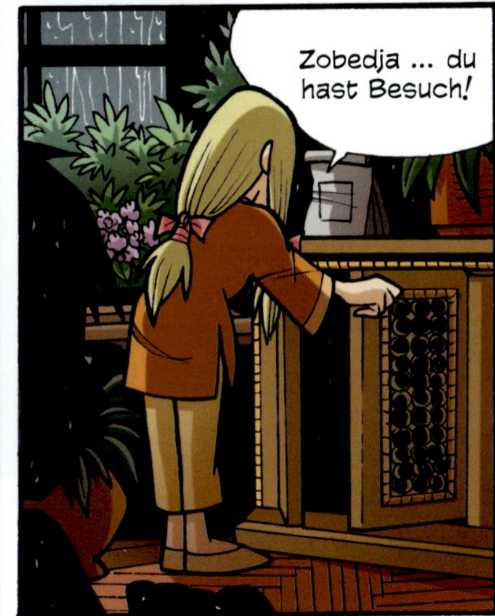
Zobedja ... du hast Besuch!
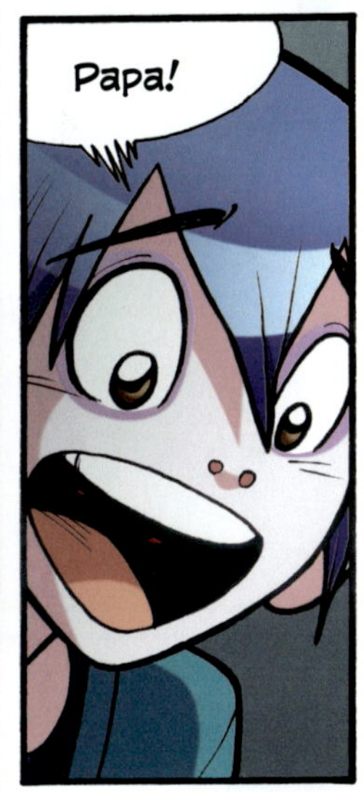
Papa!
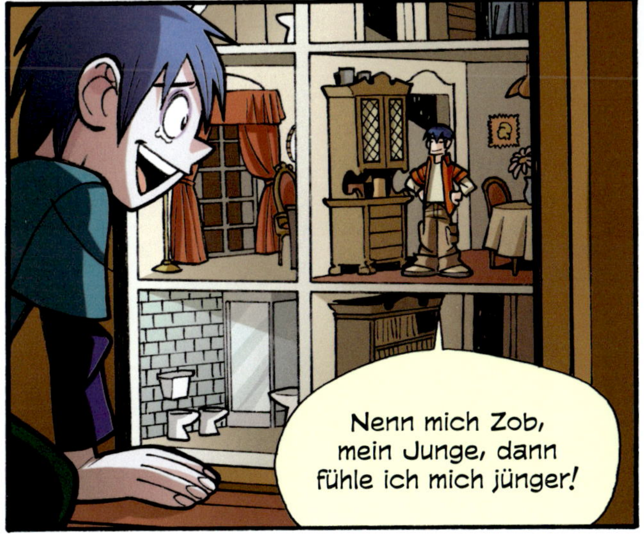
Nenn mich Zob, mein Junge, dann fühle ich mich jünger!
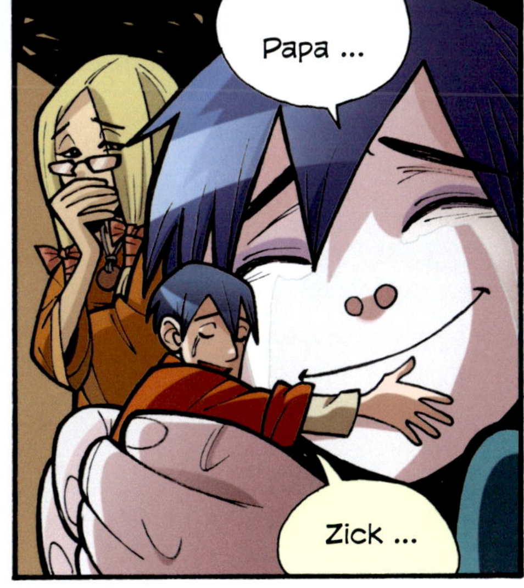
Papa ...
Zick ...

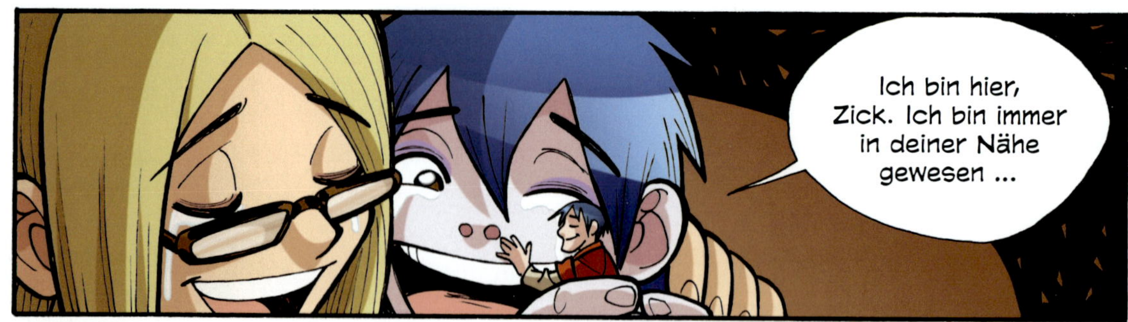
Ich bin hier, Zick. Ich bin immer in deiner Nähe gewesen ...

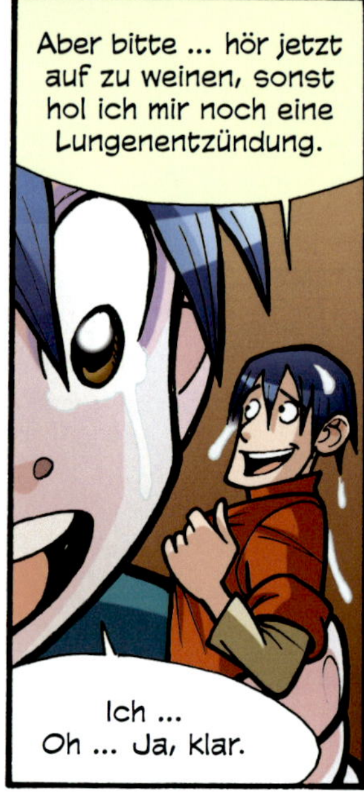
Aber bitte ... hör jetzt auf zu weinen, sonst hol ich mir noch eine Lungenentzündung.
Ich ... Oh ... Ja, klar.

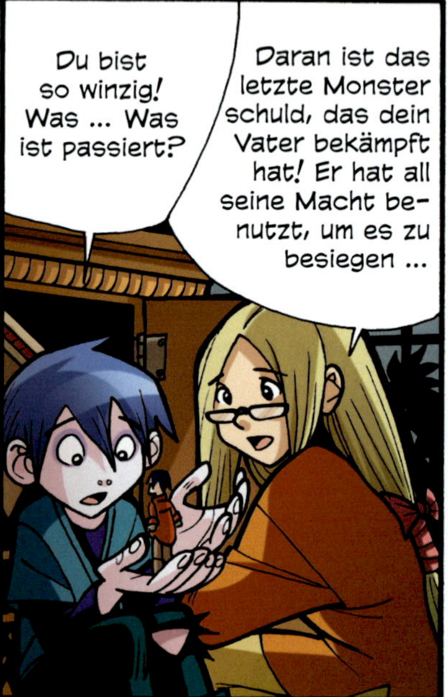
Du bist so winzig! Was ... Was ist passiert?
Daran ist das letzte Monster schuld, das dein Vater bekämpft hat! Er hat all seine Macht benutzt, um es zu besiegen ...

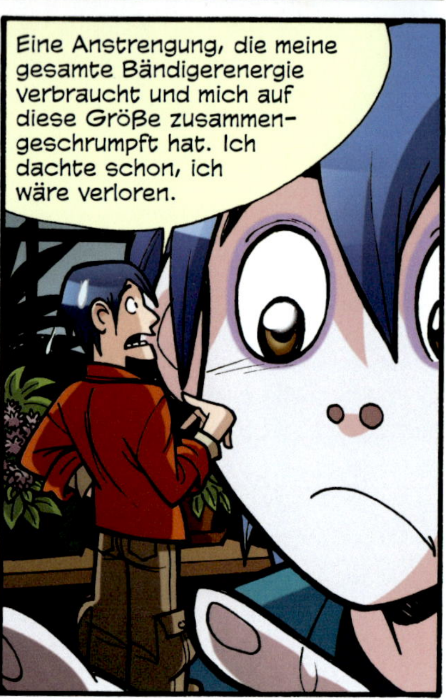
Eine Anstrengung, die meine gesamte Bändigerenergie verbraucht und mich auf diese Größe zusammengeschrumpft hat. Ich dachte schon, ich wäre verloren.

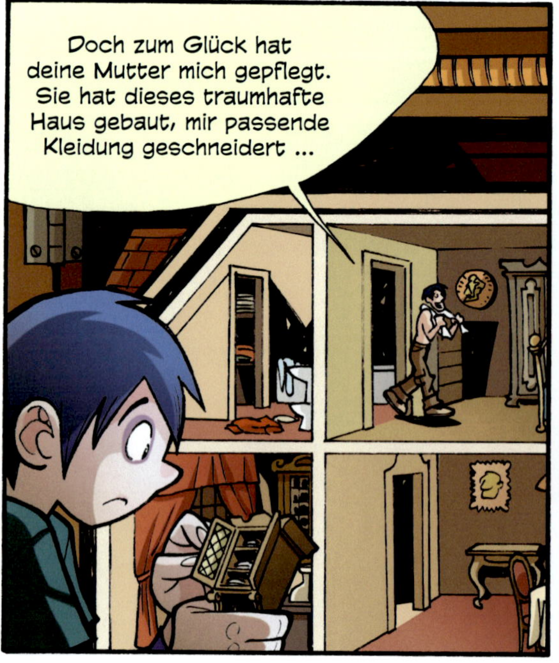
Doch zum Glück hat deine Mutter mich gepflegt. Sie hat dieses traumhafte Haus gebaut, mir passende Kleidung geschneidert ...

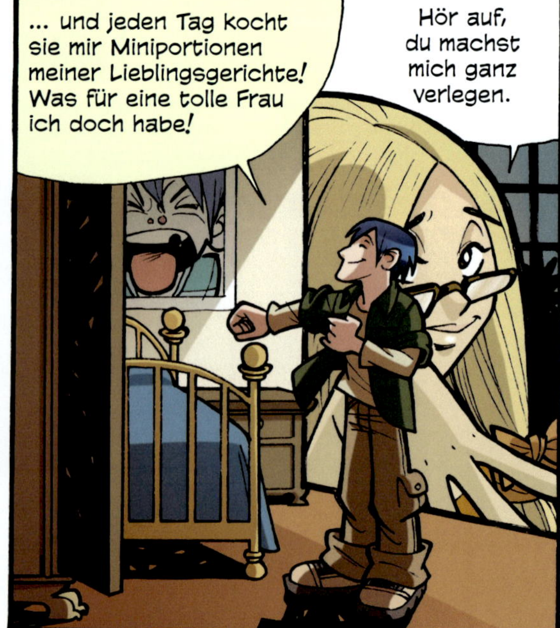
... und jeden Tag kocht sie mir Miniportionen meiner Lieblingsgerichte! Was für eine tolle Frau ich doch habe!
Hör auf, du machst mich ganz verlegen.

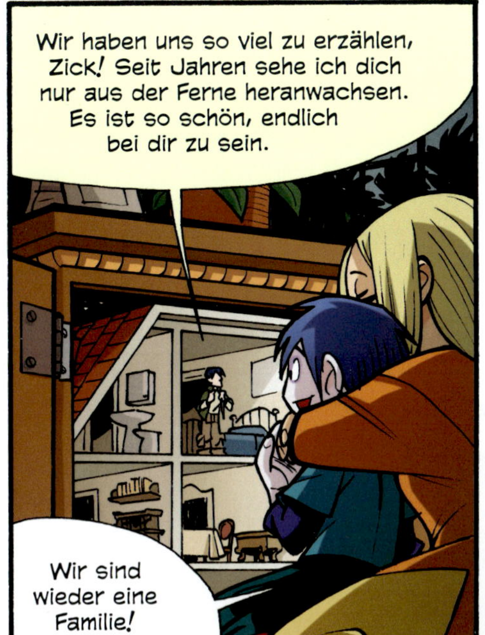
Wir haben uns so viel zu erzählen, Zick! Seit Jahren sehe ich dich nur aus der Ferne heranwachsen. Es ist so schön, endlich bei dir zu sein.
Wir sind wieder eine Familie!

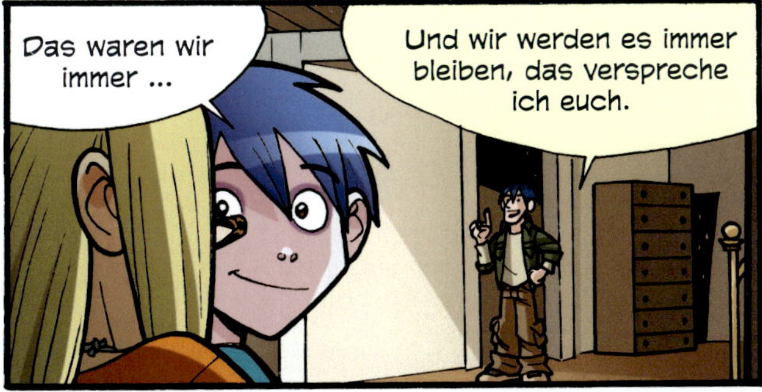
Das waren wir immer …
Und wir werden es immer bleiben, das verspreche ich euch.

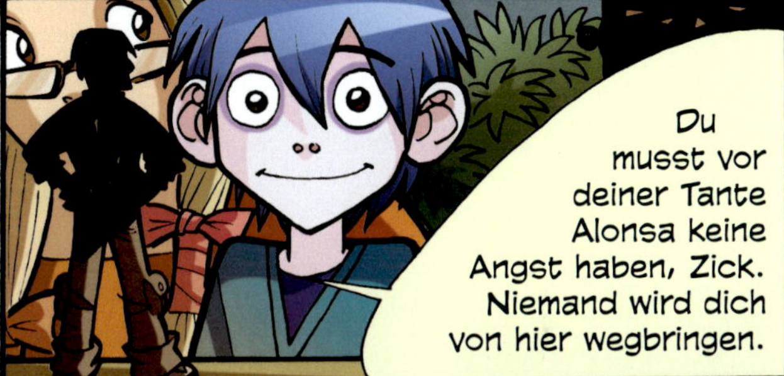
Du musst vor deiner Tante Alonsa keine Angst haben, Zick. Niemand wird dich von hier wegbringen.

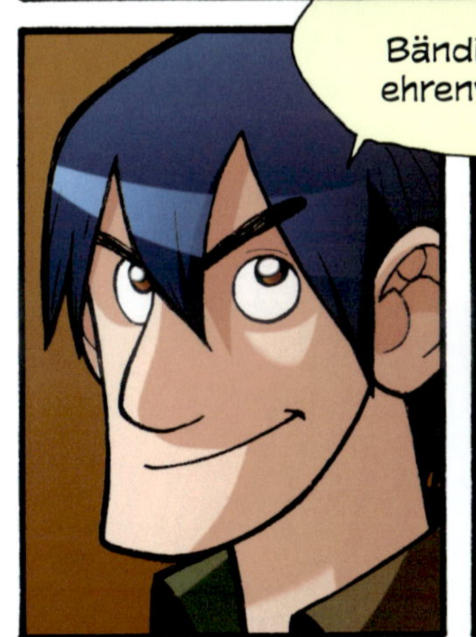
Bändiger-ehrenwort.

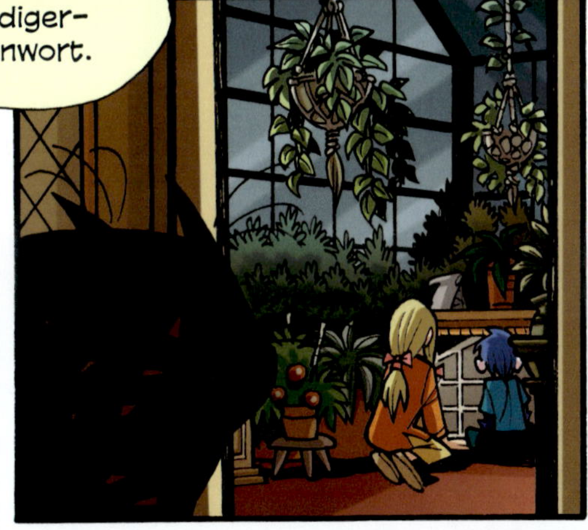

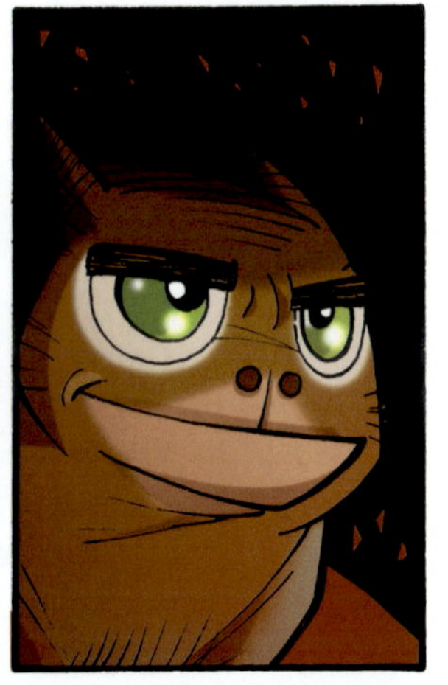

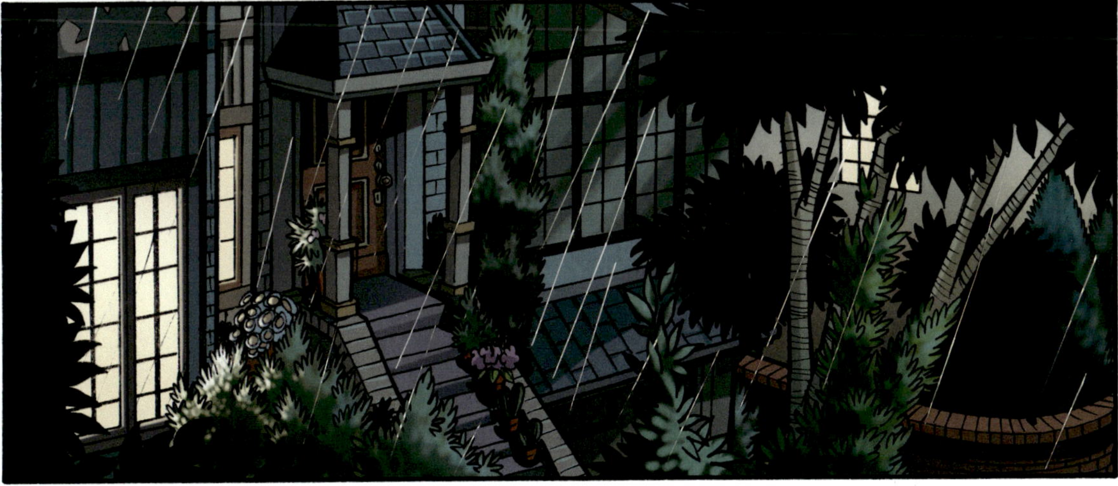

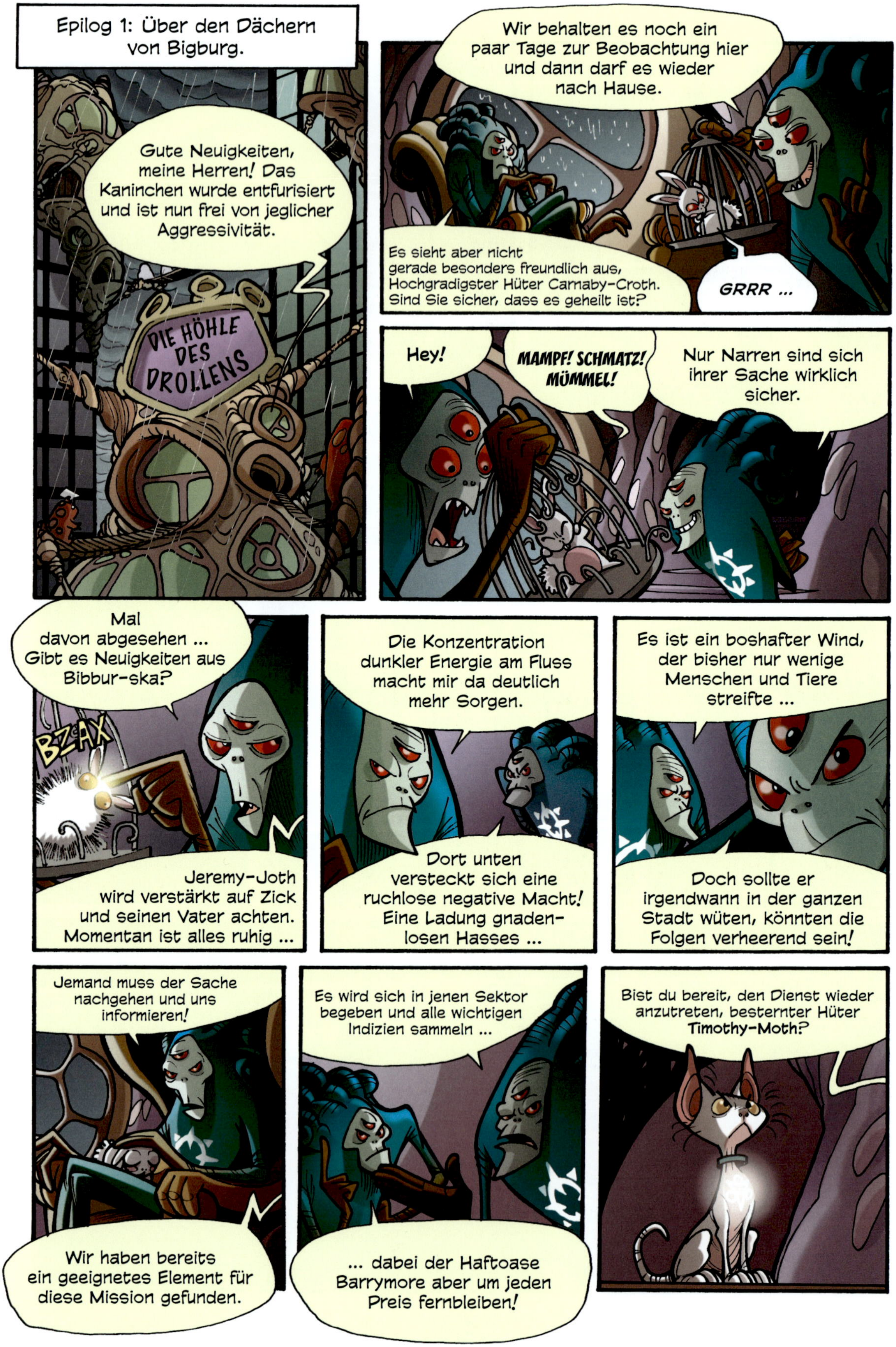

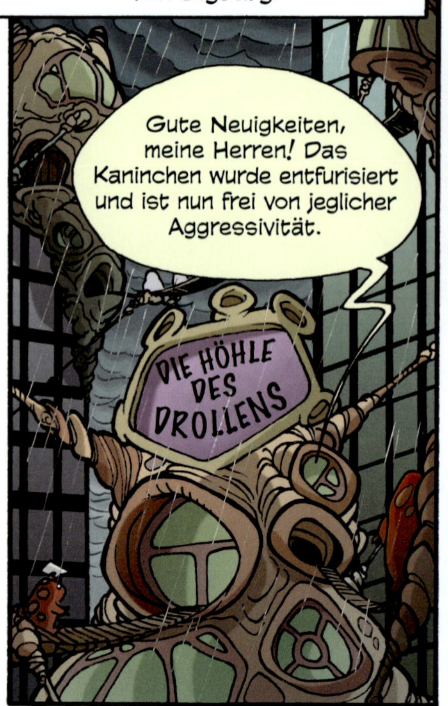
Epilog 1: Über den Dächern von Bigburg.
Gute Neuigkeiten, meine Herren! Das Kaninchen wurde entfurisiert und ist nun frei von jeglicher Aggressivität.
DIE HÖHLE DES DROLLENS

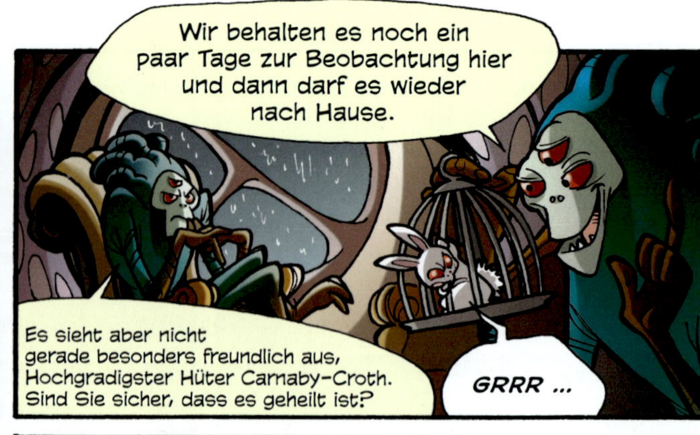
Wir behalten es noch ein paar Tage zur Beobachtung hier und dann darf es wieder nach Hause.
Es sieht aber nicht gerade besonders freundlich aus, Hochgradigster Hüter Carnaby-Croth. Sind Sie sicher, dass es geheilt ist?
GRRR ...

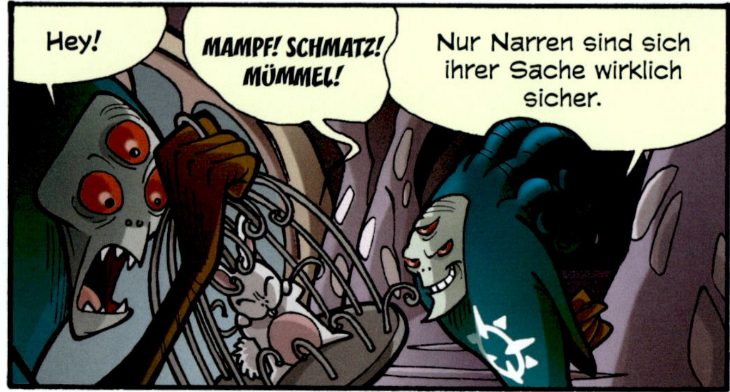
Hey!
MAMPF! SCHMATZ! MÜMMEL!
Nur Narren sind sich ihrer Sache wirklich sicher.

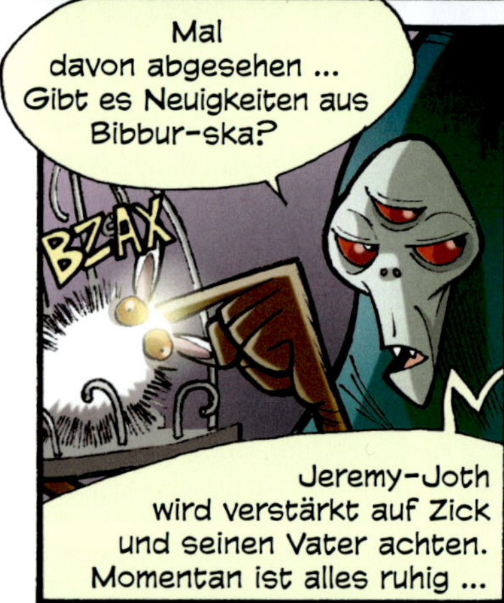
Mal davon abgesehen ... Gibt es Neuigkeiten aus Bibbur-ska?
BZAX
Jeremy-Joth wird verstärkt auf Zick und seinen Vater achten. Momentan ist alles ruhig ...

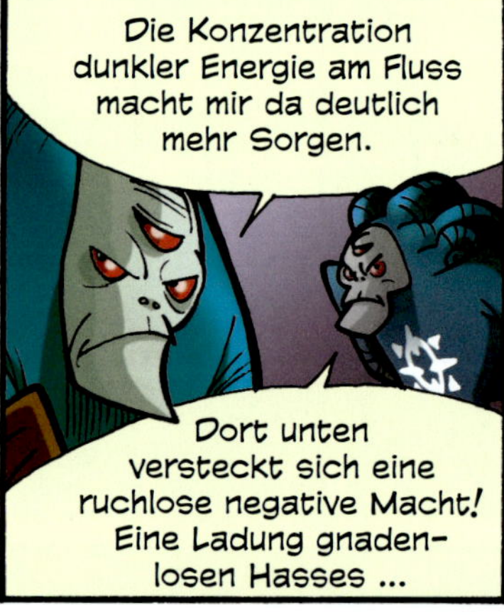
Die Konzentration dunkler Energie am Fluss macht mir da deutlich mehr Sorgen.
Dort unten versteckt sich eine ruchlose negative Macht! Eine Ladung gnadenlosen Hasses ...

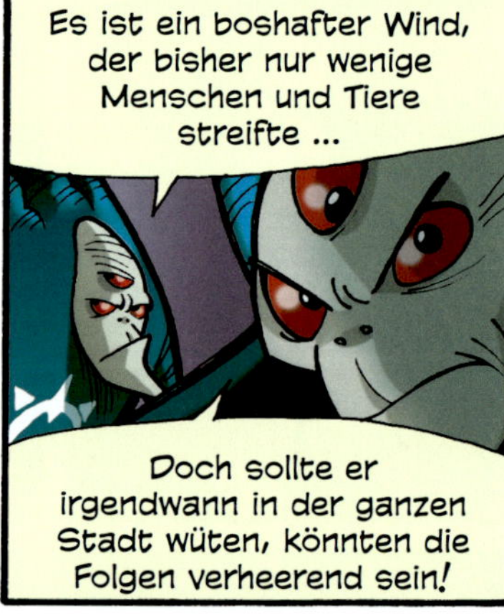
Es ist ein boshafter Wind, der bisher nur wenige Menschen und Tiere streifte ...
Doch sollte er irgendwann in der ganzen Stadt wüten, könnten die Folgen verheerend sein!

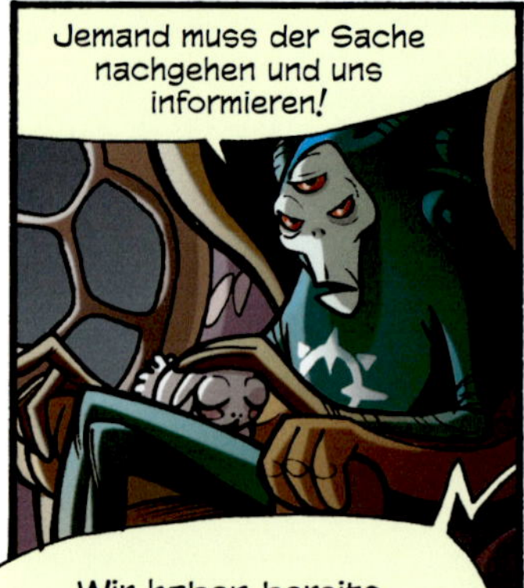
Jemand muss der Sache nachgehen und uns informieren!
Wir haben bereits ein geeignetes Element für diese Mission gefunden.

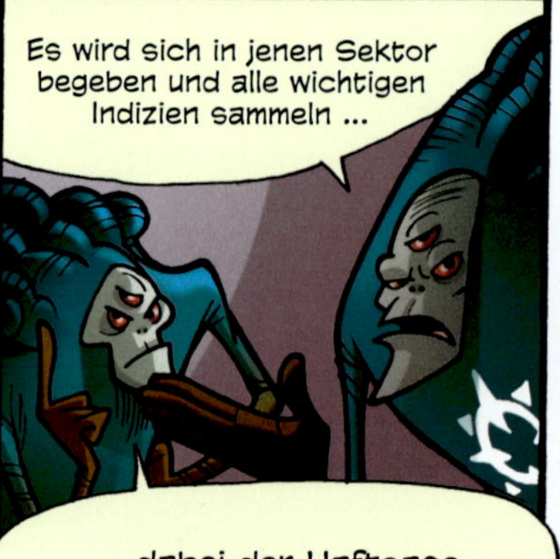
Es wird sich in jenen Sektor begeben und alle wichtigen Indizien sammeln ...
... dabei der Haftoase Barrymore aber um jeden Preis fernbleiben!
Bist du bereit, den Dienst wieder anzutreten, besternter Hüter **Timothy-Moth**?

Epilog 2: Die Schule von Oldmill Village, wenige Tage später ...

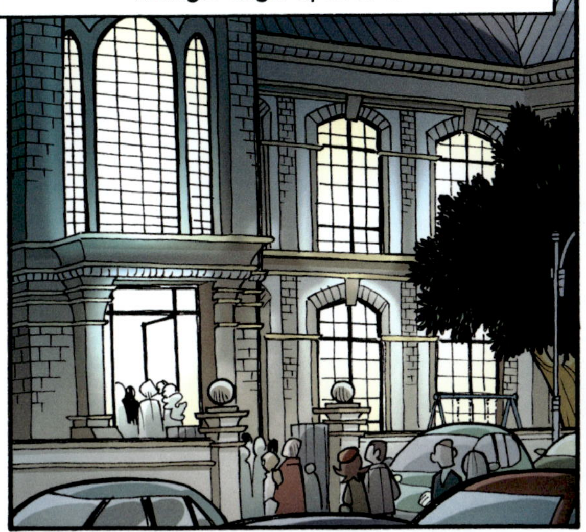

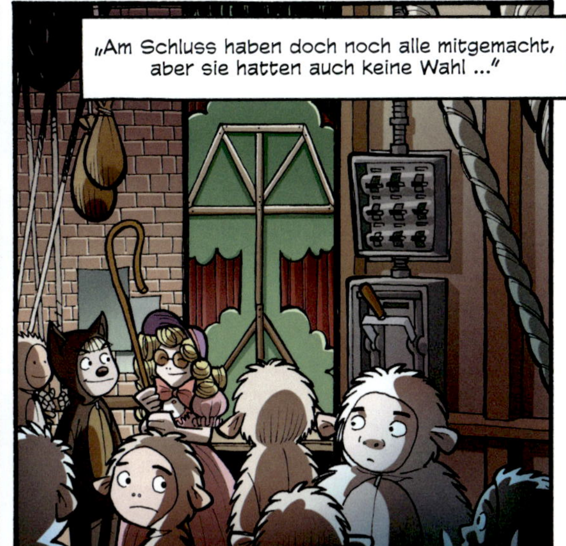

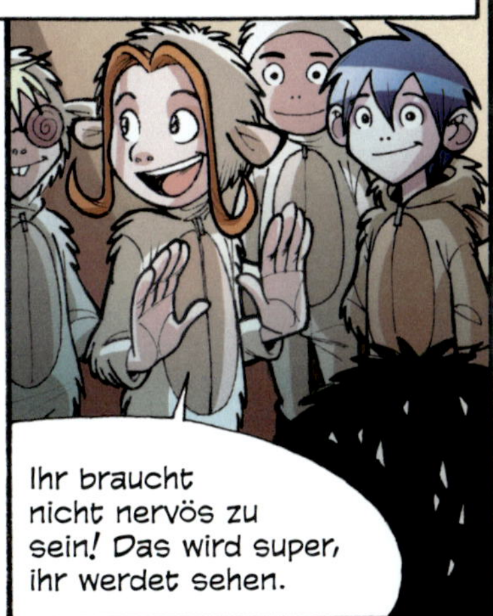

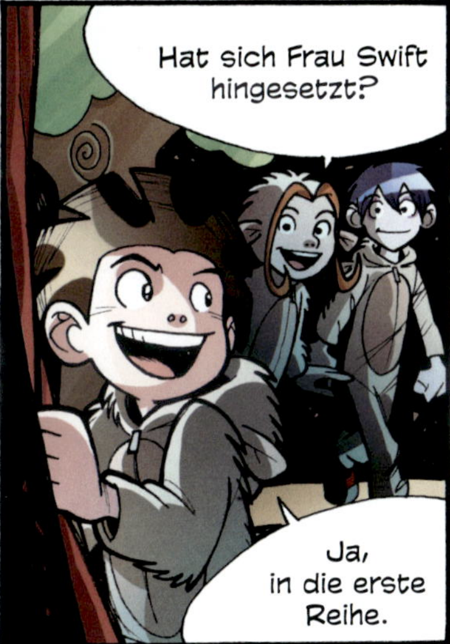

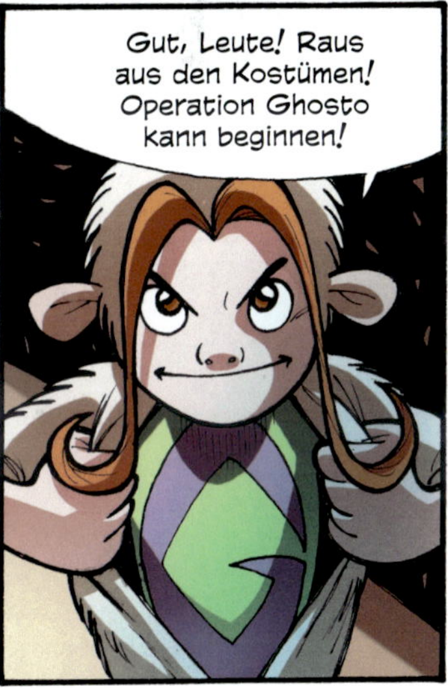

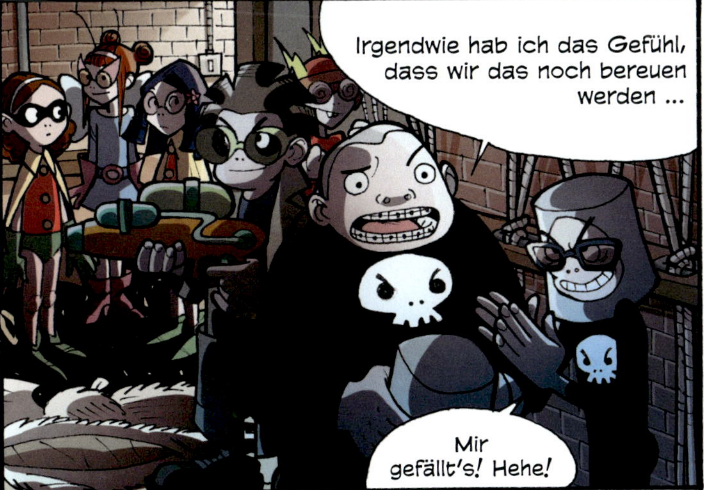

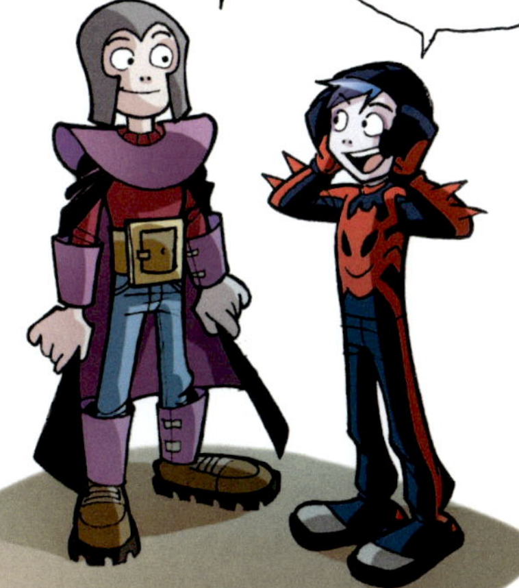

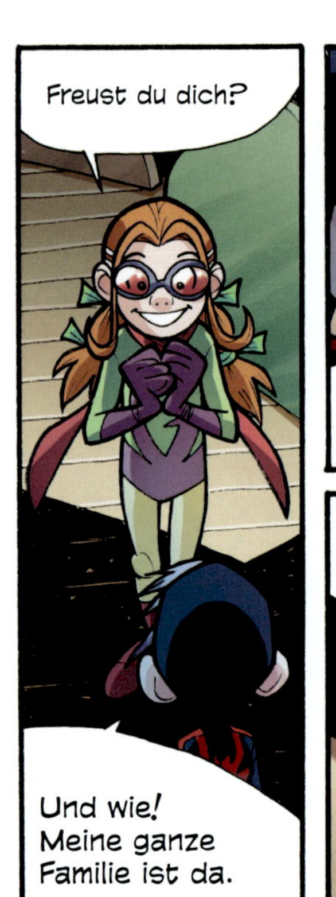

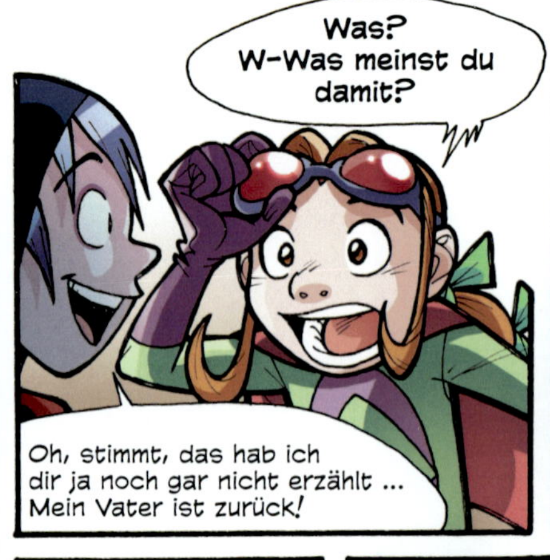

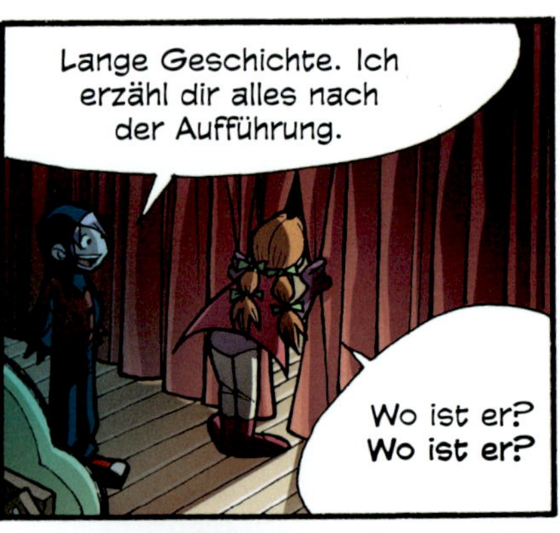

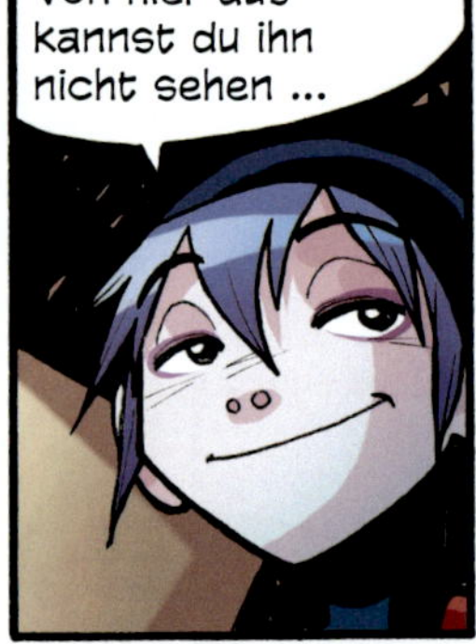

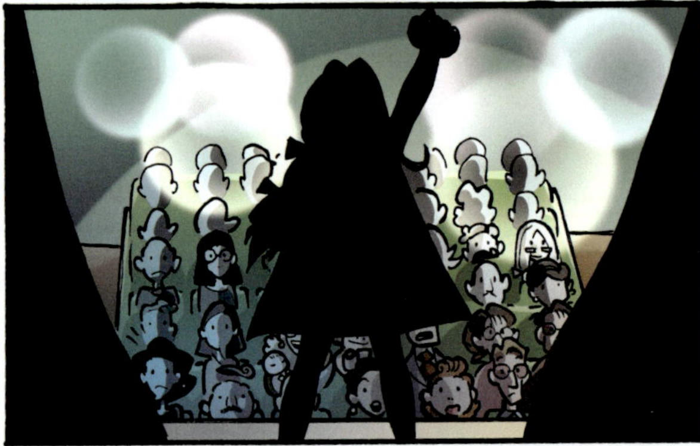

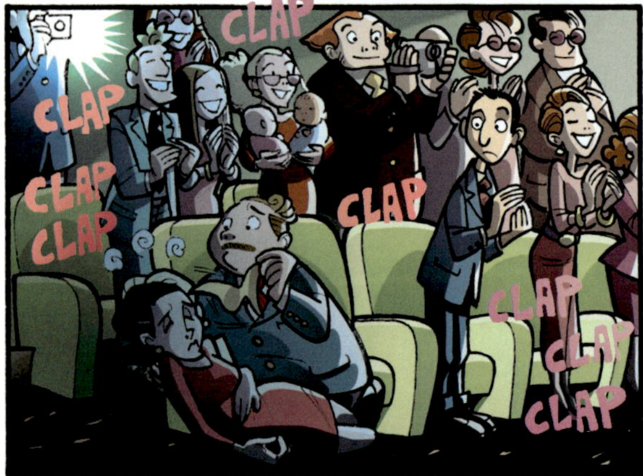

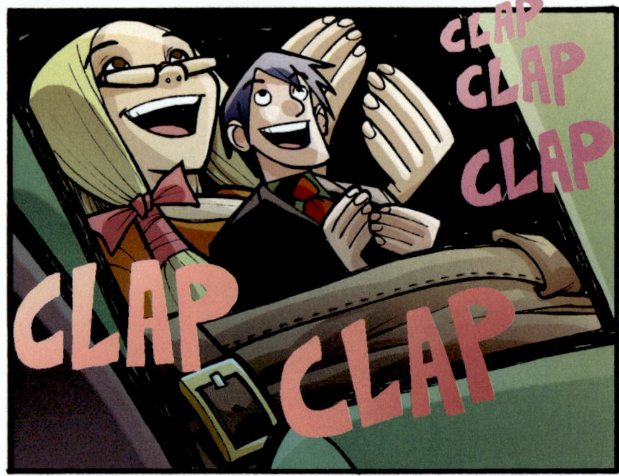

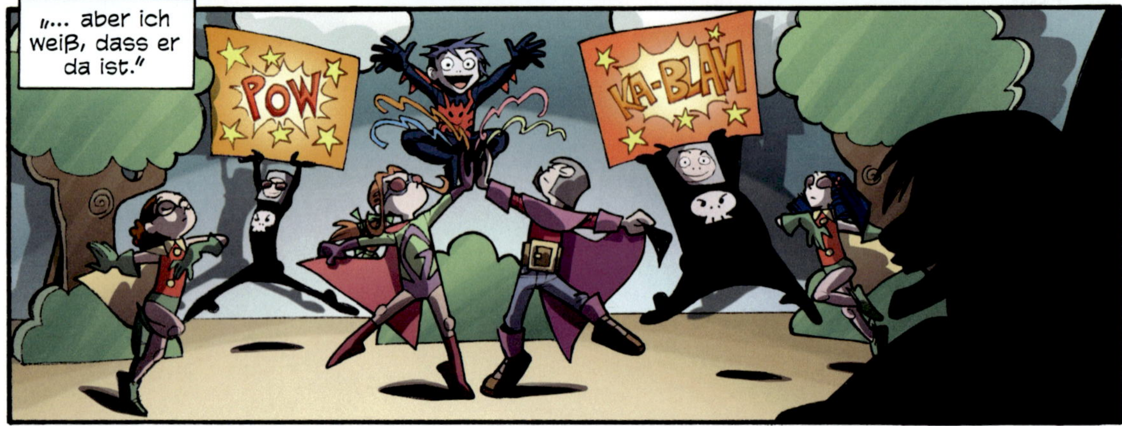

Ende der neunten Episode.

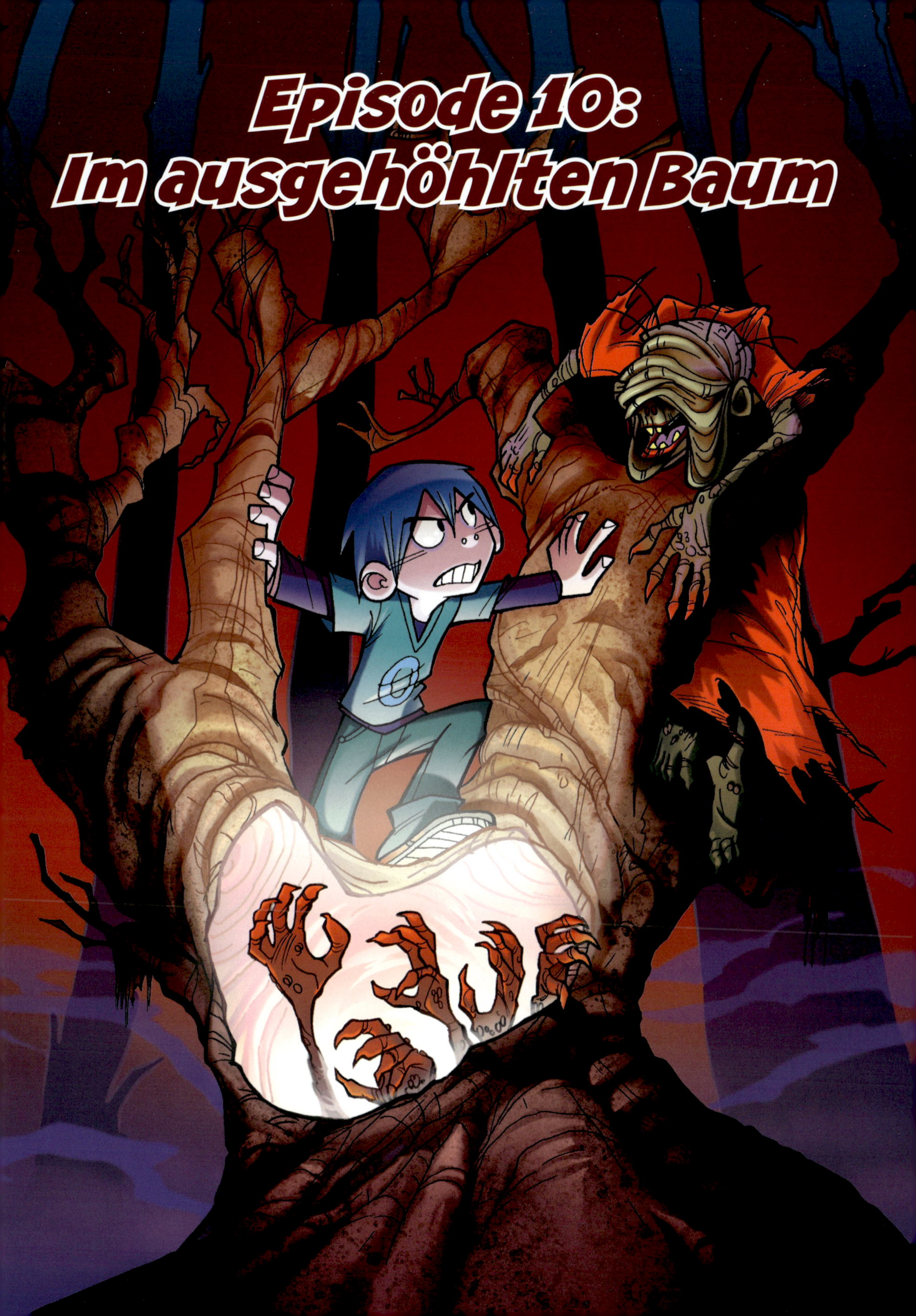
Episode 10:
Im ausgehöhlten Baum

IM AUSGEHÖHLTEN BAUM

Originaltitel:
DENTRO L'ALBERO CAVO

Idee: Katja Centomo
Story: Lorenzo Bartoli
Layout: Antonello Dalena
Zeichnungen: Manuela Razzi
Tusche: Paolo Ferrante
Farben: Sergio Algozzino, Barbara Bargiggia, Giulia Basile, Pamela Brughera, Cecilia Giumento, Paolo Maddaleni & Massimo Rocca

Künstlerische Leitung Skript: Francesco Artibani
Künstlerische Leitung Artwork: Alessandro Barbucci

Übersetzung: Monja Reichert
Redaktion & Lektorat: Jano Rohleder
Redaktionelle Beratung: Konstanze Tants

Erstveröffentlichung:
Monster Allergy, Heft 10
Buena Vista Comics (Italien), Juli 2004

Deutsche Erstveröffentlichung:
Monster Allergy, Band 5
Ehapa Comic Collection, Juni 2006

Coverillustration:
Artwork: Antonello Dalena
Tusche: Raffaella Seccia
Farben: Paolo Maddaleni

Illustration Seite 52:
Artwork: Alessandro Barbucci
Farben: Paolo Maddaleni

Eine Serie von Centomo, Artibani, Barbucci & Canepa

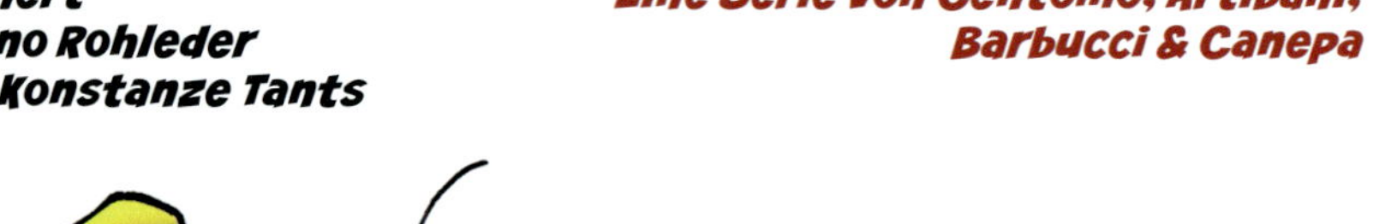

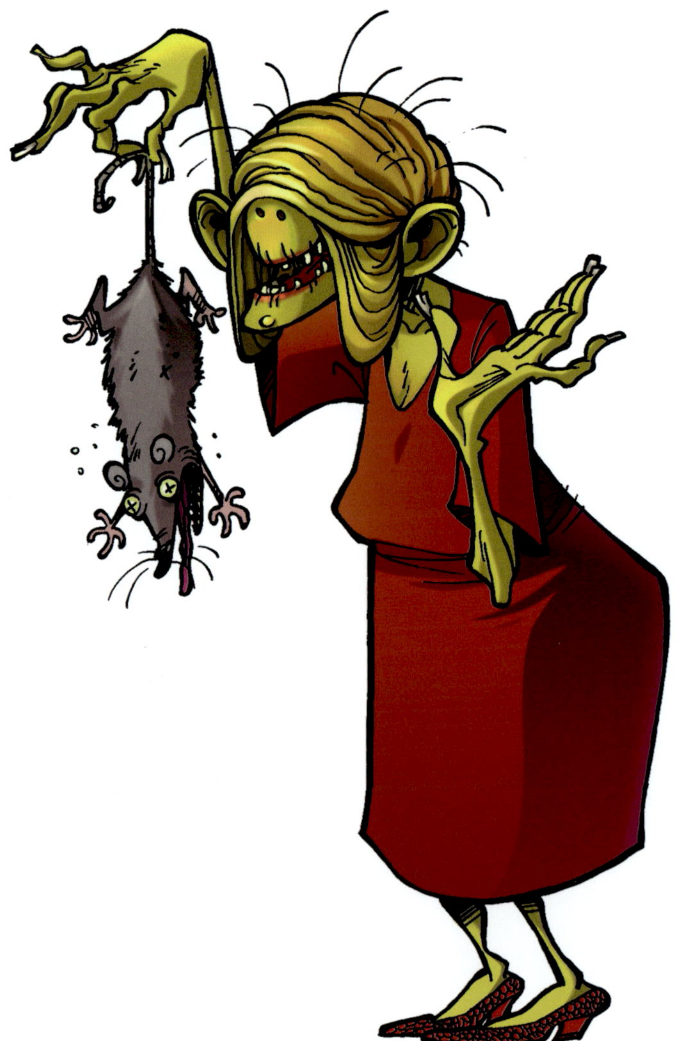

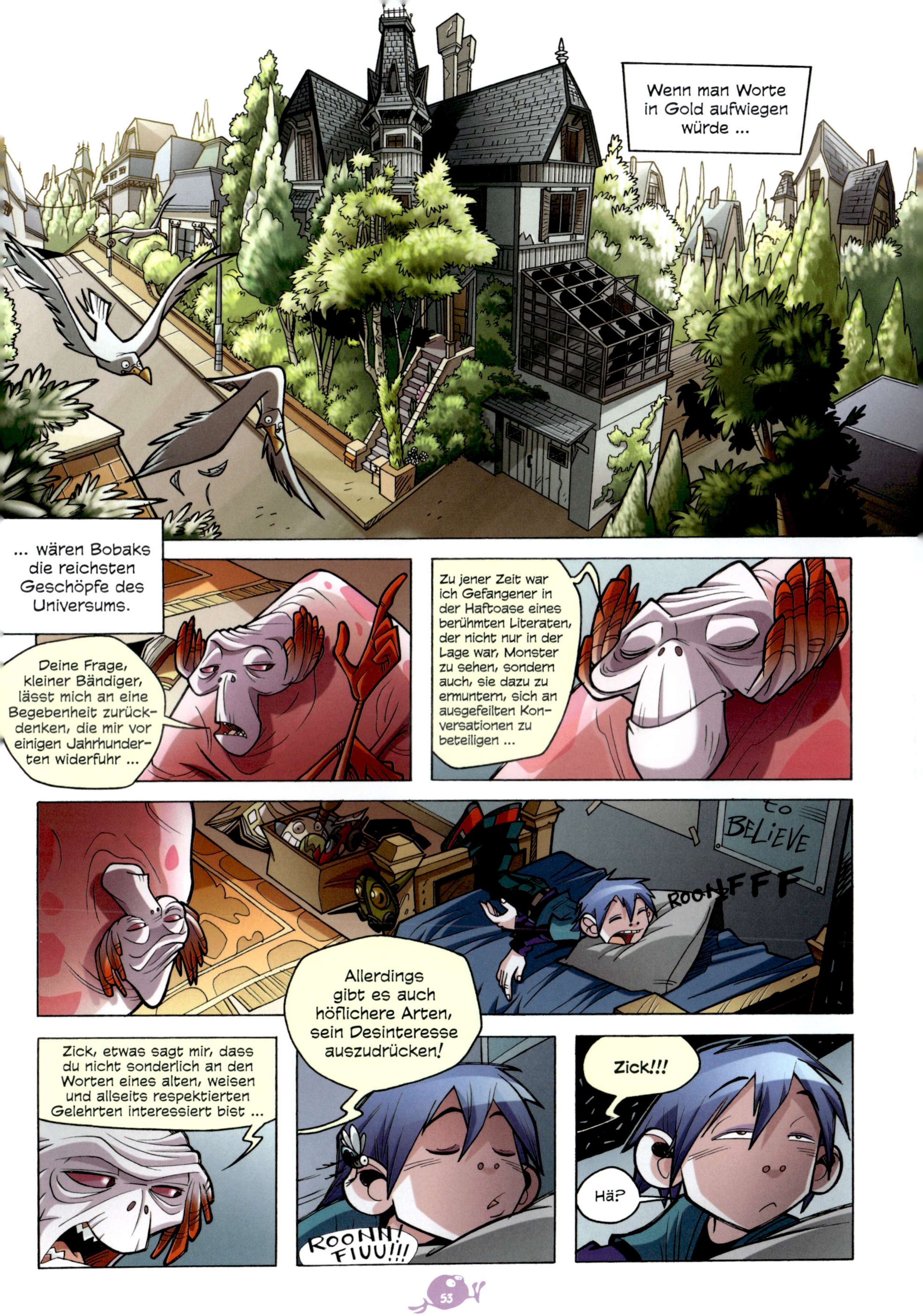

Wenn man Worte in Gold aufwiegen würde ...

... wären Bobaks die reichsten Geschöpfe des Universums.

Deine Frage, kleiner Bändiger, lässt mich an eine Begebenheit zurückdenken, die mir vor einigen Jahrhunderten widerfuhr ...

Zu jener Zeit war ich Gefangener in der Haftoase eines berühmten Literaten, der nicht nur in der Lage war, Monster zu sehen, sondern auch, sie dazu zu ermuntern, sich an ausgefeilten Konversationen zu beteiligen ...

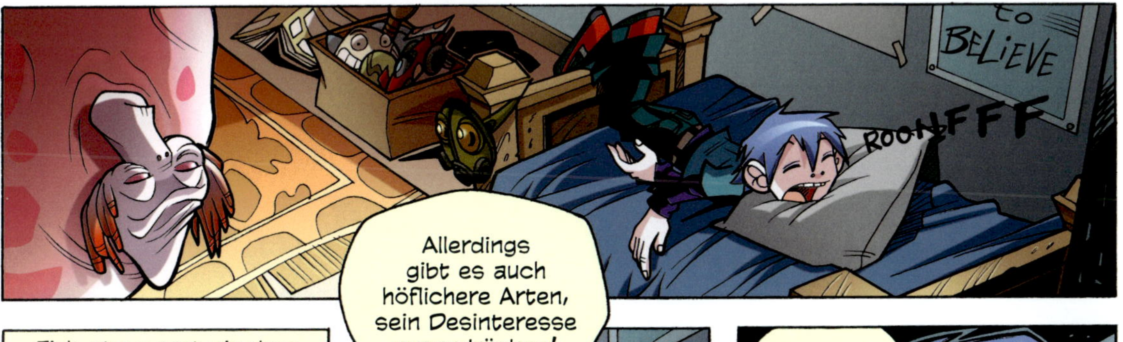

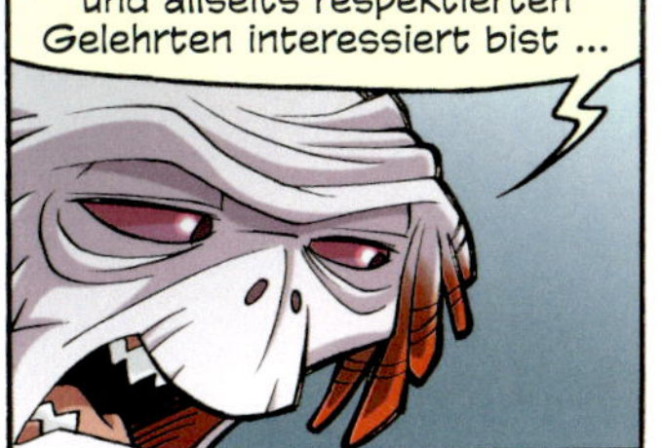

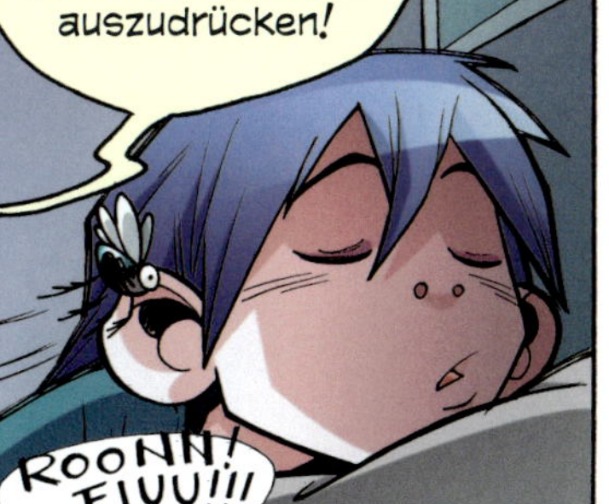

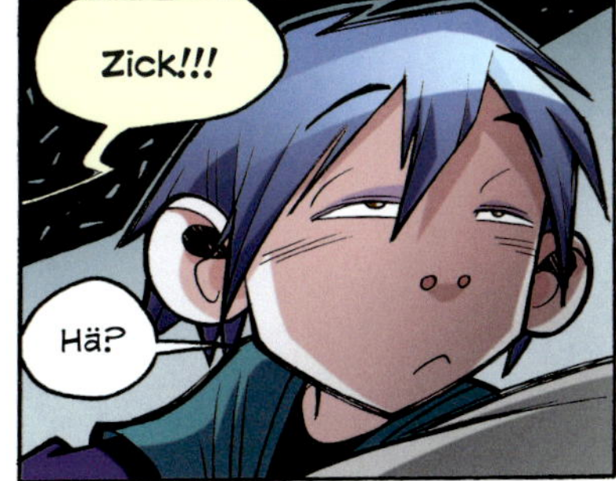

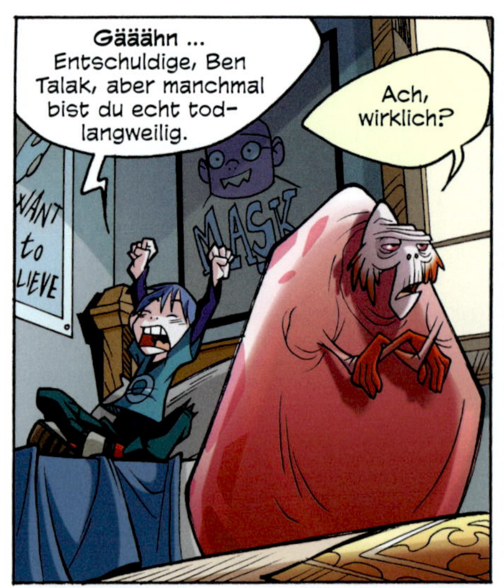
Gäääähn ...
Entschuldige, Ben Talak, aber manchmal bist du echt todlangweilig.
Ach, wirklich?
WANT to LIEVE
MASK

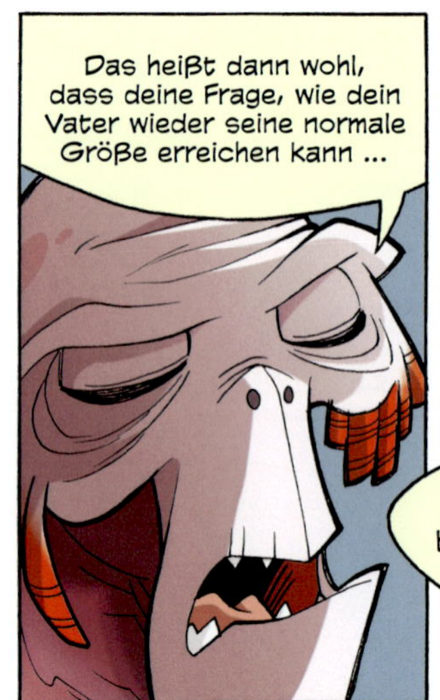
Das heißt dann wohl, dass deine Frage, wie dein Vater wieder seine normale Größe erreichen kann ...

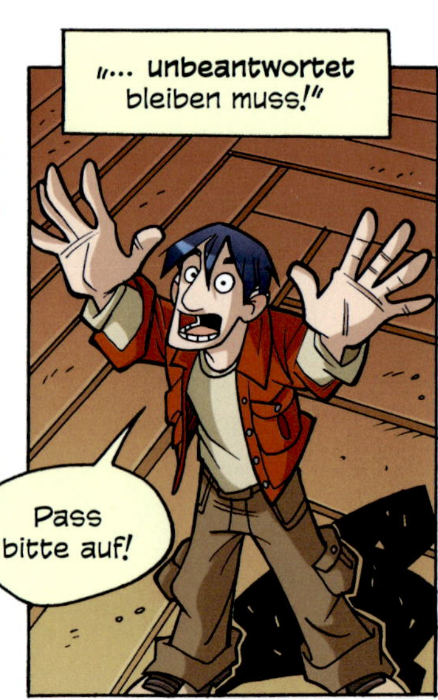
„... unbeantwortet bleiben muss!"
Pass bitte auf!

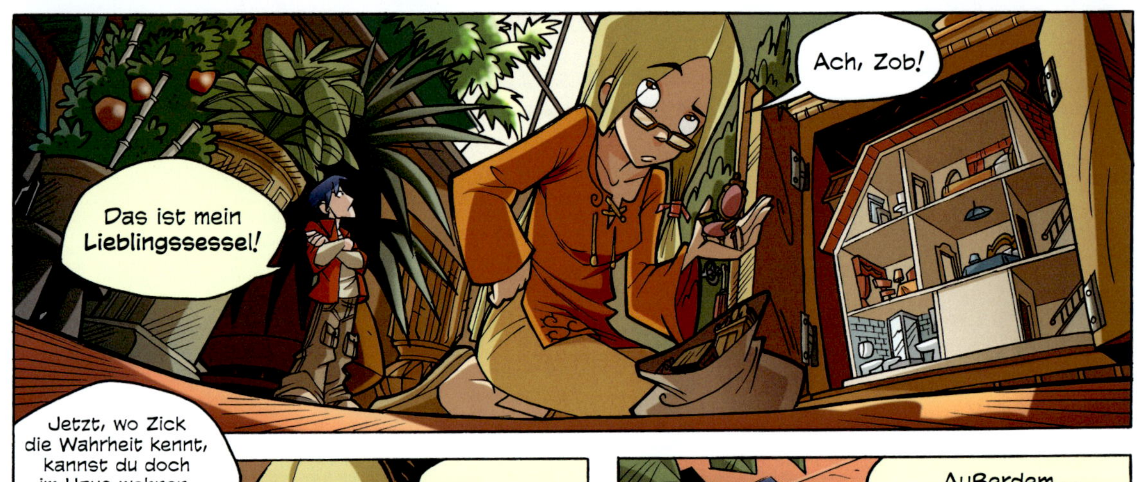
Ach, Zob!
Das ist mein Lieblingssessel!

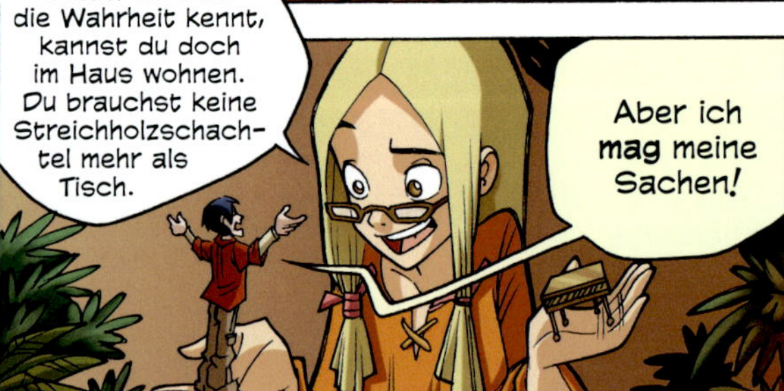
Jetzt, wo Zick die Wahrheit kennt, kannst du doch im Haus wohnen. Du brauchst keine Streichholzschachtel mehr als Tisch.
Aber ich mag meine Sachen!

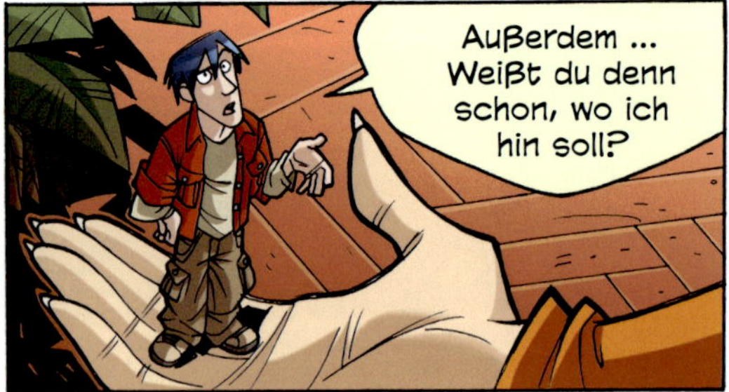
Außerdem ... Weißt du denn schon, wo ich hin soll?

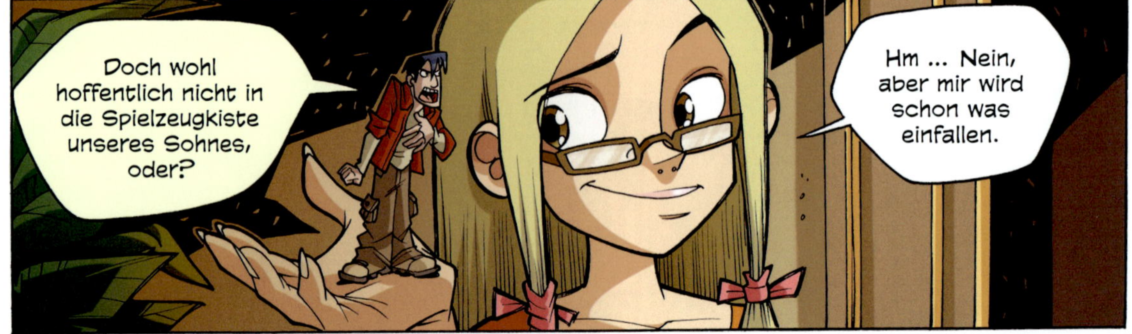
Doch wohl hoffentlich nicht in die Spielzeugkiste unseres Sohnes, oder?
Hm ... Nein, aber mir wird schon was einfallen.

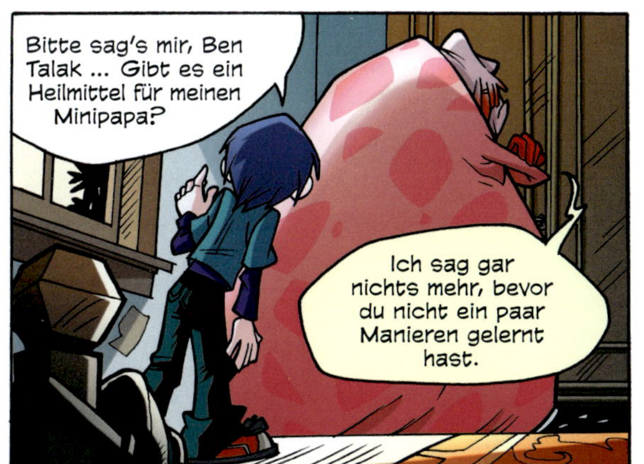
Bitte sag's mir, Ben Talak ... Gibt es ein Heilmittel für meinen Minipapa?
Ich sag gar nichts mehr, bevor du nicht ein paar Manieren gelernt hast.
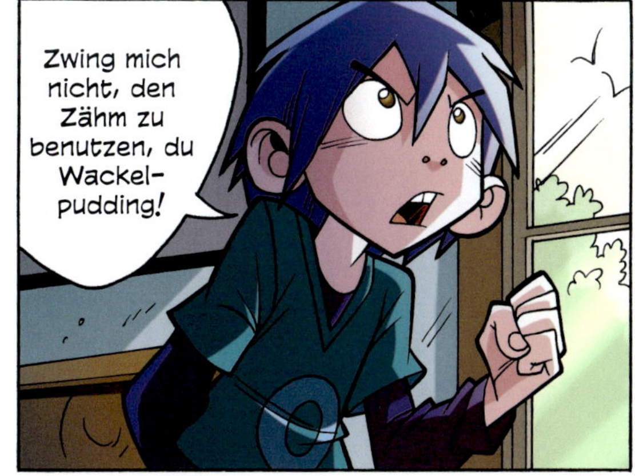
Zwing mich nicht, den Zähm zu benutzen, du Wackel-pudding!
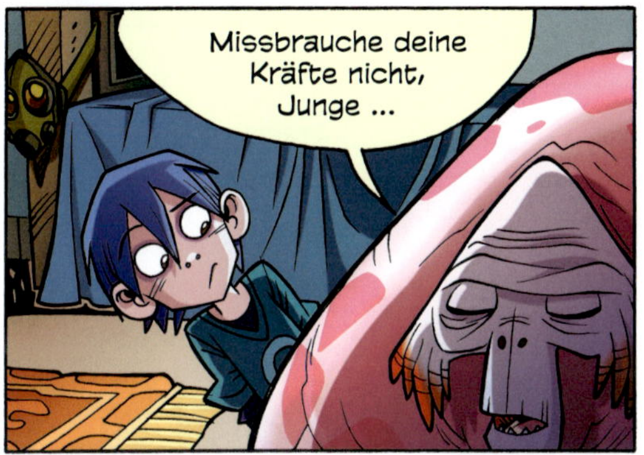
Missbrauche deine Kräfte nicht, Junge ...
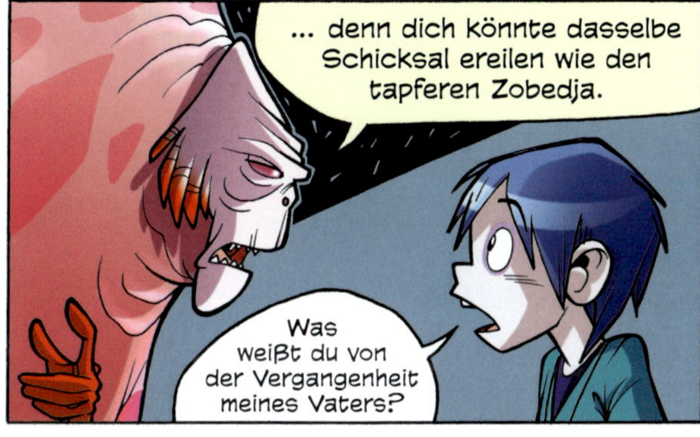
... denn dich könnte dasselbe Schicksal ereilen wie den tapferen Zobedja.
Was weißt du von der Vergangenheit meines Vaters?
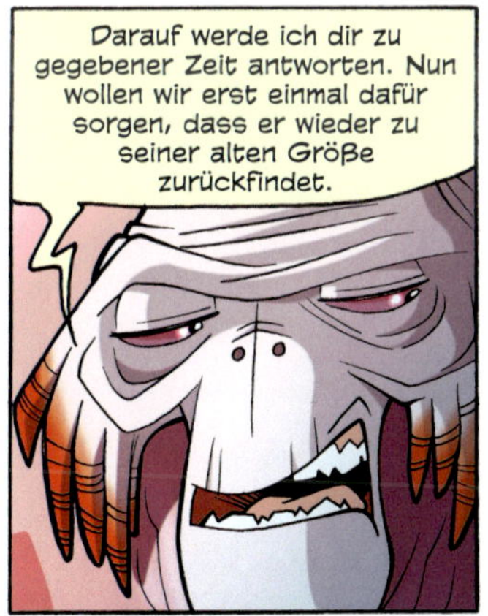
Darauf werde ich dir zu gegebener Zeit antworten. Nun wollen wir erst einmal dafür sorgen, dass er wieder zu seiner alten Größe zurückfindet.
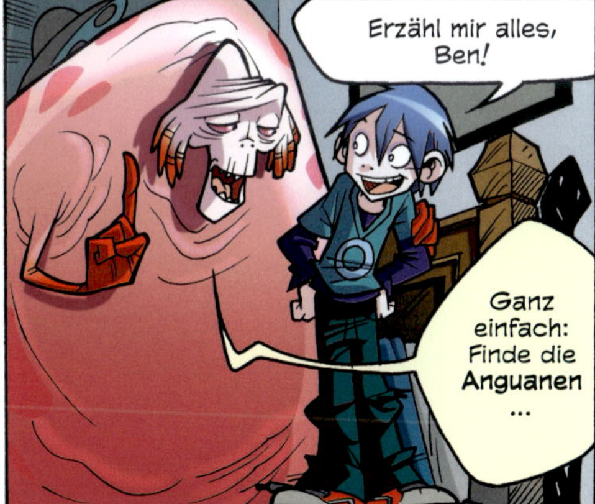
Erzähl mir alles, Ben!
Ganz einfach: Finde die **Anguanen** ...
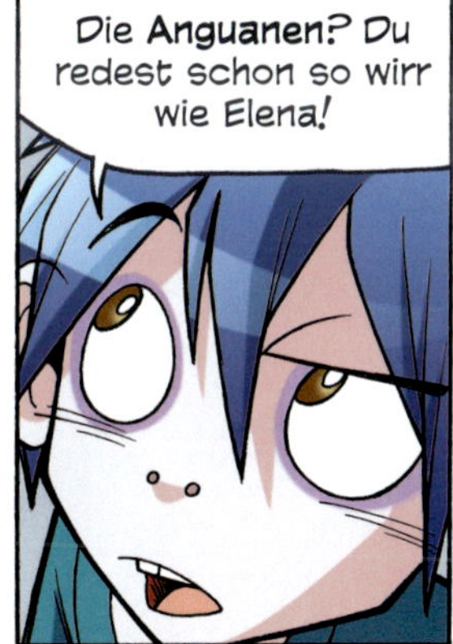
Die **Anguanen**? Du redest schon so wirr wie Elena!
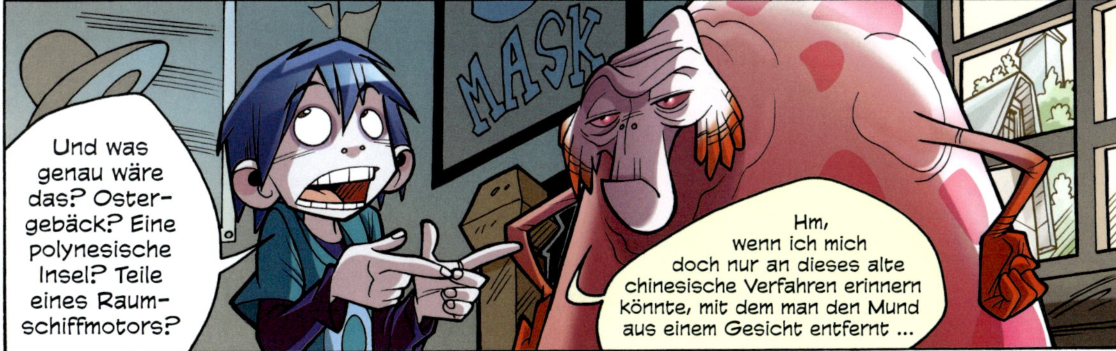
MASK
Und was genau wäre das? Oster-gebäck? Eine polynesische Insel? Teile eines Raum-schiffmotors?
Hm, wenn ich mich doch nur an dieses alte chinesische Verfahren erinnern könnte, mit dem man den Mund aus einem Gesicht entfernt ...

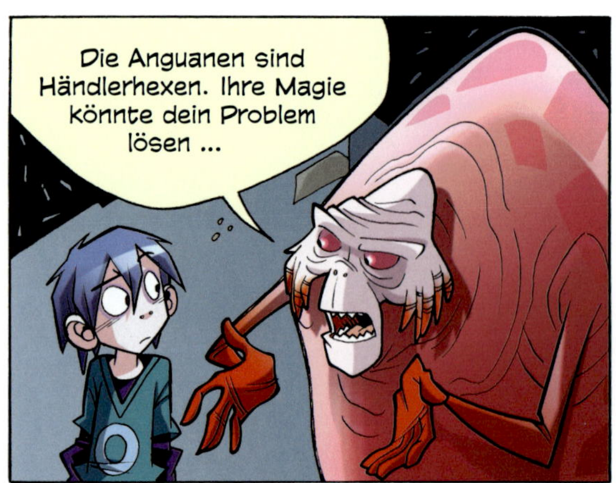
Die Anguanen sind Händlerhexen. Ihre Magie könnte dein Problem lösen ...

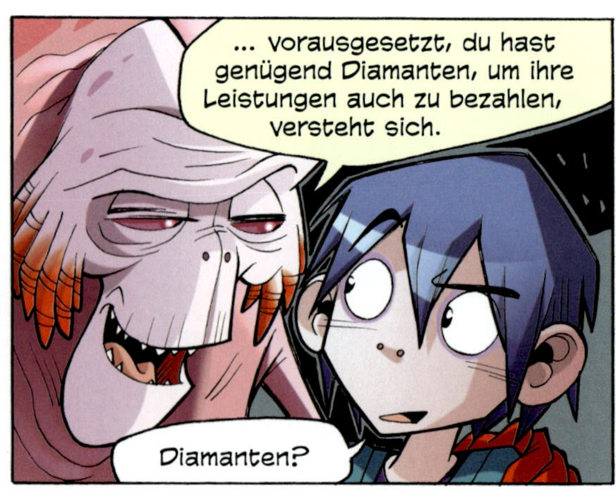
... vorausgesetzt, du hast genügend Diamanten, um ihre Leistungen auch zu bezahlen, versteht sich.
Diamanten?

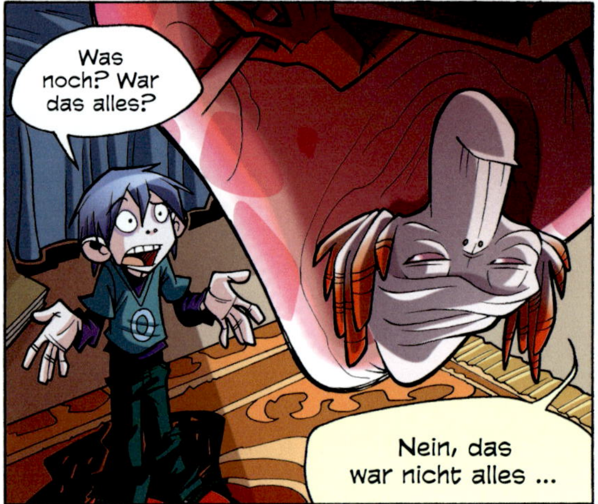
Was noch? War das alles?
Nein, das war nicht alles ...

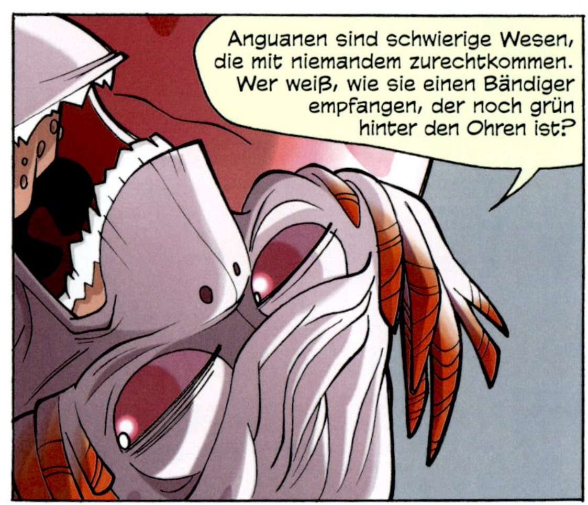
Anguanen sind schwierige Wesen, die mit niemandem zurechtkommen. Wer weiß, wie sie einen Bändiger empfangen, der noch grün hinter den Ohren ist?

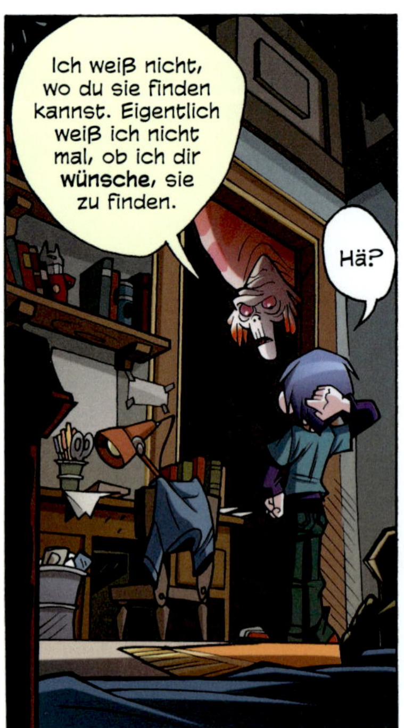
Ich weiß nicht, wo du sie finden kannst. Eigentlich weiß ich nicht mal, ob ich dir **wünsche**, sie zu finden.
Hä?

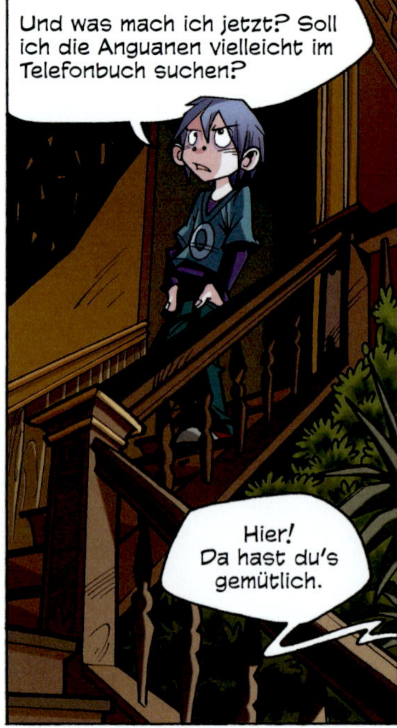
Und was mach ich jetzt? Soll ich die Anguanen vielleicht im Telefonbuch suchen?
Hier! Da hast du's gemütlich.

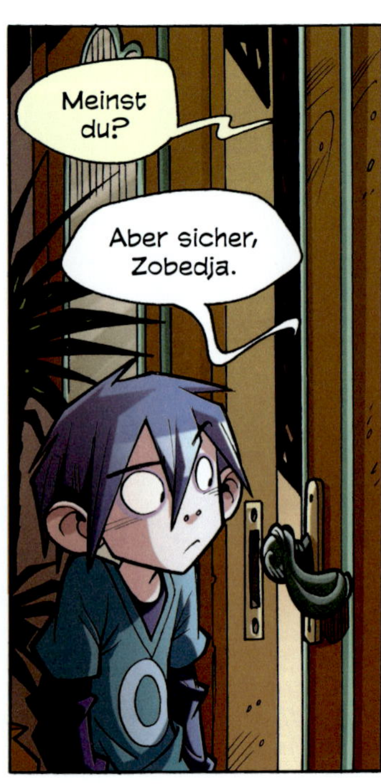
Meinst du?
Aber sicher, Zobedja.

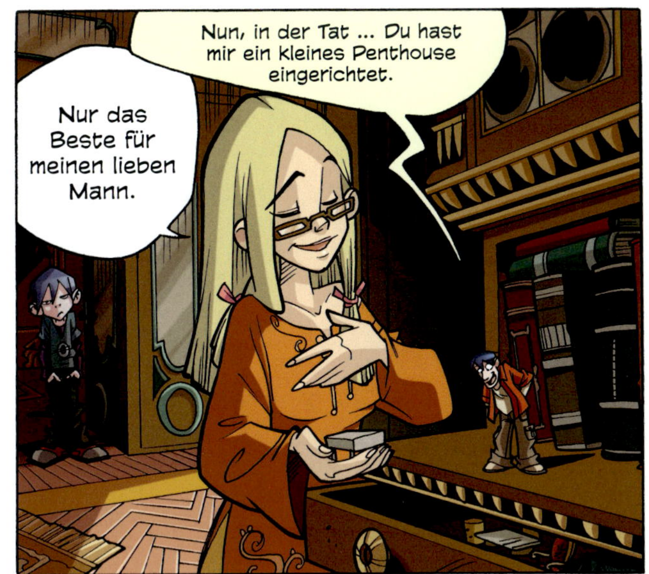
Nur das Beste für meinen lieben Mann.
Nun, in der Tat ... Du hast mir ein kleines Penthouse eingerichtet.

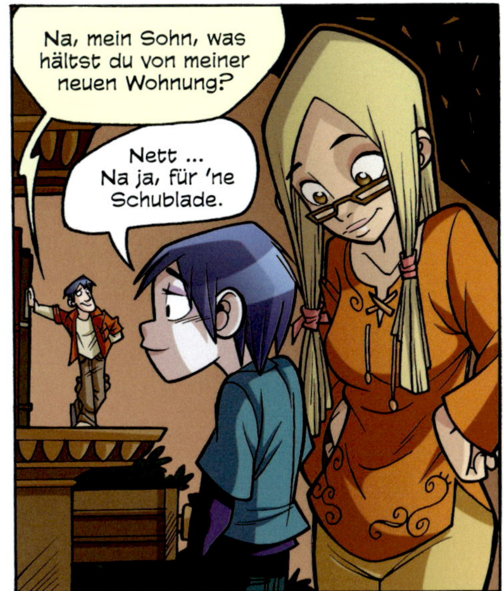
Na, mein Sohn, was hältst du von meiner neuen Wohnung?
Nett ... Na ja, für 'ne Schublade.

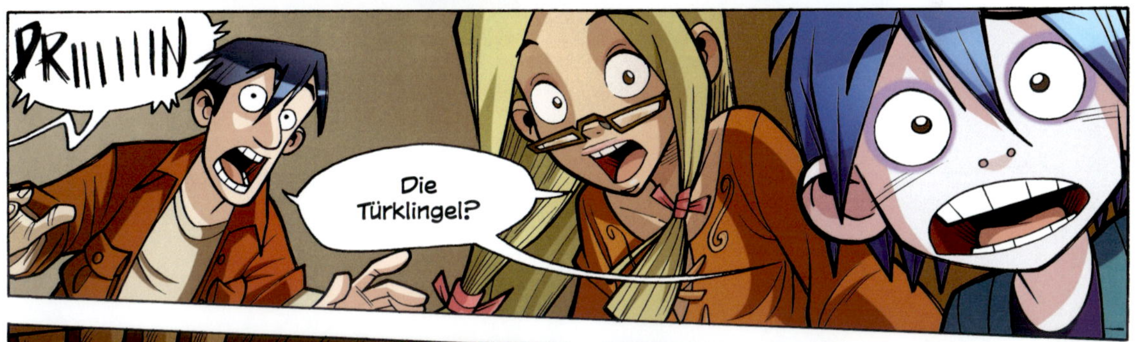
DRIIIIIN
Die Türklingel?

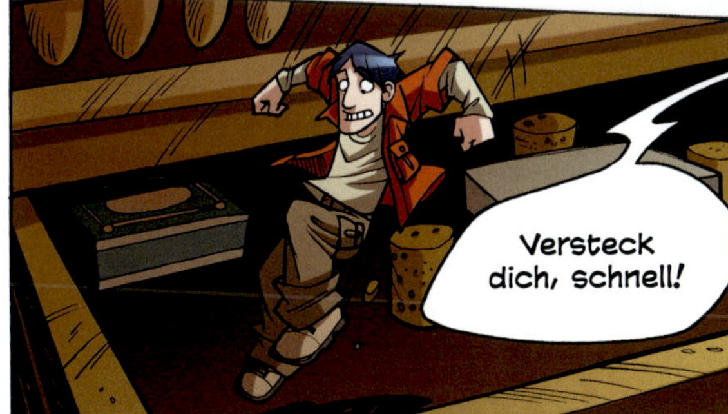
Versteck dich, schnell!

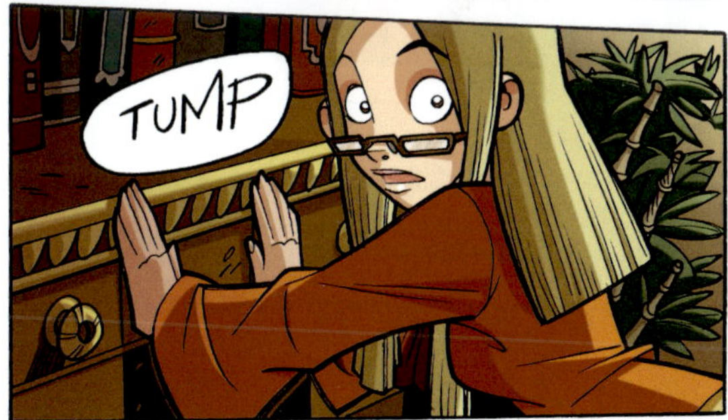
TUMP

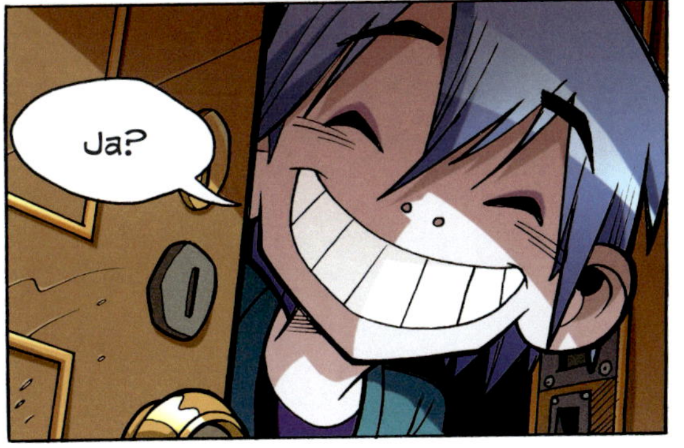
Ja?

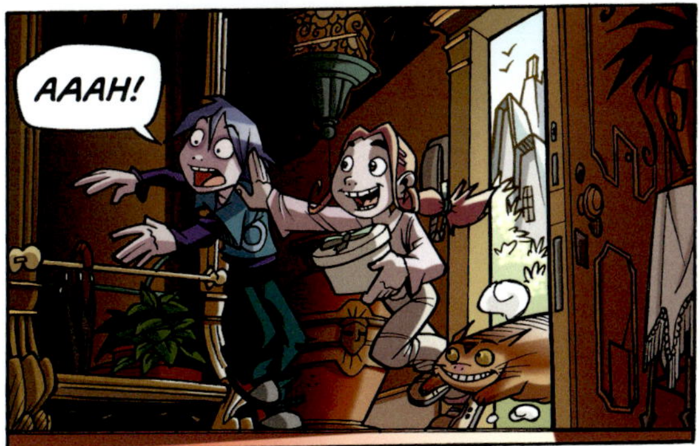
AAAH!

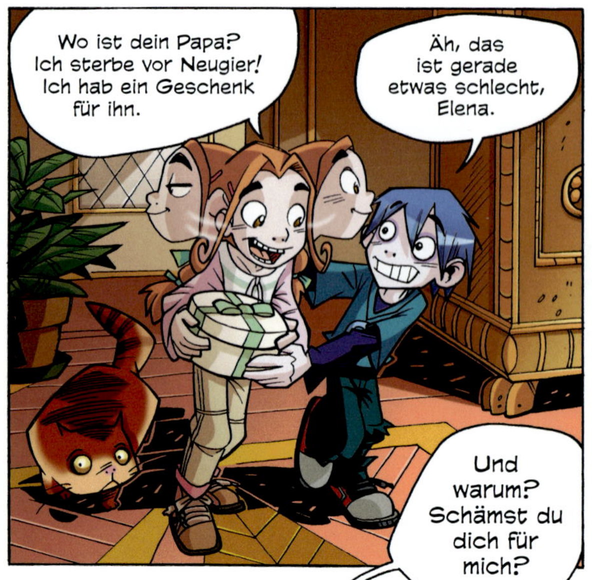
Wo ist dein Papa? Ich sterbe vor Neugier! Ich hab ein Geschenk für ihn.
Äh, das ist gerade etwas schlecht, Elena.
Und warum? Schämst du dich für mich?

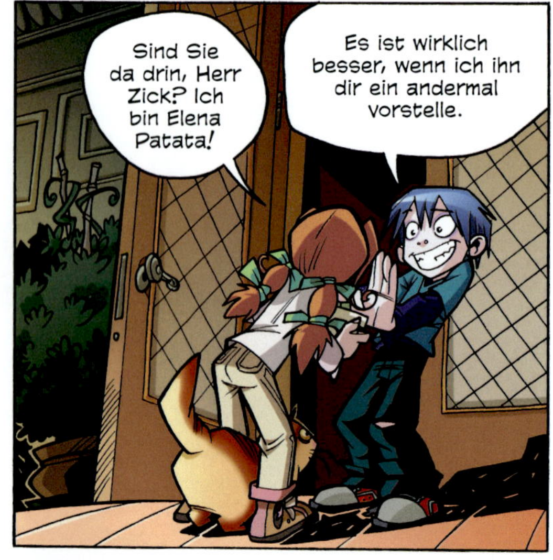
Sind Sie da drin, Herr Zick? Ich bin Elena Patata!
Es ist wirklich besser, wenn ich ihn dir ein andermal vorstelle.

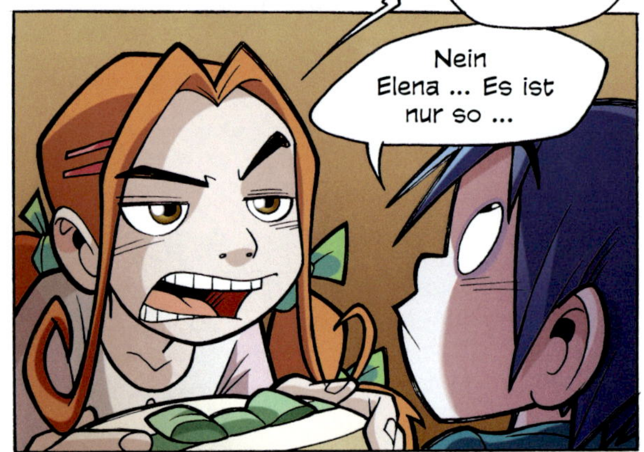
Nein Elena ... Es ist nur so ...

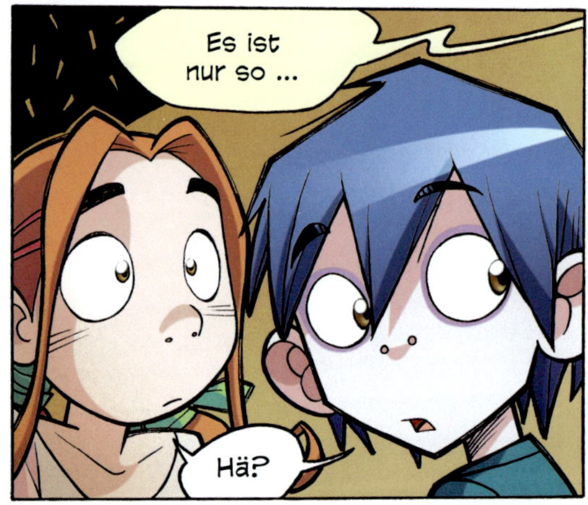
Es ist nur so ...
Hä?

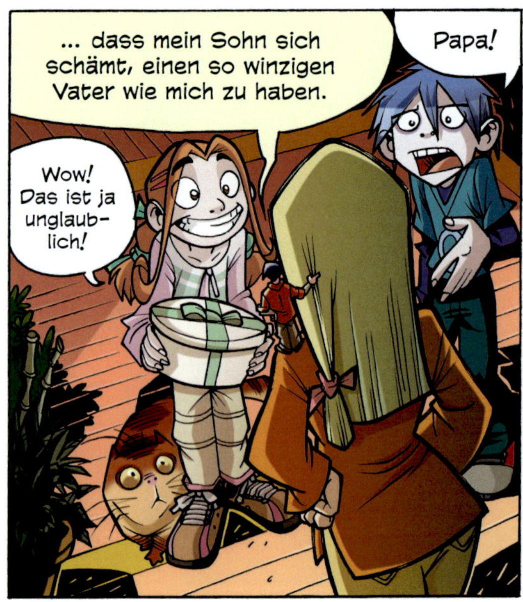
... dass mein Sohn sich schämt, einen so winzigen Vater wie mich zu haben.
Papa!
Wow! Das ist ja unglaublich!

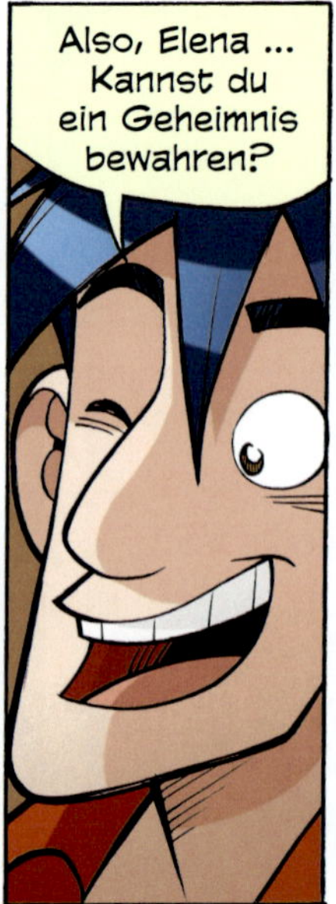
Also, Elena ... Kannst du ein Geheimnis bewahren?

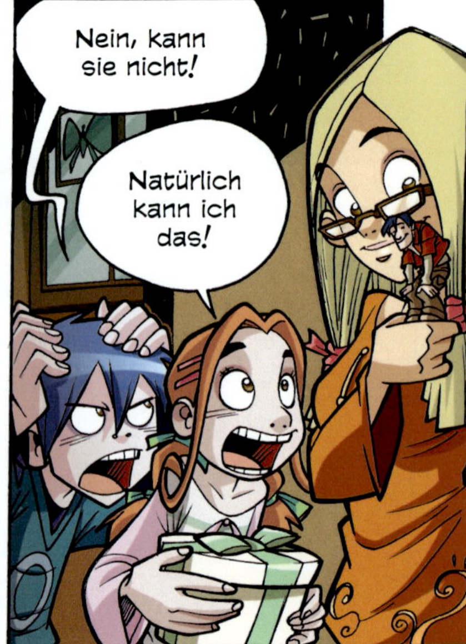
Nein, kann sie nicht!
Natürlich kann ich das!

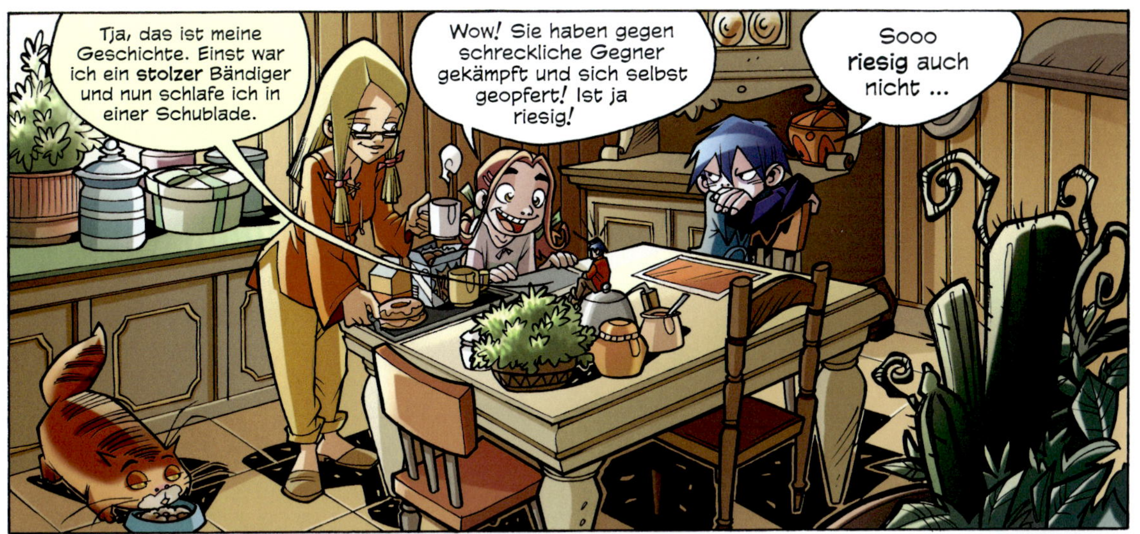
Tja, das ist meine Geschichte. Einst war ich ein **stolzer** Bändiger und nun schlafe ich in einer Schublade.
Wow! Sie haben gegen schreckliche Gegner gekämpft und sich selbst geopfert! Ist ja riesig!
Sooo **riesig** auch nicht ...

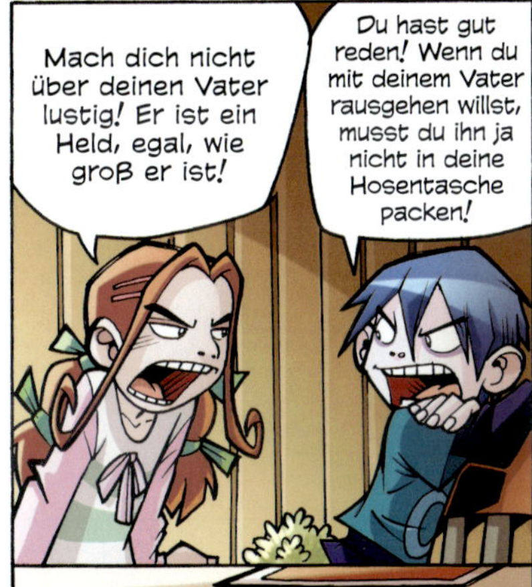
Mach dich nicht über deinen Vater lustig! Er ist ein Held, egal, wie groß er ist!
Du hast gut reden! Wenn du mit deinem Vater rausgehen willst, musst du ihn ja nicht in deine Hosentasche packen!

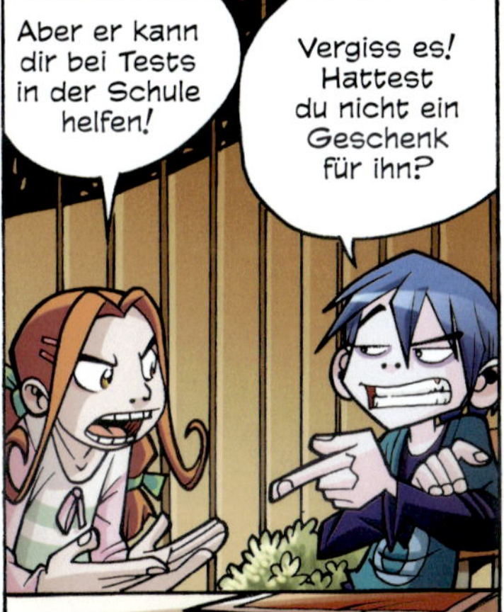
Aber er kann dir bei Tests in der Schule helfen!
Vergiss es! Hattest du nicht ein Geschenk für ihn?

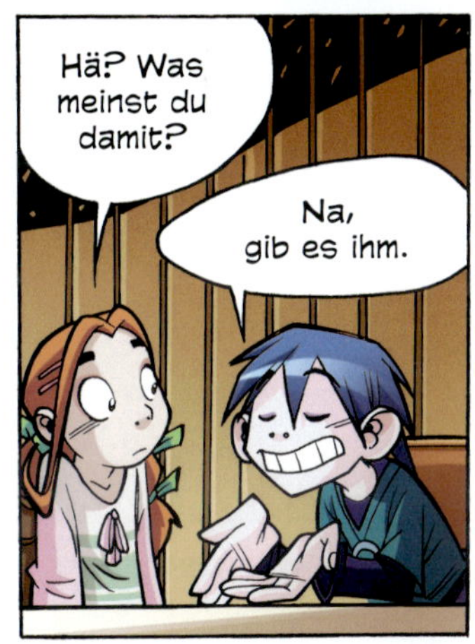
Hä? Was meinst du damit?
Na, gib es ihm.

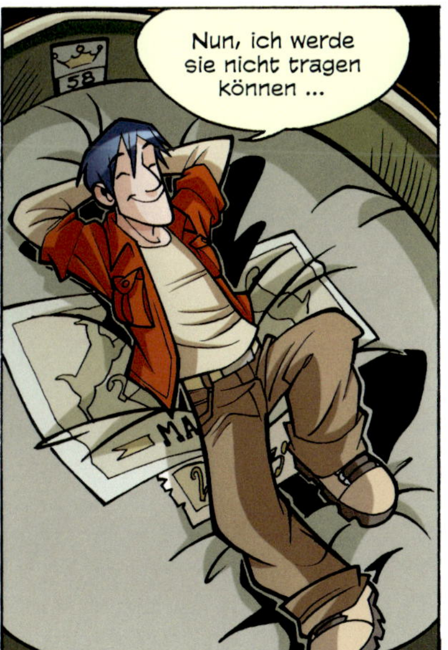
Nun, ich werde sie nicht tragen können ...

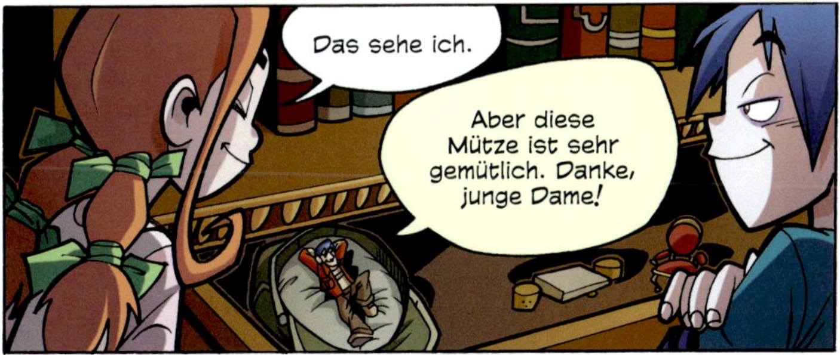
Das sehe ich.
Aber diese Mütze ist sehr gemütlich. Danke, junge Dame!

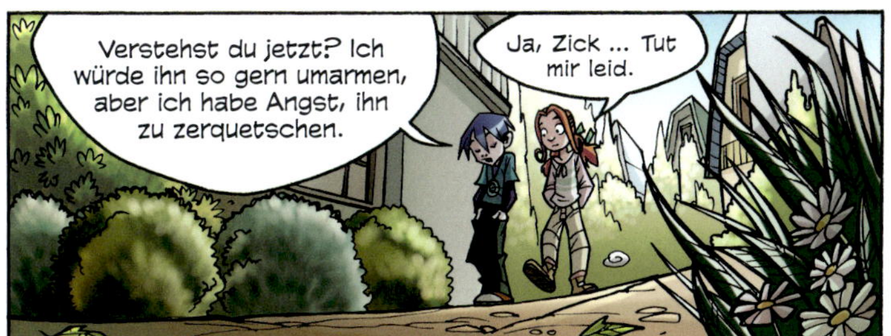
Verstehst du jetzt? Ich würde ihn so gern umarmen, aber ich habe Angst, ihn zu zerquetschen.
Ja, Zick ... Tut mir leid.

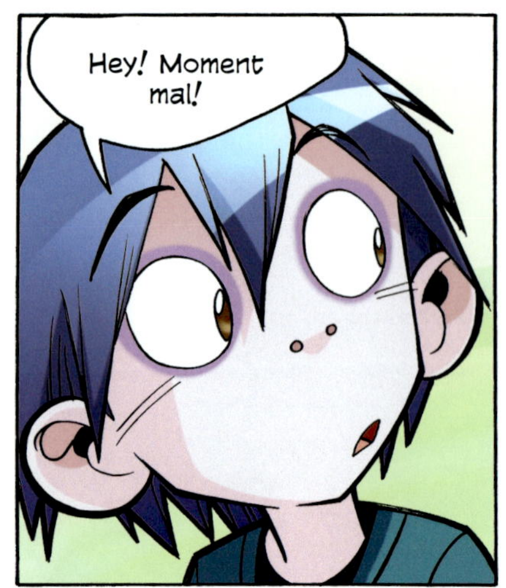
Hey! Moment mal!
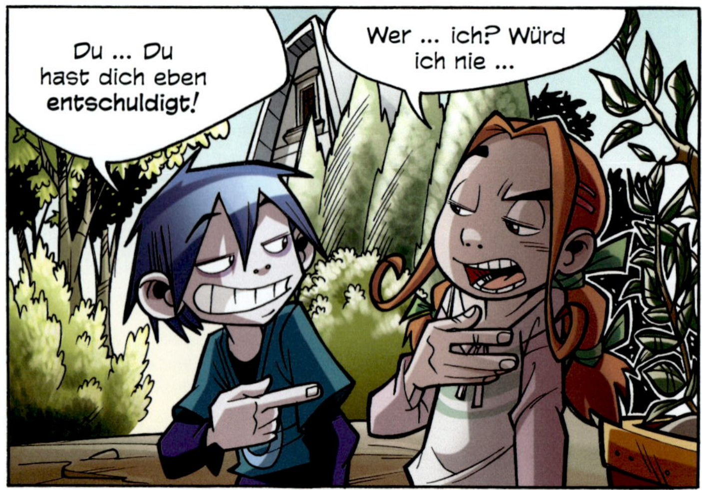
Du ... Du hast dich eben **entschuldigt**!
Wer ... ich? Würd ich nie ...
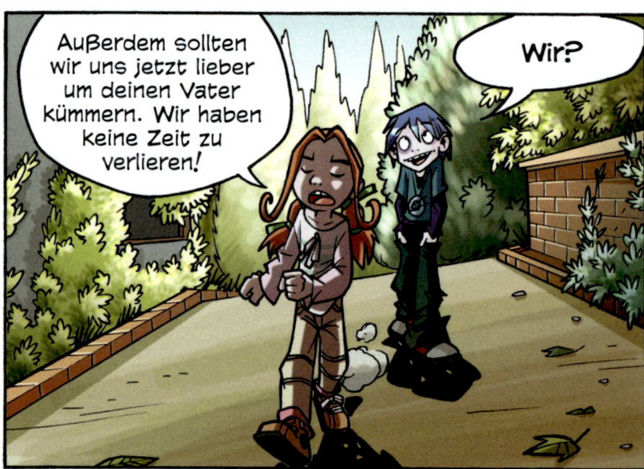
Außerdem sollten wir uns jetzt lieber um deinen Vater kümmern. Wir haben keine Zeit zu verlieren!
Wir?
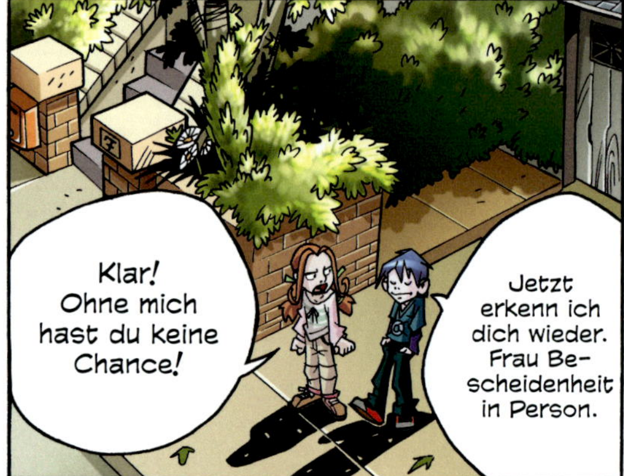
Klar! Ohne mich hast du keine Chance!
Jetzt erkenn ich dich wieder. Frau Bescheidenheit in Person.
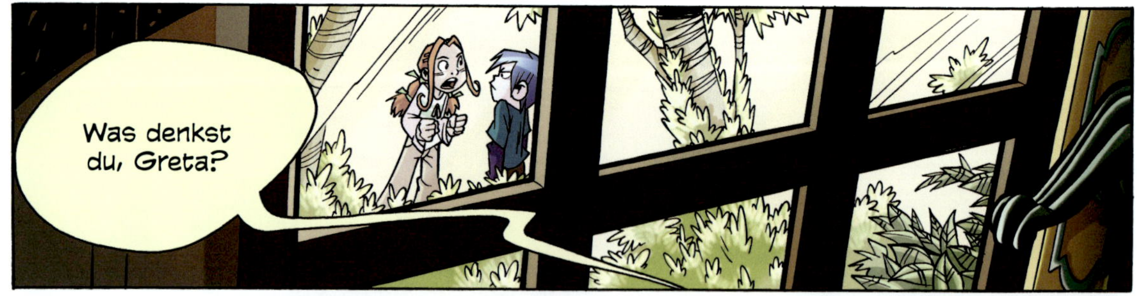
Was denkst du, Greta?
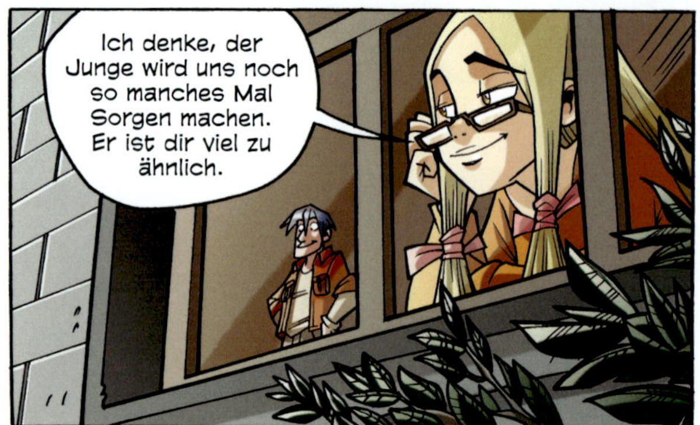
Ich denke, der Junge wird uns noch so manches Mal Sorgen machen. Er ist dir viel zu ähnlich.
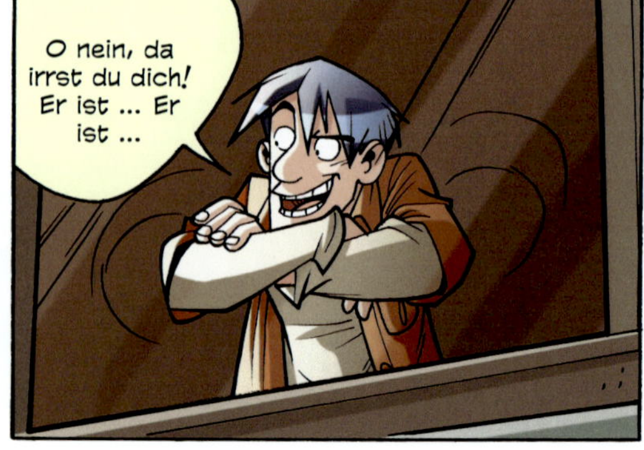
O nein, da irrst du dich! Er ist ... Er ist ...

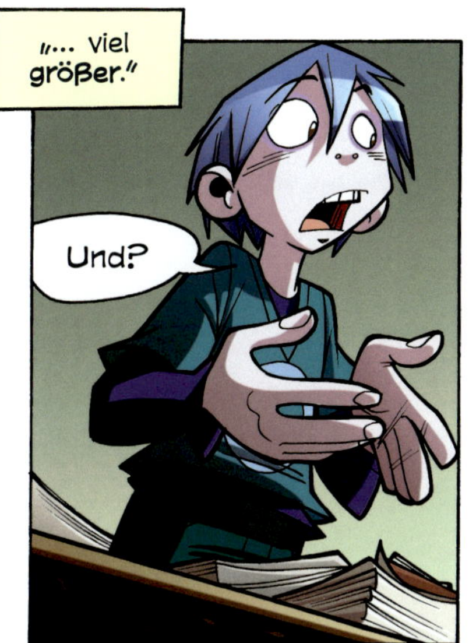
„... viel größer."
Und?
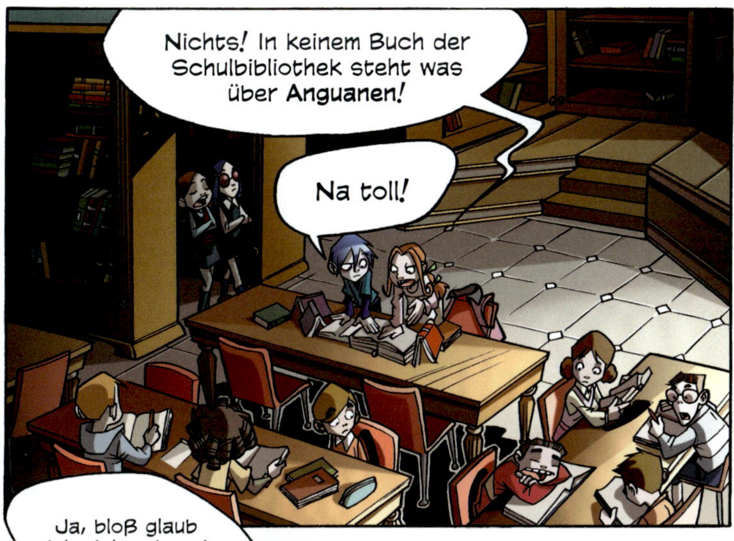
Nichts! In keinem Buch der Schulbibliothek steht was über Anguanen!
Na toll!
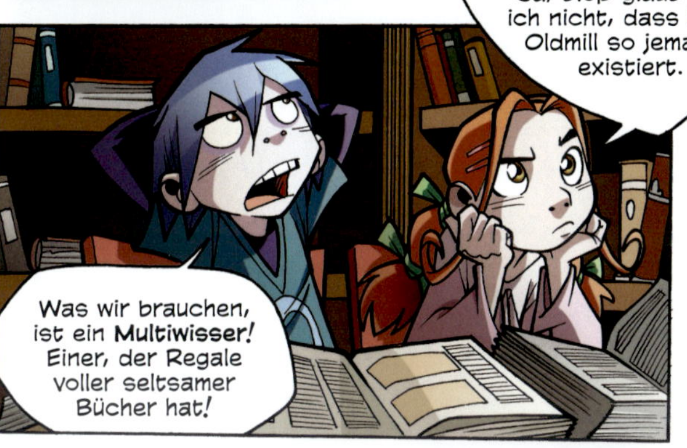
Was wir brauchen, ist ein Multiwisser! Einer, der Regale voller seltsamer Bücher hat!
Ja, bloß glaub ich nicht, dass in Oldmill so jemand existiert.
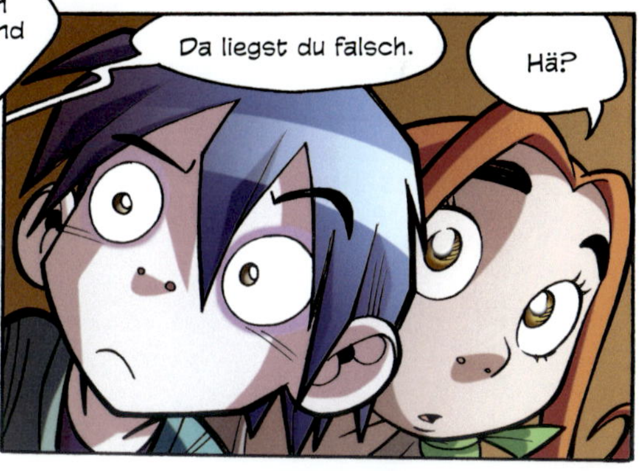
Da liegst du falsch.
Hä?
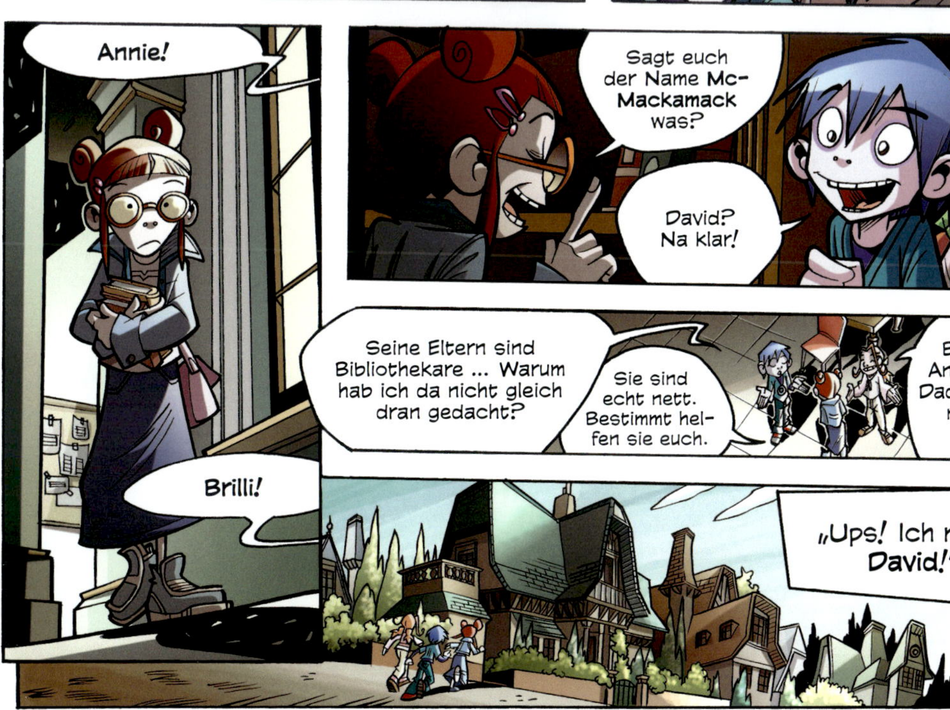
Annie!
Brilli!
Sagt euch der Name Mc-Mackamack was?
David? Na klar!
Seine Eltern sind Bibliothekare ... Warum hab ich da nicht gleich dran gedacht?
Sie sind echt nett. Bestimmt hel-fen sie euch.
Begleitest du uns, Annie? Du weißt ja, Dadavid und ich sind nicht so auf einer Wellenlänge ...
„Ups! Ich meine David!"

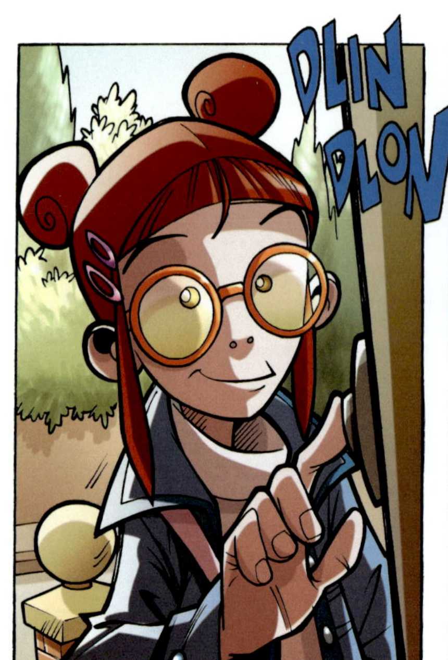
DLIN
DLON

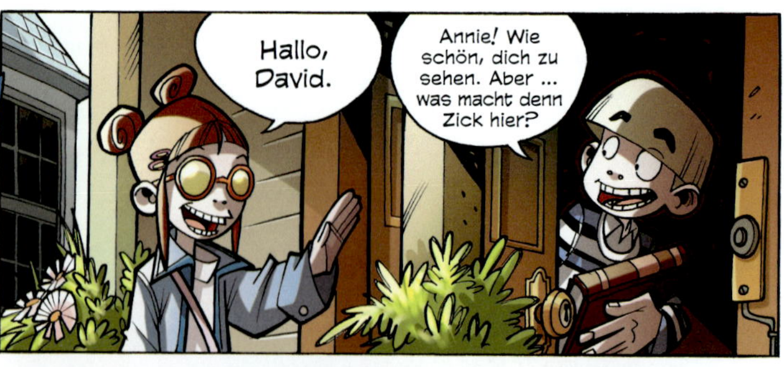
Hallo, David.
Annie! Wie schön, dich zu sehen. Aber ... was macht denn Zick hier?

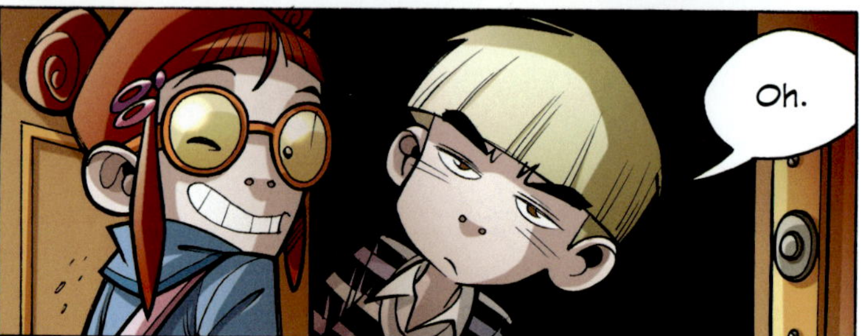
Oh.

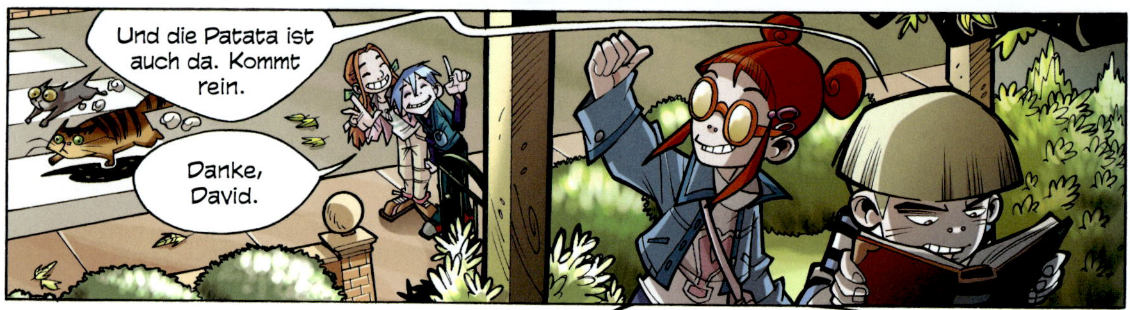
Und die Patata ist auch da. Kommt rein.
Danke, David.

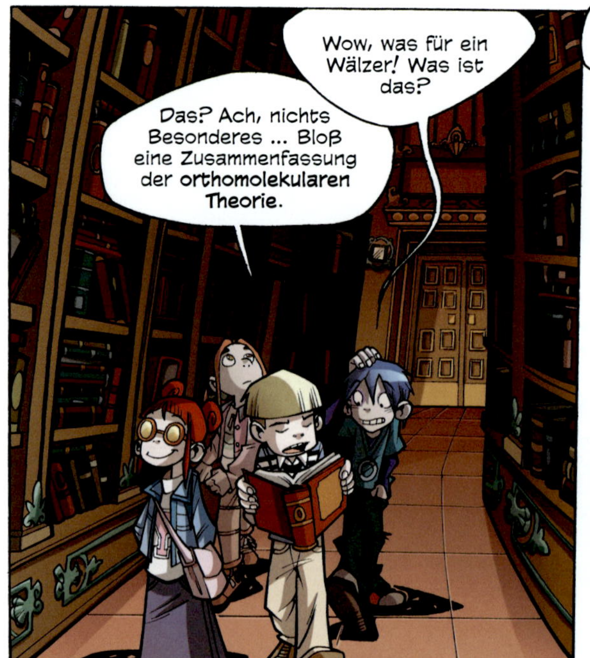
Wow, was für ein Wälzer! Was ist das?
Das? Ach, nichts Besonderes ... Bloß eine Zusammenfassung der **orthomolekularen Theorie**.

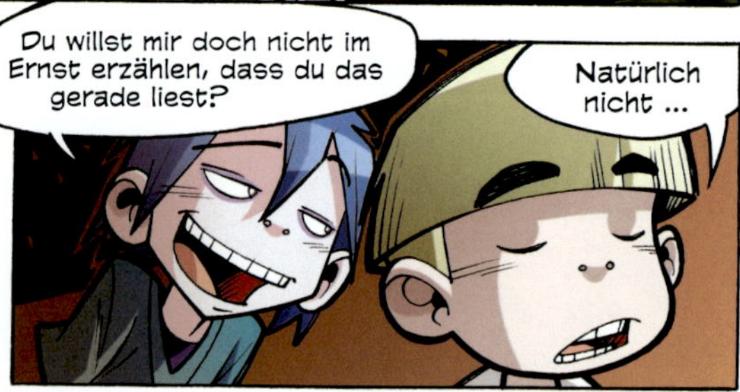
Du willst mir doch nicht im Ernst erzählen, dass du das gerade liest?
Natürlich nicht ...

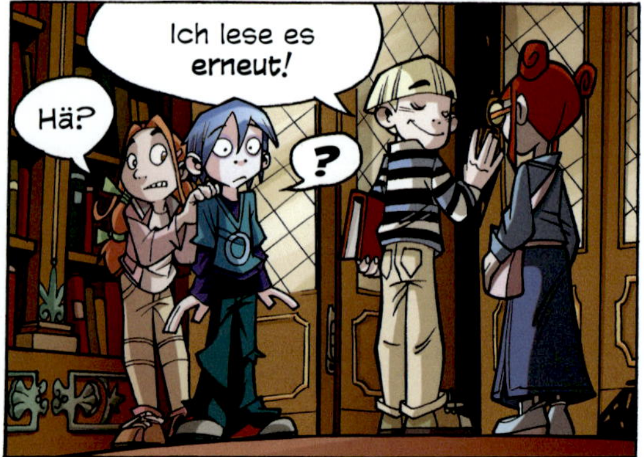
Ich lese es **erneut**!
Hä?
?

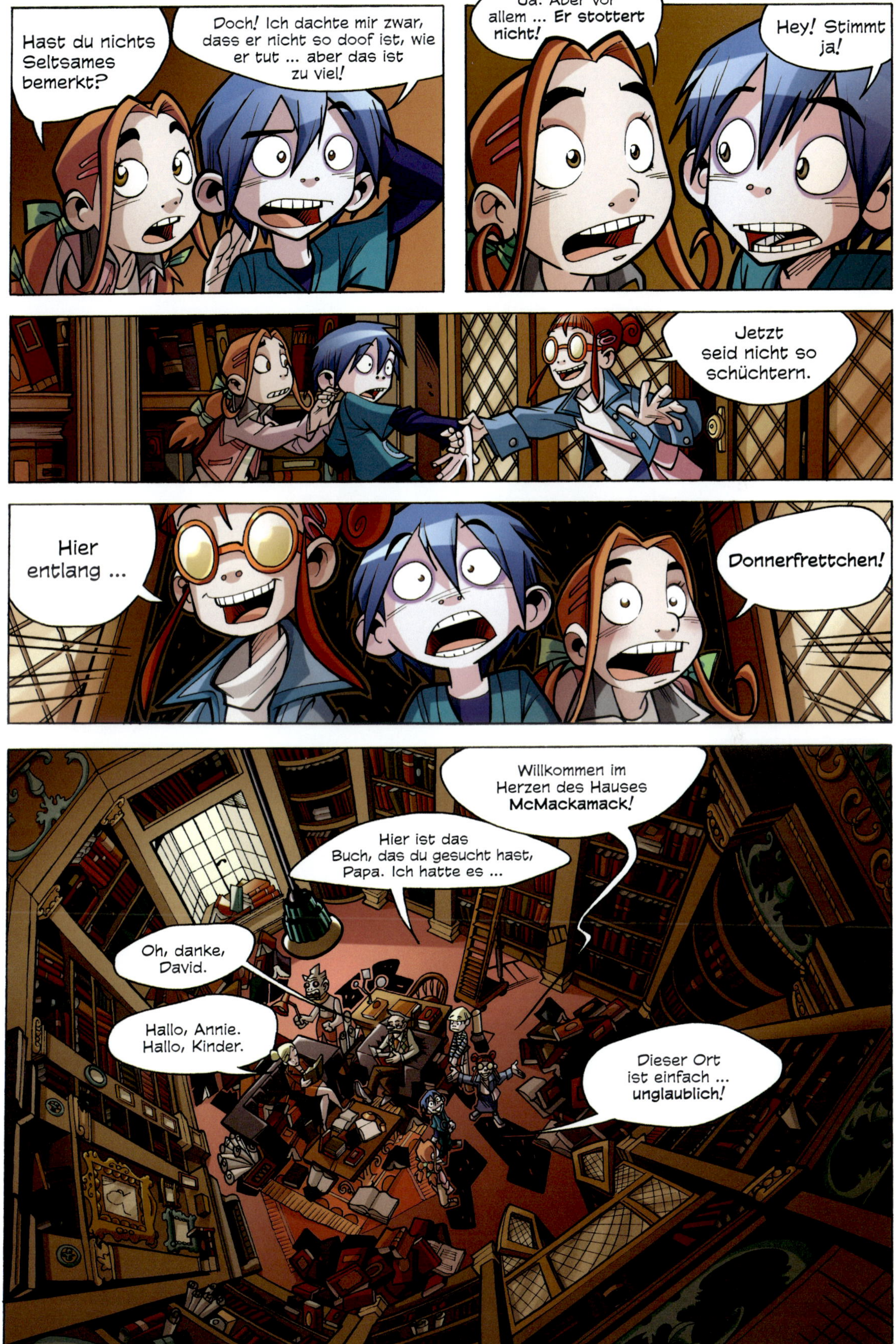

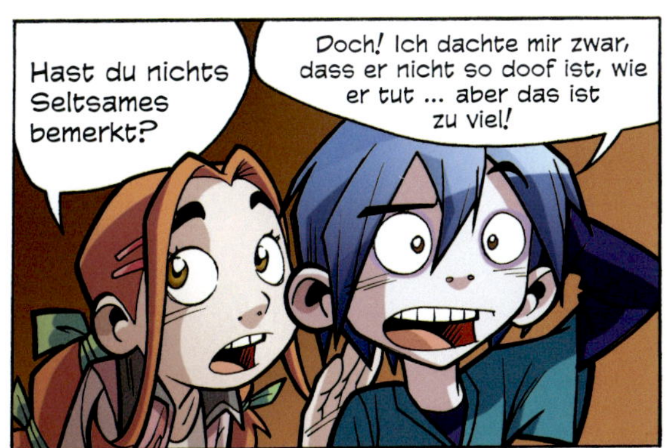

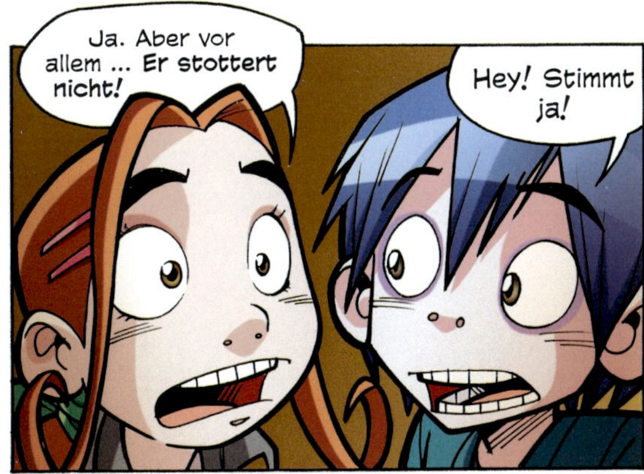

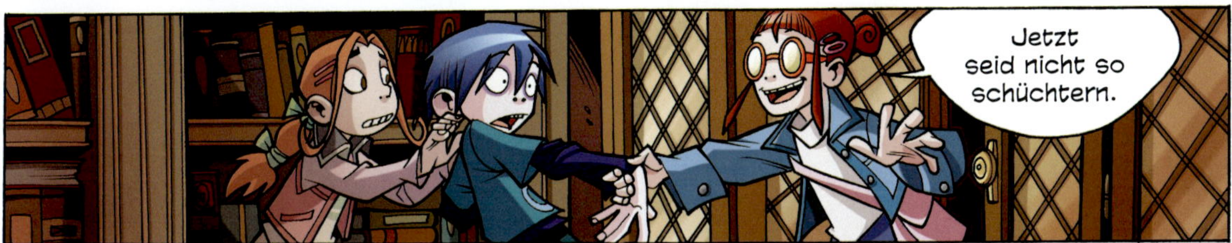

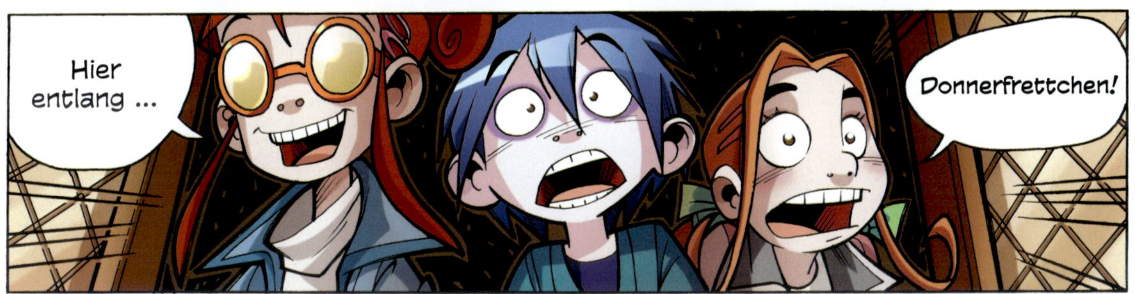

Willkommen im Herzen des Hauses **McMackamack!**
Hier ist das Buch, das du gesucht hast, Papa. Ich hatte es ...
Oh, danke, David.
Hallo, Annie. Hallo, Kinder.
Dieser Ort ist einfach ... **unglaublich!**

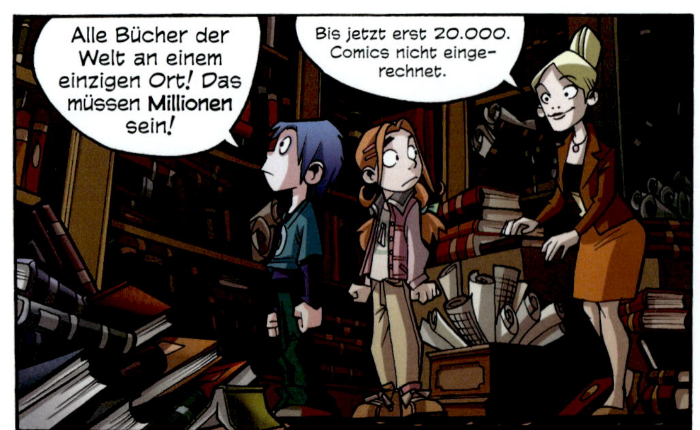

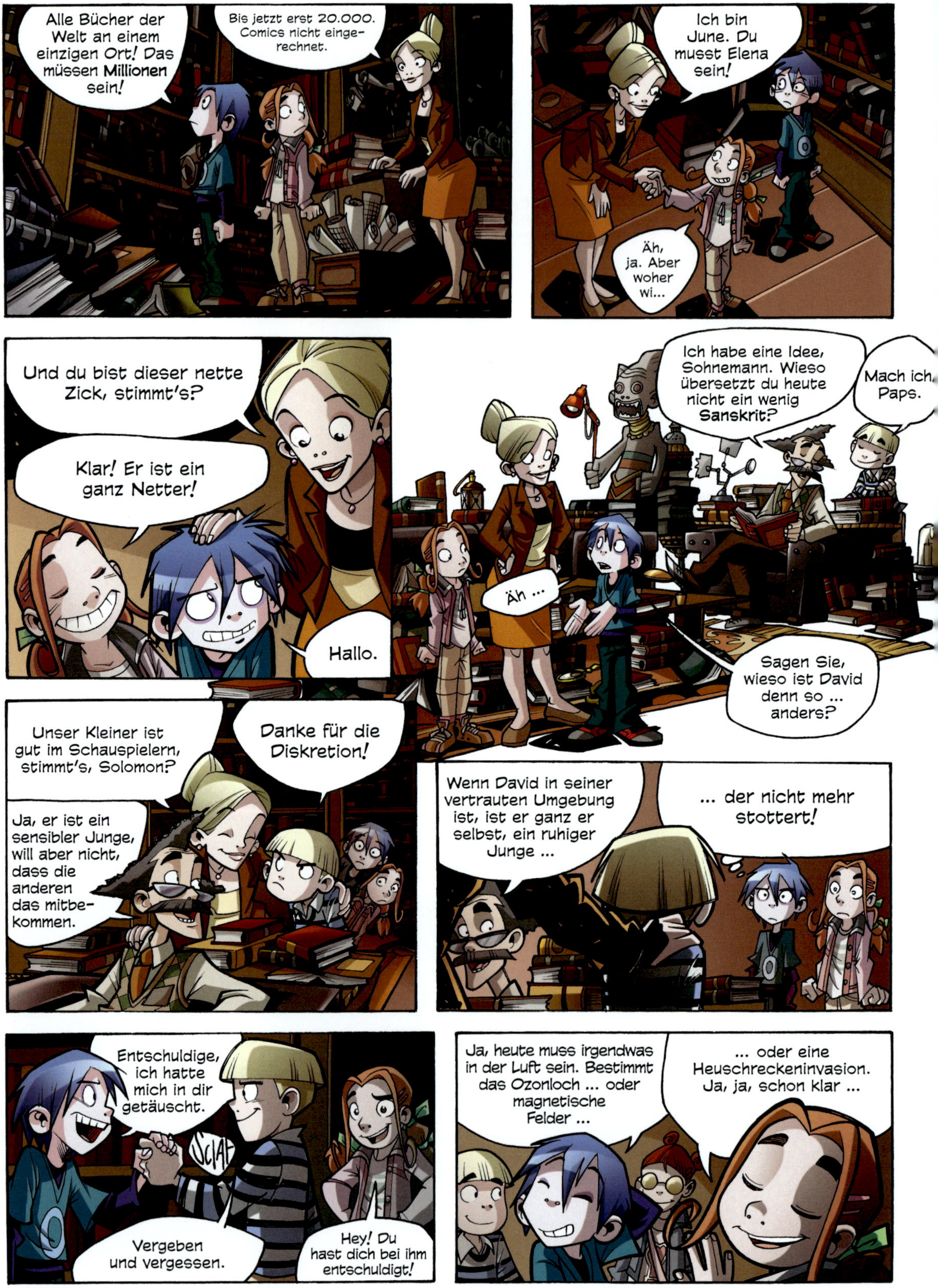

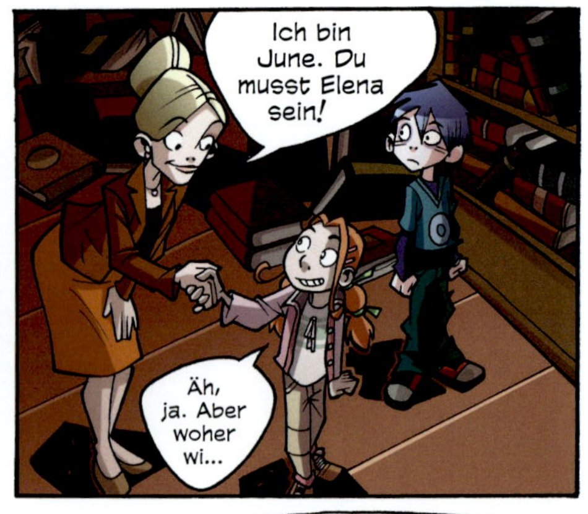

Und du bist dieser nette Zick, stimmt's?

Klar! Er ist ein ganz Netter!

Hallo.

Ich habe eine Idee, Sohnemann. Wieso übersetzt du heute nicht ein wenig **Sanskrit**?

Mach ich, Paps.

Äh ...

Sagen Sie, wieso ist David denn so ... anders?

Unser Kleiner ist gut im Schauspielern, stimmt's, Solomon?

Danke für die Diskretion!

Ja, er ist ein sensibler Junge, will aber nicht, dass die anderen das mitbekommen.

Wenn David in seiner vertrauten Umgebung ist, ist er ganz er selbst, ein ruhiger Junge ...

... der nicht mehr stottert!

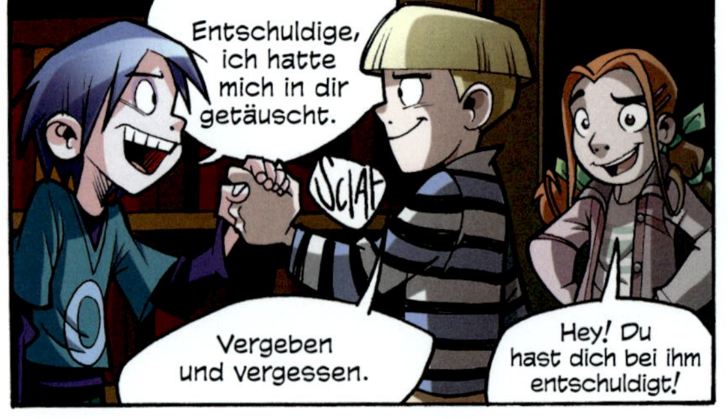

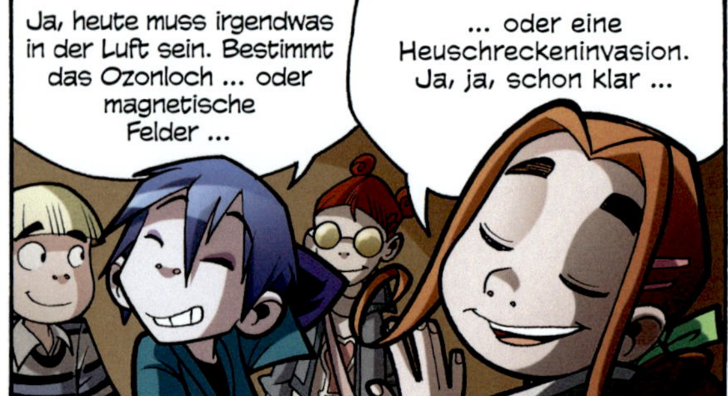

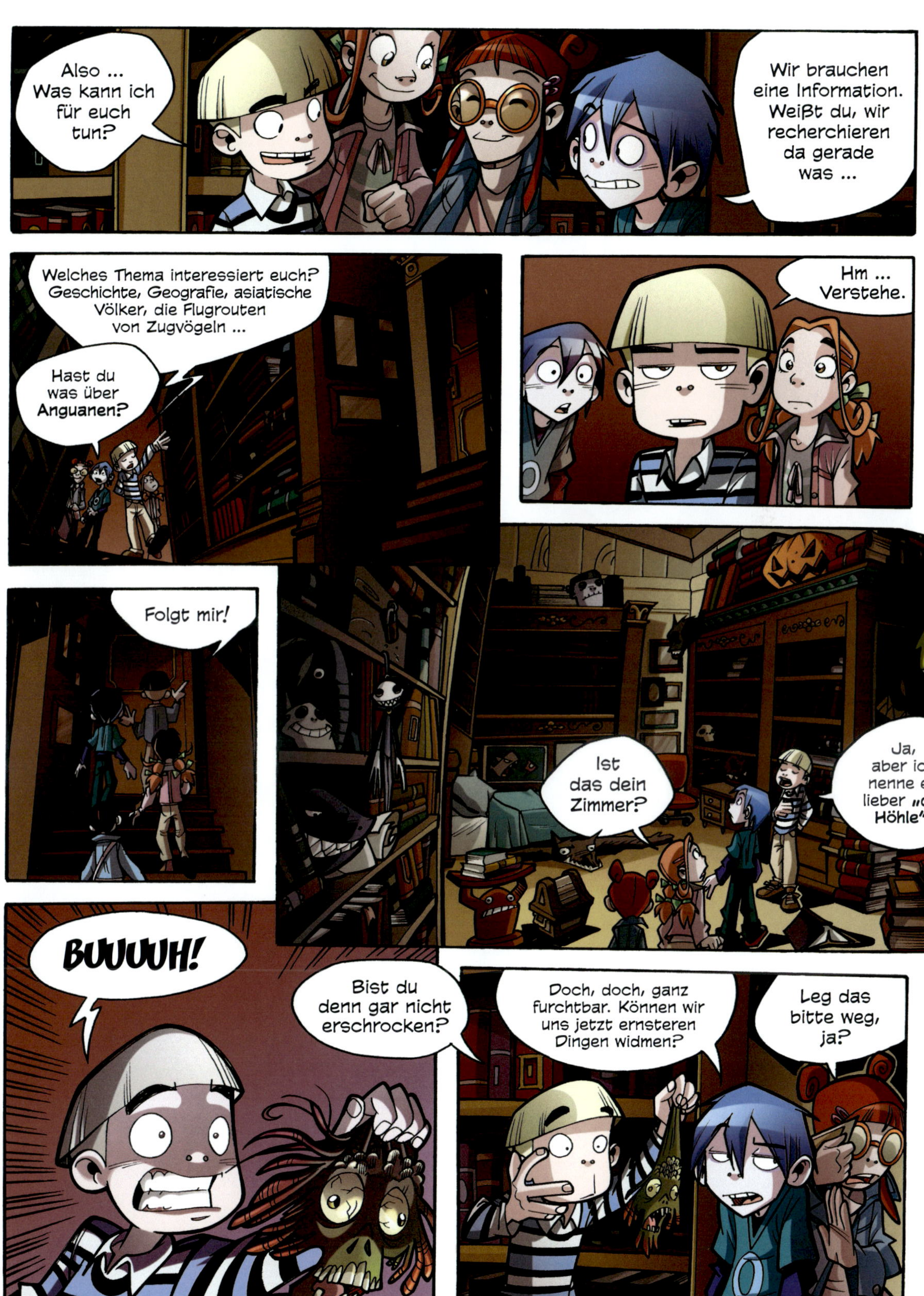
Also ... Was kann ich für euch tun?
Wir brauchen eine Information. Weißt du, wir recherchieren da gerade was ...
Welches Thema interessiert euch? Geschichte, Geografie, asiatische Völker, die Flugrouten von Zugvögeln ...
Hast du was über **Anguanen?**
Hm ... Verstehe.
Folgt mir!
Ist das dein Zimmer?
Ja, aber ich nenne es lieber **„die Höhle"**.
BUUUUH!
Bist du denn gar nicht erschrocken?
Doch, doch, ganz furchtbar. Können wir uns jetzt ernsteren Dingen widmen?
Leg das bitte weg, ja?

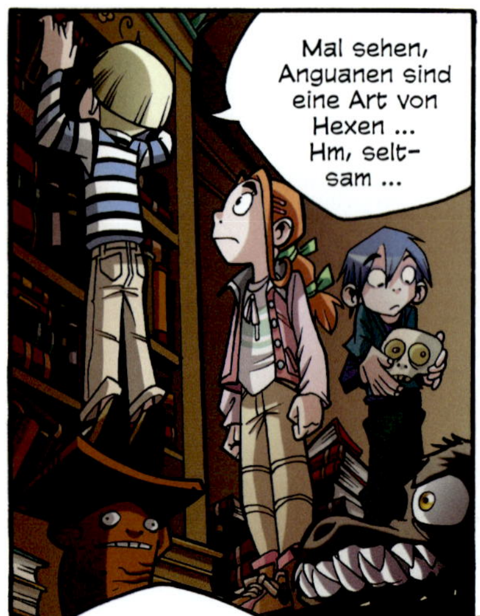
Mal sehen, Anguanen sind eine Art von Hexen ... Hm, seltsam ...

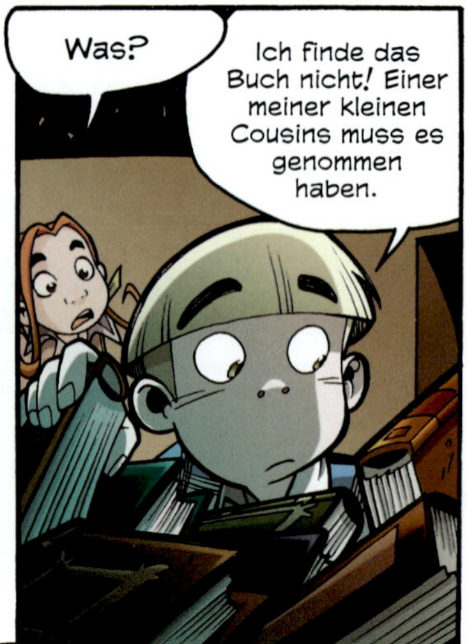
Was?
Ich finde das Buch nicht! Einer meiner kleinen Cousins muss es genommen haben.

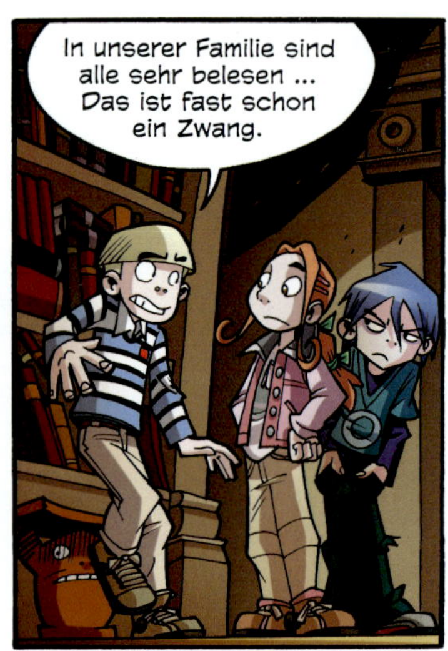
In unserer Familie sind alle sehr belesen ... Das ist fast schon ein Zwang.

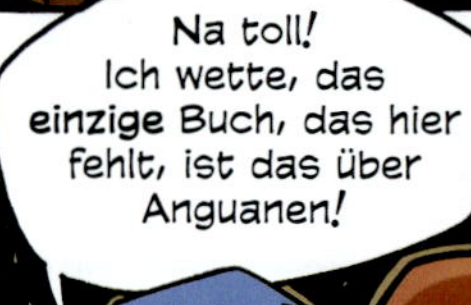
Na toll! Ich wette, das **einzige** Buch, das hier fehlt, ist das über Anguanen!
Keine Sorge, wir kriegen das schon hin.
Elena hat recht! Es ist noch nichts verloren.

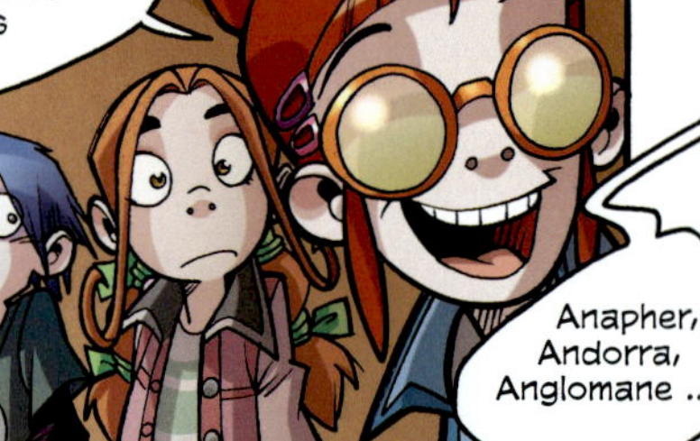
Vertraut David. Wenn er das Buch gelesen hat, muss er bloß sein außerordentliches Gedächtnis befragen.
Anapher, Andorra, Anglomane ..

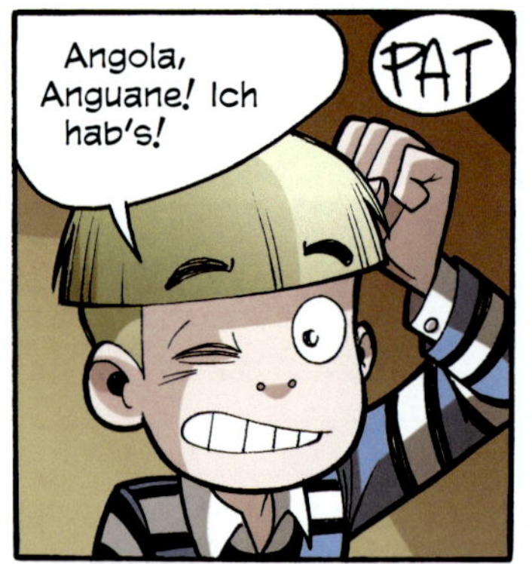
Angola, Anguane! Ich hab's!
PAT

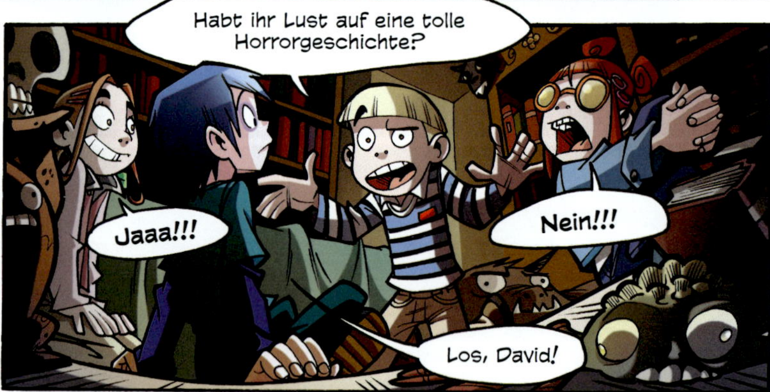
Habt ihr Lust auf eine tolle Horrorgeschichte?
Jaaa!!!
Nein!!!
Los, David!

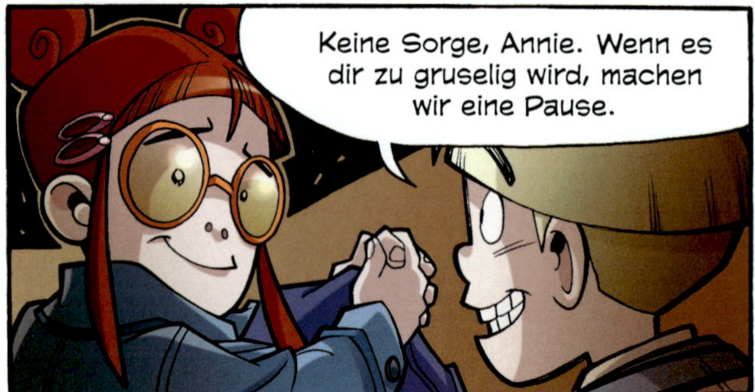
Keine Sorge, Annie. Wenn es dir zu gruselig wird, machen wir eine Pause.

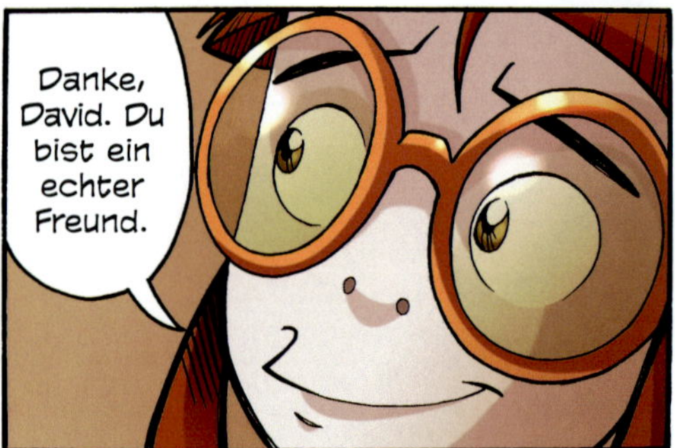
Danke, David. Du bist ein echter Freund.

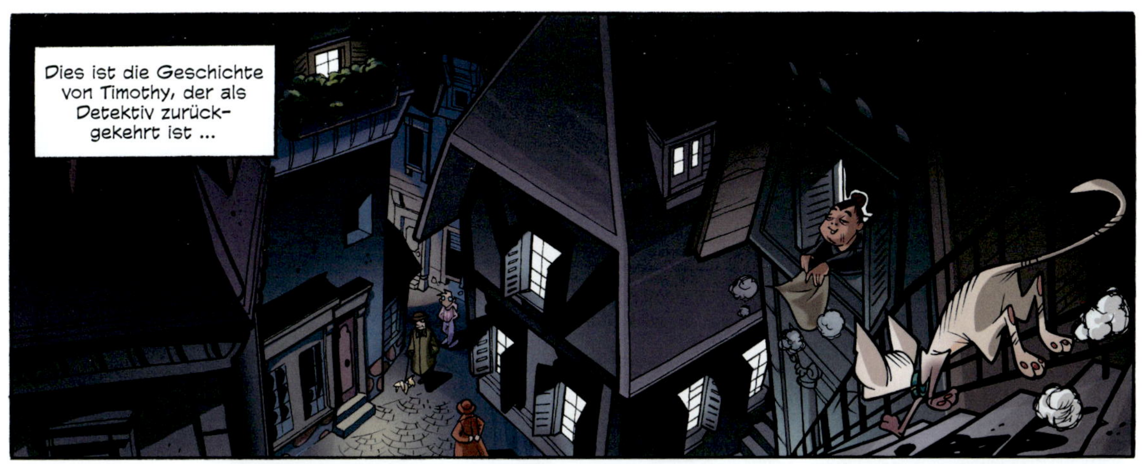
Dies ist die Geschichte von Timothy, der als Detektiv zurückgekehrt ist ...

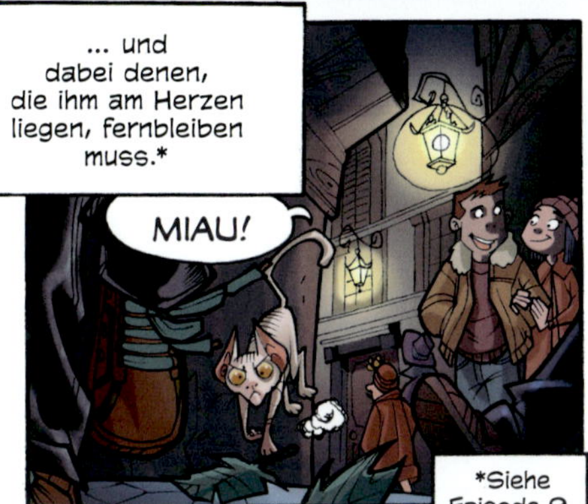
... und dabei denen, die ihm am Herzen liegen, fernbleiben muss.*
MIAU!
*Siehe Episode 9.

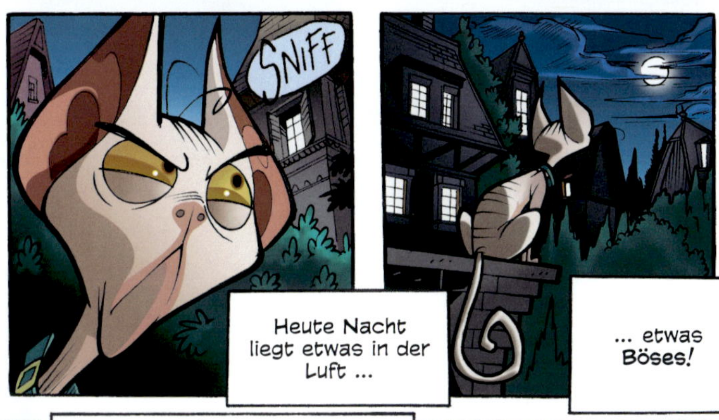
SNIFF
Heute Nacht liegt etwas in der Luft ...
... etwas Böses!

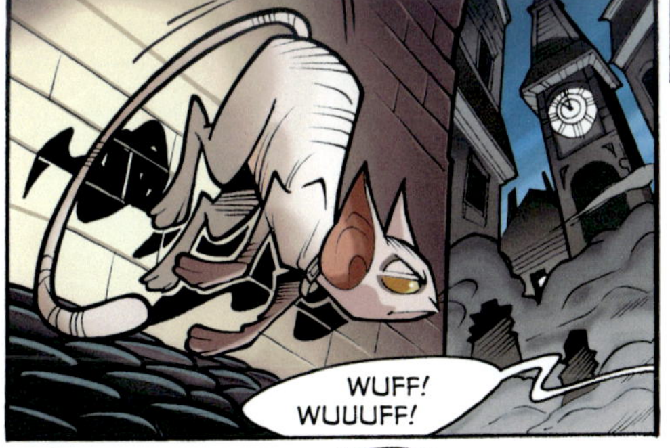
WUFF! WUUUFF!

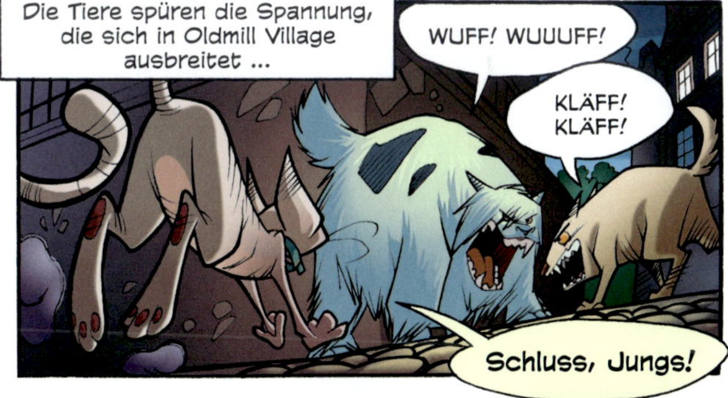
Die Tiere spüren die Spannung, die sich in Oldmill Village ausbreitet ...
WUFF! WUUUFF!
KLÄFF! KLÄFF!
Schluss, Jungs!

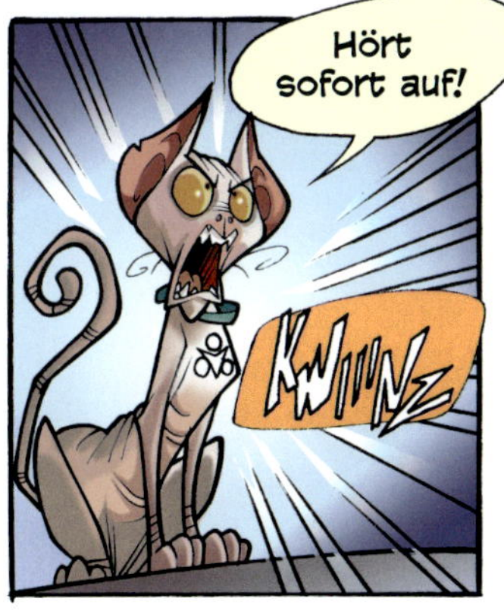
Hört sofort auf!
KWIIINZ

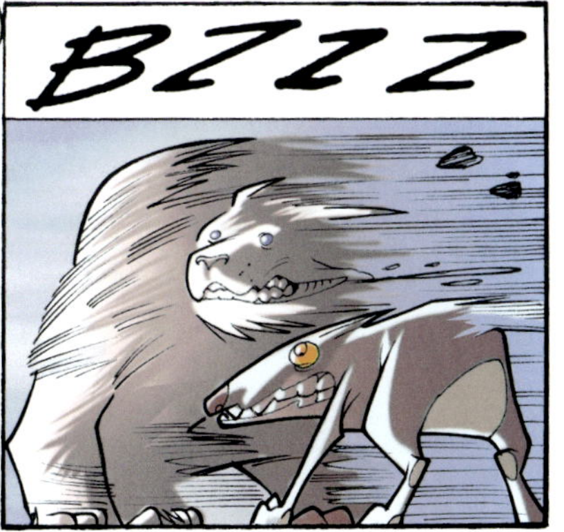
BZZZ

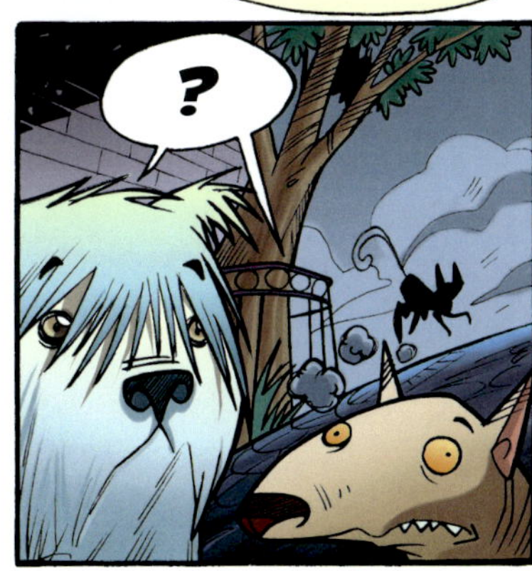
?

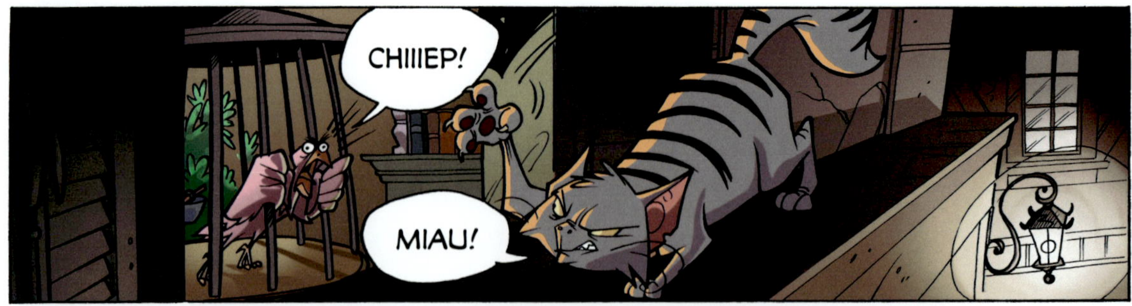
CHIIIEP!
MIAU!

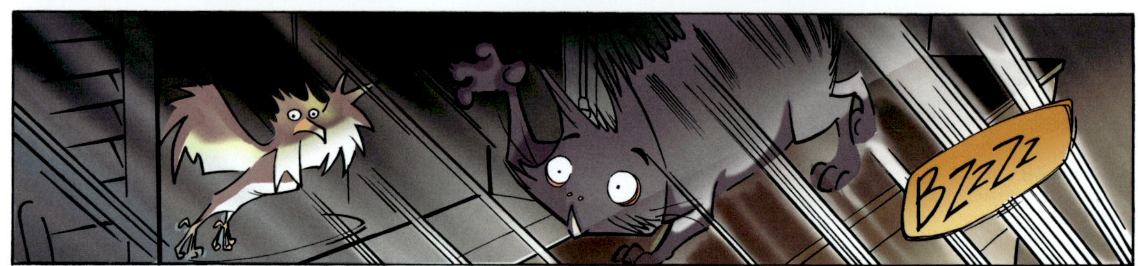
BZZZZ

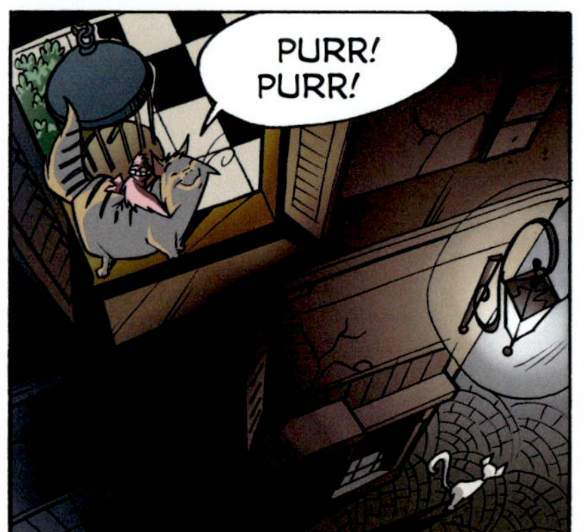
PURR!
PURR!

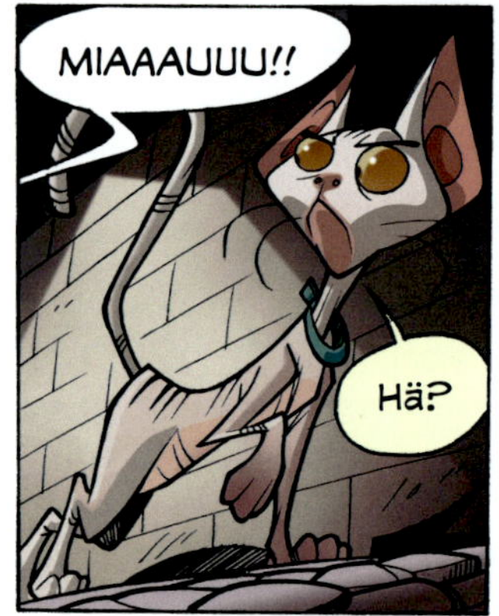
MIAAAUUU!!
Hä?

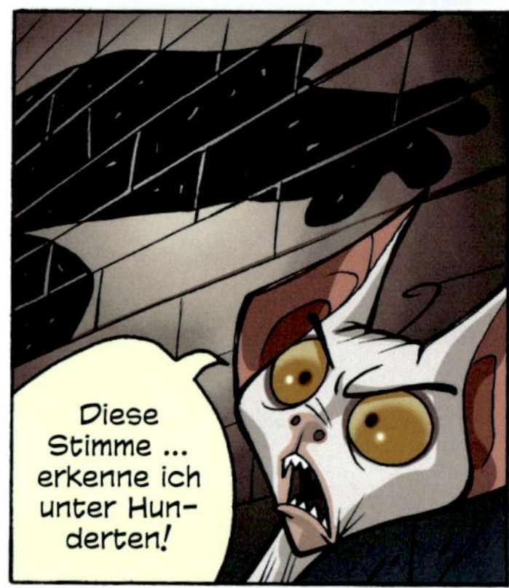
Diese Stimme ... erkenne ich unter Hunderten!

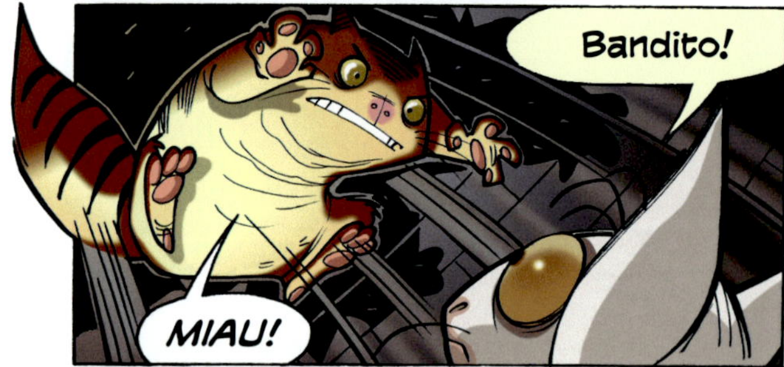
Bandito!
MIAU!

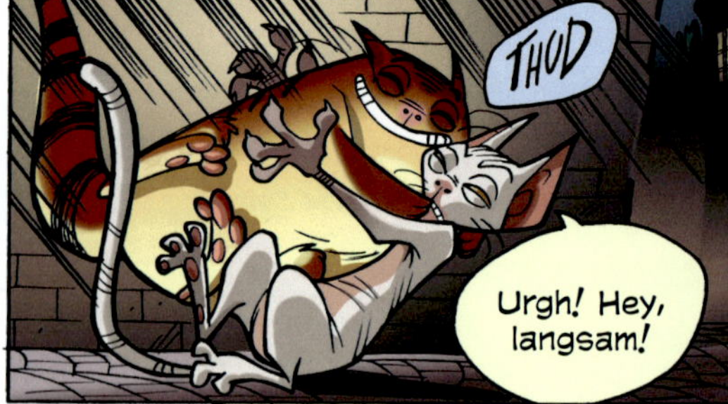
THUD
Urgh! Hey, langsam!

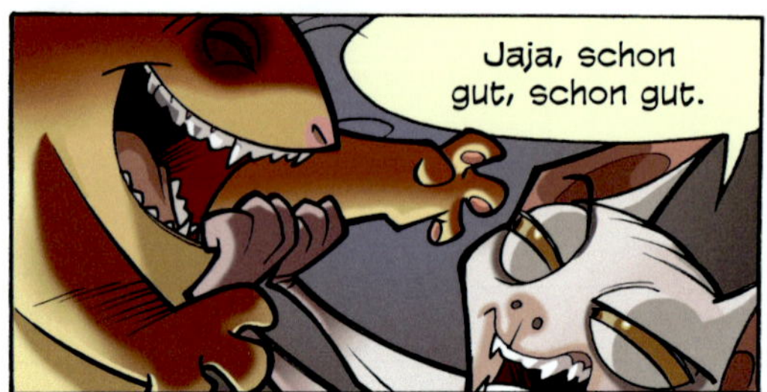
Jaja, schon gut, schon gut.

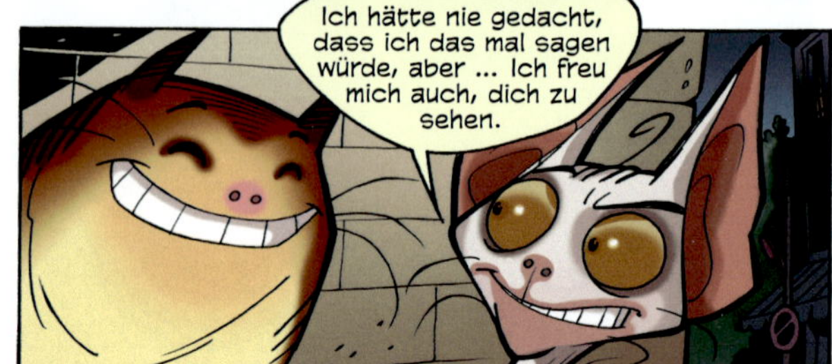
Ich hätte nie gedacht, dass ich das mal sagen würde, aber ... Ich freu mich auch, dich zu sehen.

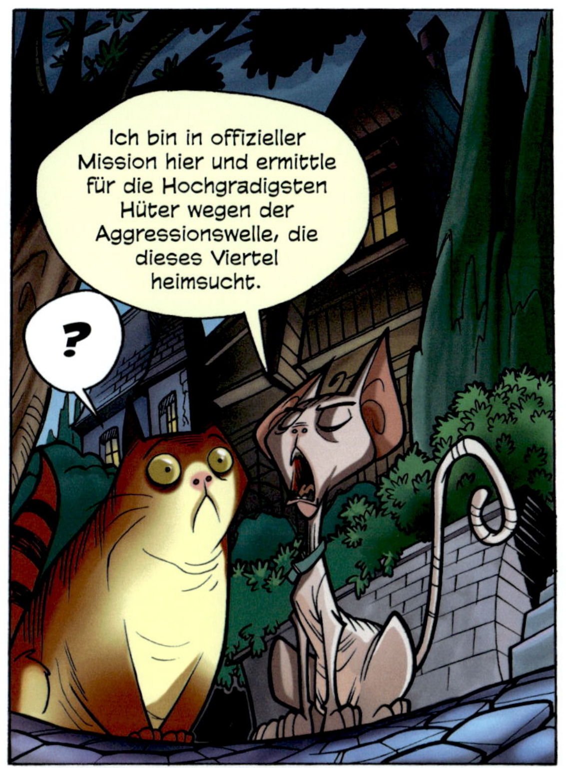
Ich bin in offizieller Mission hier und ermittle für die Hochgradigsten Hüter wegen der Aggressionswelle, die dieses Viertel heimsucht.
?

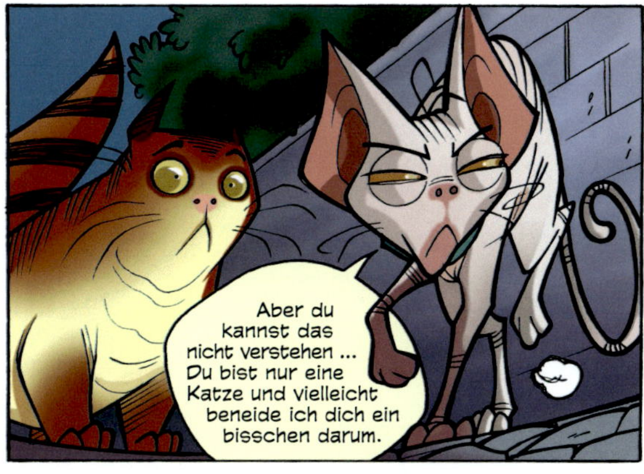
Aber du kannst das nicht verstehen ... Du bist nur eine Katze und vielleicht beneide ich dich ein bisschen darum.

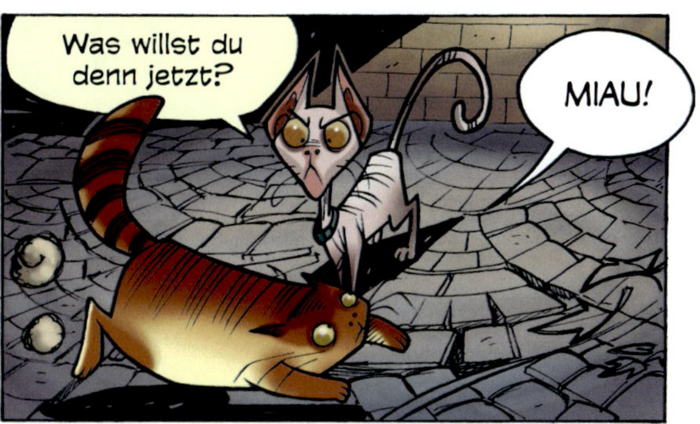
Was willst du denn jetzt?
MIAU!

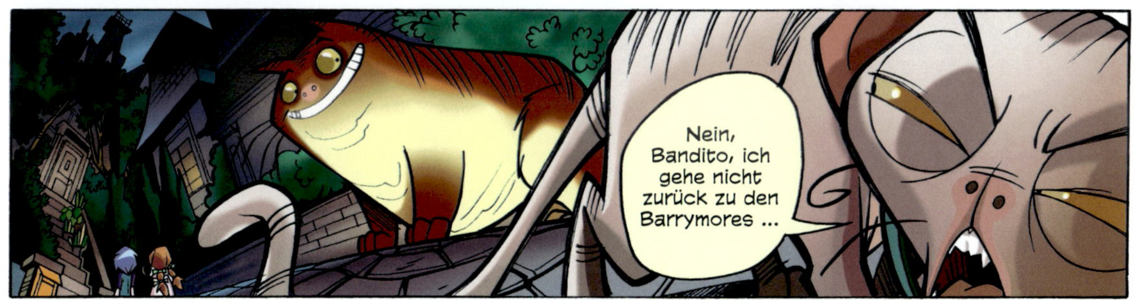
Nein, Bandito, ich gehe nicht zurück zu den Barrymores ...

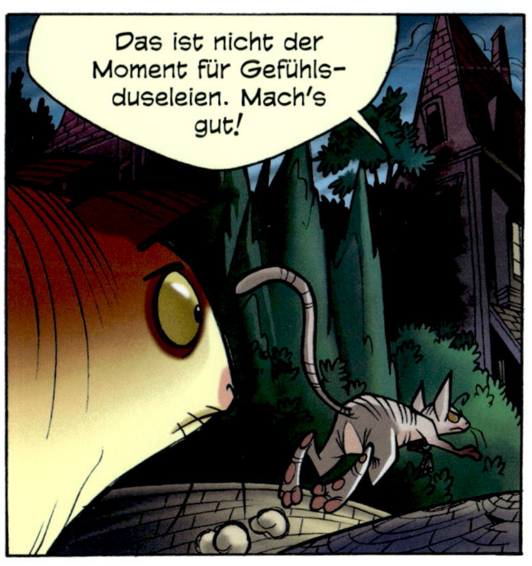
Das ist nicht der Moment für Gefühlsduseleien. Mach's gut!

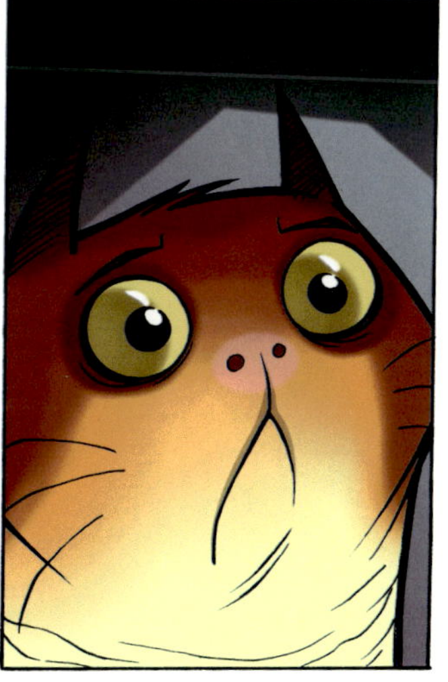

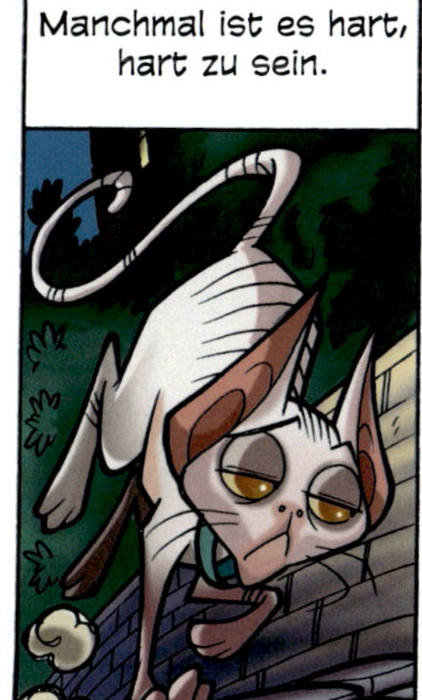
Manchmal ist es hart, hart zu sein.

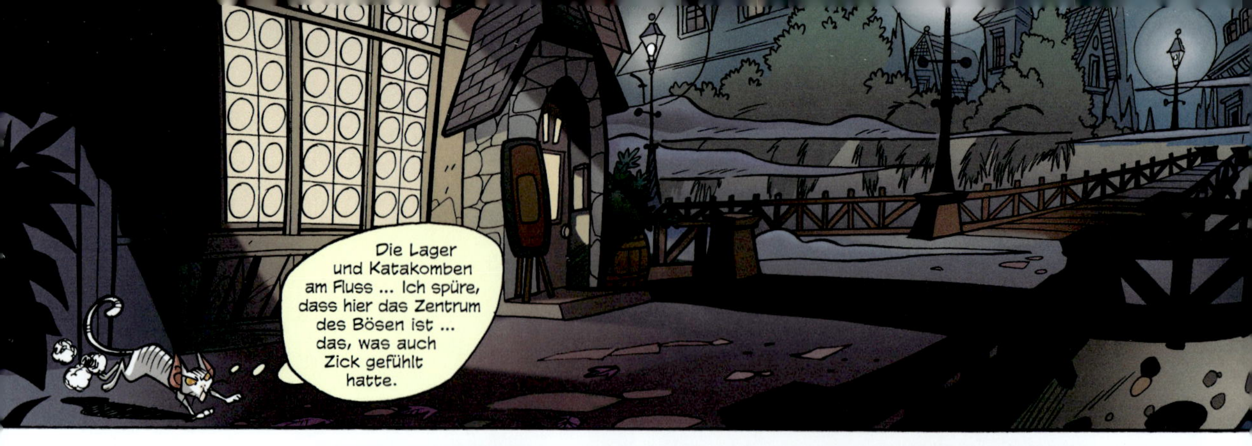
Die Lager
und Katakomben
am Fluss ... Ich spüre,
dass hier das Zentrum
des Bösen ist ...
das, was auch
Zick gefühlt
hatte.

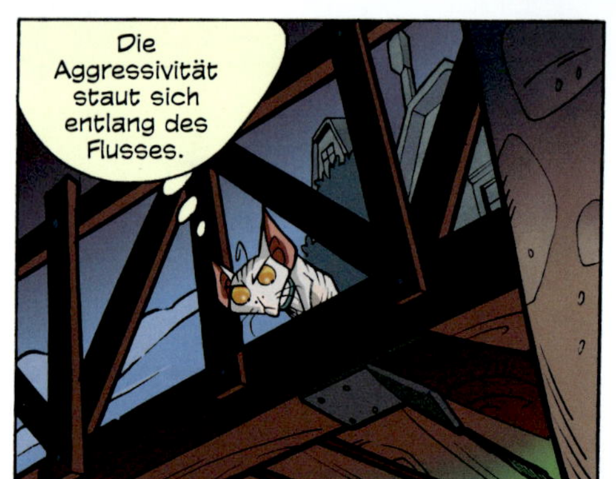
Die
Aggressivität
staut sich
entlang des
Flusses.

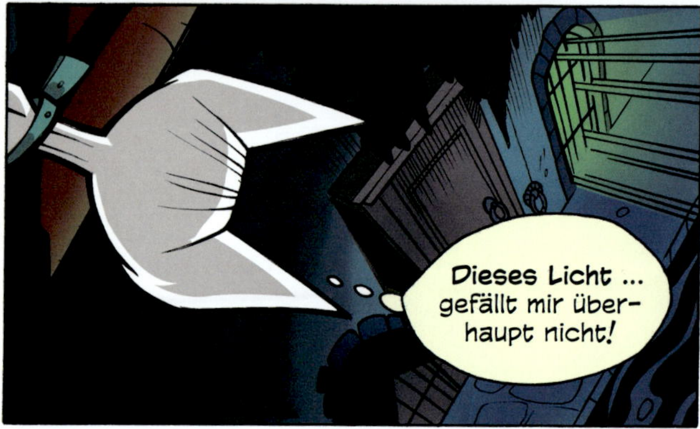
Dieses Licht ...
gefällt mir über-
haupt nicht!

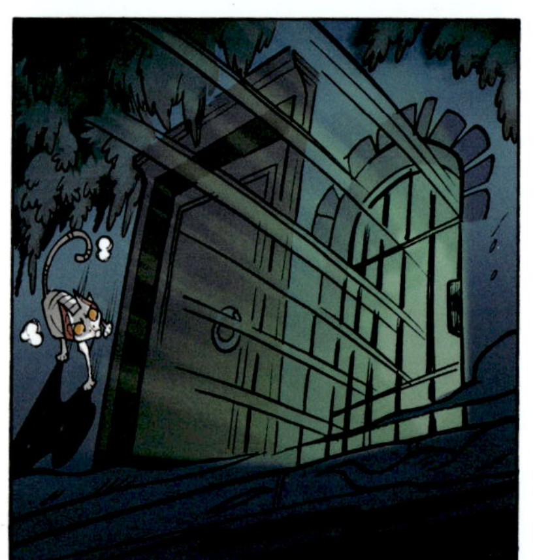

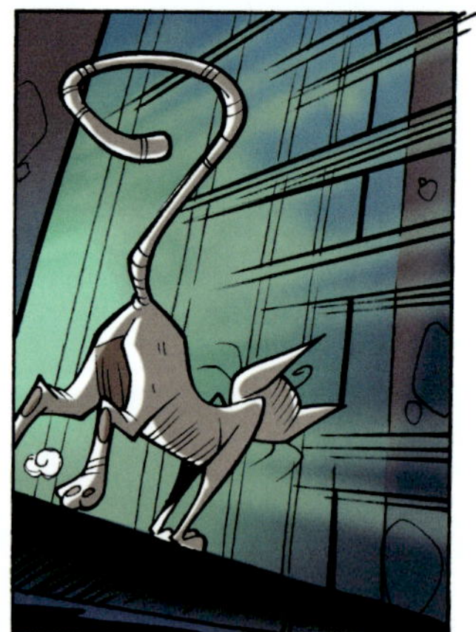

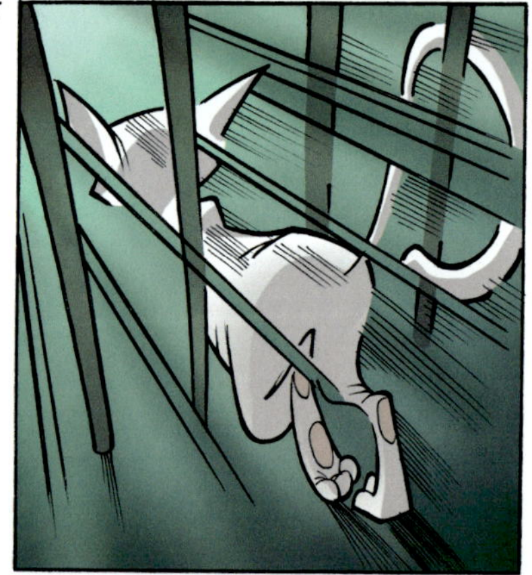

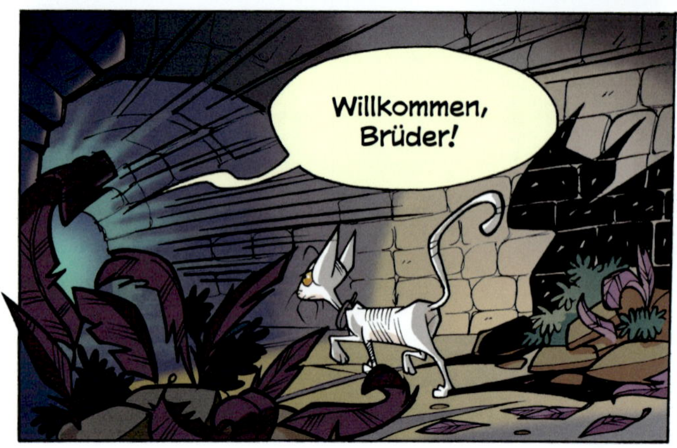
Willkommen,
Brüder!

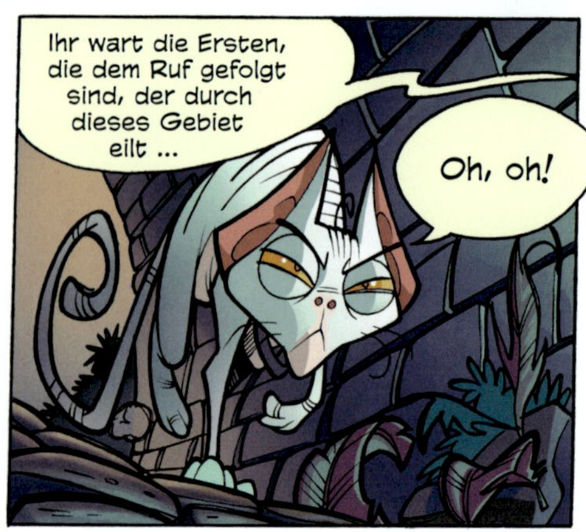
Ihr wart die Ersten,
die dem Ruf gefolgt
sind, der durch
dieses Gebiet
eilt ...
Oh, oh!

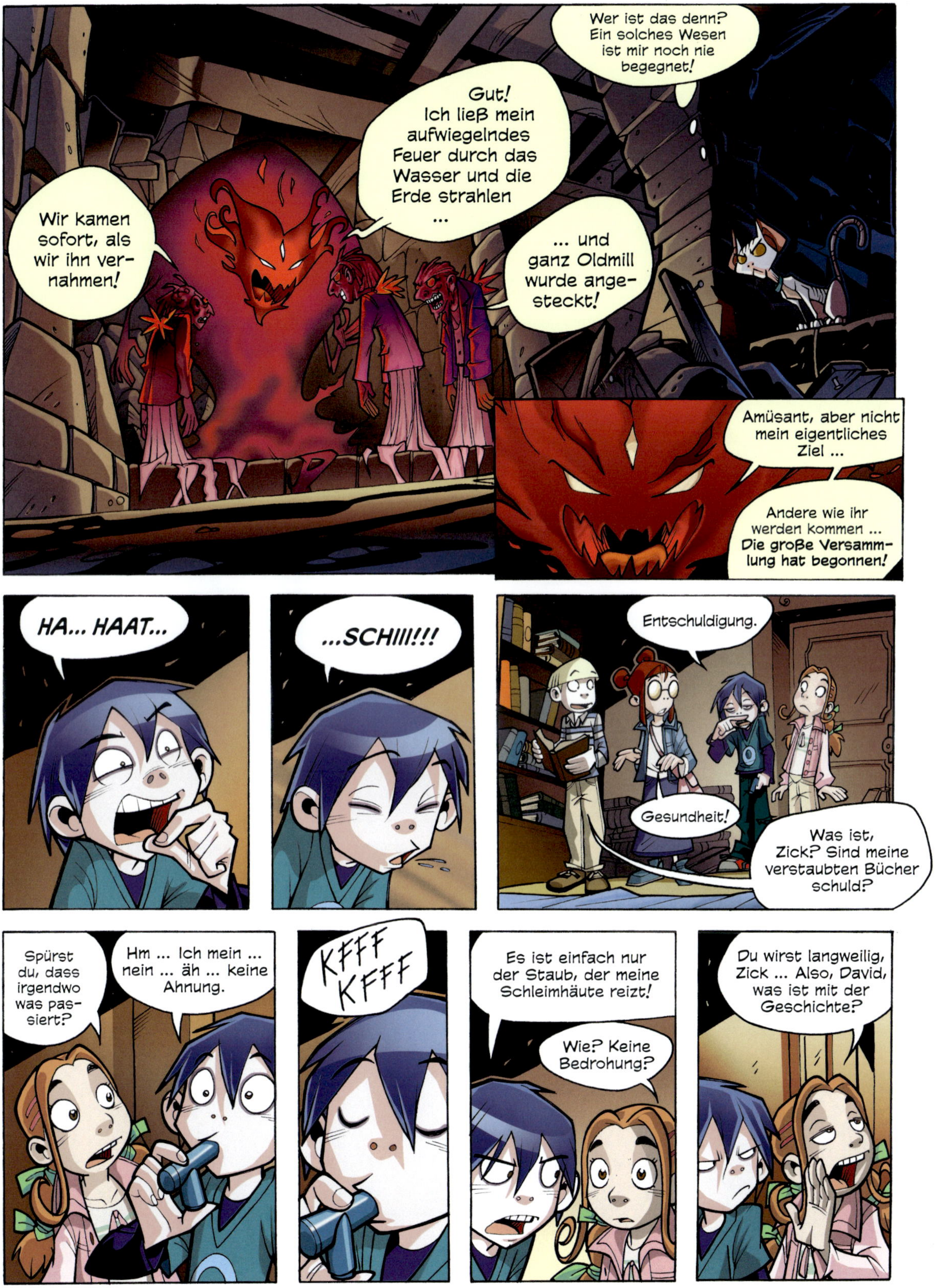

Wir kamen sofort, als wir ihn vernahmen!
Gut! Ich ließ mein aufwiegelndes Feuer durch das Wasser und die Erde strahlen ...
... und ganz Oldmill wurde angesteckt!
Wer ist das denn? Ein solches Wesen ist mir noch nie begegnet!
Amüsant, aber nicht mein eigentliches Ziel ...
Andere wie ihr werden kommen ... **Die große Versammlung hat begonnen!**

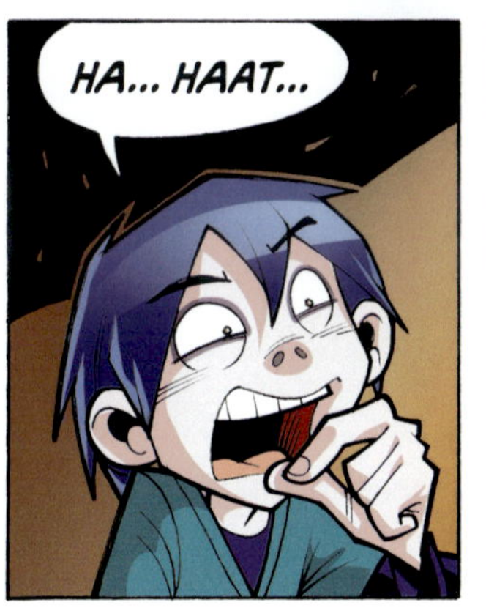

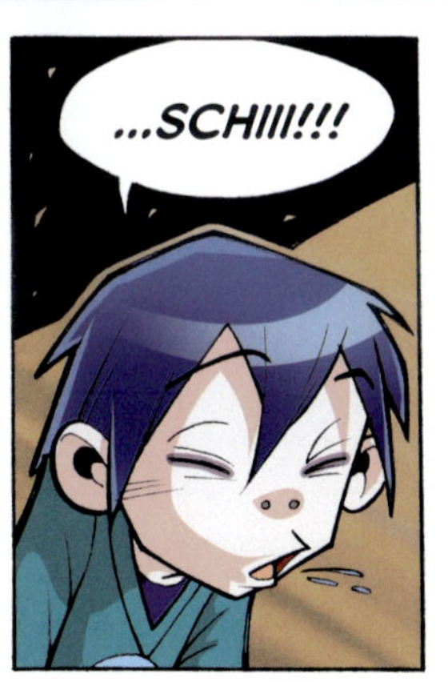

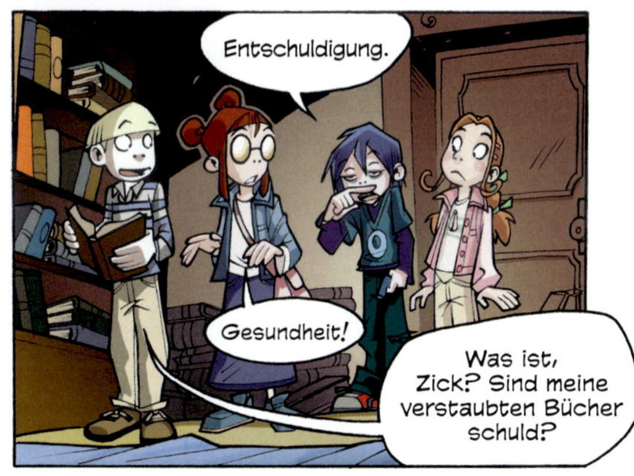

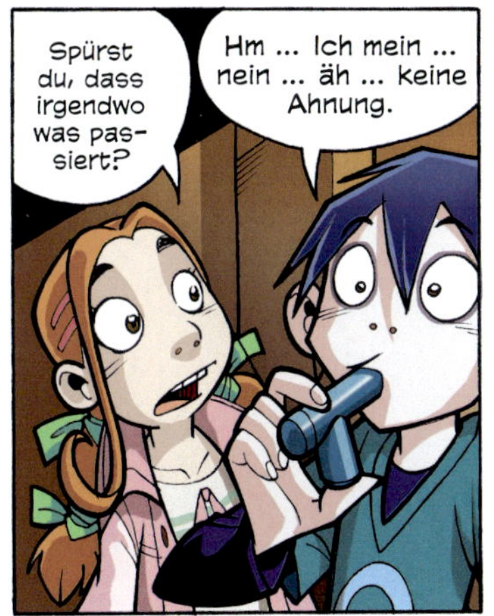

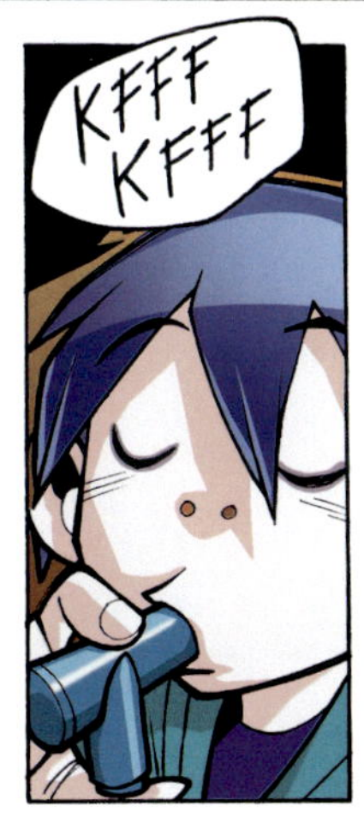

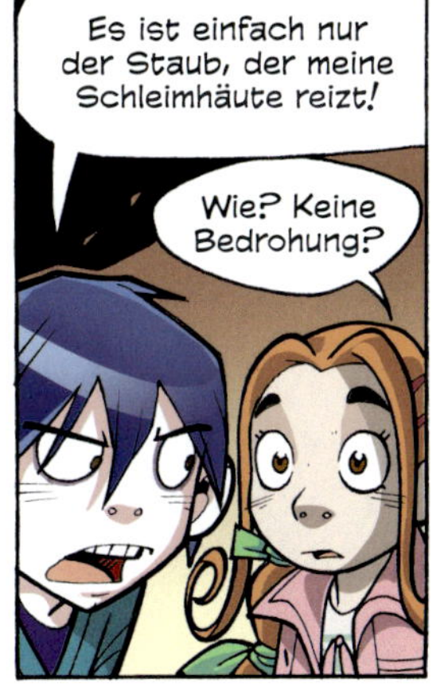

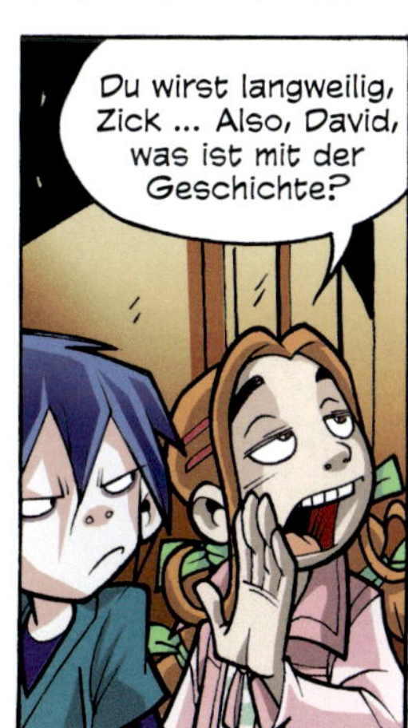

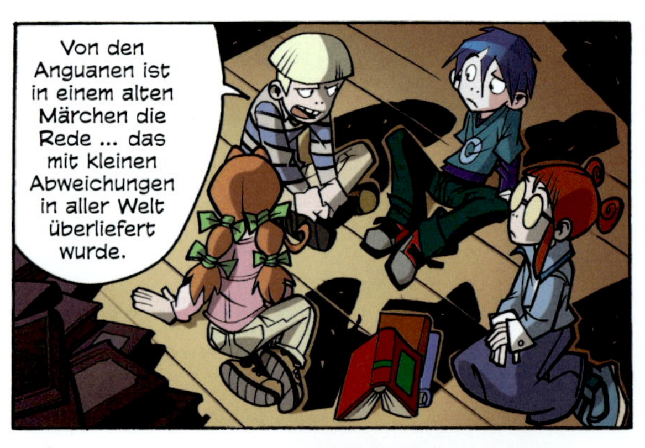
Von den Anguanen ist in einem alten Märchen die Rede ... das mit kleinen Abweichungen in aller Welt überliefert wurde.

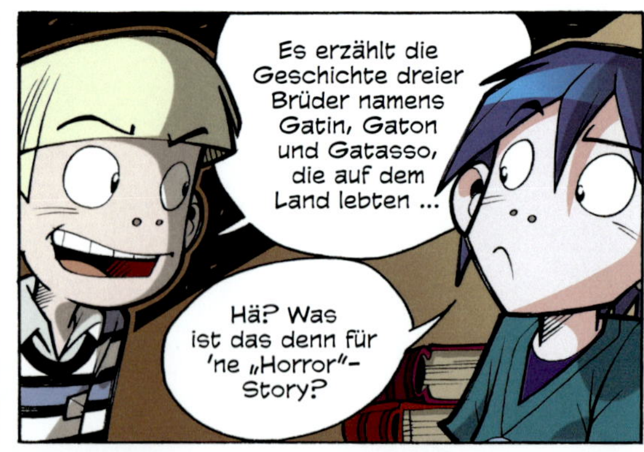
Es erzählt die Geschichte dreier Brüder namens Gatin, Gaton und Gatasso, die auf dem Land lebten ...
Hä? Was ist das denn für 'ne „Horror"-Story?

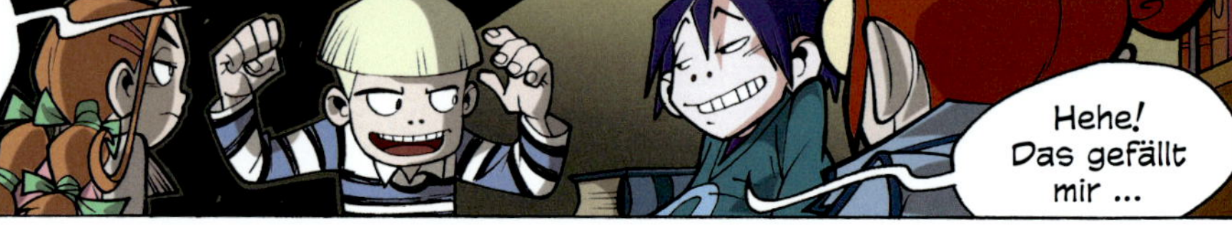
Gaton und Gatasso waren zwei arrogante, hirnlose Simpel, doch Gatin war listig und klug ... ein bisschen wie Zick.
Hehe! Das gefällt mir ...

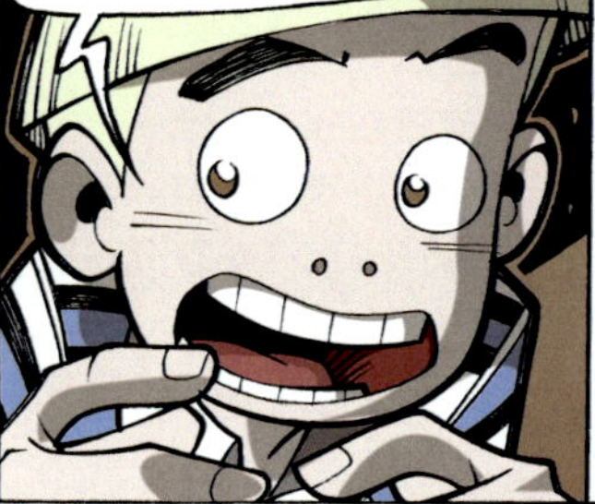
Eines Tages beschlossen sie, das Vieh aufzuteilen, und Gaton und Gatasso tüftelten einen gemeinen Plan gegen Gatin aus ...

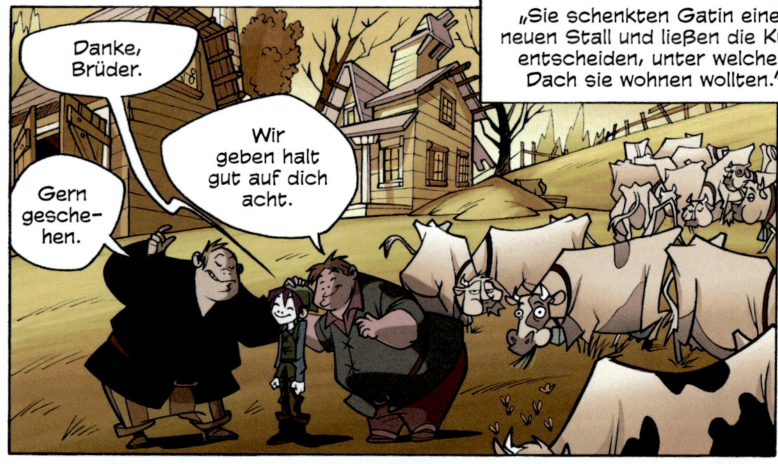
„Sie schenkten Gatin einen neuen Stall und ließen die Kühe entscheiden, unter welchem Dach sie wohnen wollten."
Danke, Brüder.
Wir geben halt gut auf dich acht.
Gern geschehen.

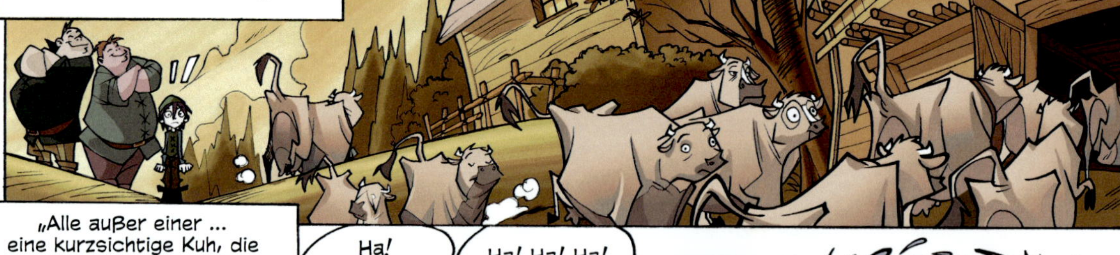
„Natürlich gingen die Kühe aus Gewohnheit alle in den alten Stall der beiden Fieslinge!"

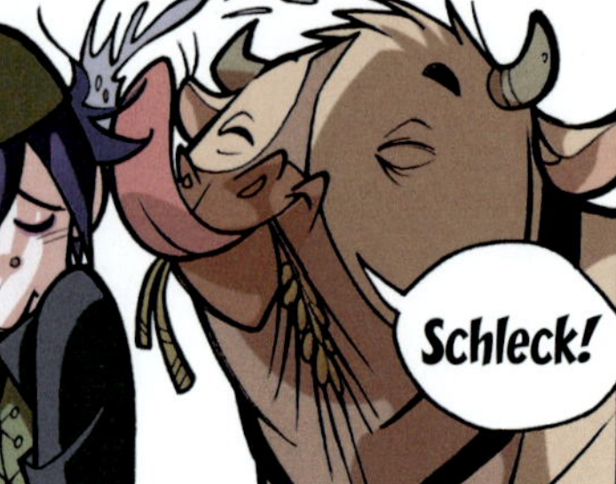
„Alle außer einer ... eine kurzsichtige Kuh, die sich verirrt hatte."
Ha! Ha! Reingefallen!
Ha! Ha! Ha! Und wie!
Ich lach mich tot!
Seufz!
Schleck!

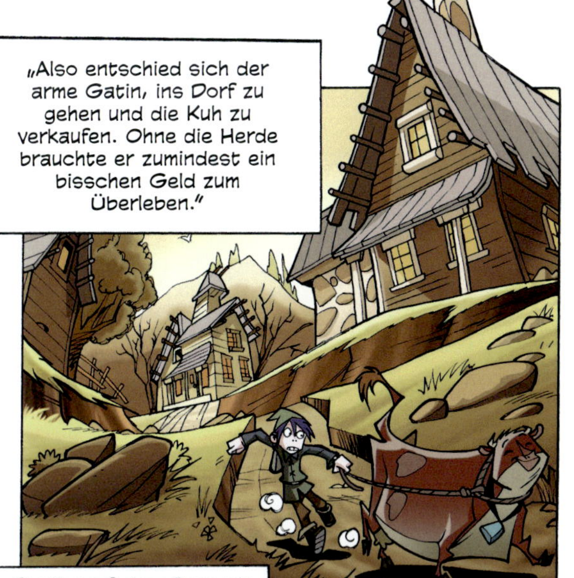
„Also entschied sich der arme Gatin, ins Dorf zu gehen und die Kuh zu verkaufen. Ohne die Herde brauchte er zumindest ein bisschen Geld zum Überleben."

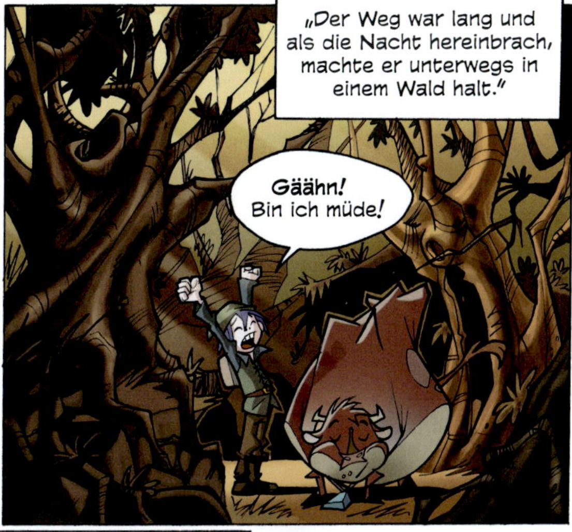
„Der Weg war lang und als die Nacht hereinbrach, machte er unterwegs in einem Wald halt."
Gäähn! Bin ich müde!

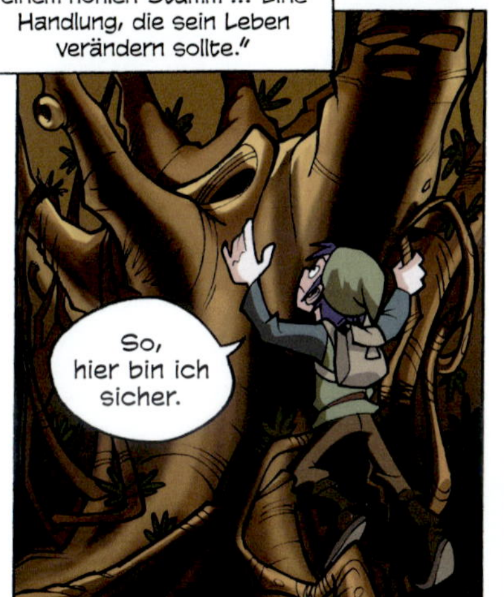
„Er stieg auf einen Baum mit einem hohlen Stamm ... Eine Handlung, die sein Leben verändern sollte."
So, hier bin ich sicher.

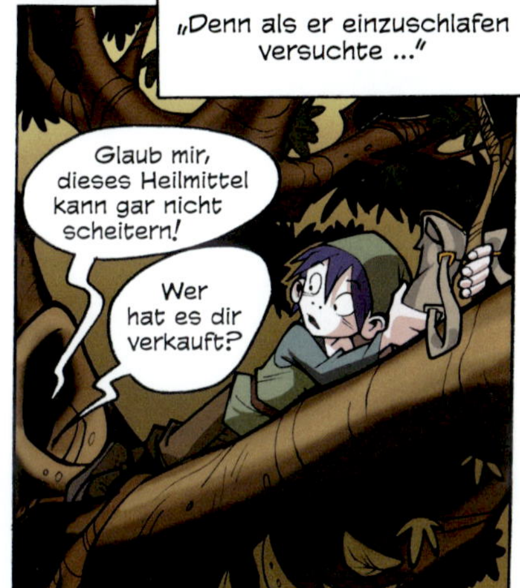
„Denn als er einzuschlafen versuchte ..."
Glaub mir, dieses Heilmittel kann gar nicht scheitern!
Wer hat es dir verkauft?

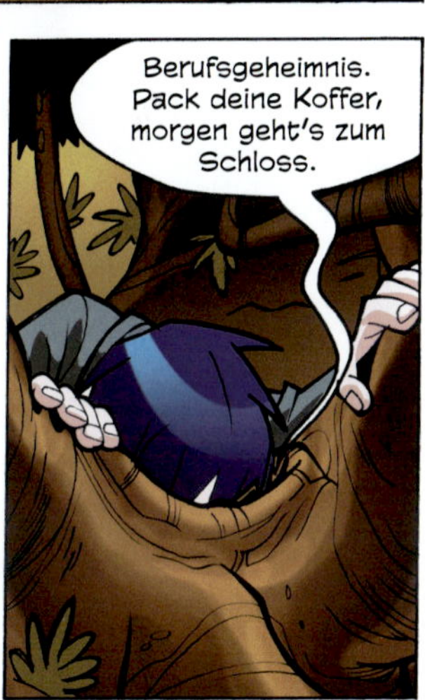
Berufsgeheimnis. Pack deine Koffer, morgen geht's zum Schloss.

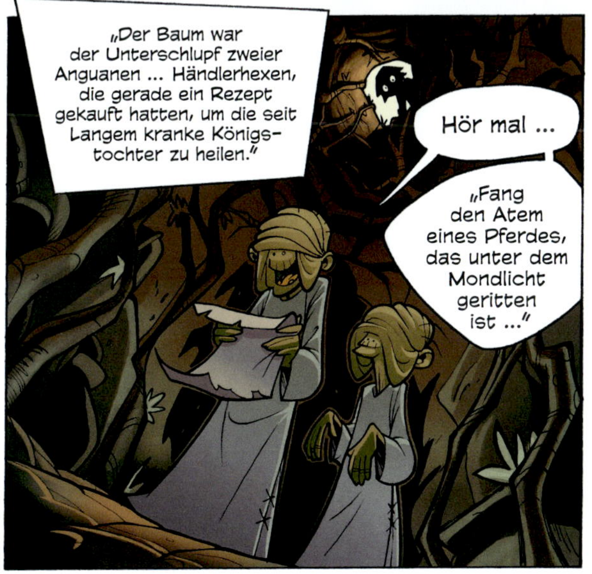
„Der Baum war der Unterschlupf zweier Anguanen ... Händlerhexen, die gerade ein Rezept gekauft hatten, um die seit Langem kranke Königstochter zu heilen."
Hör mal ...
„Fang den Atem eines Pferdes, das unter dem Mondlicht geritten ist ..."

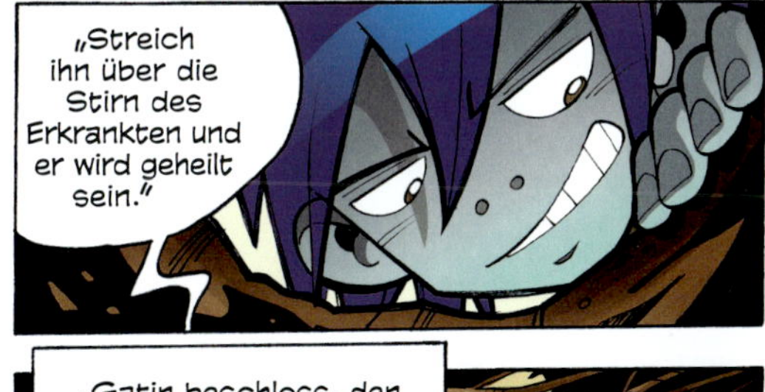
„Streich ihn über die Stirn des Erkrankten und er wird geheilt sein."

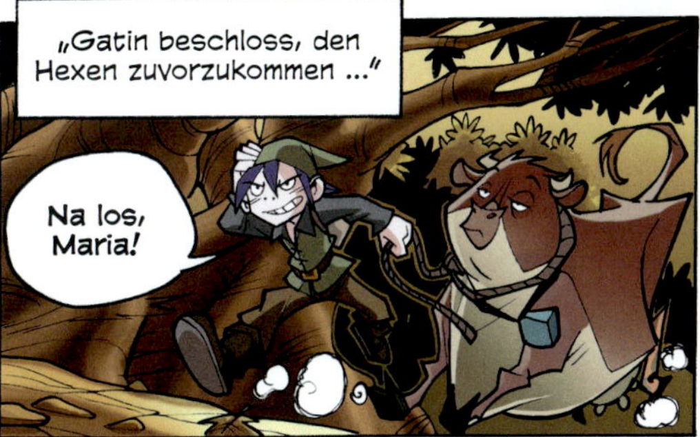
„Gatin beschloss, den Hexen zuvorzukommen ..."
Na los, Maria!

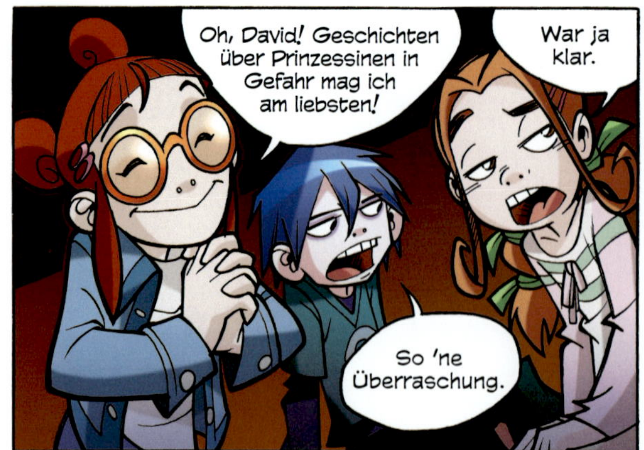
Oh, David! Geschichten über Prinzessinen in Gefahr mag ich am liebsten!
War ja klar.
So 'ne Überraschung.

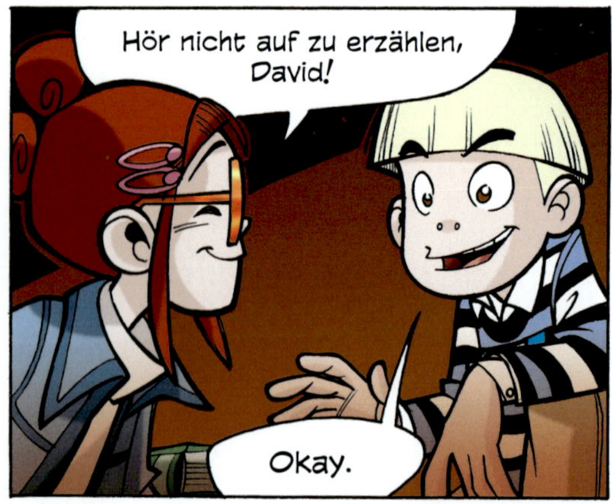
Hör nicht auf zu erzählen, David!
Okay.

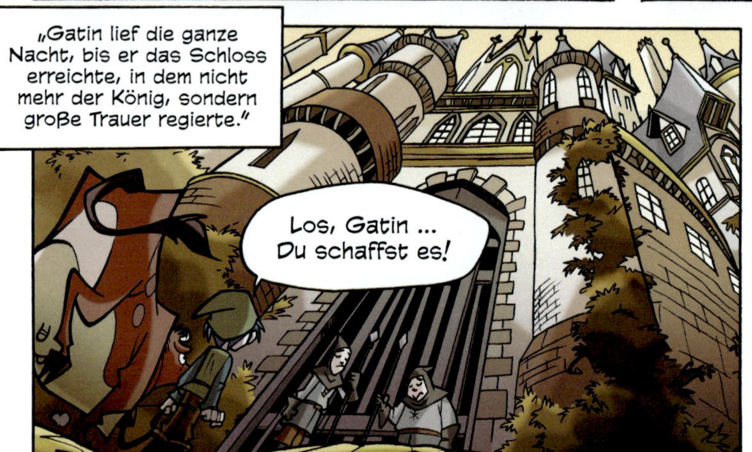
„Gatin lief die ganze Nacht, bis er das Schloss erreichte, in dem nicht mehr der König, sondern große Trauer regierte."
Los, Gatin ... Du schaffst es!

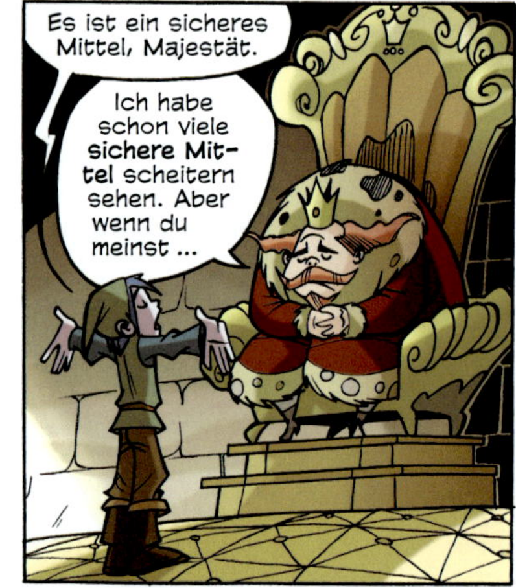
Es ist ein sicheres Mittel, Majestät.
Ich habe schon viele **sichere Mittel** scheitern sehen. Aber wenn du meinst ...

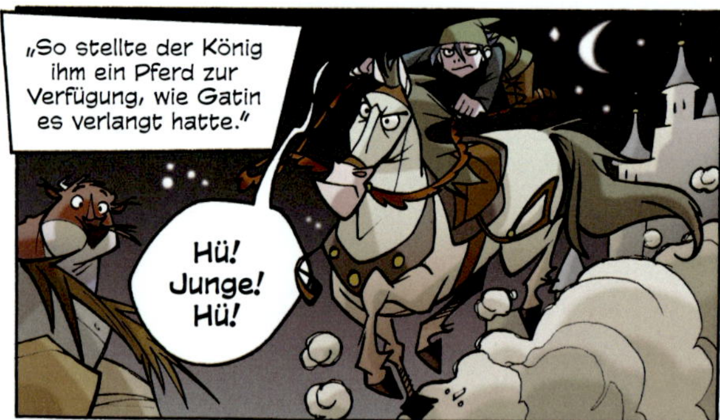
„So stellte der König ihm ein Pferd zur Verfügung, wie Gatin es verlangt hatte."
Hü! Junge! Hü!

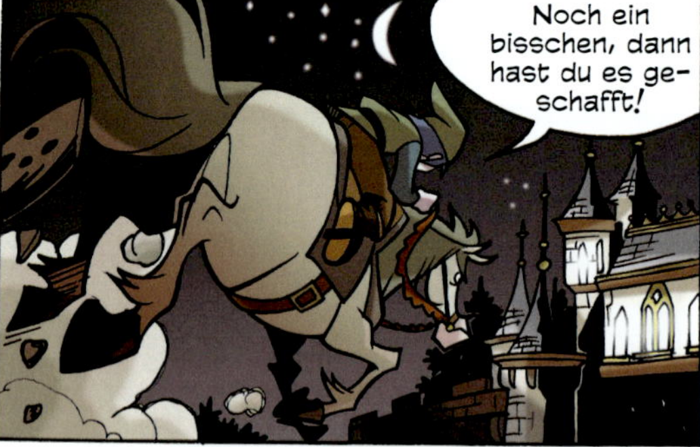
Noch ein bisschen, dann hast du es geschafft!

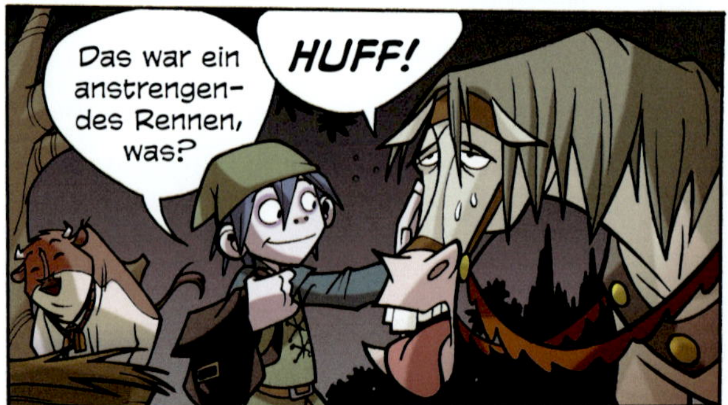
Das war ein anstrengendes Rennen, was?
HUFF!

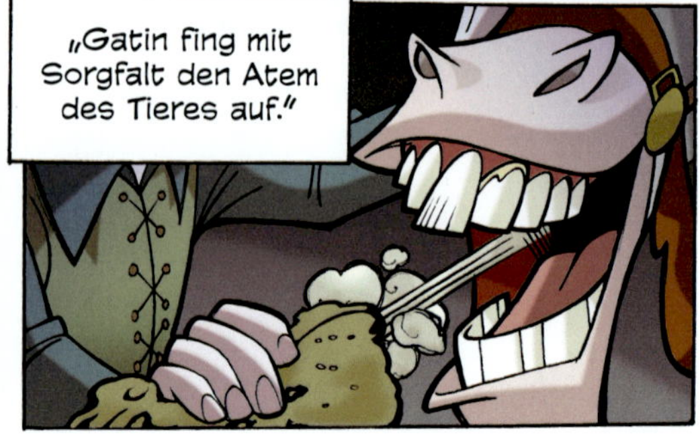
„Gatin fing mit Sorgfalt den Atem des Tieres auf."

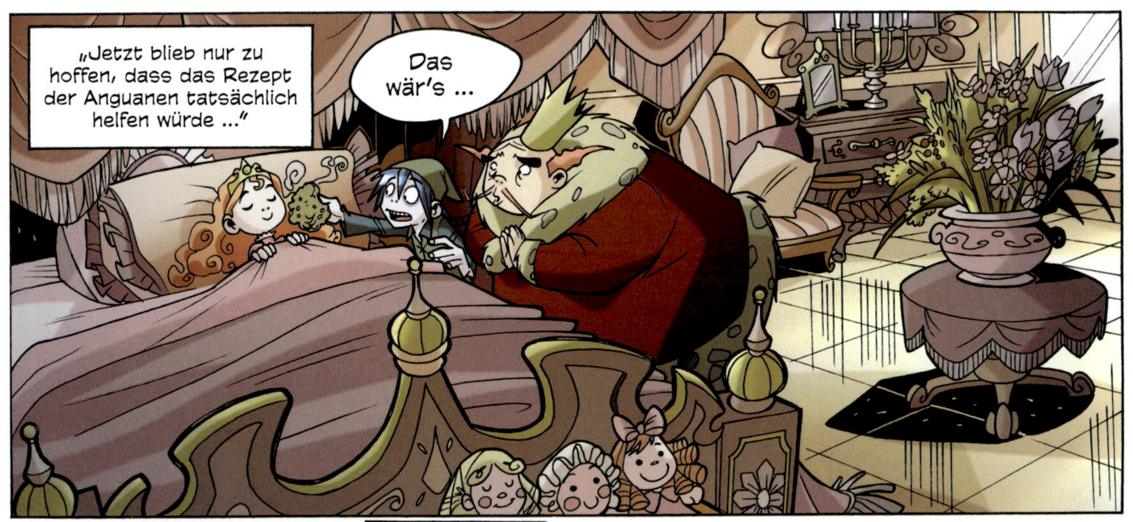
„Jetzt blieb nur zu hoffen, dass das Rezept der Anguanen tatsächlich helfen würde ..."
Das wär's ...

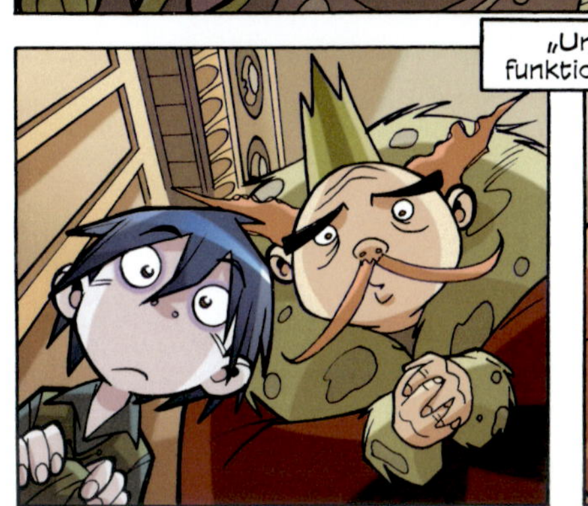
„Und es funktionierte."

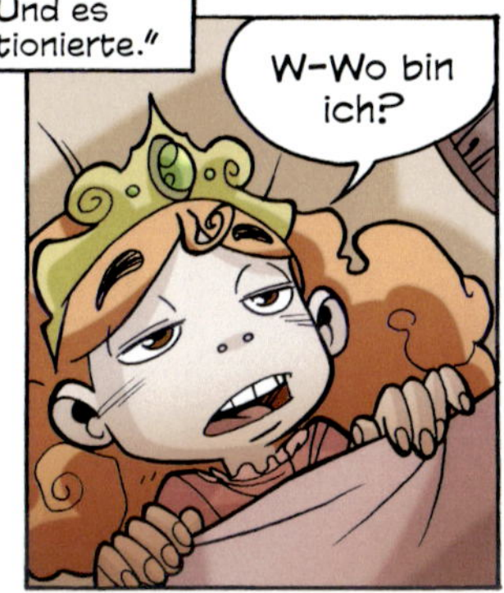
W-Wo bin ich?

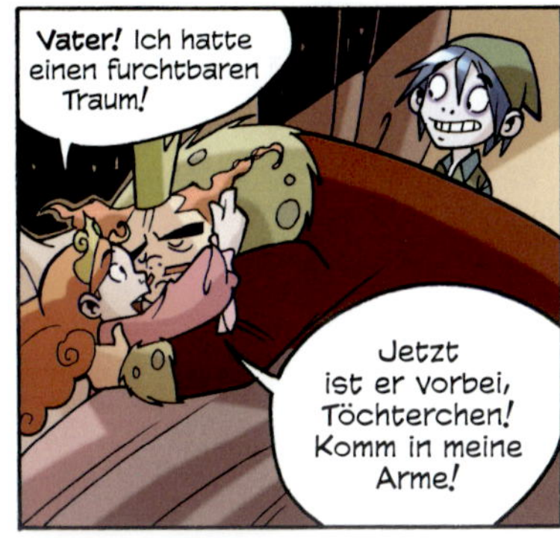
Vater! Ich hatte einen furchtbaren Traum!
Jetzt ist er vorbei, Töchterchen! Komm in meine Arme!

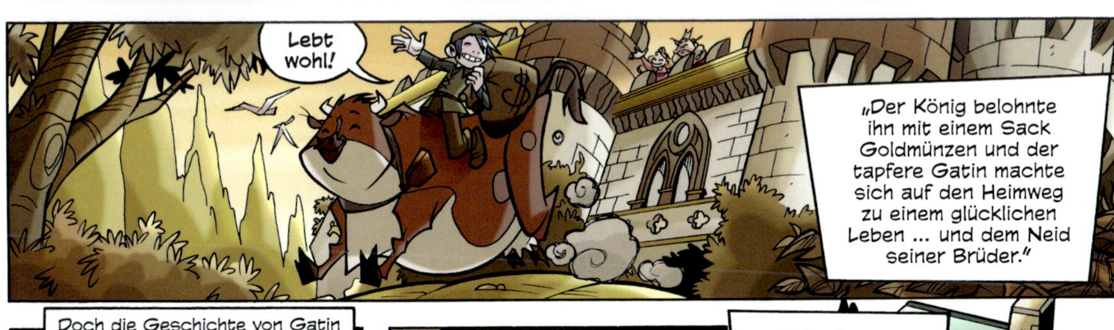
Lebt wohl!
„Der König belohnte ihn mit einem Sack Goldmünzen und der tapfere Gatin machte sich auf den Heimweg zu einem glücklichen Leben ... und dem Neid seiner Brüder."

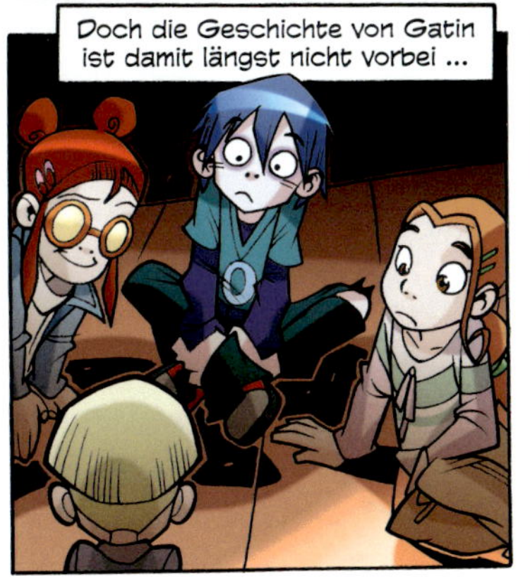
Doch die Geschichte von Gatin ist damit längst nicht vorbei ...

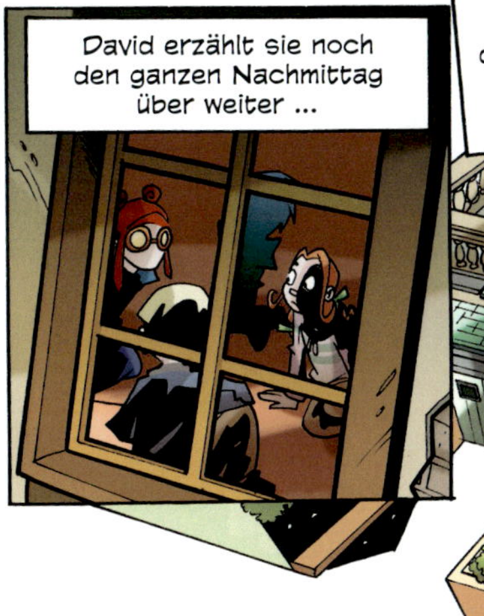
David erzählt sie noch den ganzen Nachmittag über weiter ...

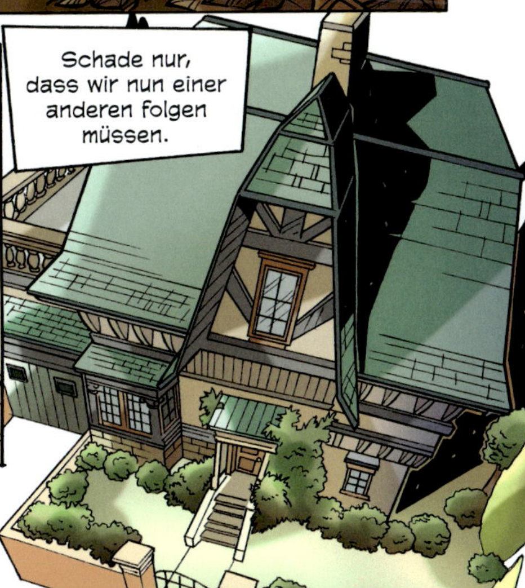
Schade nur, dass wir nun einer anderen folgen müssen.

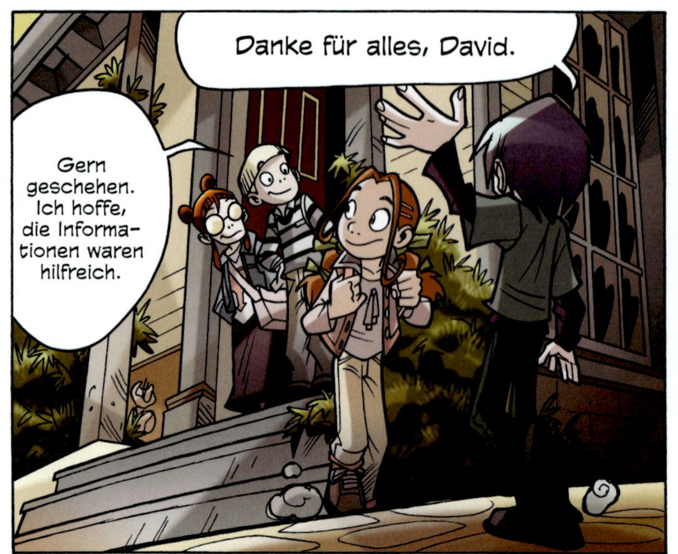
Danke für alles, David.
Gern geschehen. Ich hoffe, die Informationen waren hilfreich.

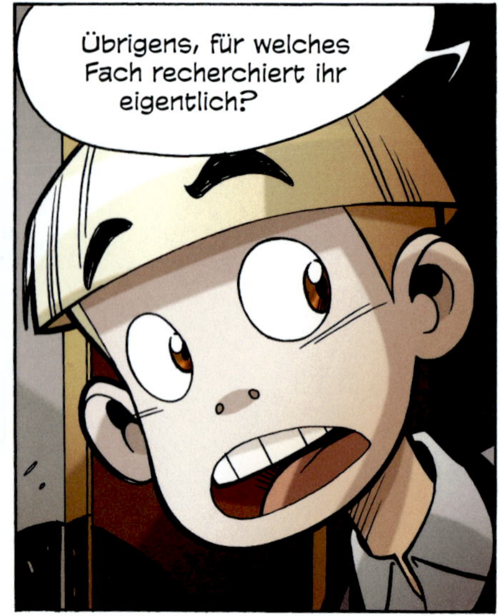
Übrigens, für welches Fach recherchiert ihr eigentlich?

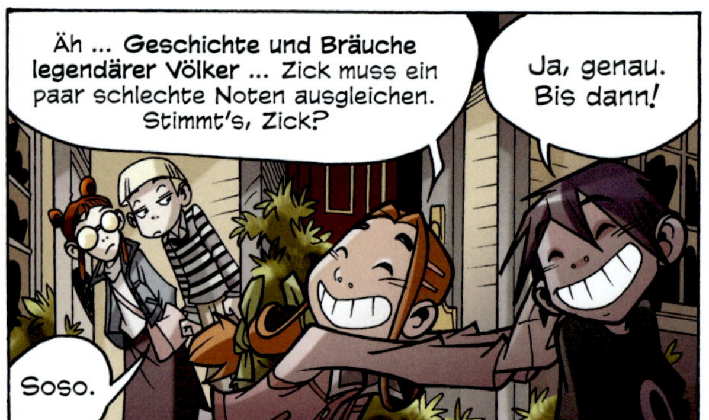
Äh ... **Geschichte und Bräuche legendärer Völker** ... Zick muss ein paar schlechte Noten ausgleichen. Stimmt's, Zick?
Ja, genau. Bis dann!
Soso.

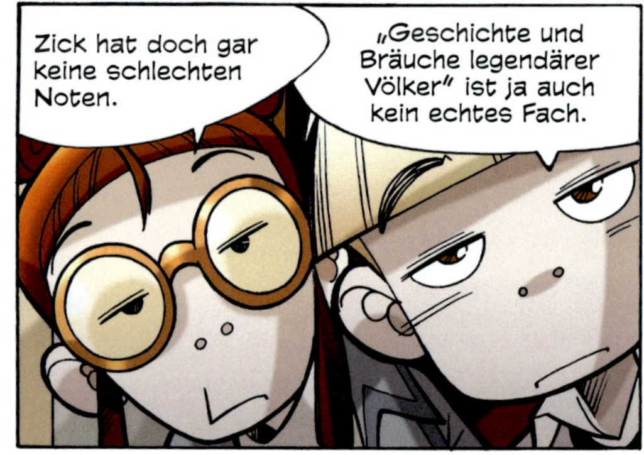
Zick hat doch gar keine schlechten Noten.
„Geschichte und Bräuche legendärer Völker" ist ja auch kein echtes Fach.

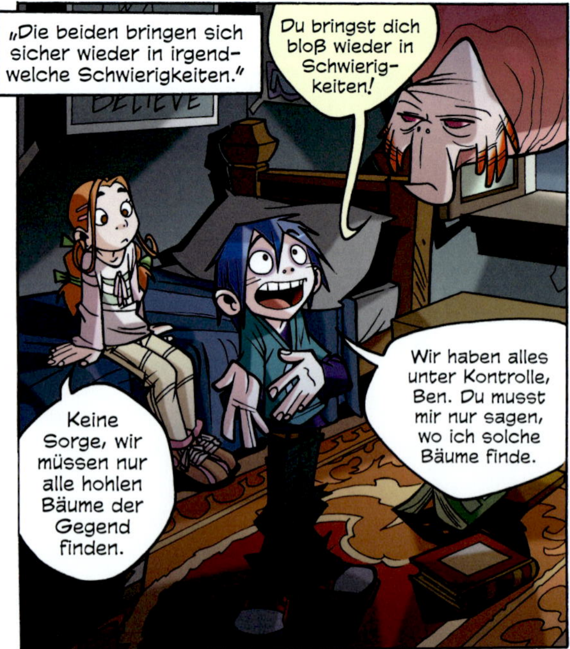
„Die beiden bringen sich sicher wieder in irgendwelche Schwierigkeiten."
Du bringst dich bloß wieder in Schwierigkeiten!
Keine Sorge, wir müssen nur alle hohlen Bäume der Gegend finden.
Wir haben alles unter Kontrolle, Ben. Du musst mir nur sagen, wo ich solche Bäume finde.

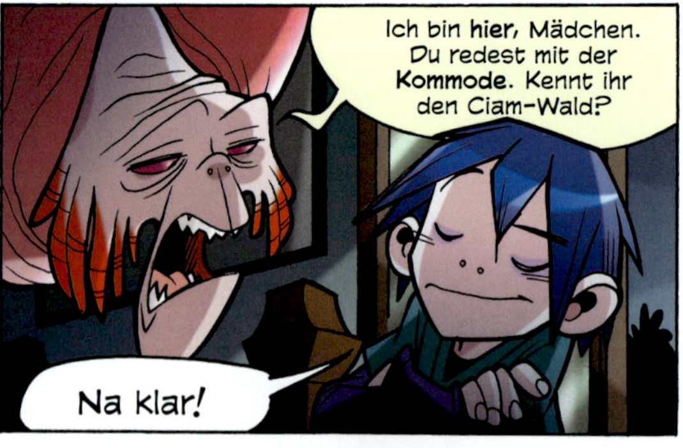
Ich bin **hier**, Mädchen. Du redest mit der **Kommode**. Kennt ihr den Ciam-Wald?
Na klar!

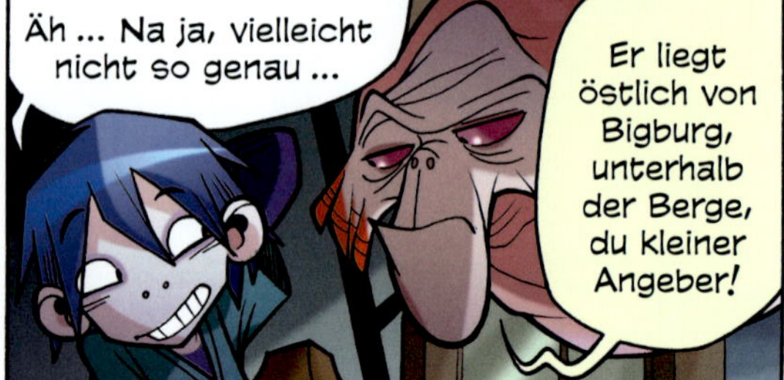
Äh ... Na ja, vielleicht nicht so genau ...
Er liegt östlich von Bigburg, unterhalb der Berge, du kleiner Angeber!

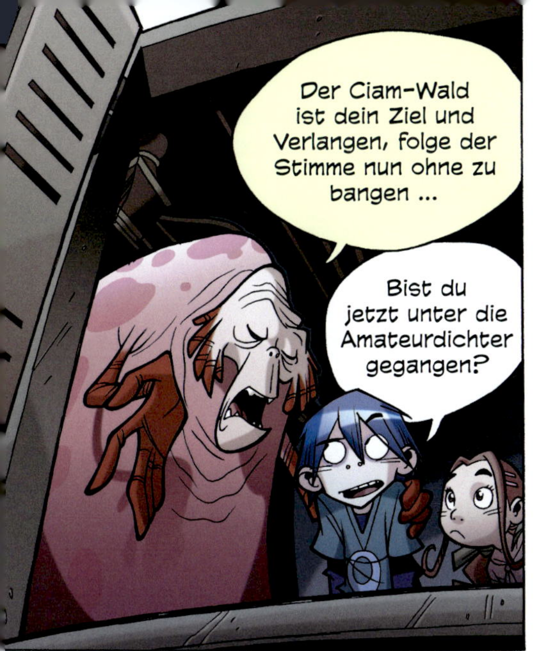
Der Ciam-Wald ist dein Ziel und Verlangen, folge der Stimme nun ohne zu bangen ...
Bist du jetzt unter die Amateurdichter gegangen?

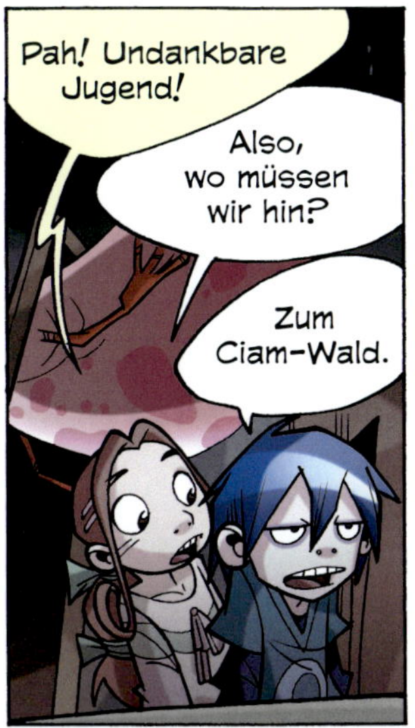
Pah! Undankbare Jugend!
Also, wo müssen wir hin?
Zum Ciam-Wald.

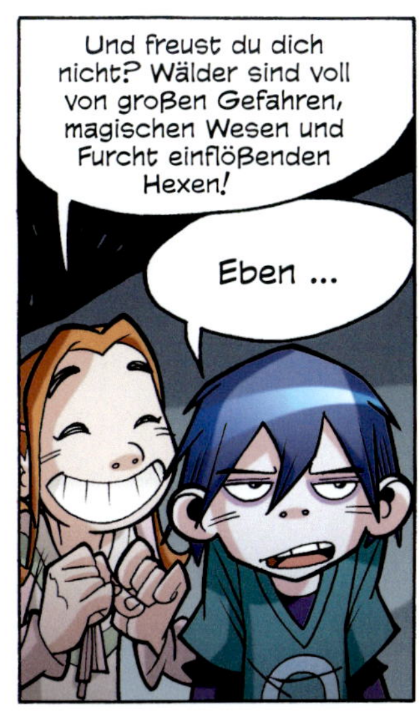
Und freust du dich nicht? Wälder sind voll von großen Gefahren, magischen Wesen und Furcht einflößenden Hexen!
Eben ...

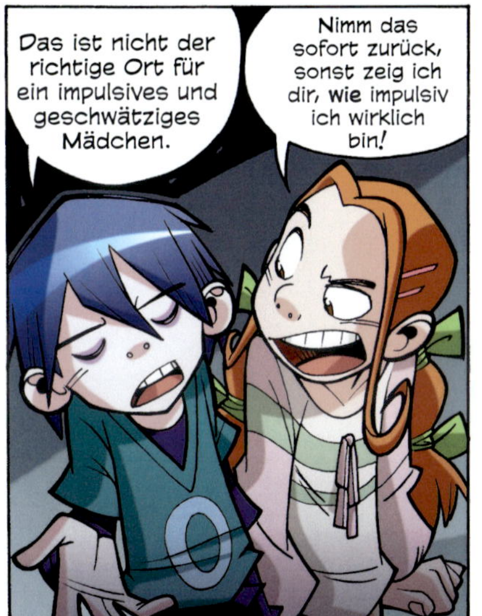
Das ist nicht der richtige Ort für ein impulsives und geschwätziges Mädchen.
Nimm das sofort zurück, sonst zeig ich dir, **wie** impulsiv ich wirklich bin!

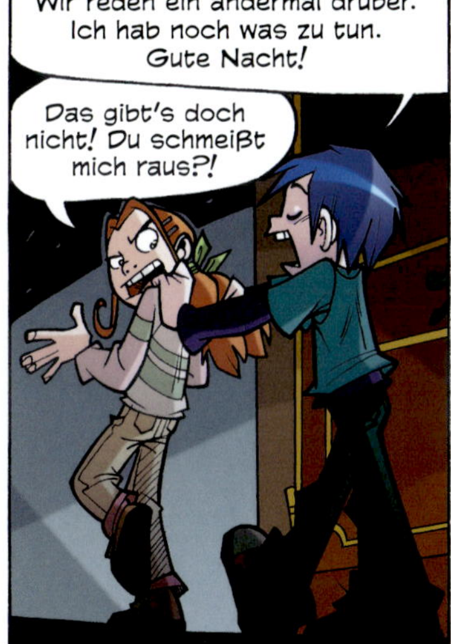
Wir reden ein andermal drüber. Ich hab noch was zu tun. Gute Nacht!
Das gibt's doch nicht! Du schmeißt mich raus?!

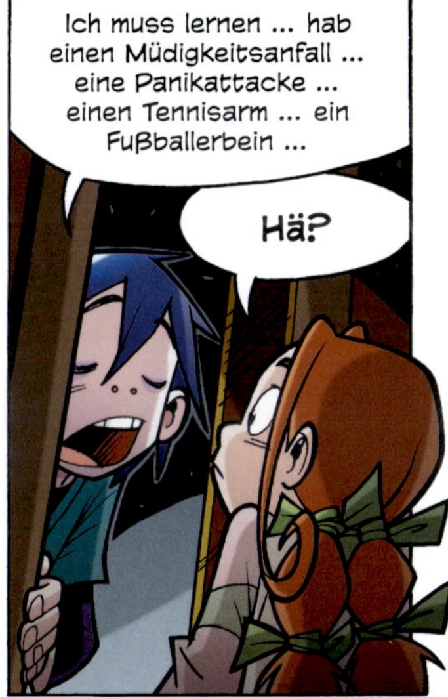
Ich muss lernen ... hab einen Müdigkeitsanfall ... eine Panikattacke ... einen Tennisarm ... ein Fußballerbein ...
Hä?

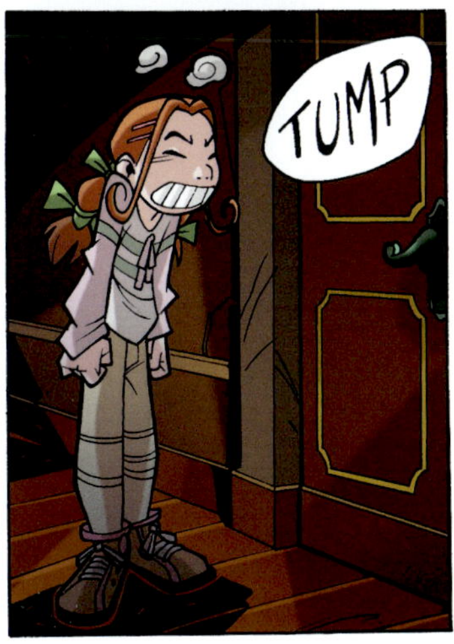
TUMP

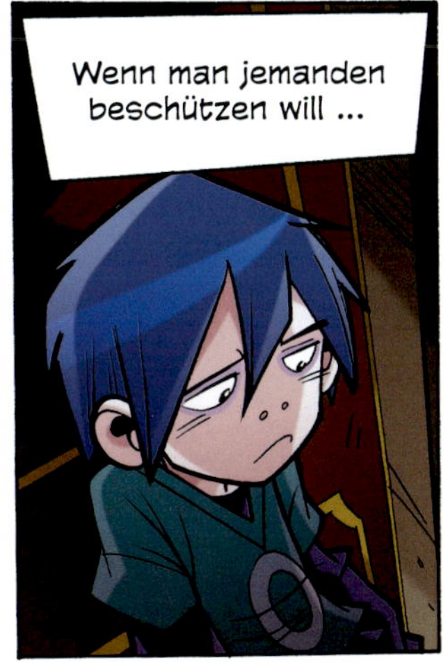
Wenn man jemanden beschützen will ...

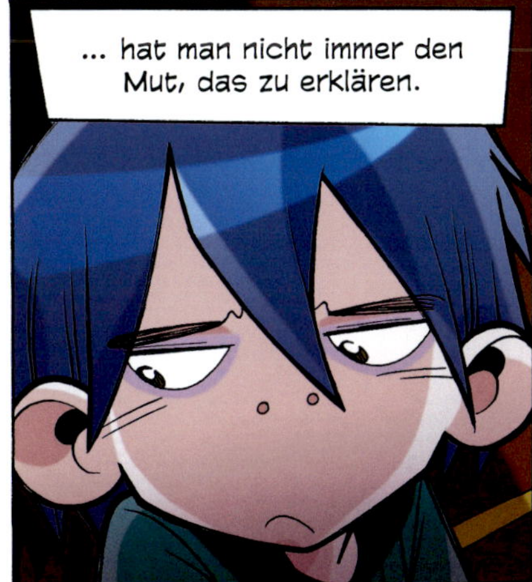
... hat man nicht immer den Mut, das zu erklären.

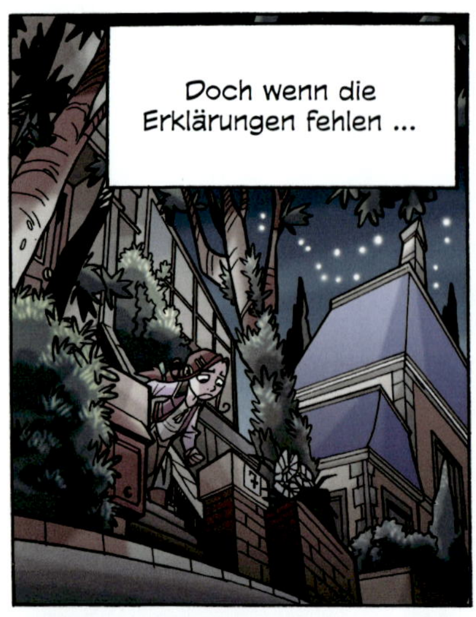
Doch wenn die Erklärungen fehlen ...

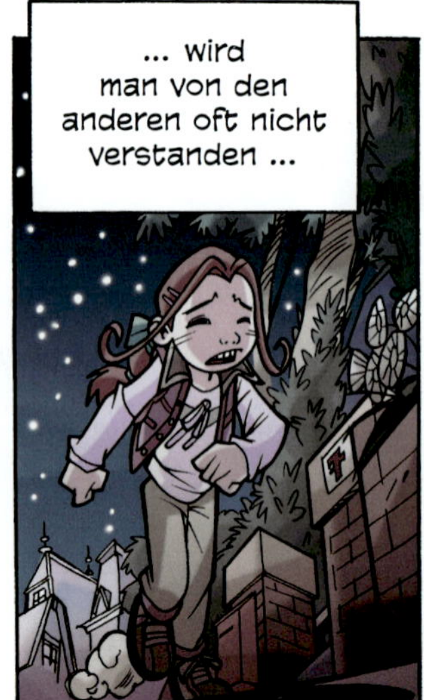
... wird man von den anderen oft nicht verstanden ...

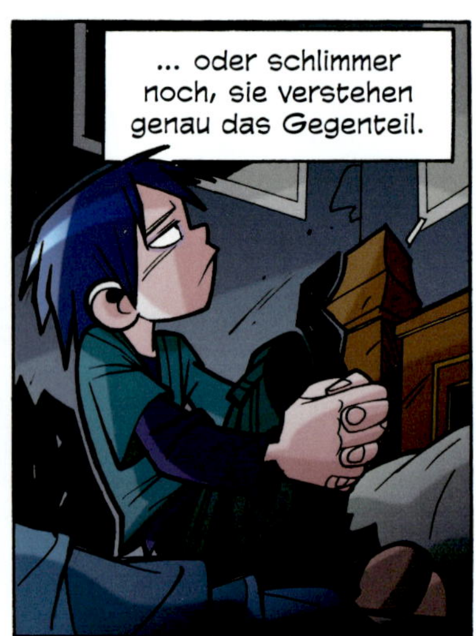
... oder schlimmer noch, sie verstehen genau das Gegenteil.

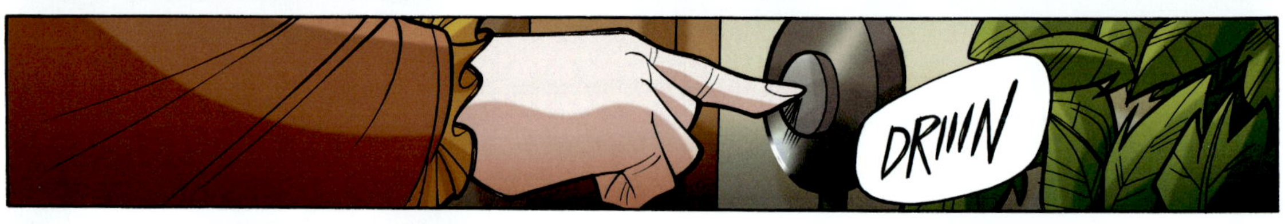
DRIIIN

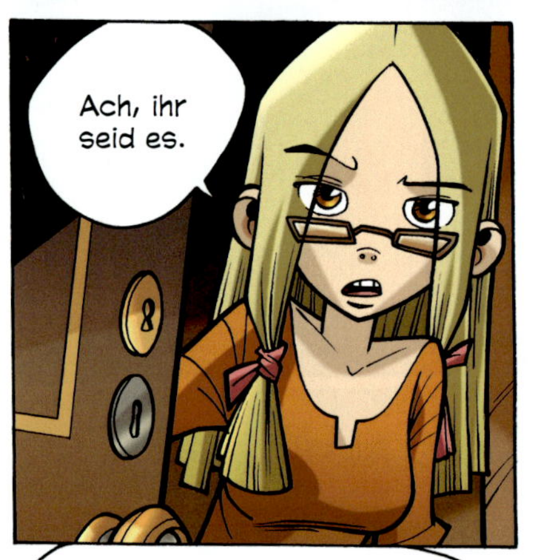
Ach, ihr seid es.

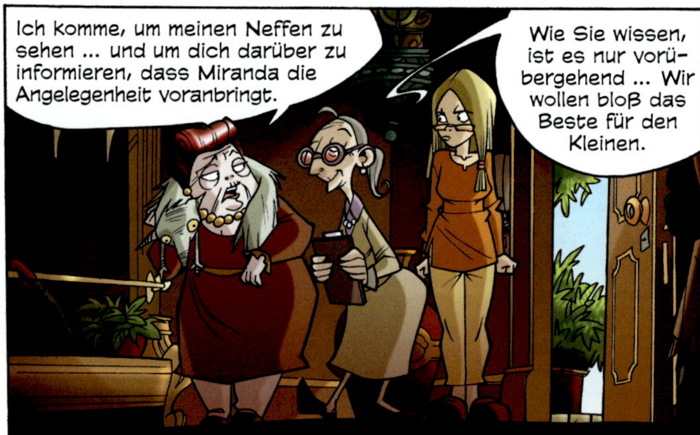
Ich komme, um meinen Neffen zu sehen ... und um dich darüber zu informieren, dass Miranda die Angelegenheit voranbringt.
Wie Sie wissen, ist es nur vorübergehend ... Wir wollen bloß das Beste für den Kleinen.

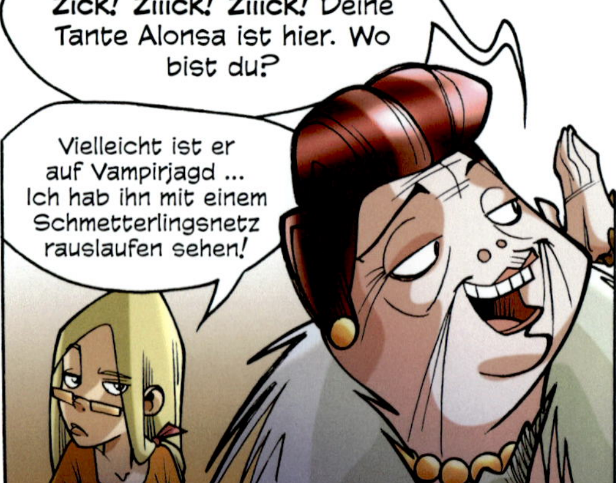
Zick! Ziiick! Ziiick! Deine Tante Alonsa ist hier. Wo bist du?
Vielleicht ist er auf Vampirjagd ... Ich hab ihn mit einem Schmetterlingsnetz rauslaufen sehen!

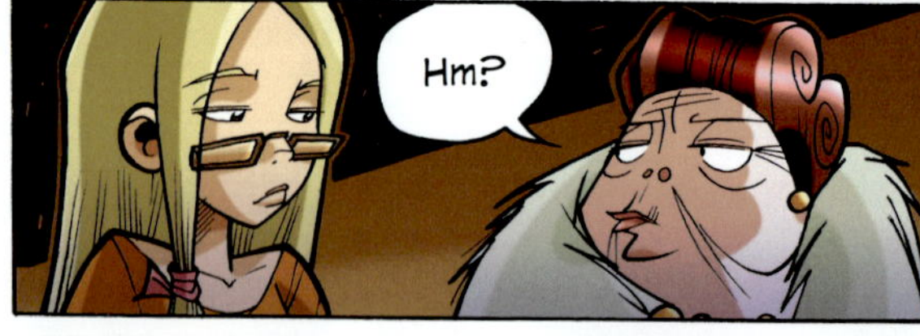
Hm?

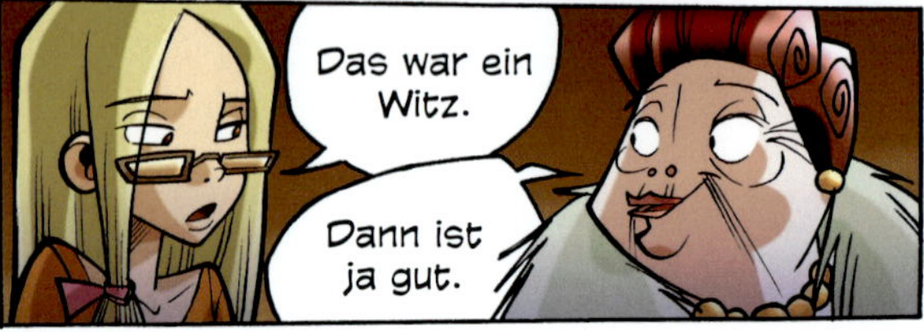
Das war ein Witz.
Dann ist ja gut.

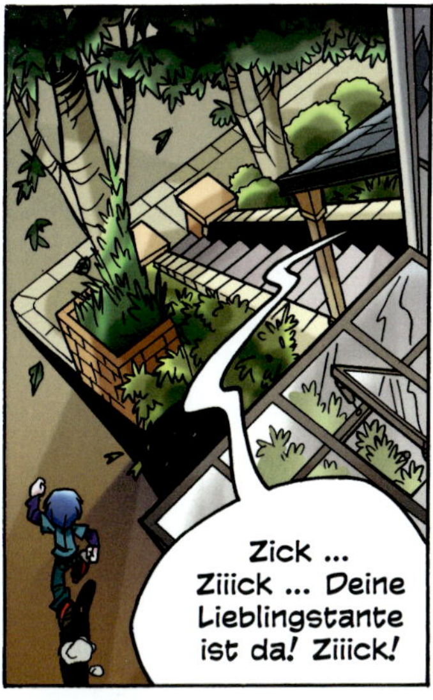
Zick ...
Ziiick ... Deine Lieblingstante ist da! Ziiick!

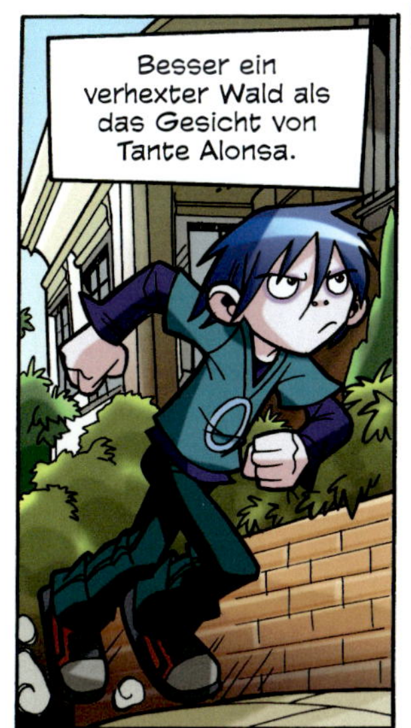
Besser ein verhexter Wald als das Gesicht von Tante Alonsa.

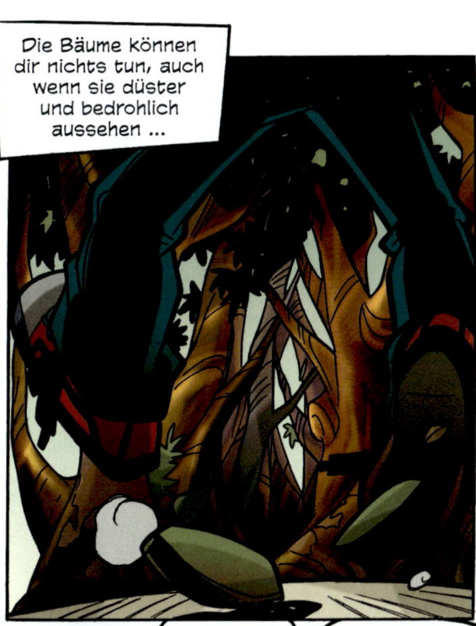
Die Bäume können dir nichts tun, auch wenn sie düster und bedrohlich aussehen ...

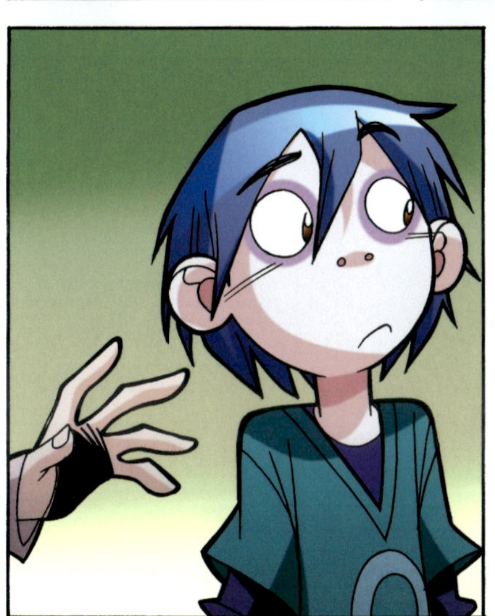

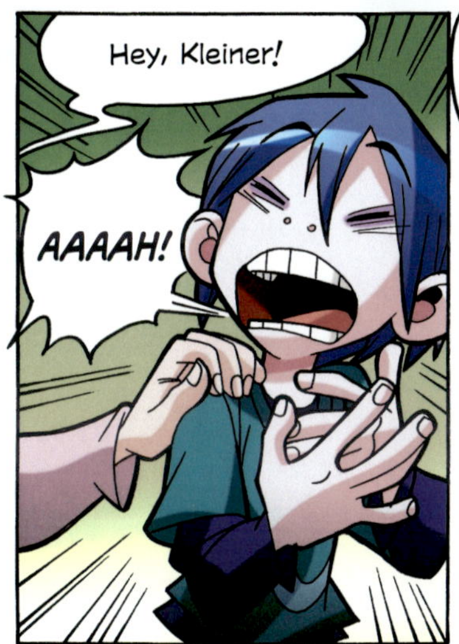
Hey, Kleiner!
AAAAH!

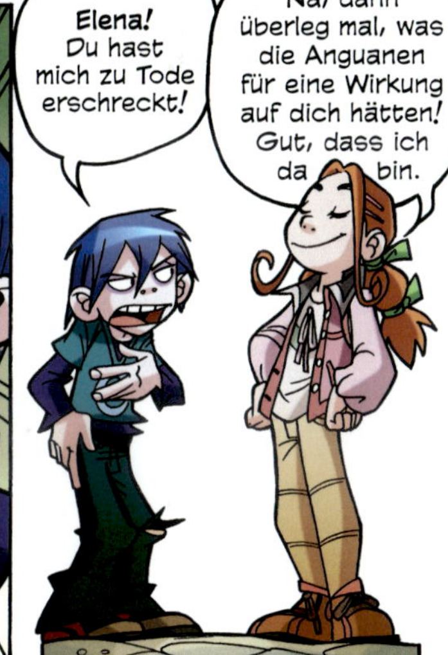
Elena! Du hast mich zu Tode erschreckt!
Na, dann überleg mal, was die Anguanen für eine Wirkung auf dich hätten! Gut, dass ich da bin.

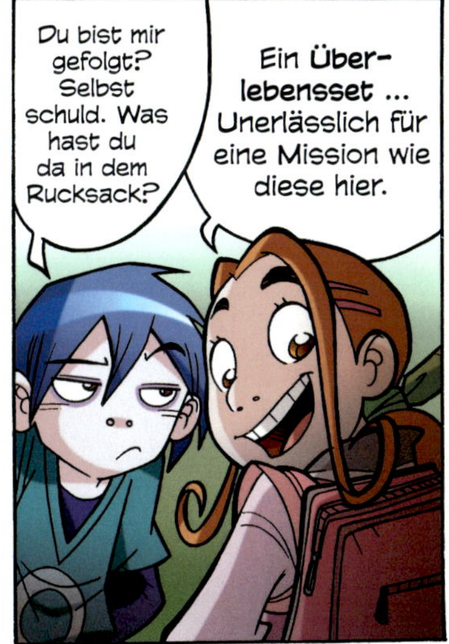
Du bist mir gefolgt? Selbst schuld. Was hast du da in dem Rucksack?
Ein Überlebensset ... Unerlässlich für eine Mission wie diese hier.

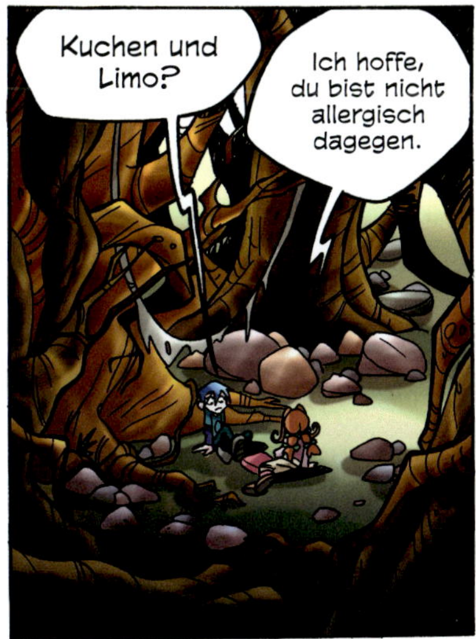
Kuchen und Limo?
Ich hoffe, du bist nicht allergisch dagegen.

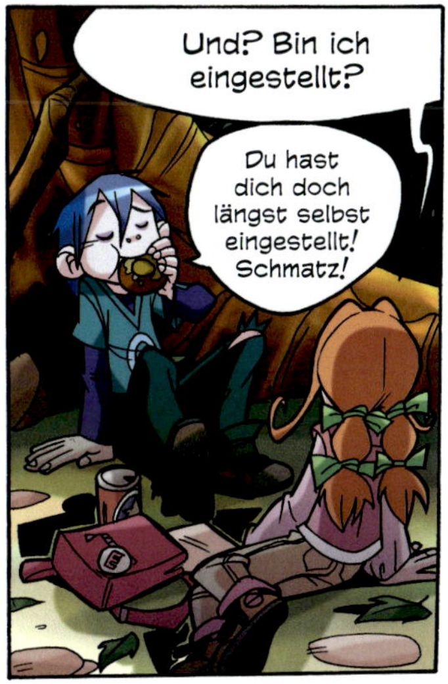
Und? Bin ich eingestellt?
Du hast dich doch längst selbst eingestellt! Schmatz!

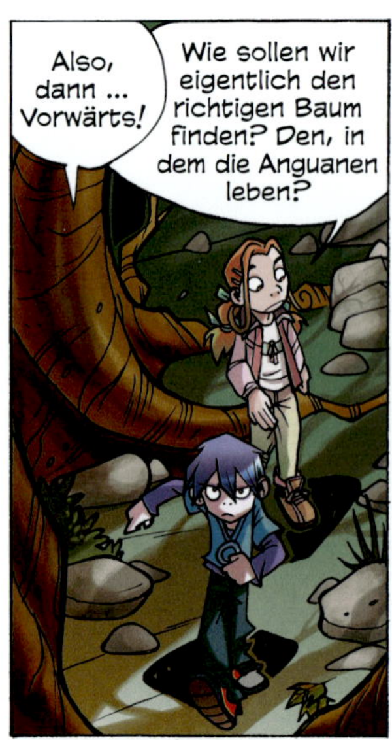
Also, dann ... Vorwärts!
Wie sollen wir eigentlich den richtigen Baum finden? Den, in dem die Anguanen leben?

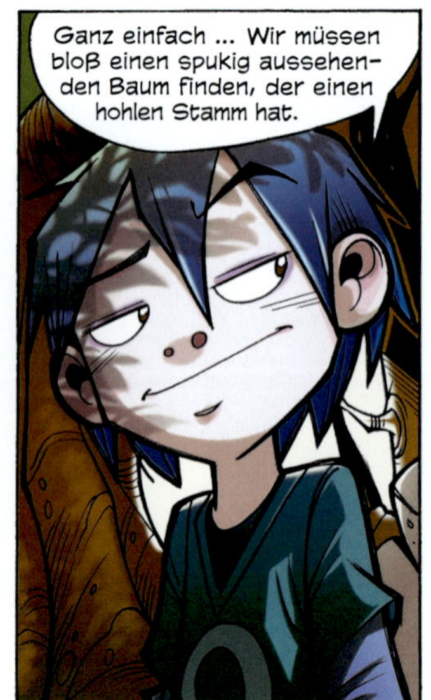
Ganz einfach ... Wir müssen bloß einen spukig aussehenden Baum finden, der einen hohlen Stamm hat.

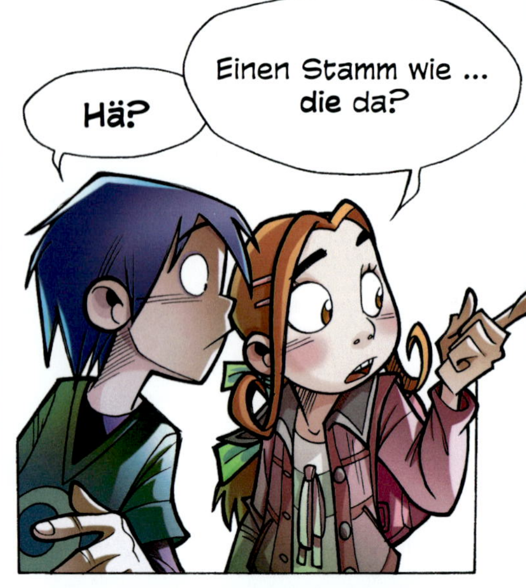
Hä?
Einen Stamm wie ... die da?

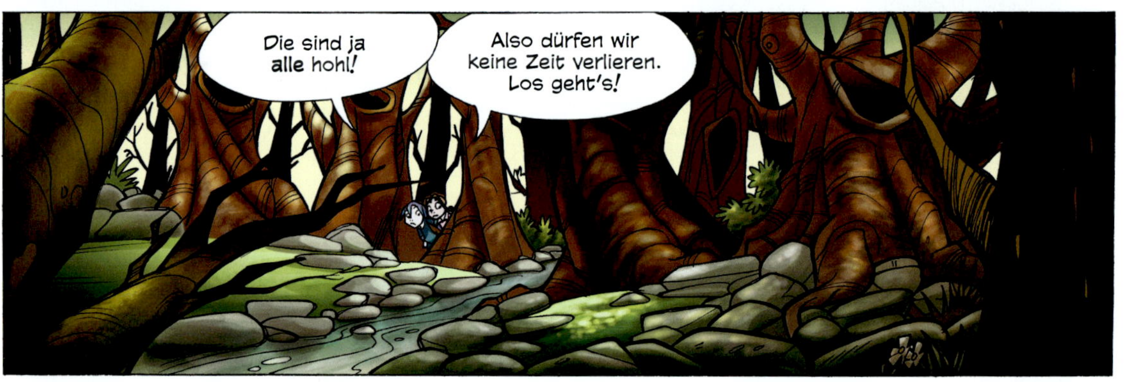
Die sind ja **alle** hohl!
Also dürfen wir keine Zeit verlieren. Los geht's!

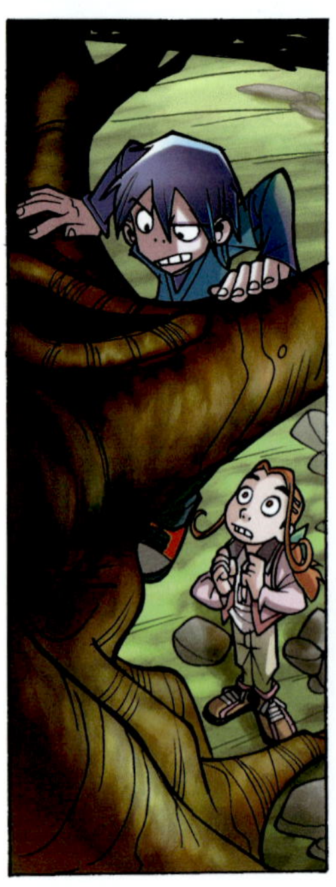

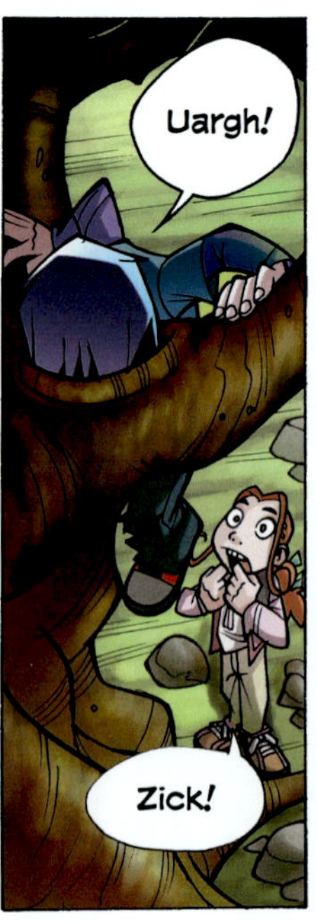
Uargh!
Zick!

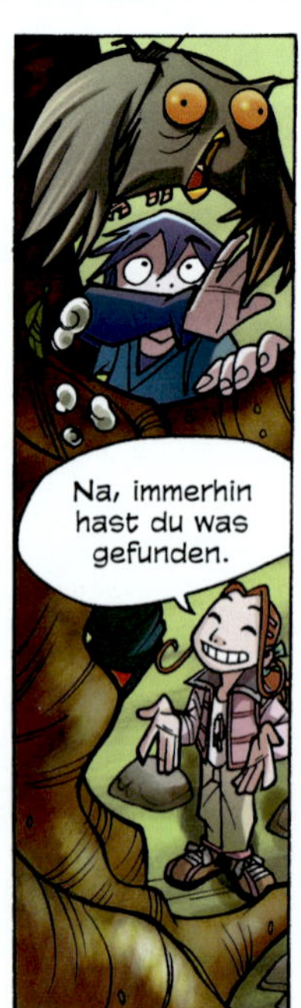
Na, immerhin hast du was gefunden.

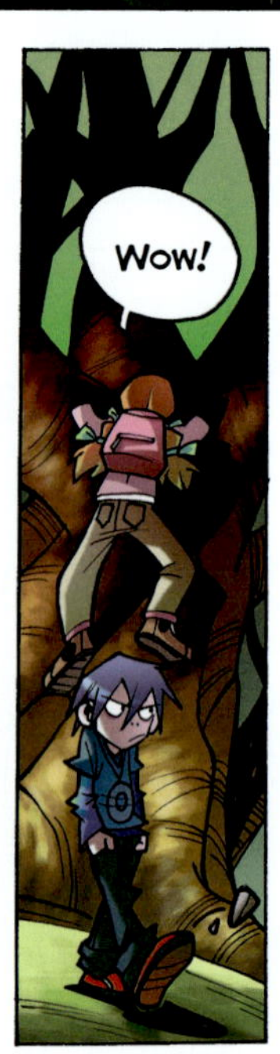
Wow!

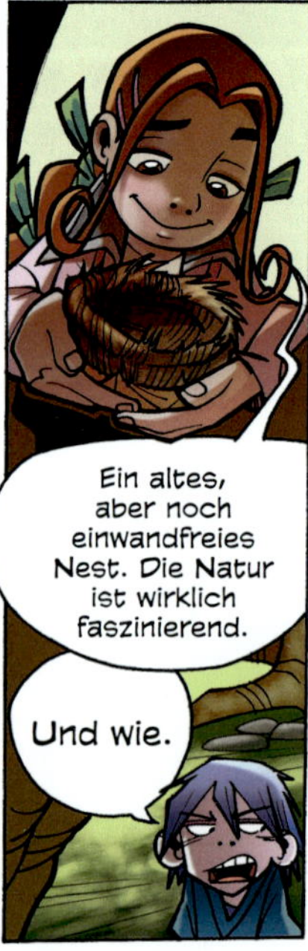
Ein altes, aber noch einwandfreies Nest. Die Natur ist wirklich faszinierend.
Und wie.

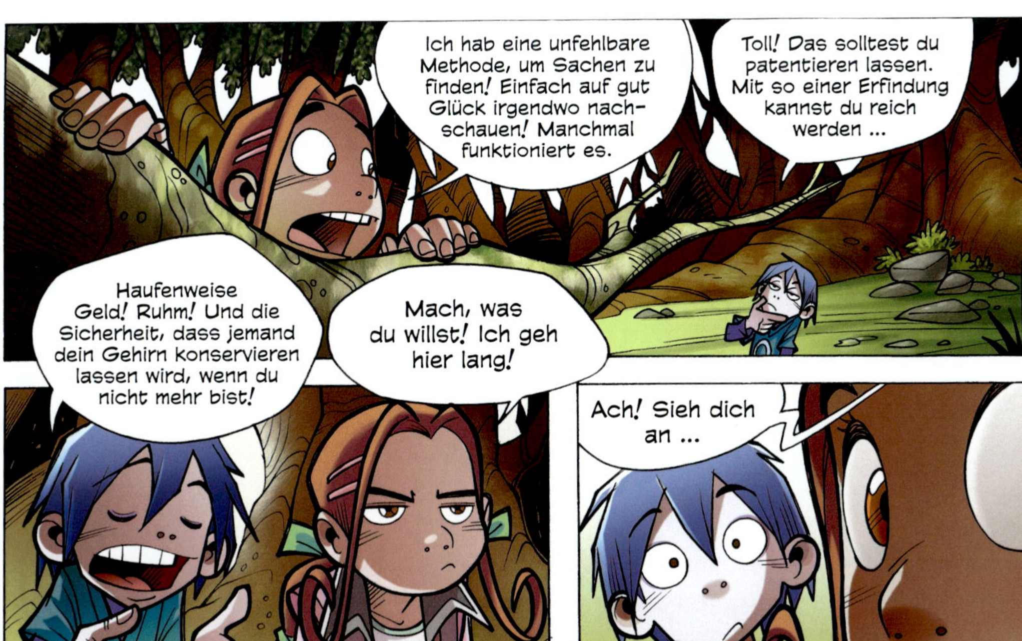
Ich hab eine unfehlbare Methode, um Sachen zu finden! Einfach auf gut Glück irgendwo nachschauen! Manchmal funktioniert es.
Toll! Das solltest du patentieren lassen. Mit so einer Erfindung kannst du reich werden ...
Haufenweise Geld! Ruhm! Und die Sicherheit, dass jemand dein Gehirn konservieren lassen wird, wenn du nicht mehr bist!
Mach, was du willst! Ich geh hier lang!

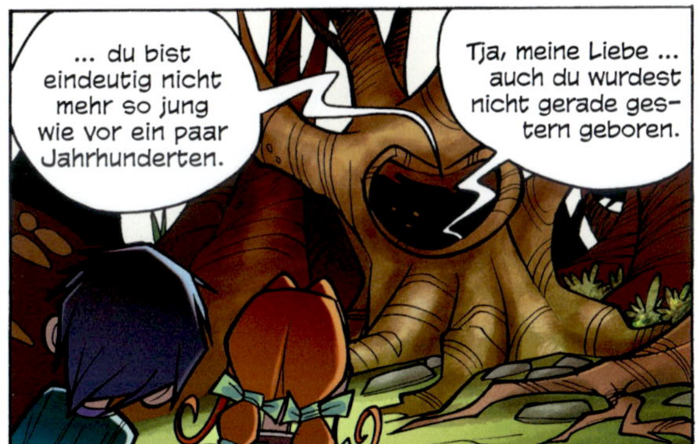

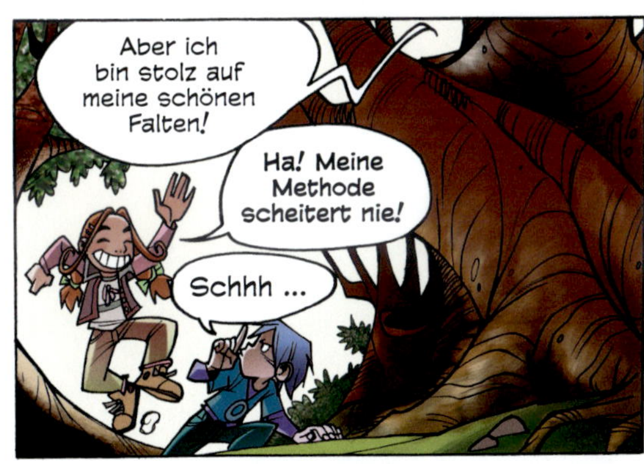
Ach! Sieh dich an ...
!
!

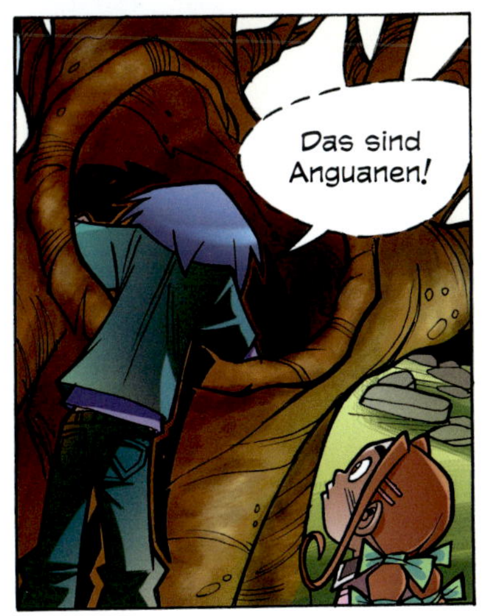
... du bist eindeutig nicht mehr so jung wie vor ein paar Jahrhunderten.
Tja, meine Liebe ... auch du wurdest nicht gerade gestern geboren.

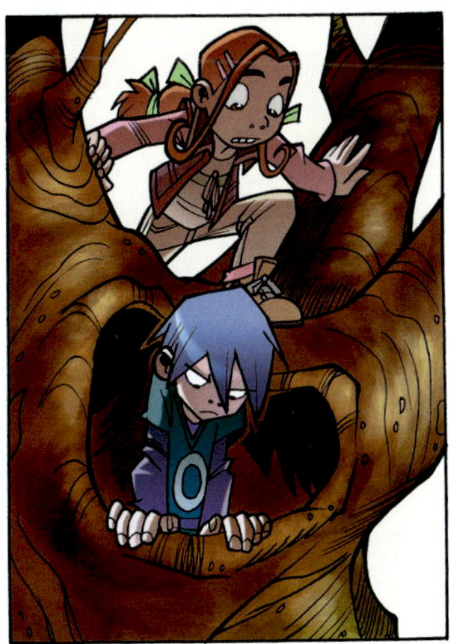
Aber ich bin stolz auf meine schönen Falten!
Ha! Meine Methode scheitert nie!
Schhh ...

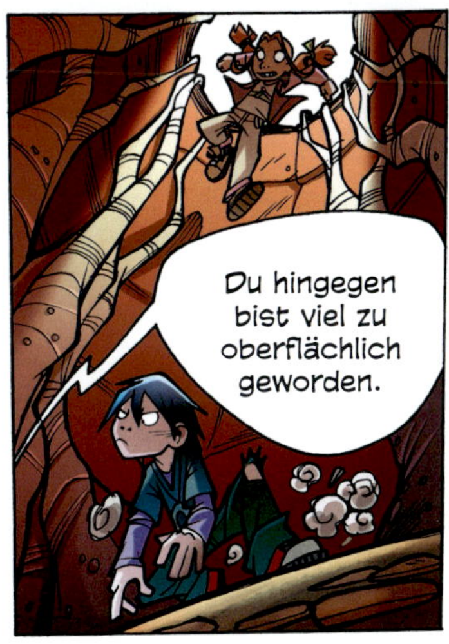
Das sind Anguanen!

Du hingegen bist viel zu oberflächlich geworden.

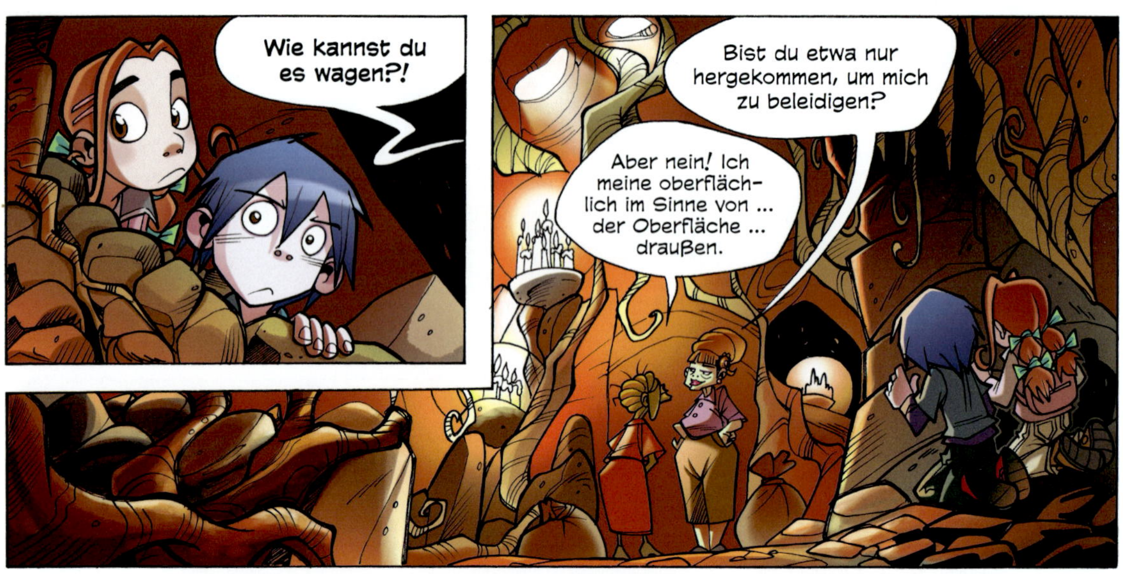
Wie kannst du es wagen?!
Bist du etwa nur hergekommen, um mich zu beleidigen?
Aber nein! Ich meine oberflächlich im Sinne von ... der Oberfläche ... draußen.

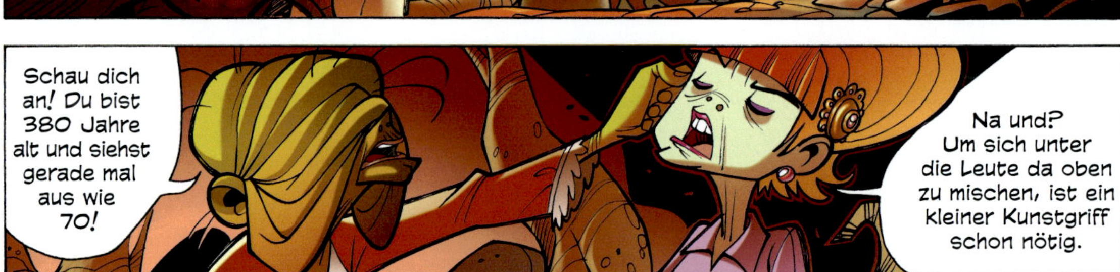
Schau dich an! Du bist 380 Jahre alt und siehst gerade mal aus wie 70!
Na und? Um sich unter die Leute da oben zu mischen, ist ein kleiner Kunstgriff schon nötig.

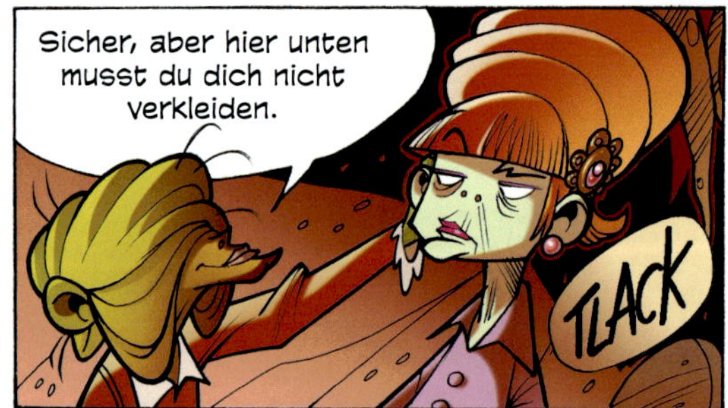
Sicher, aber hier unten musst du dich nicht verkleiden.
TLACK

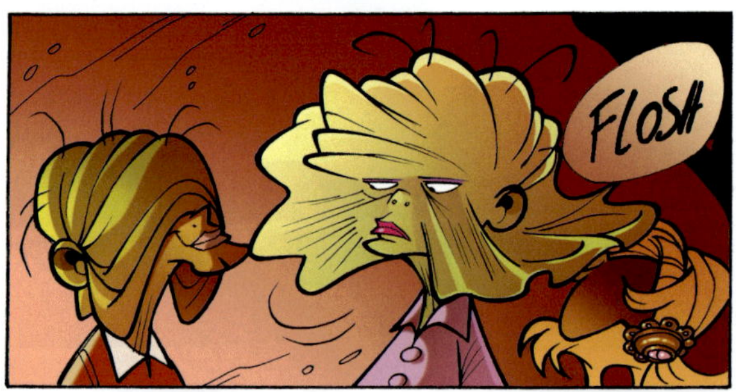
FLOSH

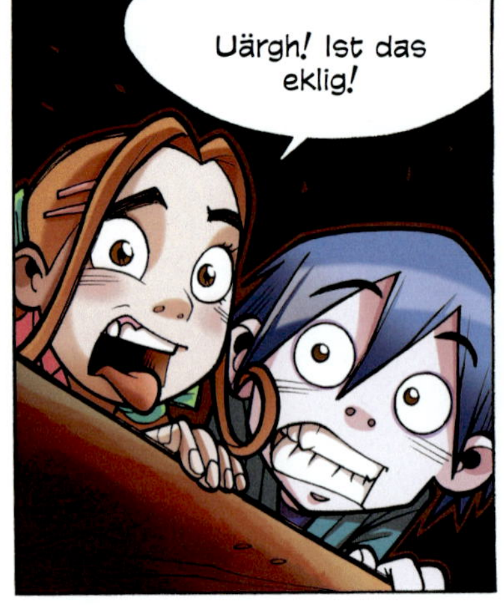
Uärgh! Ist das eklig!

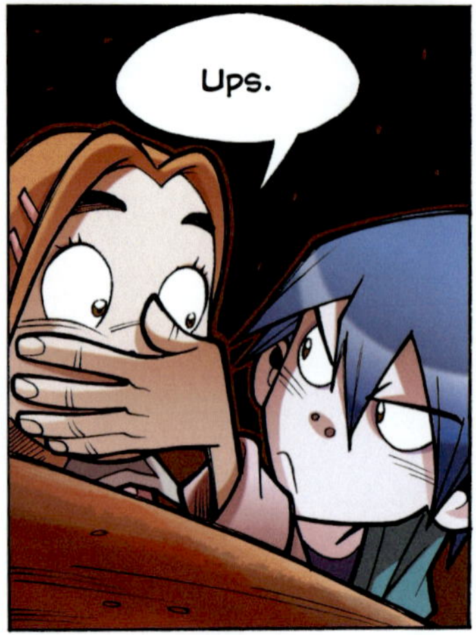
Ups.

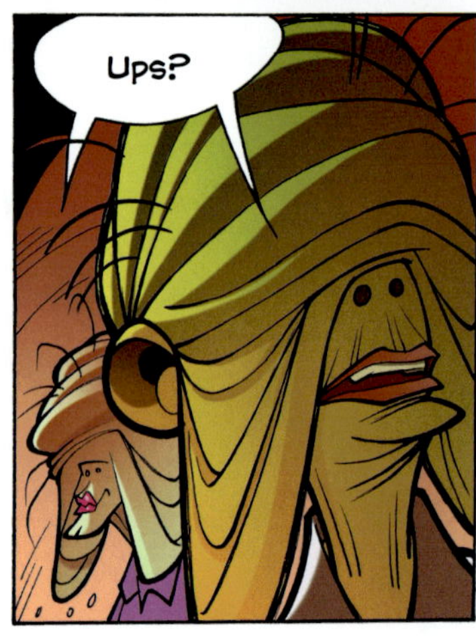
Ups?

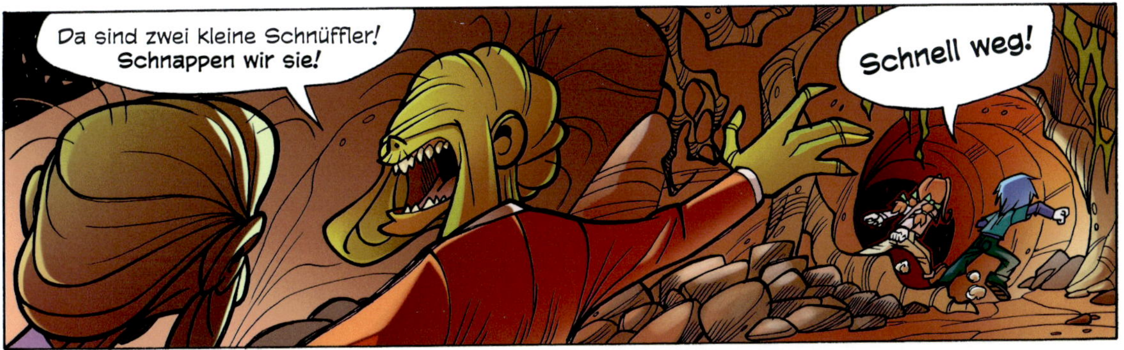
Da sind zwei kleine Schnüffler!
Schnappen wir sie!
Schnell weg!

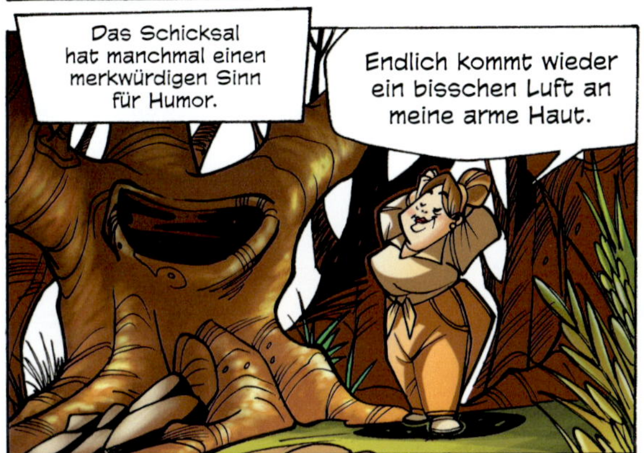
Das Schicksal hat manchmal einen merkwürdigen Sinn für Humor.
Endlich kommt wieder ein bisschen Luft an meine arme Haut.

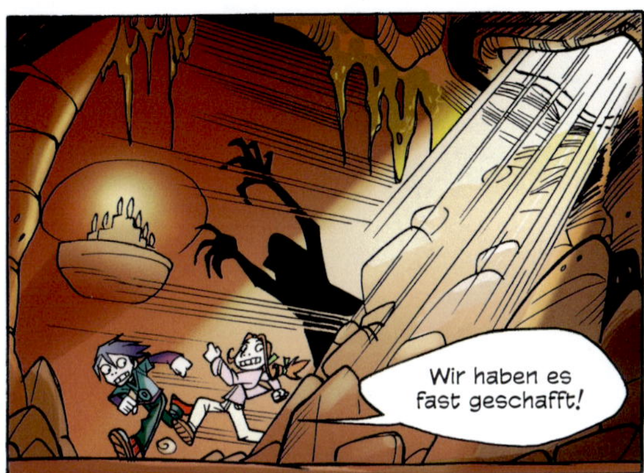
Wir haben es fast geschafft!

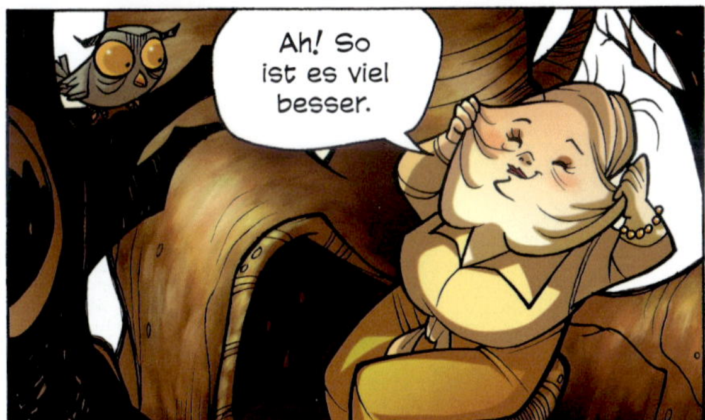
Ah! So ist es viel besser.

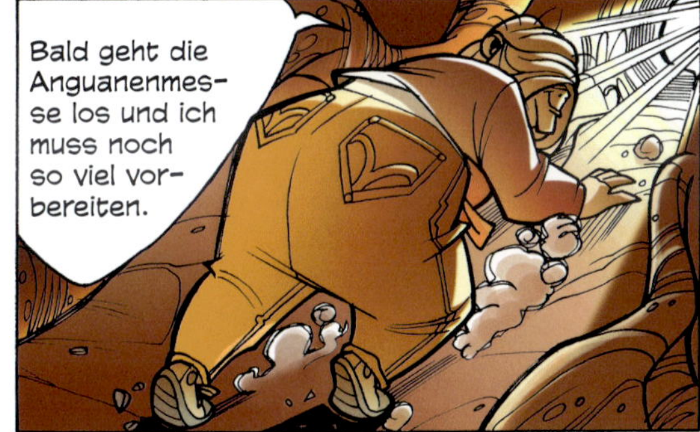
Bald geht die Anguanenmesse los und ich muss noch so viel vorbereiten.

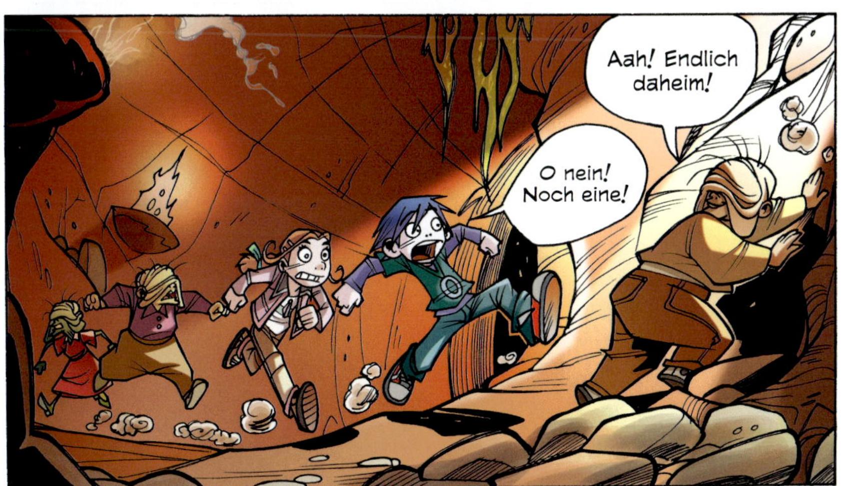
Aah! Endlich daheim!
O nein! Noch eine!

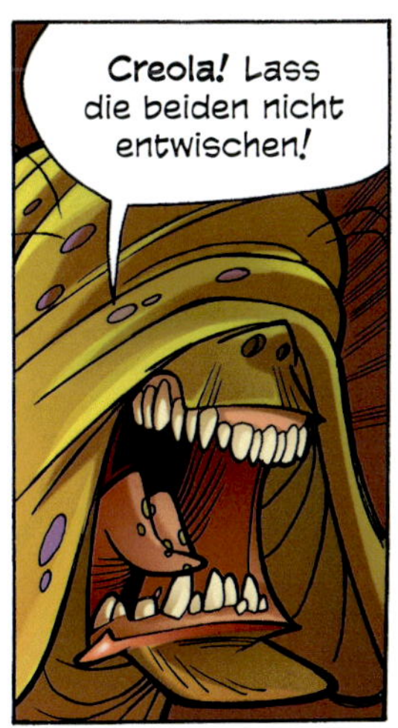
Creola! Lass die beiden nicht entwischen!

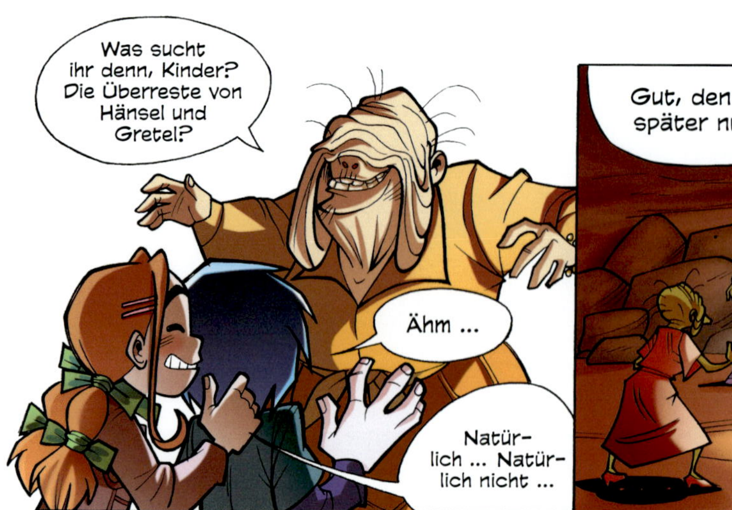
Was sucht ihr denn, Kinder? Die Überreste von Hänsel und Gretel?
Ähm ...
Natür-lich ... Natür-lich nicht ...

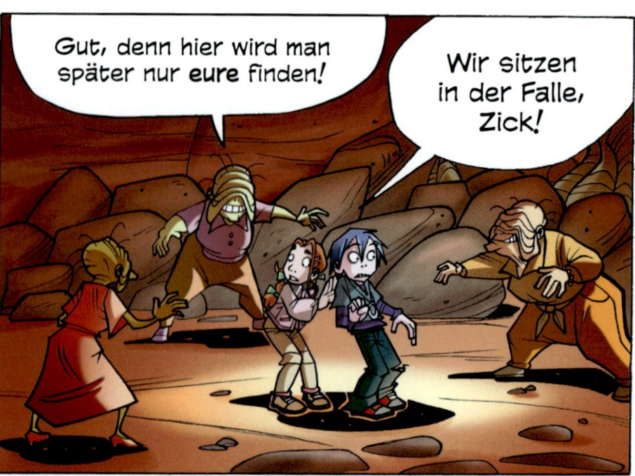
Gut, denn hier wird man später nur **eure** finden!
Wir sitzen in der Falle, Zick!

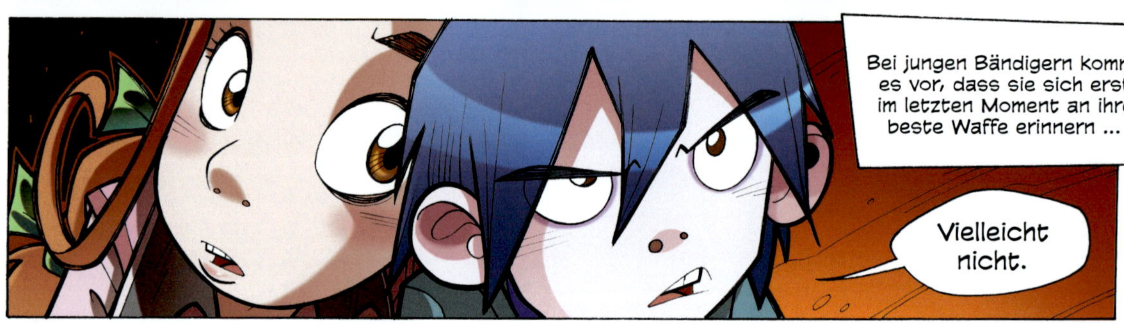
Bei jungen Bändigern kommt es vor, dass sie sich erst im letzten Moment an ihre beste Waffe erinnern ...
Vielleicht nicht.

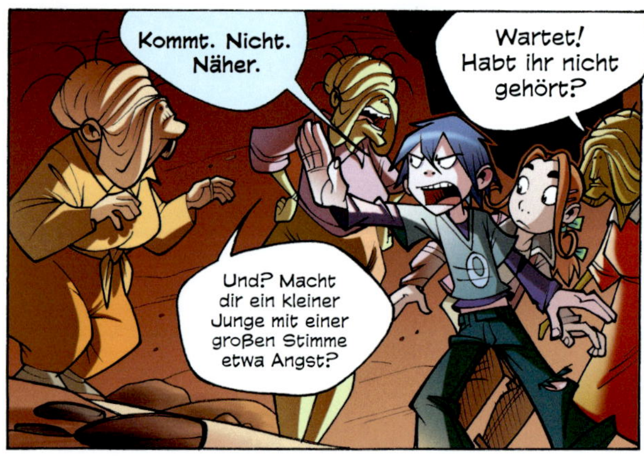
Kommt. Nicht. Näher.
Wartet! Habt ihr nicht gehört?
Und? Macht dir ein kleiner Junge mit einer großen Stimme etwa Angst?

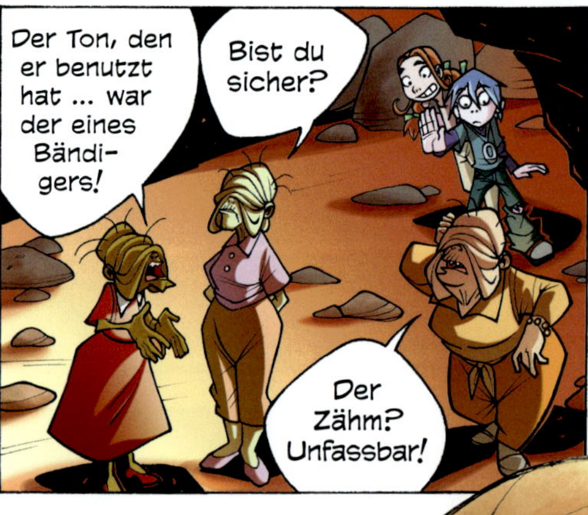
Der Ton, den er benutzt hat ... war der eines Bändi-gers!
Bist du sicher?
Der Zähm? Unfassbar!

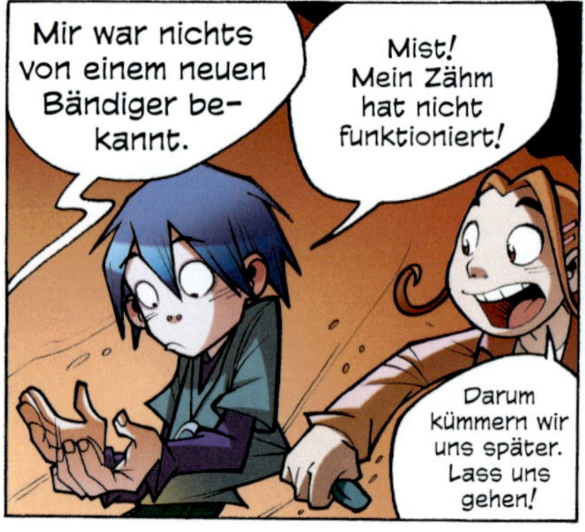
Mir war nichts von einem neuen Bändiger be-kannt.
Mist! Mein Zähm hat nicht funktioniert!
Darum kümmern wir uns später. Lass uns gehen!

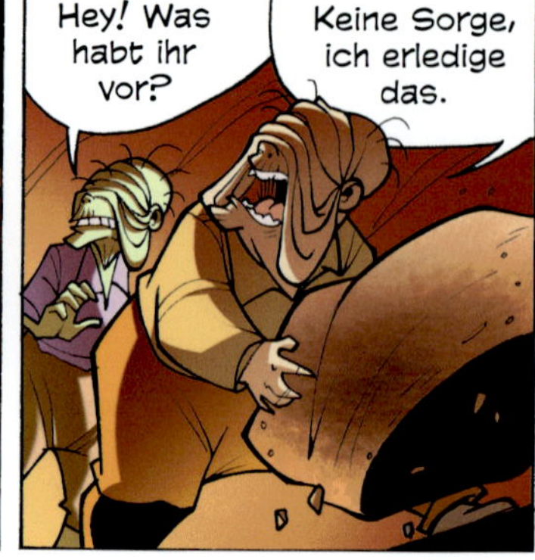
Hey! Was habt ihr vor?
Keine Sorge, ich erledige das.

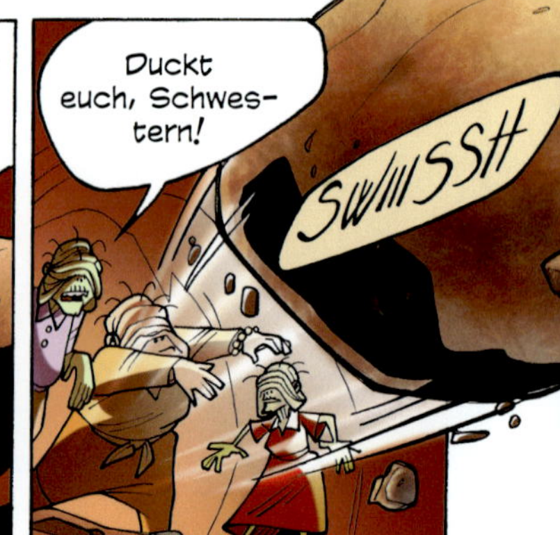
Duckt euch, Schwes-tern!
SWIIISSH

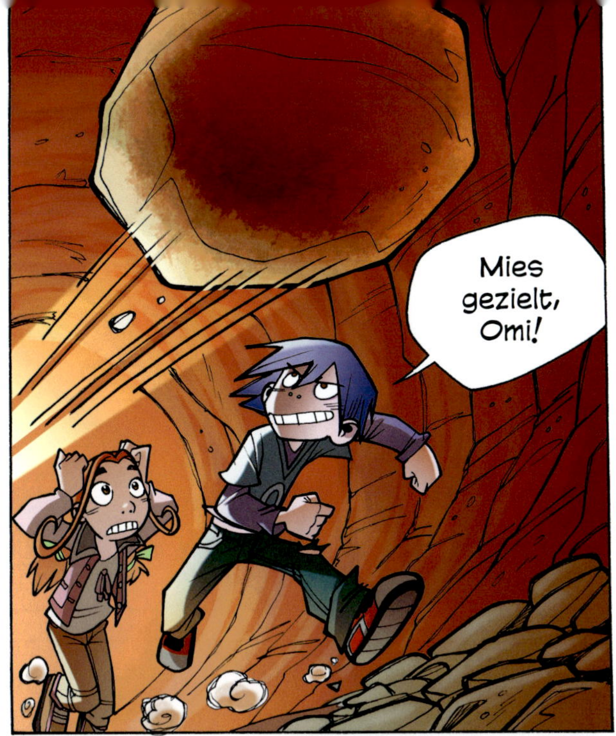
Mies gezielt, Omi!

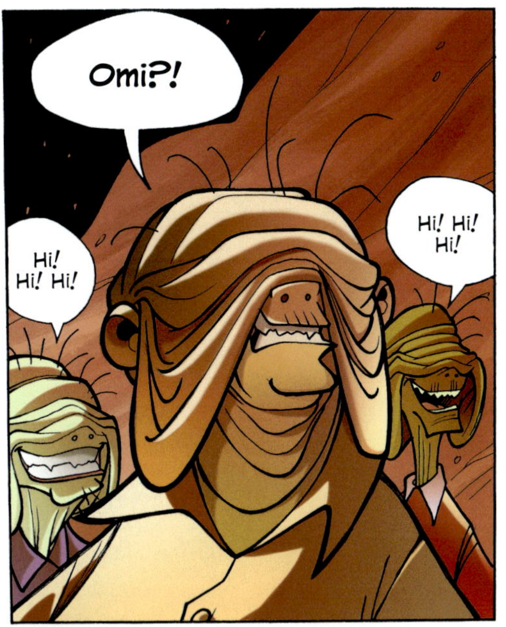
Omi?!
Hi! Hi! Hi!
Hi! Hi! Hi!

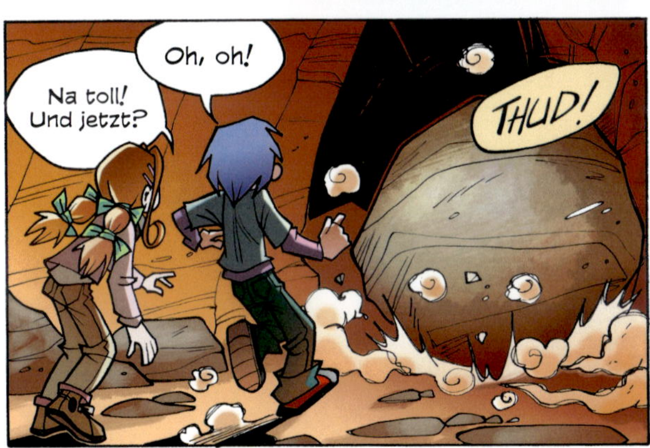
Na toll! Und jetzt?
Oh, oh!
THUD!

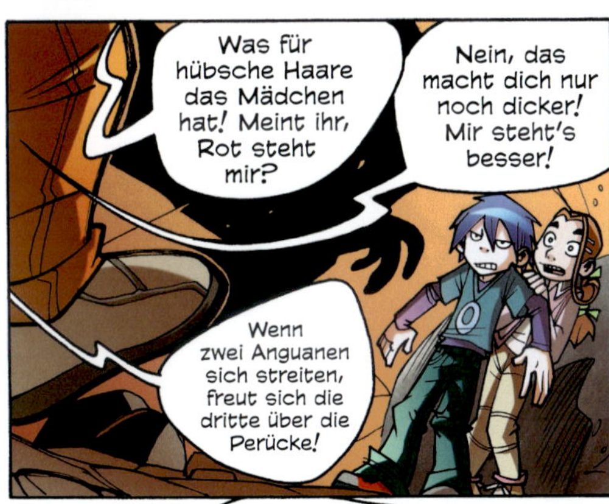
Was für hübsche Haare das Mädchen hat! Meint ihr, Rot steht mir?
Nein, das macht dich nur noch dicker! Mir steht's besser!
Wenn zwei Anguanen sich streiten, freut sich die dritte über die Perücke!

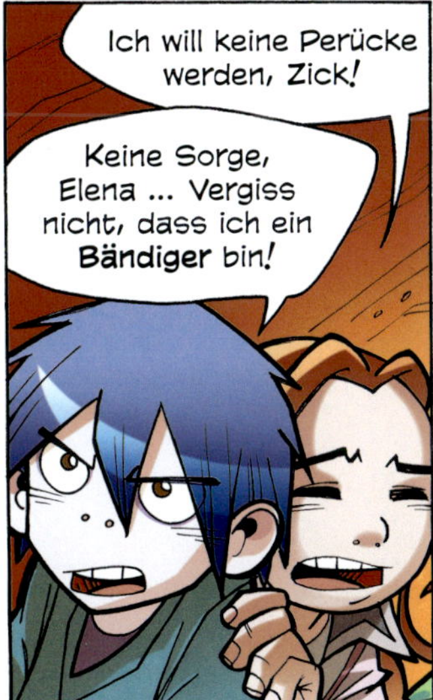
Ich will keine Perücke werden, Zick!
Keine Sorge, Elena ... Vergiss nicht, dass ich ein **Bändiger** bin!

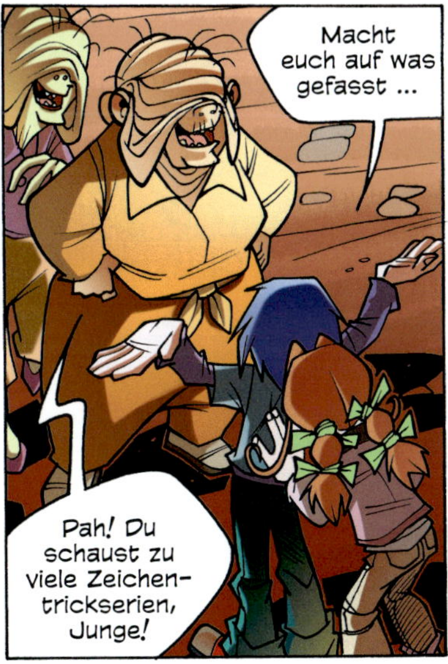
Macht euch auf was gefasst ...
Pah! Du schaust zu viele Zeichentrickserien, Junge!

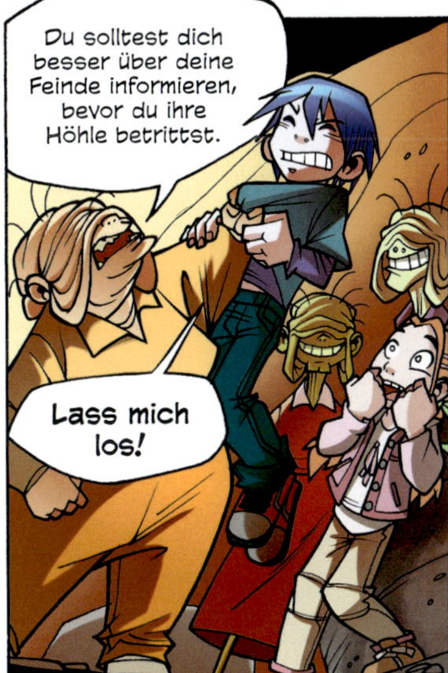
Du solltest dich besser über deine Feinde informieren, bevor du ihre Höhle betrittst.
Lass mich los!

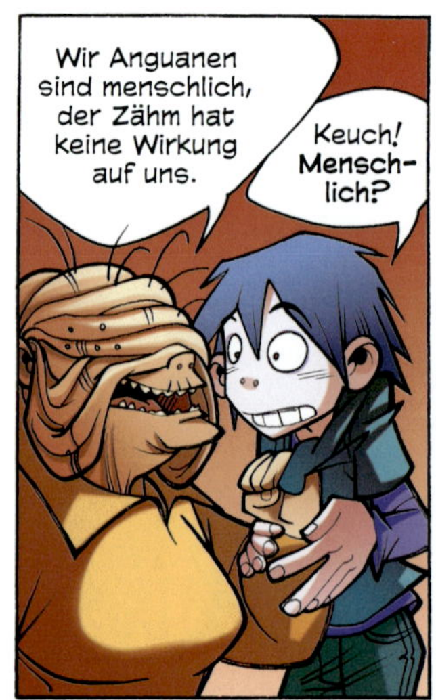
Wir Anguanen sind menschlich, der Zähm hat keine Wirkung auf uns.
Keuch! Mensch-lich?

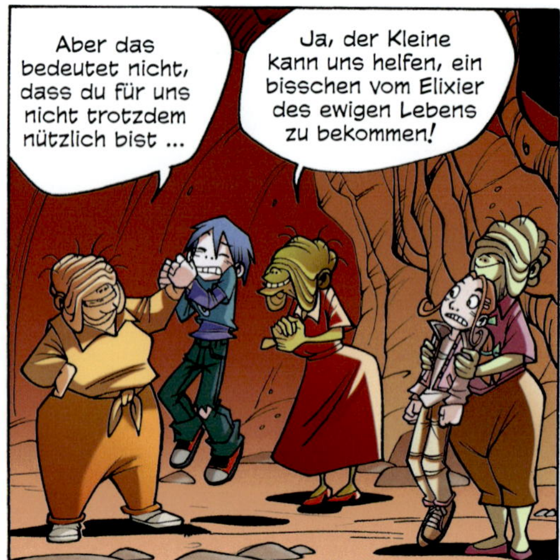
Aber das bedeutet nicht, dass du für uns nicht trotzdem nützlich bist ...
Ja, der Kleine kann uns helfen, ein bisschen vom Elixier des ewigen Lebens zu bekommen!

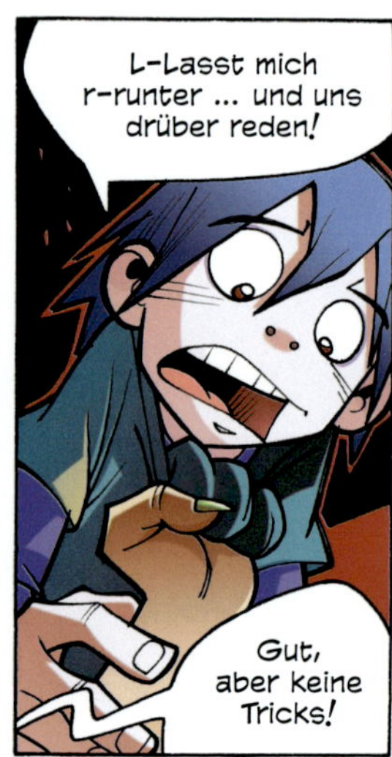
L-Lasst mich r-runter ... und uns drüber reden!
Gut, aber keine Tricks!

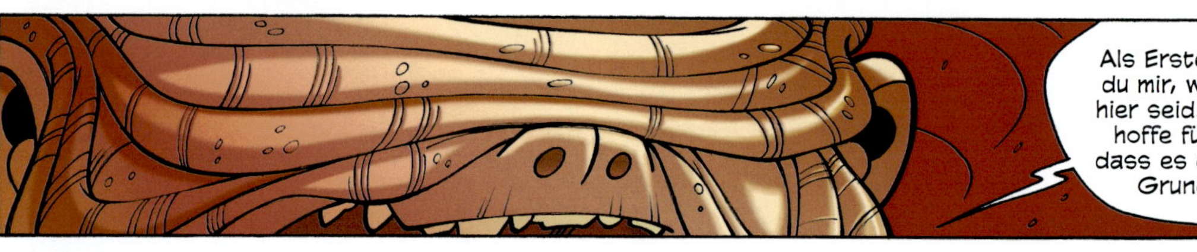
Als Erstes sagst du mir, warum ihr hier seid. Und ich hoffe für euch, dass es ein **guter** Grund ist!

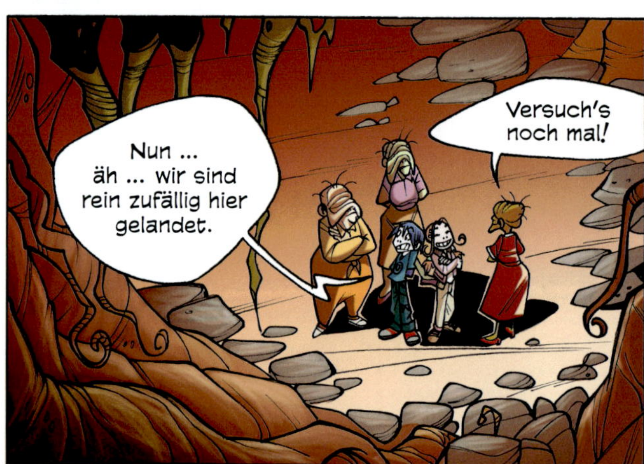
Nun ... äh ... wir sind rein zufällig hier gelandet.
Versuch's noch mal!

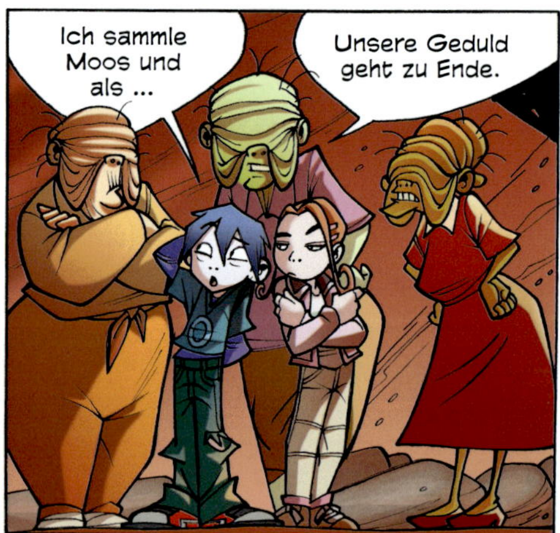
Ich sammle Moos und als ...
Unsere Geduld geht zu Ende.

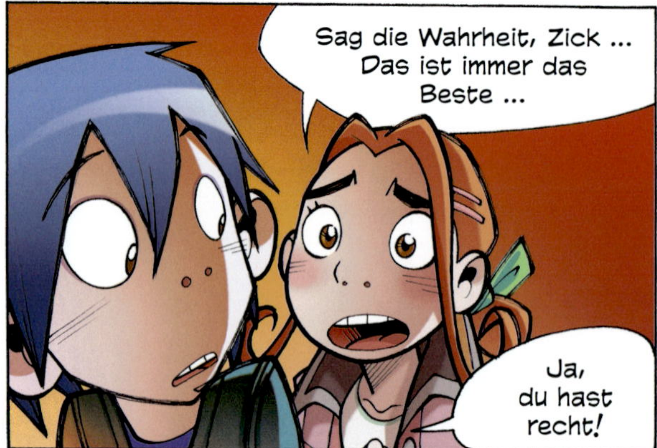
Sag die Wahrheit, Zick ... Das ist immer das Beste ...
Ja, du hast recht!

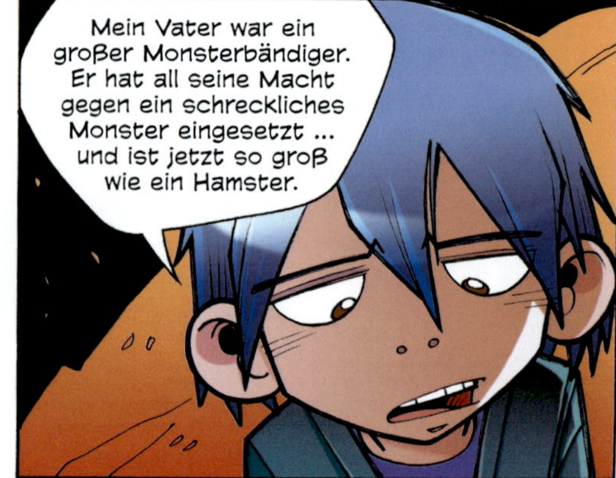
Mein Vater war ein großer Monsterbändiger. Er hat all seine Macht gegen ein schreckliches Monster eingesetzt ... und ist jetzt so groß wie ein Hamster.

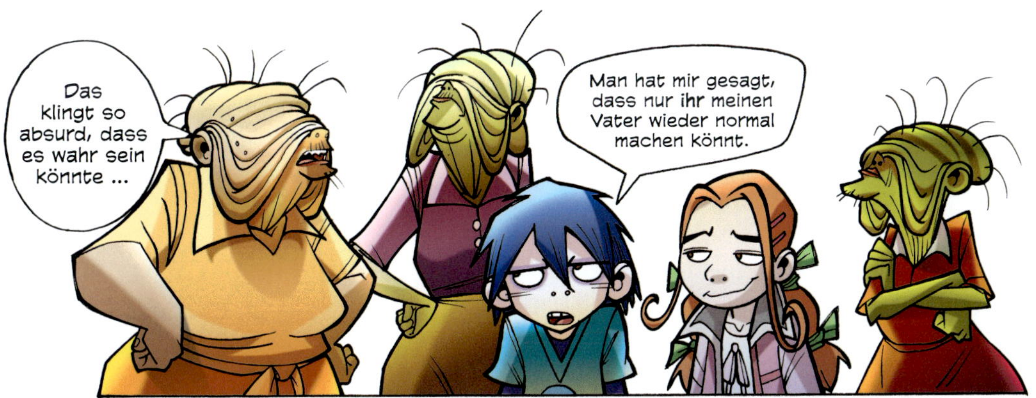
Das klingt so absurd, dass es wahr sein könnte ...
Man hat mir gesagt, dass nur ihr meinen Vater wieder normal machen könnt.

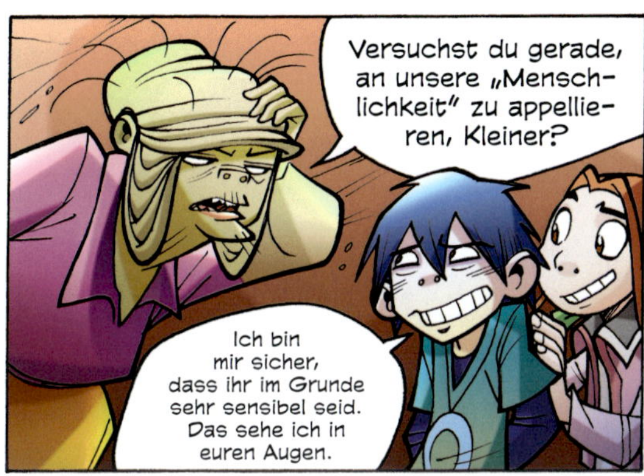
Versuchst du gerade, an unsere „Menschlichkeit" zu appellieren, Kleiner?
Ich bin mir sicher, dass ihr im Grunde sehr sensibel seid. Das sehe ich in euren Augen.

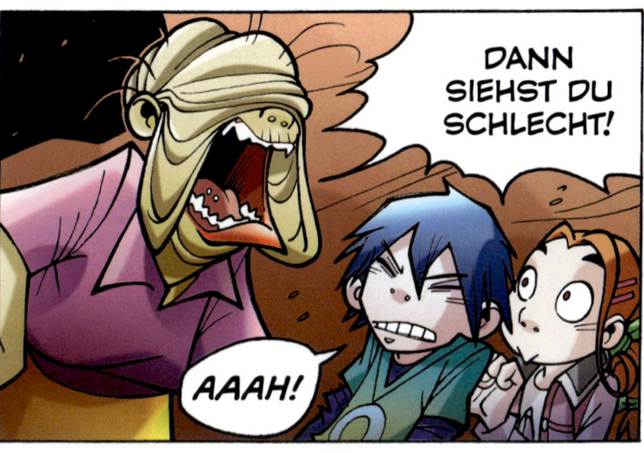
DANN SIEHST DU SCHLECHT!
AAAH!

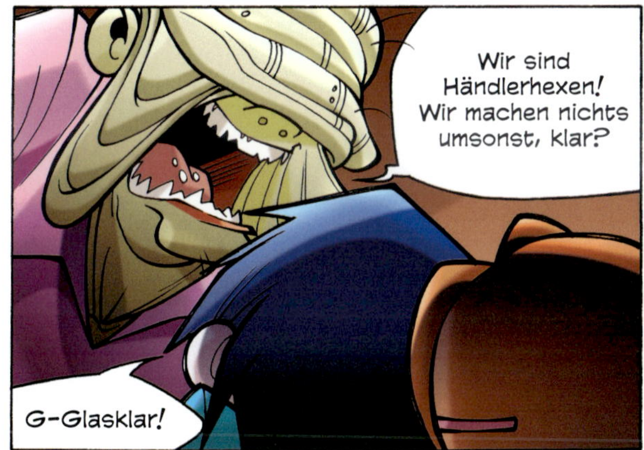
Wir sind Händlerhexen! Wir machen nichts umsonst, klar?
G-Glasklar!

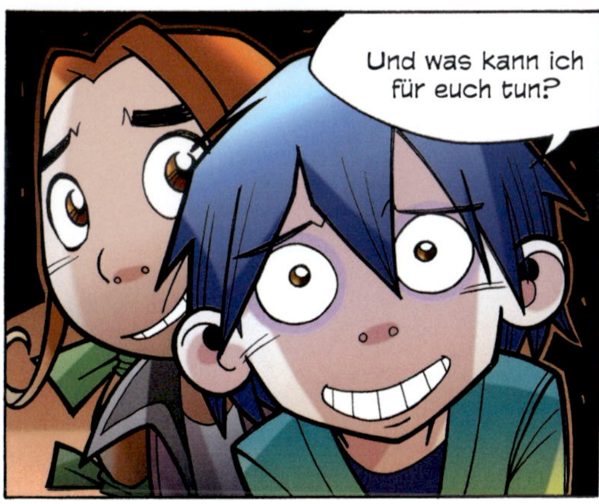
Und was kann ich für euch tun?

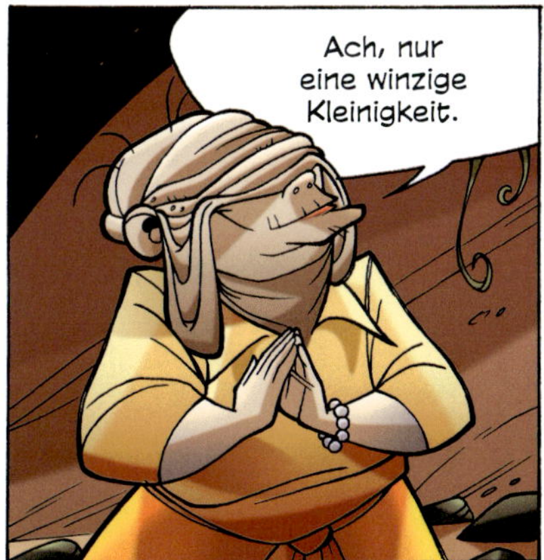
Ach, nur eine winzige Kleinigkeit.

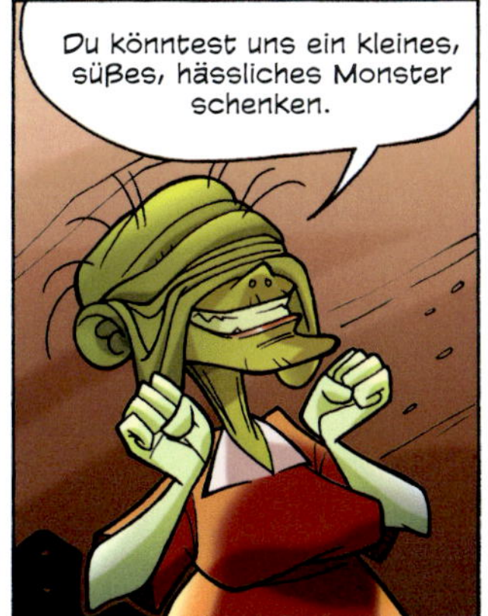
Du könntest uns ein kleines, süßes, hässliches Monster schenken.

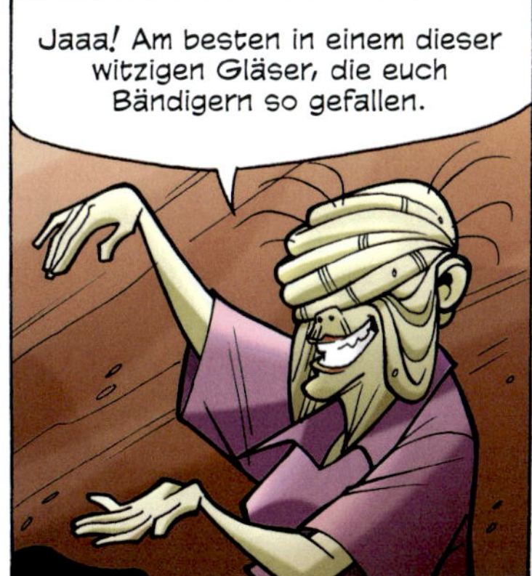
Jaaa! Am besten in einem dieser witzigen Gläser, die euch Bändigern so gefallen.

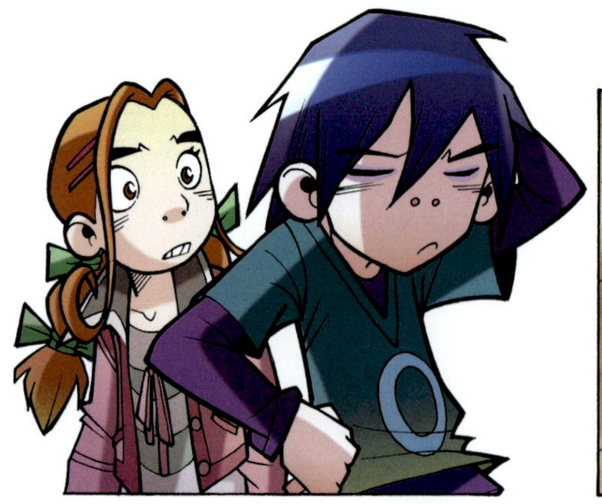

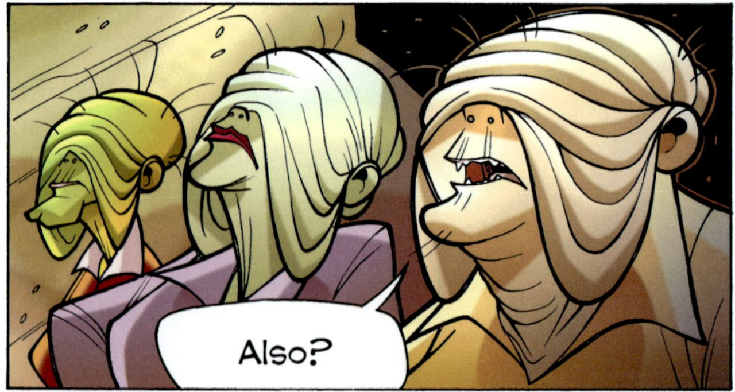
Also?

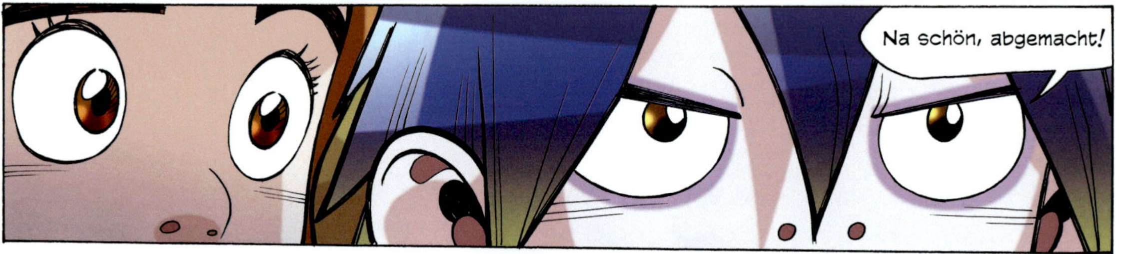
Na schön, abgemacht!

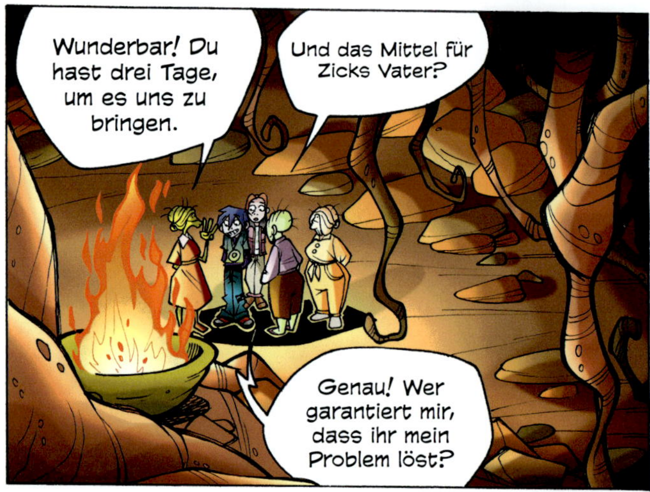
Wunderbar! Du hast drei Tage, um es uns zu bringen.
Und das Mittel für Zicks Vater?
Genau! Wer garantiert mir, dass ihr mein Problem löst?

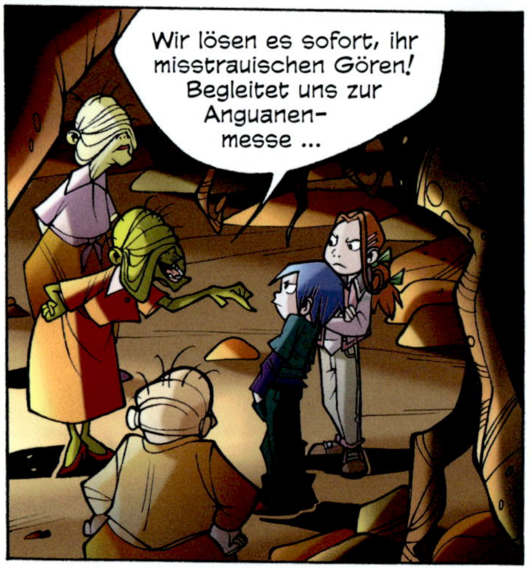
Wir lösen es sofort, ihr misstrauischen Gören! Begleitet uns zur Anguanen-messe ...

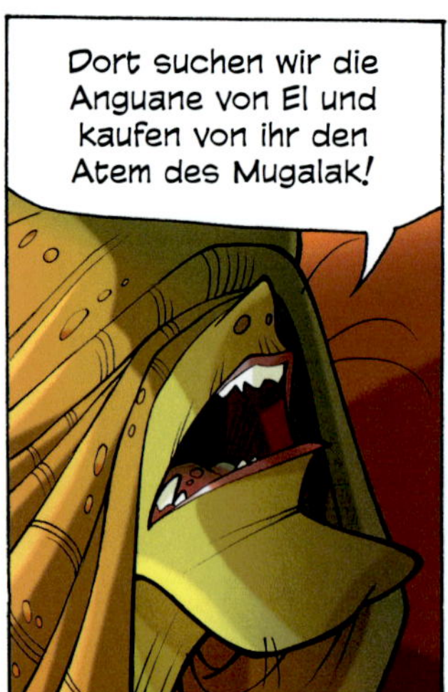
Dort suchen wir die Anguane von El und kaufen von ihr den Atem des Mugalak!

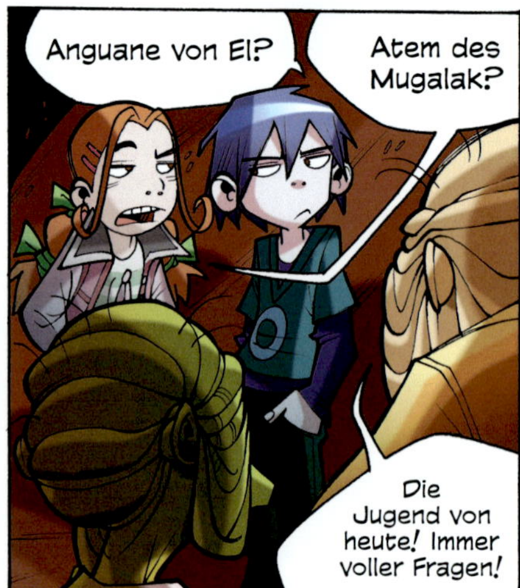
Anguane von El?
Atem des Mugalak?
Die Jugend von heute! Immer voller Fragen!

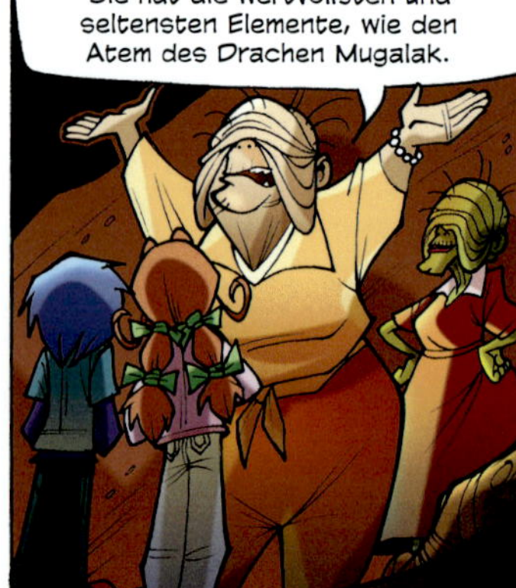
Die Anguane von El ist die Mächtigste unserer Gemeinschaft. Sie hat die wertvollsten und seltensten Elemente, wie den Atem des Drachen Mugalak.

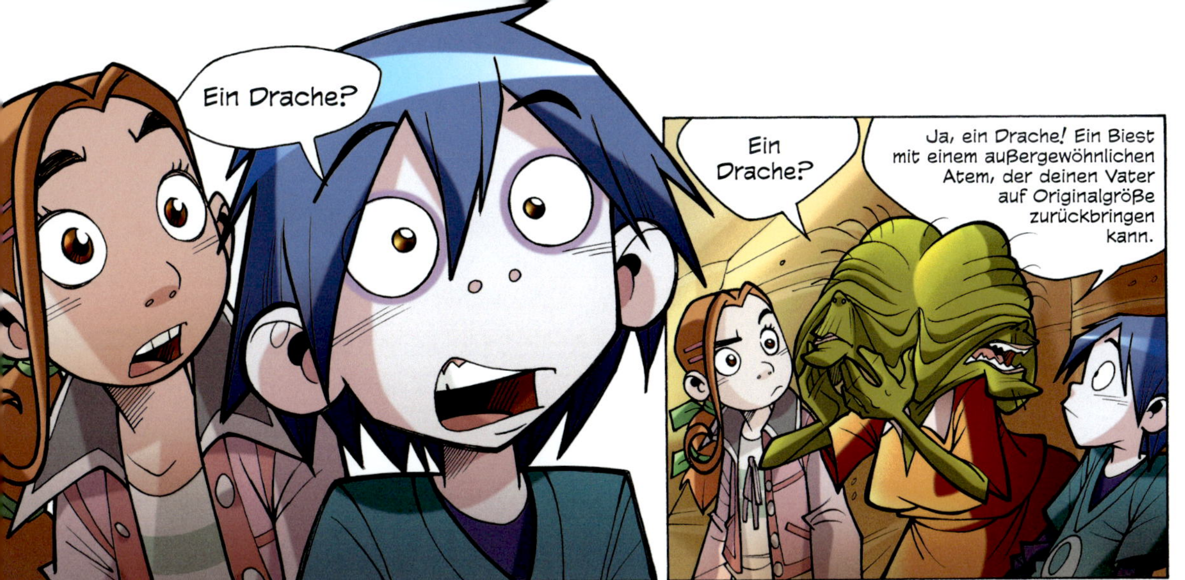
Ein Drache?
Ein Drache?
Ja, ein Drache! Ein Biest mit einem außergewöhnlichen Atem, der deinen Vater auf Originalgröße zurückbringen kann.

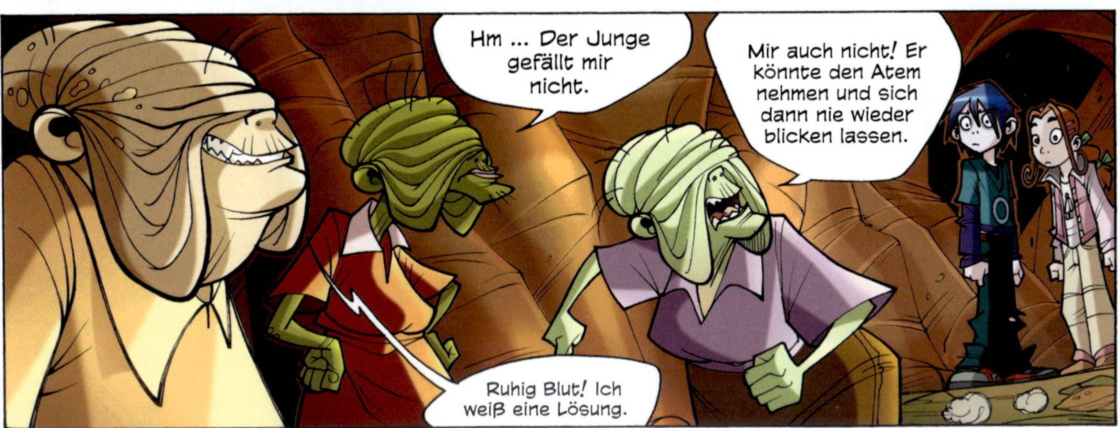
Hm ... Der Junge gefällt mir nicht.
Mir auch nicht! Er könnte den Atem nehmen und sich dann nie wieder blicken lassen.
Ruhig Blut! Ich weiß eine Lösung.

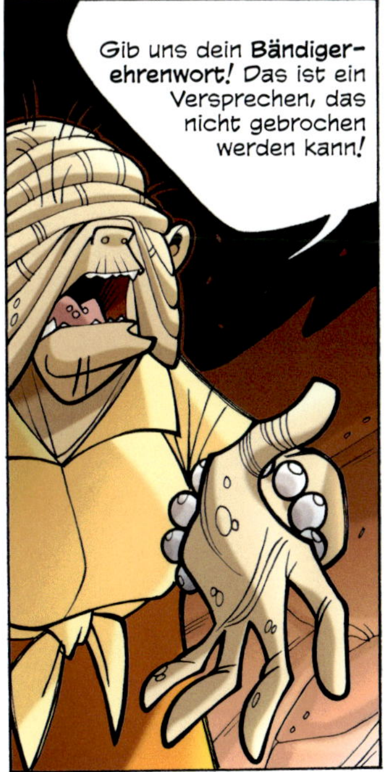
Gib uns dein **Bändiger-ehrenwort!** Das ist ein Versprechen, das nicht gebrochen werden kann!

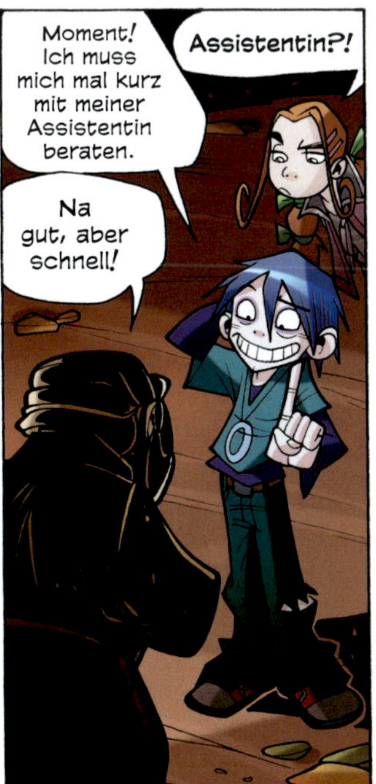
Moment! Ich muss mich mal kurz mit meiner Assistentin beraten.
Assistentin?!
Na gut, aber schnell!

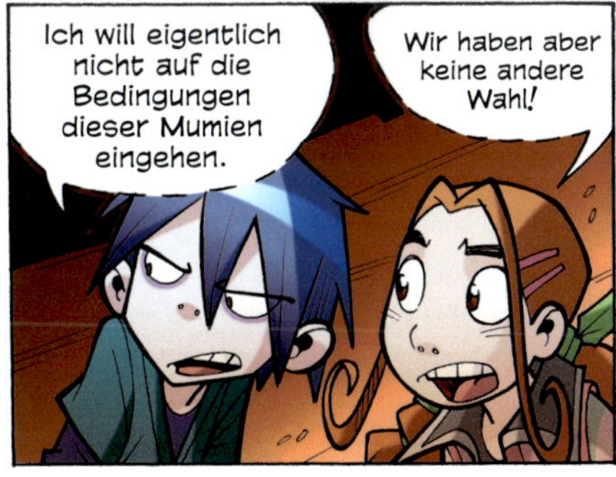
Ich will eigentlich nicht auf die Bedingungen dieser Mumien eingehen.
Wir haben aber keine andere Wahl!

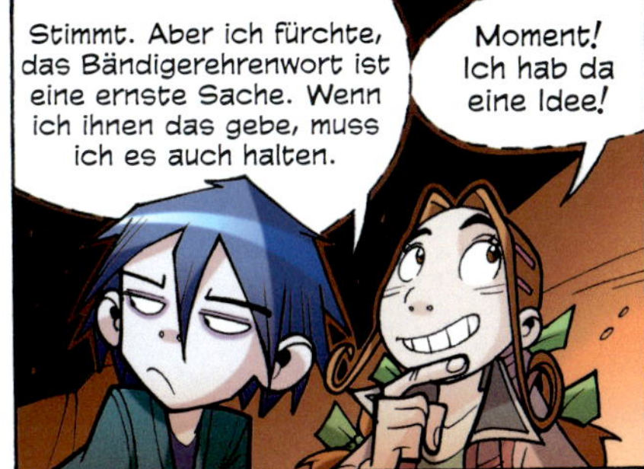
Stimmt. Aber ich fürchte, das Bändigerehrenwort ist eine ernste Sache. Wenn ich ihnen das gebe, muss ich es auch halten.
Moment! Ich hab da eine Idee!

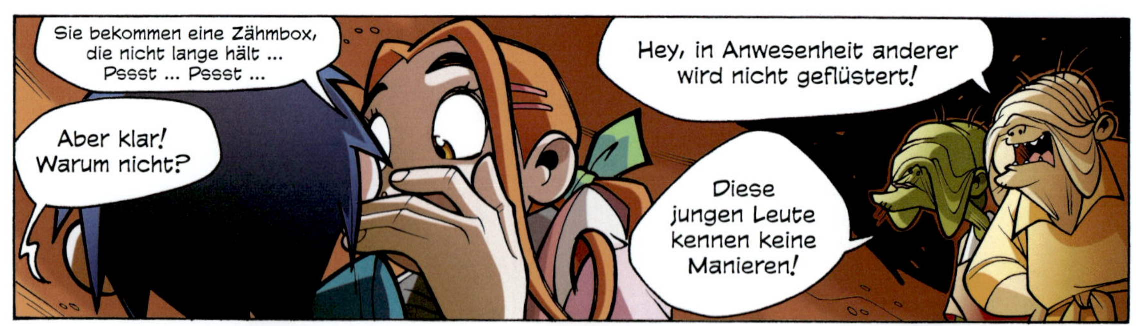
Sie bekommen eine Zähmbox, die nicht lange hält ... Pssst ... Pssst ...
Aber klar! Warum nicht?
Hey, in Anwesenheit anderer wird nicht geflüstert!
Diese jungen Leute kennen keine Manieren!

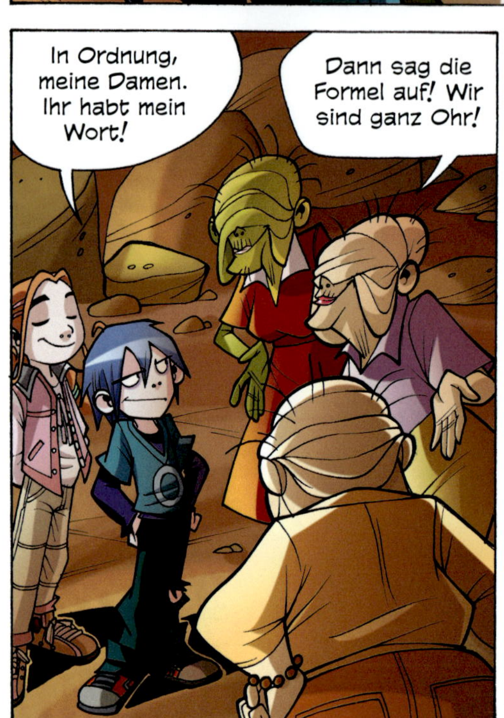
In Ordnung, meine Damen. Ihr habt mein Wort!
Dann sag die Formel auf! Wir sind ganz Ohr!

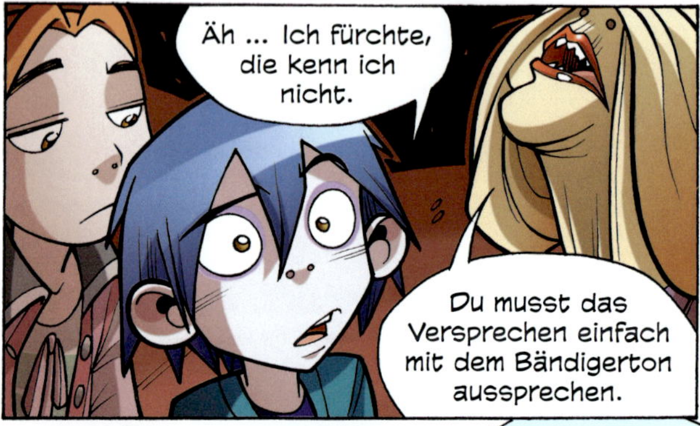
Äh ... Ich fürchte, die kenn ich nicht.
Du musst das Versprechen einfach mit dem Bändigerton aussprechen.

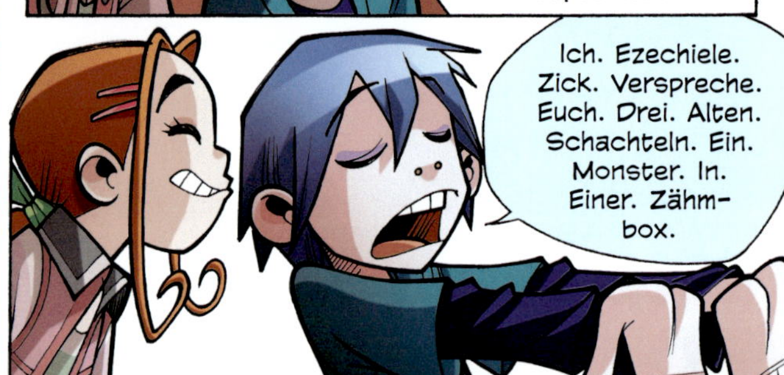
Ich. Ezechiele. Zick. Verspreche. Euch. Drei. Alten. Schachteln. Ein. Monster. In. Einer. Zähm-box.

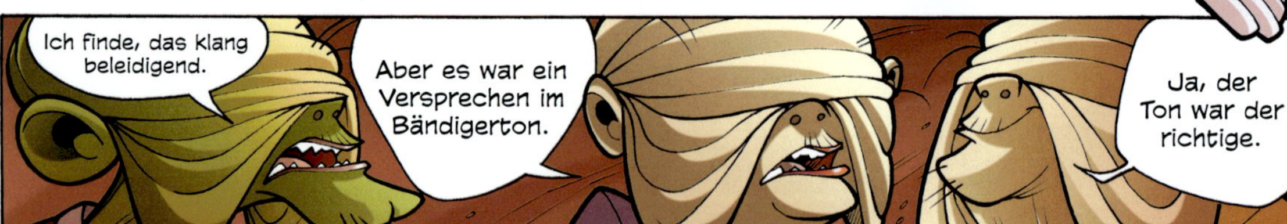
Ich finde, das klang beleidigend.
Aber es war ein Versprechen im Bändigerton.
Ja, der Ton war der richtige.

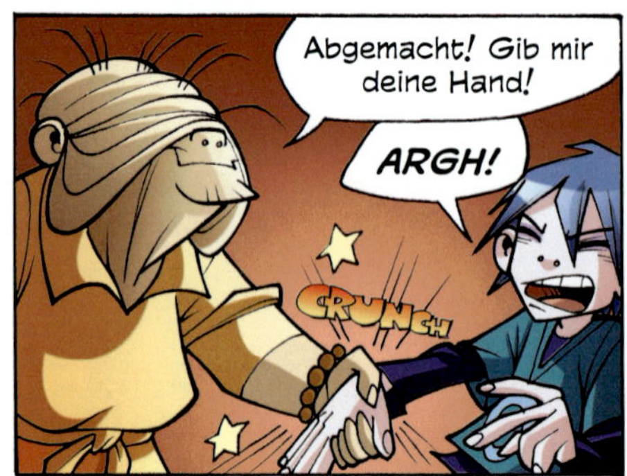
Abgemacht! Gib mir deine Hand!
ARGH!
CRUNCH

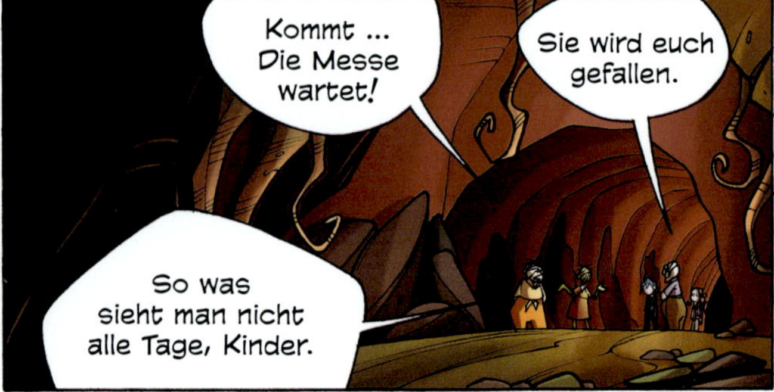
Kommt ... Die Messe wartet!
Sie wird euch gefallen.
So was sieht man nicht alle Tage, Kinder.

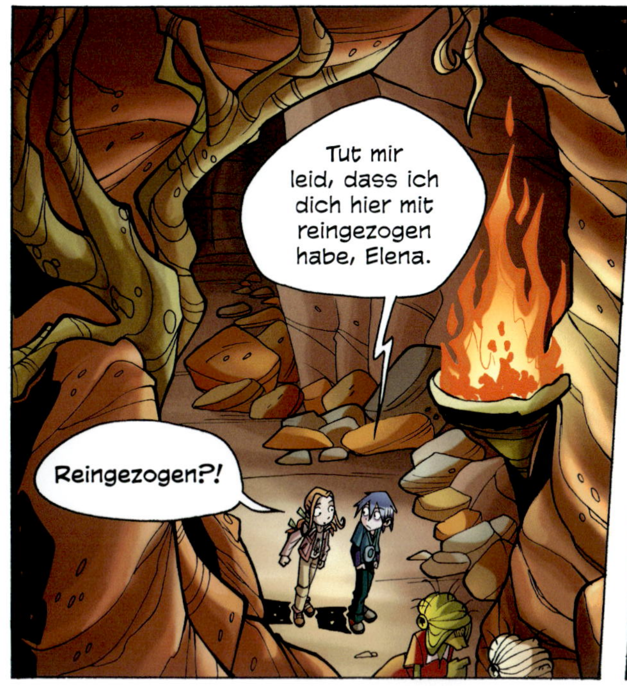
Tut mir leid, dass ich dich hier mit reingezogen habe, Elena.
Reingezogen?!

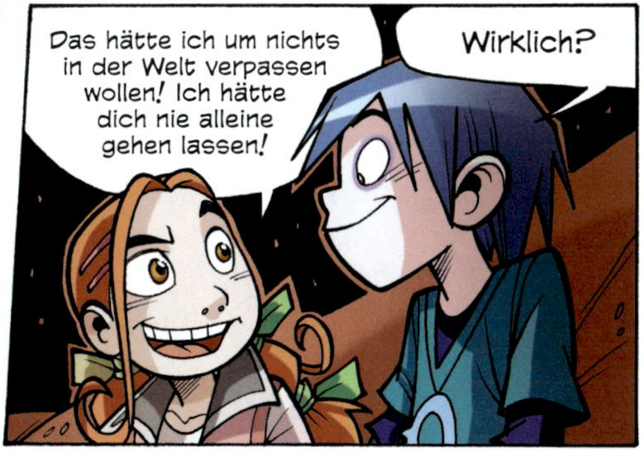
Das hätte ich um nichts in der Welt verpassen wollen! Ich hätte dich nie alleine gehen lassen!
Wirklich?

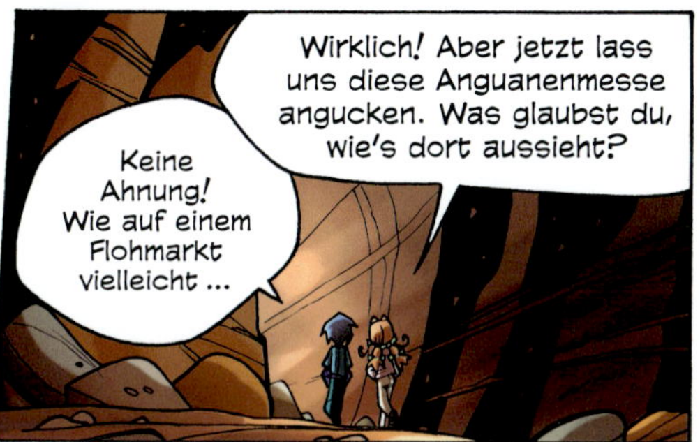
Wirklich! Aber jetzt lass uns diese Anguanenmesse angucken. Was glaubst du, wie's dort aussieht?
Keine Ahnung! Wie auf einem Flohmarkt vielleicht …

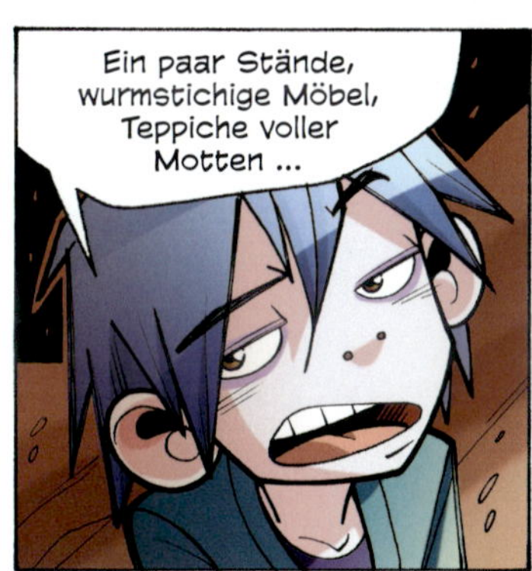
Ein paar Stände, wurmstichige Möbel, Teppiche voller Motten …

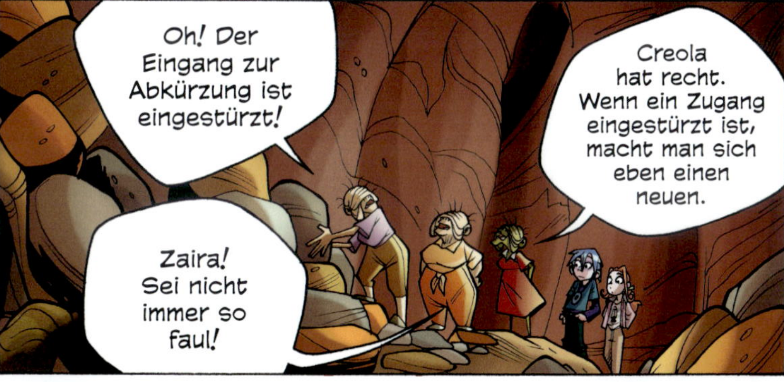
Oh! Der Eingang zur Abkürzung ist eingestürzt!
Creola hat recht. Wenn ein Zugang eingestürzt ist, macht man sich eben einen neuen.
Zaira! Sei nicht immer so faul!

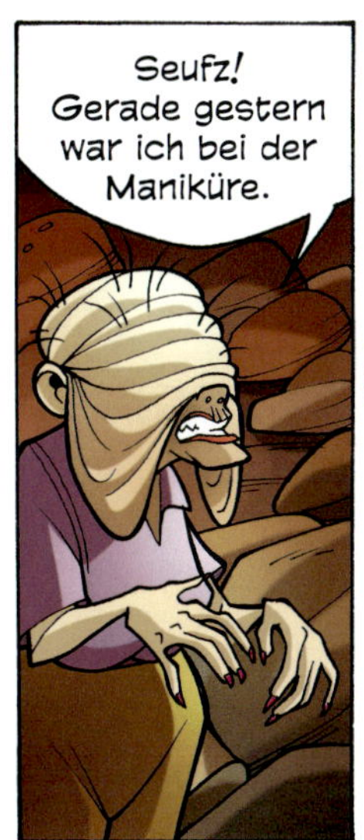
Seufz! Gerade gestern war ich bei der Maniküre.

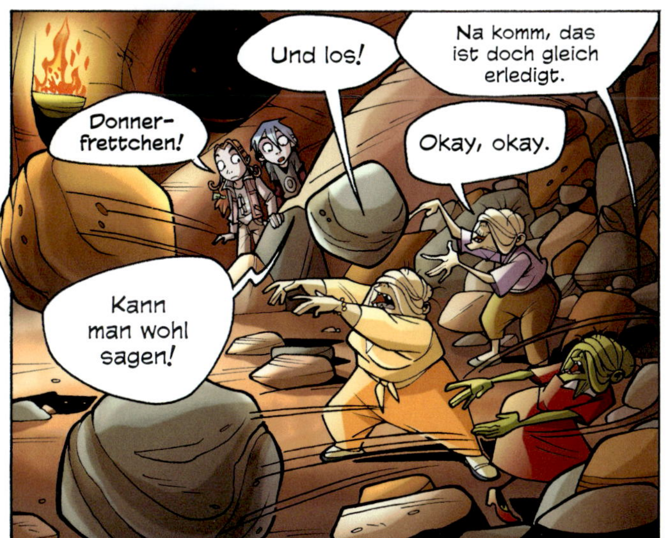
Und los!
Na komm, das ist doch gleich erledigt.
Donnerfrettchen!
Okay, okay.
Kann man wohl sagen!

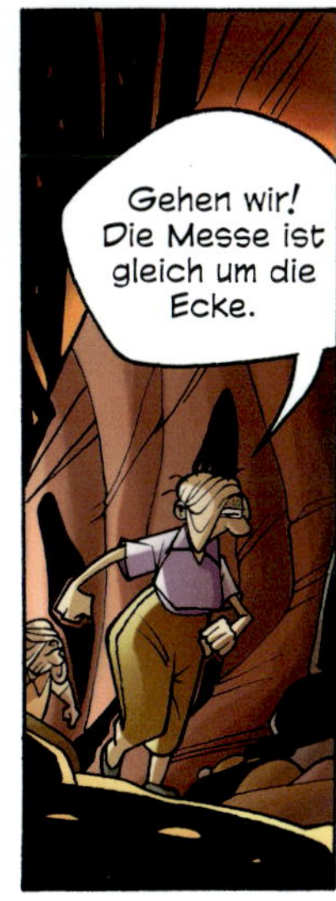
Gehen wir! Die Messe ist gleich um die Ecke.

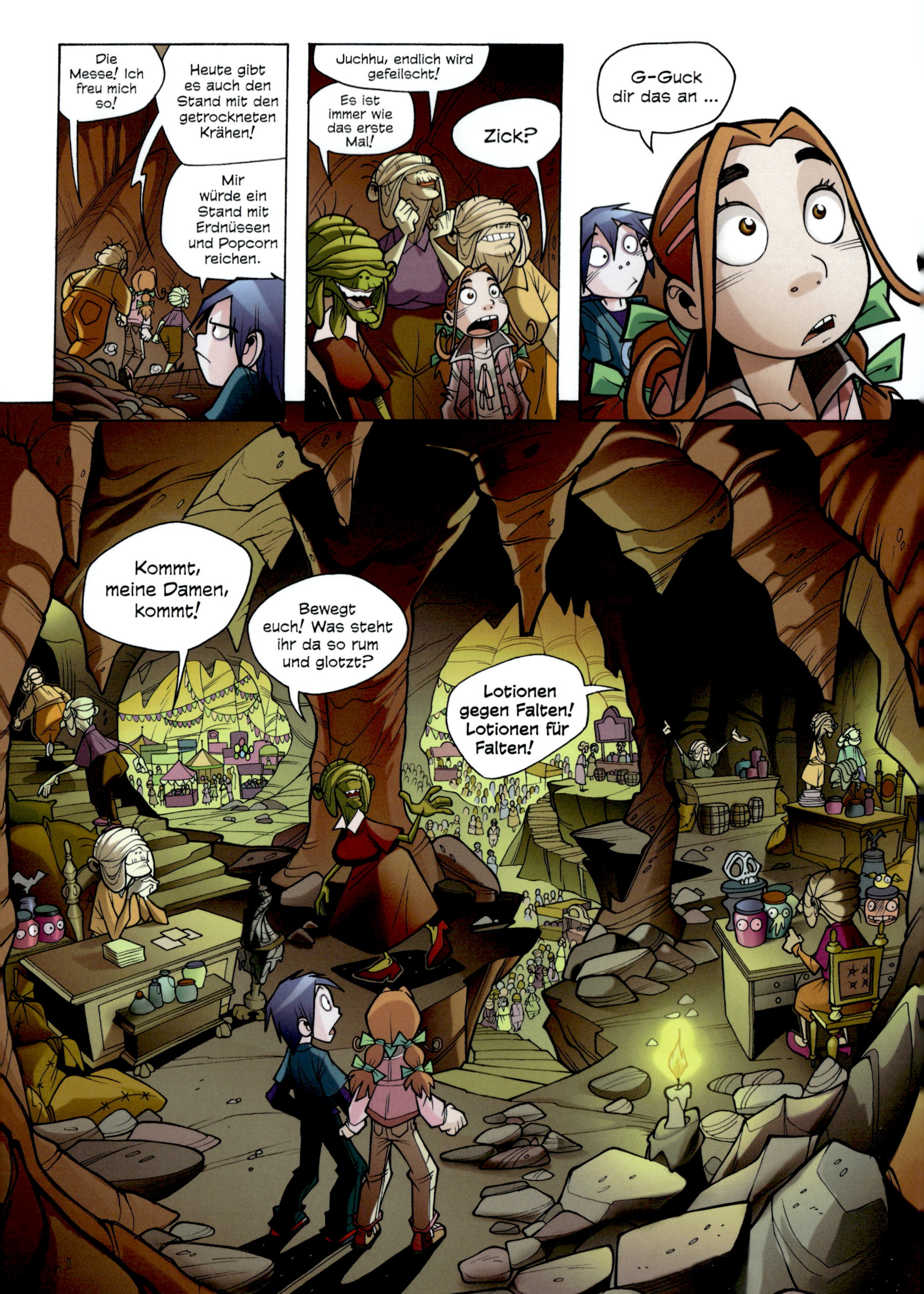
Die Messe! Ich freu mich so!
Heute gibt es auch den Stand mit den getrockneten Krähen!
Mir würde ein Stand mit Erdnüssen und Popcorn reichen.
Juchhu, endlich wird gefeilscht!
Es ist immer wie das erste Mal!
Zick?
G-Guck dir das an ...
Kommt, meine Damen, kommt!
Bewegt euch! Was steht ihr da so rum und glotzt?
Lotionen gegen Falten! Lotionen für Falten!

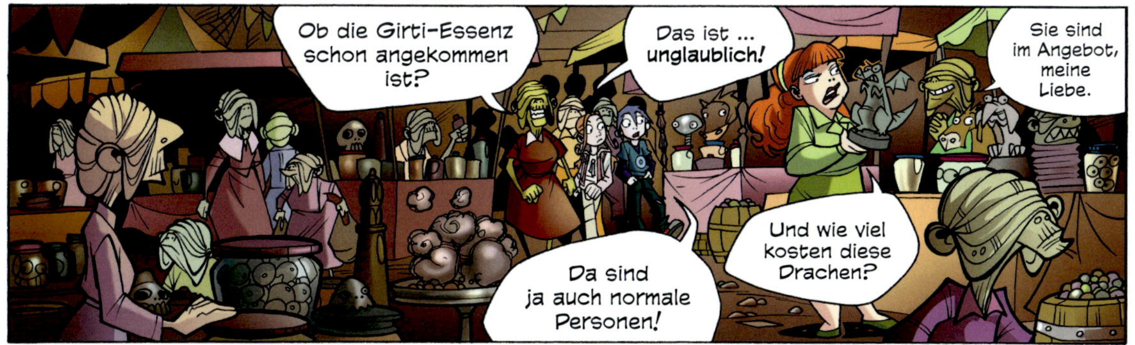

Ob die Girti-Essenz schon angekommen ist?
Das ist ... unglaublich!
Sie sind im Angebot, meine Liebe.
Und wie viel kosten diese Drachen?
Da sind ja auch normale Personen!

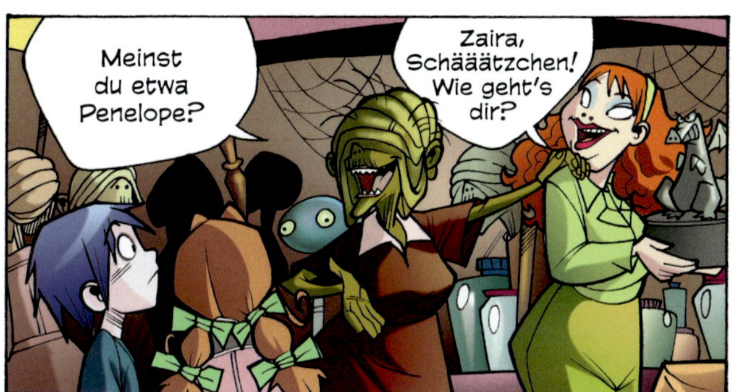

Meinst du etwa Penelope?
Zaira, Schääätzchen! Wie geht's dir?

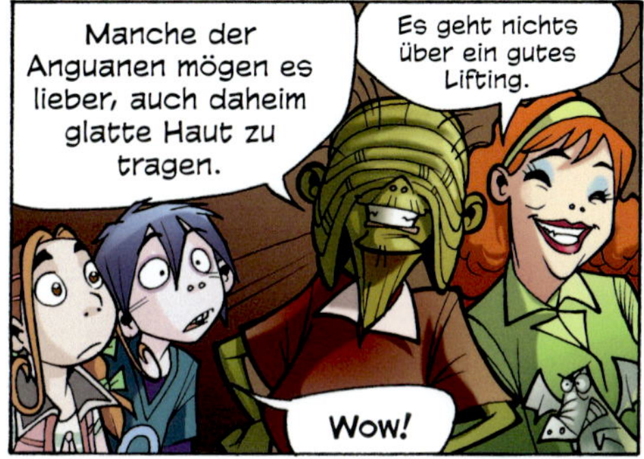

Manche der Anguanen mögen es lieber, auch daheim glatte Haut zu tragen.
Es geht nichts über ein gutes Lifting.
Wow!

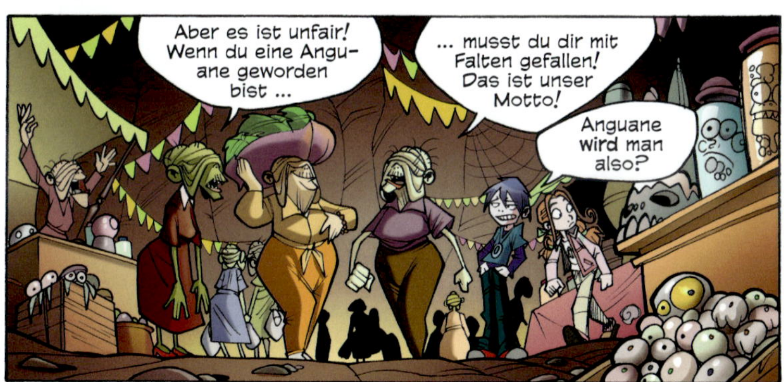

Aber es ist unfair! Wenn du eine Anguane geworden bist ...
... musst du dir mit Falten gefallen! Das ist unser Motto!
Anguane wird man also?

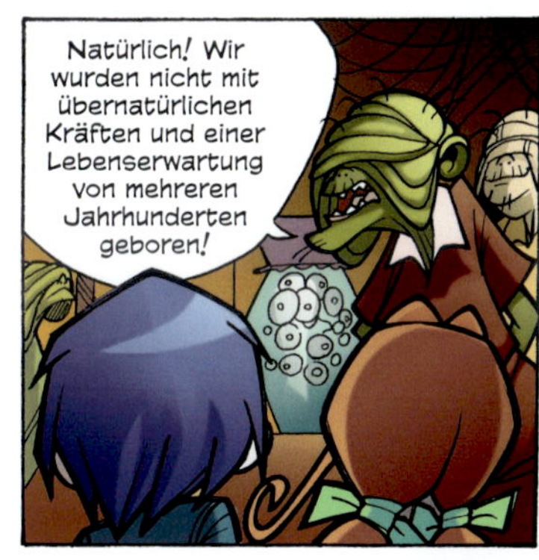

Natürlich! Wir wurden nicht mit übernatürlichen Kräften und einer Lebenserwartung von mehreren Jahrhunderten geboren!

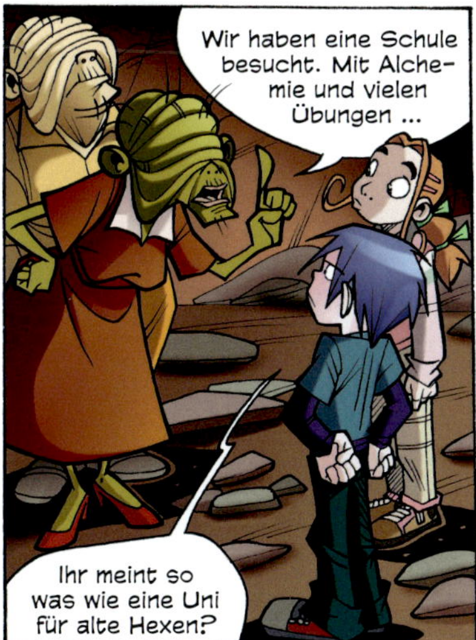

Wir haben eine Schule besucht. Mit Alchemie und vielen Übungen ...
Ihr meint so was wie eine Uni für alte Hexen?

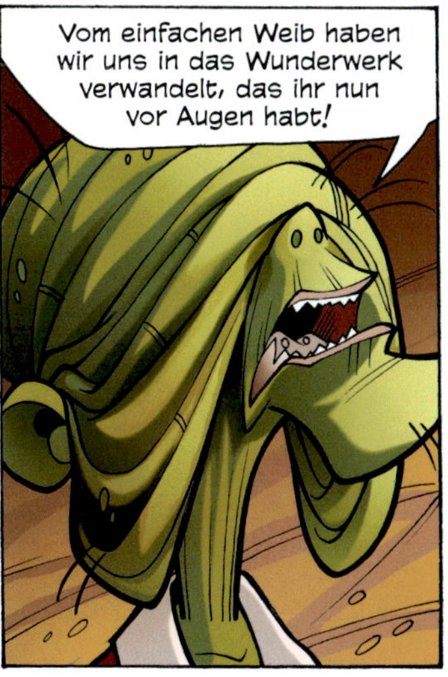

Vom einfachen Weib haben wir uns in das Wunderwerk verwandelt, das ihr nun vor Augen habt!

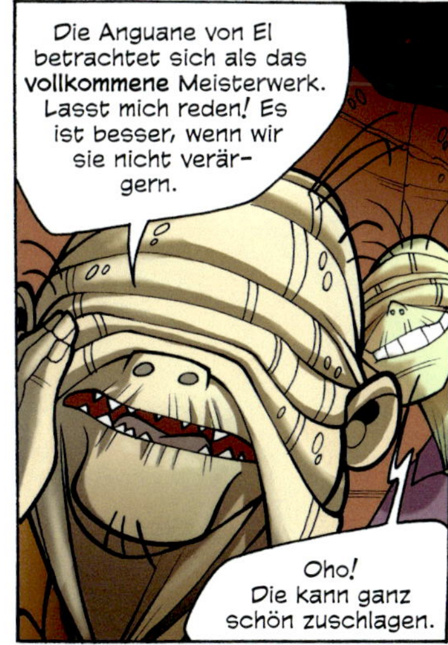

Die Anguane von El betrachtet sich als das vollkommene Meisterwerk. Lasst mich reden! Es ist besser, wenn wir sie nicht verärgern.
Oho! Die kann ganz schön zuschlagen.

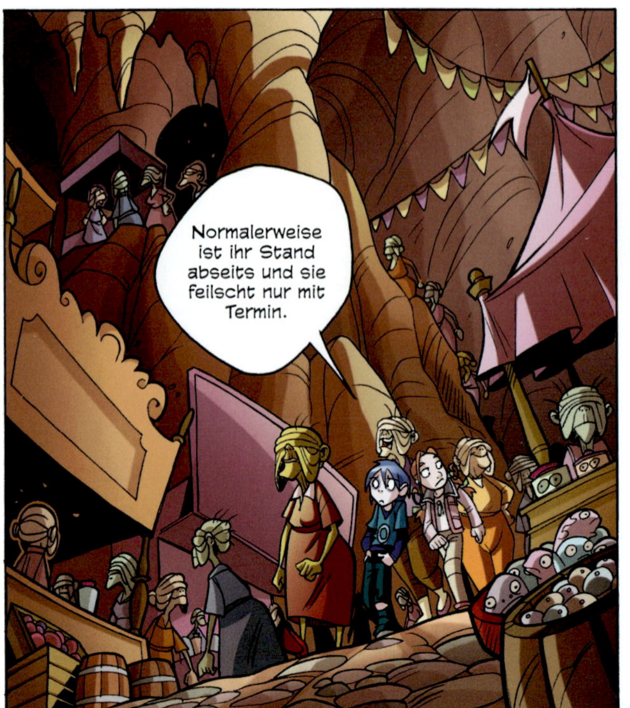
Normalerweise ist ihr Stand abseits und sie feilscht nur mit Termin.

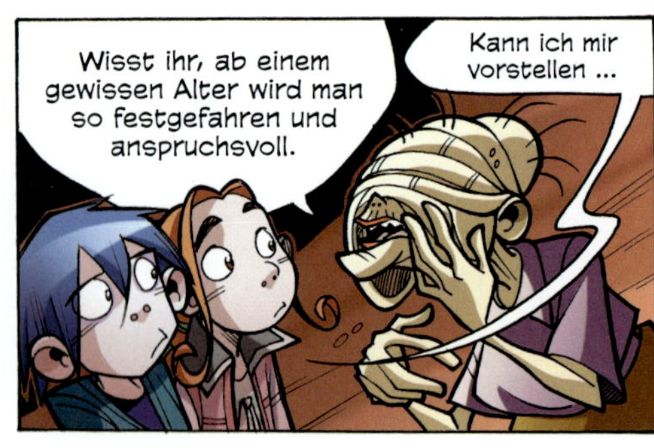
Wisst ihr, ab einem gewissen Alter wird man so festgefahren und anspruchsvoll.
Kann ich mir vorstellen ...

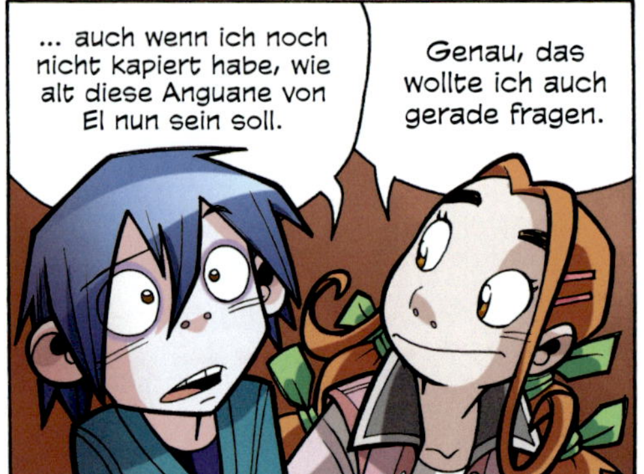
... auch wenn ich noch nicht kapiert habe, wie alt diese Anguane von El nun sein soll.
Genau, das wollte ich auch gerade fragen.

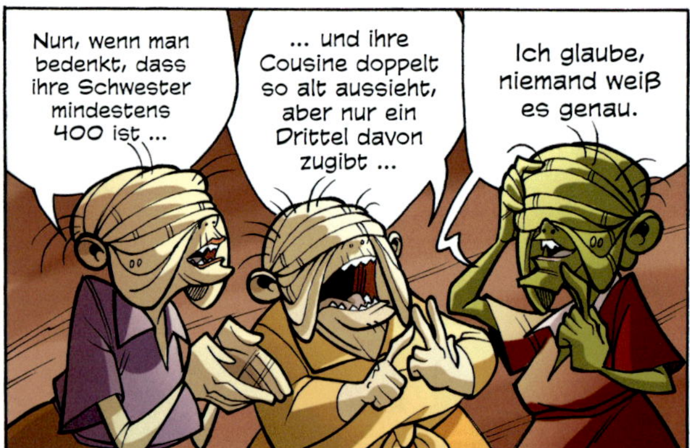
Nun, wenn man bedenkt, dass ihre Schwester mindestens 400 ist ...
... und ihre Cousine doppelt so alt aussieht, aber nur ein Drittel davon zugibt ...
Ich glaube, niemand weiß es genau.

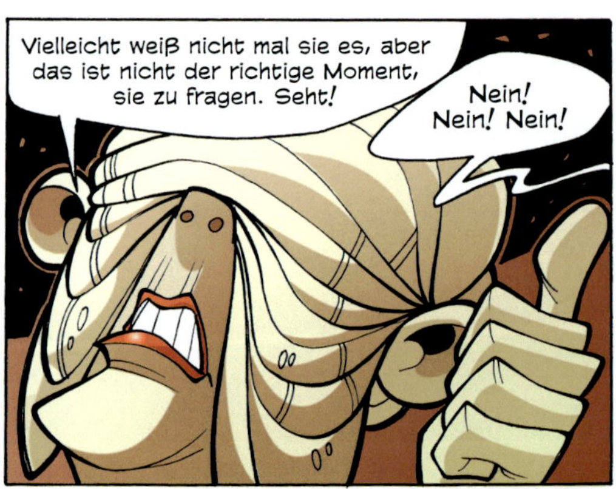
Vielleicht weiß nicht mal sie es, aber das ist nicht der richtige Moment, sie zu fragen. Seht!
Nein! Nein! Nein!

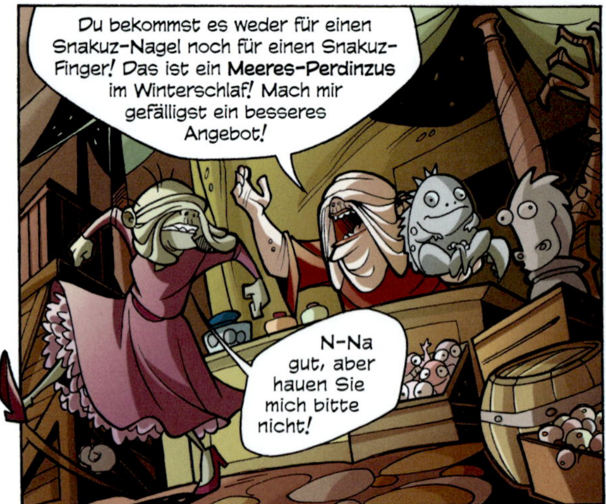
Du bekommst es weder für einen Snakuz-Nagel noch für einen Snakuz-Finger! Das ist ein **Meeres-Perdinzus** im Winterschlaf! Mach mir gefälligst ein besseres Angebot!
N-Na gut, aber hauen Sie mich bitte nicht!

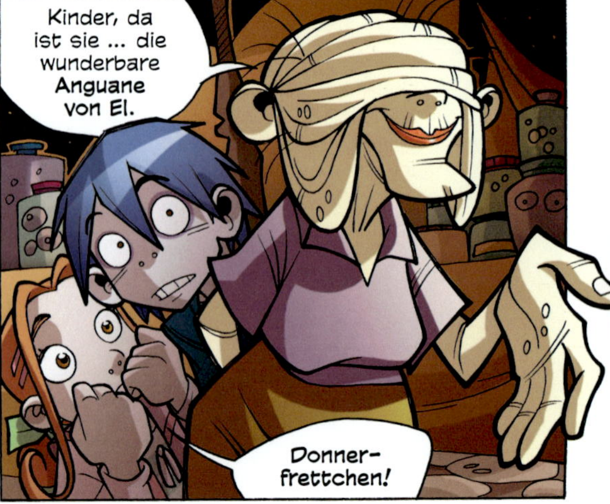
Kinder, da ist sie ... die wunderbare **Anguane von El**.
Donner-frettchen!

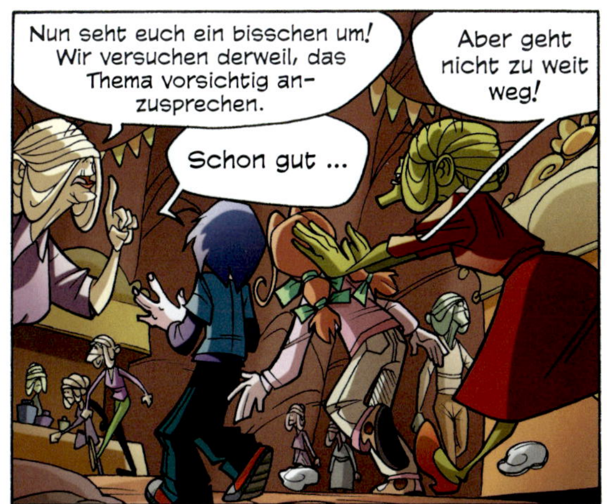
Nun seht euch ein bisschen um! Wir versuchen derweil, das Thema vorsichtig anzusprechen.
Aber geht nicht zu weit weg!
Schon gut ...

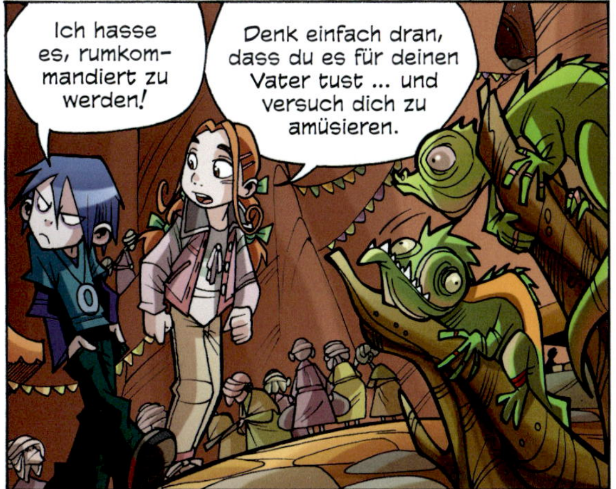
Ich hasse es, rumkommandiert zu werden!
Denk einfach dran, dass du es für deinen Vater tust ... und versuch dich zu amüsieren.

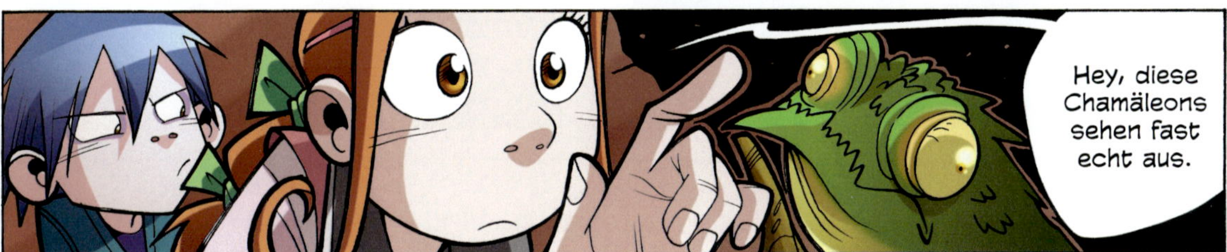
Hey, diese Chamäleons sehen fast echt aus.

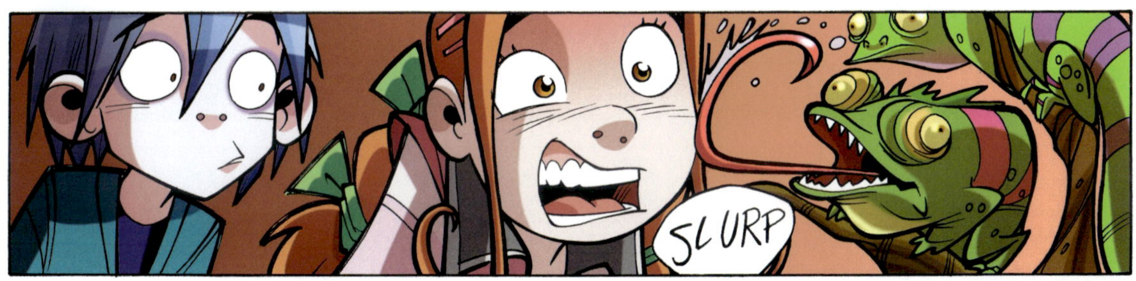
SLURP

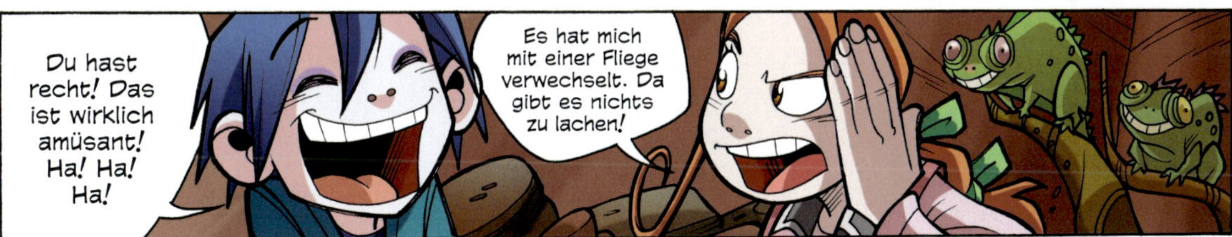
Du hast recht! Das ist wirklich amüsant! Ha! Ha! Ha!
Es hat mich mit einer Fliege verwechselt. Da gibt es nichts zu lachen!

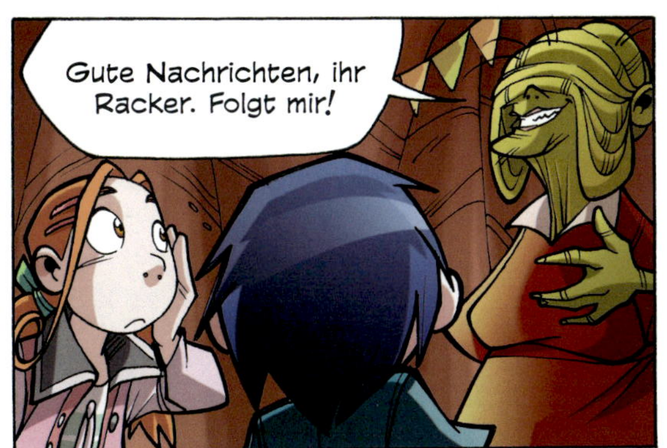
Gute Nachrichten, ihr Racker. Folgt mir!

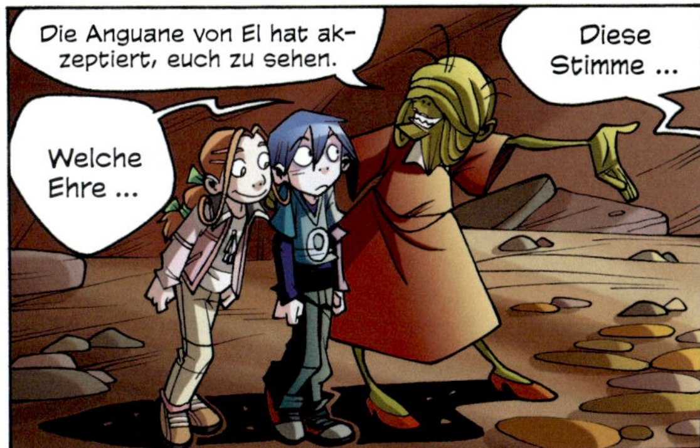
Die Anguane von El hat akzeptiert, euch zu sehen.
Diese Stimme ...
Welche Ehre ...

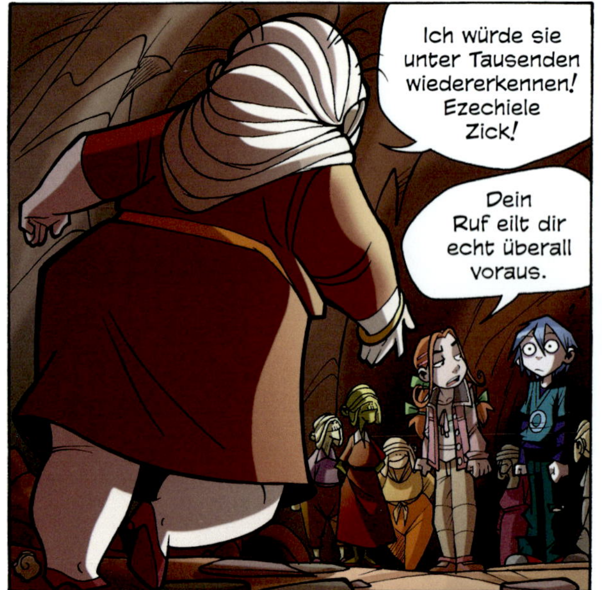

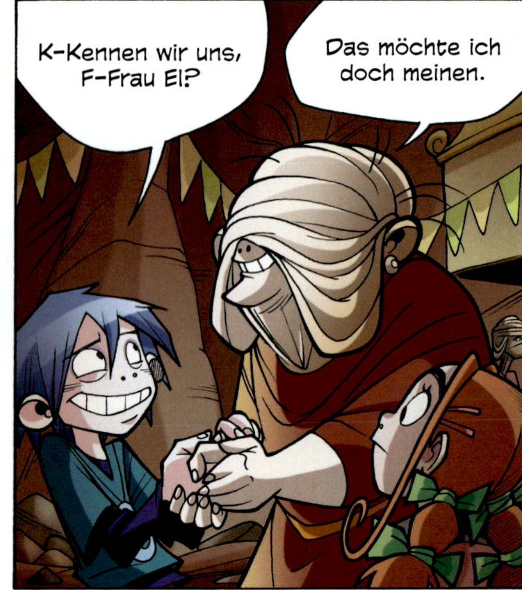

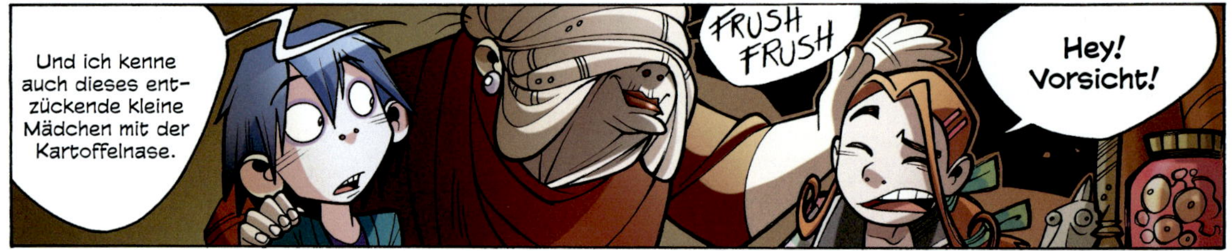

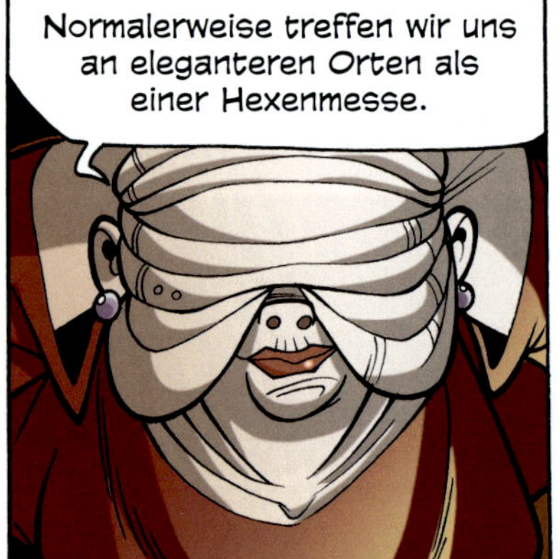

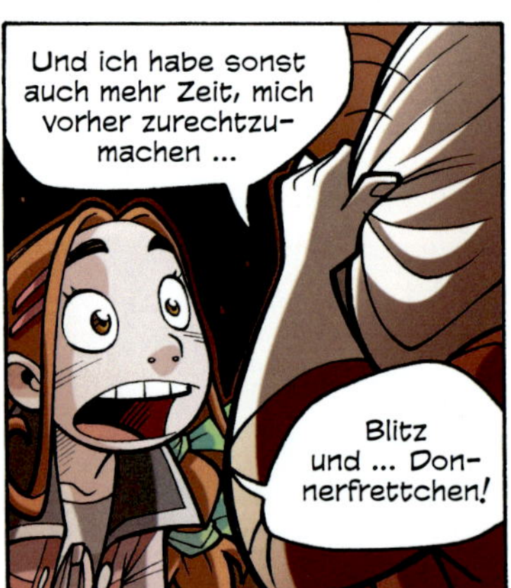

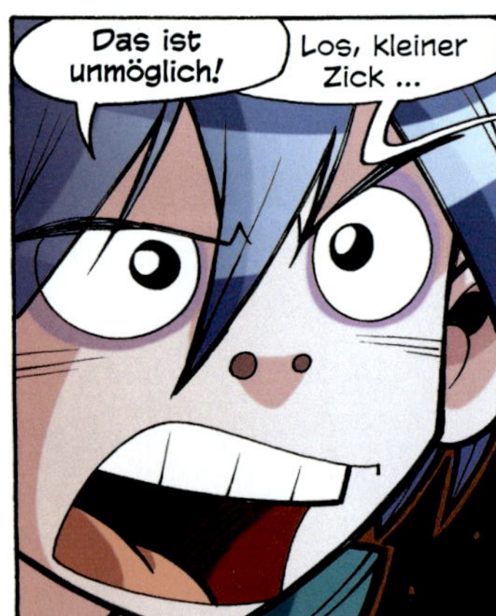

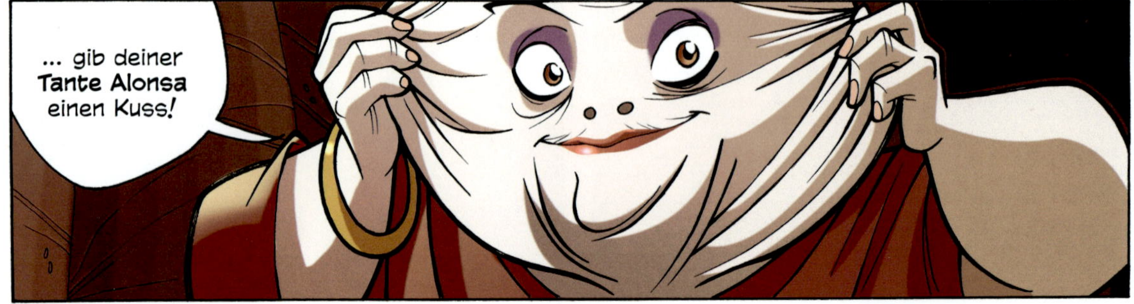

Ende der zehnten Episode.

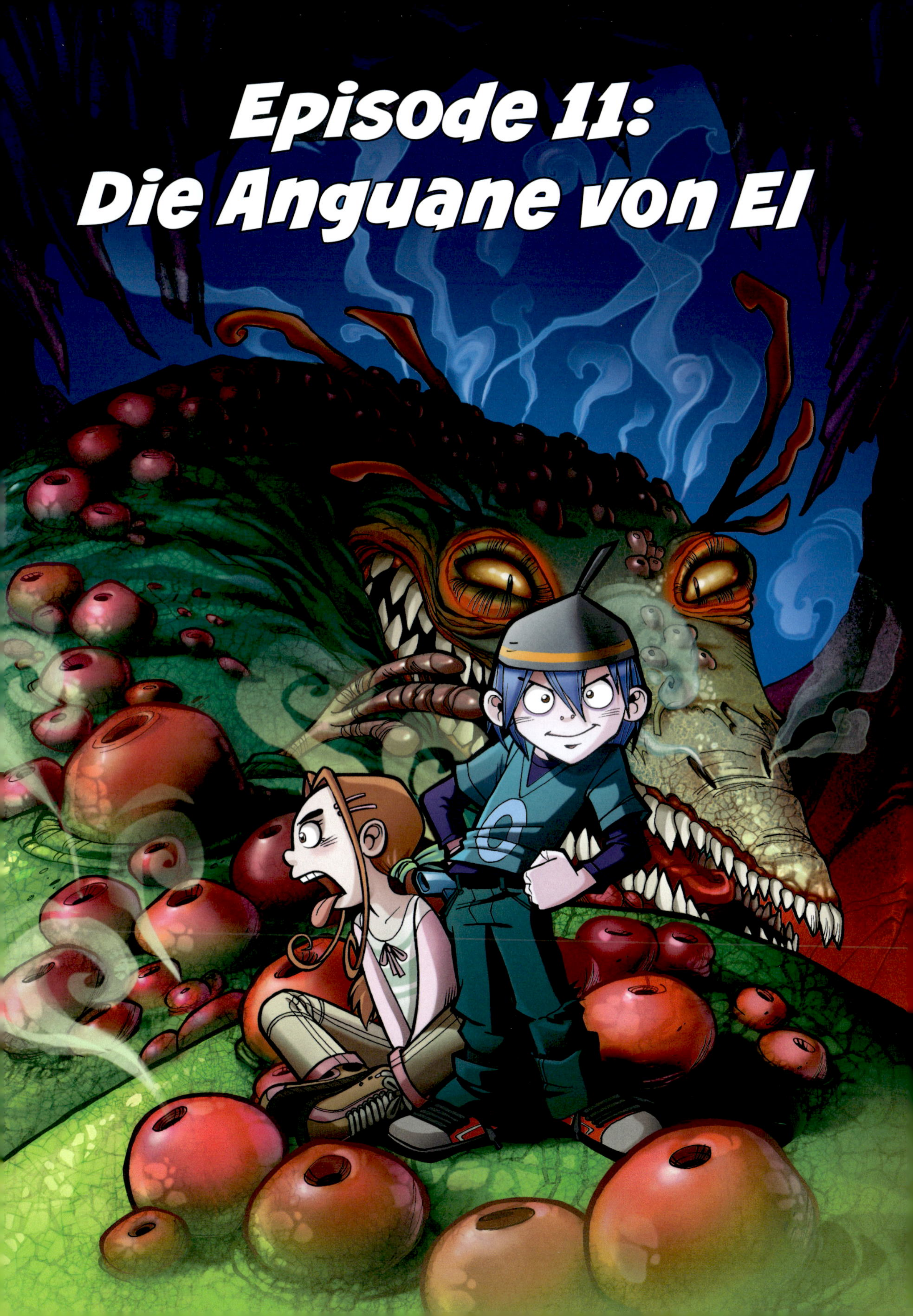
Episode 11:
Die Anguane von El

DIE ANGUANE VON EL

Originaltitel:
L'ANGUANE DI ER

Idee: Katja Centomo
Story: Bruno Enna
Zeichnungen: Paolo Campinoti
Tusche: Cristina Giorgilli & Santa Zangari
Farben: Giulia Basile, Barbara Bargiggia, Pamela Brughera, Paolo Maddaleni, Lorenzo Ortolani, Flavia Scuderi & Roberto Tugnolo

Künstlerische Leitung Skript: Francesco Artibani
Künstlerische Leitung Artwork: Alessandro Barbucci
Künstlerische Leitung Farben: Cecilia Giumento

Übersetzung: Monja Reichert
Redaktion & Lektorat: Jano Rohleder
Redaktionelle Beratung: Konstanze Tants

Erstveröffentlichung:
Monster Allergy, Heft 11
Buena Vista Comics (Italien), August 2004

Deutsche Erstveröffentlichung:
Monster Allergy, Band 6
Ehapa Comic Collection, August 2006

Coverillustration:
Artwork: Paolo Campinoti
Tusche: Cristina Giorgilli
Farben: Paolo Maddaleni

Illustration Seite 98:
Artwork: Alessandro Barbucci
Farben: Paolo Maddaleni

Eine Serie von Centomo, Artibani, Barbucci & Canepa

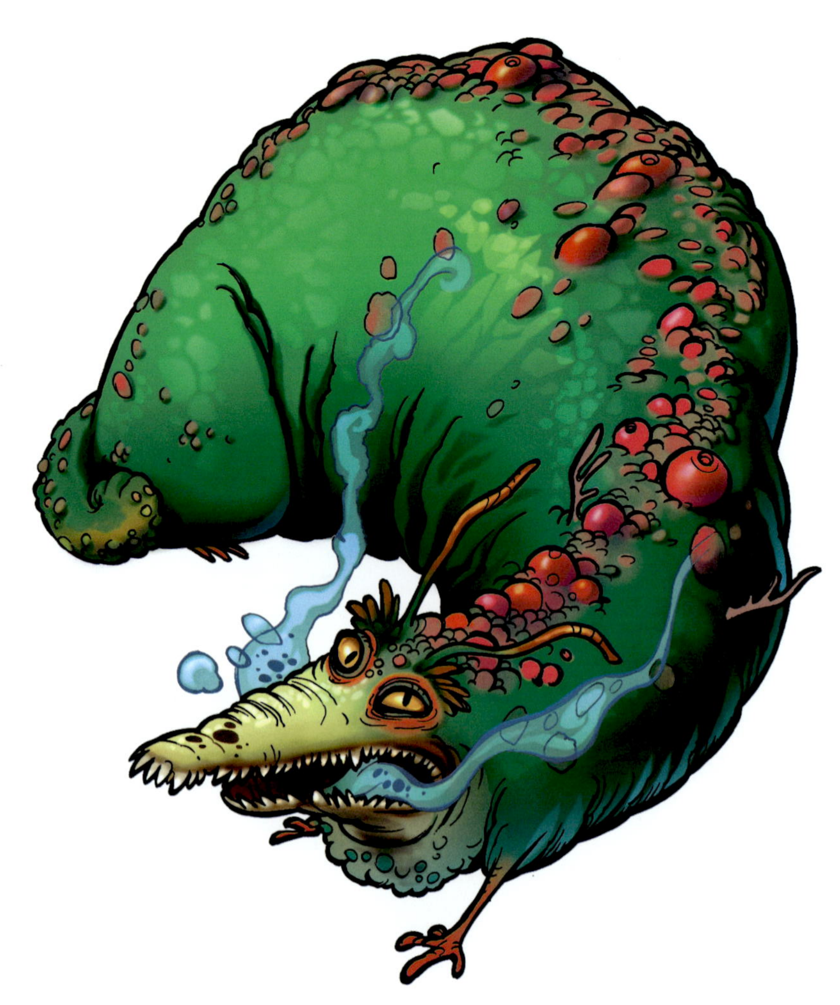

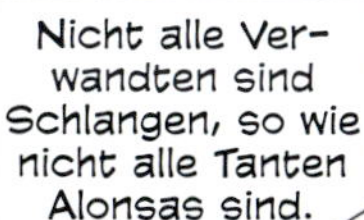
Nicht alle Verwandten sind Schlangen, so wie nicht alle Tanten Alonsas sind.

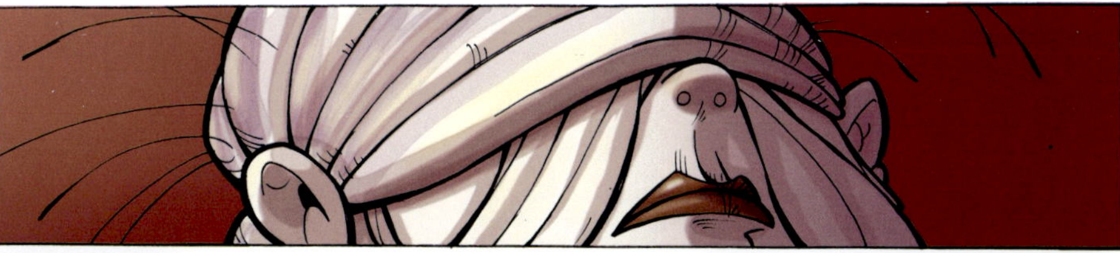

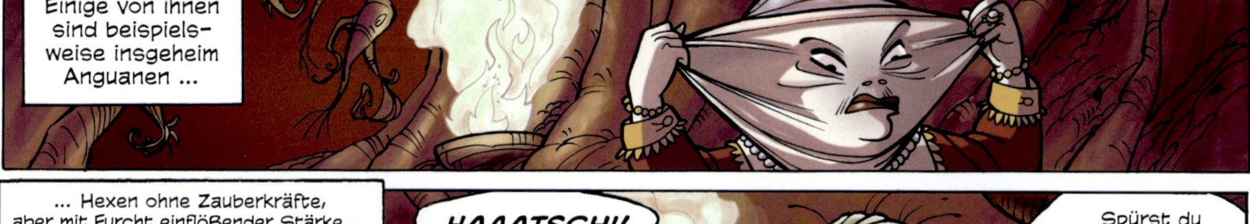
Einige von ihnen sind beispielsweise insgeheim Anguanen ...

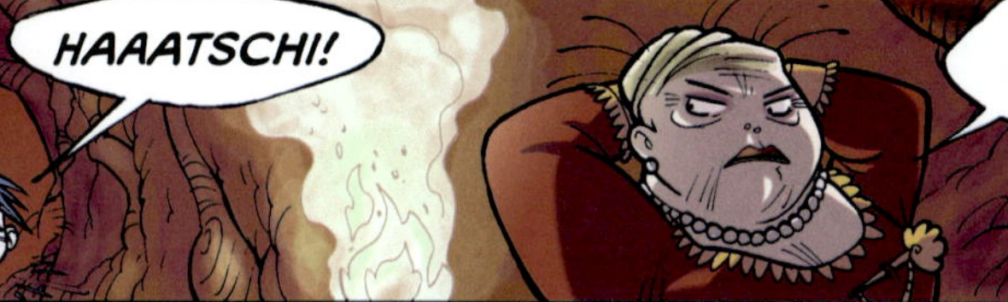
... Hexen ohne Zauberkräfte, aber mit Furcht einflößender Stärke ... und dem brennenden Bedürfnis, ihre Neffen in die Finger zu bekommen!
HAAATSCHI!
Spürst du eine Bedrohung, Schätzchen?

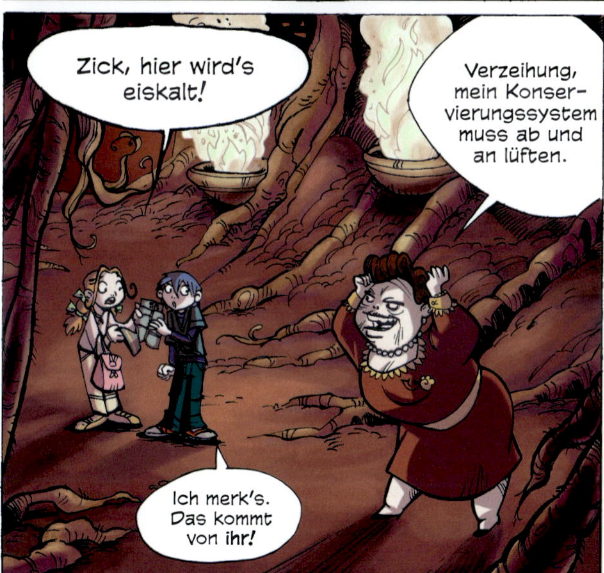
Zick, hier wird's eiskalt!
Verzeihung, mein Konservierungssystem muss ab und an lüften.
Ich merk's. Das kommt von ihr!

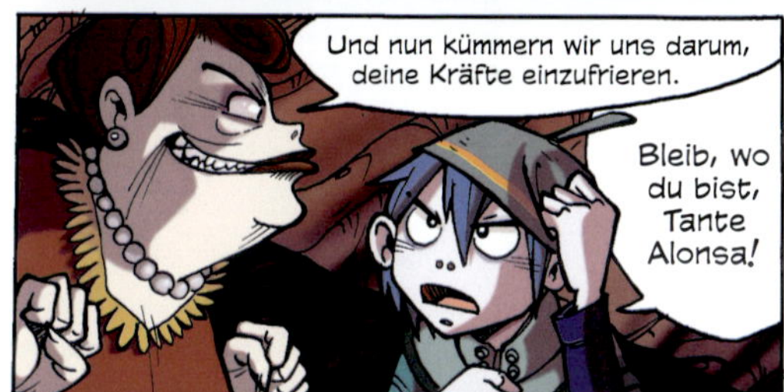
Und nun kümmern wir uns darum, deine Kräfte einzufrieren.
Bleib, wo du bist, Tante Alonsa!

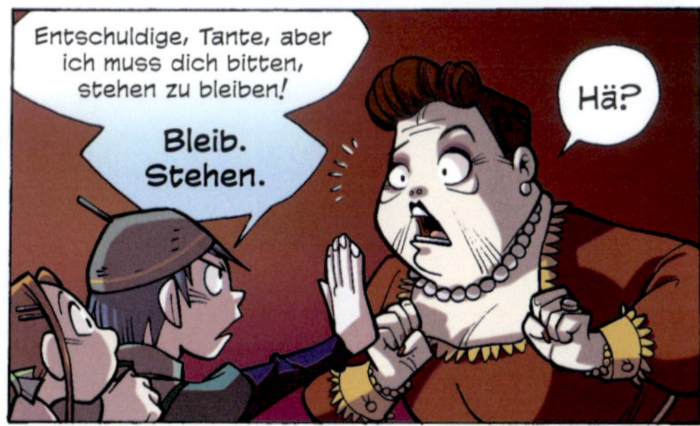
Entschuldige, Tante, aber ich muss dich bitten, stehen zu bleiben!
Bleib. Stehen.
Hä?

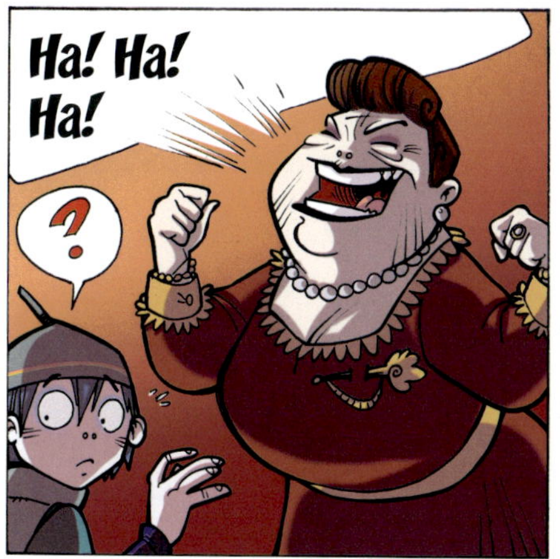
Ha! Ha! Ha!
?

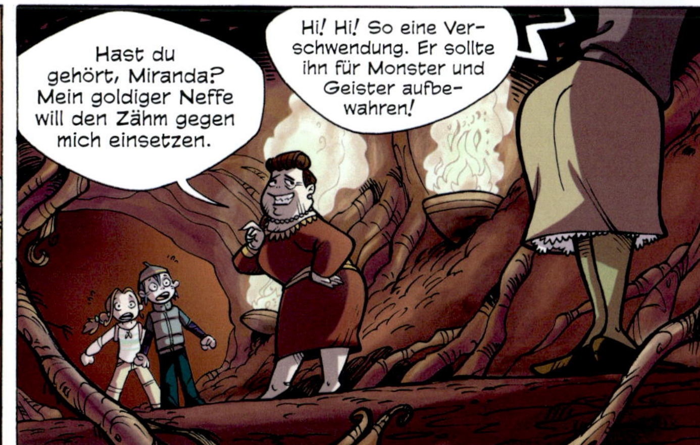
Hast du gehört, Miranda? Mein goldiger Neffe will den Zähm gegen mich einsetzen.
Hi! Hi! So eine Verschwendung. Er sollte ihn für Monster und Geister aufbewahren!

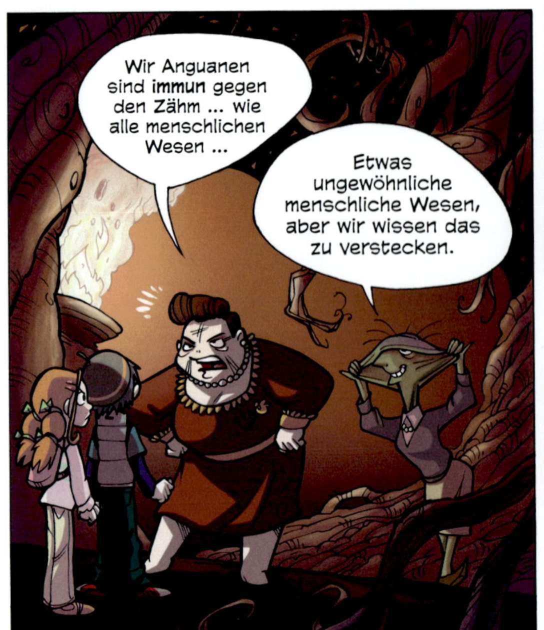
Wir Anguanen sind **immun** gegen den Zähm ... wie alle menschlichen Wesen ...
Etwas ungewöhnliche menschliche Wesen, aber wir wissen das zu verstecken.

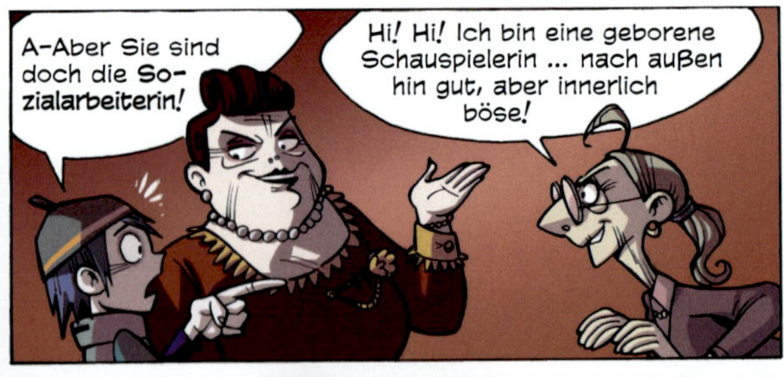
A-Aber Sie sind doch die **Sozialarbeiterin**!
Hi! Hi! Ich bin eine geborene Schauspielerin ... nach außen hin gut, aber innerlich böse!

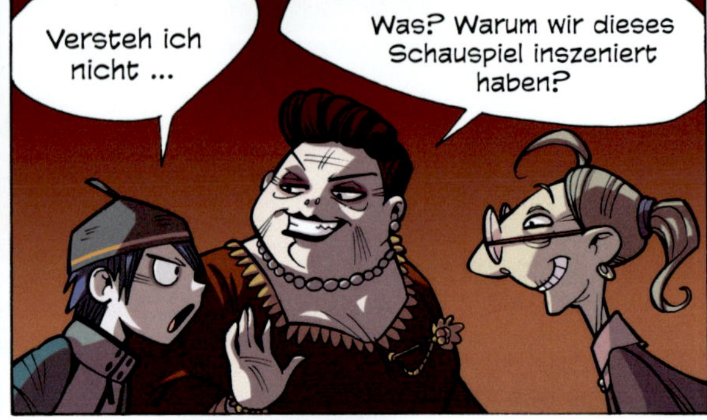
Versteh ich nicht ...
Was? Warum wir dieses Schauspiel inszeniert haben?

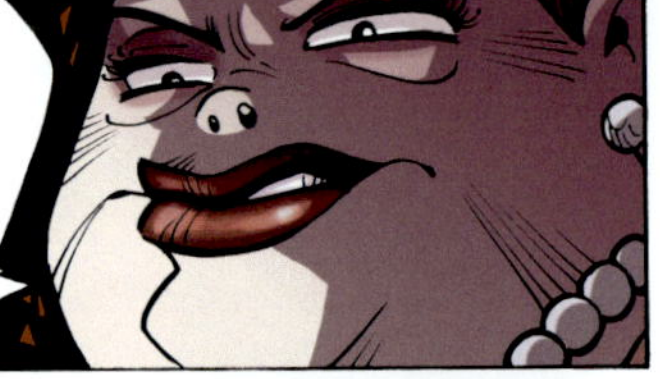
Warum ich dich auf fast legale Weise von deiner Mutter entfernen wollte?

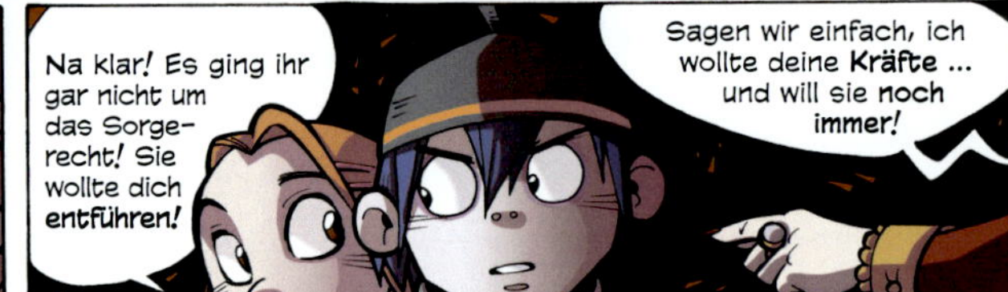
Na klar! Es ging ihr gar nicht um das Sorgerecht! Sie wollte dich **entführen**!
Sagen wir einfach, ich wollte deine **Kräfte** ... und will sie **noch immer**!

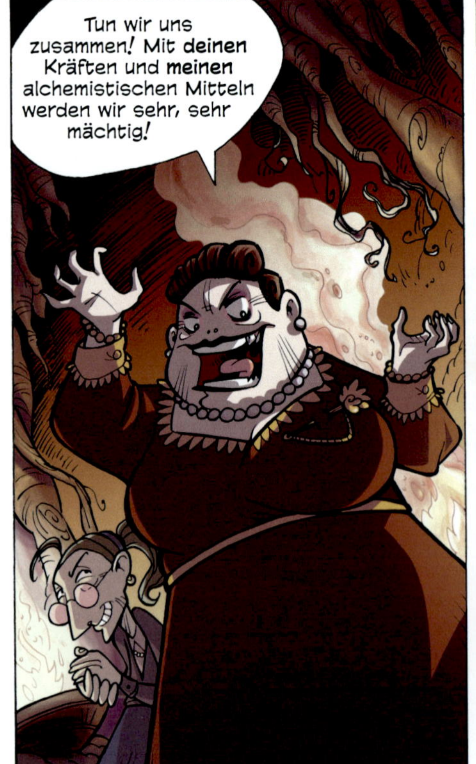
Tun wir uns zusammen! Mit **deinen** Kräften und **meinen** alchemistischen Mitteln werden wir sehr, sehr mächtig!

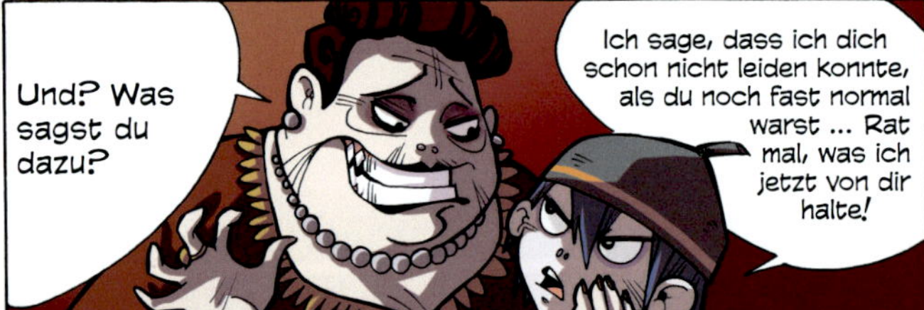
Und? Was sagst du dazu?
Ich sage, dass ich dich schon nicht leiden konnte, als du noch fast normal warst ... Rat mal, was ich jetzt von dir halte!

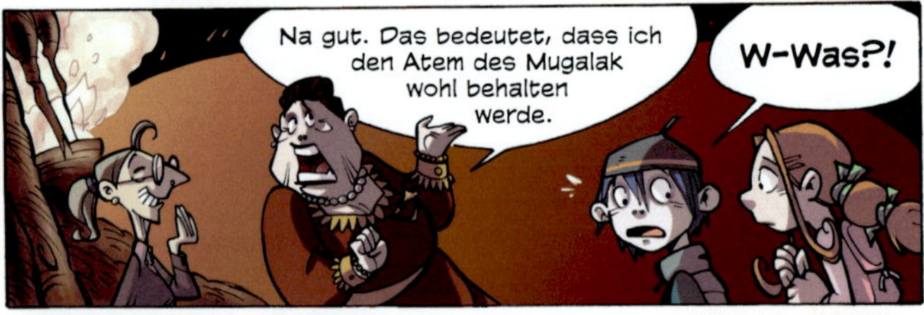
Na gut. Das bedeutet, dass ich den Atem des Mugalak wohl behalten werde.
W-Was?!

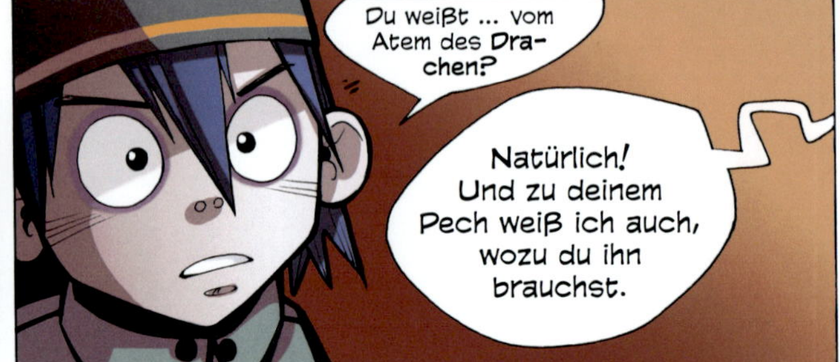
Du weißt ... vom Atem des **Drachen**?
Natürlich! Und zu deinem Pech weiß ich auch, wozu du ihn brauchst.

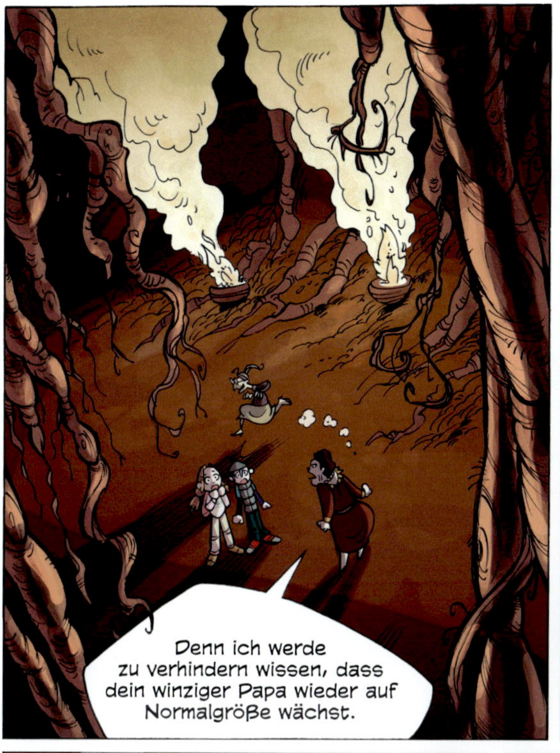
Denn ich werde zu verhindern wissen, dass dein winziger Papa wieder auf Normalgröße wächst.

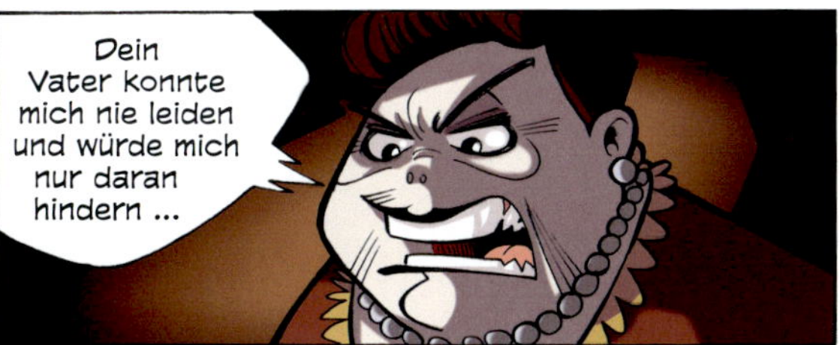
Dein Vater konnte mich nie leiden und würde mich nur daran hindern ...

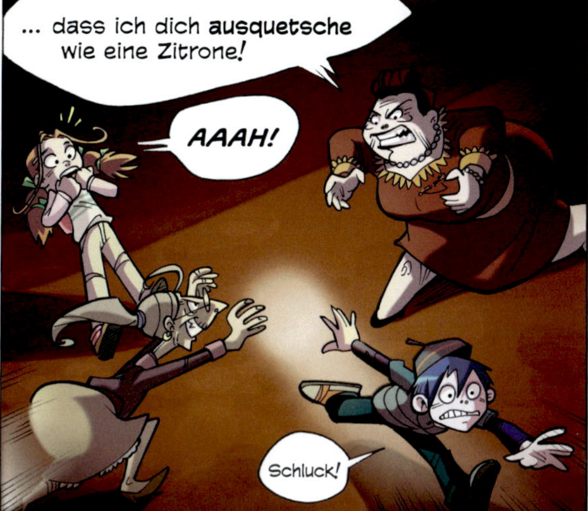
... dass ich dich **ausquetsche** wie eine Zitrone!
AAAH!
Schluck!

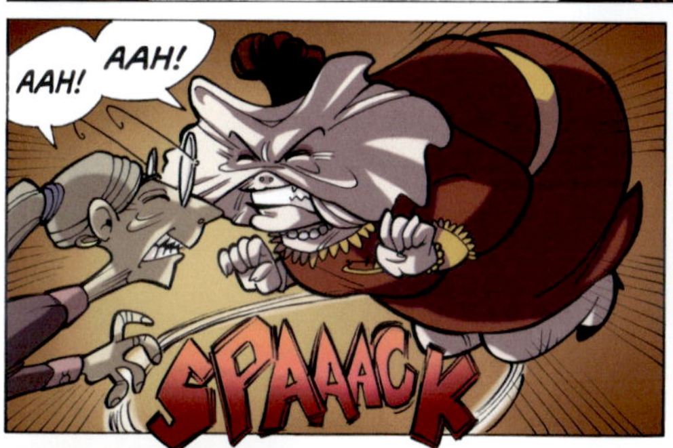
AAH!
AAH!
SPAAACK

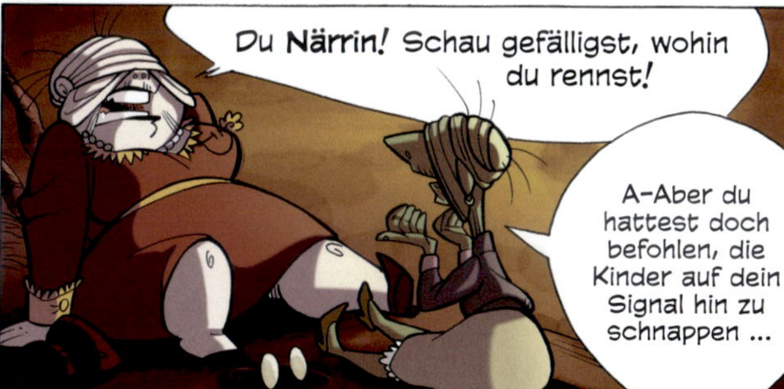
Du **Närrin!** Schau gefälligst, wohin du rennst!
A-Aber du hattest doch befohlen, die Kinder auf dein Signal hin zu schnappen ...

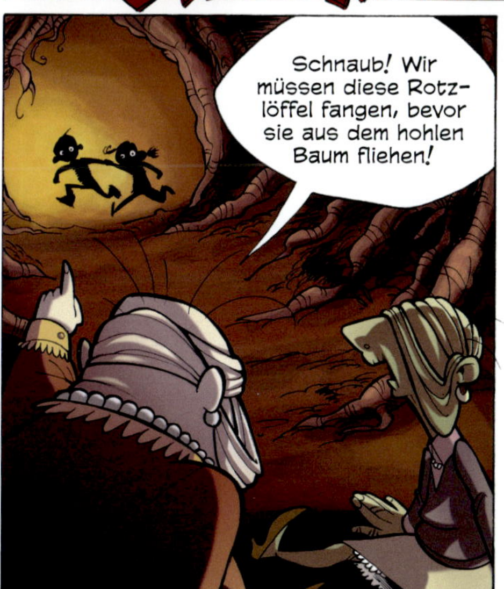
Schnaub! Wir müssen diese Rotzlöffel fangen, bevor sie aus dem hohlen Baum fliehen!

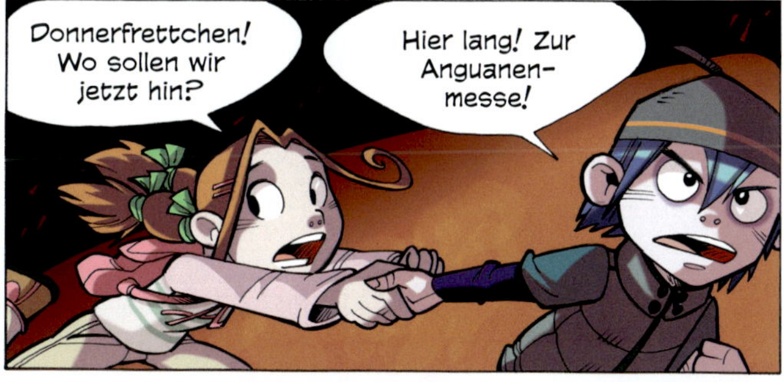
Donnerfrettchen! Wo sollen wir jetzt hin?
Hier lang! Zur Anguanenmesse!

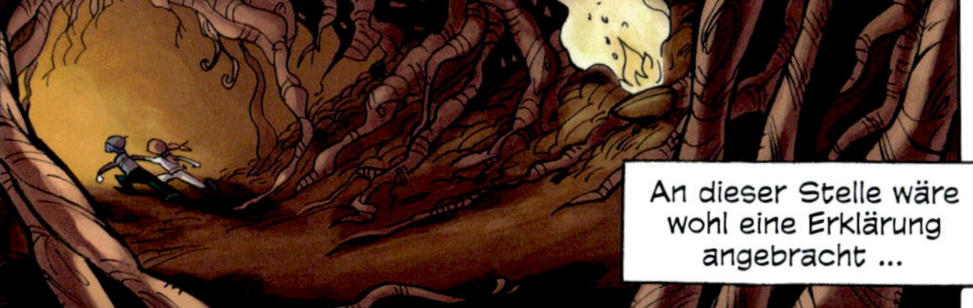
An dieser Stelle wäre wohl eine Erklärung angebracht ...

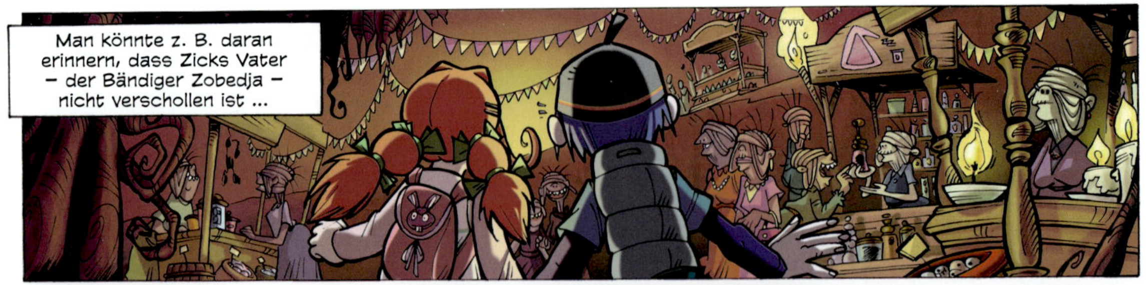
Man könnte z. B. daran erinnern, dass Zicks Vater – der Bändiger Zobedja – nicht verschollen ist ...

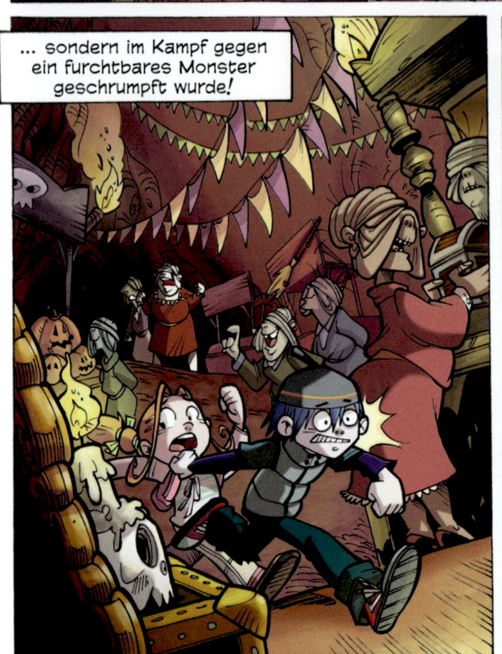
... sondern im Kampf gegen ein furchtbares Monster geschrumpft wurde!

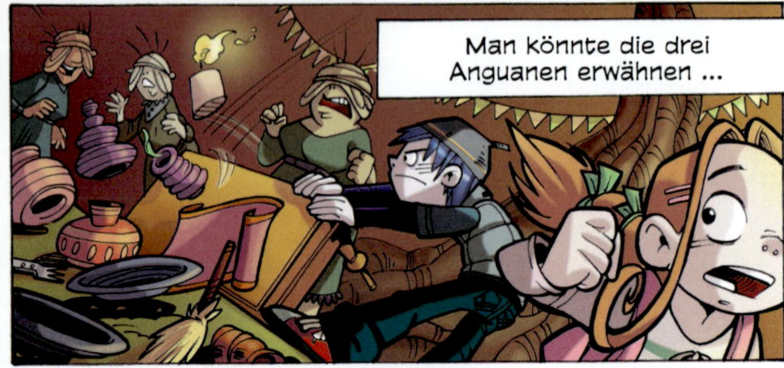
Man könnte die drei Anguanen erwähnen ...

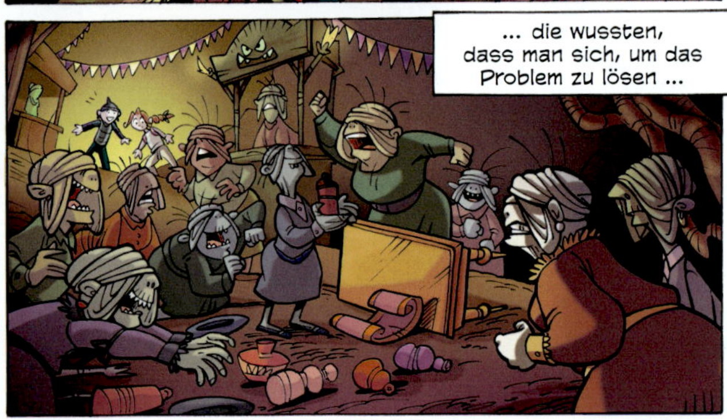
... die wussten, dass man sich, um das Problem zu lösen ...

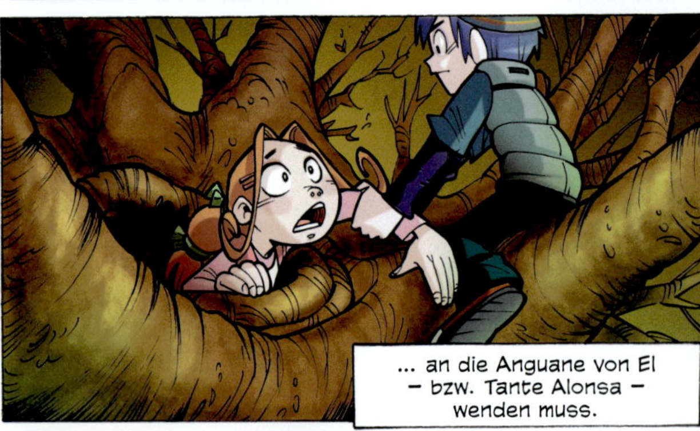
... an die Anguane von El – bzw. Tante Alonsa – wenden muss.

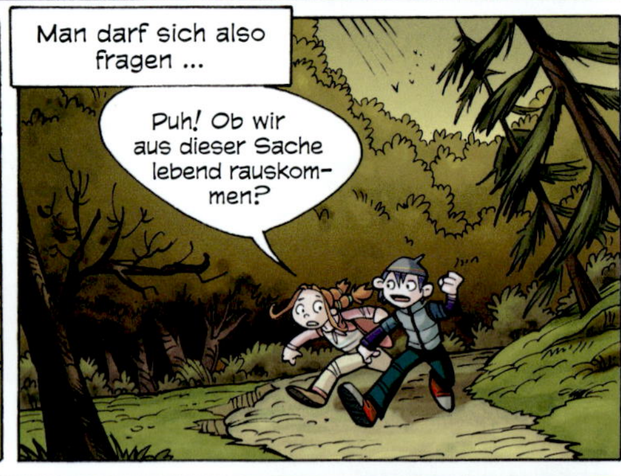
Man darf sich also fragen ...
Puh! Ob wir aus dieser Sache lebend rauskommen?

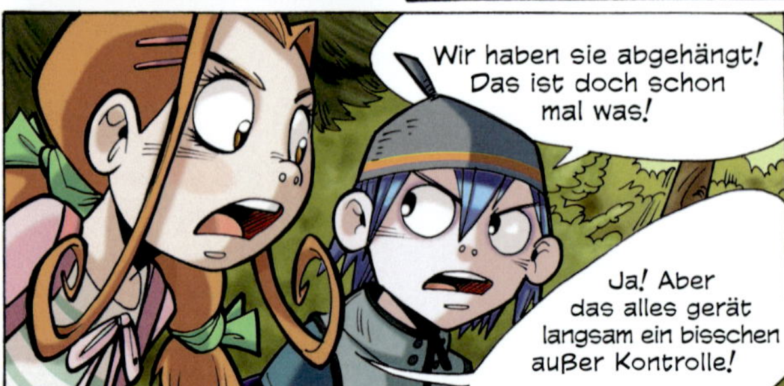
Wir haben sie abgehängt! Das ist doch schon mal was!
Ja! Aber das alles gerät langsam ein bisschen außer Kontrolle!

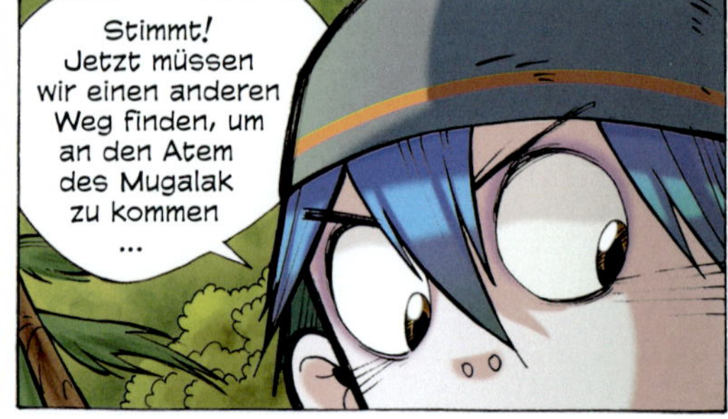
Stimmt! Jetzt müssen wir einen anderen Weg finden, um an den Atem des Mugalak zu kommen ...

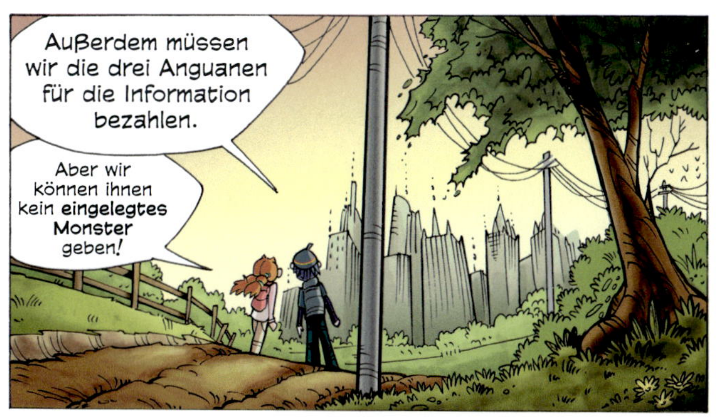

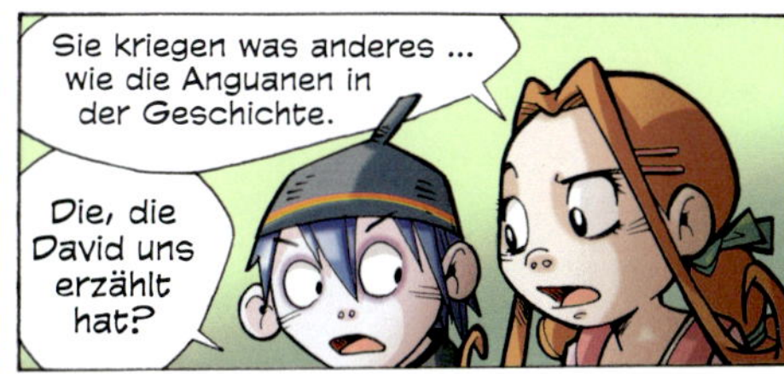

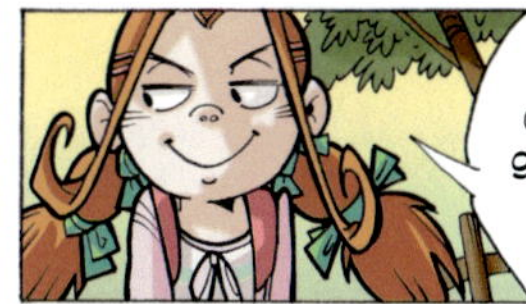

„Ach ja ... Ein gewisser Gatin, der listig und klug war, genau wie du ..."

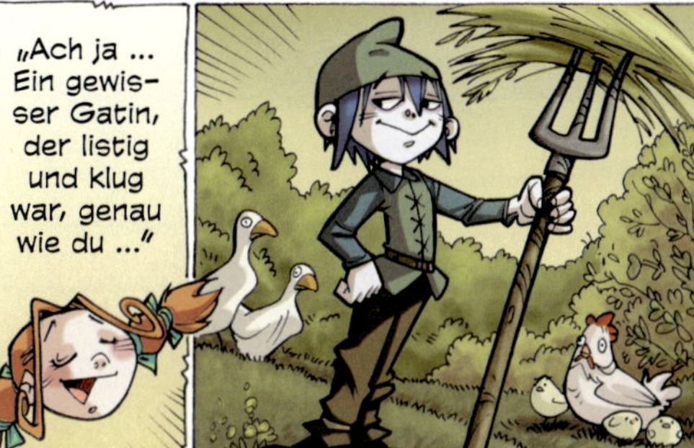

„... wurde von seinen Brüdern Gaton und Gatasso hintergangen, als sie ihr Erbe teilten und Gatin nur eine Kuh überließen."

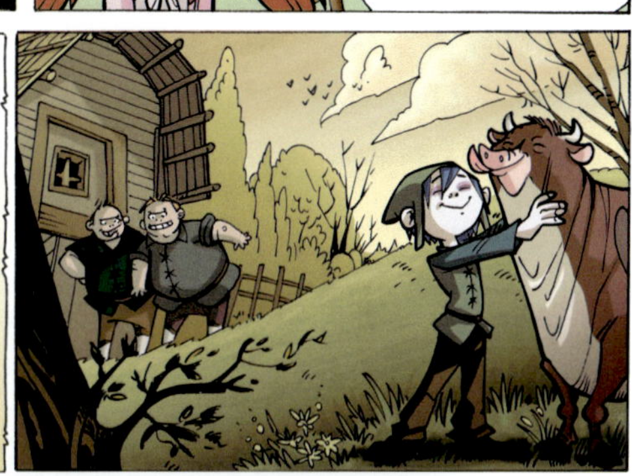

„Traurig und pleite gelangte Gatin an einen hohlen Baum, aus dessen Innern er einige Anguanen vernahm ..."

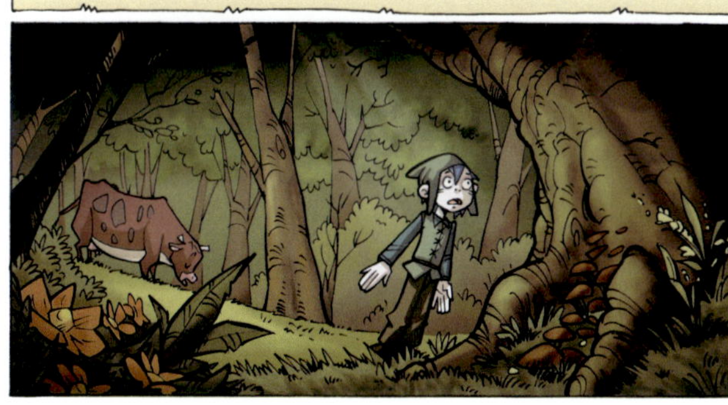

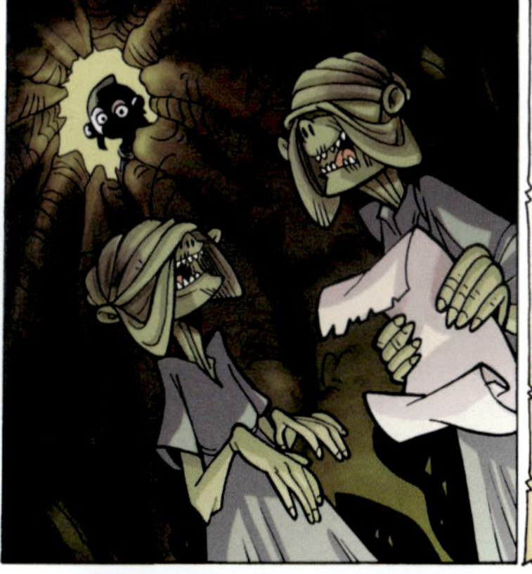

„... die behaupteten, das Mittel zu kennen, das die seit Langem kranke Königstochter heilen könnte."

„So kam es, dass Gatin ein Pferd unter dem Mond reiten ließ, dabei dessen Atem mit einem Schwamm aufsog ..."

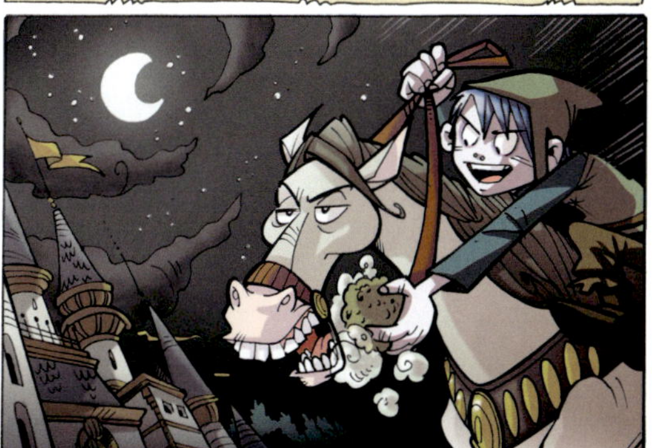

„... die Prinzessin heilte und – zum Ärger der Brüder und der Anguanen – steinreich wurde!"

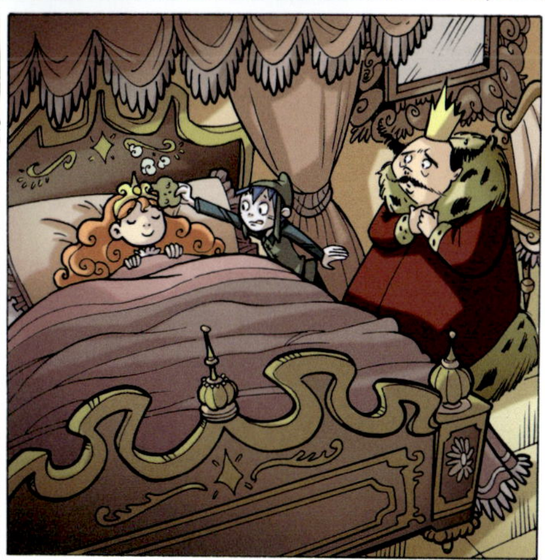

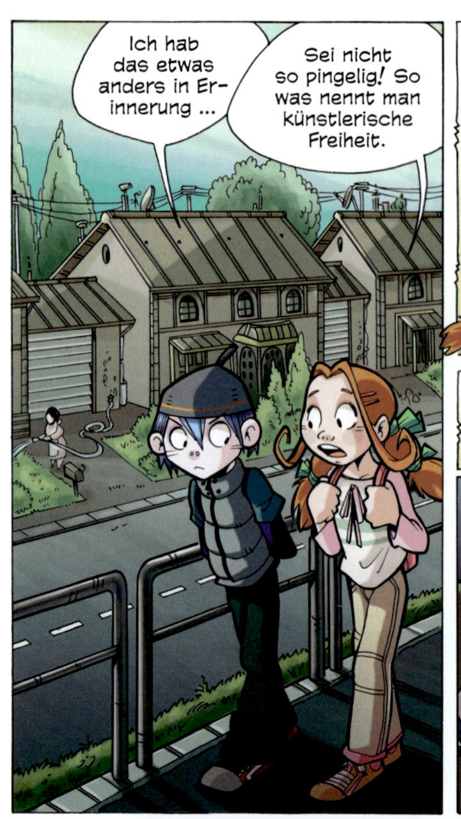

„Die Anguanen fanden Gatin und beschuldigten ihn, sie ihres Mittels beraubt zu haben!"

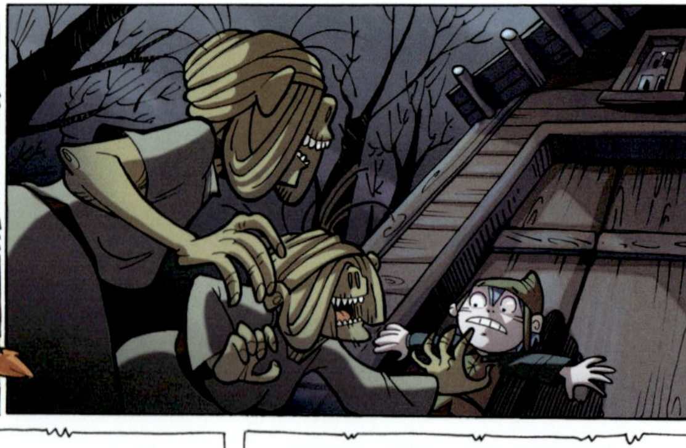

„Gatin stritt alles ab und um sie zu beruhigen, versprach er ihnen eine Überraschung."

„Als seine Brüder ihn zwangen, ihnen das Geheimnis seines Reichtums zu verraten, riet er ihnen, sich zu dem hohlen Baum zu begeben ..."

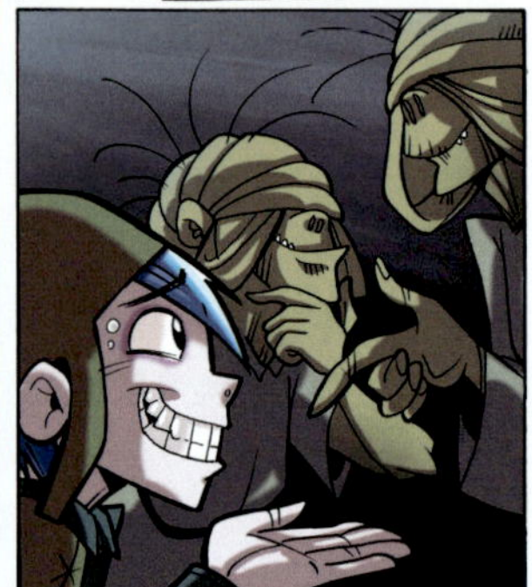

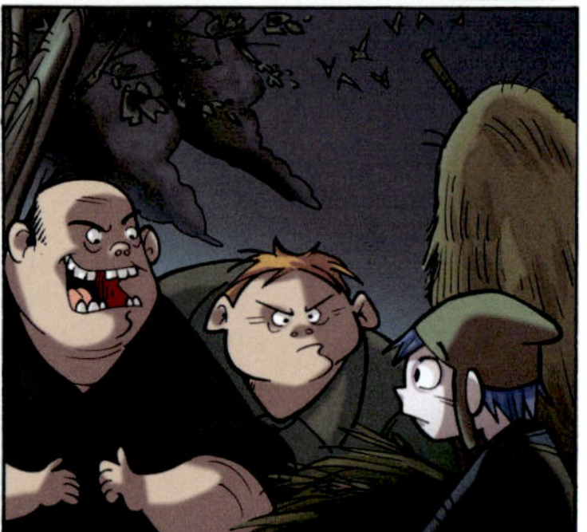

„... und sich als Heiler der Königstochter vorzustellen. Zur Belohnung würden sie dann mit Gold überschüttet."

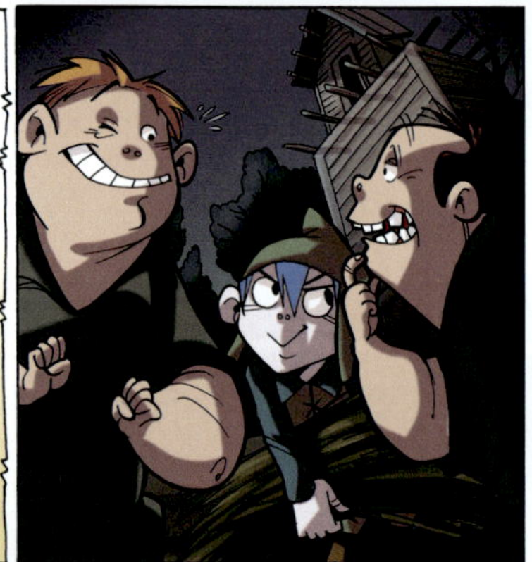

„Je größer der Behälter wäre, mit dem sie dort erschienen, desto mehr Gold würde für sie herausspringen ..."

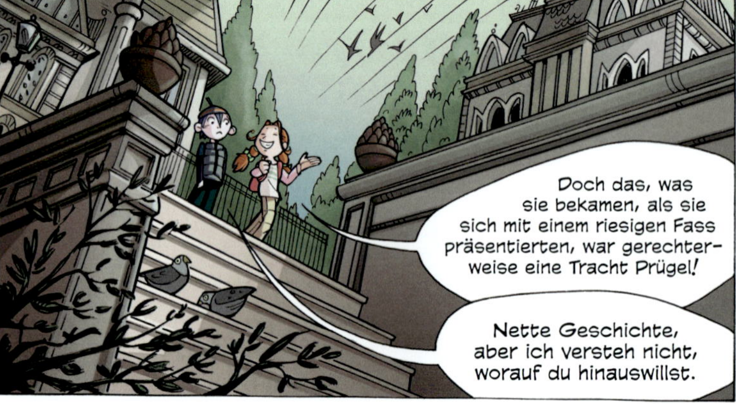

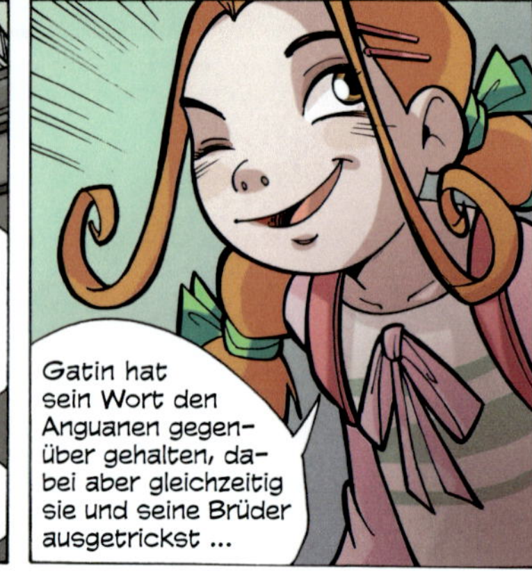

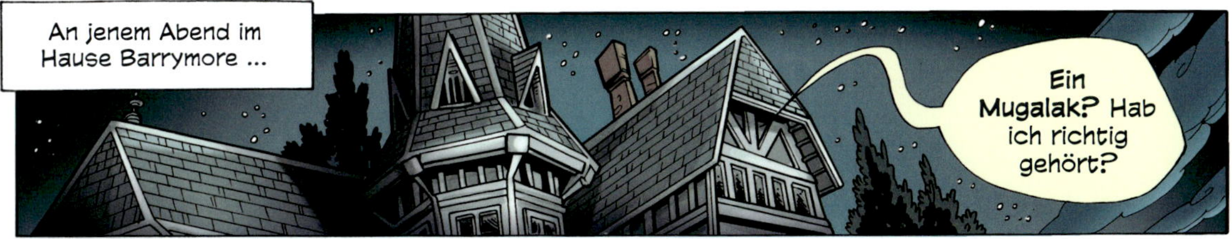
An jenem Abend im Hause Barrymore ...
Ein Mugalak? Hab ich richtig gehört?

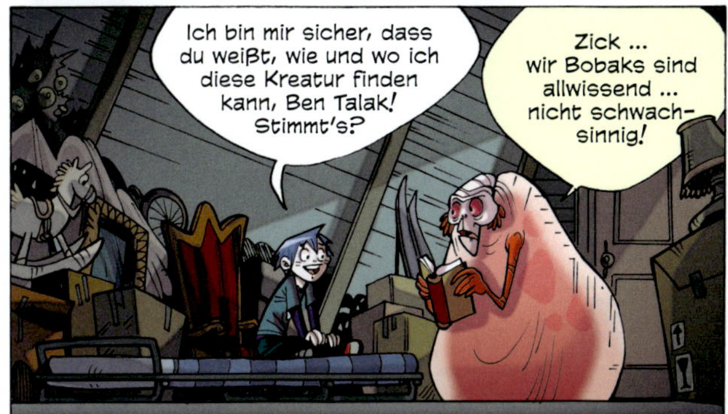
Ich bin mir sicher, dass du weißt, wie und wo ich diese Kreatur finden kann, Ben Talak! Stimmt's?
Zick ... wir Bobaks sind allwissend ... nicht schwachsinnig!

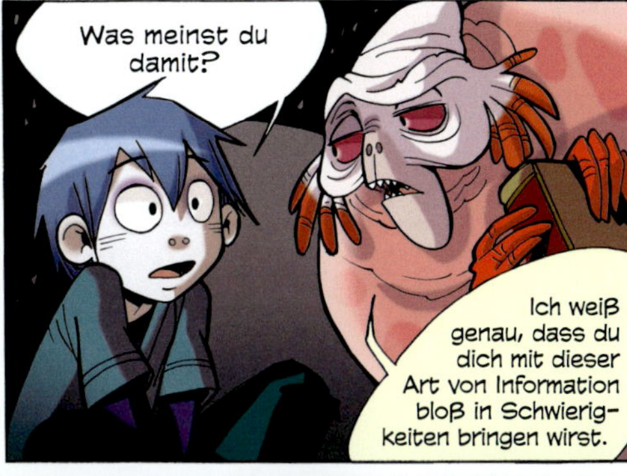
Was meinst du damit?
Ich weiß genau, dass du dich mit dieser Art von Information bloß in Schwierigkeiten bringen wirst.

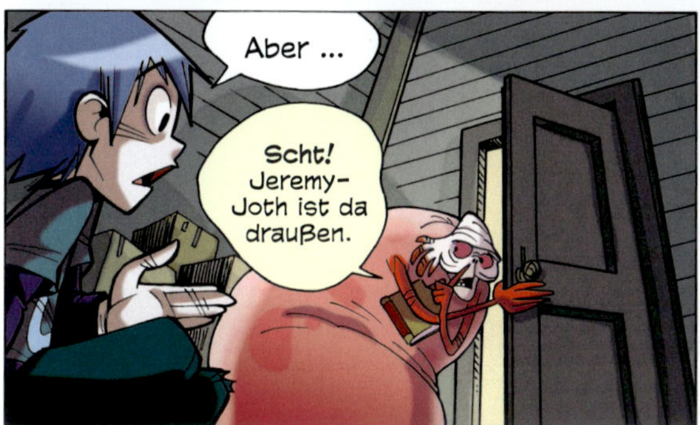
Aber ...
Scht! Jeremy-Joth ist da draußen.

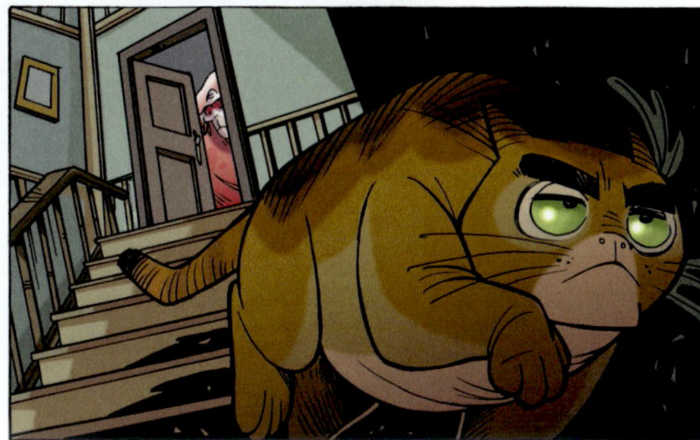

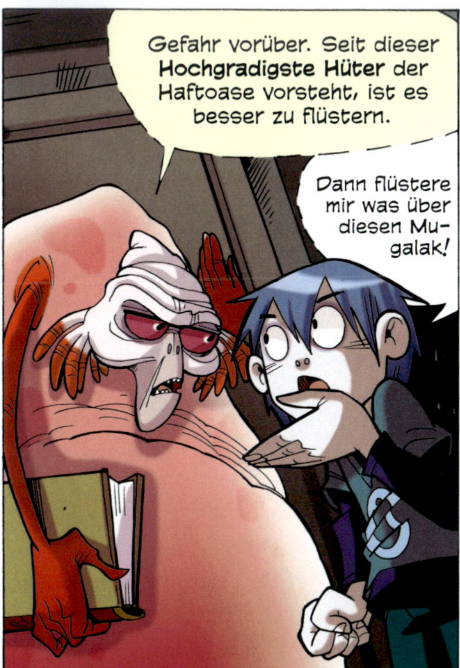
Gefahr vorüber. Seit dieser **Hochgradigste Hüter** der Haftoase vorsteht, ist es besser zu flüstern.
Dann flüstere mir was über diesen Mugalak!

Du sprichst von einem sehr gefährlichen Wesen und ich will sicher nicht dafür verantwortlich sein, wenn du Ärger bekommst. Also vergiss es!
Moment mal ...

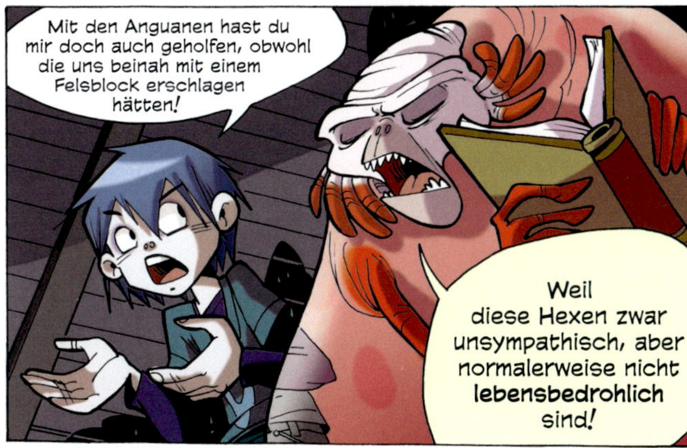
Mit den Anguanen hast du mir doch auch geholfen, obwohl die uns beinah mit einem Felsblock erschlagen hätten!
Weil diese Hexen zwar unsympathisch, aber normalerweise nicht **lebensbedrohlich** sind!

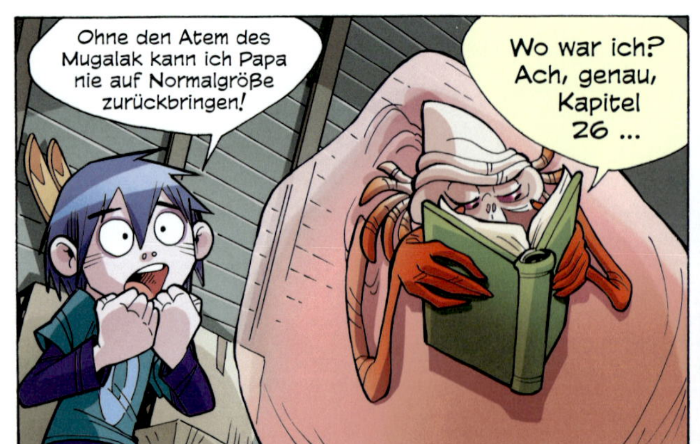
Ohne den Atem des Mugalak kann ich Papa nie auf Normalgröße zurückbringen!
Wo war ich? Ach, genau, Kapitel 26 ...

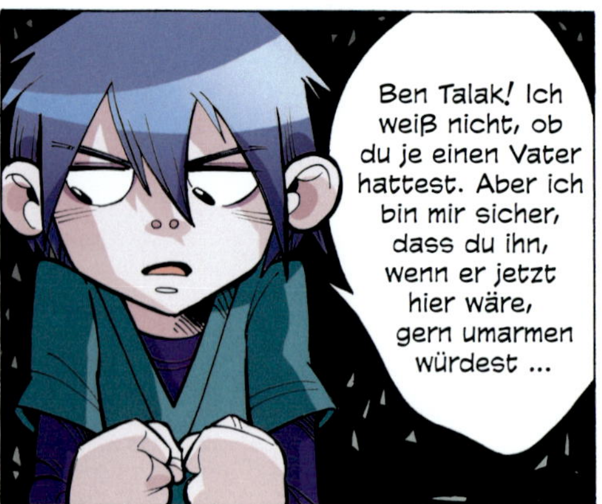
Ben Talak! Ich weiß nicht, ob du je einen Vater hattest. Aber ich bin mir sicher, dass du ihn, wenn er jetzt hier wäre, gern umarmen würdest ...

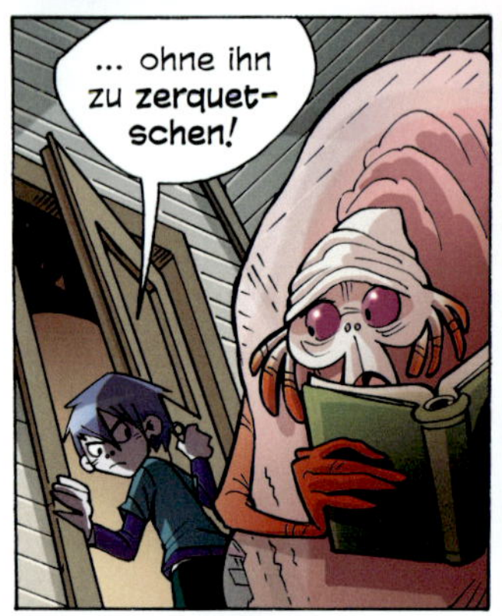
... ohne ihn zu **zerquetschen!**

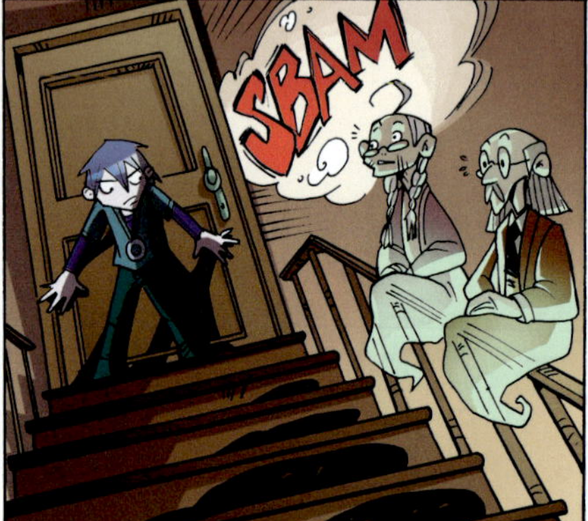
SBAM

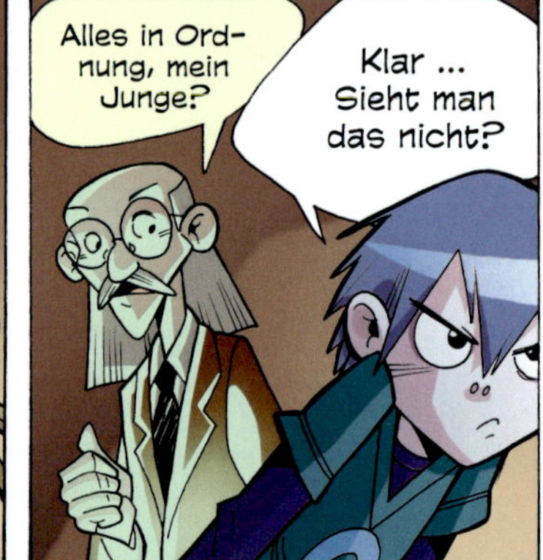
Alles in Ordnung, mein Junge?
Klar ... Sieht man das nicht?

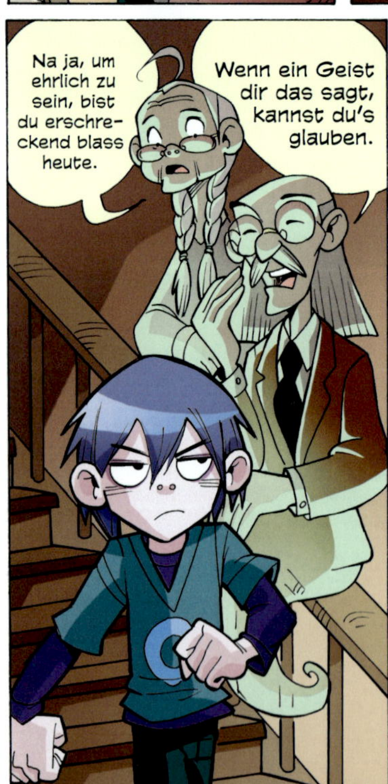
Na ja, um ehrlich zu sein, bist du erschreckend blass heute.
Wenn ein Geist dir das sagt, kannst du's glauben.

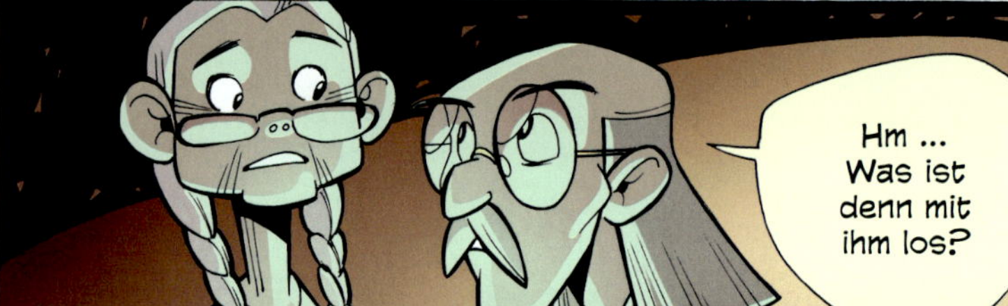
Hm ... Was ist denn mit ihm los?

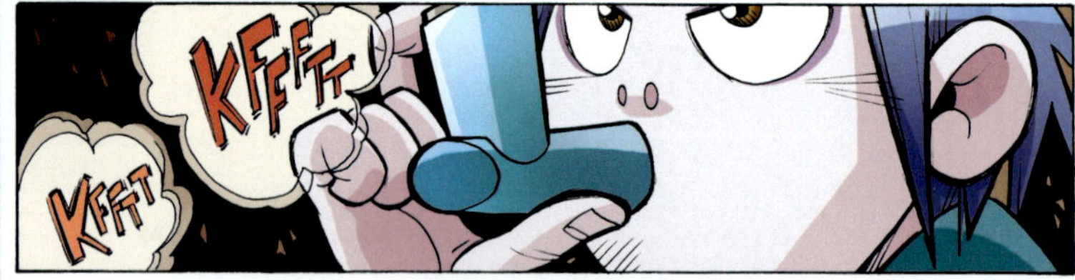
KFFFTT
KFFTT

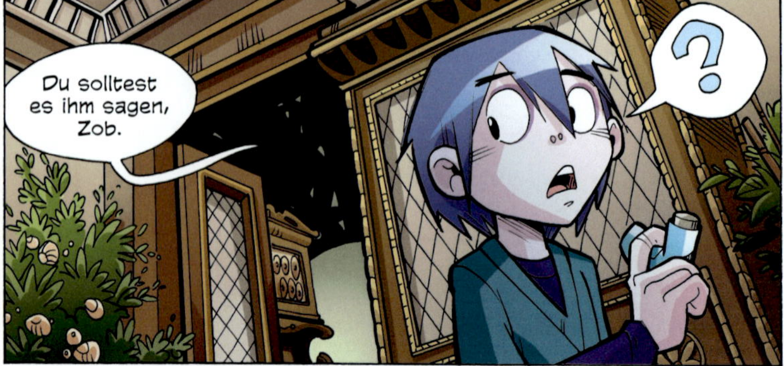
Du solltest es ihm sagen, Zob.
?

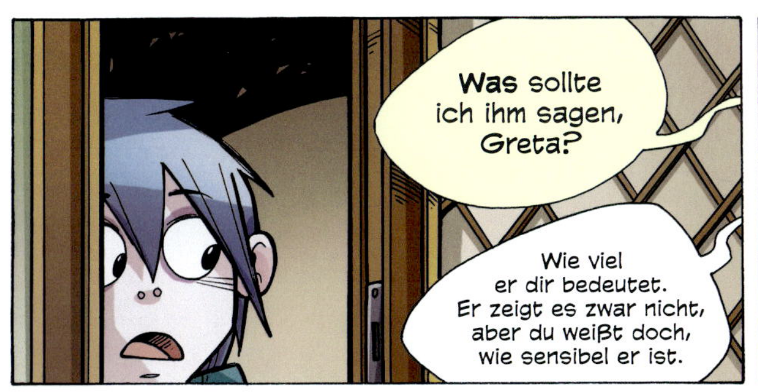
Was sollte ich ihm sagen, Greta?
Wie viel er dir bedeutet. Er zeigt es zwar nicht, aber du weißt doch, wie sensibel er ist.

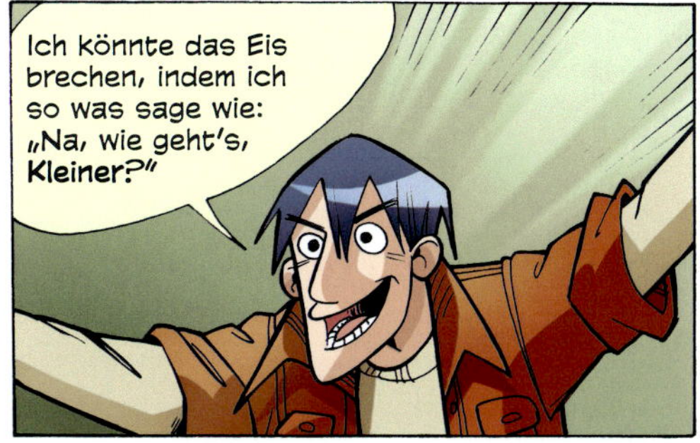
Ich könnte das Eis brechen, indem ich so was sage wie: „Na, wie geht's, Kleiner?"

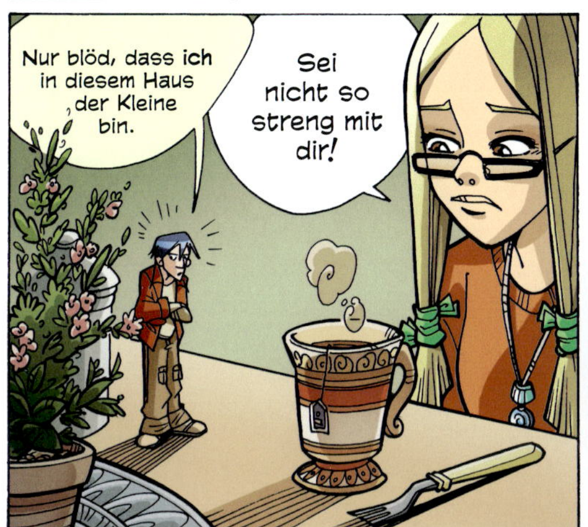
Nur blöd, dass ich in diesem Haus der Kleine bin.
Sei nicht so streng mit dir!

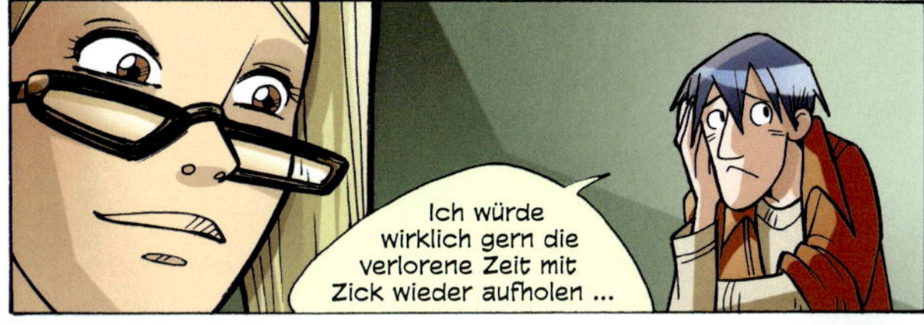
Ich würde wirklich gern die verlorene Zeit mit Zick wieder aufholen ...

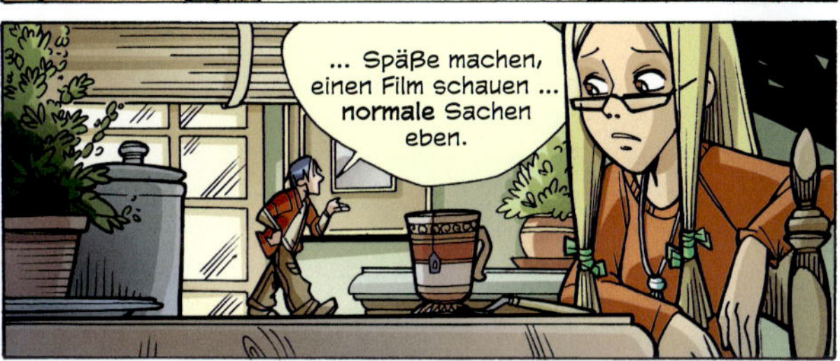
... Späße machen, einen Film schauen ... normale Sachen eben.

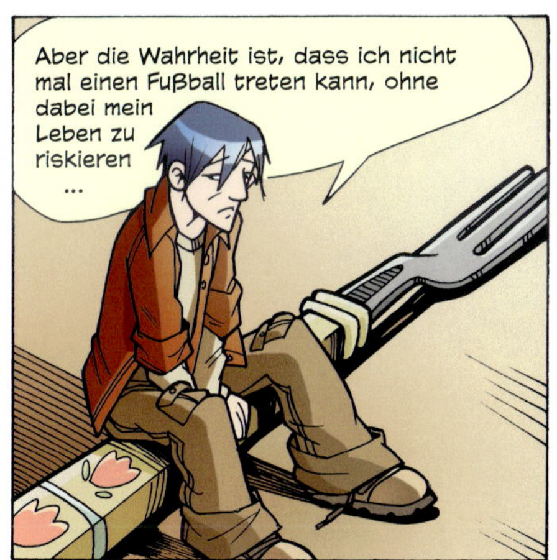
Aber die Wahrheit ist, dass ich nicht mal einen Fußball treten kann, ohne dabei mein Leben zu riskieren ...

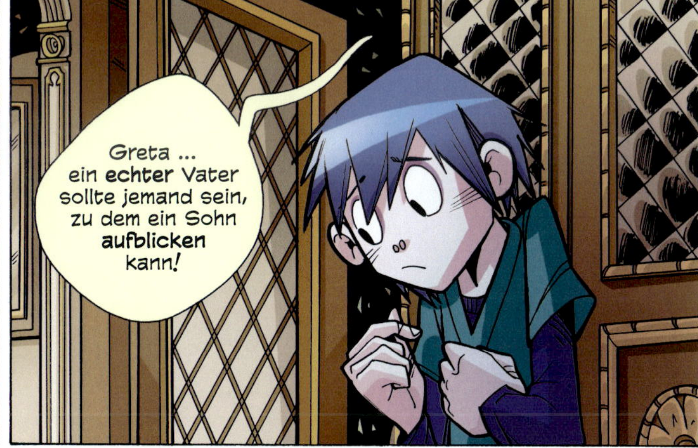
Greta ... ein echter Vater sollte jemand sein, zu dem ein Sohn aufblicken kann!

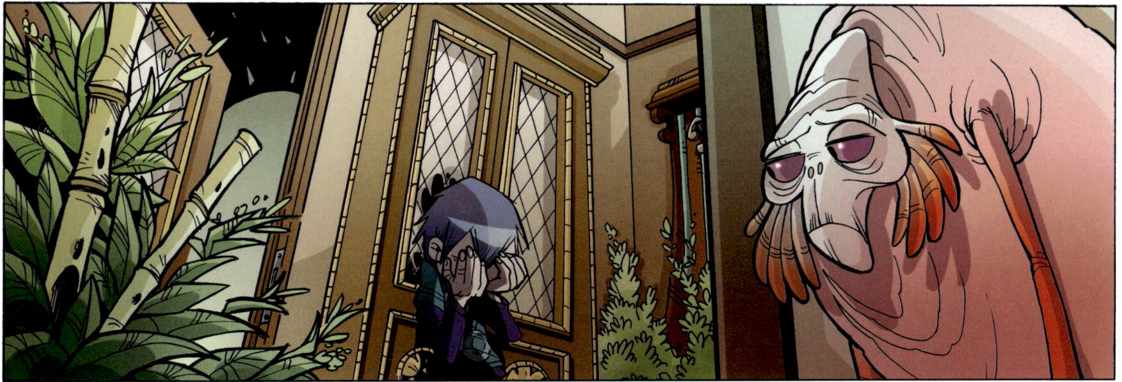

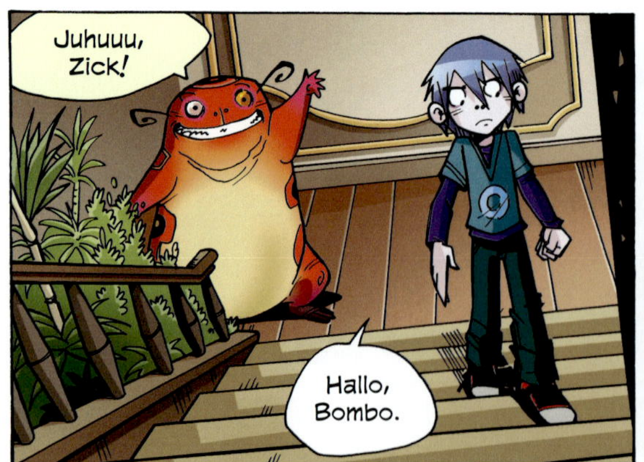
Juhuuu,
Zick!
Hallo,
Bombo.

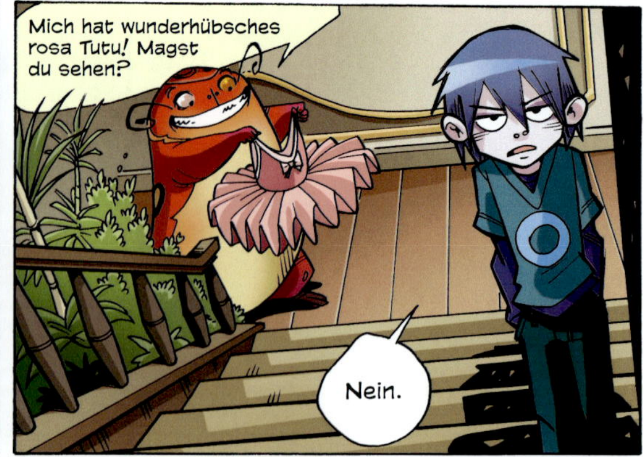
Mich hat wunderhübsches rosa Tutu! Magst du sehen?
Nein.

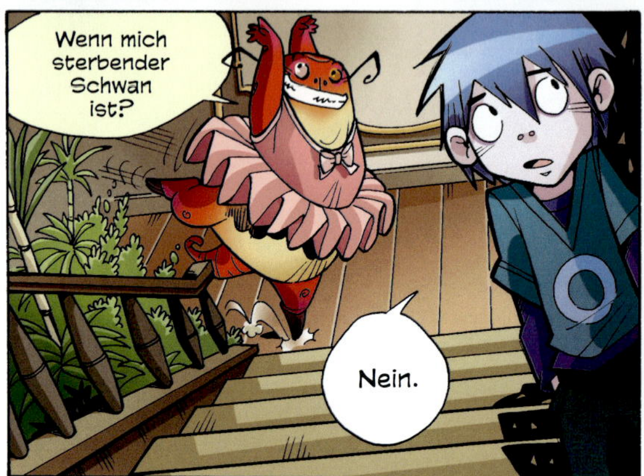
Wenn mich sterbender Schwan ist?
Nein.

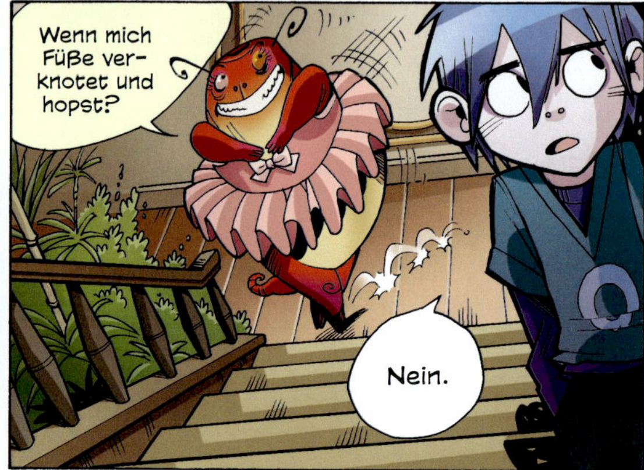
Wenn mich Füße verknotet und hopst?
Nein.

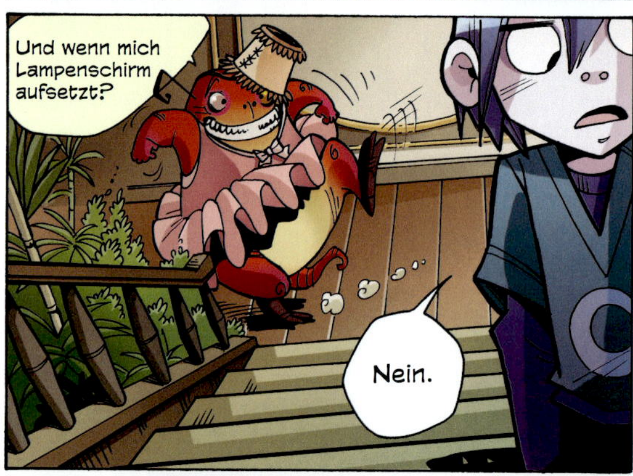
Und wenn mich Lampenschirm aufsetzt?
Nein.

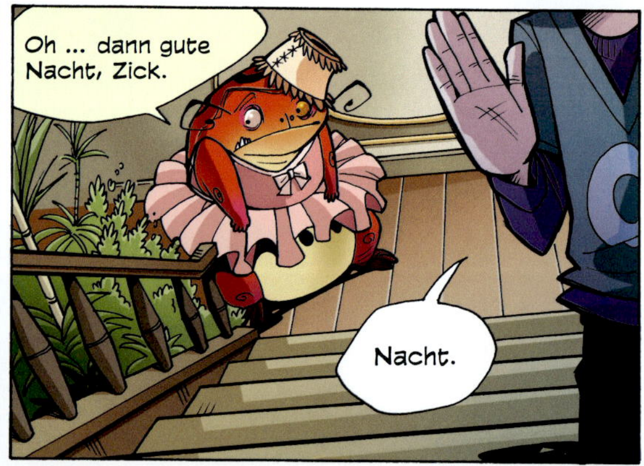
Oh ... dann gute Nacht, Zick.
Nacht.

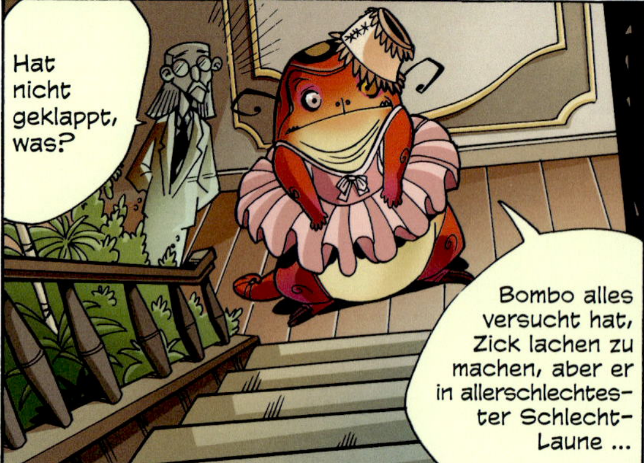
Hat nicht geklappt, was?
Bombo alles versucht hat, Zick lachen zu machen, aber er in allerschlechtester Schlecht-Laune ...

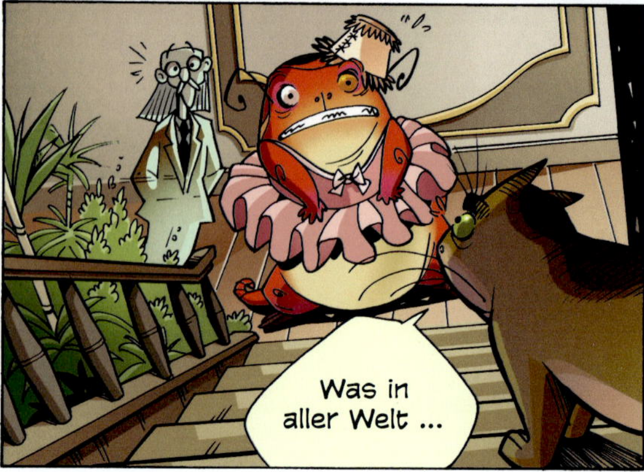
Was in aller Welt ...

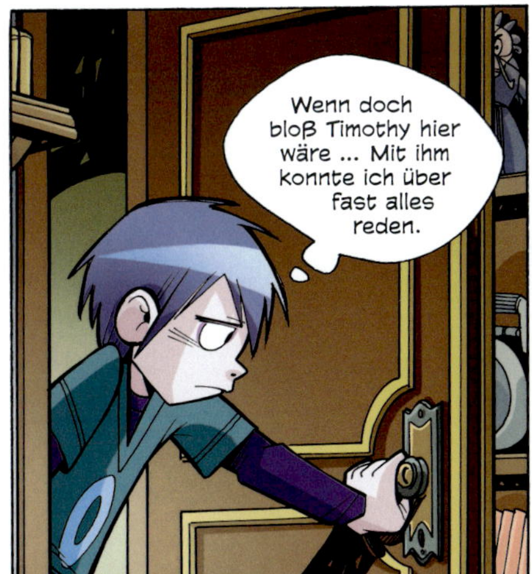
Wenn doch bloß Timothy hier wäre ... Mit ihm konnte ich über fast alles reden.

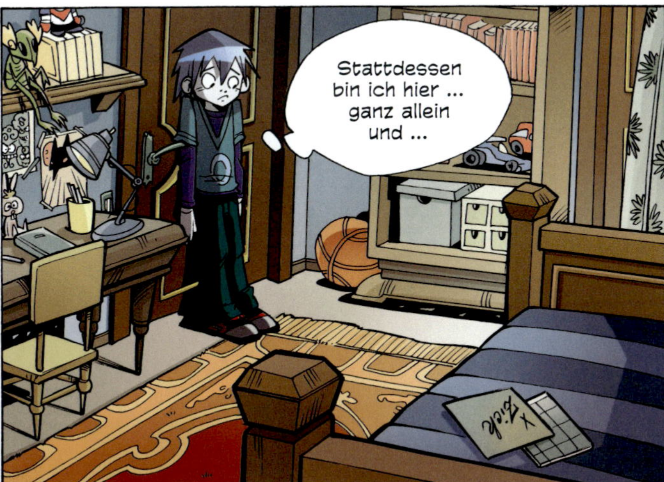
Stattdessen bin ich hier ... ganz allein und ...

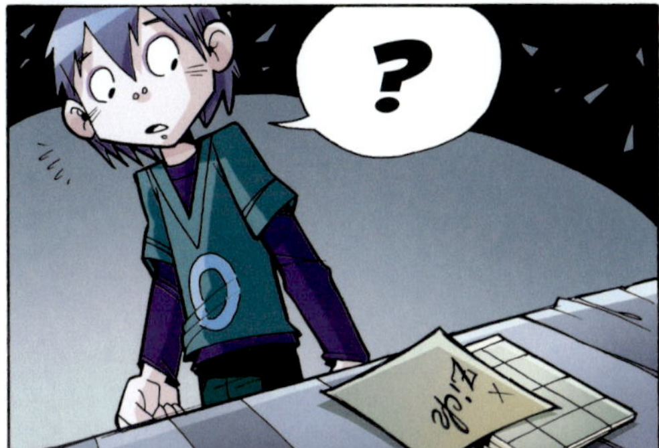
?

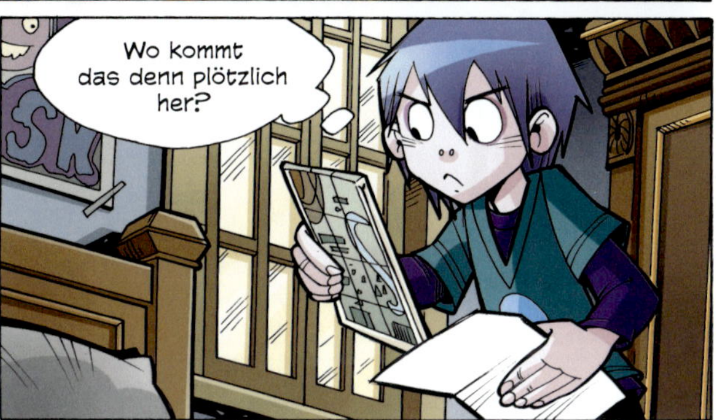
Wo kommt das denn plötzlich her?

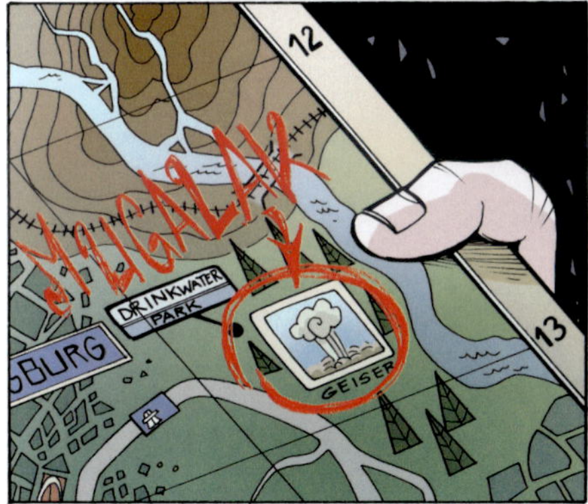
MUGALAK
DRINKWATER PARK
GEISER
12
13

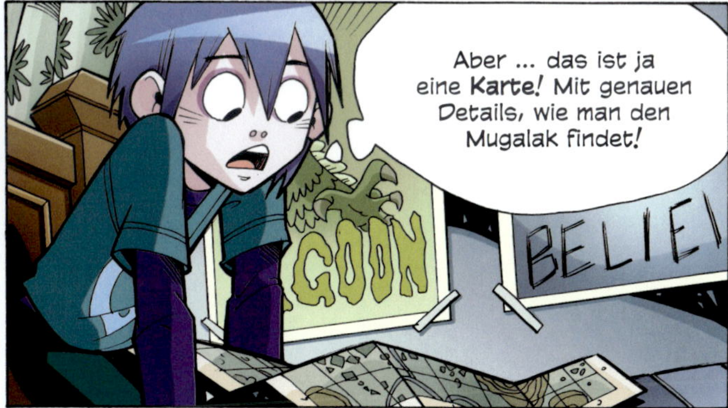
Aber ... das ist ja eine **Karte**! Mit genauen Details, wie man den Mugalak findet!
GOON
BELIEI

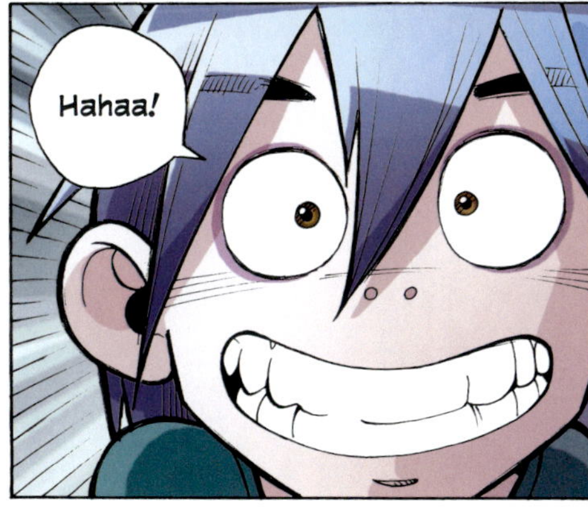
Hahaa!

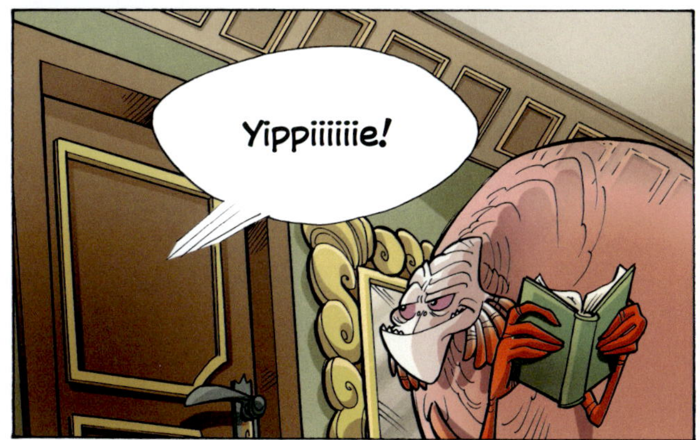
Yippiiiiiie!

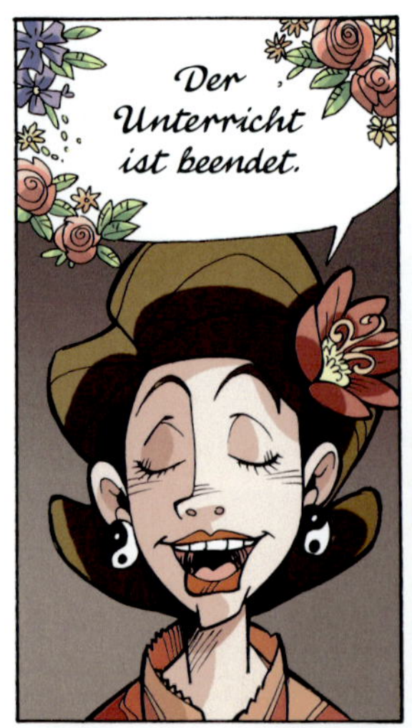
Der Unterricht ist beendet.

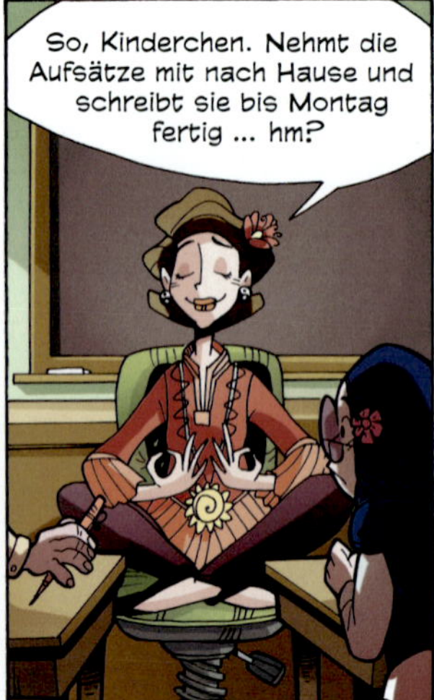
So, Kinderchen. Nehmt die Aufsätze mit nach Hause und schreibt sie bis Montag fertig ... hm?

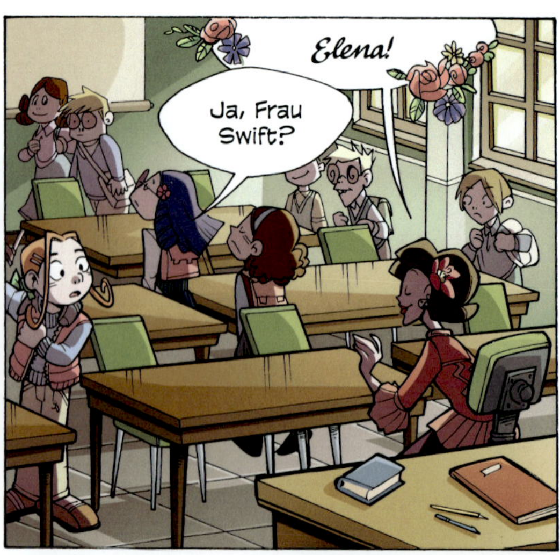
Elena!
Ja, Frau Swift?

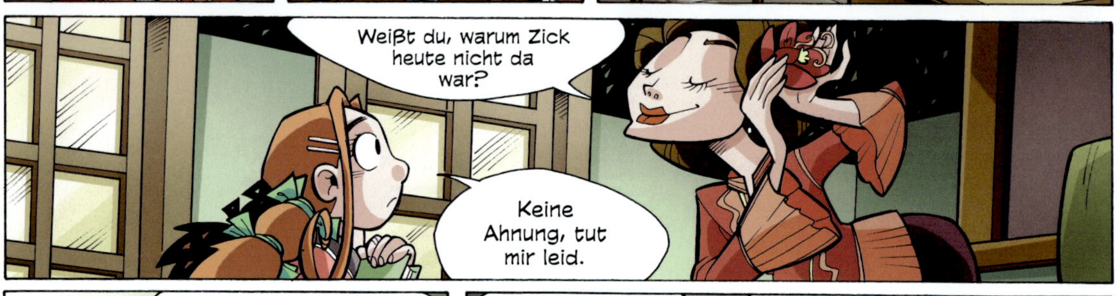
Weißt du, warum Zick heute nicht da war?
Keine Ahnung, tut mir leid.

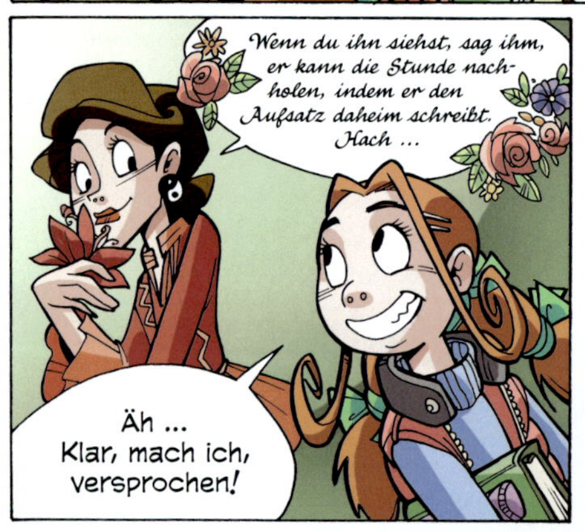
Wenn du ihn siehst, sag ihm, er kann die Stunde nachholen, indem er den Aufsatz daheim schreibt. Hach ...
Äh ... Klar, mach ich, versprochen!

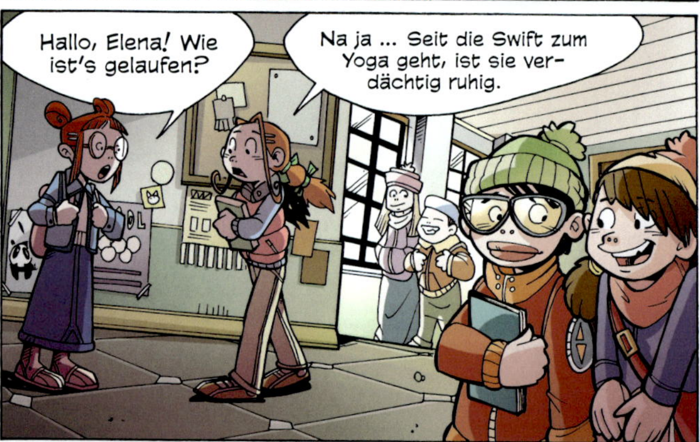
Hallo, Elena! Wie ist's gelaufen?
Na ja ... Seit die Swift zum Yoga geht, ist sie verdächtig ruhig.

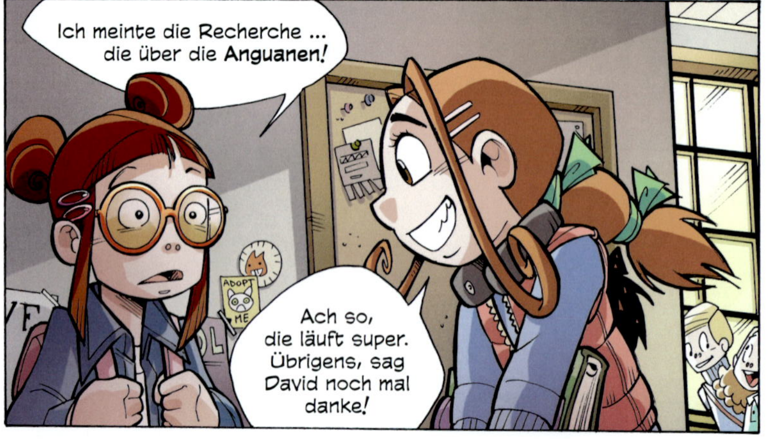
Ich meinte die Recherche ... die über die **Anguanen**!
Ach so, die läuft super. Übrigens, sag David noch mal danke!

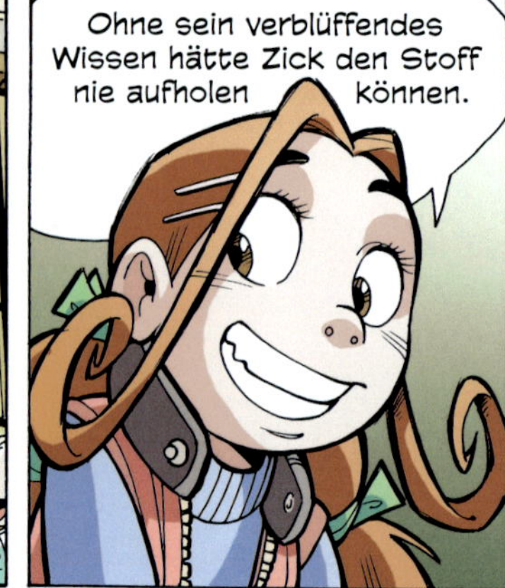
Ohne sein verblüffendes Wissen hätte Zick den Stoff nie aufholen können.

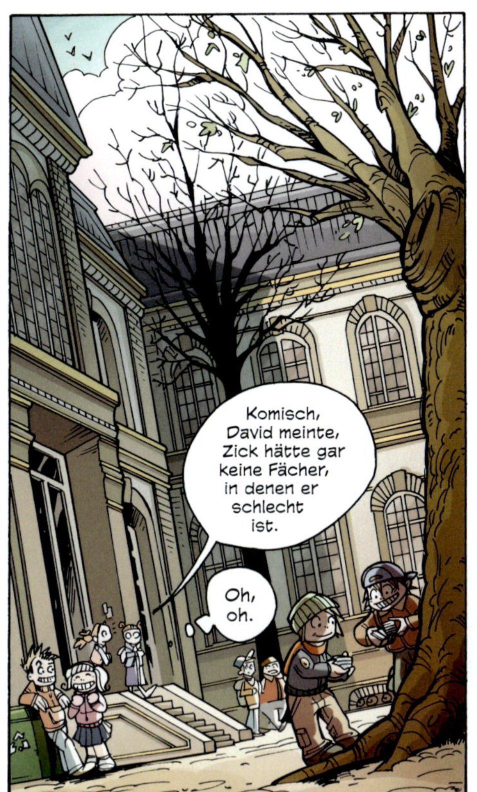
Komisch, David meinte, Zick hätte gar keine Fächer, in denen er schlecht ist.
Oh, oh.

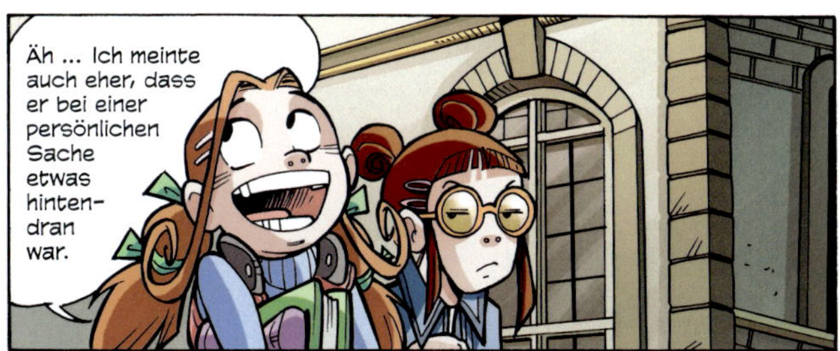
Äh ... Ich meinte auch eher, dass er bei einer persönlichen Sache etwas hinten-dran war.

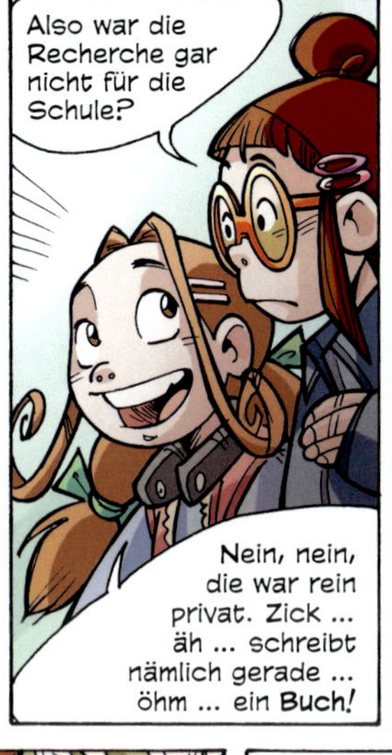
Also war die Recherche gar nicht für die Schule?
Nein, nein, die war rein privat. Zick ... äh ... schreibt nämlich gerade ... öhm ... ein **Buch**!

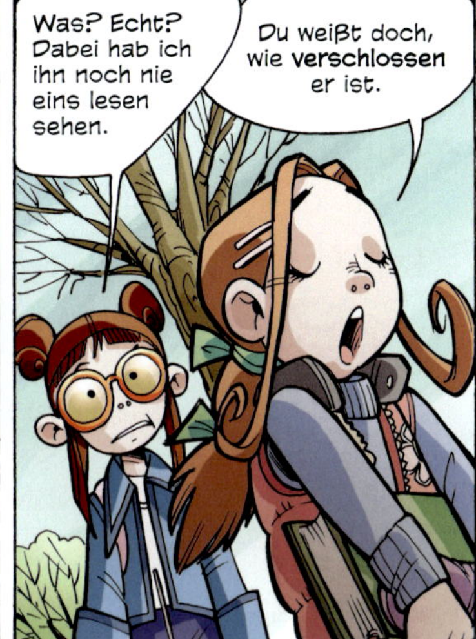
Was? Echt? Dabei hab ich ihn noch nie eins lesen sehen.
Du weißt doch, wie **verschlossen** er ist.

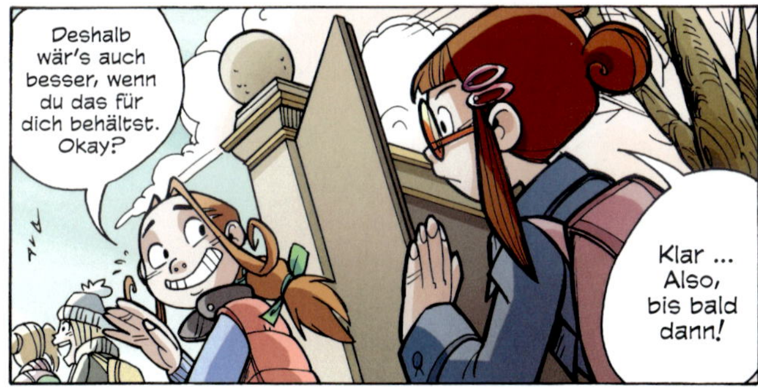
Deshalb wär's auch besser, wenn du das für dich behältst. Okay?
Klar ... Also, bis bald dann!

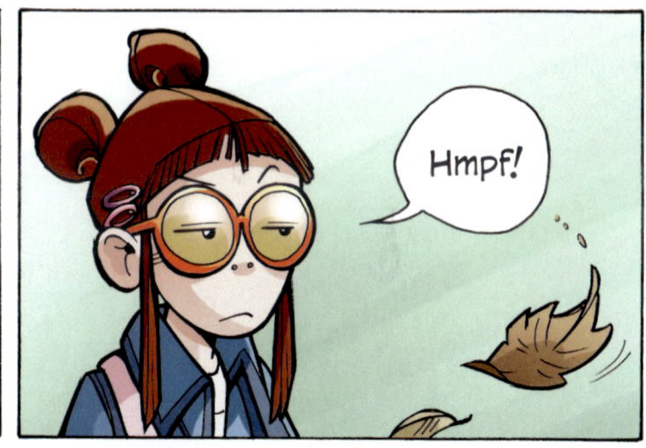
Hmpf!

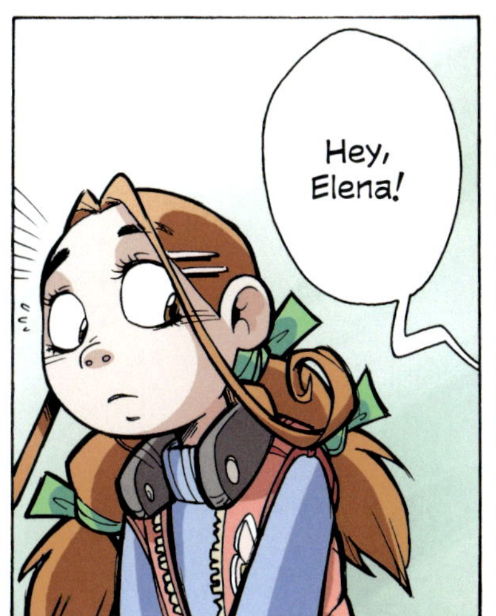
Hey, Elena!

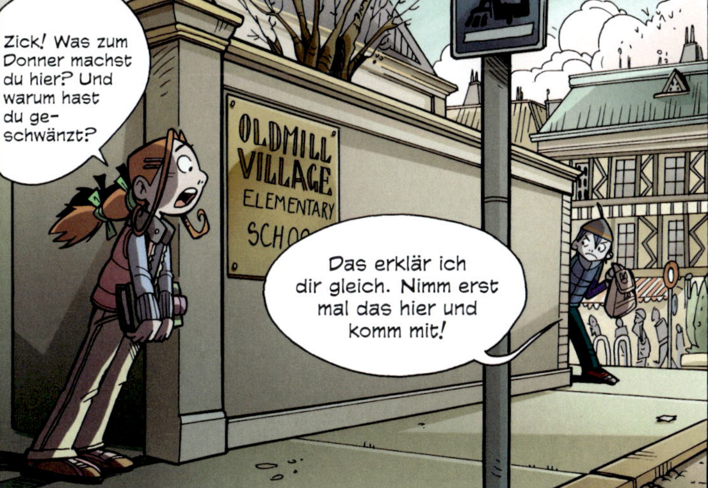
Zick! Was zum Donner machst du hier? Und warum hast du ge-schwänzt?
OLDMILL VILLAGE ELEMENTARY SCHO
Das erklär ich dir gleich. Nimm erst mal das hier und komm mit!

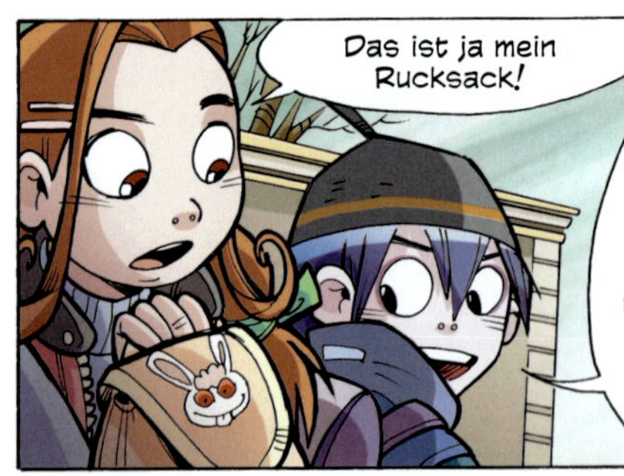
Das ist ja mein Rucksack!
Den hab ich Bombo aus deinem Zimmer holen lassen. Wir werden ihn brauchen, wir müssen nämlich einen kleinen Ausflug machen ...

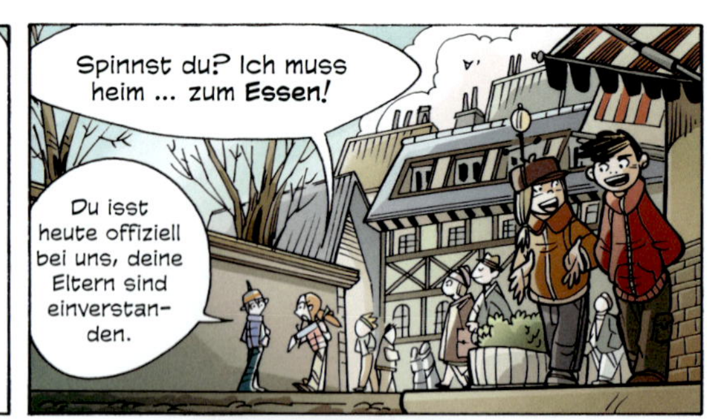
Spinnst du? Ich muss heim ... zum **Essen**!
Du isst heute offiziell bei uns, deine Eltern sind einverstanden.

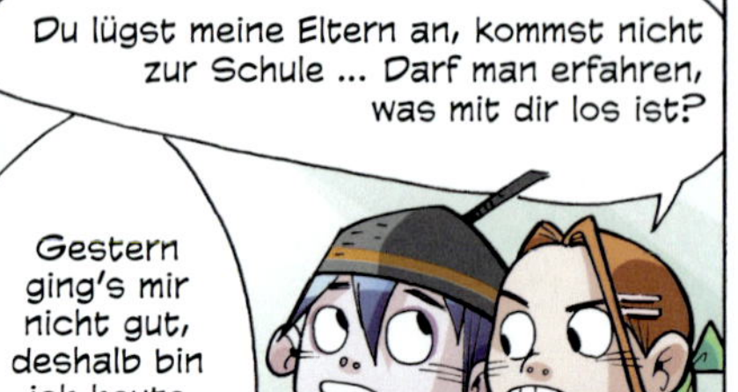
Du lügst meine Eltern an, kommst nicht zur Schule ... Darf man erfahren, was mit dir los ist?
Gestern ging's mir nicht gut, deshalb bin ich heute zu Hause geblieben ...

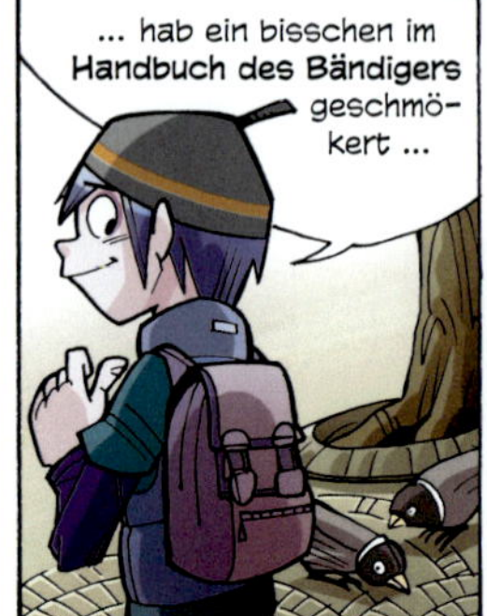
... hab ein bisschen im **Handbuch des Bändigers** geschmökert ...

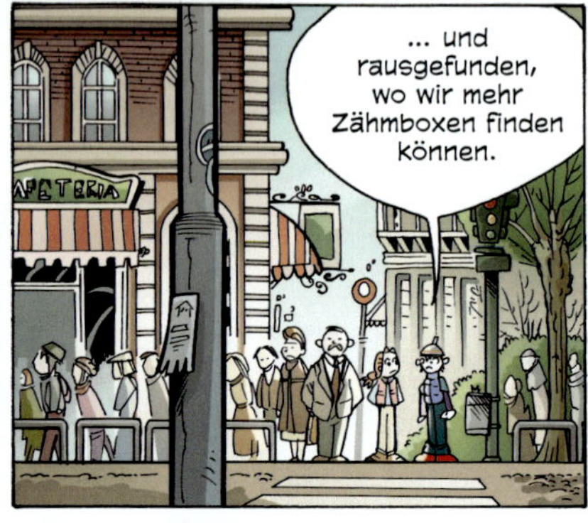
... und rausgefunden, wo wir mehr Zähmboxen finden können.

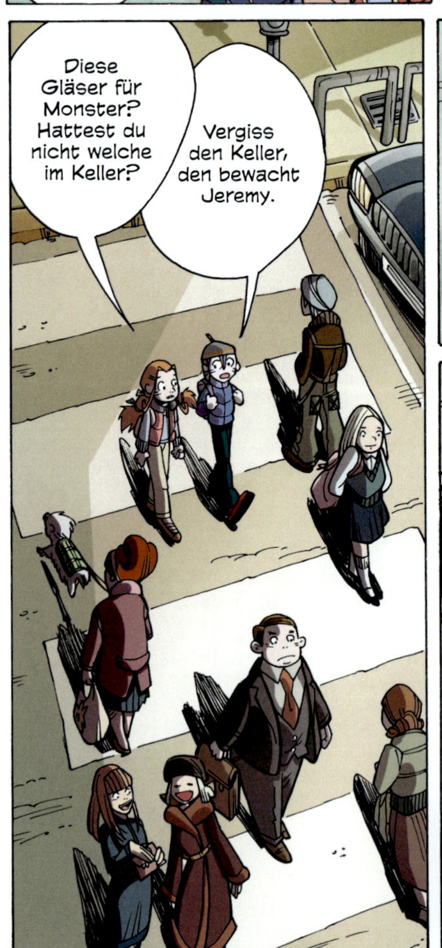
Diese Gläser für Monster? Hattest du nicht welche im Keller?
Vergiss den Keller, den bewacht Jeremy.

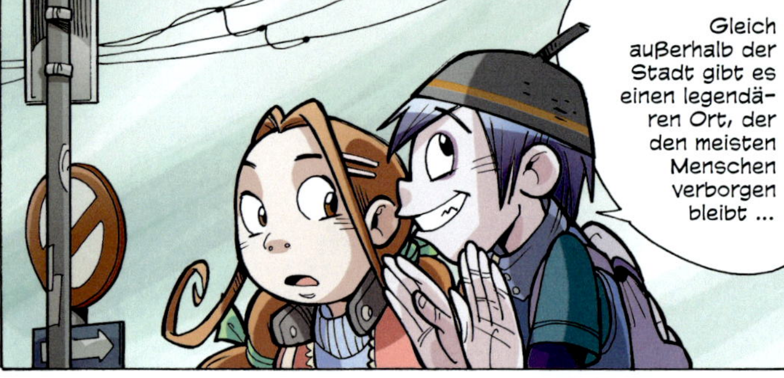
Gleich außerhalb der Stadt gibt es einen legendären Ort, der den meisten Menschen verborgen bleibt ...

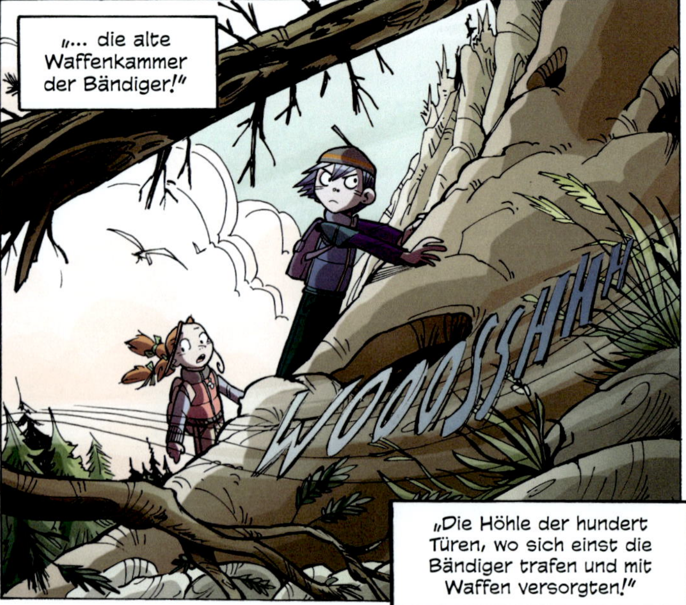
„... die alte Waffenkammer der Bändiger!"
WOOOSSHHH
„Die Höhle der hundert Türen, wo sich einst die Bändiger trafen und mit Waffen versorgten!"

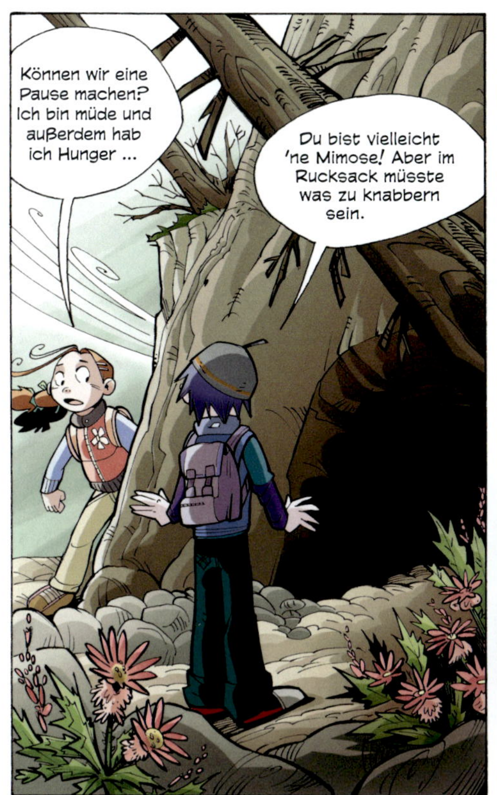
Können wir eine Pause machen? Ich bin müde und außerdem hab ich Hunger ...
Du bist vielleicht 'ne Mimose! Aber im Rucksack müsste was zu knabbern sein.

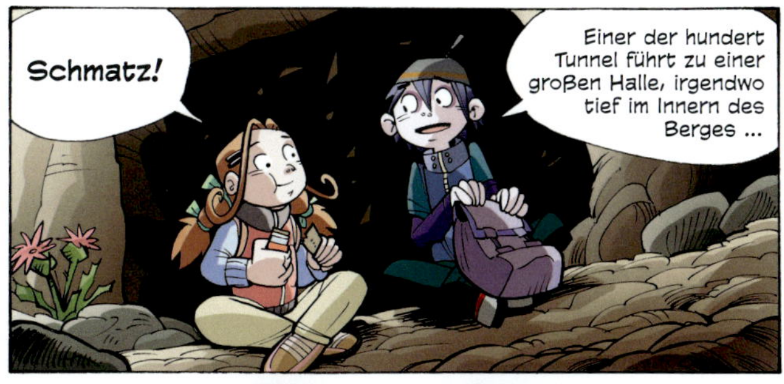
Schmatz!
Einer der hundert Tunnel führt zu einer großen Halle, irgendwo tief im Innern des Berges ...

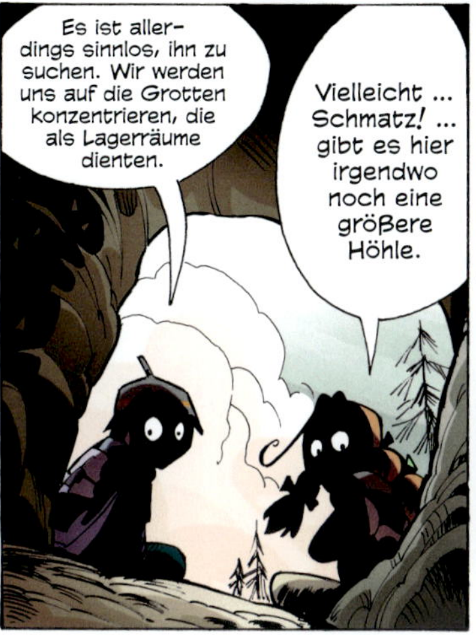
Es ist allerdings sinnlos, ihn zu suchen. Wir werden uns auf die Grotten konzentrieren, die als Lagerräume dienten.
Vielleicht ... Schmatz! ... gibt es hier irgendwo noch eine größere Höhle.

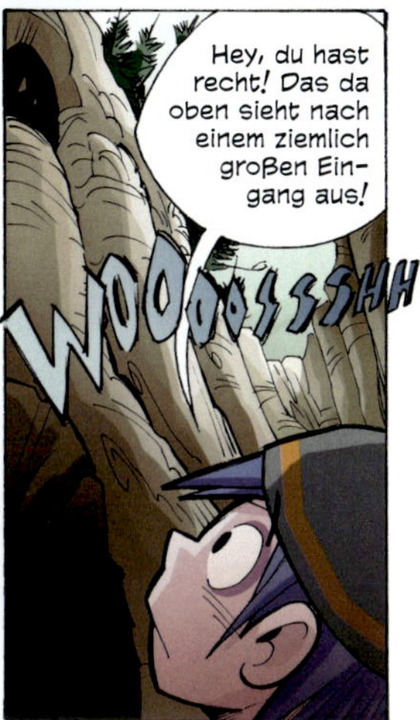
Hey, du hast recht! Das da oben sieht nach einem ziemlich großen Eingang aus!
WOOOOSSSSHHH

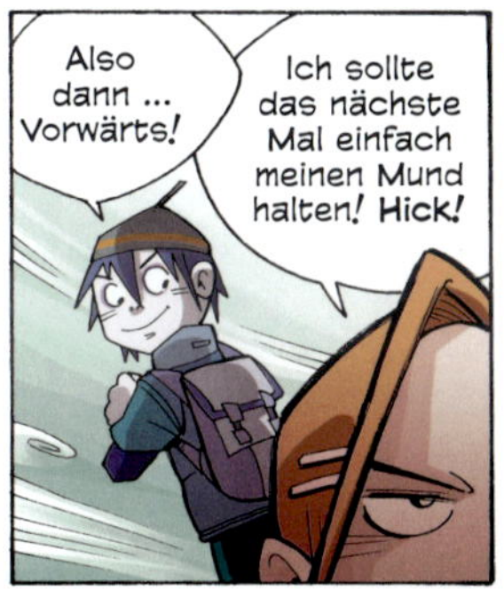
Also dann ... Vorwärts!
Ich sollte das nächste Mal einfach meinen Mund halten! Hick!

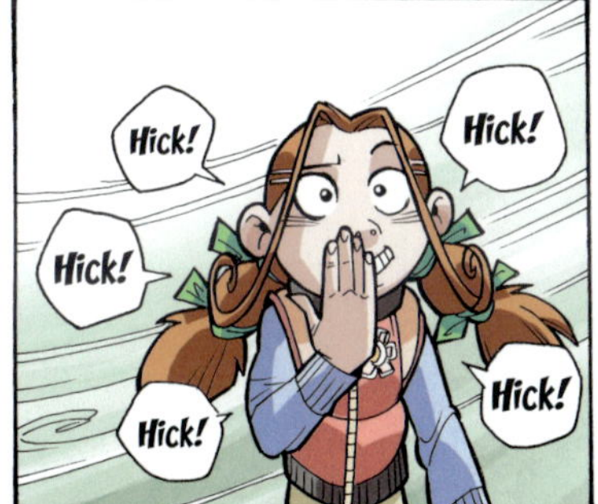
Hick!
Hick!
Hick!
Hick!
Hick!

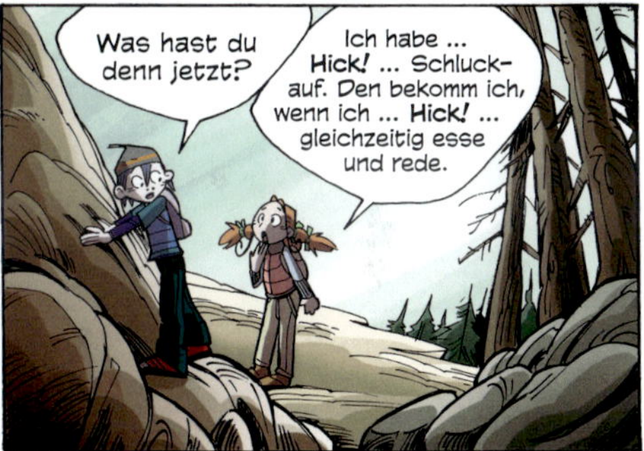
Was hast du denn jetzt?
Ich habe ... Hick! ... Schluckauf. Den bekomm ich, wenn ich ... Hick! ... gleichzeitig esse und rede.

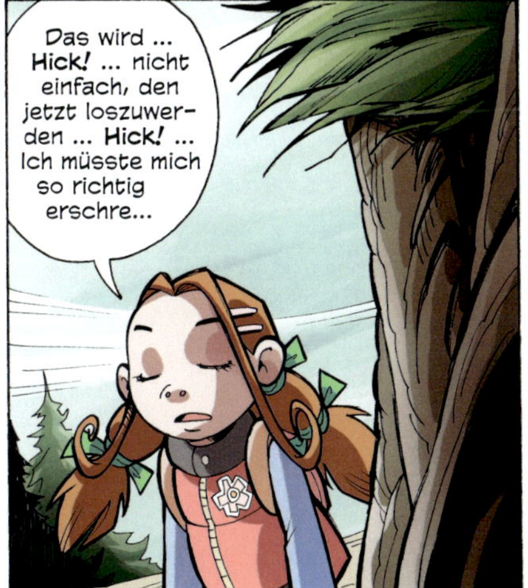
Das wird ... Hick! ... nicht einfach, den jetzt loszuwerden ... Hick! ... Ich müsste mich so richtig erschre...

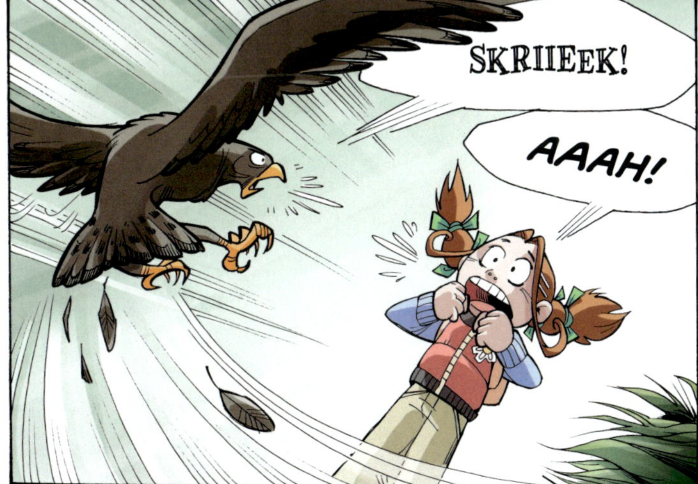
SKRIIEEK!
AAAH!

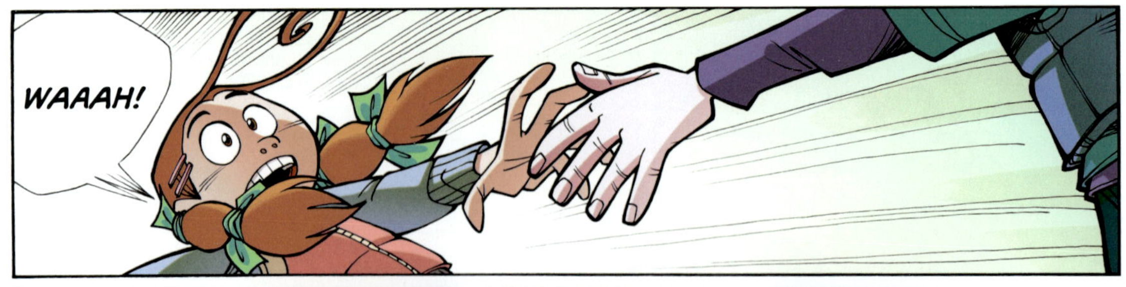
WAAAH!

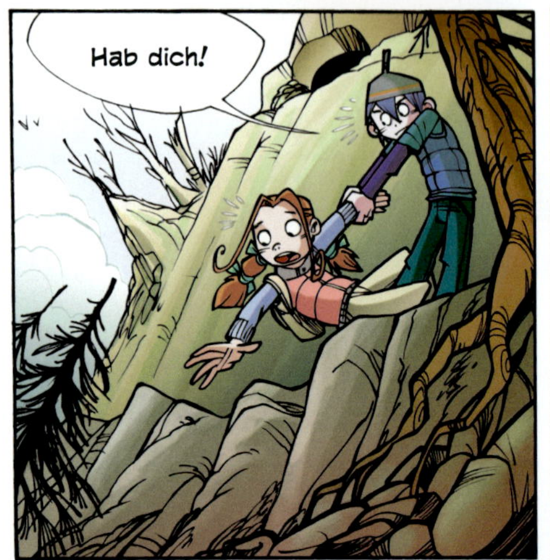
Hab dich!

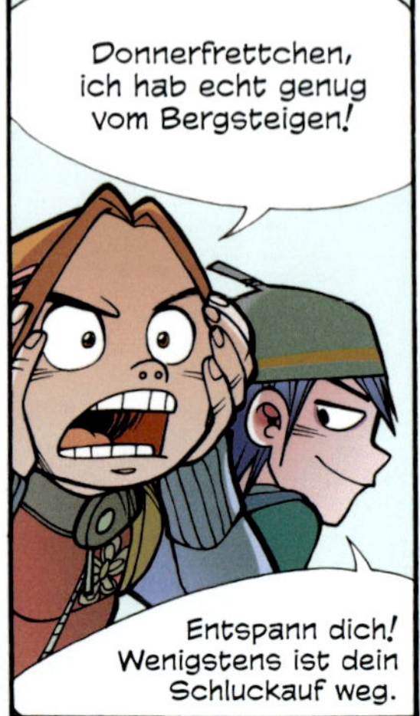
Donnerfrettchen, ich hab echt genug vom Bergsteigen!
Entspann dich! Wenigstens ist dein Schluckauf weg.

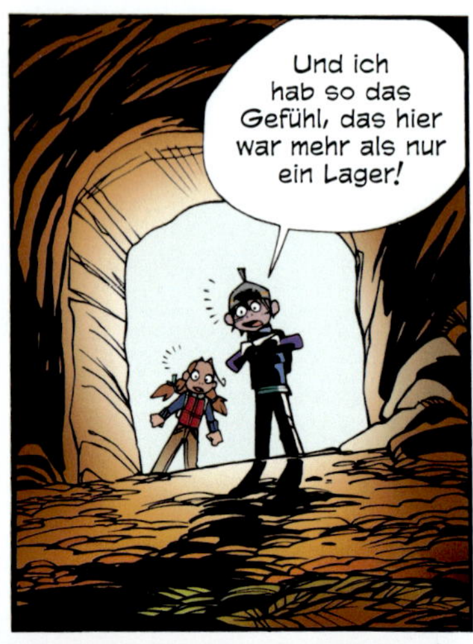
Und ich hab so das Gefühl, das hier war mehr als nur ein Lager!

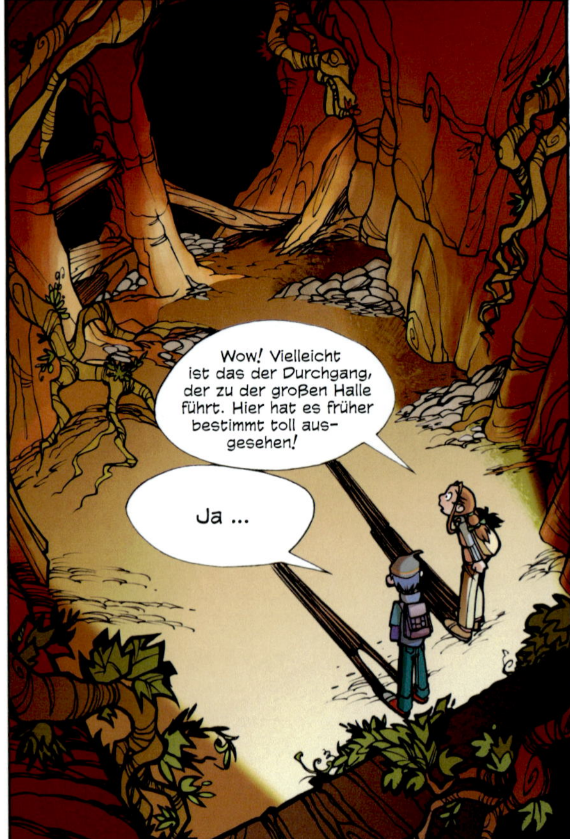
Wow! Vielleicht ist das der Durchgang, der zu der großen Halle führt. Hier hat es früher bestimmt toll ausgesehen!
Ja ...

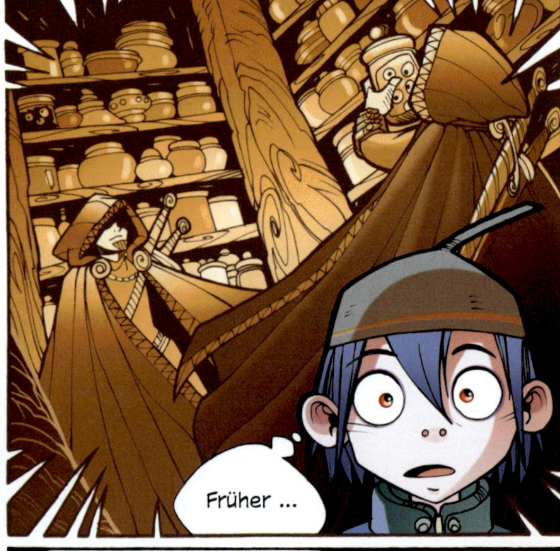
Früher ...

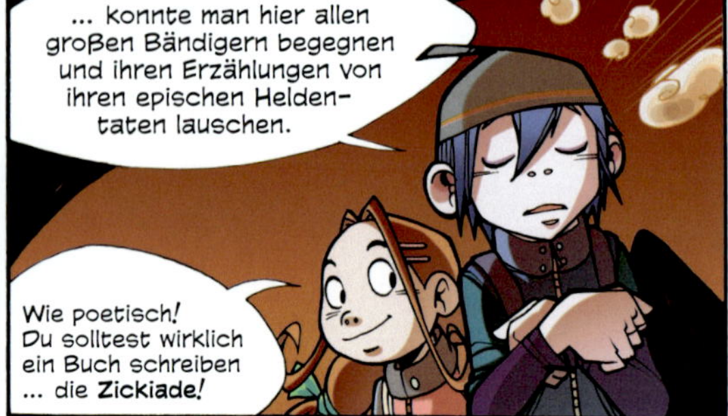
... konnte man hier allen großen Bändigern begegnen und ihren Erzählungen von ihren epischen Heldentaten lauschen.
Wie poetisch! Du solltest wirklich ein Buch schreiben ... die **Zickiade**!

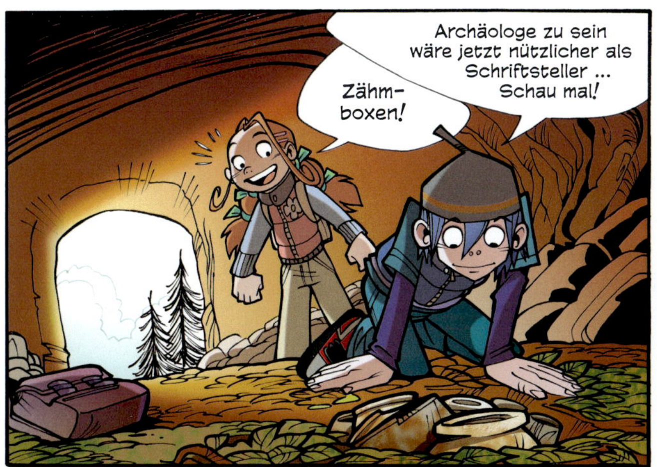
Archäologe zu sein wäre jetzt nützlicher als Schriftsteller ... Schau mal!
Zähm-boxen!

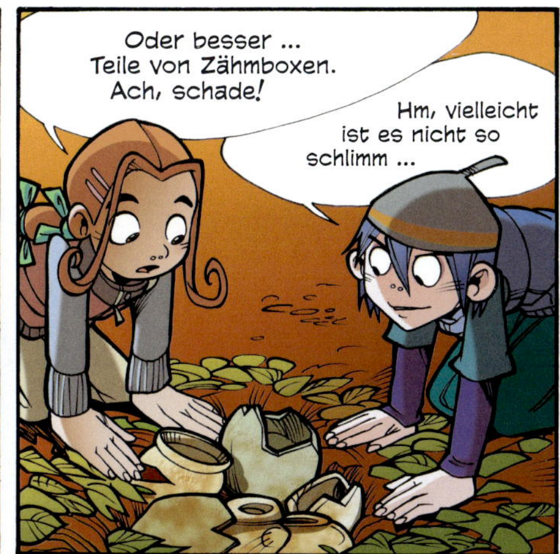
Oder besser ... Teile von Zähmboxen. Ach, schade!
Hm, vielleicht ist es nicht so schlimm ...

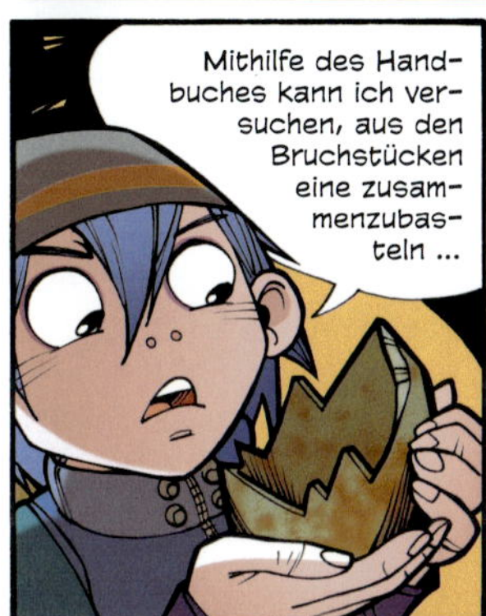
Mithilfe des Handbuches kann ich versuchen, aus den Bruchstücken eine zusammenzubasteln ...

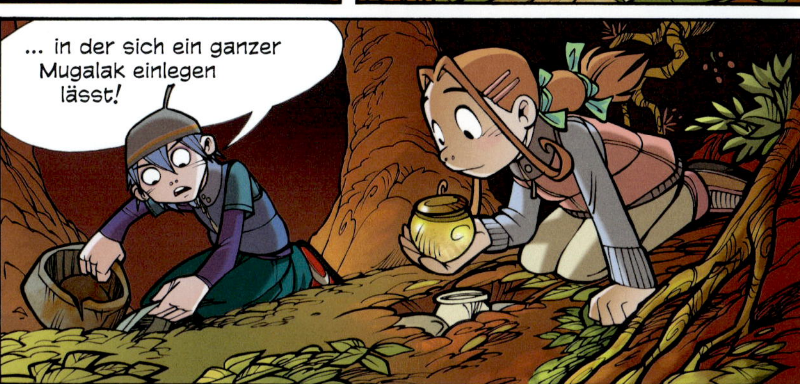
... in der sich ein ganzer Mugalak einlegen lässt!

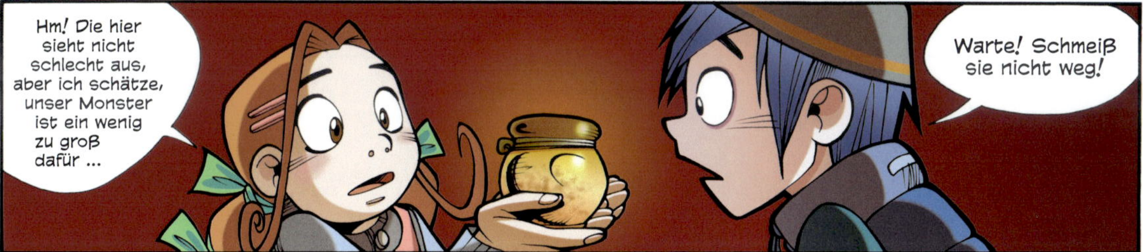
Hm! Die hier sieht nicht schlecht aus, aber ich schätze, unser Monster ist ein wenig zu groß dafür ...
Warte! Schmeiß sie nicht weg!

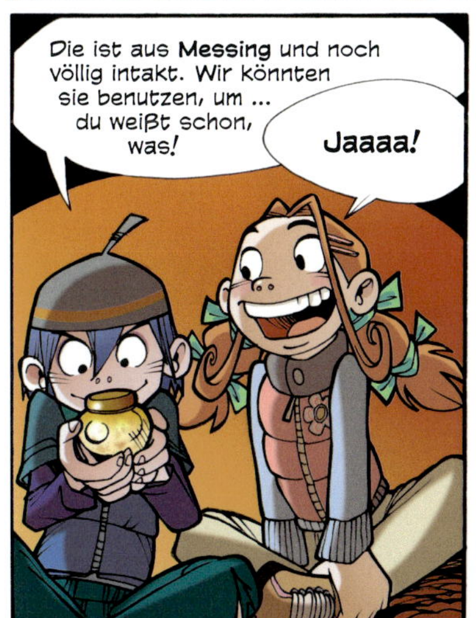
Die ist aus Messing und noch völlig intakt. Wir könnten sie benutzen, um ... du weißt schon, was!
Jaaaa!

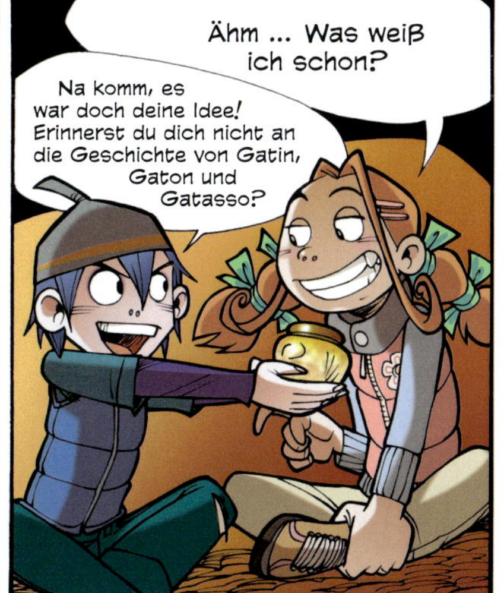
Ähm ... Was weiß ich schon?
Na komm, es war doch deine Idee! Erinnerst du dich nicht an die Geschichte von Gatin, Gaton und Gatasso?

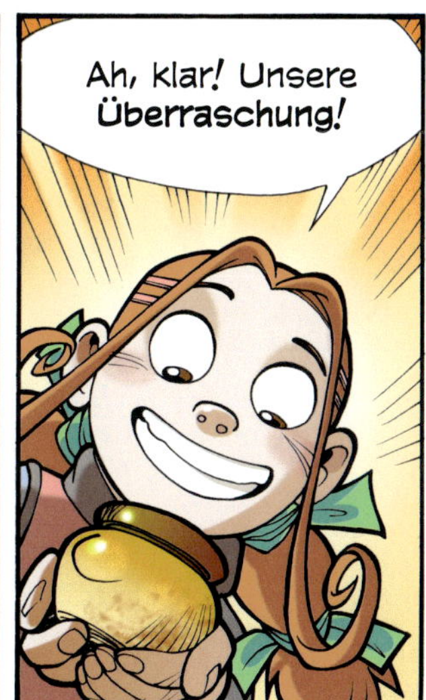
Ah, klar! Unsere Überraschung!

Währenddessen, in der Stadt **über** der Stadt ...

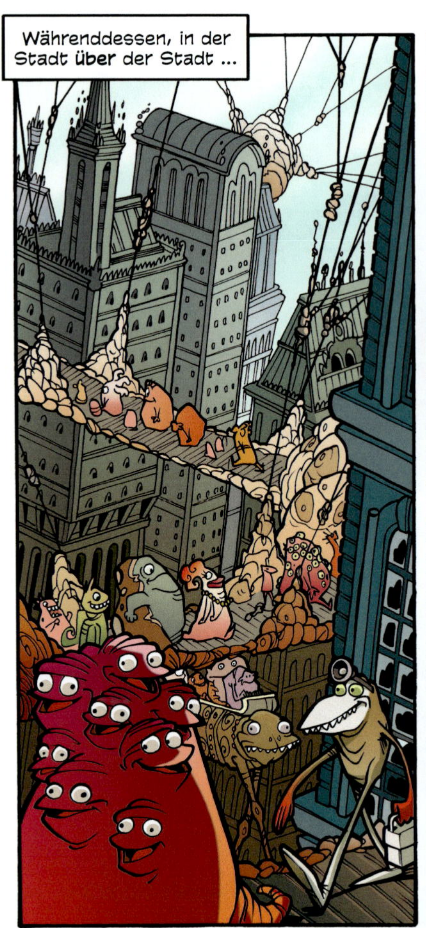

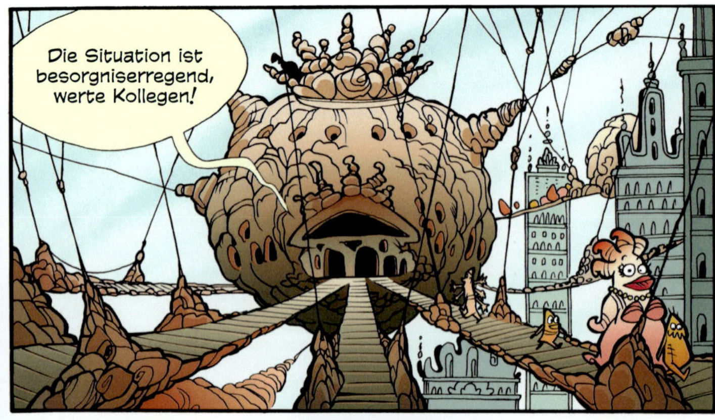

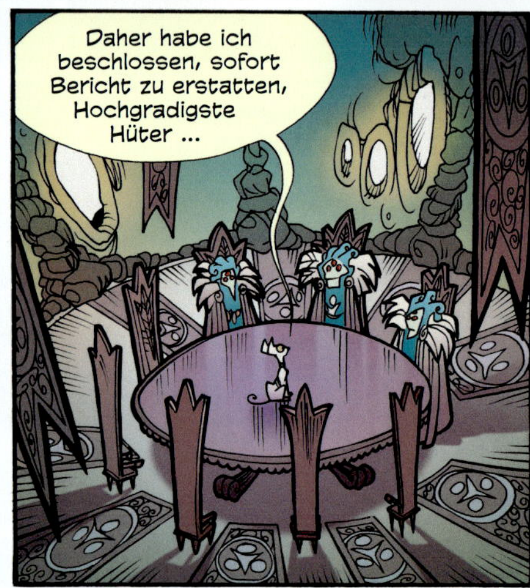

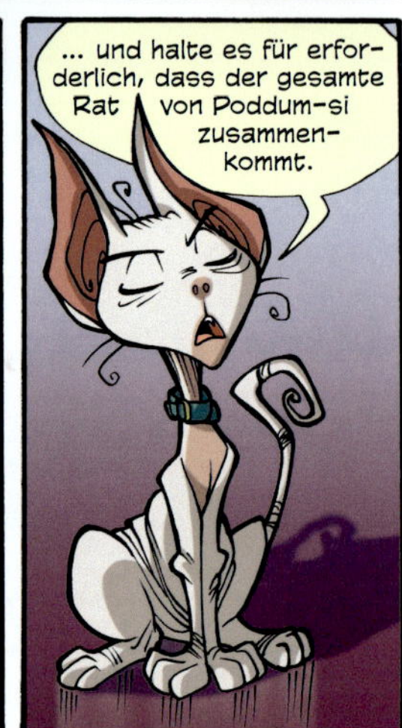

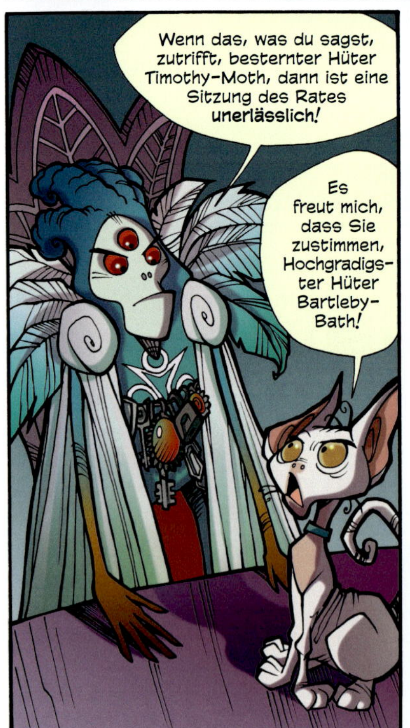

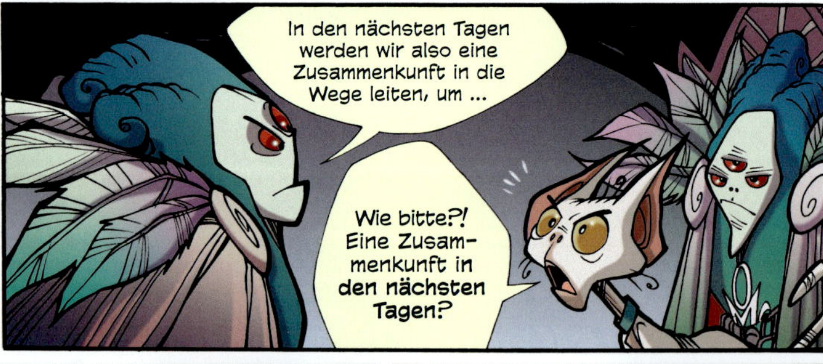

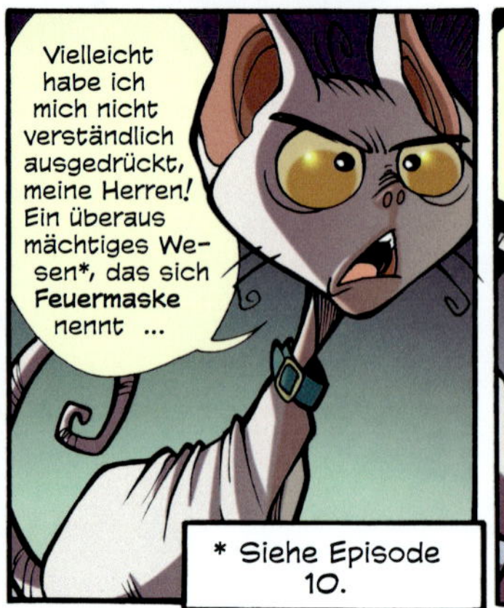

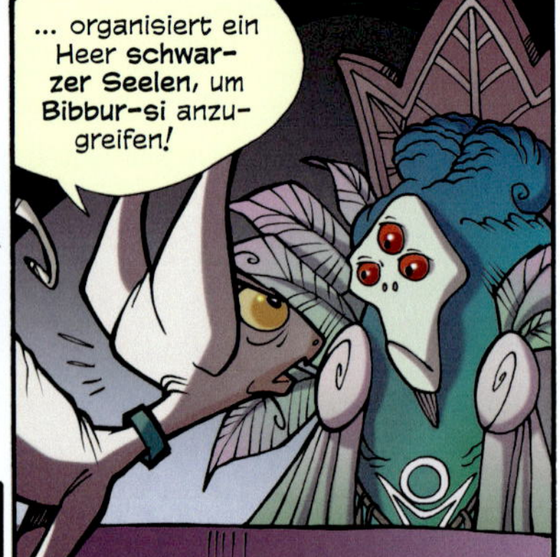

* Siehe Episode 10.

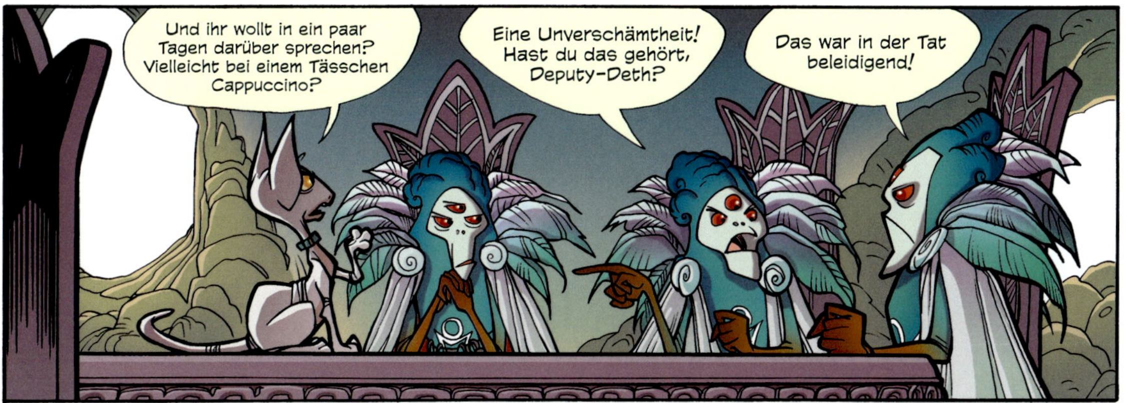
Und ihr wollt in ein paar Tagen darüber sprechen? Vielleicht bei einem Tässchen Cappuccino?
Eine Unverschämtheit! Hast du das gehört, Deputy-Deth?
Das war in der Tat beleidigend!

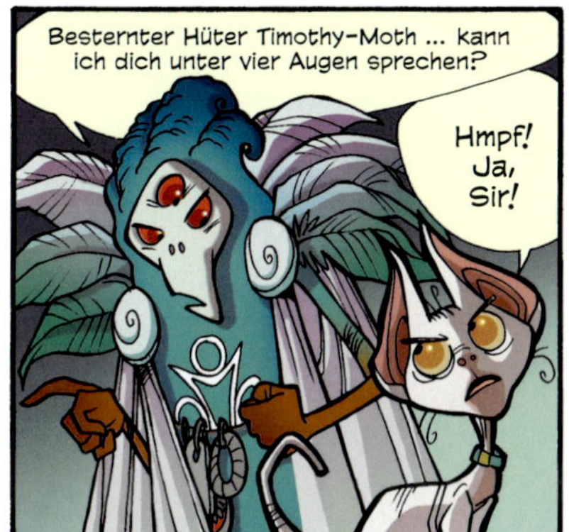
Besternter Hüter Timothy-Moth ... kann ich dich unter vier Augen sprechen?
Hmpf! Ja, Sir!

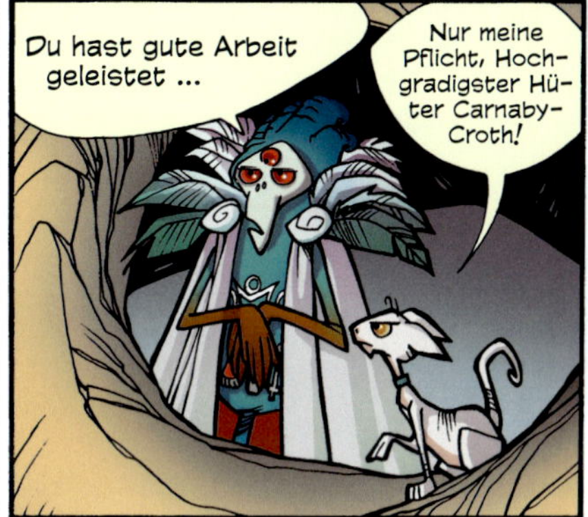
Du hast gute Arbeit geleistet ...
Nur meine Pflicht, Hochgradigster Hüter Carnaby-Croth!

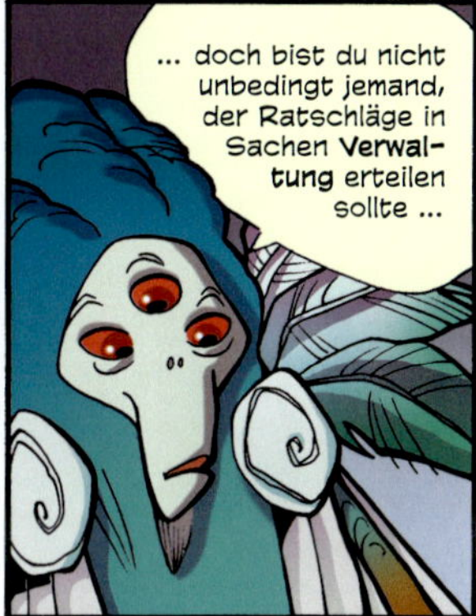
... doch bist du nicht unbedingt jemand, der Ratschläge in Sachen **Verwaltung** erteilen sollte ...

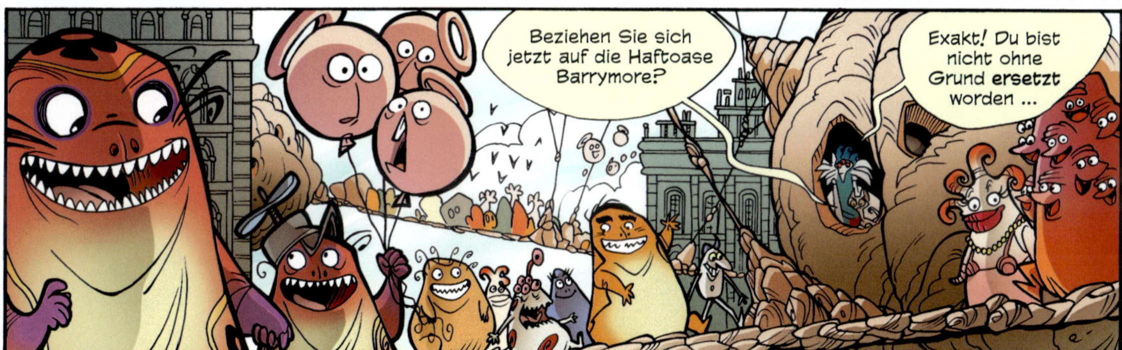
Beziehen Sie sich jetzt auf die Haftoase Barrymore?
Exakt! Du bist nicht ohne Grund **ersetzt** worden ...

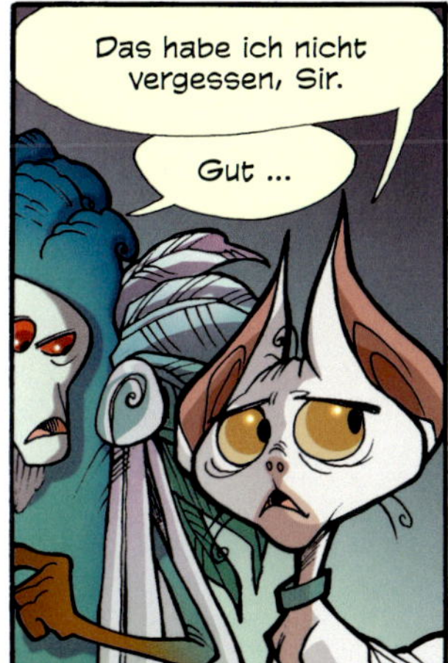
Das habe ich nicht vergessen, Sir.
Gut ...

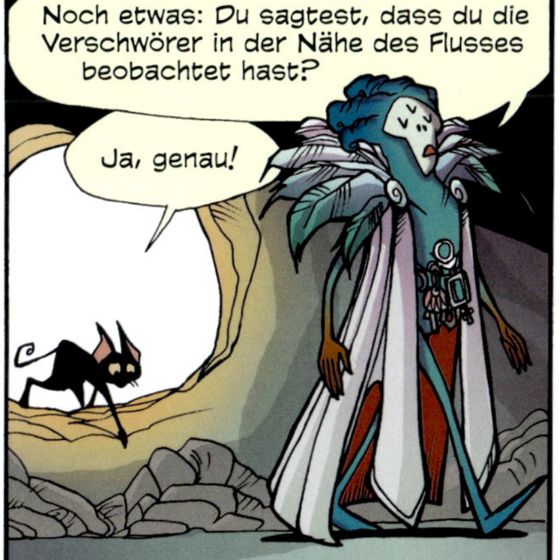
Noch etwas: Du sagtest, dass du die Verschwörer in der Nähe des Flusses beobachtet hast?
Ja, genau!

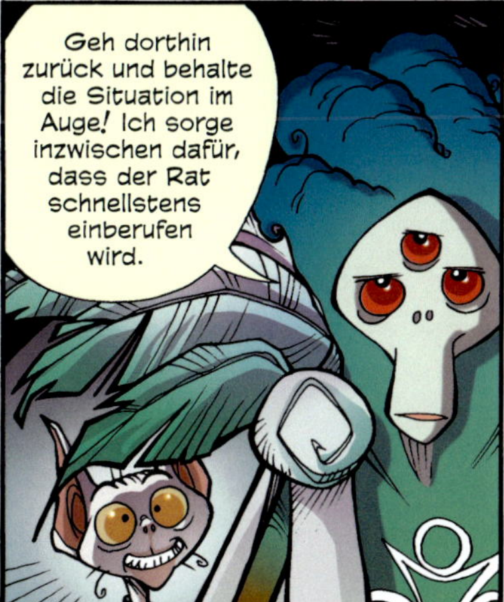
Geh dorthin zurück und behalte die Situation im Auge! Ich sorge inzwischen dafür, dass der Rat schnellstens einberufen wird.

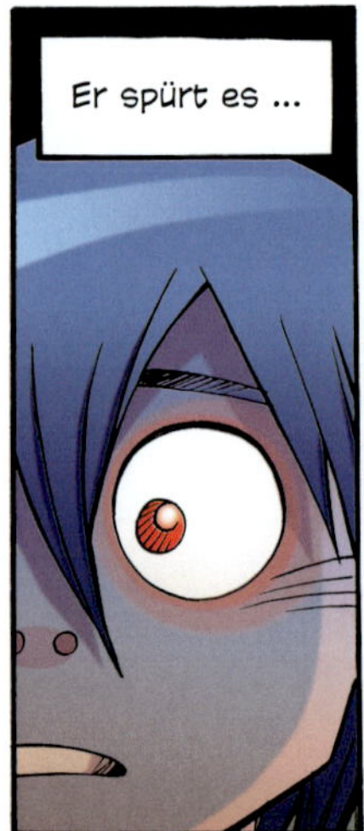
Er spürt es ...
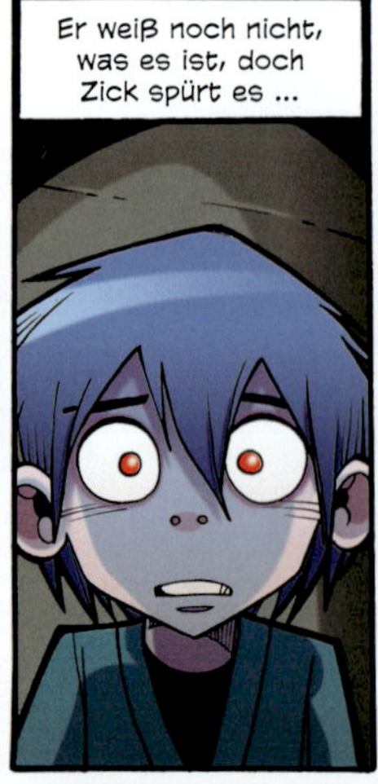
Er weiß noch nicht, was es ist, doch Zick spürt es ...
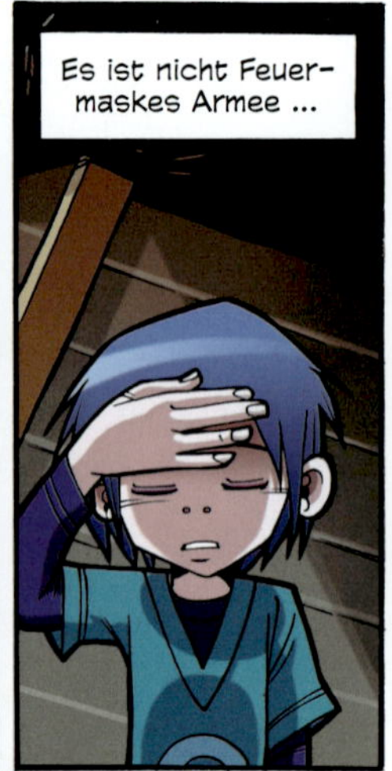
Es ist nicht Feuermaskes Armee ...
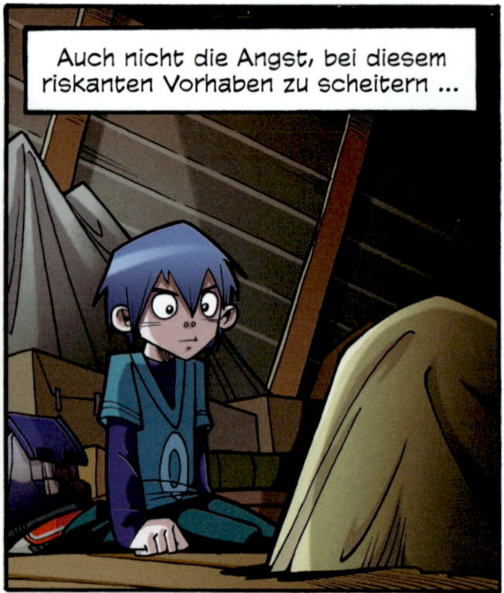
Auch nicht die Angst, bei diesem riskanten Vorhaben zu scheitern ...
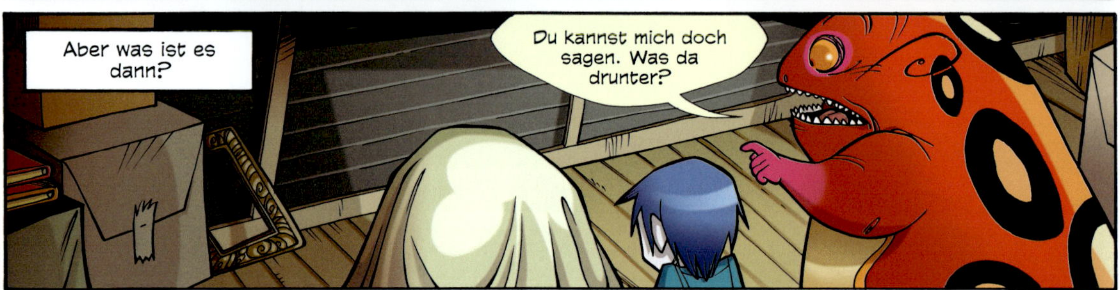
Aber was ist es dann?
Du kannst mich doch sagen. Was da drunter?
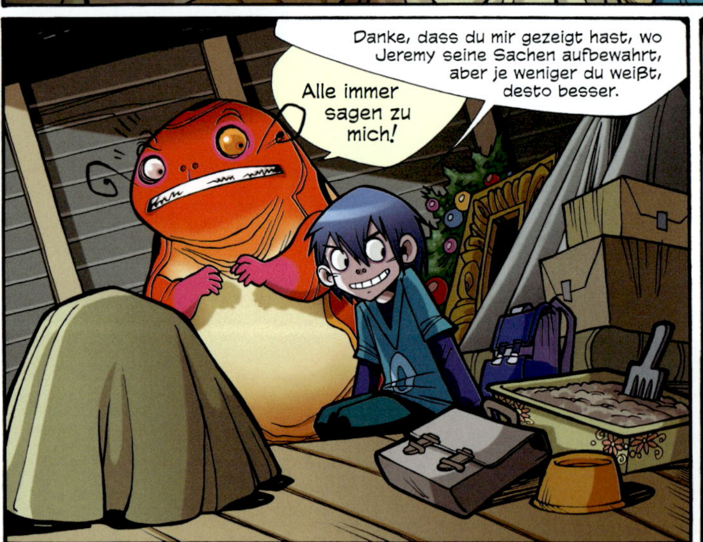
Danke, dass du mir gezeigt hast, wo Jeremy seine Sachen aufbewahrt, aber je weniger du weißt, desto besser.
Alle immer sagen zu mich!
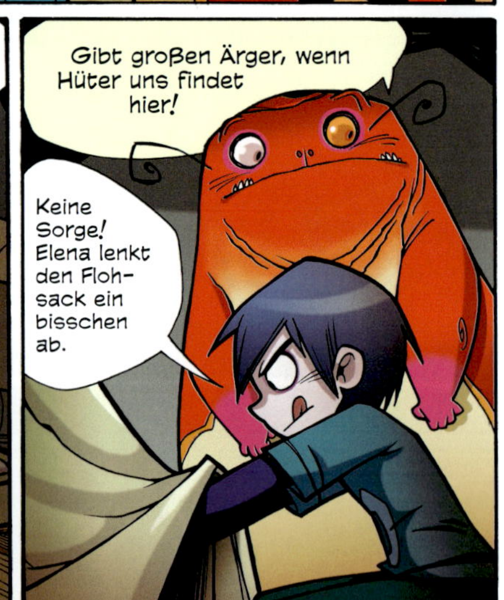
Gibt großen Ärger, wenn Hüter uns findet hier!
Keine Sorge! Elena lenkt den Flohsack ein bisschen ab.
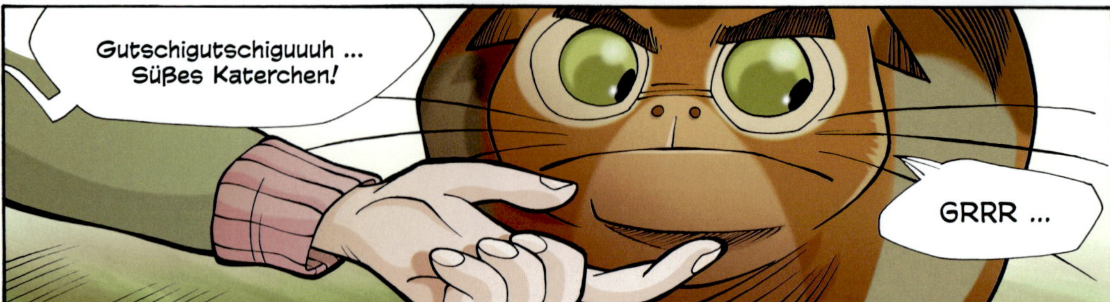
Gutschigutschiguuuh ... Süßes Katerchen!
GRRR ...

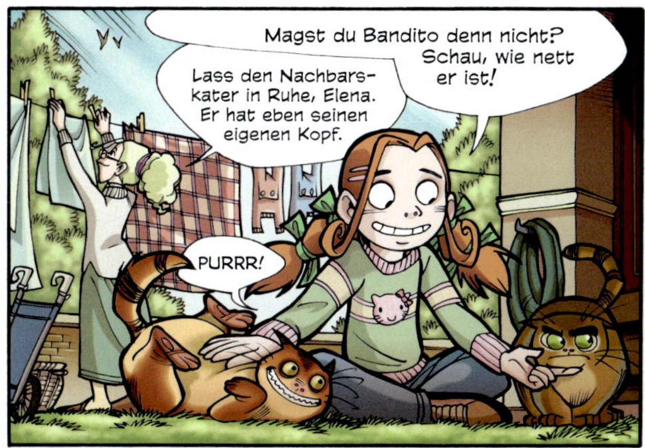
Magst du Bandito denn nicht? Schau, wie nett er ist!
Lass den Nachbarskater in Ruhe, Elena. Er hat eben seinen eigenen Kopf.
PURRR!

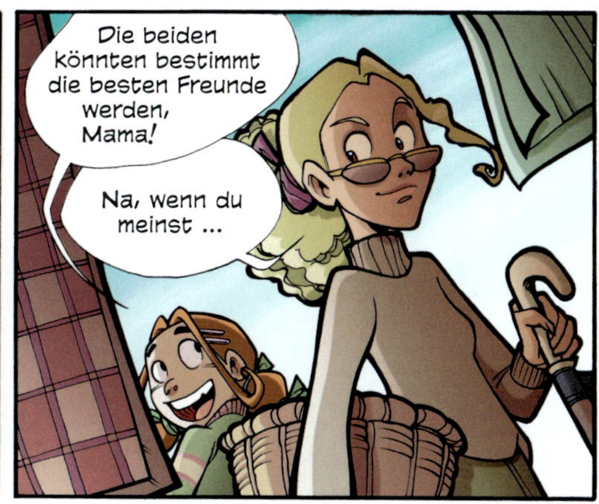
Die beiden könnten bestimmt die besten Freunde werden, Mama!
Na, wenn du meinst ...

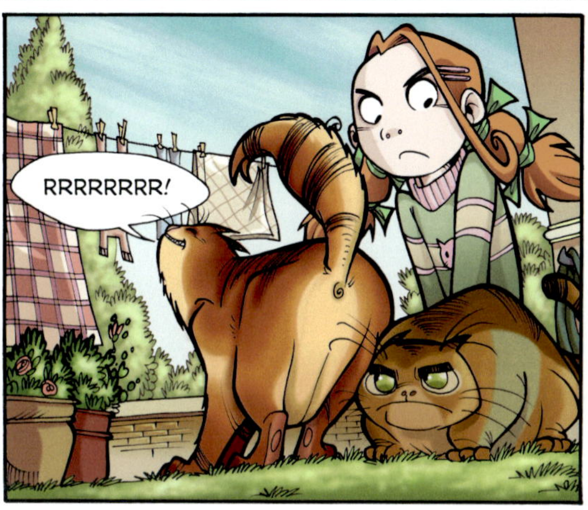
RRRRRRRR!

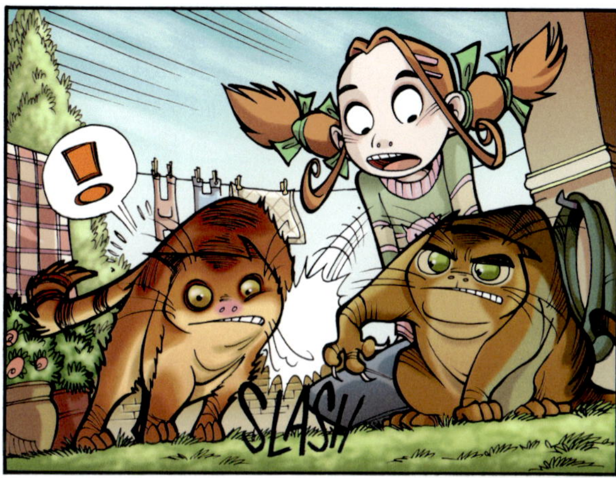
!
SLASH

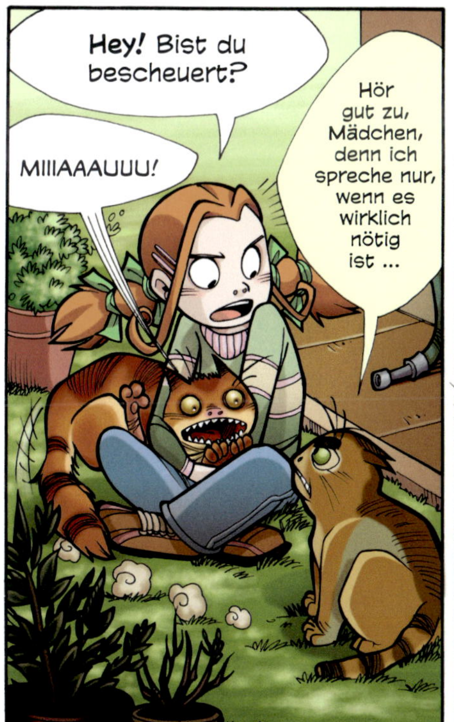
Hey! Bist du bescheuert?
MIIIAAAUUU!
Hör gut zu, Mädchen, denn ich spreche nur, wenn es wirklich nötig ist ...

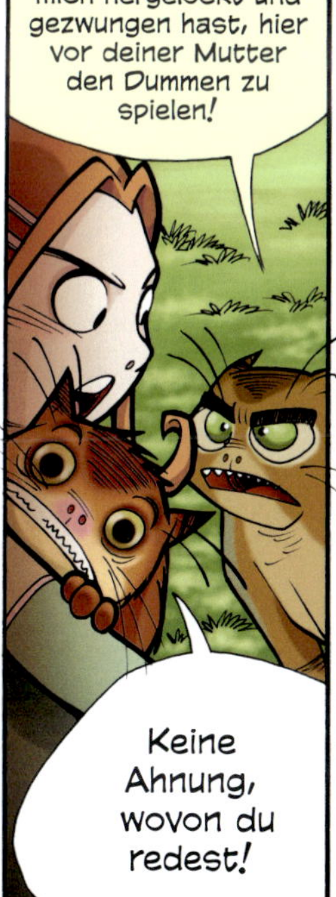
Sag mir, warum du mich hergelockt und gezwungen hast, hier vor deiner Mutter den Dummen zu spielen!
Keine Ahnung, wovon du redest!

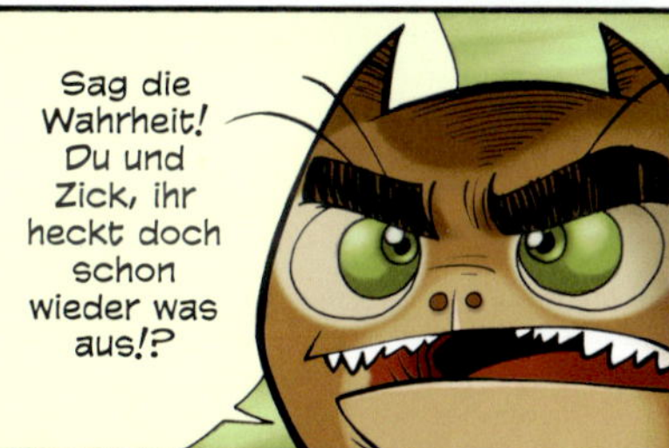
Sag die Wahrheit! Du und Zick, ihr heckt doch schon wieder was aus!?

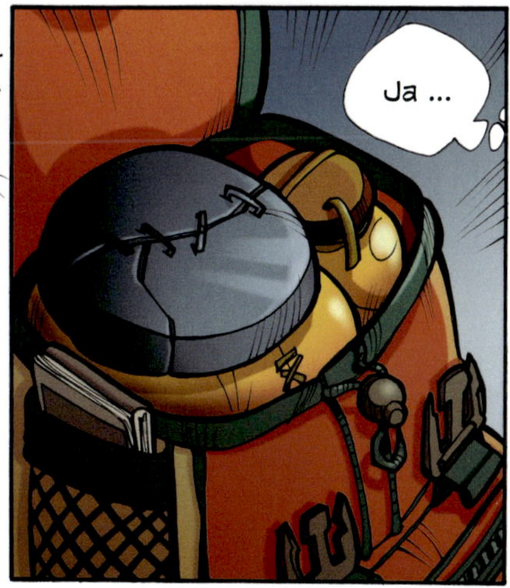
Ja ...

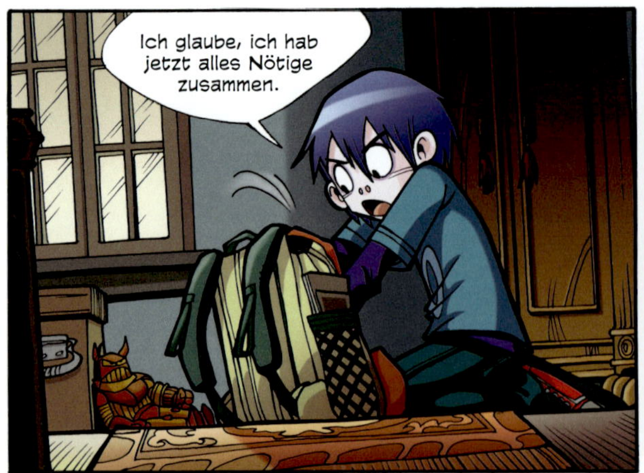
Ich glaube, ich hab jetzt alles Nötige zusammen.

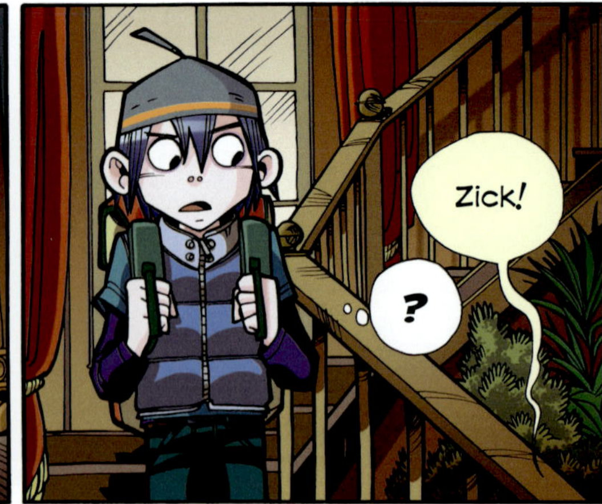
Zick!
?

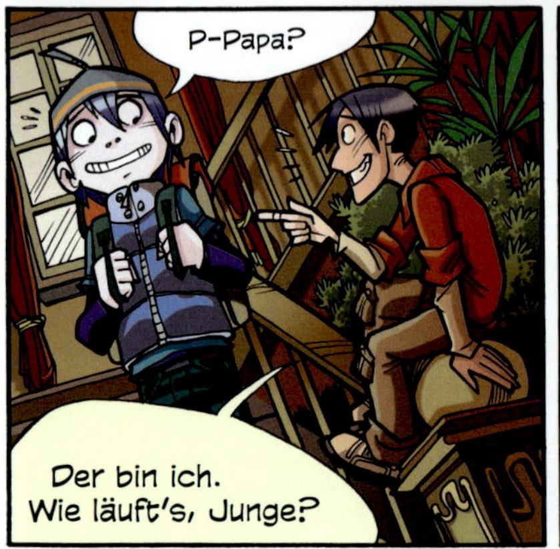
P-Papa?
Der bin ich. Wie läuft's, Junge?

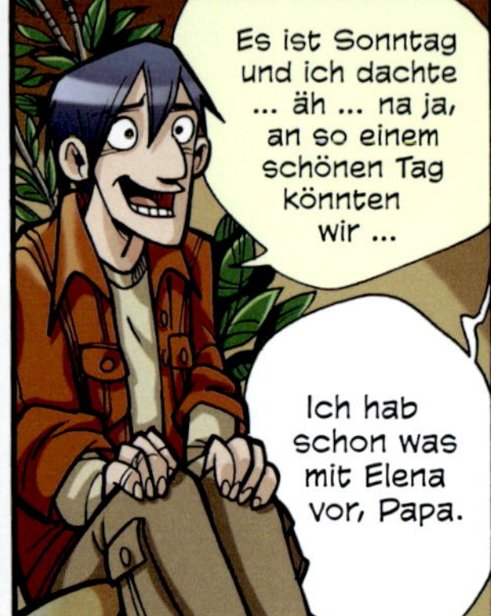
Es ist Sonntag und ich dachte ... äh ... na ja, an so einem schönen Tag könnten wir ...
Ich hab schon was mit Elena vor, Papa.

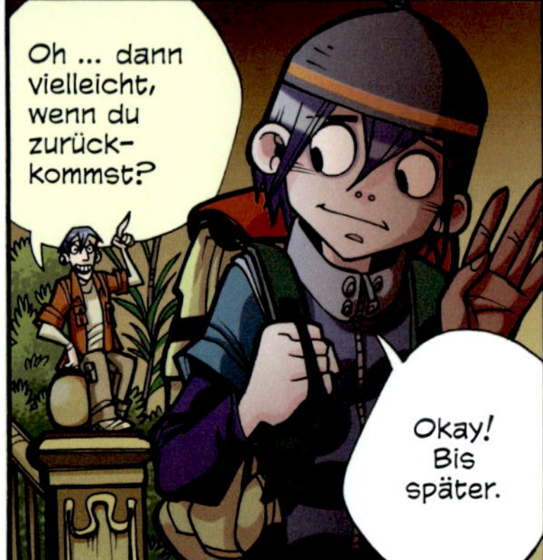
Oh ... dann vielleicht, wenn du zurückkommst?
Okay! Bis später.

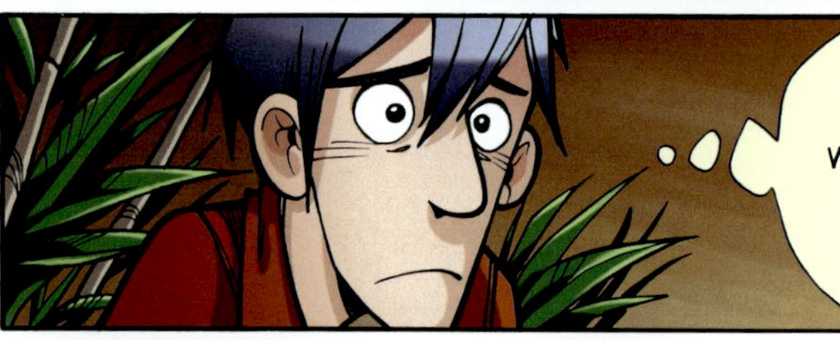
Zick ... Wenn ich ihn sehe, bekomme ich nie ein anständiges Wort heraus. Nach so langer Zeit ist es nicht einfach, wieder Vater zu sein ... Vor allem unter diesen Umständen!

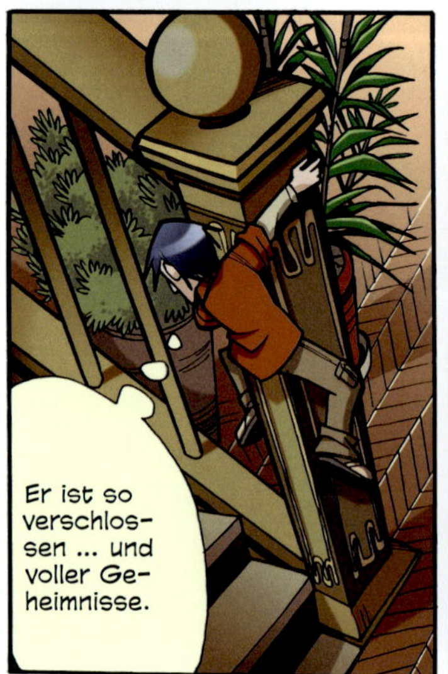
Er ist so verschlossen ... und voller Geheimnisse.

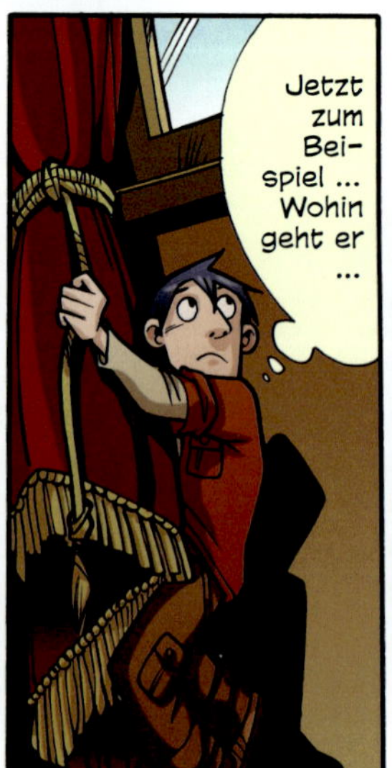
Jetzt zum Beispiel ... Wohin geht er ...

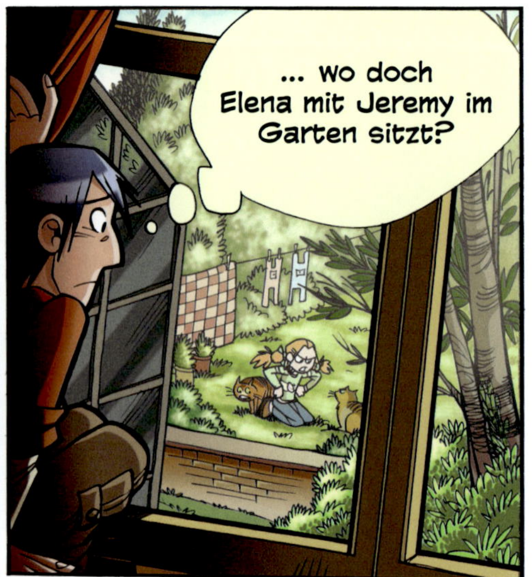
... wo doch Elena mit Jeremy im Garten sitzt?

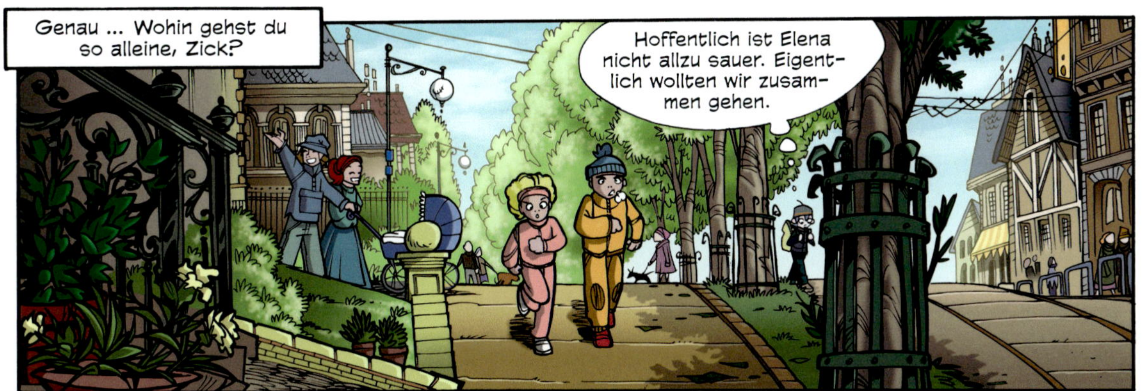
Genau ... Wohin gehst du so alleine, Zick?
Hoffentlich ist Elena nicht allzu sauer. Eigentlich wollten wir zusammen gehen.

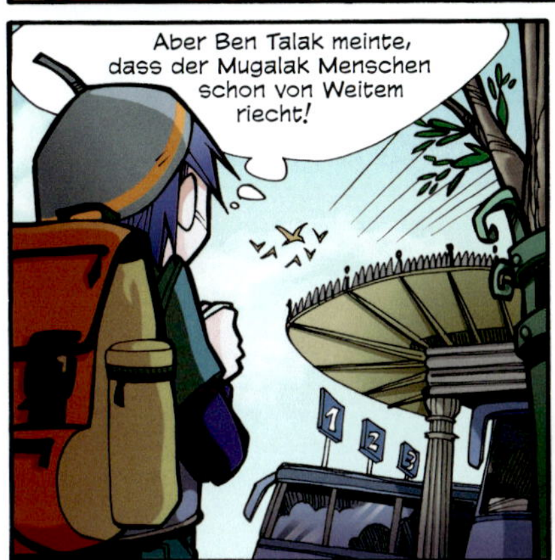
Aber Ben Talak meinte, dass der Mugalak Menschen schon von Weitem riecht!

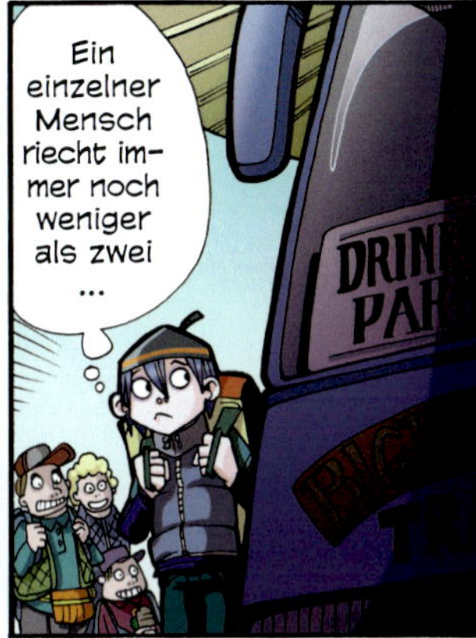
Ein einzelner Mensch riecht immer noch weniger als zwei ...

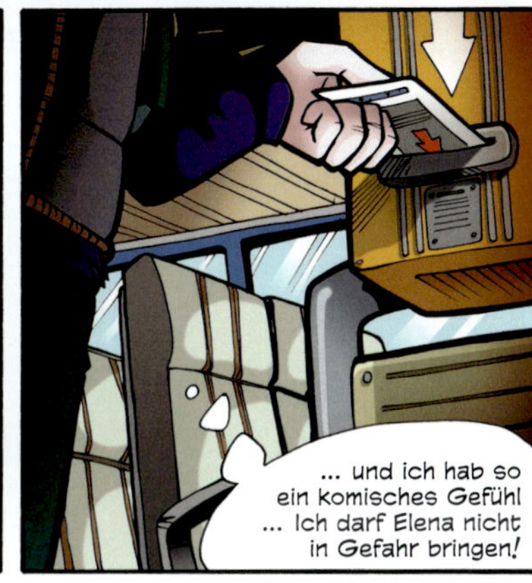
... und ich hab so ein komisches Gefühl ... Ich darf Elena nicht in Gefahr bringen!

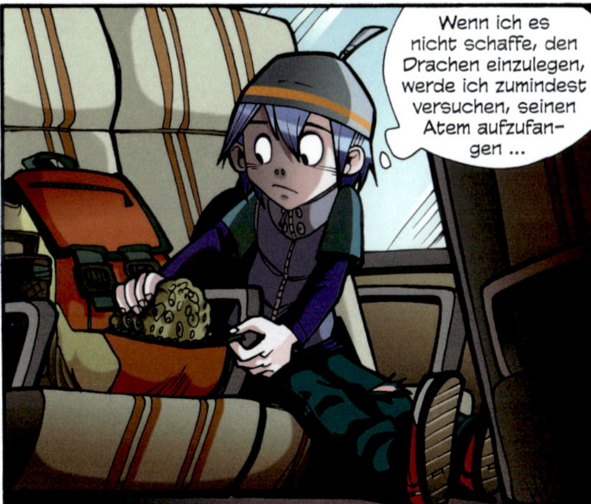
Wenn ich es nicht schaffe, den Drachen einzulegen, werde ich zumindest versuchen, seinen Atem aufzufangen ...

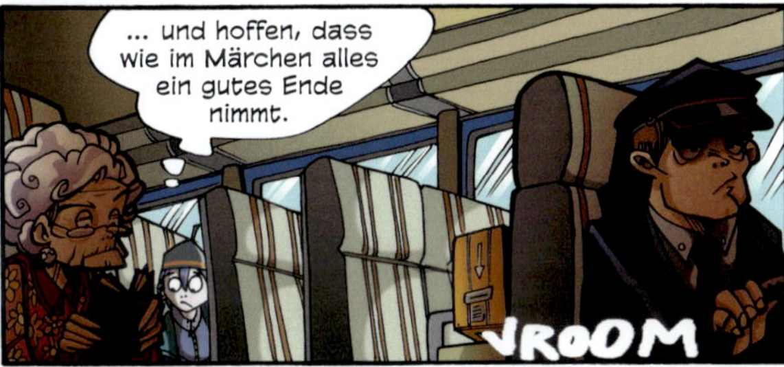
... und hoffen, dass wie im Märchen alles ein gutes Ende nimmt.
VROOM

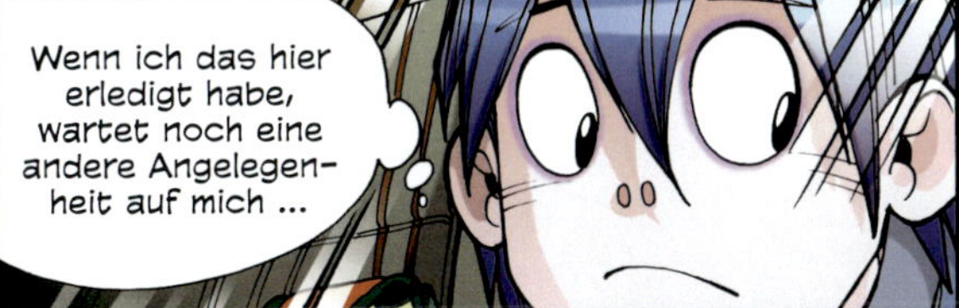
Wenn ich das hier erledigt habe, wartet noch eine andere Angelegenheit auf mich ...

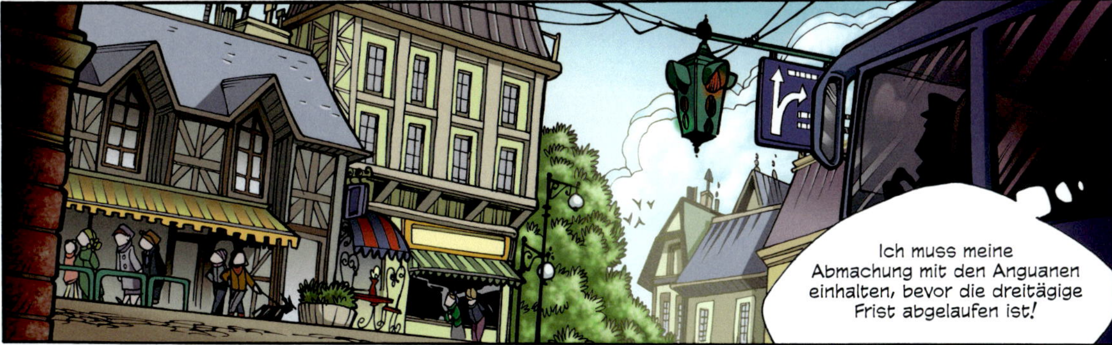
Ich muss meine Abmachung mit den Anguanen einhalten, bevor die dreitägige Frist abgelaufen ist!

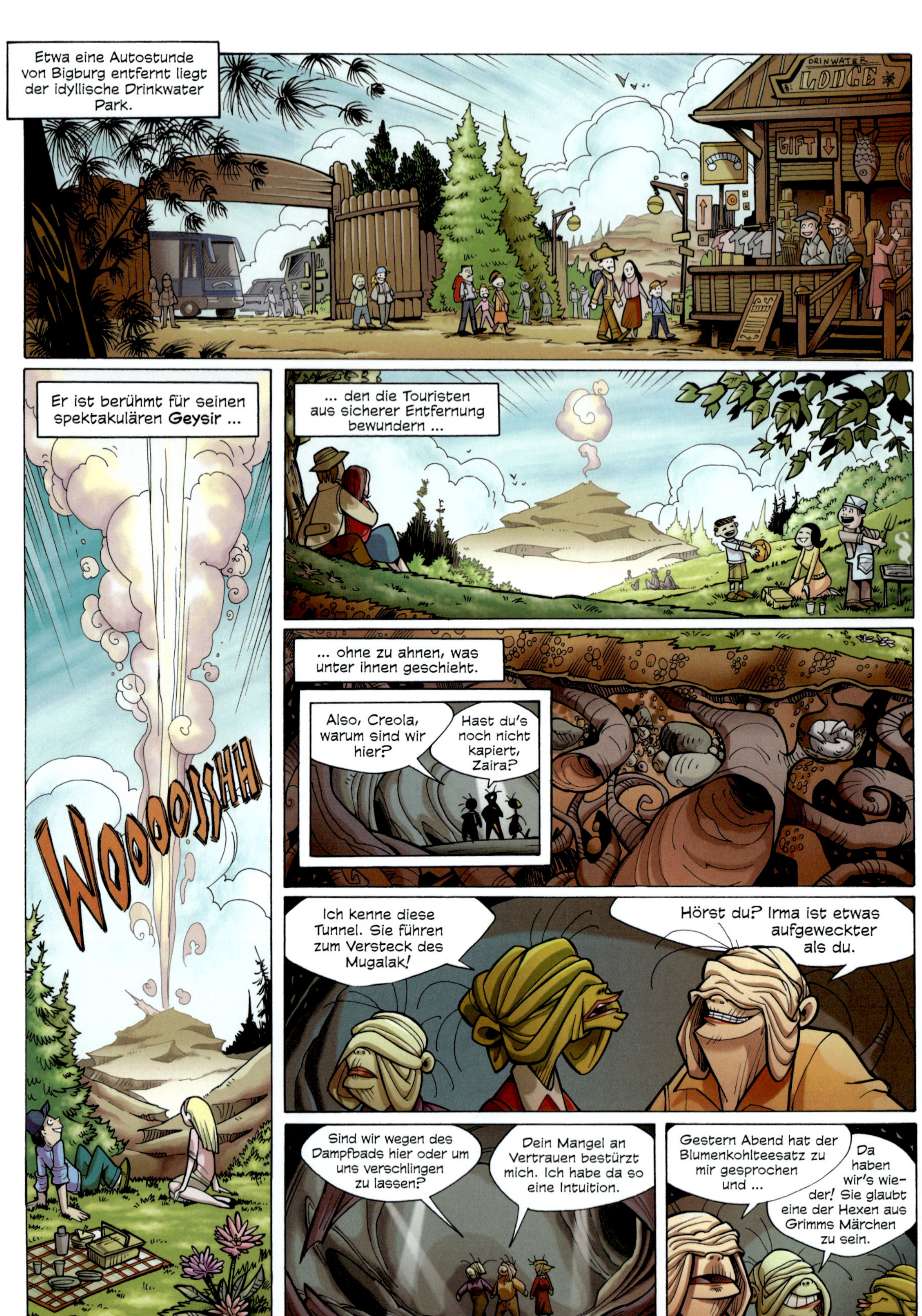
Etwa eine Autostunde von Bigburg entfernt liegt der idyllische Drinkwater Park.
DRINWATER LODGE
GIFT
Er ist berühmt für seinen spektakulären **Geysir** ...
WOOOOSHH
... den die Touristen aus sicherer Entfernung bewundern ...
... ohne zu ahnen, was unter ihnen geschieht.
Also, Creola, warum sind wir hier?
Hast du's noch nicht kapiert, Zaira?
Ich kenne diese Tunnel. Sie führen zum Versteck des Mugalak!
Hörst du? Irma ist etwas aufgeweckter als du.
Sind wir wegen des Dampfbads hier oder um uns verschlingen zu lassen?
Dein Mangel an Vertrauen bestürzt mich. Ich habe da so eine Intuition.
Gestern Abend hat der Blumenkohlteesatz zu mir gesprochen und ...
Da haben wir's wieder! Sie glaubt eine der Hexen aus Grimms Märchen zu sein.

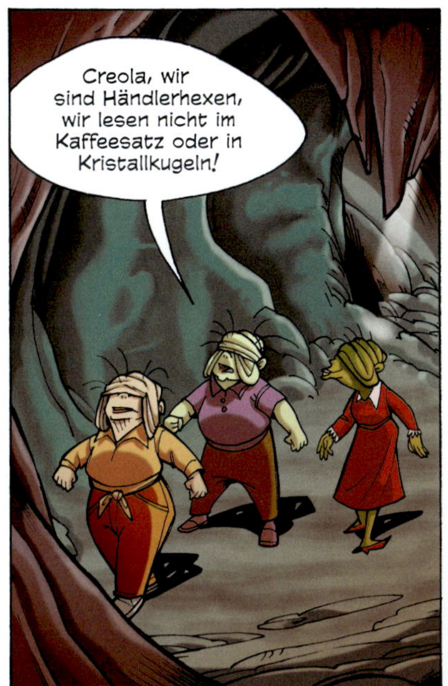
Creola, wir sind Händlerhexen, wir lesen nicht im Kaffeesatz oder in Kristallkugeln!

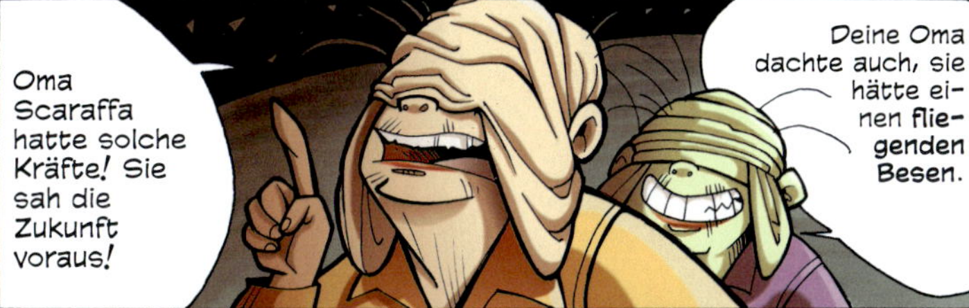
Oma Scaraffa hatte solche Kräfte! Sie sah die Zukunft voraus!
Deine Oma dachte auch, sie hätte ei-nen flie-genden Besen.

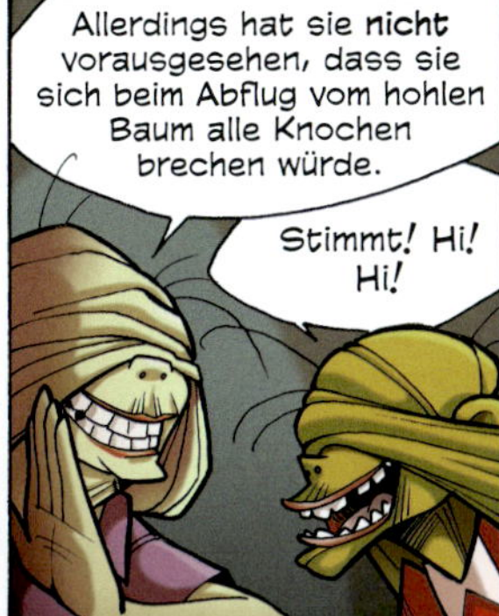
Allerdings hat sie nicht vorausgesehen, dass sie sich beim Abflug vom hohlen Baum alle Knochen brechen würde.
Stimmt! Hi! Hi!

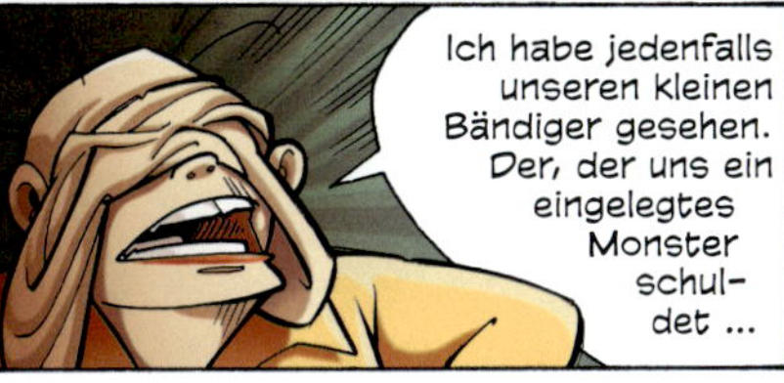
Ich habe jedenfalls unseren kleinen Bändiger gesehen. Der, der uns ein eingelegtes Monster schul-det ...

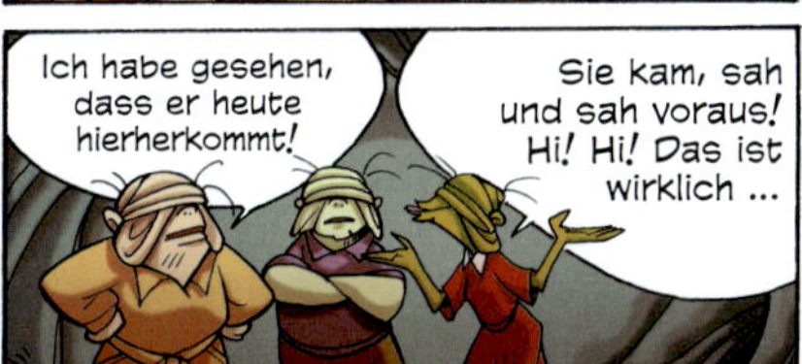
Ich habe gesehen, dass er heute hierherkommt!
Sie kam, sah und sah voraus! Hi! Hi! Das ist wirklich ...

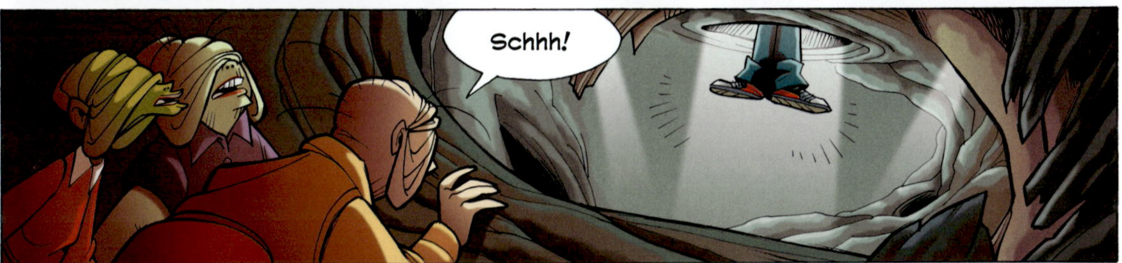
Schhh!

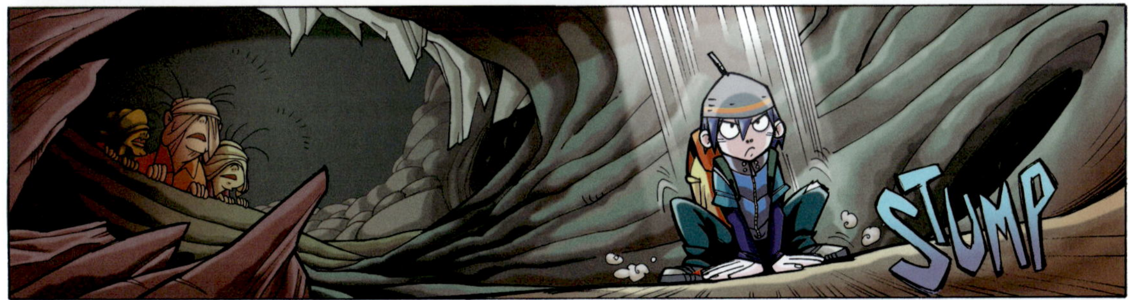
STUMP

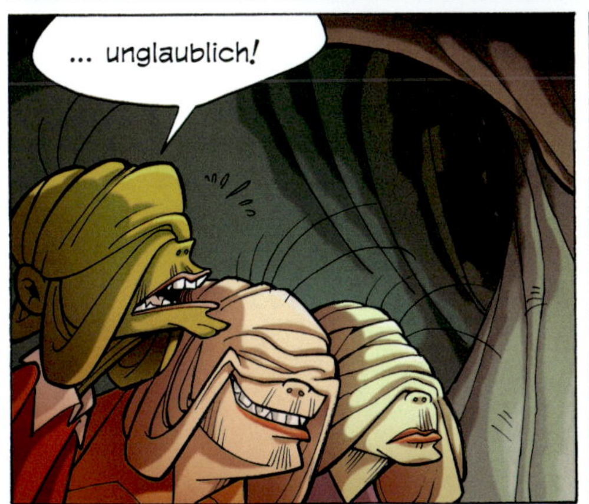
... unglaublich!

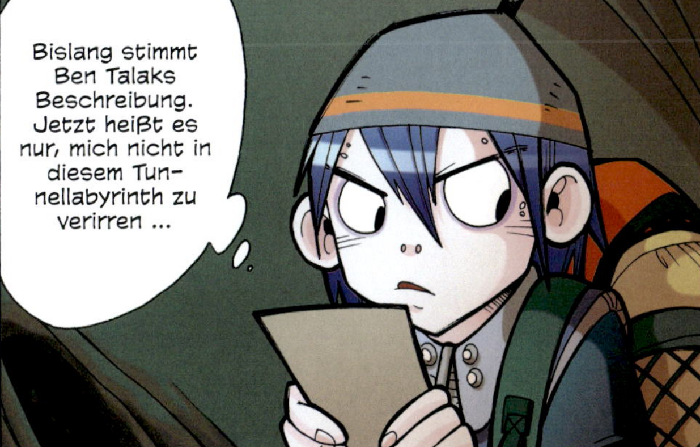
Bislang stimmt Ben Talaks Beschreibung. Jetzt heißt es nur, mich nicht in diesem Tun-nellabyrinth zu verirren ...

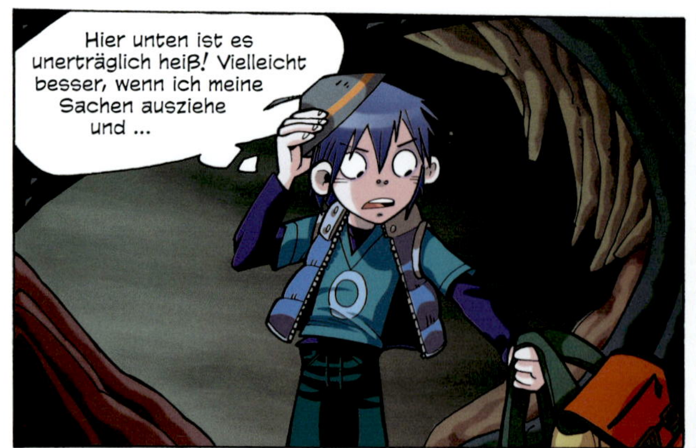
Hier unten ist es unerträglich heiß! Vielleicht besser, wenn ich meine Sachen ausziehe und ...
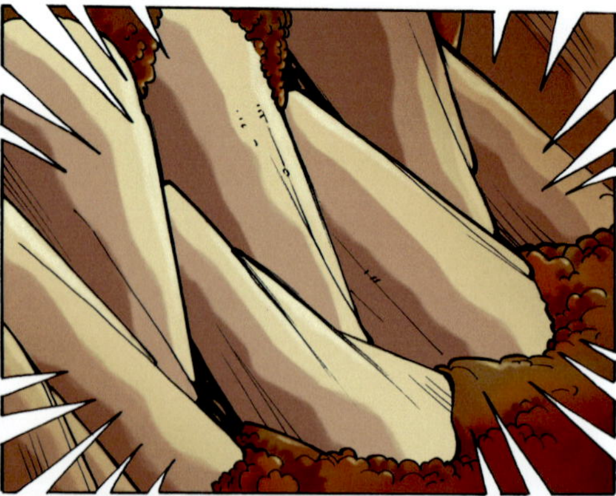
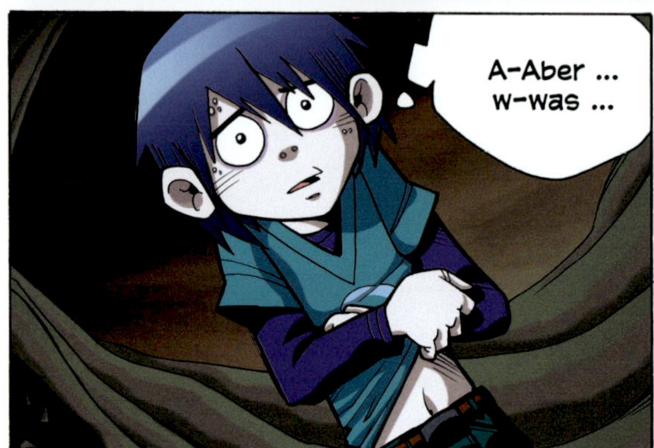
A-Aber ... w-was ...
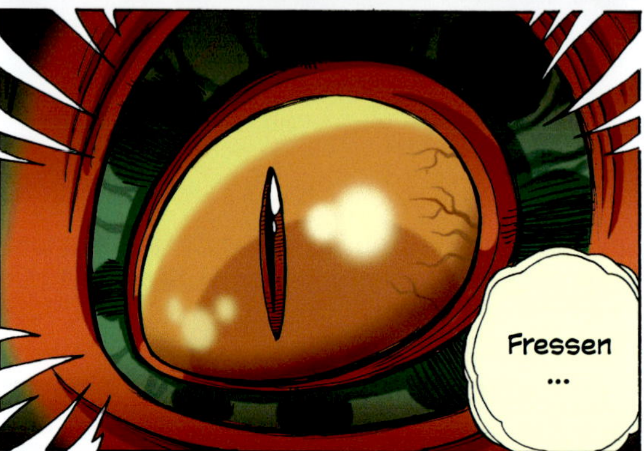
Fressen ...
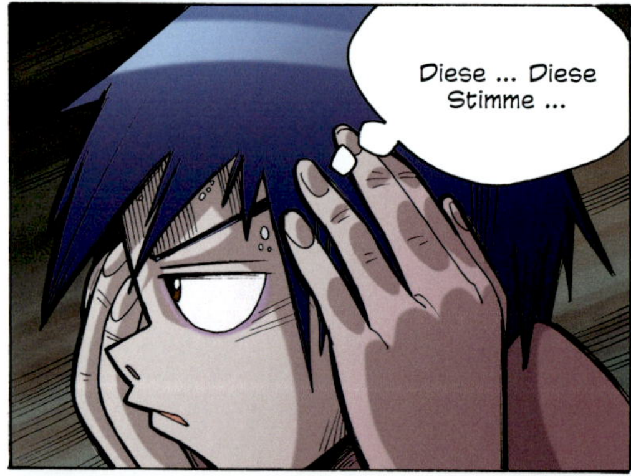
Diese ... Diese Stimme ...
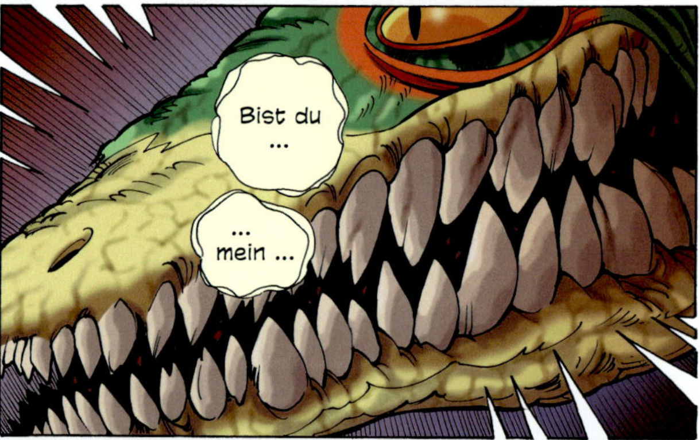
Bist du ...
... mein ...
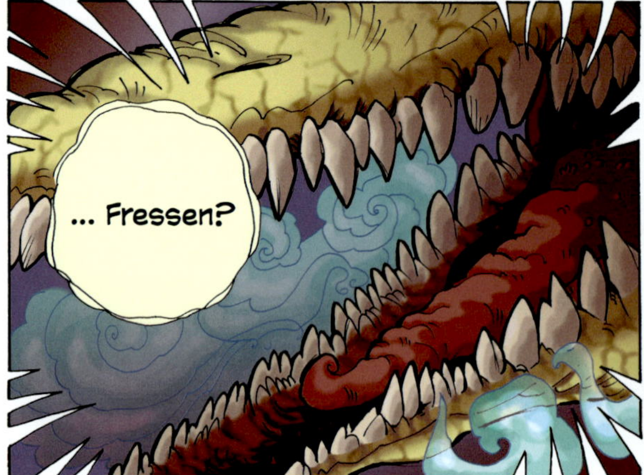
... Fressen?
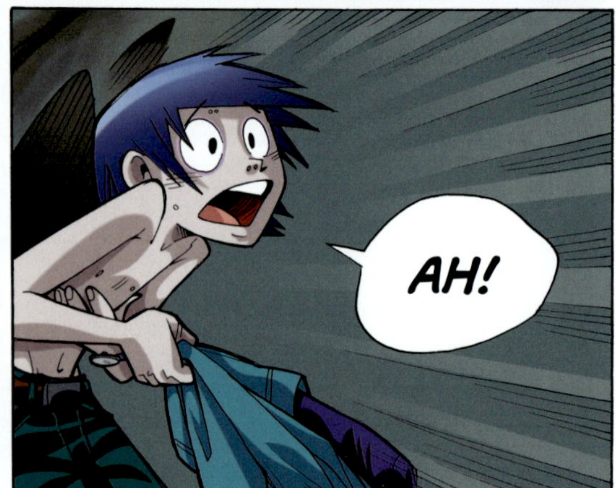
AH!

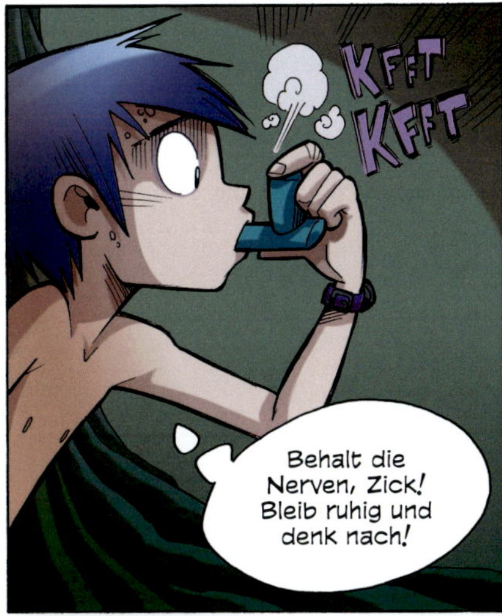
KFFT KFFT
Behalt die Nerven, Zick! Bleib ruhig und denk nach!

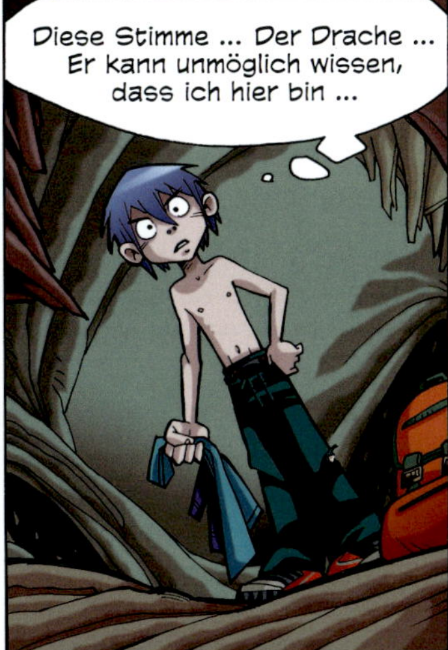
Diese Stimme ... Der Drache ... Er kann unmöglich wissen, dass ich hier bin ...

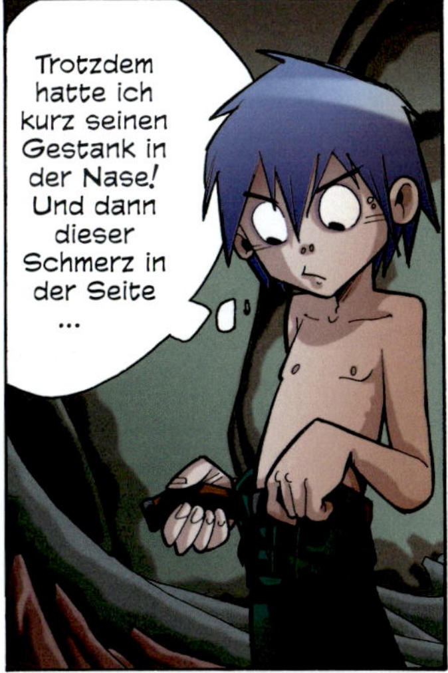
Trotzdem hatte ich kurz seinen Gestank in der Nase! Und dann dieser Schmerz in der Seite ...

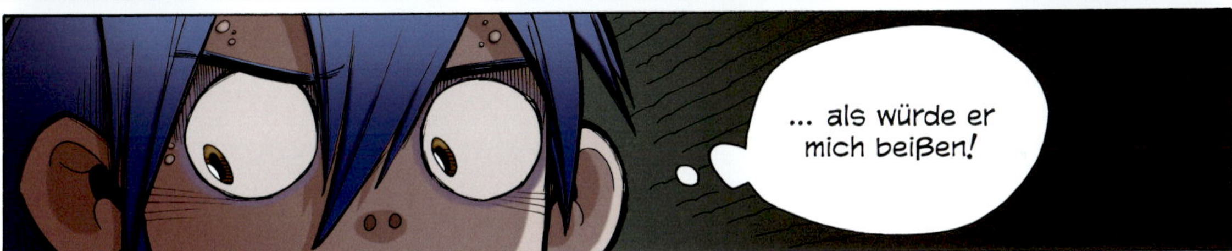
... als würde er mich beißen!

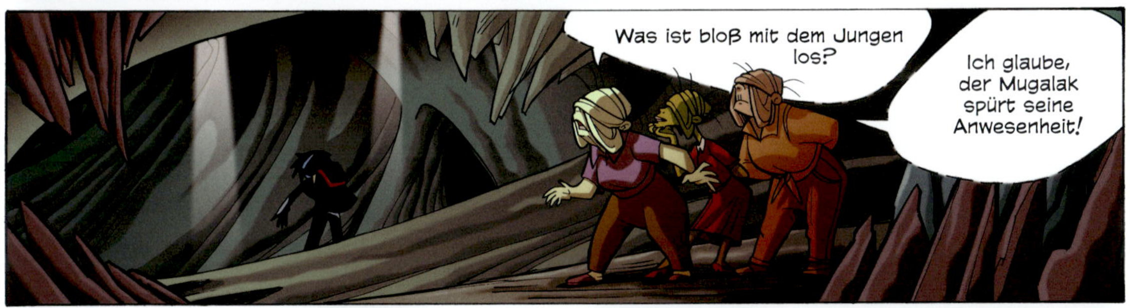
Was ist bloß mit dem Jungen los?
Ich glaube, der Mugalak spürt seine Anwesenheit!

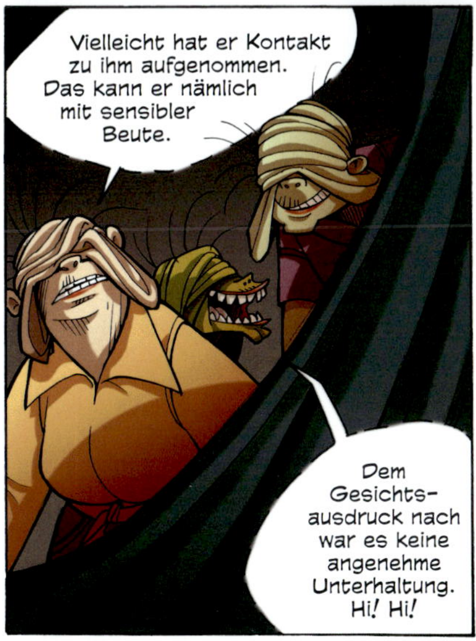
Vielleicht hat er Kontakt zu ihm aufgenommen. Das kann er nämlich mit sensibler Beute.
Dem Gesichtsausdruck nach war es keine angenehme Unterhaltung. Hi! Hi!

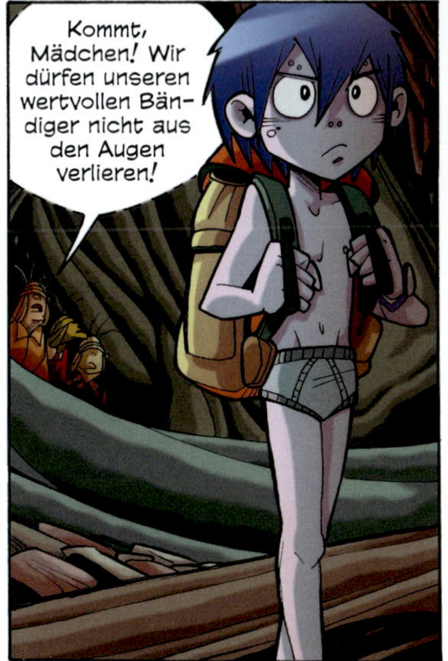
Kommt, Mädchen! Wir dürfen unseren wertvollen Bändiger nicht aus den Augen verlieren!

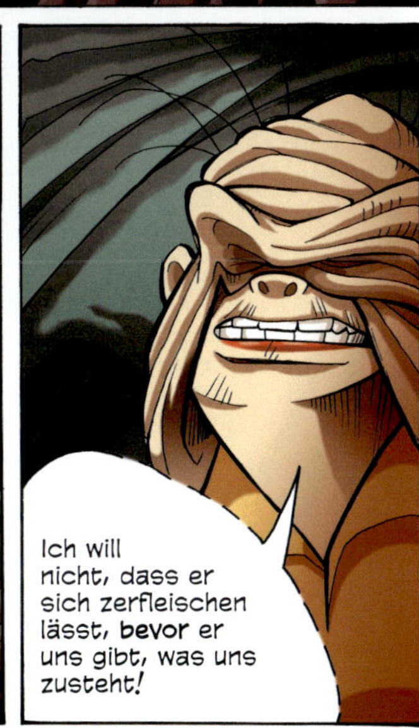
Ich will nicht, dass er sich zerfleischen lässt, **bevor** er uns gibt, was uns zusteht!

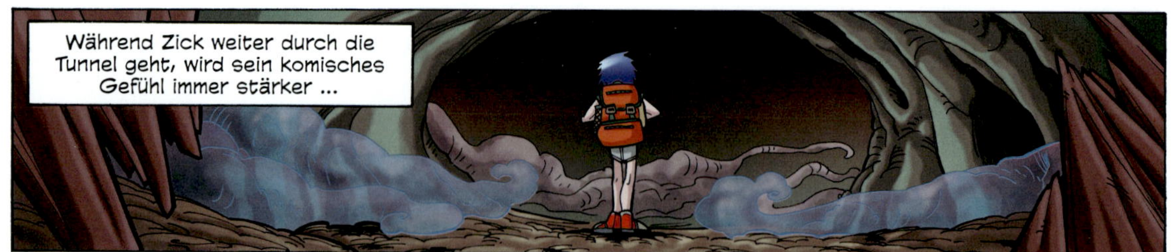
Während Zick weiter durch die Tunnel geht, wird sein komisches Gefühl immer stärker ...

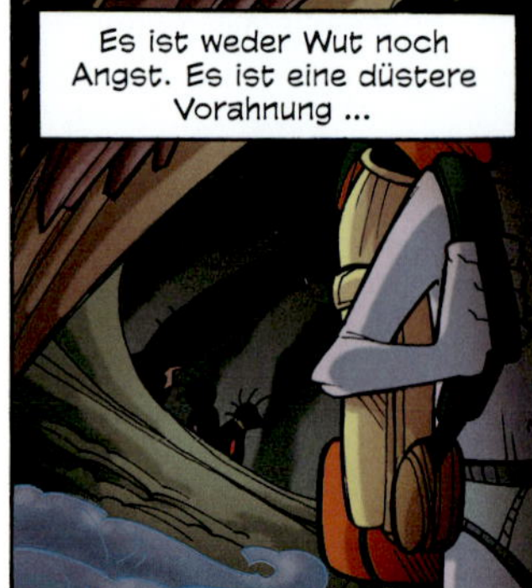
Es ist weder Wut noch Angst. Es ist eine düstere Vorahnung ...

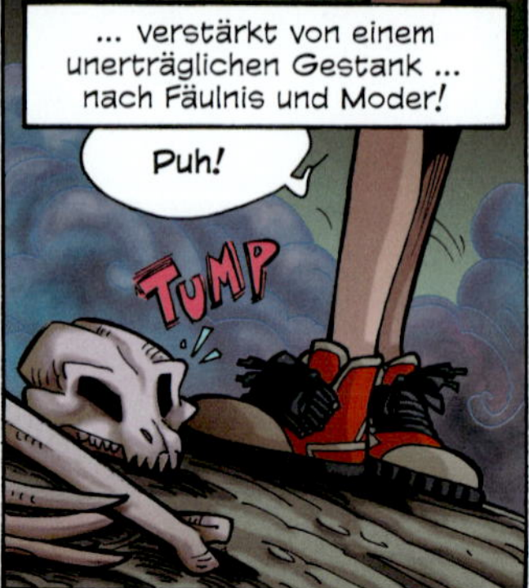
... verstärkt von einem unerträglichen Gestank ... nach Fäulnis und Moder!
Puh!
TUMP

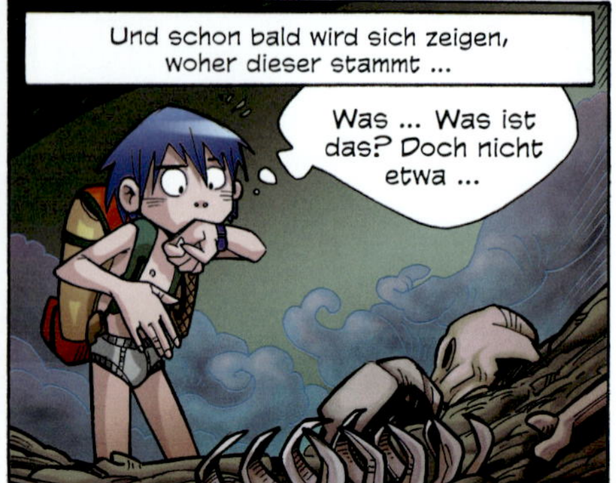
Und schon bald wird sich zeigen, woher dieser stammt ...
Was ... Was ist das? Doch nicht etwa ...

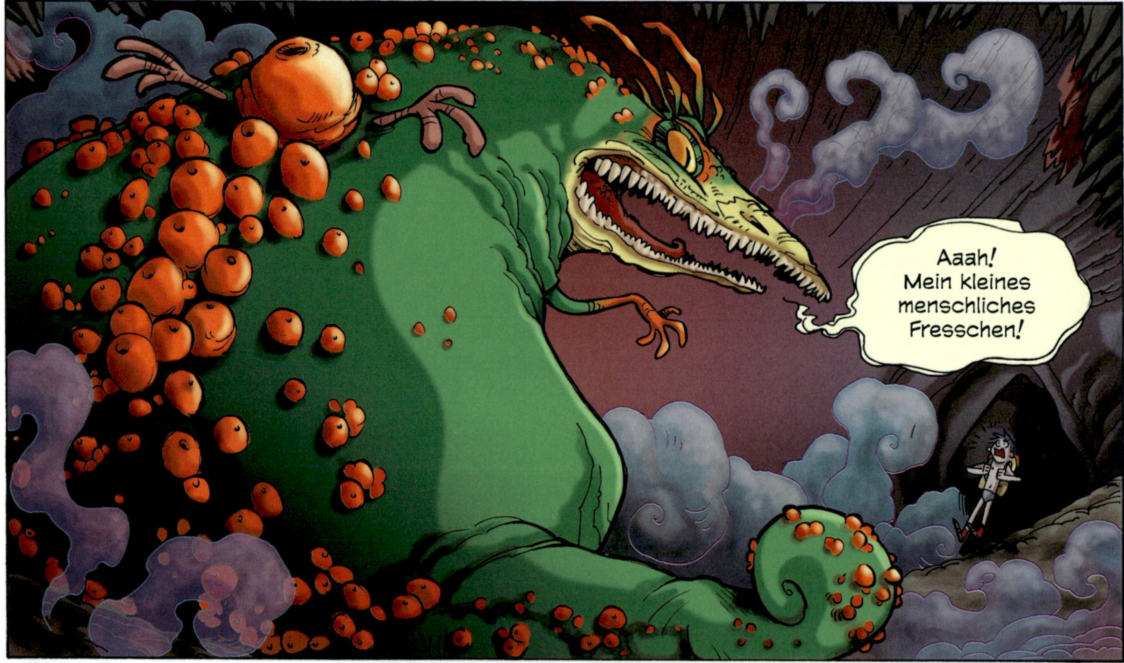
Aaah! Mein kleines menschliches Fresschen!

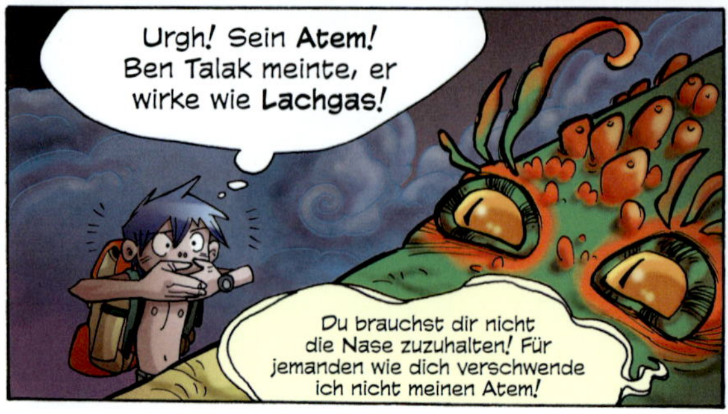
Urgh! Sein **Atem**! Ben Talak meinte, er wirke wie **Lachgas**!
Du brauchst dir nicht die Nase zuzuhalten! Für jemanden wie dich verschwende ich nicht meinen Atem!

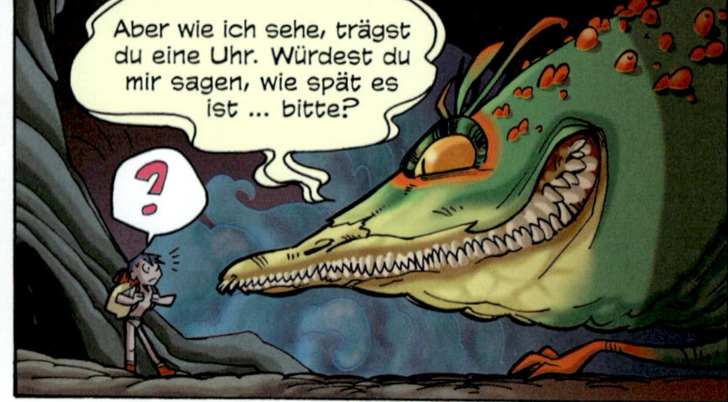
Aber wie ich sehe, trägst du eine Uhr. Würdest du mir sagen, wie spät es ist ... bitte?
?

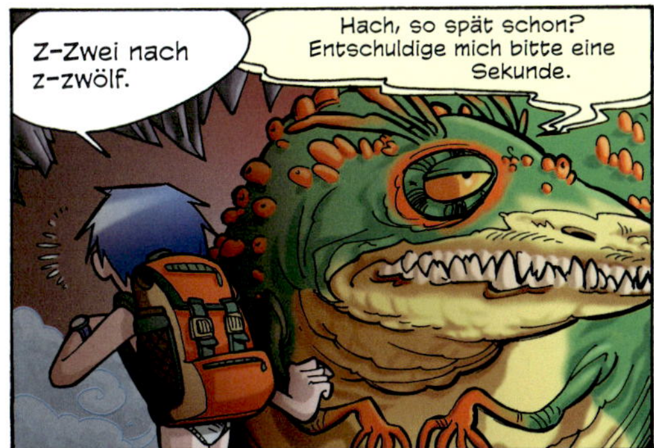
Z-Zwei nach z-zwölf.
Hach, so spät schon? Entschuldige mich bitte eine Sekunde.

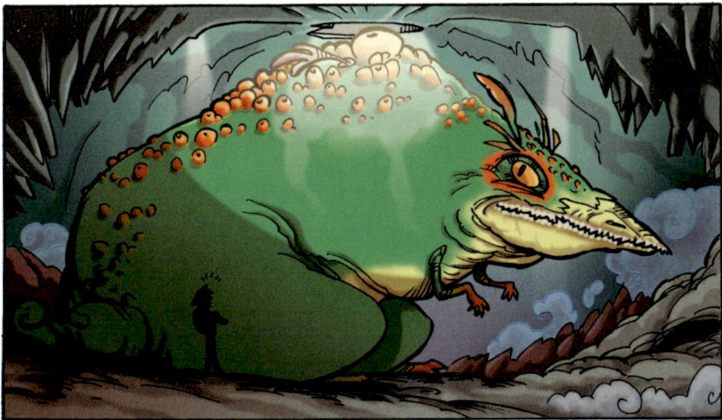

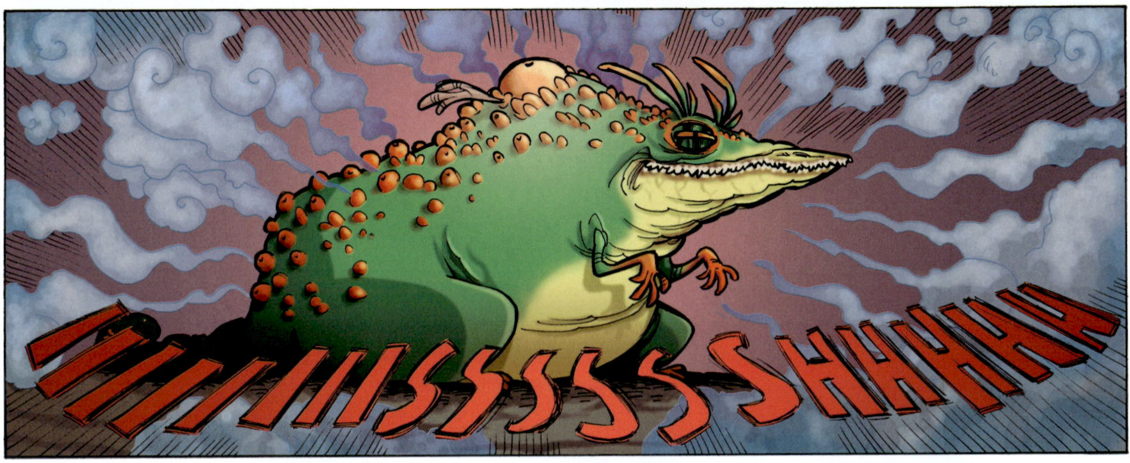
IIIIIISSSSSSHHHHH

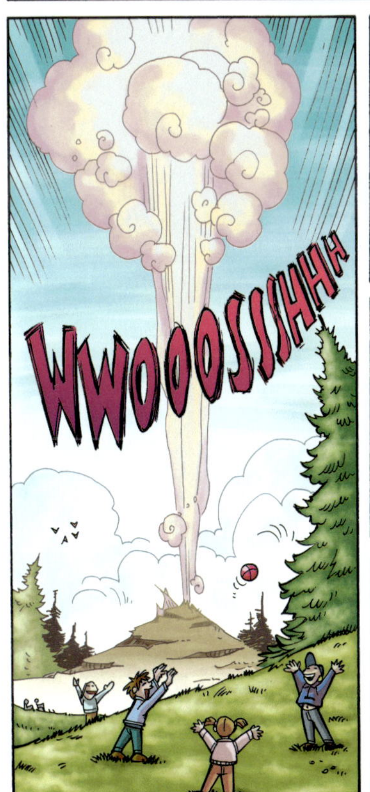
WWOOOSSSHHH

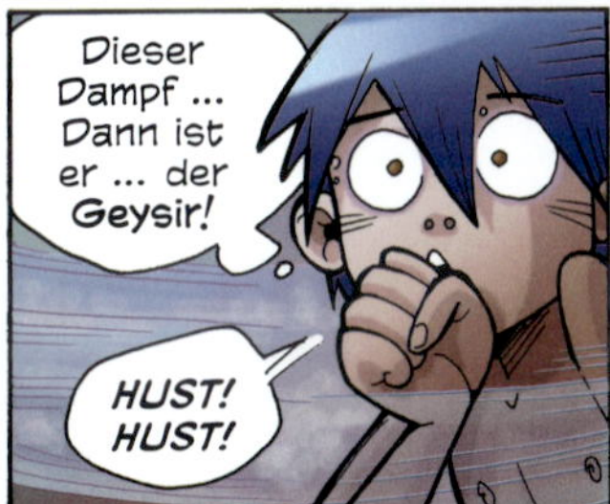
Dieser Dampf ... Dann ist er ... der Geysir!
HUST! HUST!

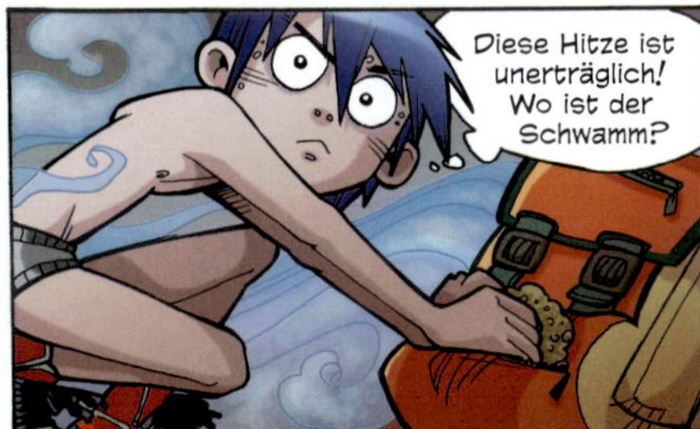
Diese Hitze ist unerträglich! Wo ist der Schwamm?

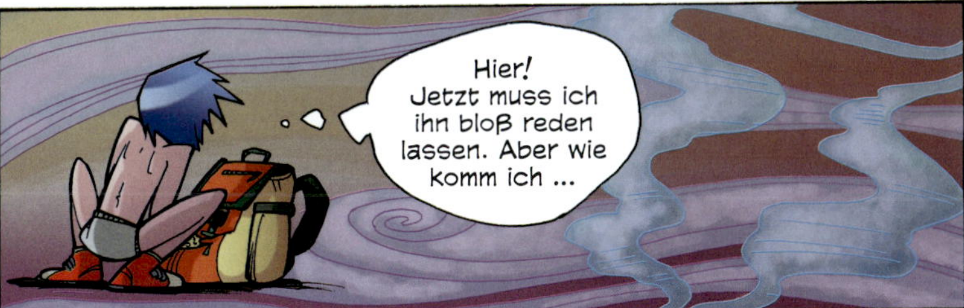
Hier! Jetzt muss ich ihn bloß reden lassen. Aber wie komm ich ...

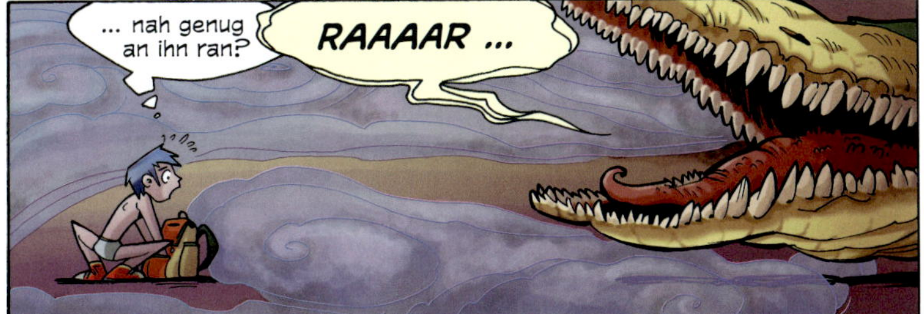
... nah genug an ihn ran?
RAAAAR ...

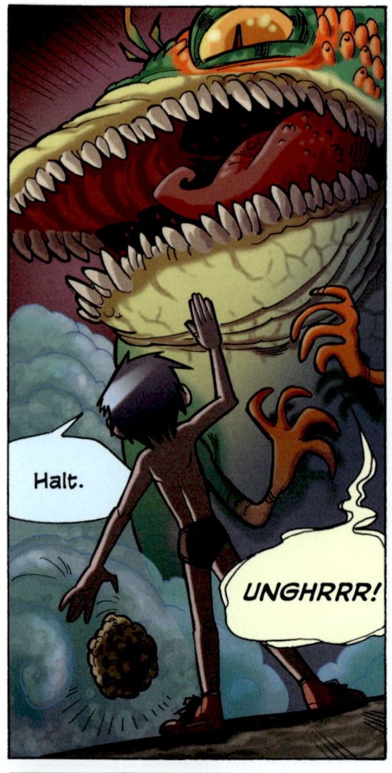
Halt.
UNGHRRR!
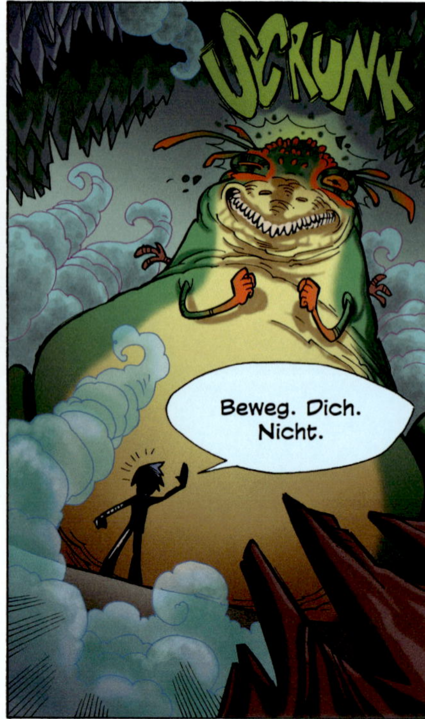
SCRUNK
Beweg. Dich. Nicht.
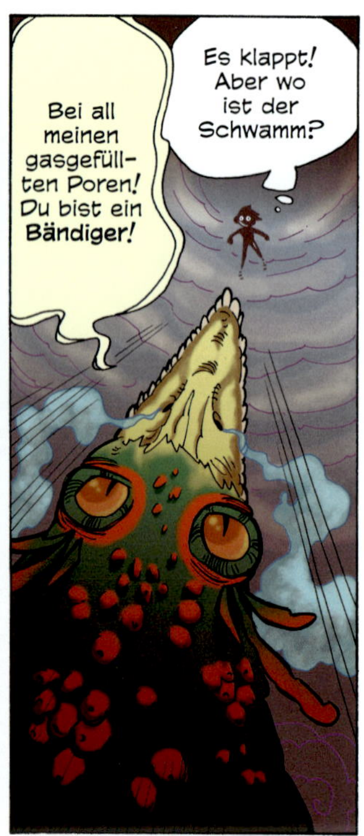
Es klappt! Aber wo ist der Schwamm?
Bei all meinen gasgefüllten Poren! Du bist ein Bändiger!
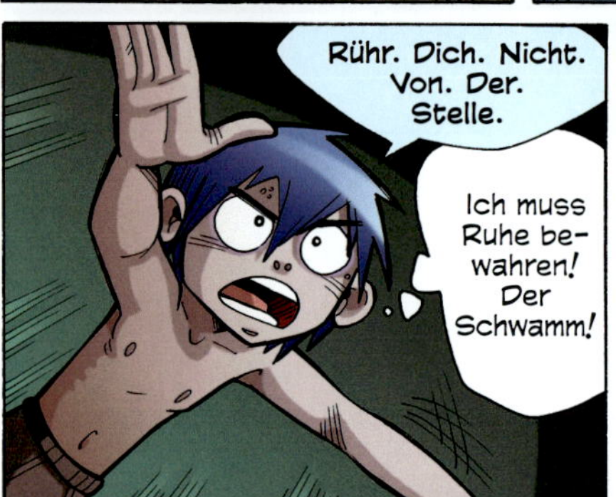
Rühr. Dich. Nicht. Von. Der. Stelle.
Ich muss Ruhe bewahren! Der Schwamm!
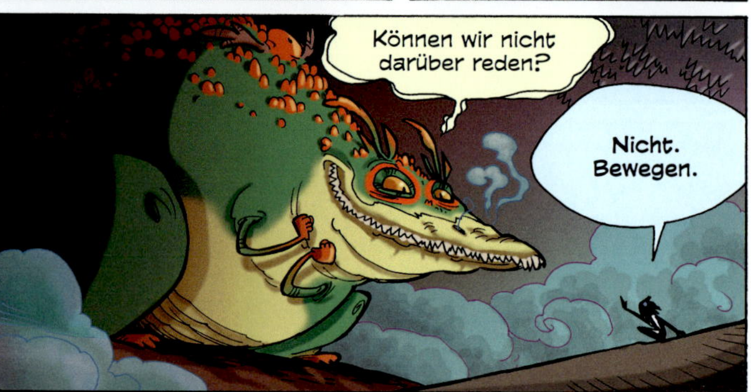
Können wir nicht darüber reden?
Nicht. Bewegen.
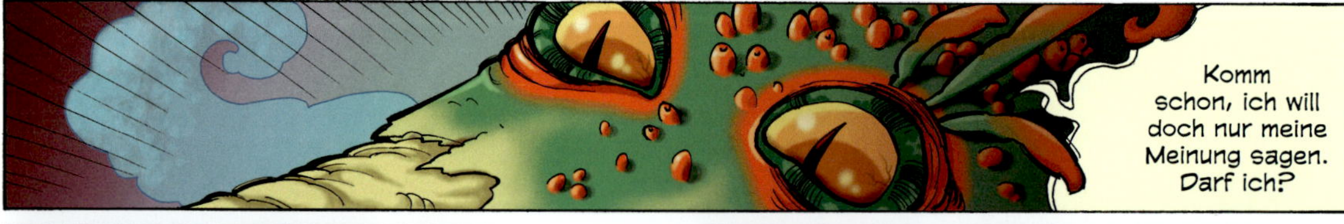
Komm schon, ich will doch nur meine Meinung sagen. Darf ich?
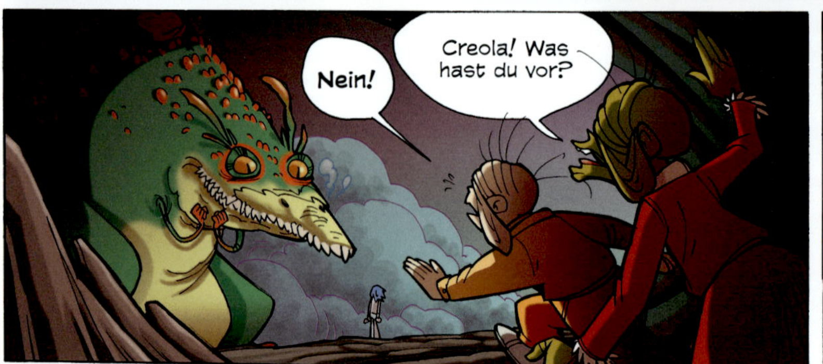
Nein!
Creola! Was hast du vor?
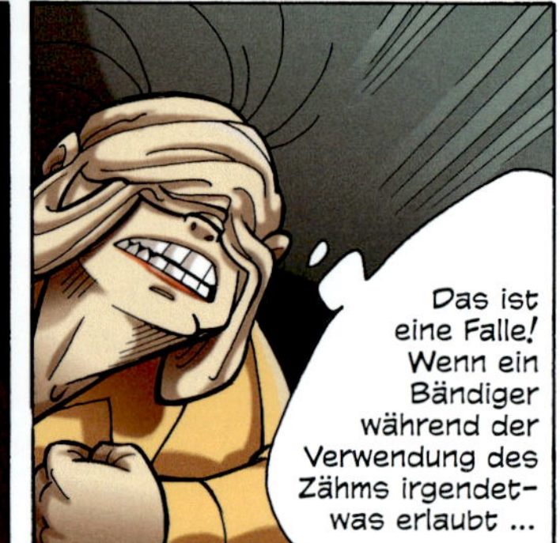
Das ist eine Falle! Wenn ein Bändiger während der Verwendung des Zähms irgendetwas erlaubt ...

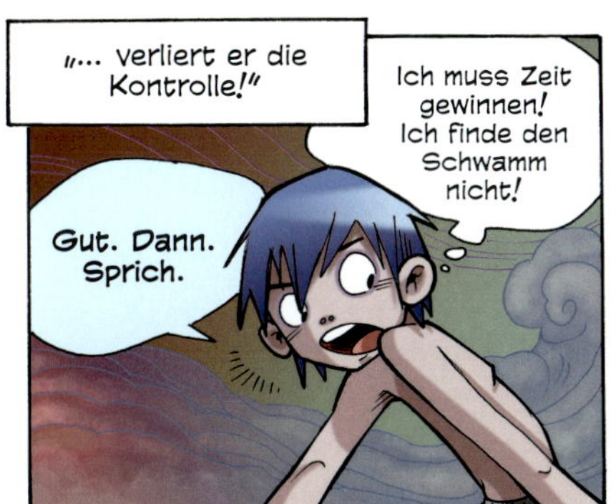
„... verliert er die Kontrolle!"
Ich muss Zeit gewinnen! Ich finde den Schwamm nicht!
Gut. Dann. Sprich.

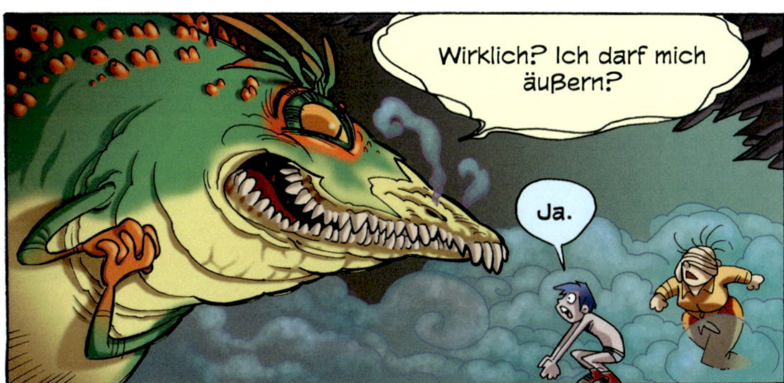
Wirklich? Ich darf mich äußern?
Ja.

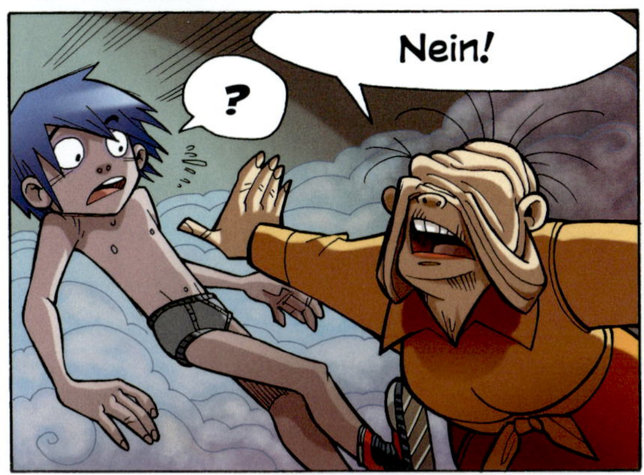
?
Nein!

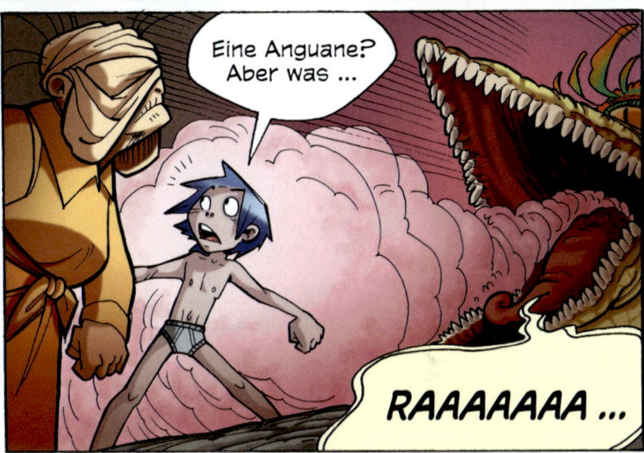
Eine Anguane? Aber was ...
RAAAAAAA ...

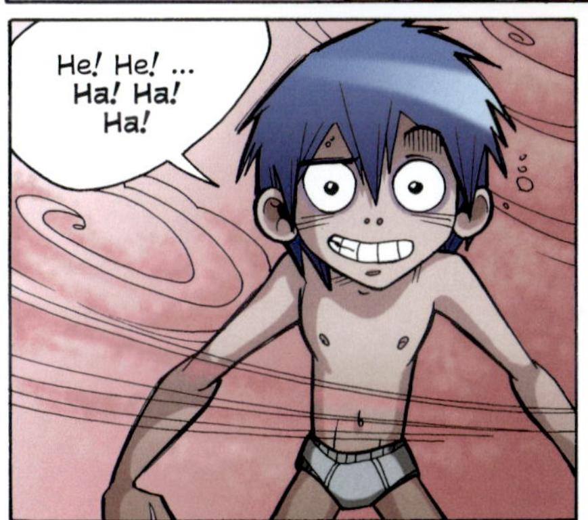
He! He! ... Ha! Ha! Ha!

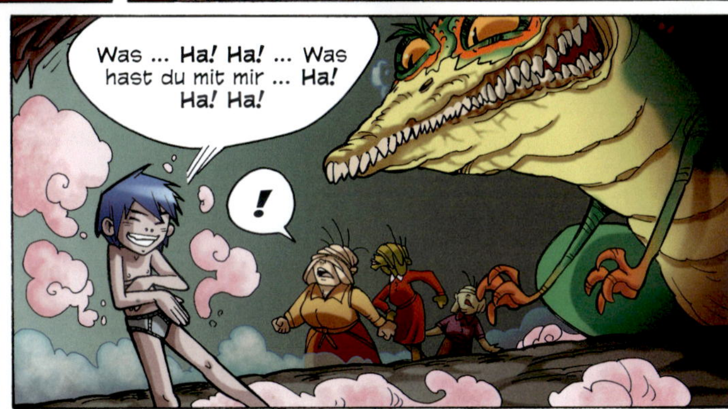
Was ... Ha! Ha! ... Was hast du mit mir ... Ha! Ha! Ha!
!

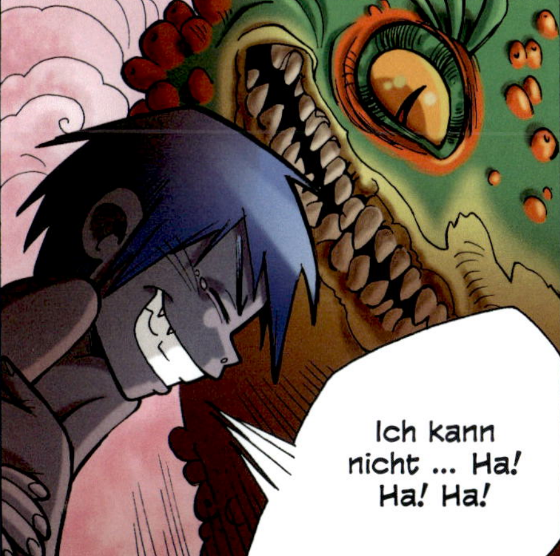
Ich kann nicht ... Ha! Ha! Ha!

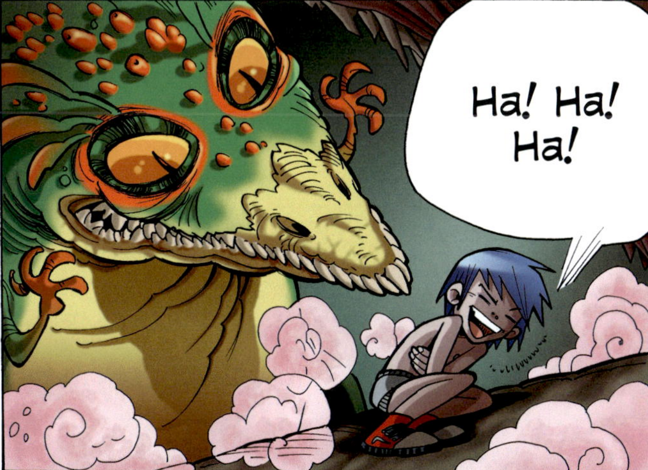
Ha! Ha! Ha!

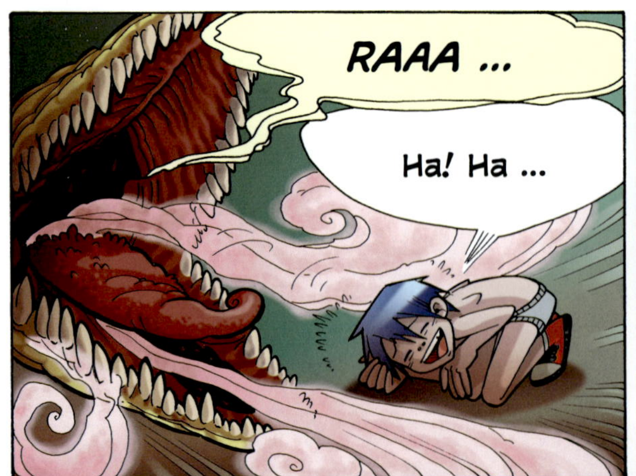
RAAA ...
Ha! Ha ...

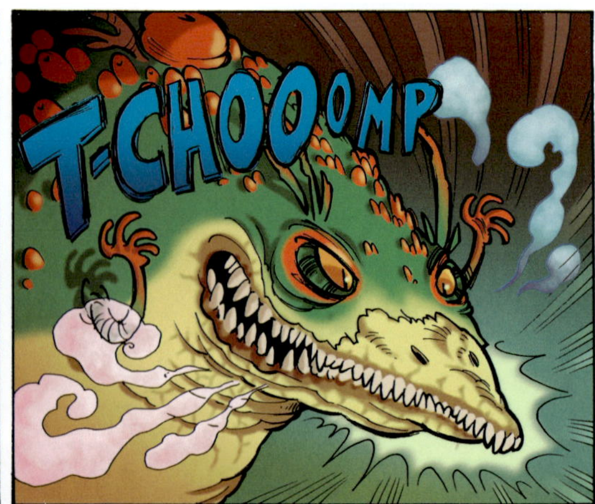
T-CHOOOMP

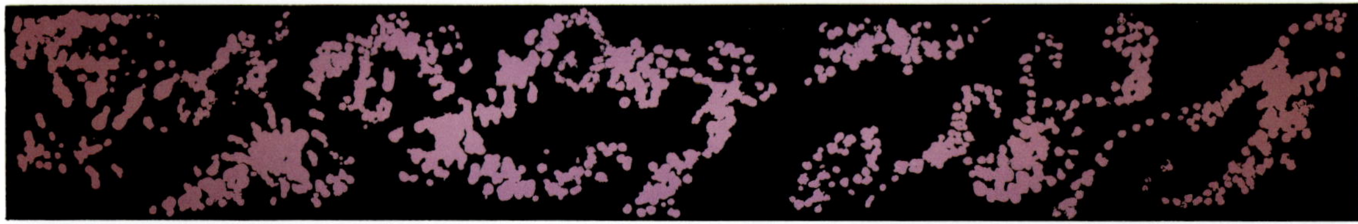

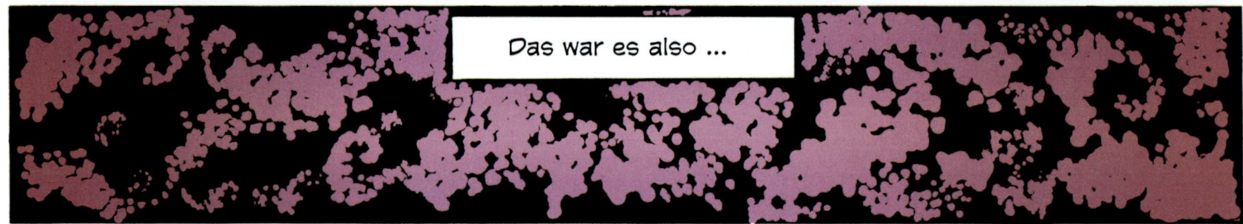
Das war es also ...

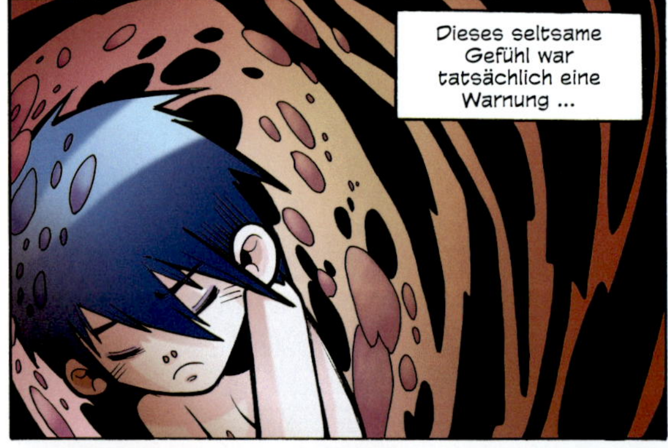
Dieses seltsame Gefühl war tatsächlich eine Warnung ...

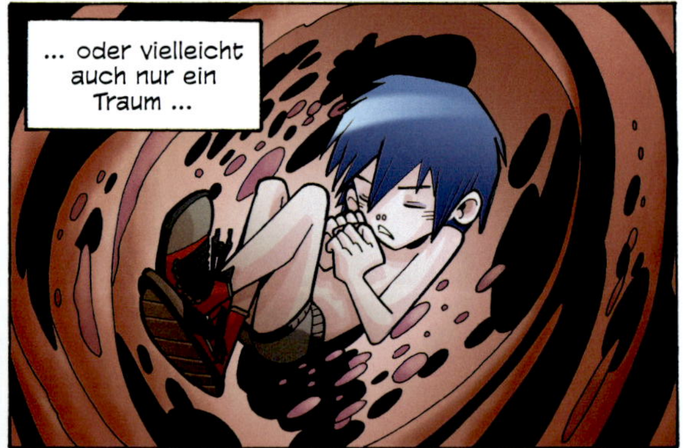
... oder vielleicht auch nur ein Traum ...

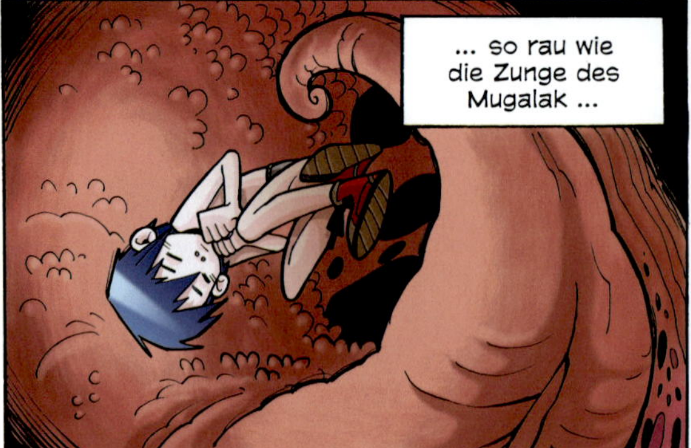
... so rau wie die Zunge des Mugalak ...

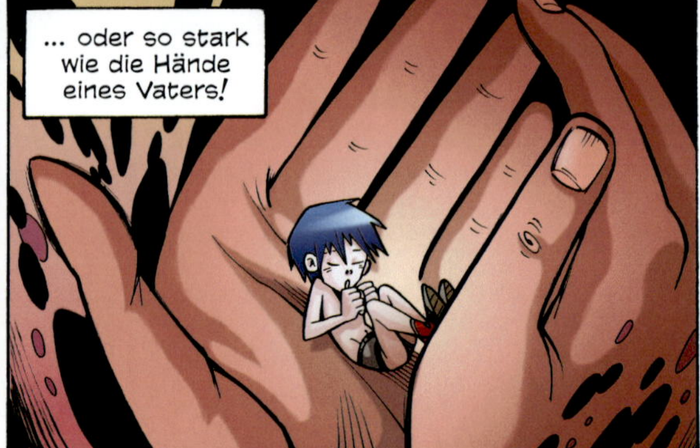
... oder so stark wie die Hände eines Vaters!

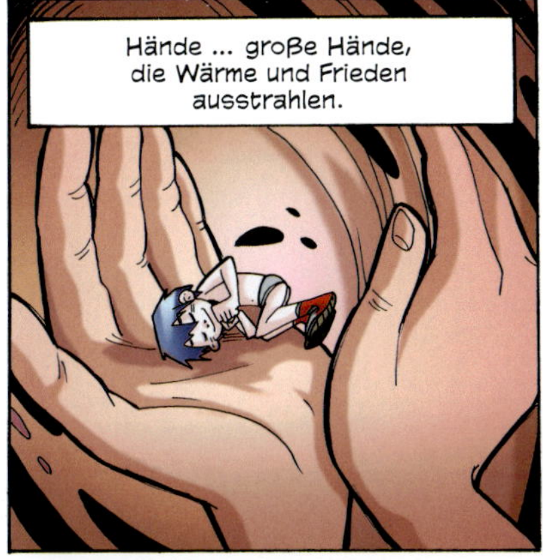
Hände ... große Hände, die Wärme und Frieden ausstrahlen.

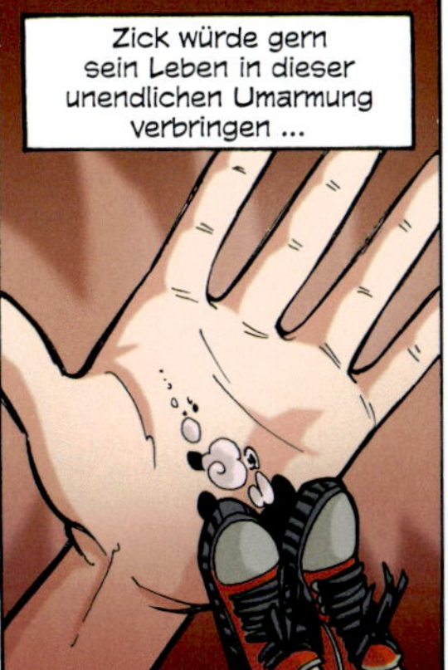
Zick würde gern sein Leben in dieser unendlichen Umarmung verbringen ...

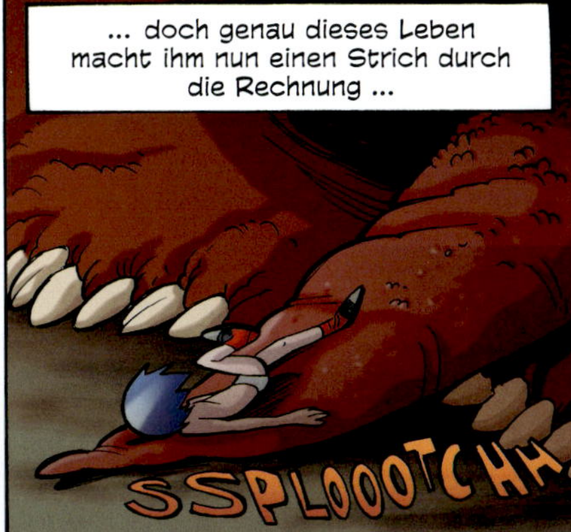
... doch genau dieses Leben macht ihm nun einen Strich durch die Rechnung ...
SSPLOOOTCHH

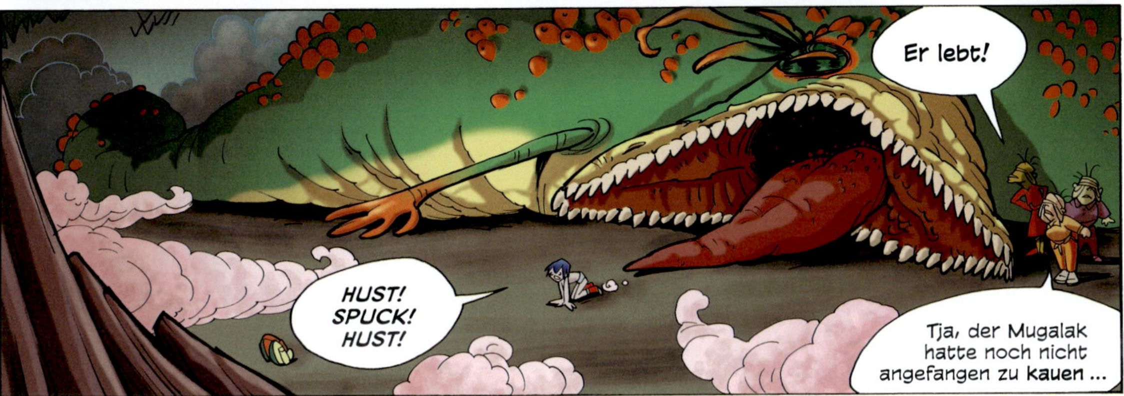
Er lebt!
HUST! SPUCK! HUST!
Tja, der Mugalak hatte noch nicht angefangen zu kauen ...

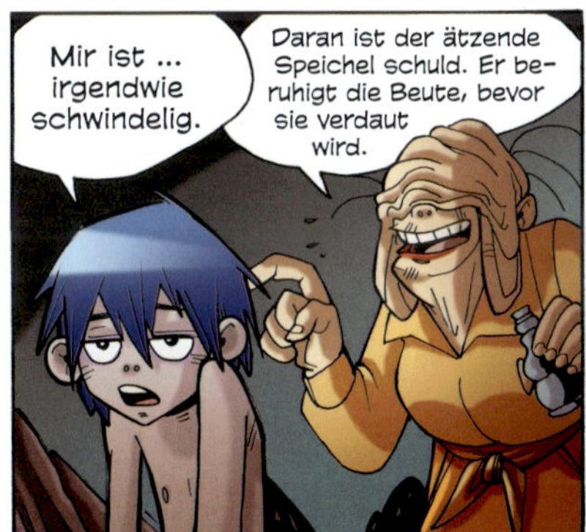
Mir ist ... irgendwie schwindelig.
Daran ist der ätzende Speichel schuld. Er beruhigt die Beute, bevor sie verdaut wird.

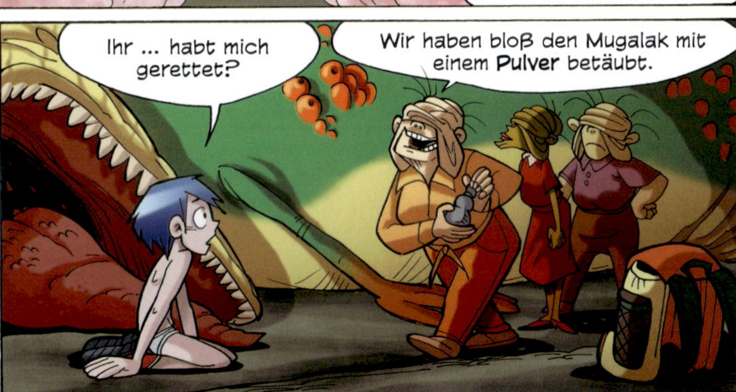
Ihr ... habt mich gerettet?
Wir haben bloß den Mugalak mit einem Pulver betäubt.

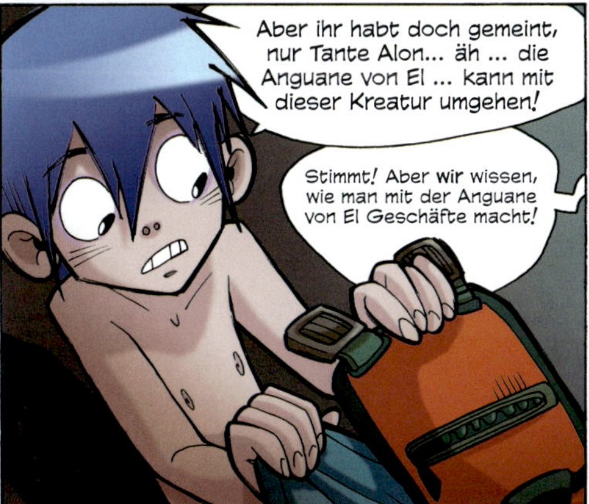
Aber ihr habt doch gemeint, nur Tante Alon... äh ... die Anguane von El ... kann mit dieser Kreatur umgehen!
Stimmt! Aber wir wissen, wie man mit der Anguane von El Geschäfte macht!

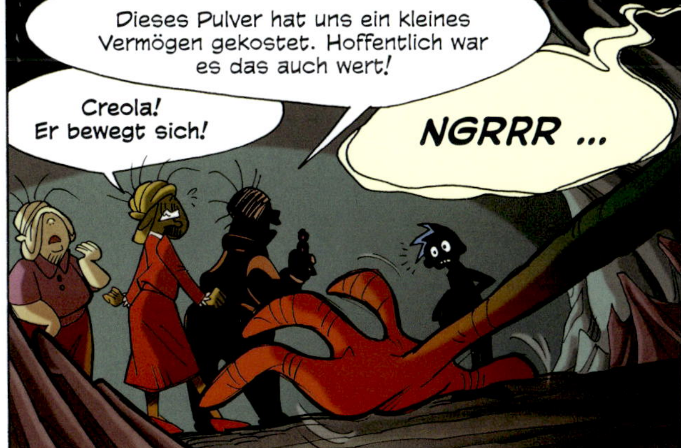
Dieses Pulver hat uns ein kleines Vermögen gekostet. Hoffentlich war es das auch wert!
Creola! Er bewegt sich!
NGRRR ...

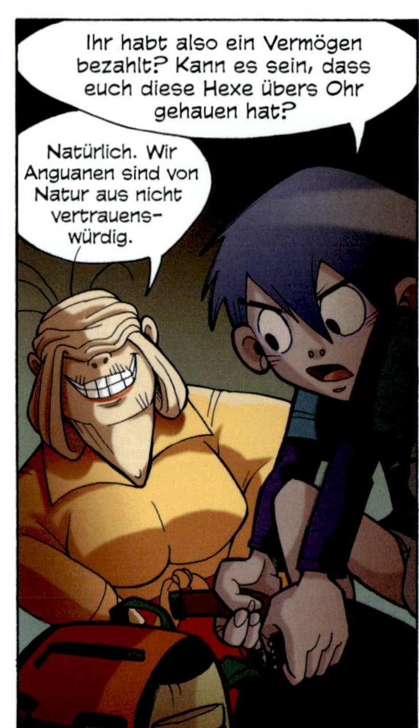
Ihr habt also ein Vermögen bezahlt? Kann es sein, dass euch diese Hexe übers Ohr gehauen hat?
Natürlich. Wir Anguanen sind von Natur aus nicht vertrauens-würdig.

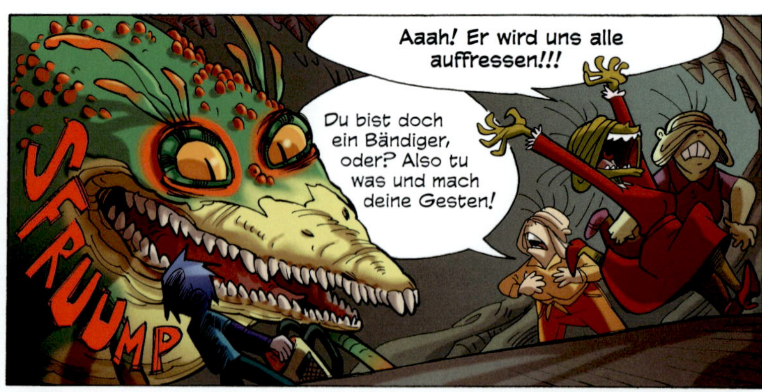
SFRUUMP
Aaah! Er wird uns alle auffressen!!!
Du bist doch ein Bändiger, oder? Also tu was und mach deine Gesten!

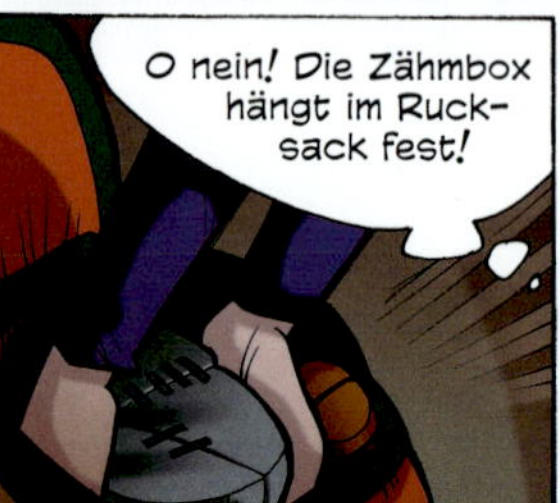
O nein! Die Zähmbox hängt im Ruck-sack fest!

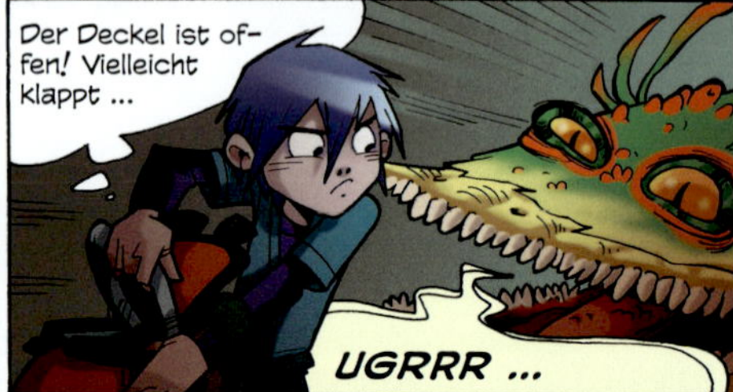
Der Deckel ist of-fen! Vielleicht klappt ...
UGRRR ...

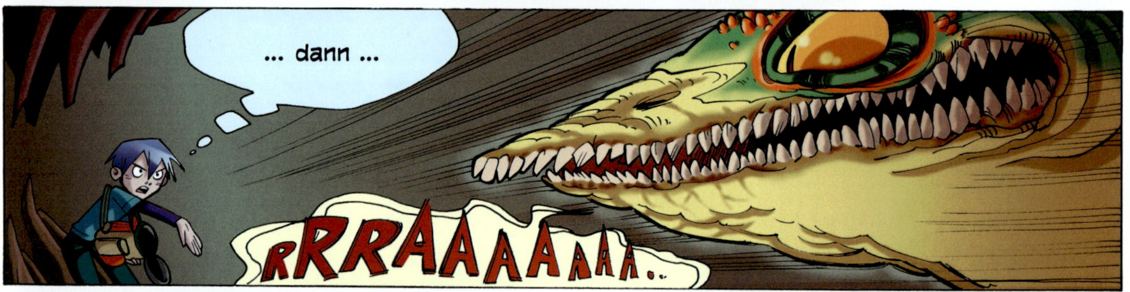
... dann ...
RRRAAAAAAA...

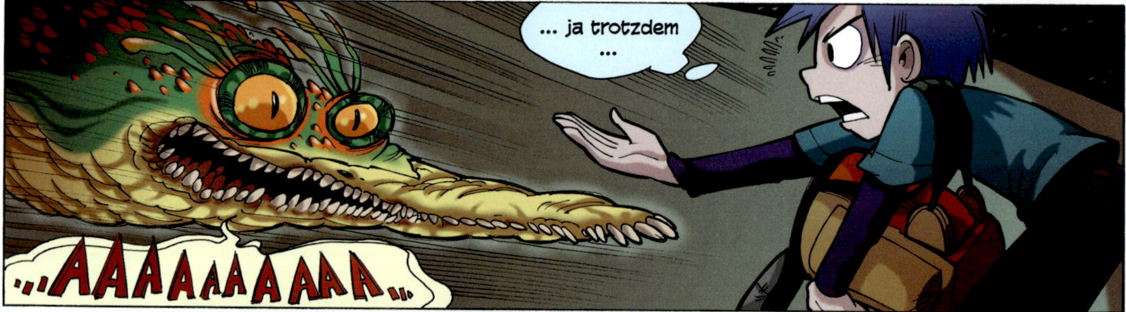
... ja trotzdem ...
..AAAAAAAAA...

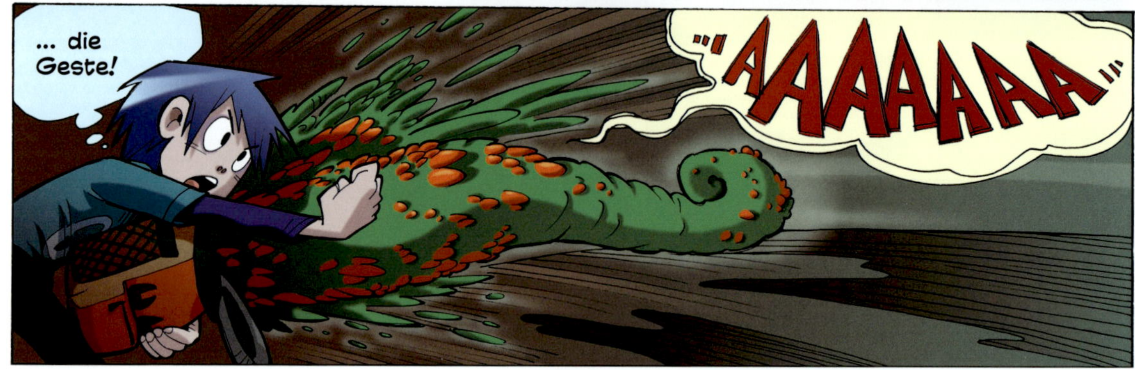
... die Geste!
"AAAAAAA"

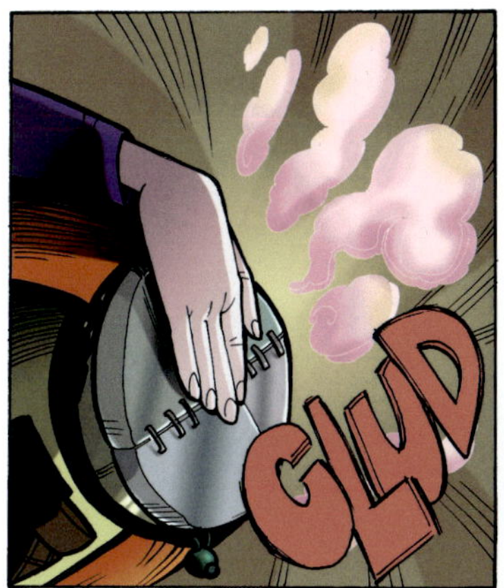
GLUD

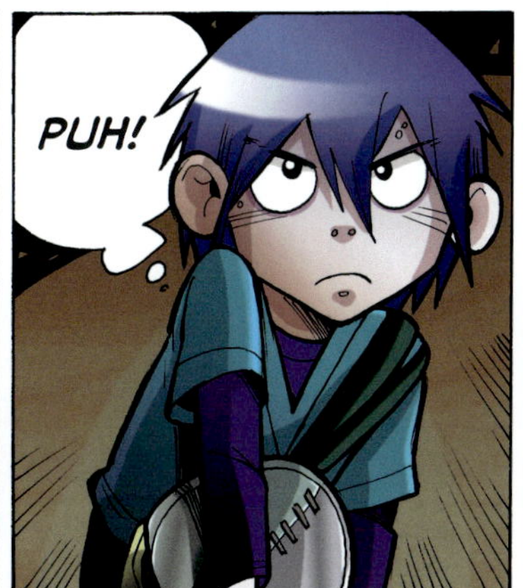
PUH!

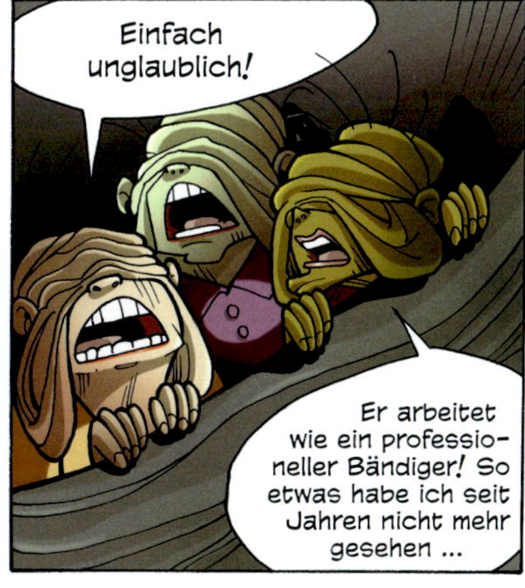
Einfach unglaublich!
Er arbeitet wie ein professioneller Bändiger! So etwas habe ich seit Jahren nicht mehr gesehen ...

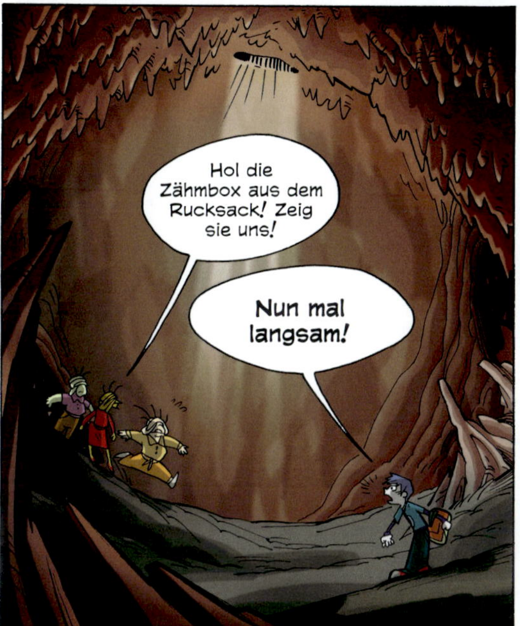
Hol die Zähmbox aus dem Rucksack! Zeig sie uns!
Nun mal langsam!

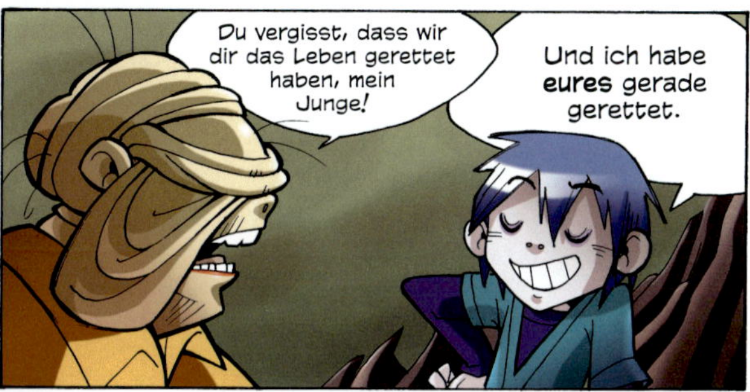
Du vergisst, dass wir dir das Leben gerettet haben, mein Junge!
Und ich habe **eures** gerade gerettet.

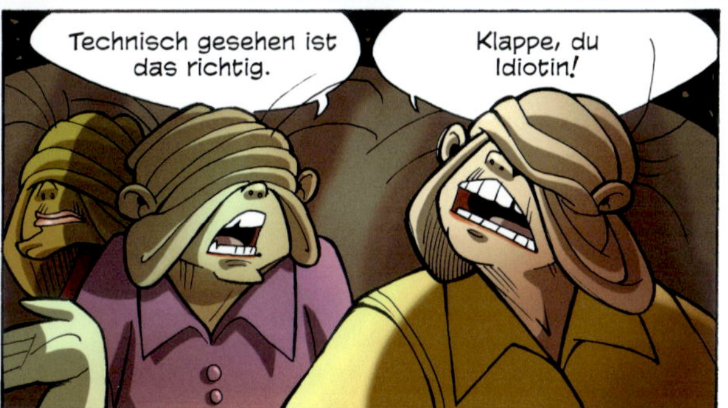
Technisch gesehen ist das richtig.
Klappe, du Idiotin!

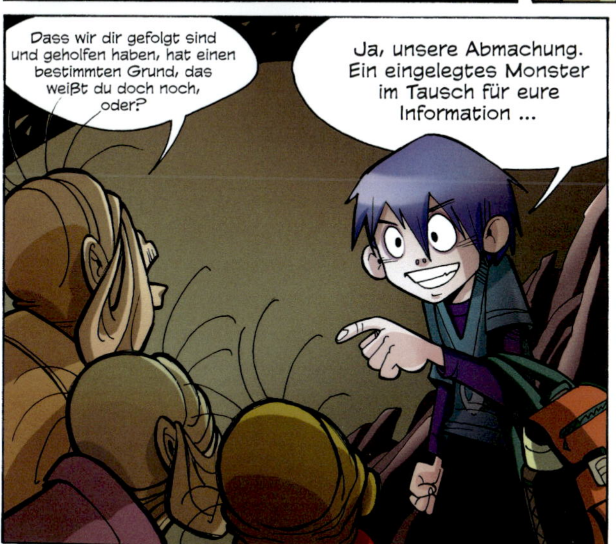
Dass wir dir gefolgt sind und geholfen haben, hat einen bestimmten Grund, das weißt du doch noch, oder?
Ja, unsere Abmachung. Ein eingelegtes Monster im Tausch für eure Information ...

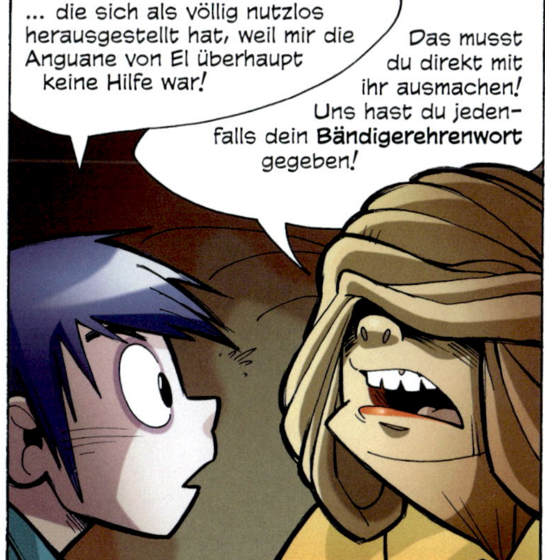
... die sich als völlig nutzlos herausgestellt hat, weil mir die Anguane von El überhaupt keine Hilfe war!
Das musst du direkt mit ihr ausmachen! Uns hast du jedenfalls dein **Bändigerehrenwort** gegeben!

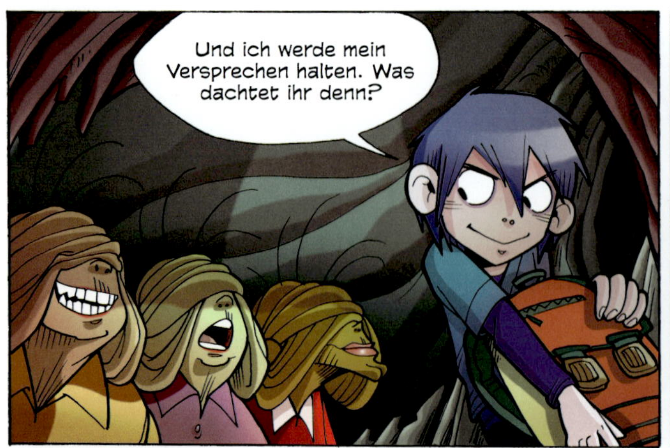
Und ich werde mein Versprechen halten. Was dachtet ihr denn?
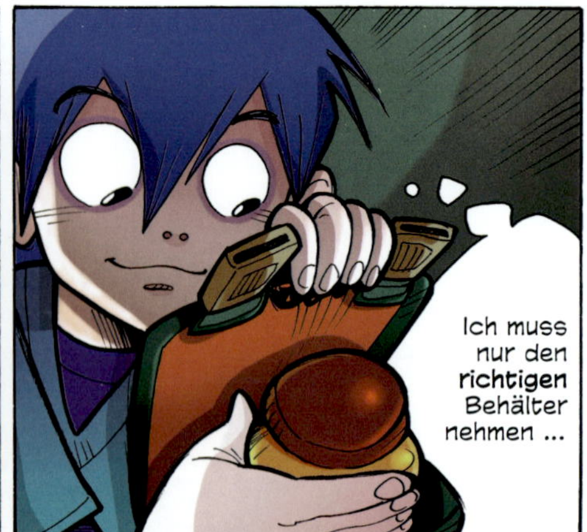
Ich muss nur den **richtigen** Behälter nehmen ...
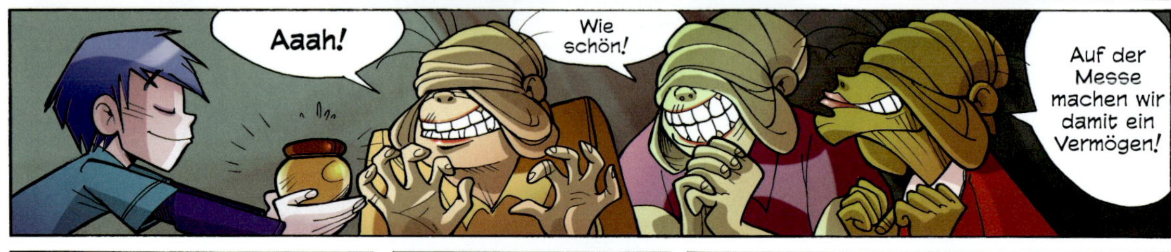
Aaah!
Wie schön!
Auf der Messe machen wir damit ein Vermögen!
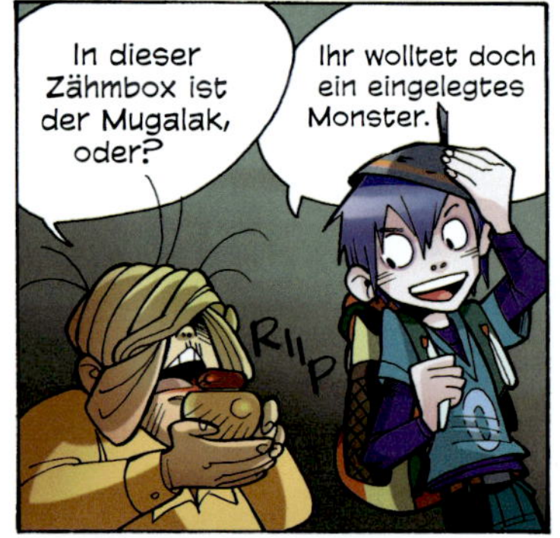
In dieser Zähmbox ist der Mugalak, oder?
Ihr wolltet doch ein eingelegtes Monster.
RIIP
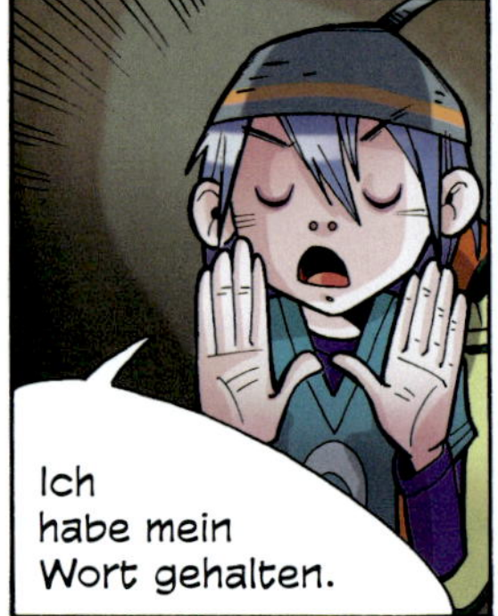
Ich habe mein Wort gehalten.
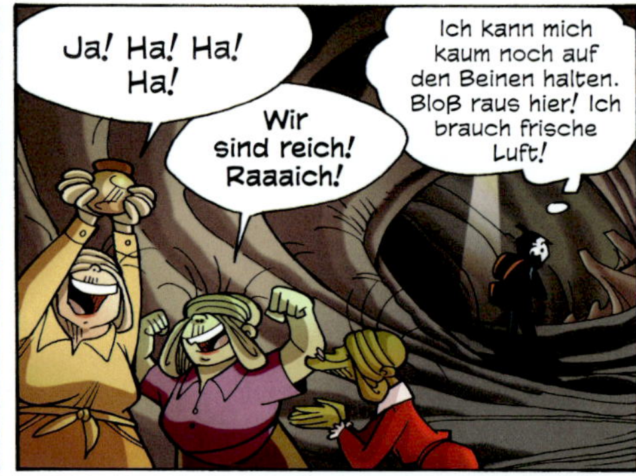
Ja! Ha! Ha! Ha!
Wir sind reich! Raaaich!
Ich kann mich kaum noch auf den Beinen halten. Bloß raus hier! Ich brauch frische Luft!
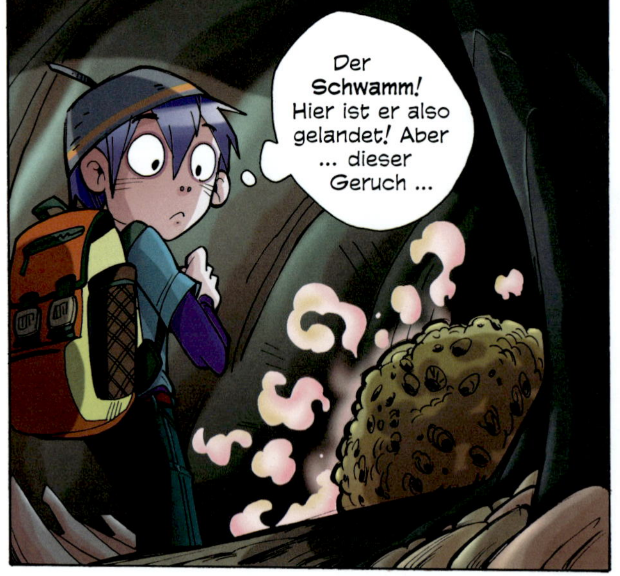
Der **Schwamm!** Hier ist er also gelandet! Aber ... dieser Geruch ...
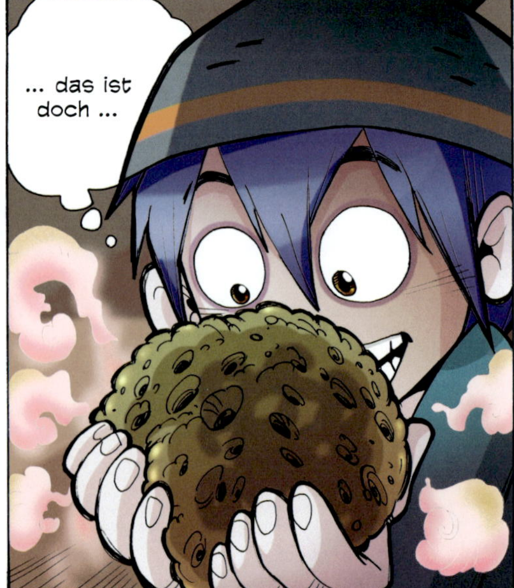
... das ist doch ...

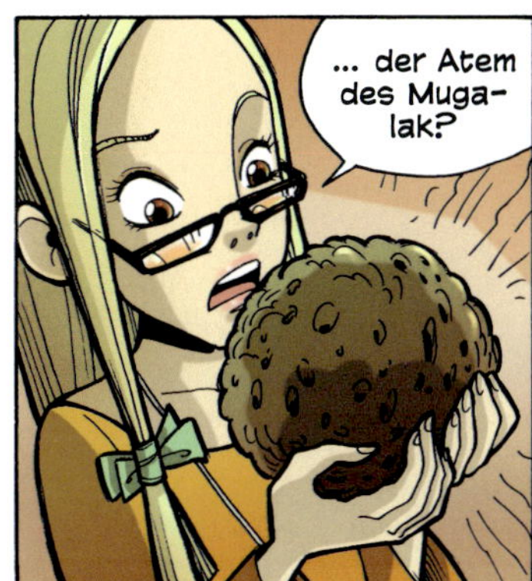
... der Atem des Mugalak?

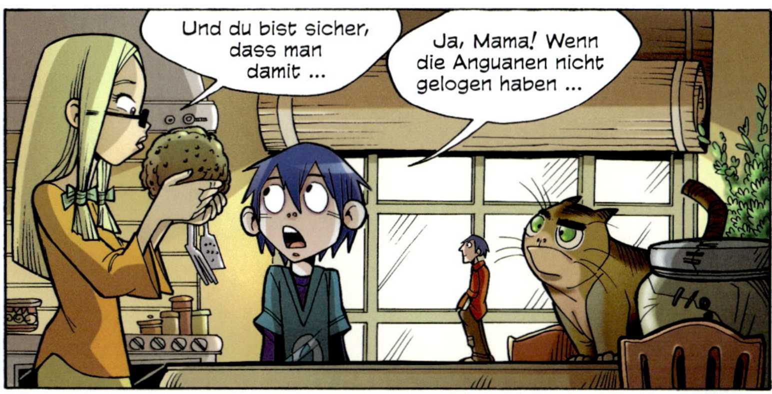
Und du bist sicher, dass man damit ...
Ja, Mama! Wenn die Anguanen nicht gelogen haben ...

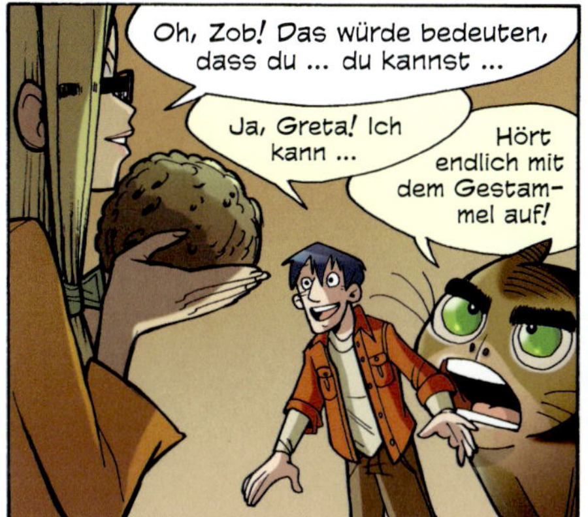
Oh, Zob! Das würde bedeuten, dass du ... du kannst ...
Ja, Greta! Ich kann ...
Hört endlich mit dem Gestammel auf!

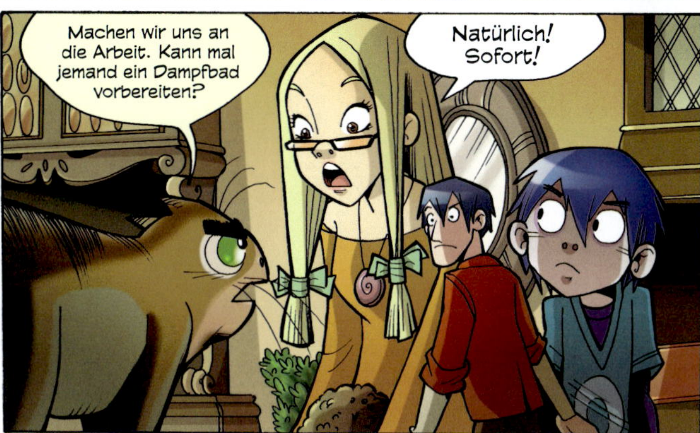
Machen wir uns an die Arbeit. Kann mal jemand ein Dampfbad vorbereiten?
Natürlich! Sofort!

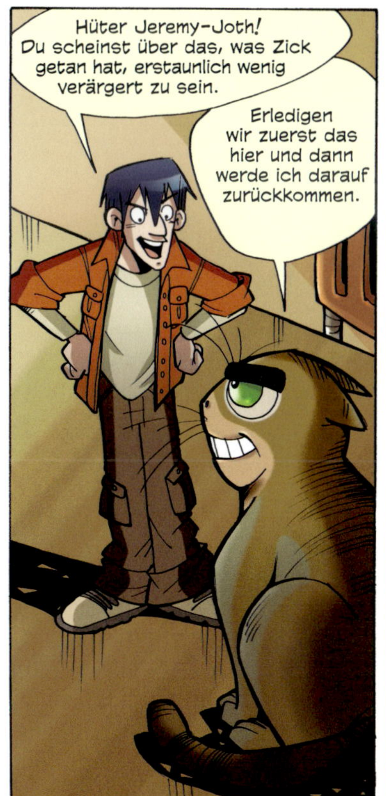
Hüter Jeremy-Joth! Du scheinst über das, was Zick getan hat, erstaunlich wenig verärgert zu sein.
Erledigen wir zuerst das hier und dann werde ich darauf zurückkommen.
Hab etwas Nachsicht. Mein Sohn ist ein ernst zu nehmender Bändiger. Schau dir nur diese selbst zusammengebaute Zähmbox an ...
... die von mir hiermit offiziell beschlagnahmt wird!

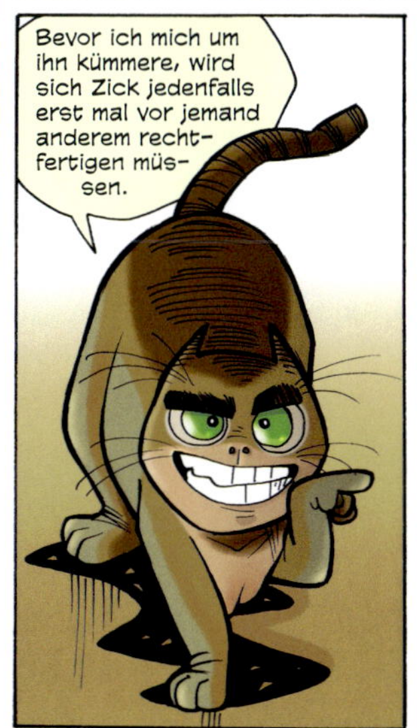
Bevor ich mich um ihn kümmere, wird sich Zick jedenfalls erst mal vor jemand anderem rechtfertigen müssen.

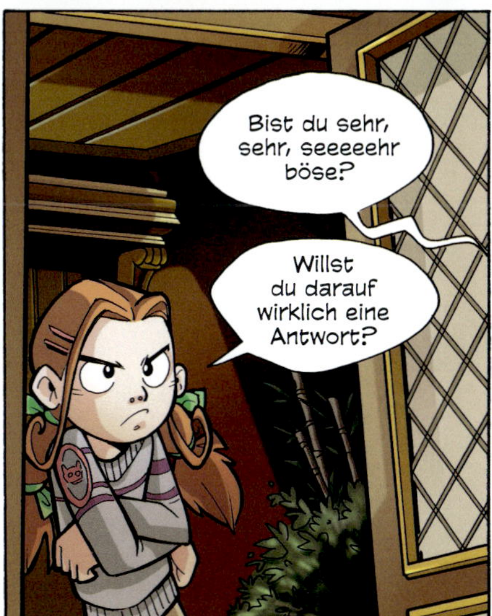
Bist du sehr, sehr, seeeeehr böse?
Willst du darauf wirklich eine Antwort?

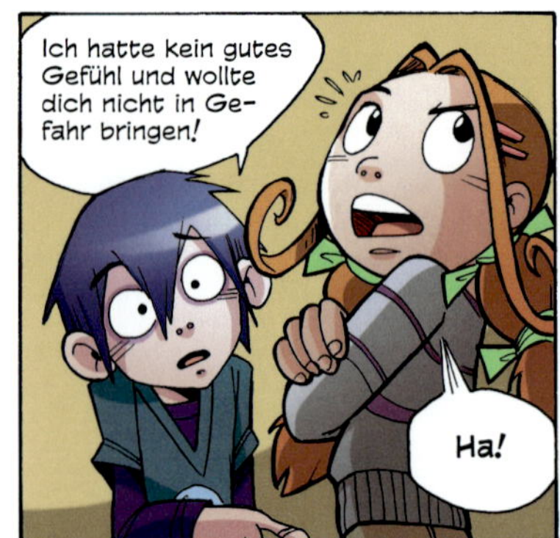

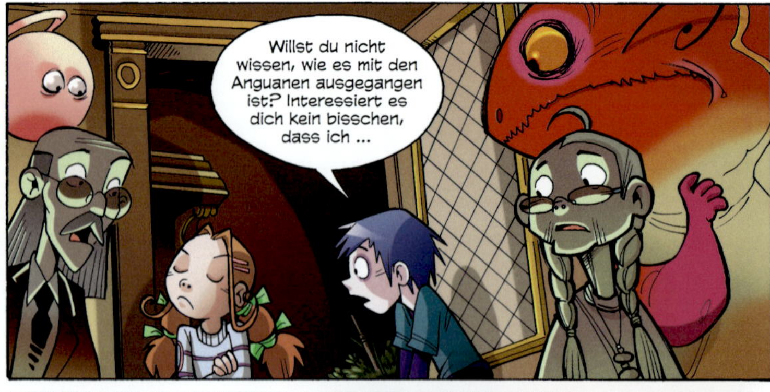

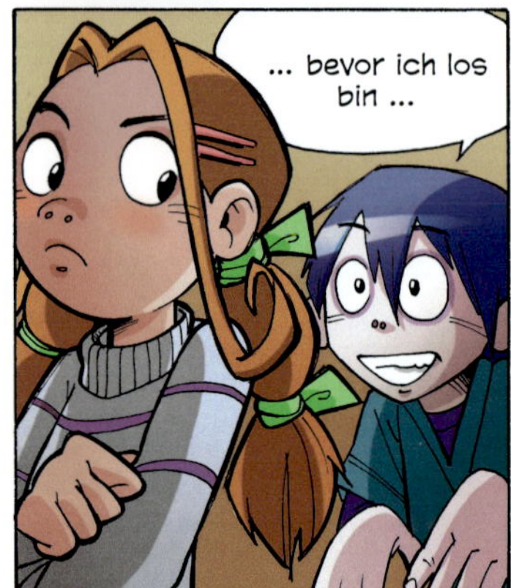

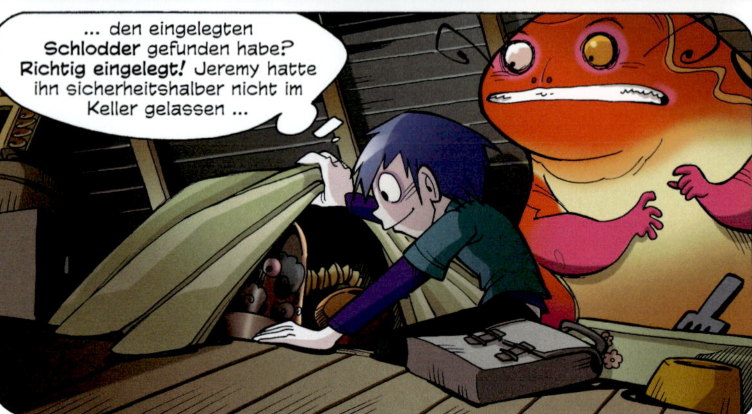

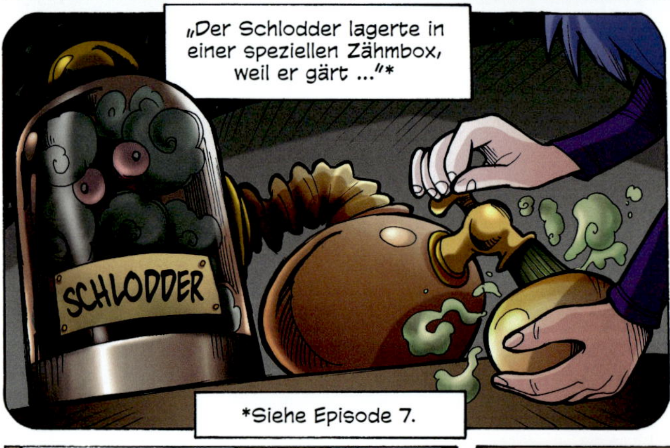

*Siehe Episode 7.

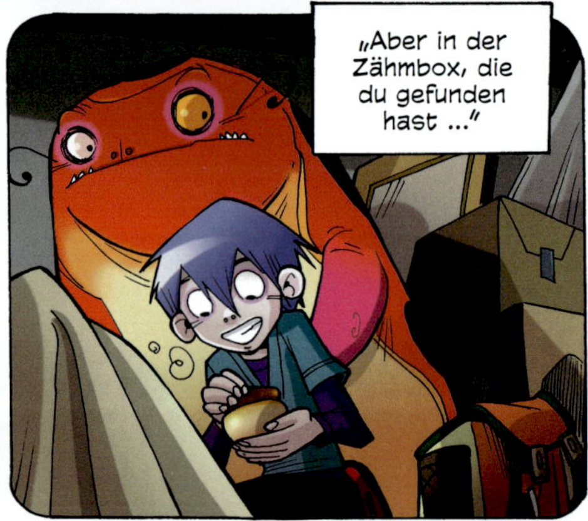

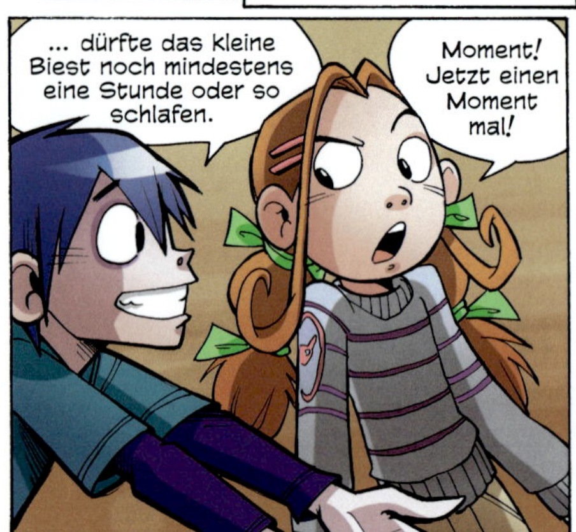

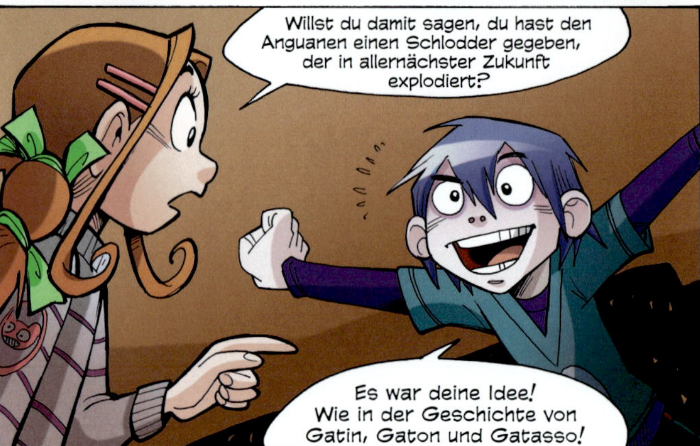

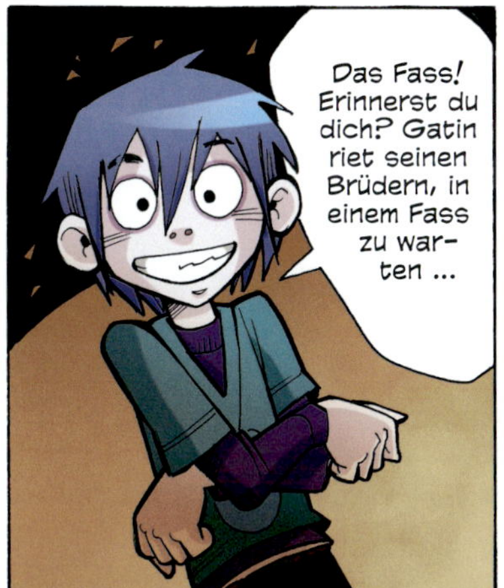
Das Fass! Erinnerst du dich? Gatin riet seinen Brüdern, in einem Fass zu warten ...

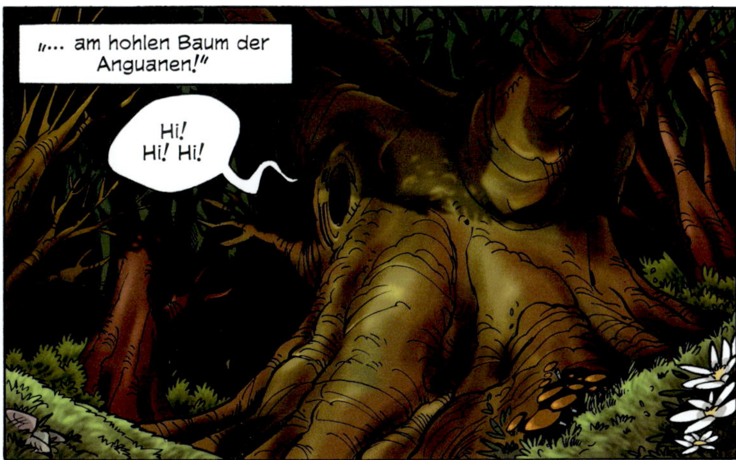
„... am hohlen Baum der Anguanen!"
Hi! Hi! Hi!

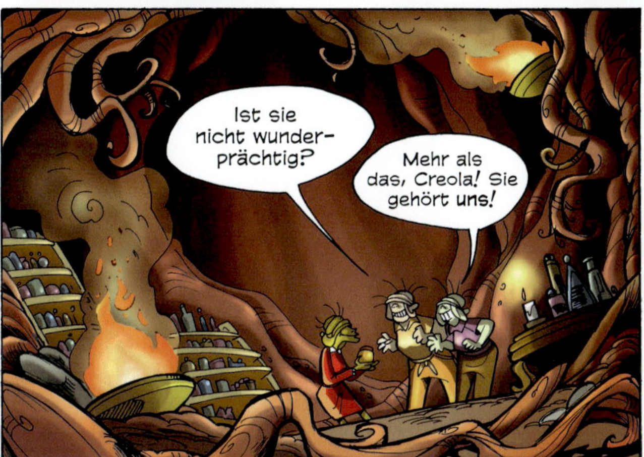
Ist sie nicht wunderprächtig?
Mehr als das, Creola! Sie gehört **uns**!

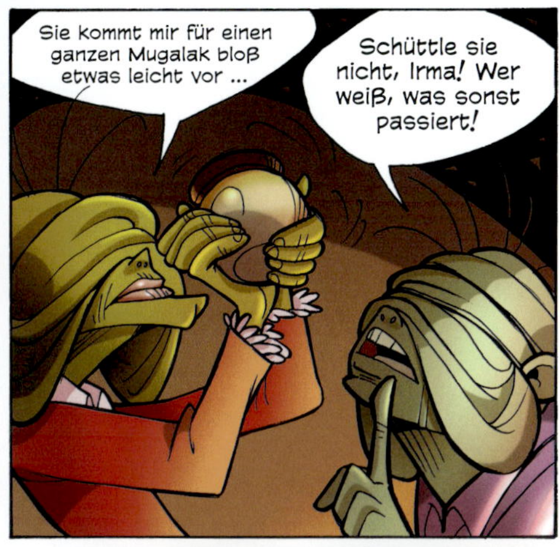
Sie kommt mir für einen ganzen Mugalak bloß etwas leicht vor ...
Schüttle sie nicht, Irma! Wer weiß, was sonst passiert!

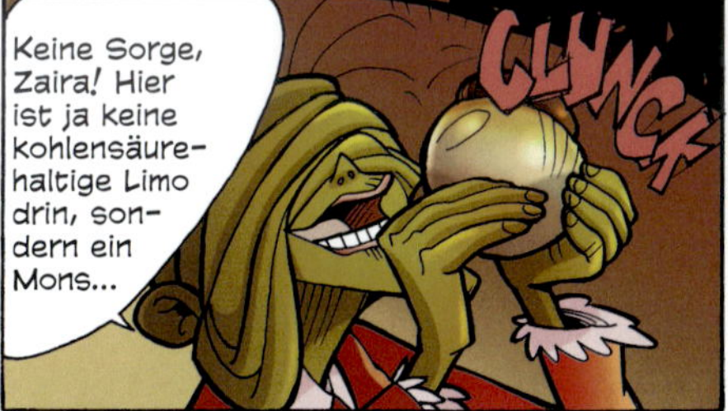
Keine Sorge, Zaira! Hier ist ja keine kohlensäurehaltige Limo drin, sondern ein Mons...
CLUNCK

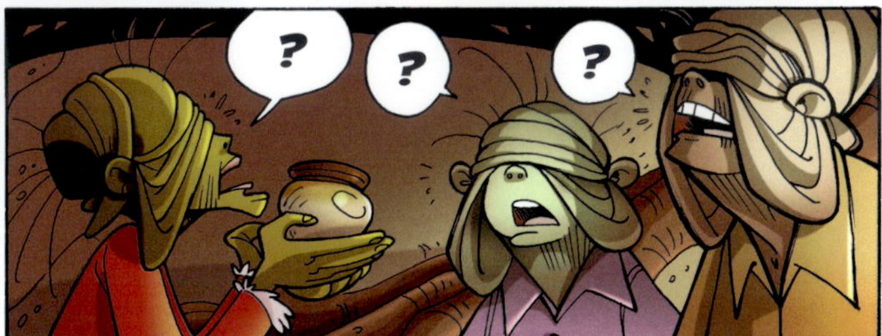
?
?
?

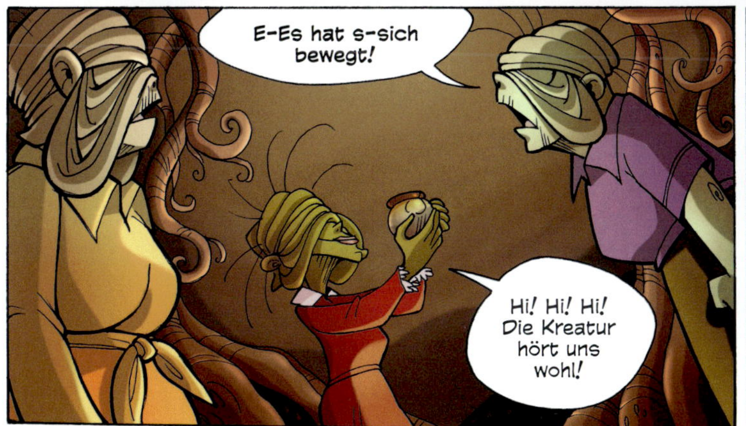
E-Es hat s-sich bewegt!
Hi! Hi! Hi! Die Kreatur hört uns wohl!

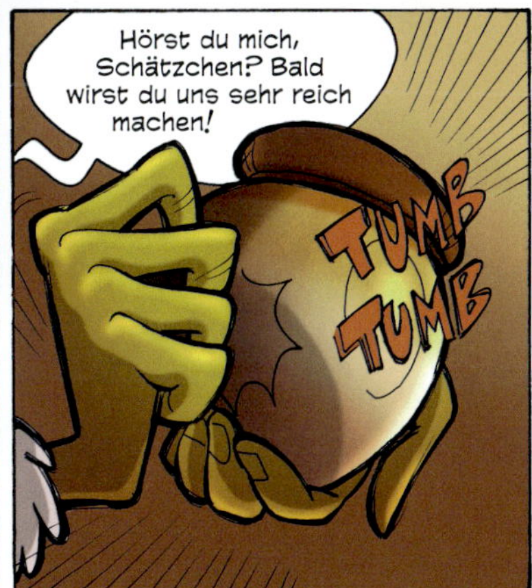
Hörst du mich, Schätzchen? Bald wirst du uns sehr reich machen!
TUMB TUMB

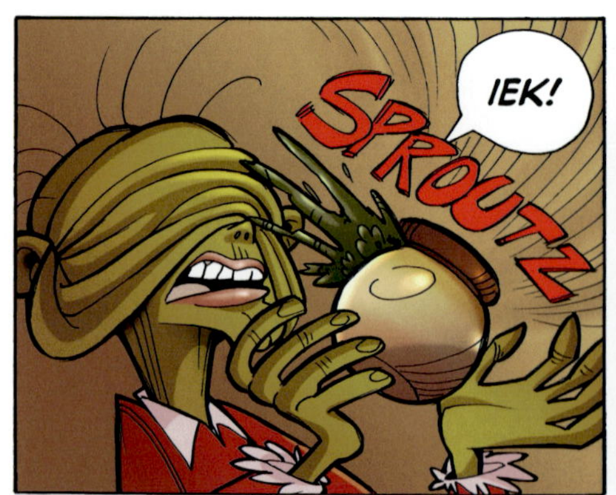
IEK!
SPROUTZ
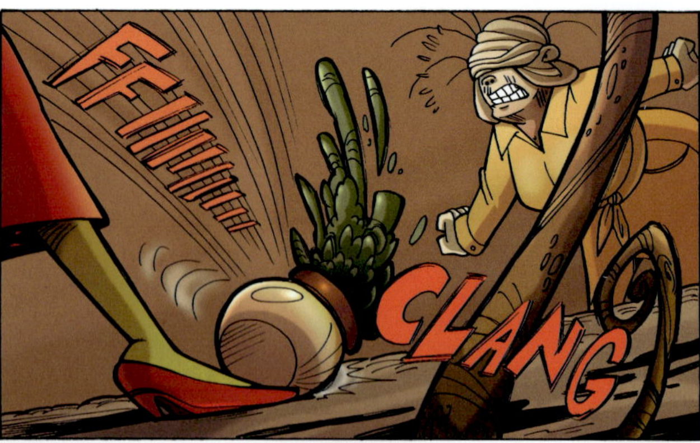
FFFF
CLANG
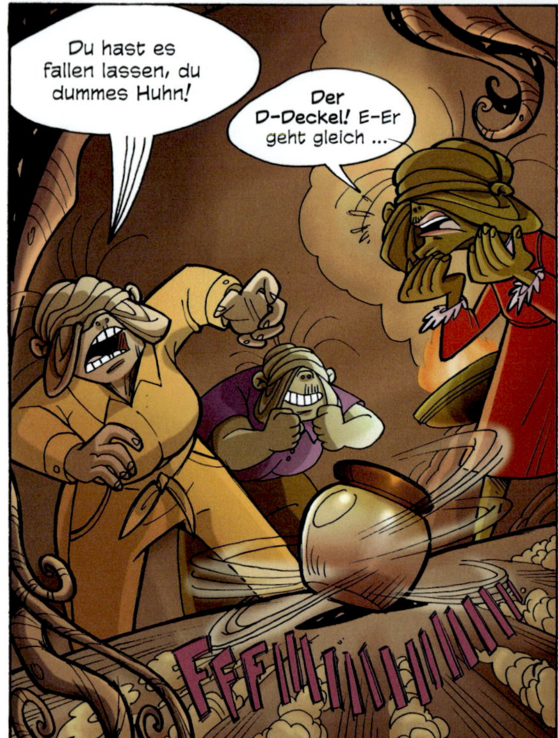
Du hast es fallen lassen, du dummes Huhn!
Der D-Deckel! E-Er geht gleich ...
FFF
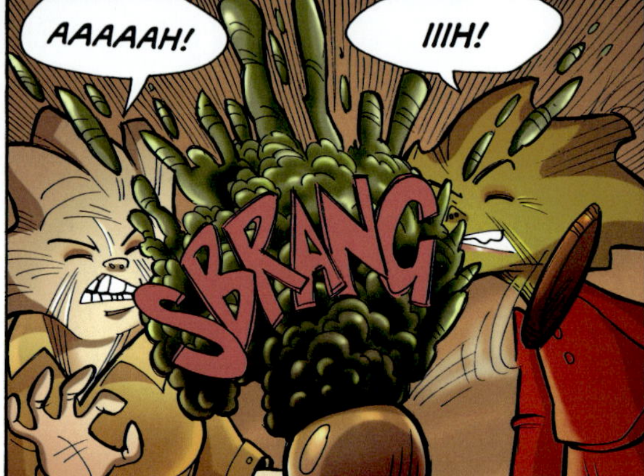
AAAAAH!
IIIH!
SBRANG
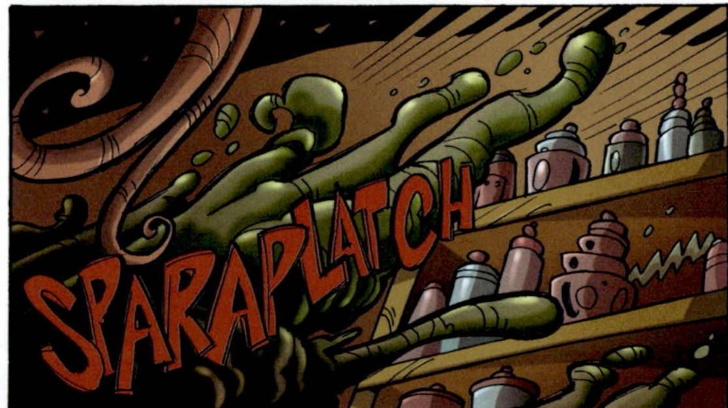
SPARAPLATCH
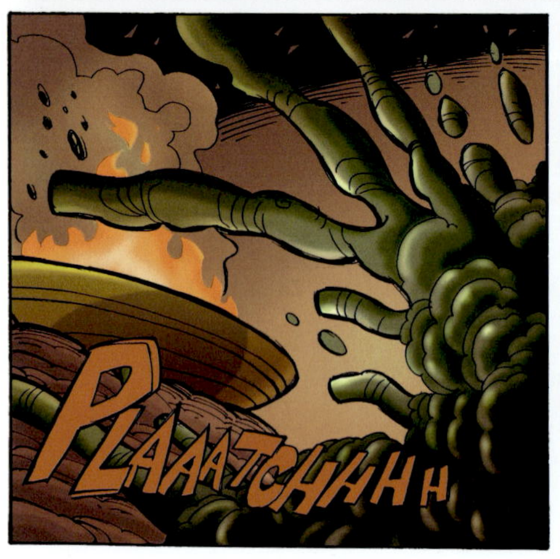
PLAAATCHHHH
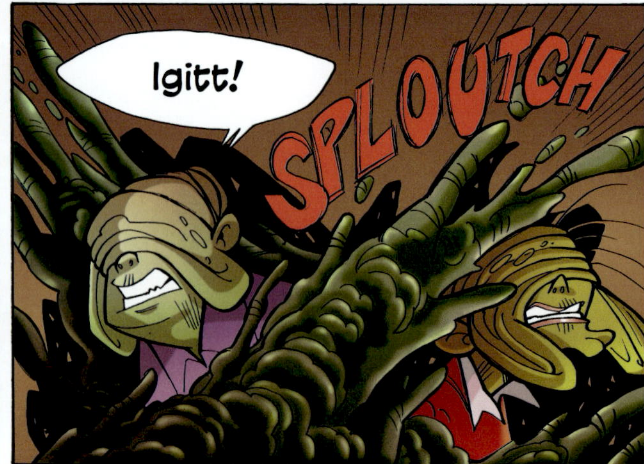
Igitt!
SPLOUTCH

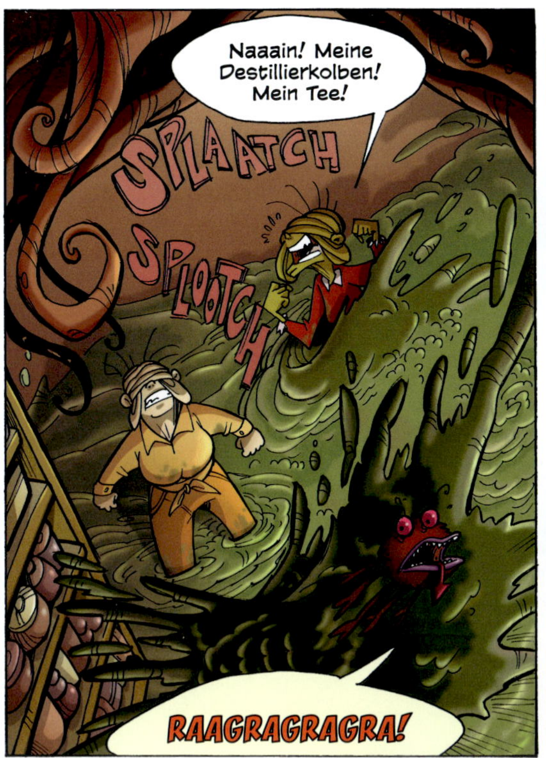
Naaain! Meine Destillierkolben! Mein Tee!
SPLAATCH
SPLOOTCH
RAAGRAGRAGRA!

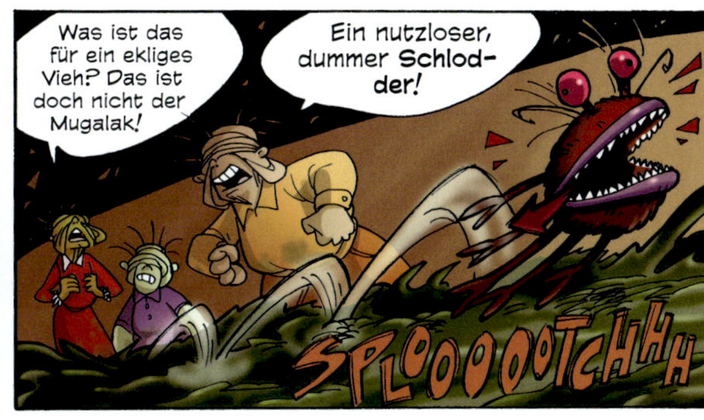
Was ist das für ein ekliges Vieh? Das ist doch nicht der Mugalak!
Ein nutzloser, dummer Schlod-der!
SPLOOOOOTCHHH

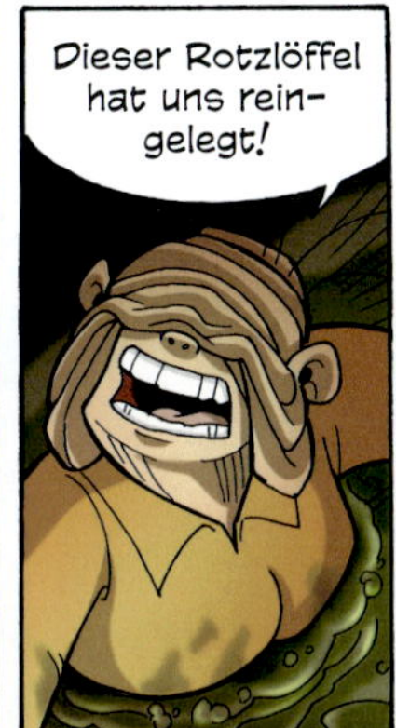
Dieser Rotzlöffel hat uns rein-gelegt!

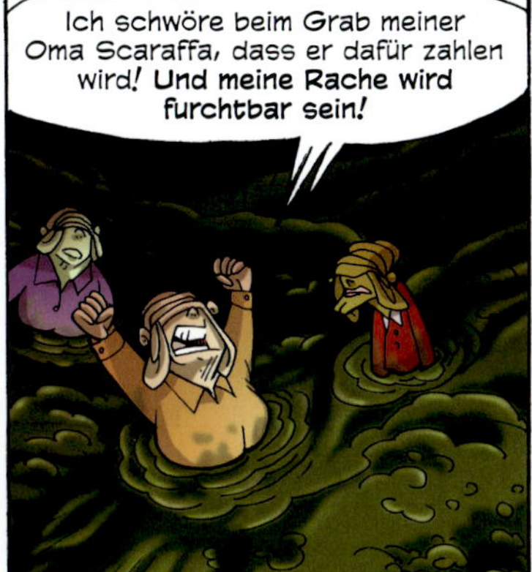
Ich schwöre beim Grab meiner Oma Scaraffa, dass er dafür zahlen wird! Und meine Rache wird furchtbar sein!

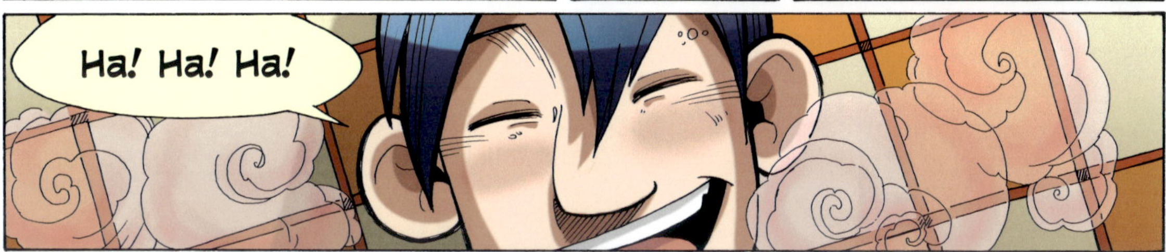
Ha! Ha! Ha!

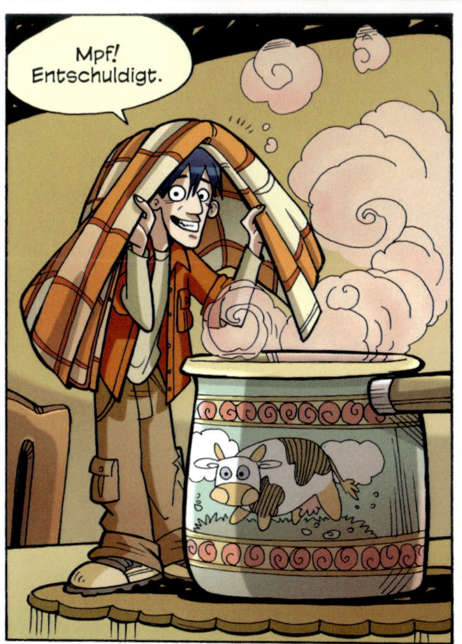
Mpf! Entschuldigt.

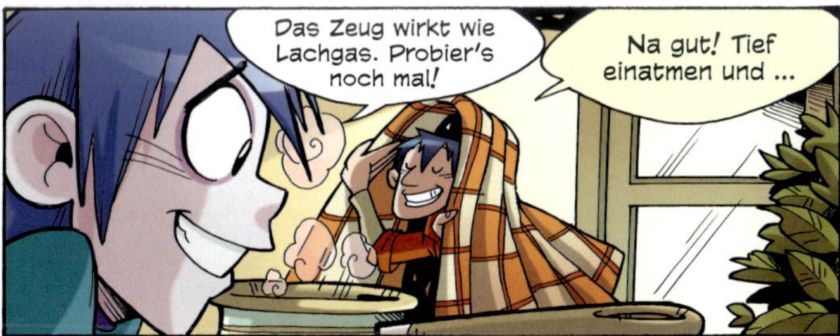
Das Zeug wirkt wie Lachgas. Probier's noch mal!
Na gut! Tief einatmen und ...

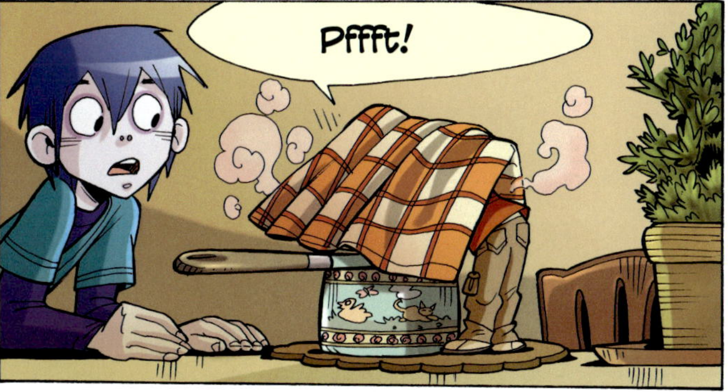
Pffft!

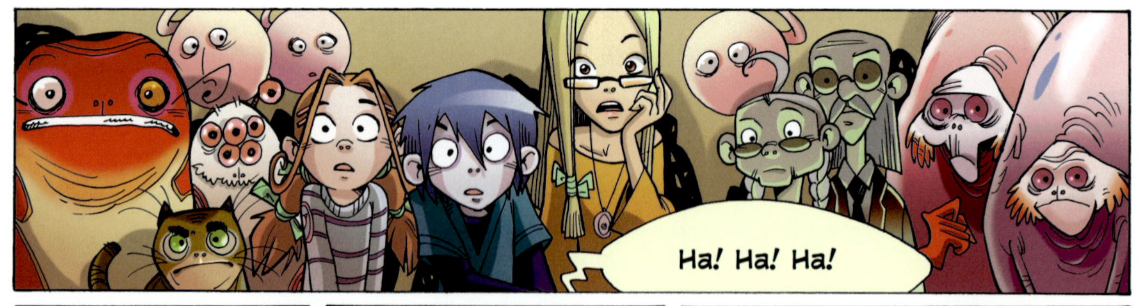
Ha! Ha! Ha!
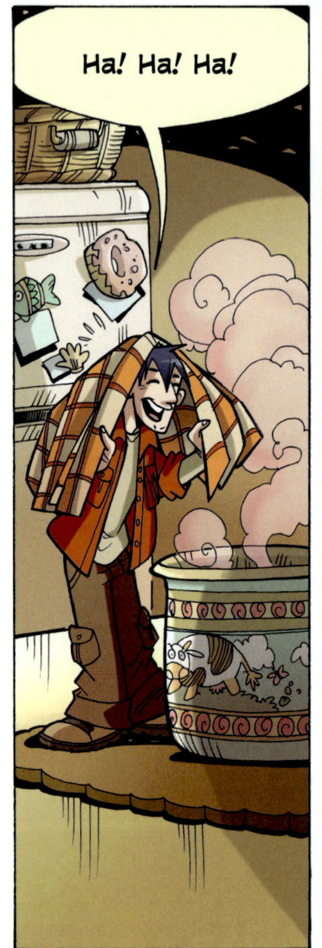
Ha! Ha! Ha!
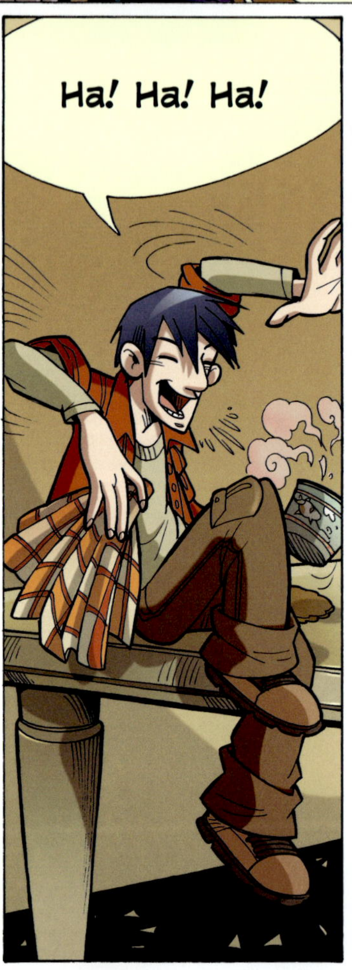
Ha! Ha! Ha!
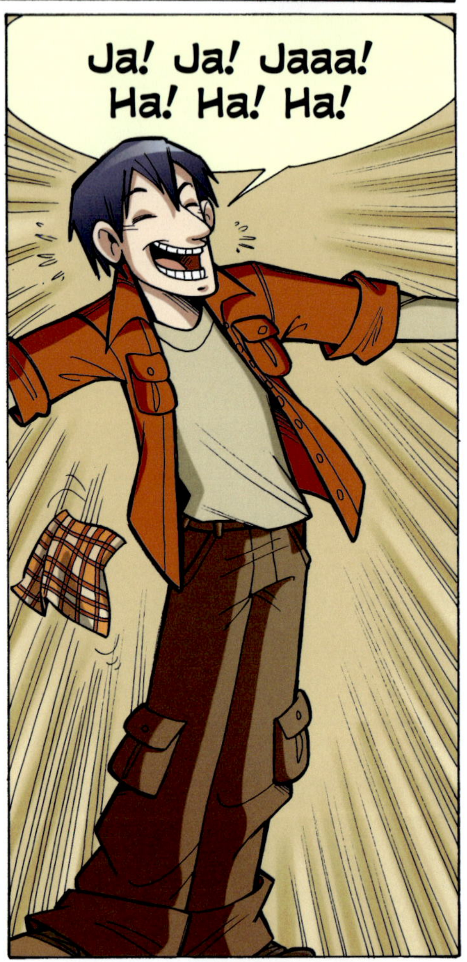
Ja! Ja! Jaaa!
Ha! Ha! Ha!
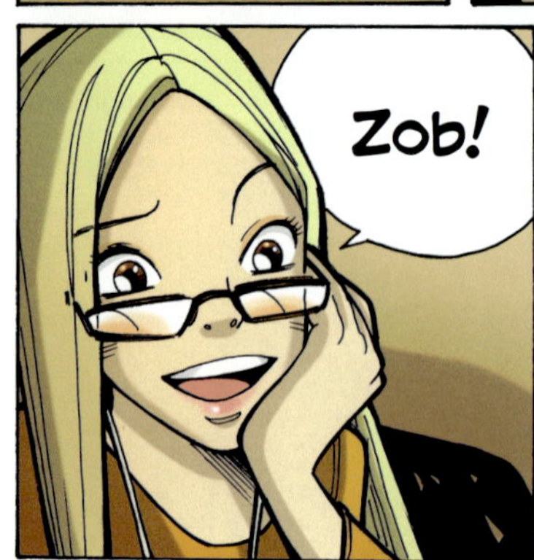
Zob!
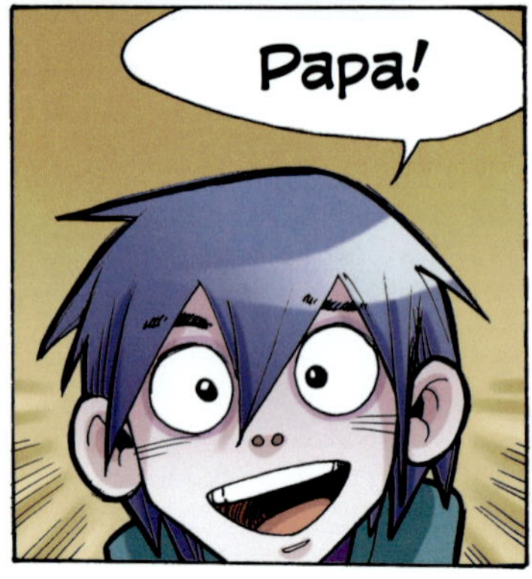
Papa!
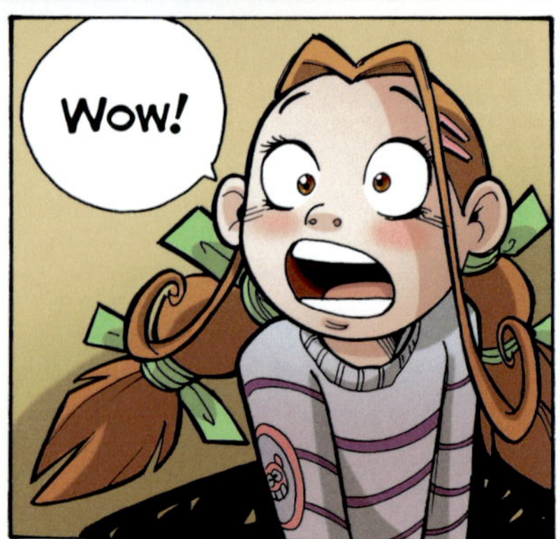
Wow!

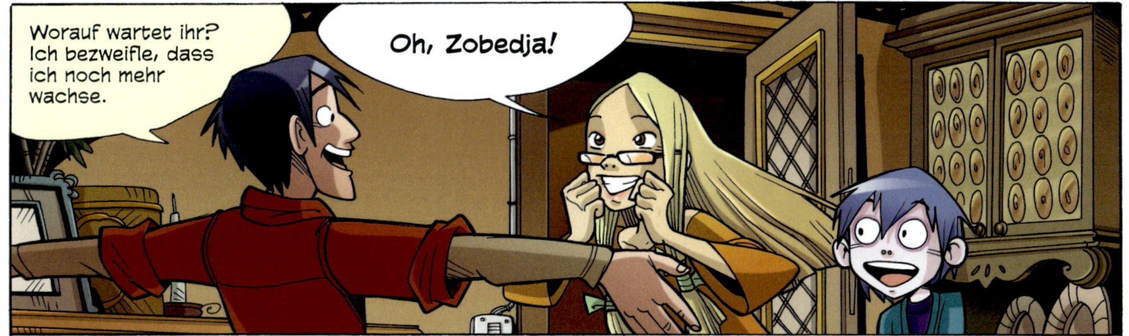
Worauf wartet ihr? Ich bezweifle, dass ich noch mehr wachse.
Oh, Zobedja!

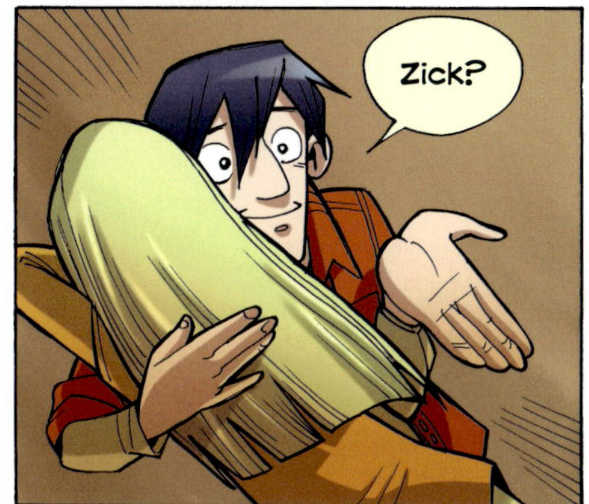
Zick?

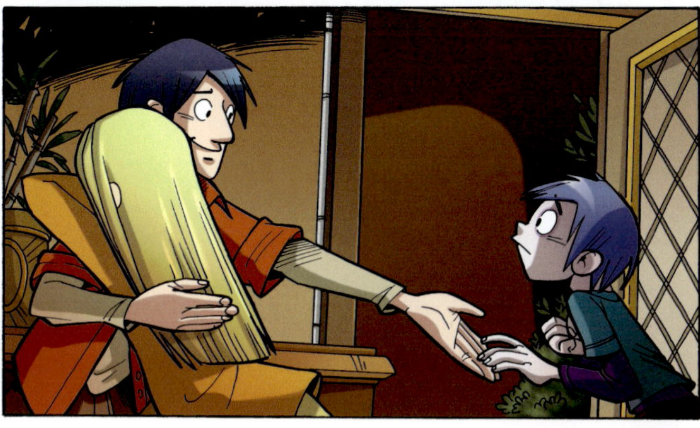

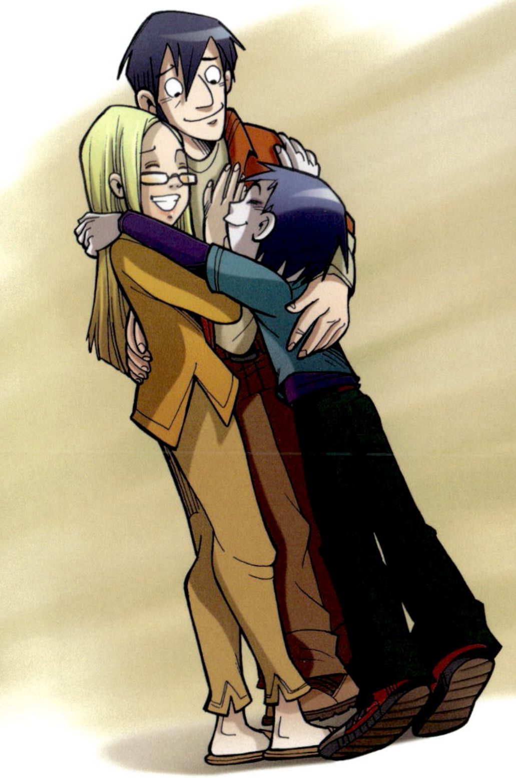

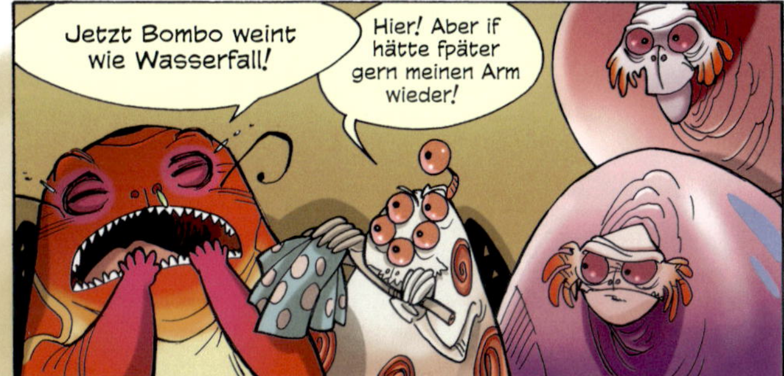
Jetzt Bombo weint wie Wasserfall!
Hier! Aber if hätte fpäter gern meinen Arm wieder!

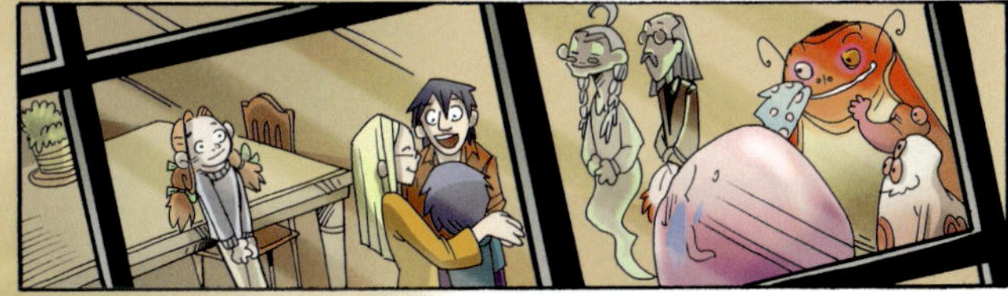

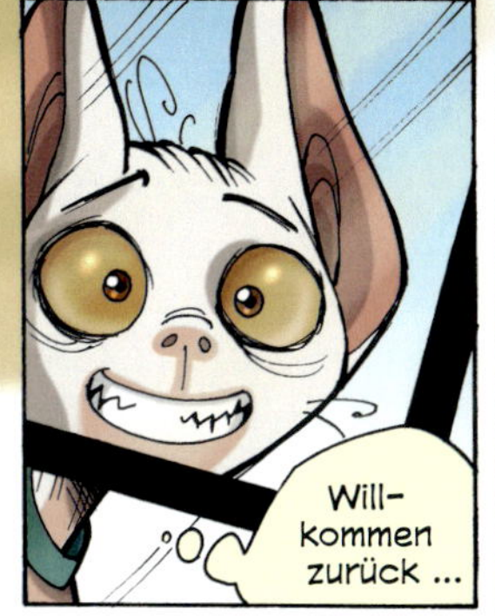
Will-
kommen
zurück ...

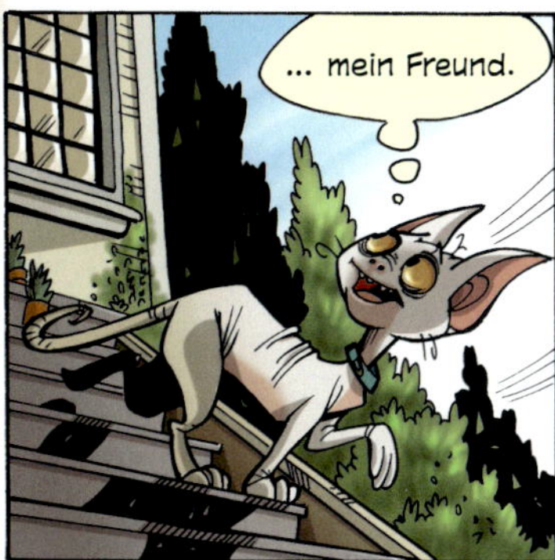
... mein Freund.

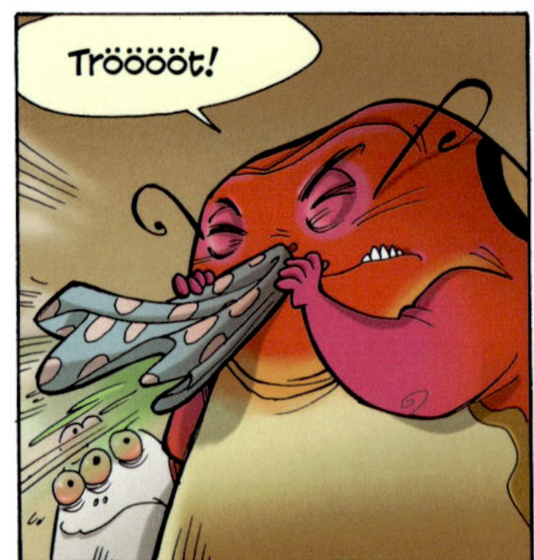
Trööööt!

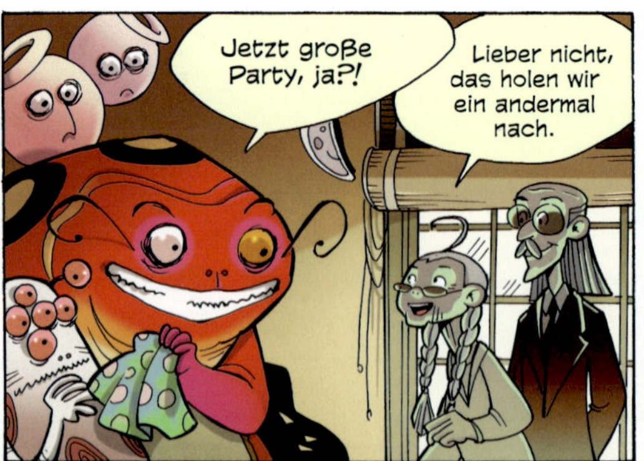
Jetzt große Party, ja?!
Lieber nicht, das holen wir ein andermal nach.

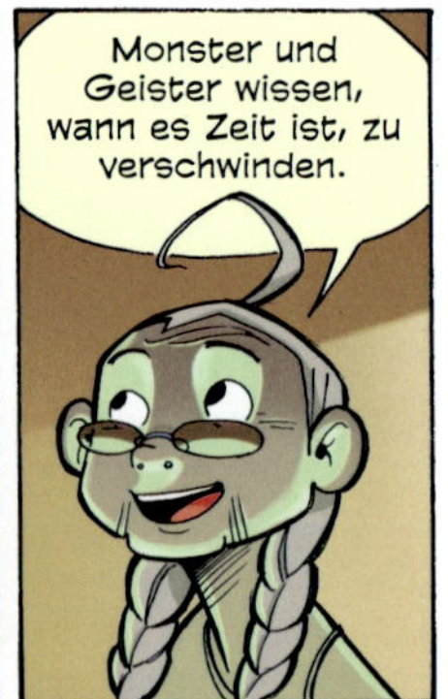
Monster und Geister wissen, wann es Zeit ist, zu verschwinden.

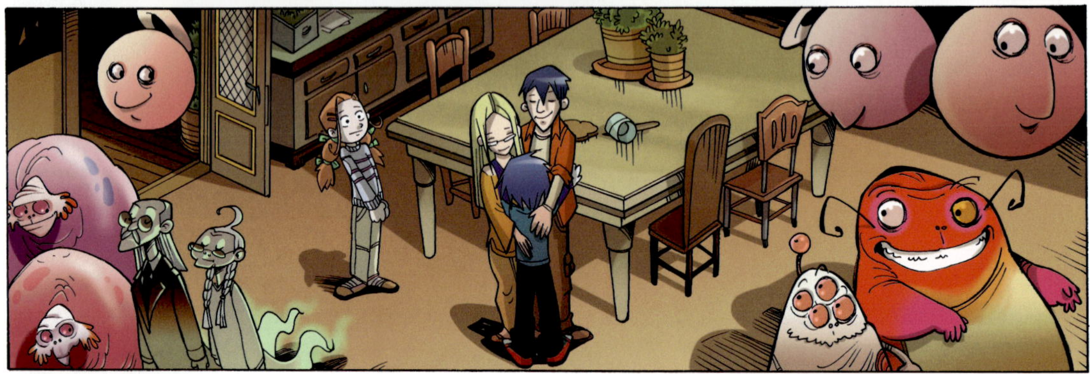

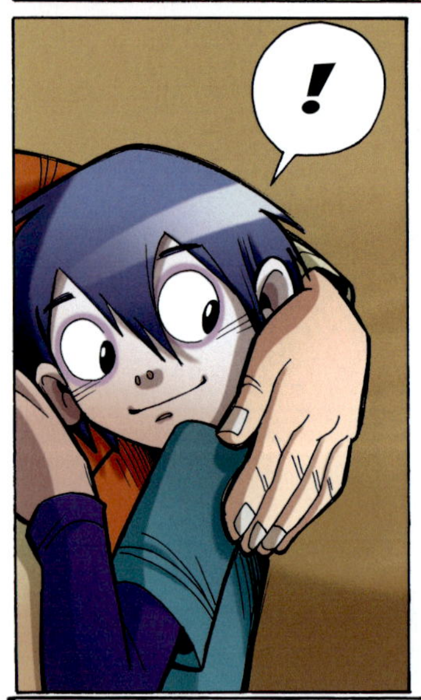
!

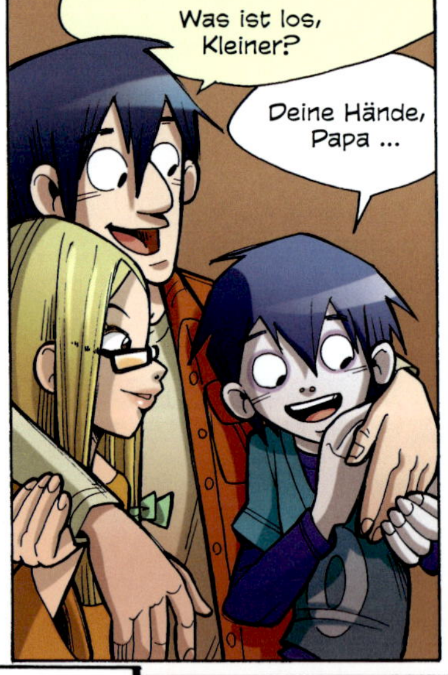
Was ist los, Kleiner?
Deine Hände, Papa ...

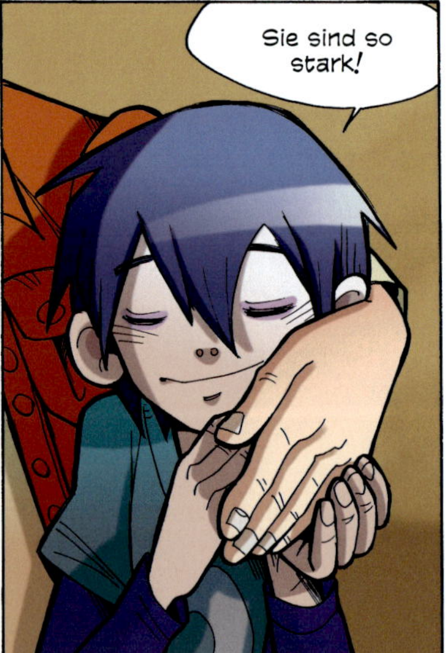
Sie sind so stark!

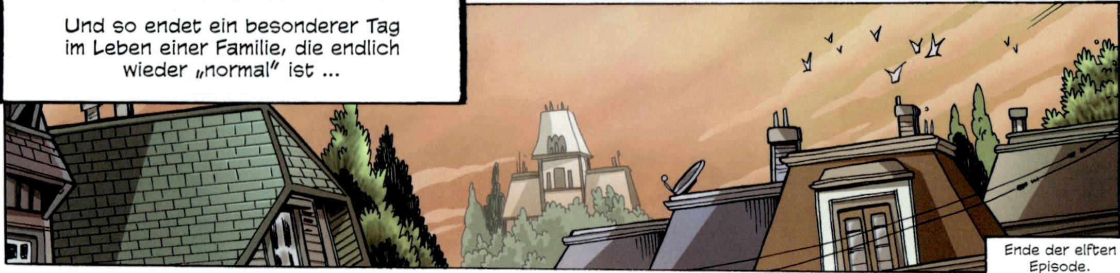
Und so endet ein besonderer Tag im Leben einer Familie, die endlich wieder „normal" ist ...
Ende der elften Episode.

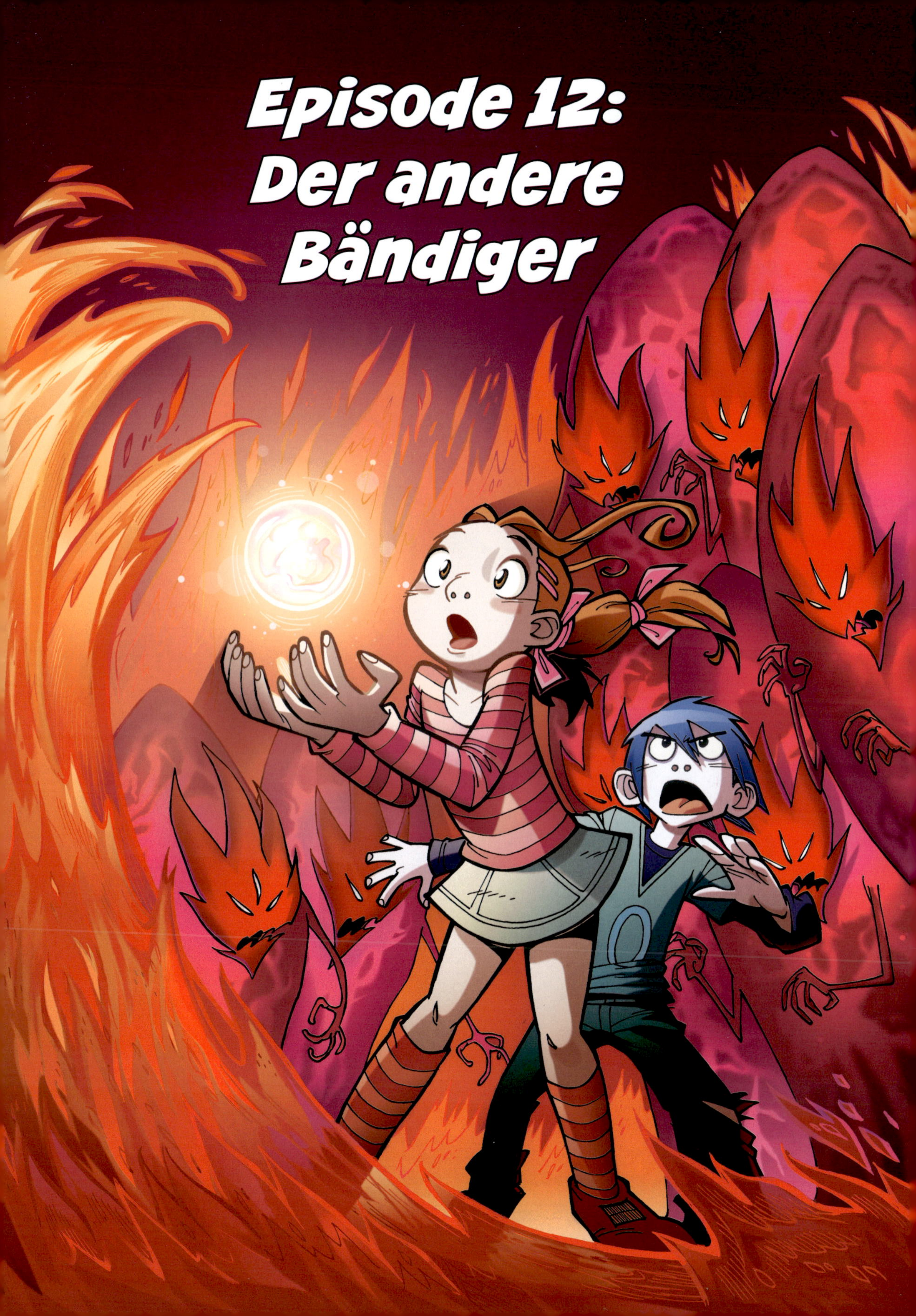
Episode 12:
Der andere
Bändiger

DER ANDERE BÄNDIGER

Originaltitel:
L'ALTRO DOMATORE

Idee: Katja Centomo
Story: Francesco Artibani
Zeichnungen: Marcello De Martino
Tusche: Paolo Ferrante
Farben: Sergio Algozzino, Fabio Butera & Cecilia Giumento

Künstlerische Leitung Artwork: Alessandro Barbucci

Übersetzung: Monja Reichert
Redaktion & Lektorat: Jano Rohleder
Redaktionelle Beratung: Konstanze Tants

Eine Serie von Centomo, Artibani, Barbucci & Canepa

Erstveröffentlichung:
Monster Allergy, Heft 12
Buena Vista Comics (Italien), September 2004

Deutsche Erstveröffentlichung:
Monster Allergy, Band 6
Ehapa Comic Collection, August 2006

Coverillustration:
Artwork: Marcello De Martino
Farben: Paolo Maddaleni

Illustration Seite 144:
Artwork: Alessandro Barbucci
Farben: Paolo Maddaleni

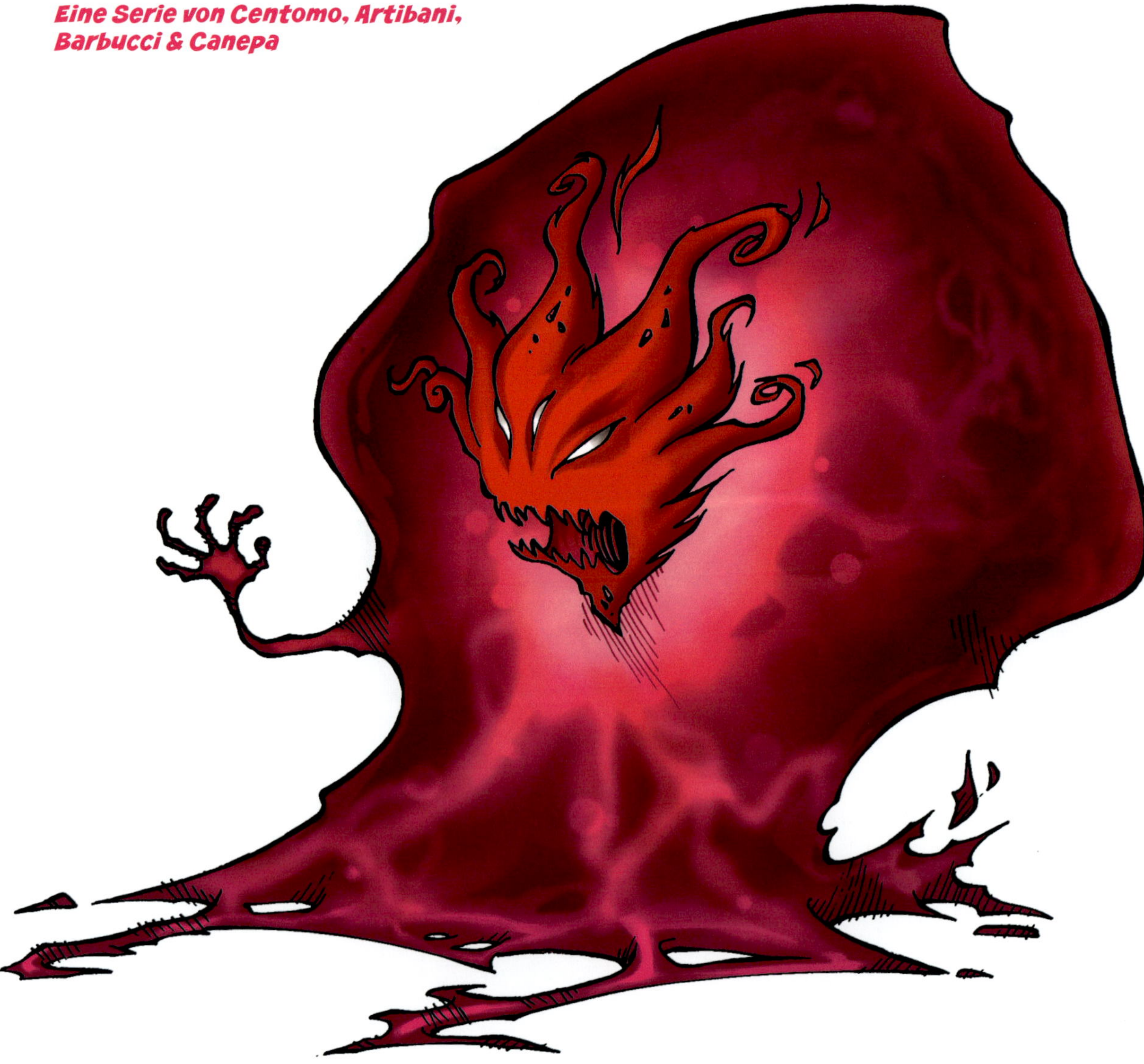

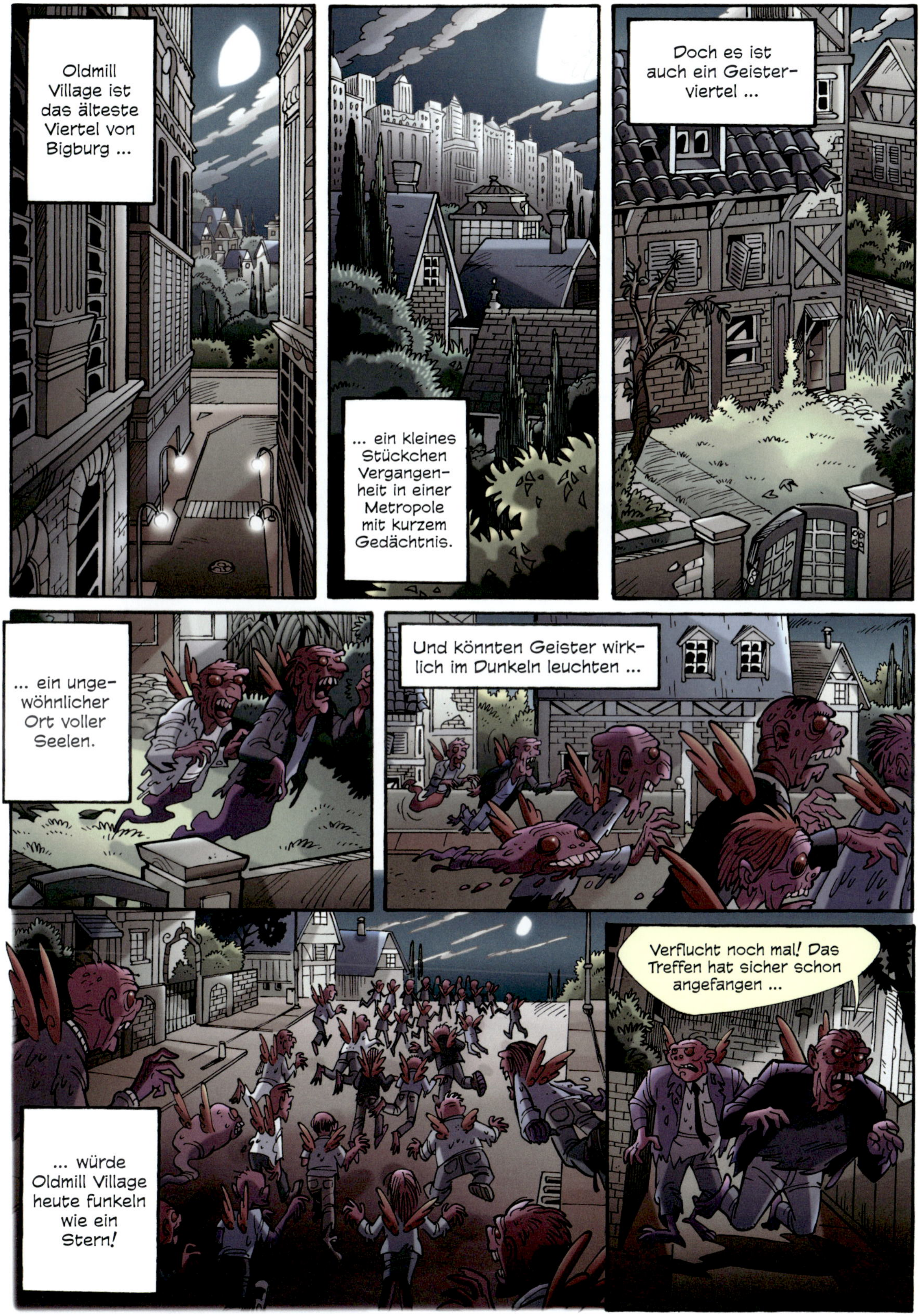

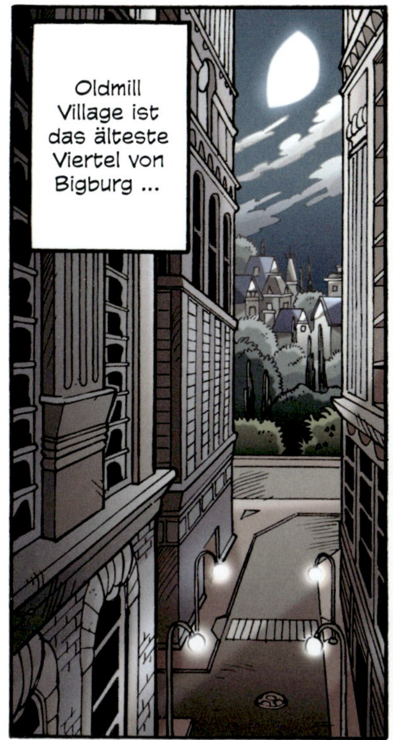

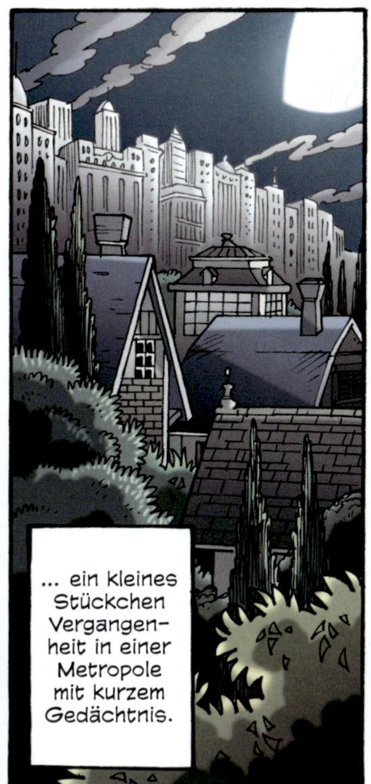

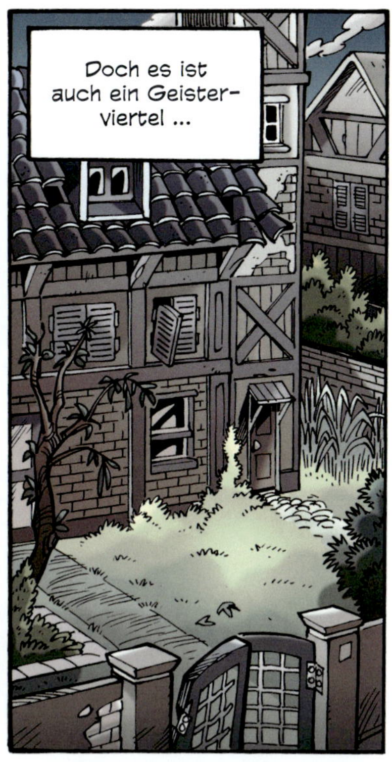

... ein ungewöhnlicher Ort voller Seelen.

Und könnten Geister wirklich im Dunkeln leuchten ...

... würde Oldmill Village heute funkeln wie ein Stern!

Verflucht noch mal! Das Treffen hat sicher schon angefangen ...

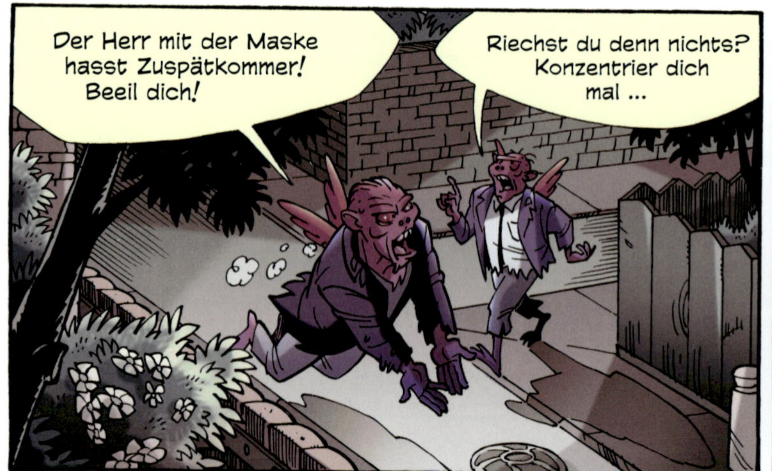
Der Herr mit der Maske hasst Zuspätkommer! Beeil dich!
Riechst du denn nichts? Konzentrier dich mal ...

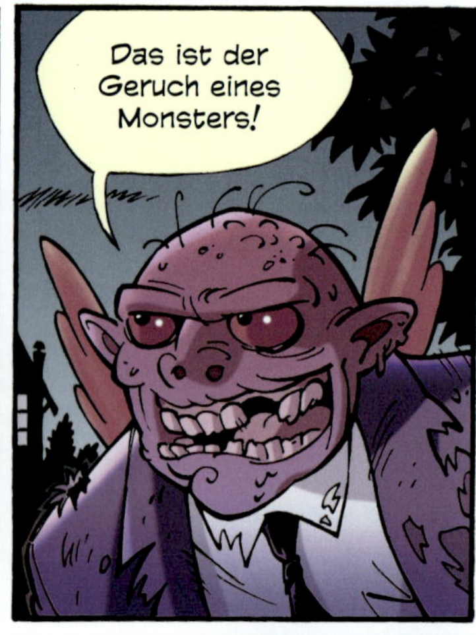
Das ist der Geruch eines Monsters!

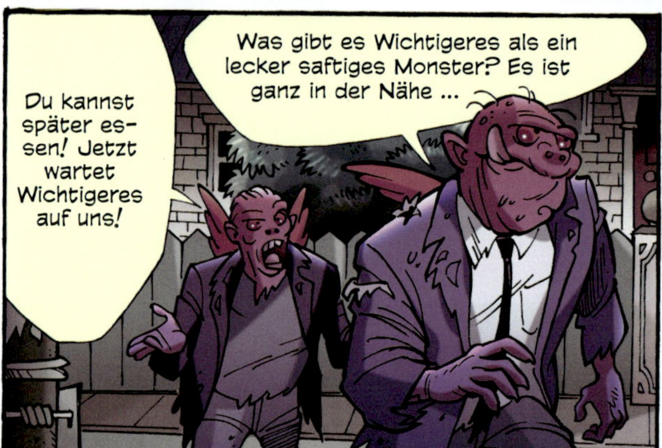
Was gibt es Wichtigeres als ein lecker saftiges Monster? Es ist ganz in der Nähe ...
Du kannst später essen! Jetzt wartet Wichtigeres auf uns!

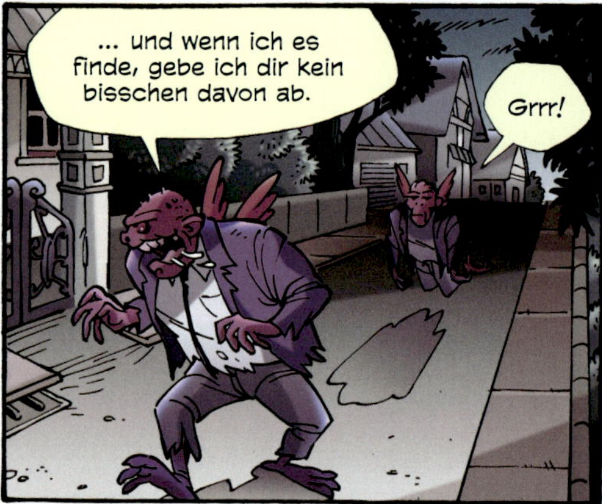
... und wenn ich es finde, gebe ich dir kein bisschen davon ab.
Grrr!

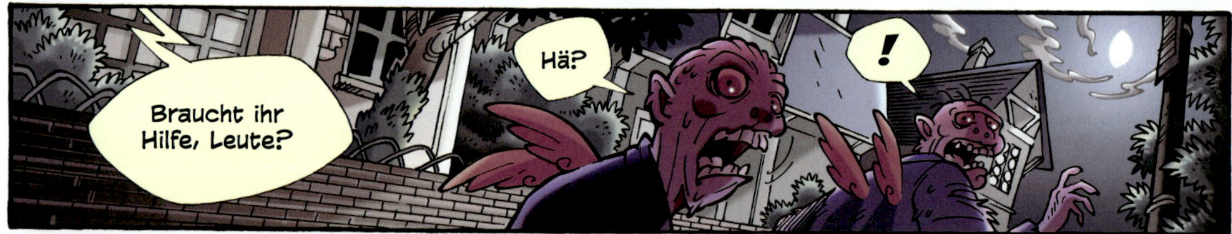
Braucht ihr Hilfe, Leute?
Hä?
!

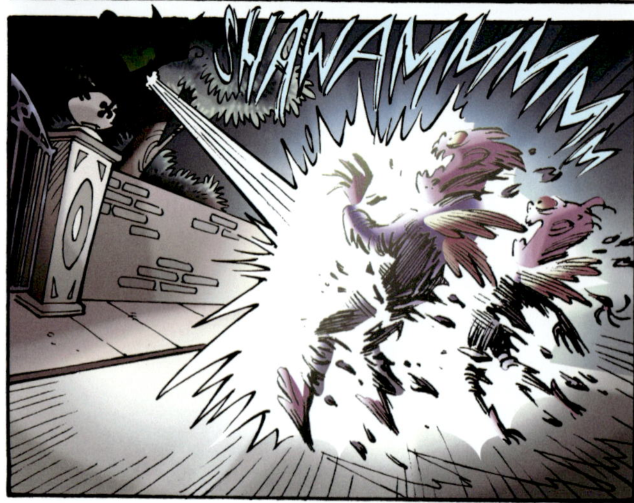
SHWAMMMM

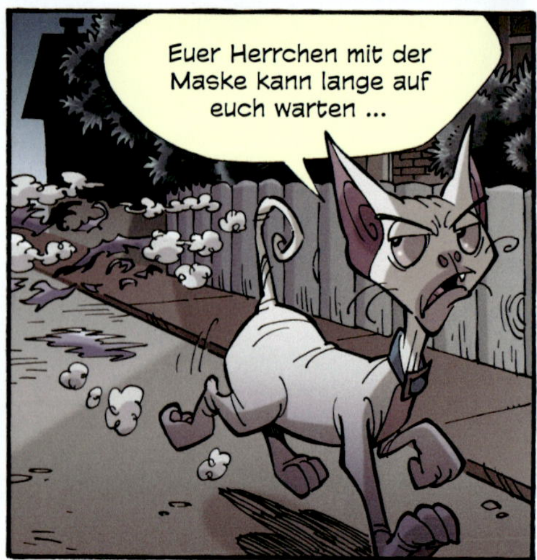
Euer Herrchen mit der Maske kann lange auf euch warten ...

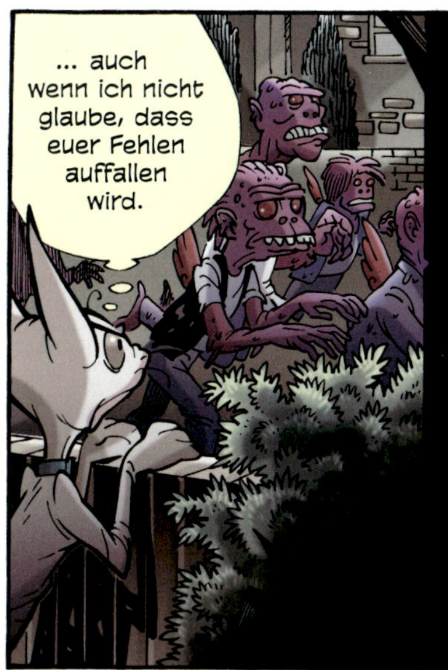

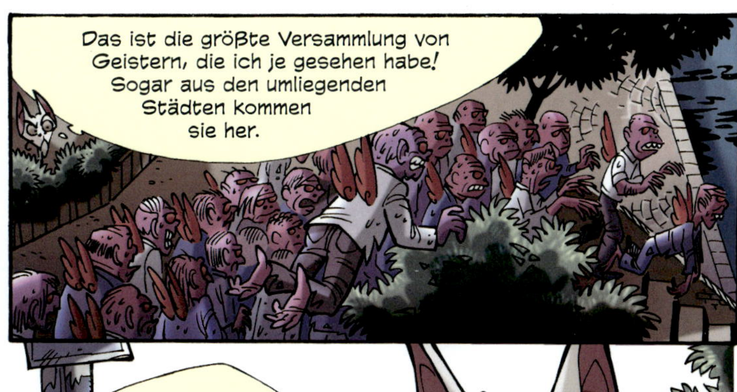

Das sind selbst für mich zu viele. Schade ...

Aber diese Situation erfordert sofortiges Handeln! Ich hole besser **Verstärkung!**

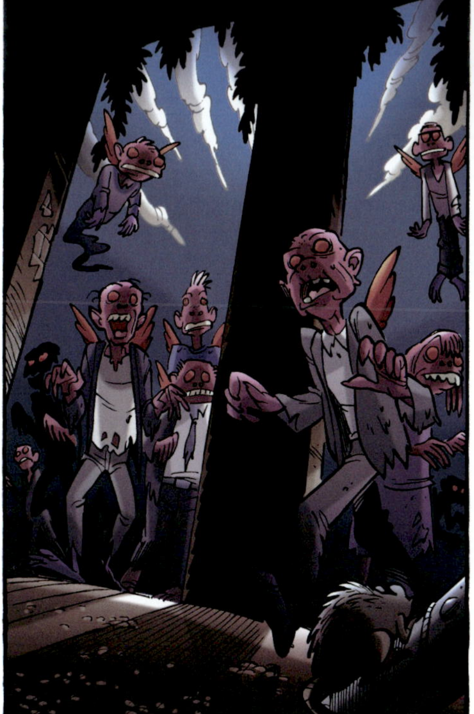

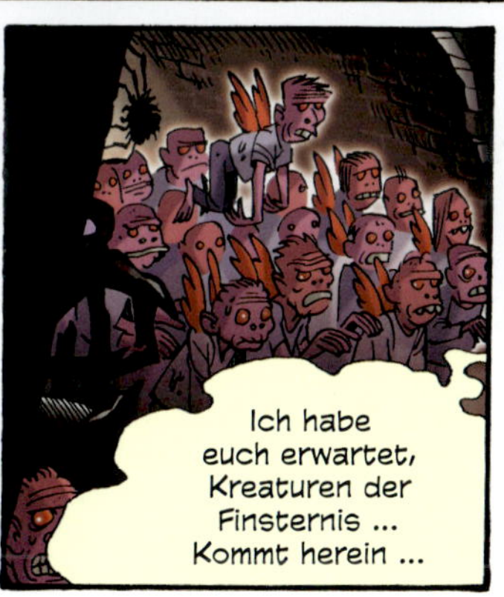

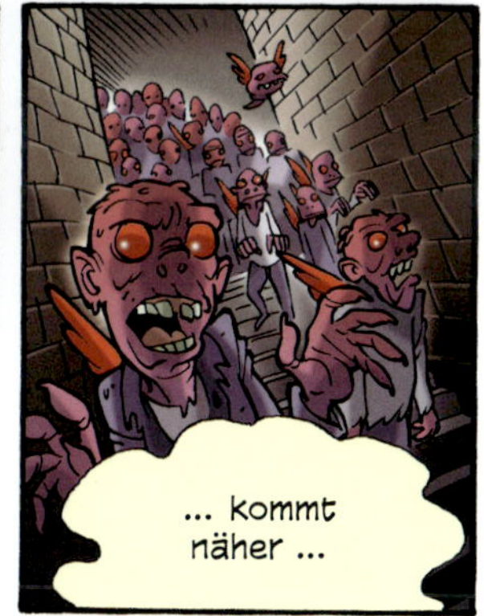

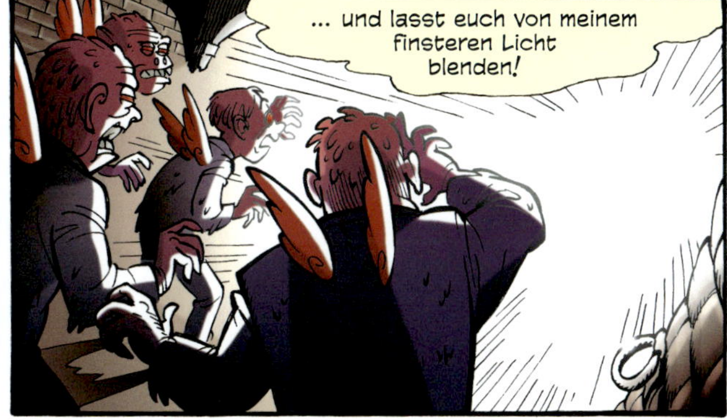

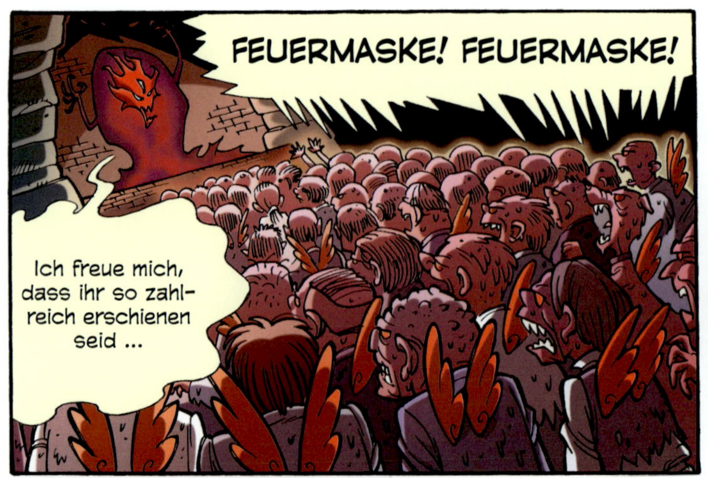
FEUERMASKE! FEUERMASKE!
Ich freue mich, dass ihr so zahlreich erschienen seid ...

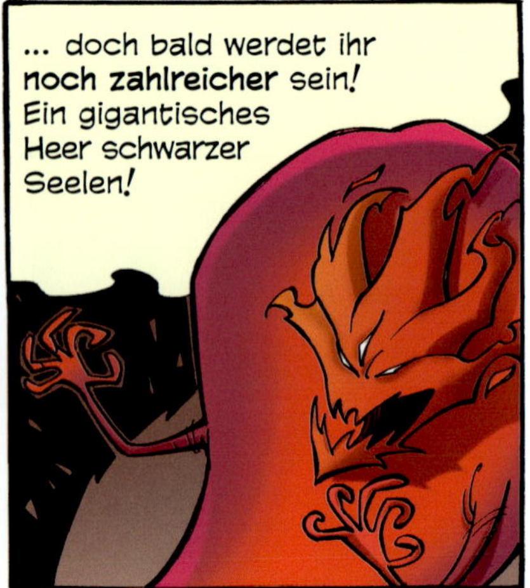
... doch bald werdet ihr **noch zahlreicher** sein! Ein gigantisches Heer schwarzer Seelen!

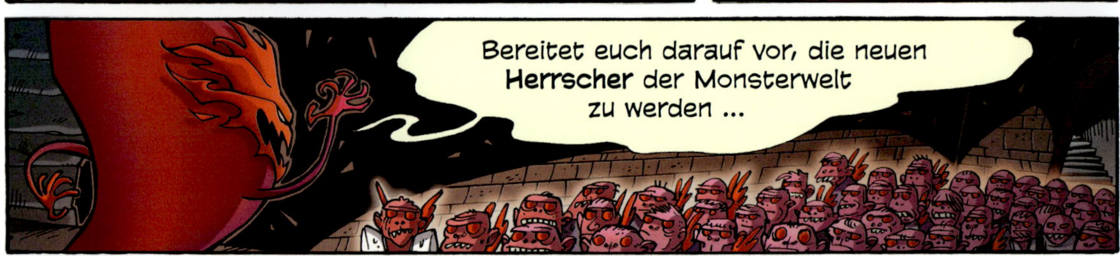
Bereitet euch darauf vor, die neuen **Herrscher** der Monsterwelt zu werden ...

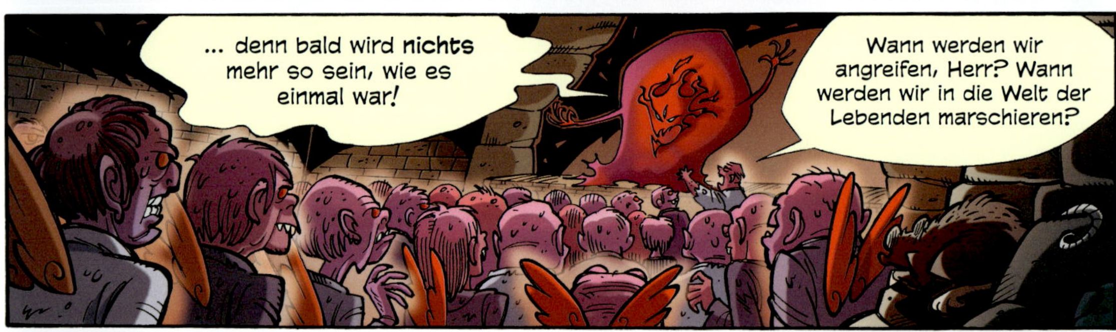
... denn bald wird **nichts** mehr so sein, wie es einmal war!
Wann werden wir angreifen, Herr? Wann werden wir in die Welt der Lebenden marschieren?

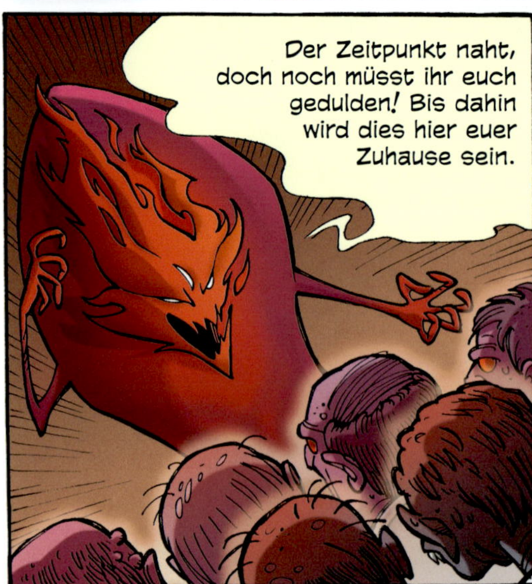
Der Zeitpunkt naht, doch noch müsst ihr euch gedulden! Bis dahin wird dies hier euer Zuhause sein.

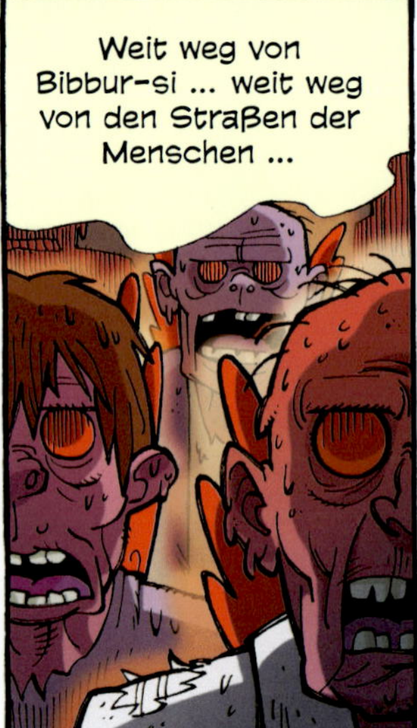
Weit weg von Bibbur-si ... weit weg von den Straßen der Menschen ...

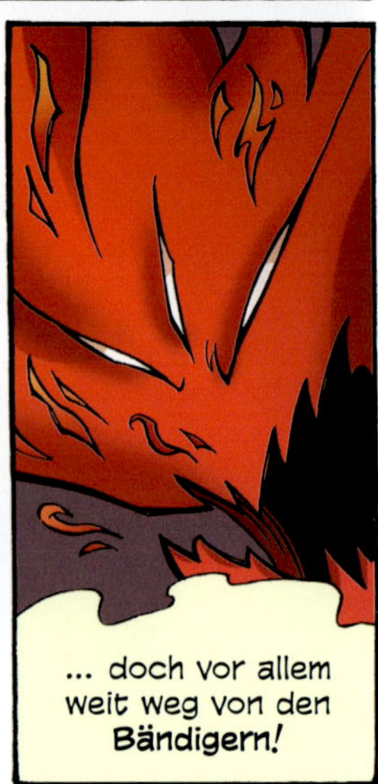
... doch vor allem weit weg von den **Bändigern**!

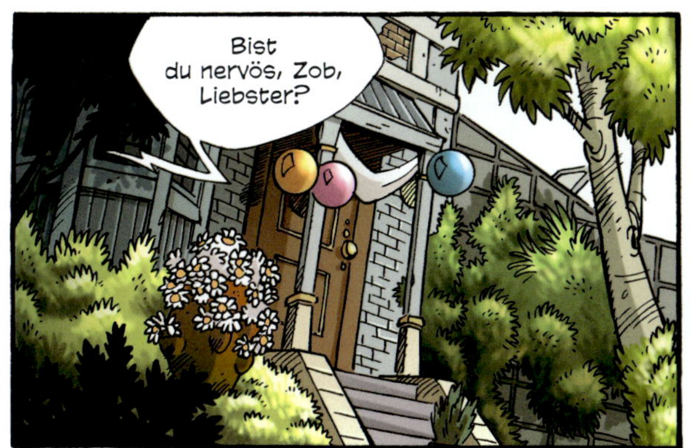
Bist du nervös, Zob, Liebster?

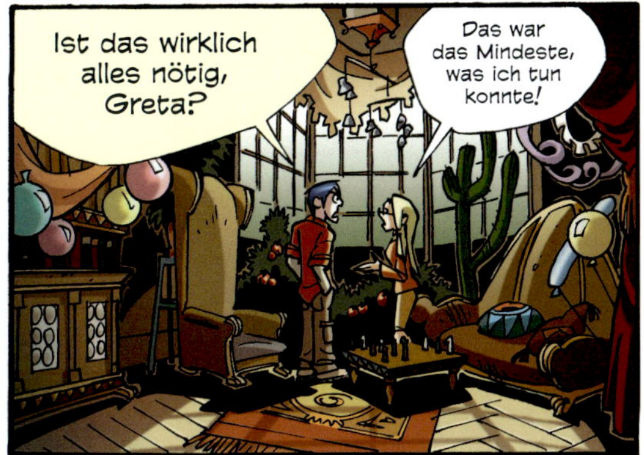
Ist das wirklich alles nötig, Greta?
Das war das Mindeste, was ich tun konnte!

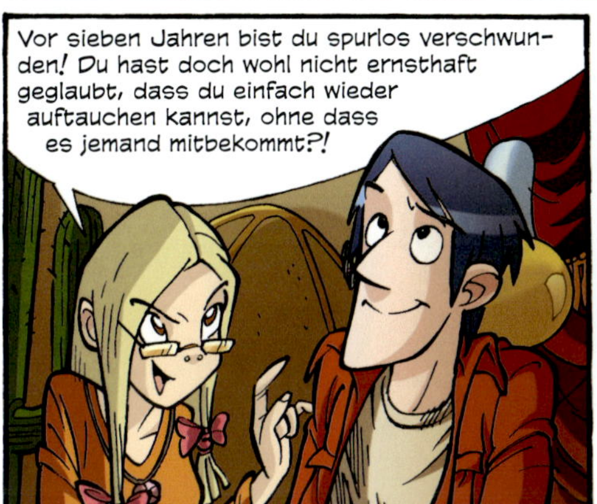
Vor sieben Jahren bist du spurlos verschwunden! Du hast doch wohl nicht ernsthaft geglaubt, dass du einfach wieder auftauchen kannst, ohne dass es jemand mitbekommt?!

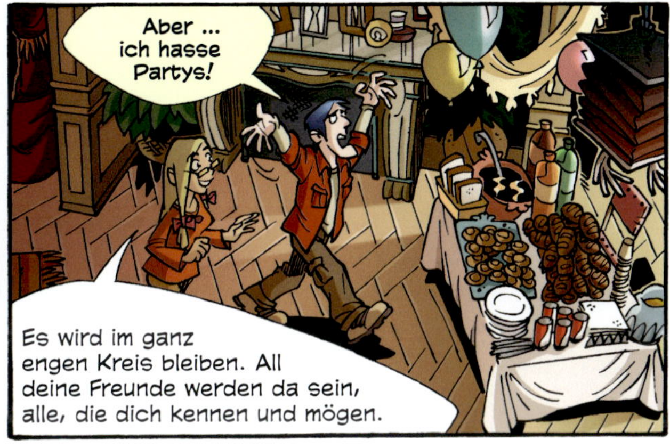
Aber ... ich hasse Partys!
Es wird im ganz engen Kreis bleiben. All deine Freunde werden da sein, alle, die dich kennen und mögen.

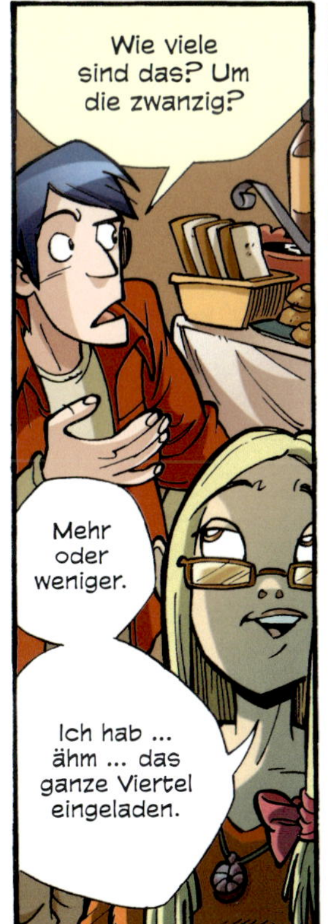
Wie viele sind das? Um die zwanzig?
Mehr oder weniger.
Ich hab ... ähm ... das ganze Viertel eingeladen.

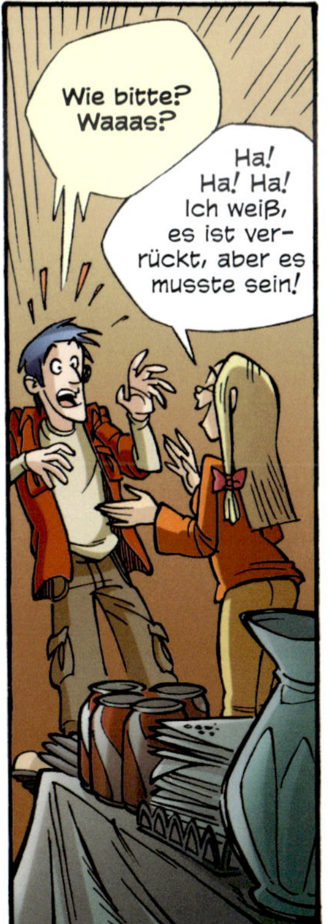
Wie bitte? Waaas?
Ha! Ha! Ha! Ich weiß, es ist verrückt, aber es musste sein!

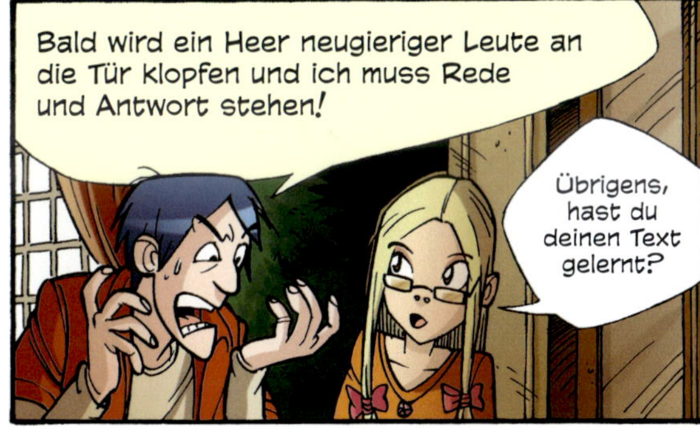
Bald wird ein Heer neugieriger Leute an die Tür klopfen und ich muss Rede und Antwort stehen!
Übrigens, hast du deinen Text gelernt?

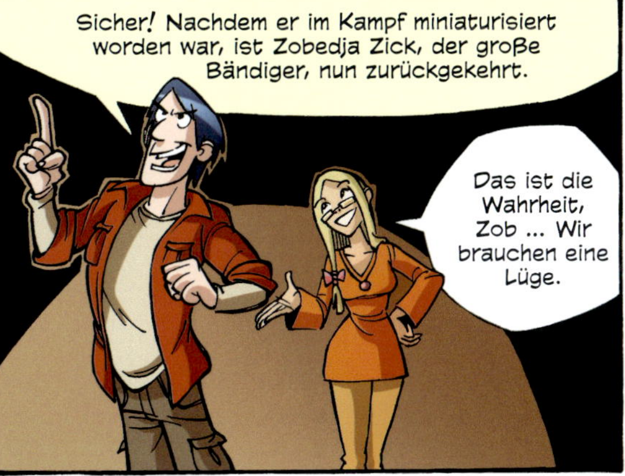
Sicher! Nachdem er im Kampf miniaturisiert worden war, ist Zobedja Zick, der große Bändiger, nun zurückgekehrt.
Das ist die Wahrheit, Zob ... Wir brauchen eine Lüge.

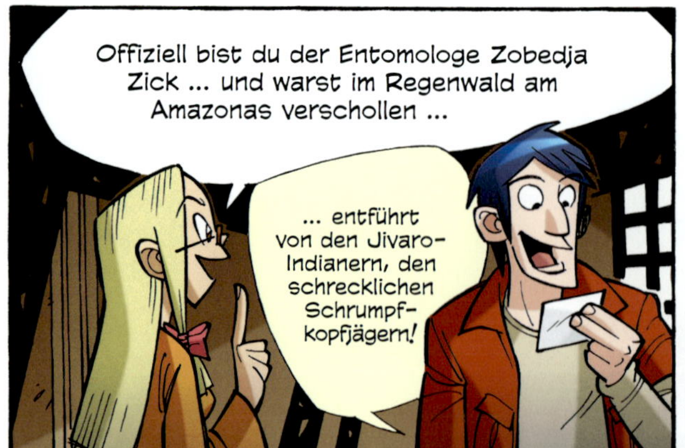
Offiziell bist du der Entomologe Zobedja Zick ... und warst im Regenwald am Amazonas verschollen ...
... entführt von den Jivaro-Indianern, den schrecklichen Schrumpf-kopfjägern!

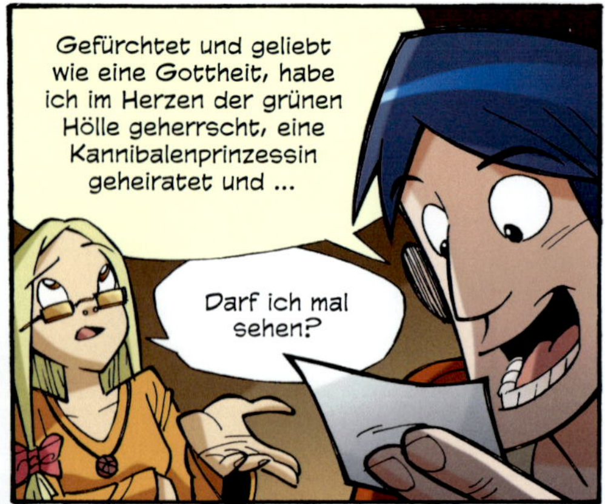
Gefürchtet und geliebt wie eine Gottheit, habe ich im Herzen der grünen Hölle geherrscht, eine Kannibalenprinzessin geheiratet und ...
Darf ich mal sehen?

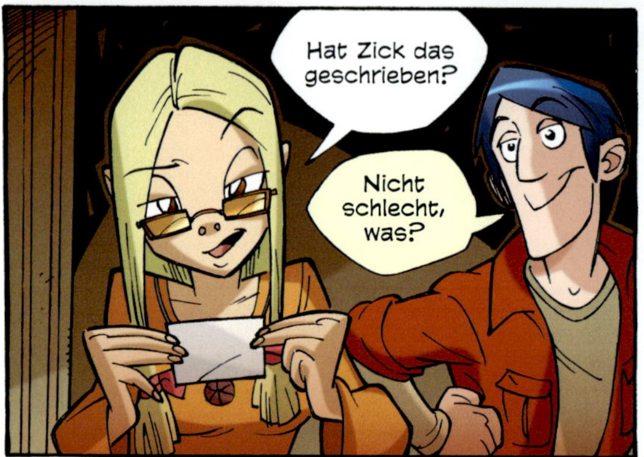
Hat Zick das geschrieben?
Nicht schlecht, was?

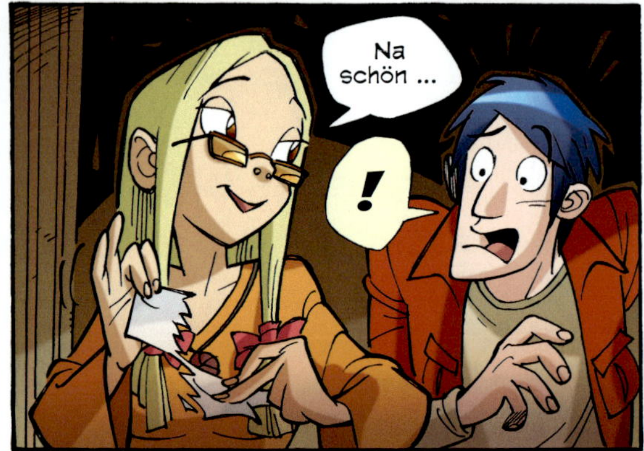
Na schön ...
!

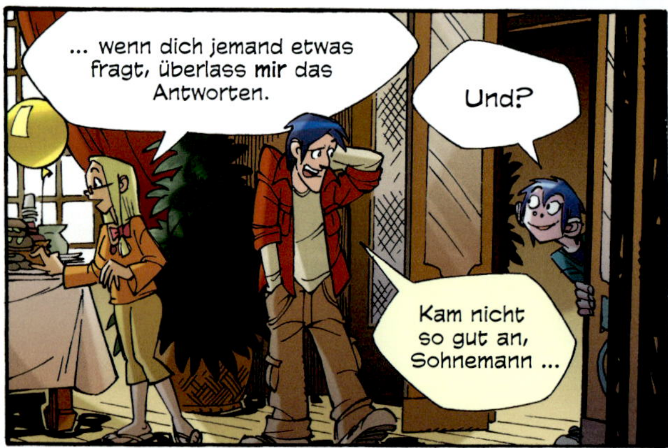
... wenn dich jemand etwas fragt, überlass **mir** das Antworten.
Und?
Kam nicht so gut an, Sohnemann ...

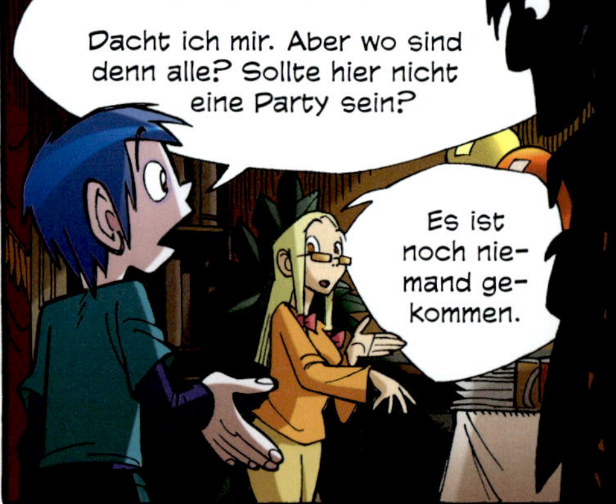
Dacht ich mir. Aber wo sind denn alle? Sollte hier nicht eine Party sein?
Es ist noch niemand gekommen.

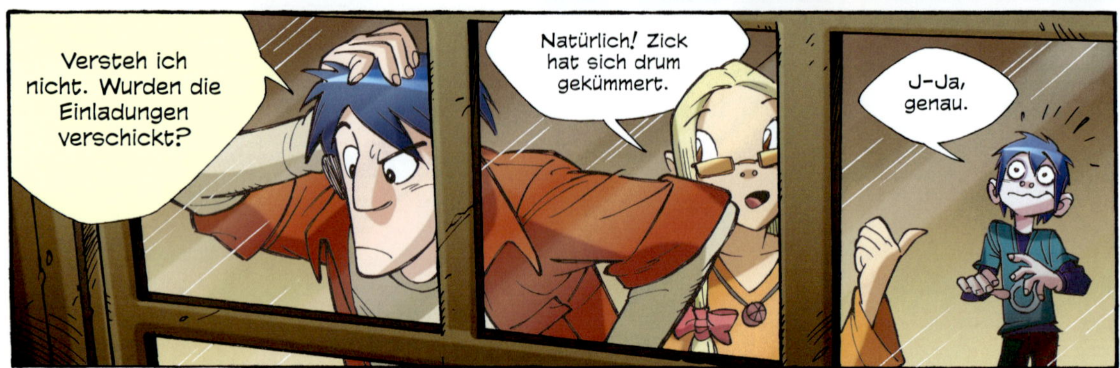
Versteh ich nicht. Wurden die Einladungen verschickt?
Natürlich! Zick hat sich drum gekümmert.
J-Ja, genau.

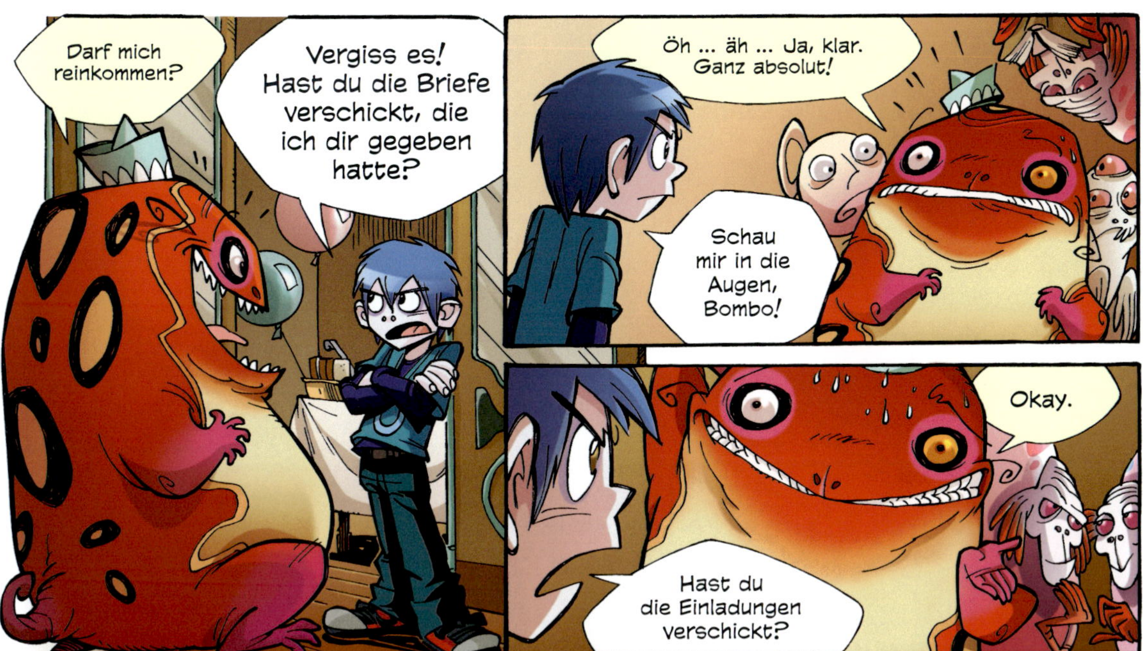
Darf mich reinkommen?
Vergiss es! Hast du die Briefe verschickt, die ich dir gegeben hatte?
Öh ... äh ... Ja, klar. Ganz absolut!
Schau mir in die Augen, Bombo!
Okay.
Hast du die Einladungen verschickt?

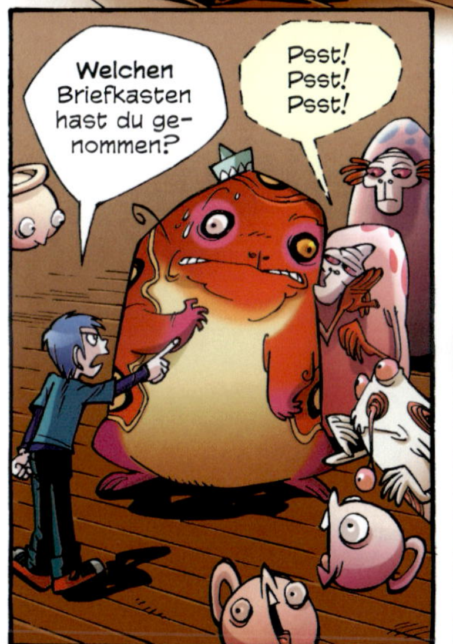
Welchen Briefkasten hast du genommen?
Psst! Psst! Psst!

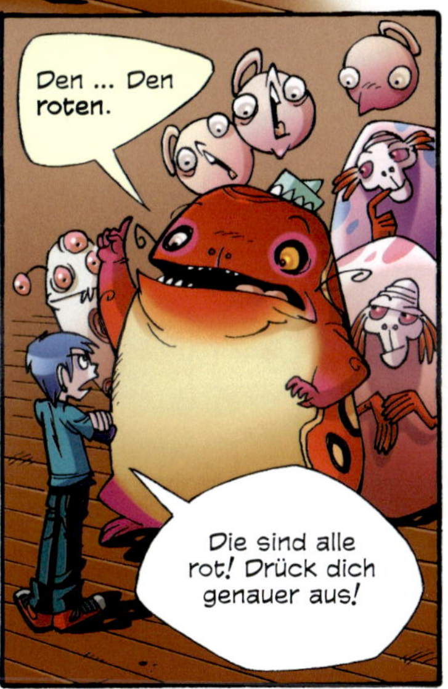
Den ... Den roten.
Die sind alle rot! Drück dich genauer aus!

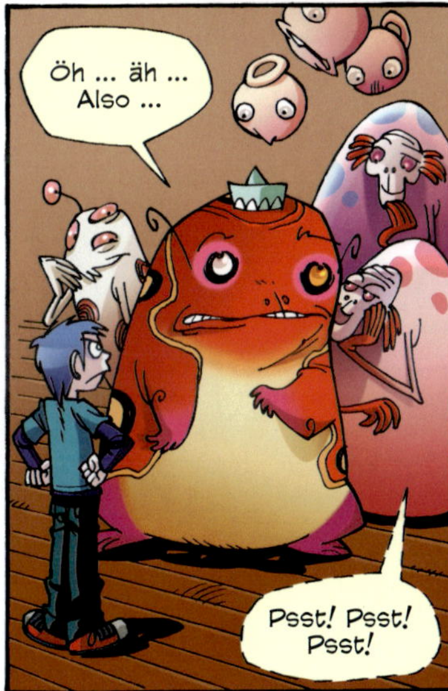
Öh ... äh ... Also ...
Psst! Psst! Psst!

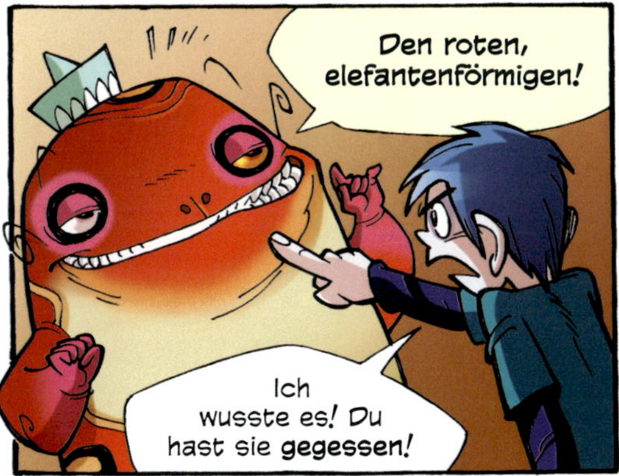
Den roten, elefantenförmigen!
Ich wusste es! Du hast sie gegessen!

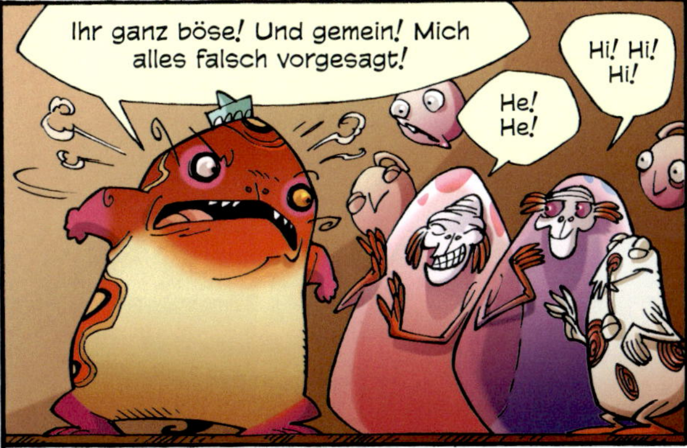
Ihr ganz böse! Und gemein! Mich alles falsch vorgesagt!
He! He!
Hi! Hi! Hi!

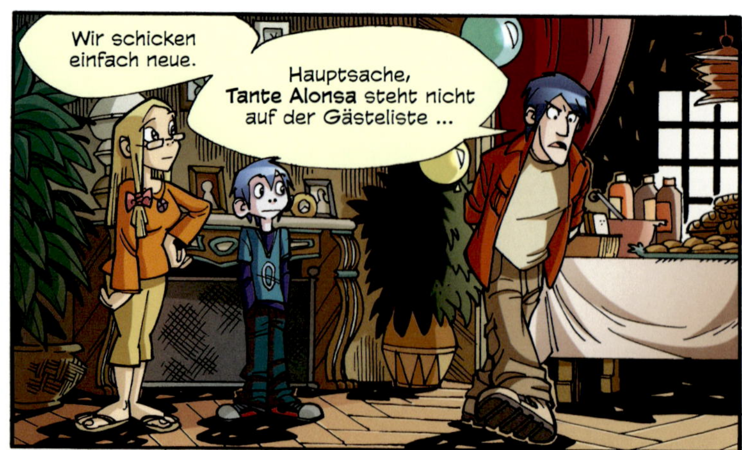
Wir schicken einfach neue.
Hauptsache, **Tante Alonsa** steht nicht auf der Gästeliste ...

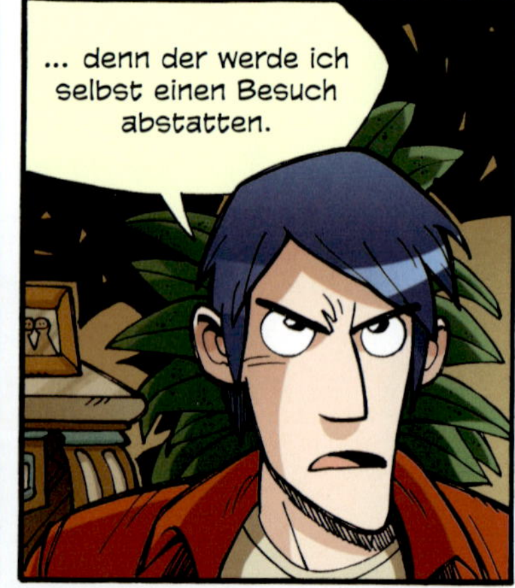
... denn der werde ich selbst einen Besuch abstatten.

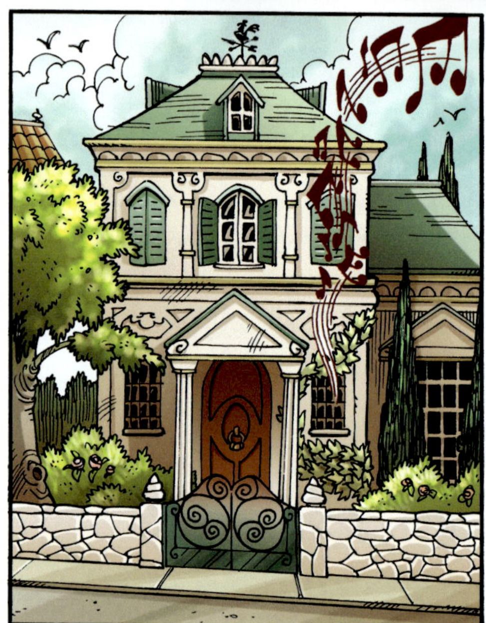

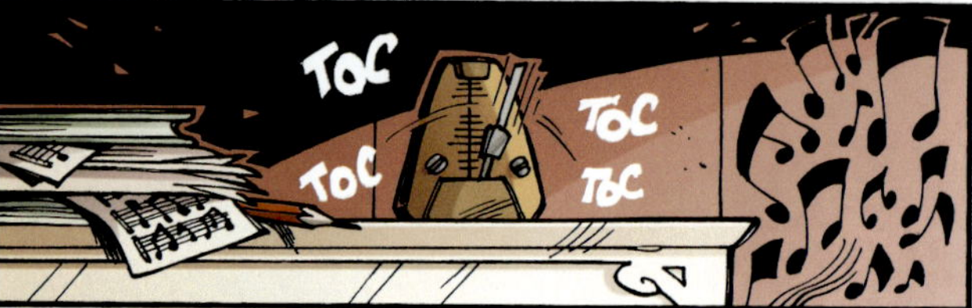
TOC
TOC
TOC
TOC

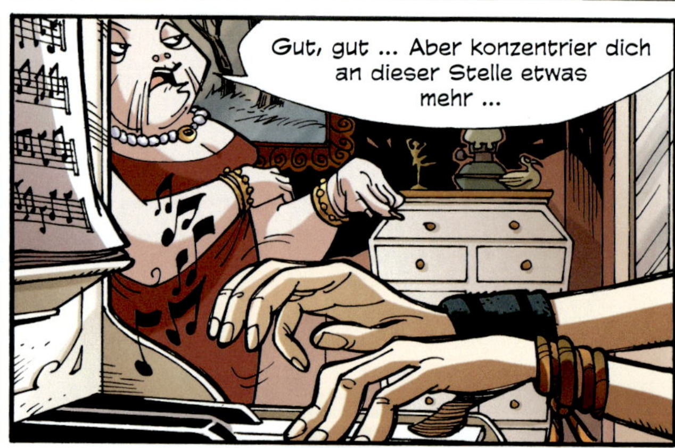
Gut, gut ... Aber konzentrier dich an dieser Stelle etwas mehr ...

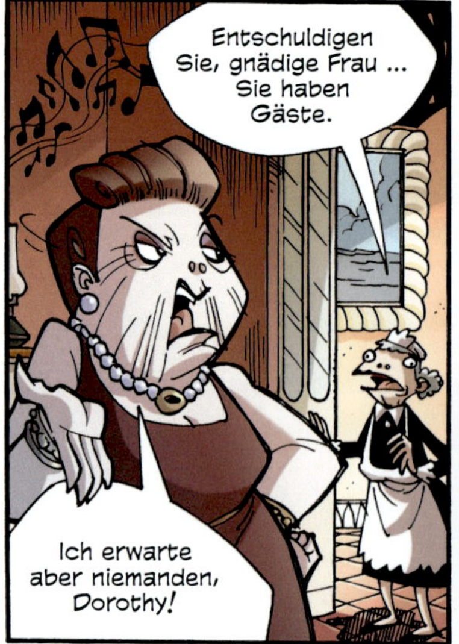
Entschuldigen Sie, gnädige Frau ... Sie haben Gäste.
Ich erwarte aber niemanden, Dorothy!

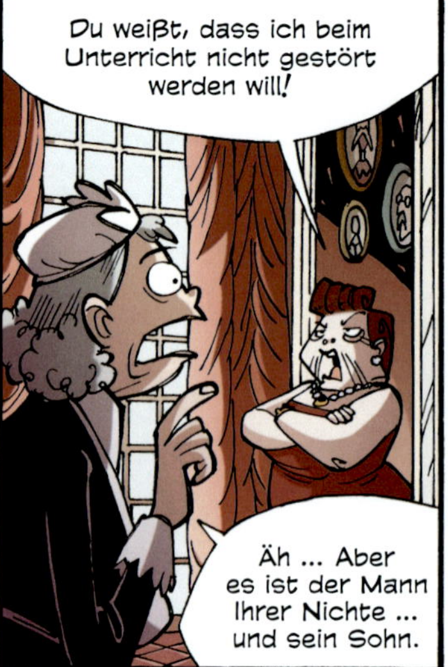
Du weißt, dass ich beim Unterricht nicht gestört werden will!
Äh ... Aber es ist der Mann Ihrer **Nichte** ... und sein Sohn.

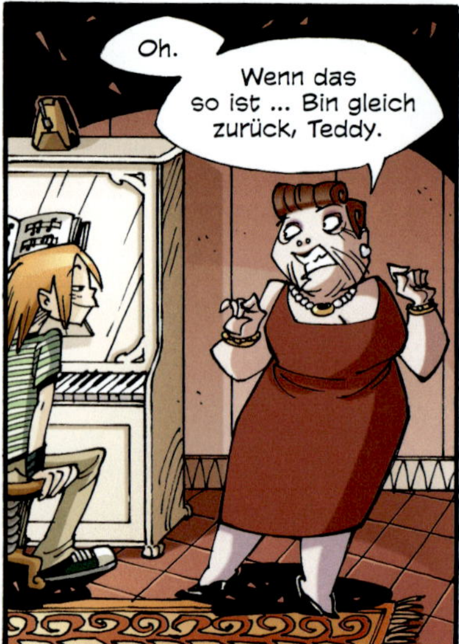
Oh.
Wenn das so ist ... Bin gleich zurück, Teddy.

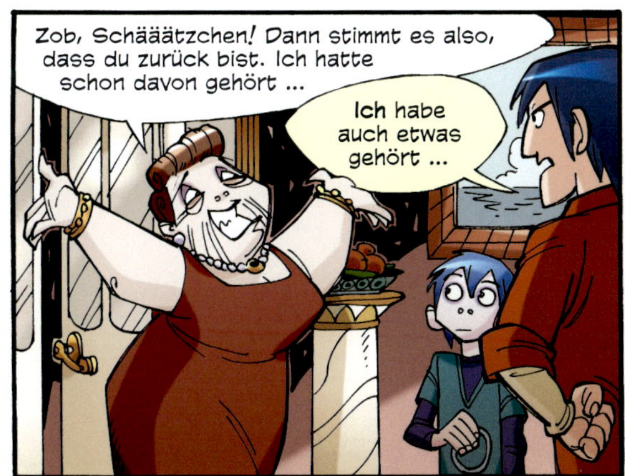
Zob, Schäääätzchen! Dann stimmt es also, dass du zurück bist. Ich hatte schon davon gehört ...
Ich habe auch etwas gehört ...

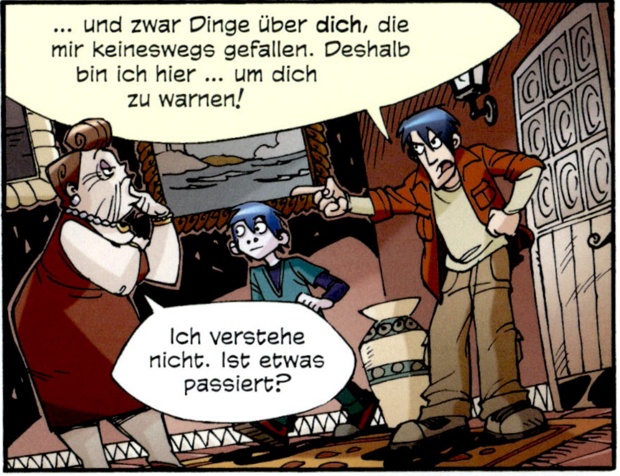
... und zwar Dinge über dich, die mir keineswegs gefallen. Deshalb bin ich hier ... um dich zu warnen!
Ich verstehe nicht. Ist etwas passiert?

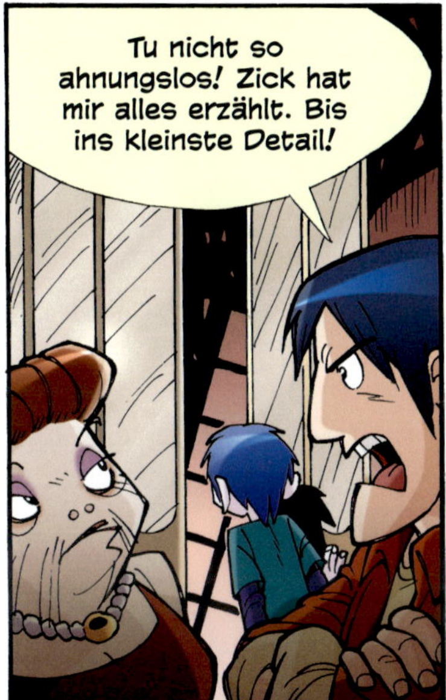
Tu nicht so ahnungslos! Zick hat mir alles erzählt. Bis ins kleinste Detail!

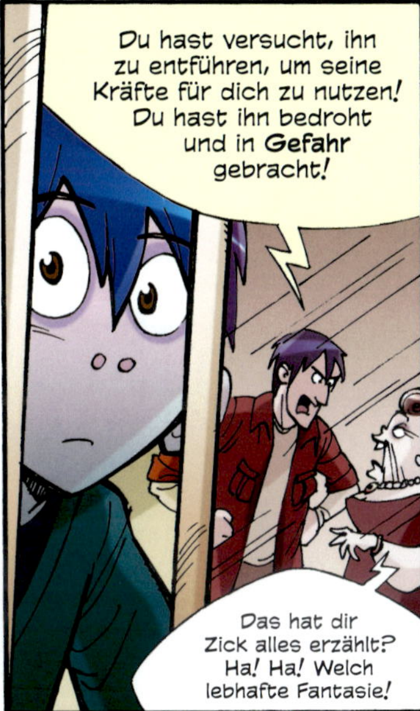
Du hast versucht, ihn zu entführen, um seine Kräfte für dich zu nutzen! Du hast ihn bedroht und in Gefahr gebracht!
Das hat dir Zick alles erzählt? Ha! Ha! Welch lebhafte Fantasie!

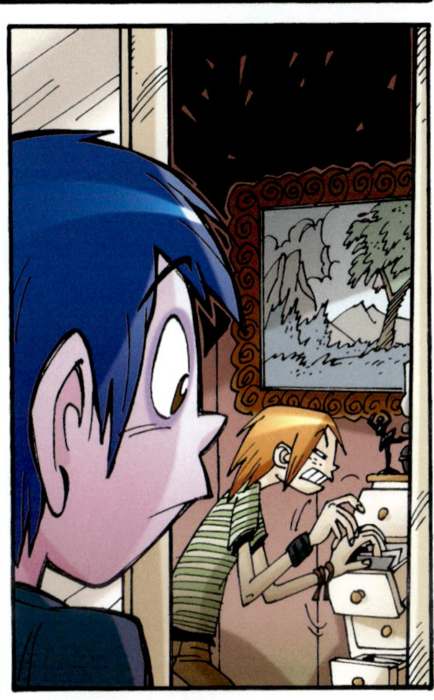

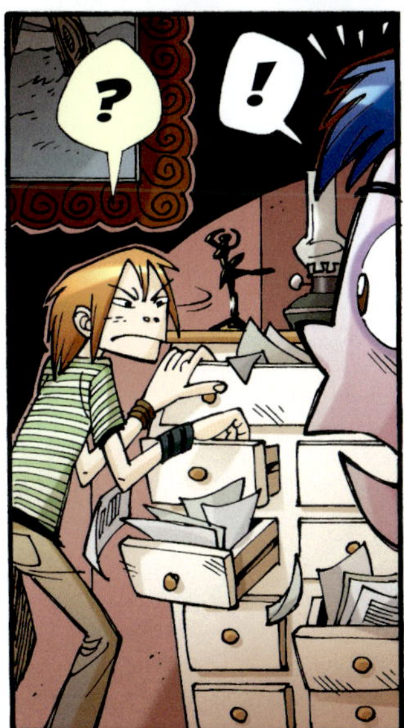
?
!

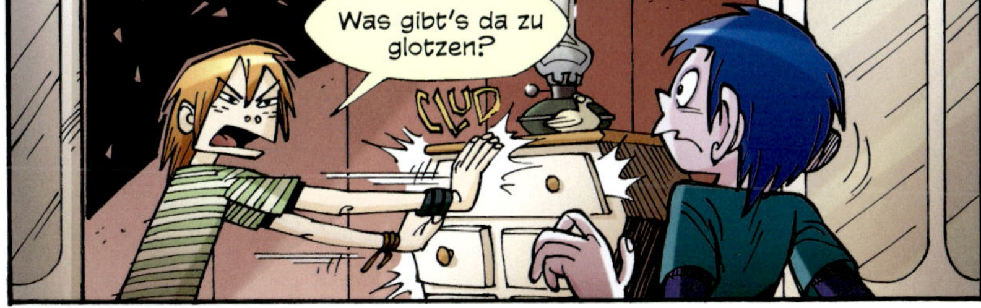
Was gibt's da zu glotzen?
CLUD

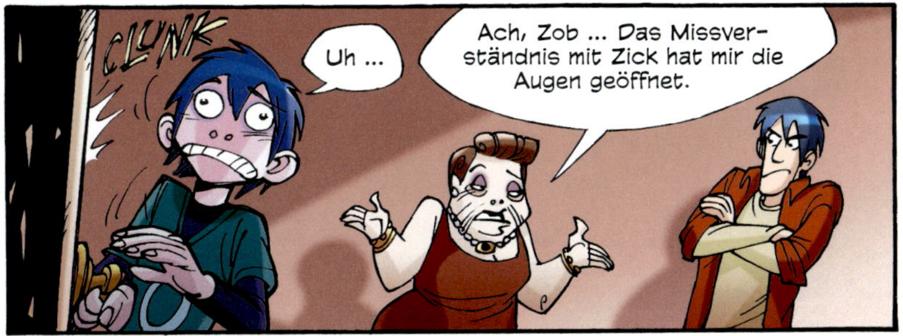
CLUNK
Uh ...
Ach, Zob ... Das Missverständnis mit Zick hat mir die Augen geöffnet.

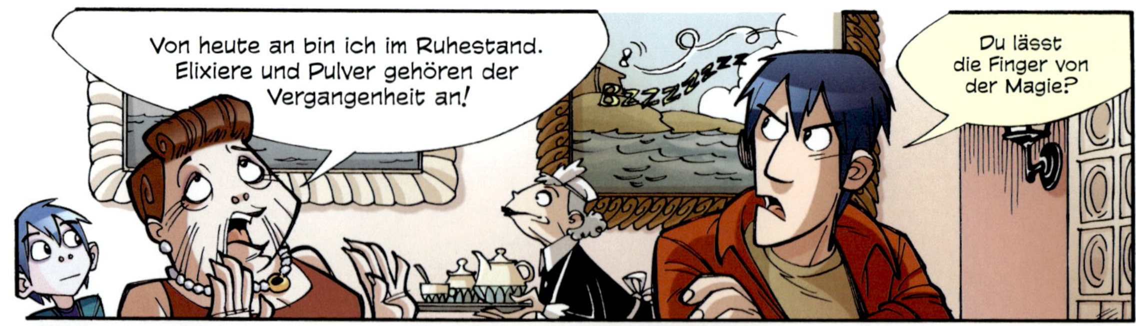
Von heute an bin ich im Ruhestand. Elixiere und Pulver gehören der Vergangenheit an!
BZZZZZZZ
Du lässt die Finger von der Magie?

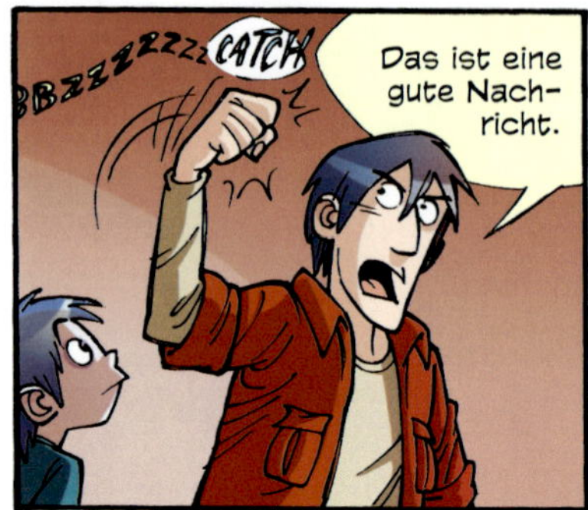
BZZZZZZZ
CATCH
Das ist eine gute Nachricht.

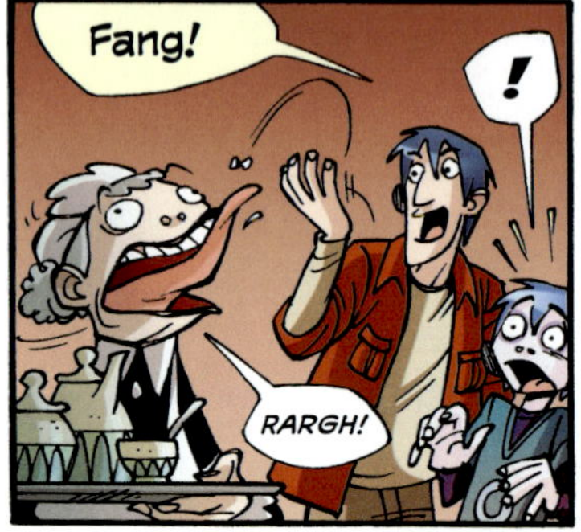
Fang!
!
RARGH!

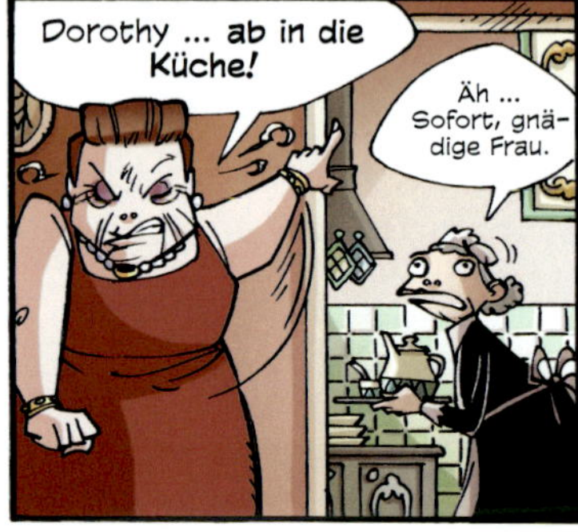
Dorothy ... ab in die Küche!
Äh ... Sofort, gnädige Frau.

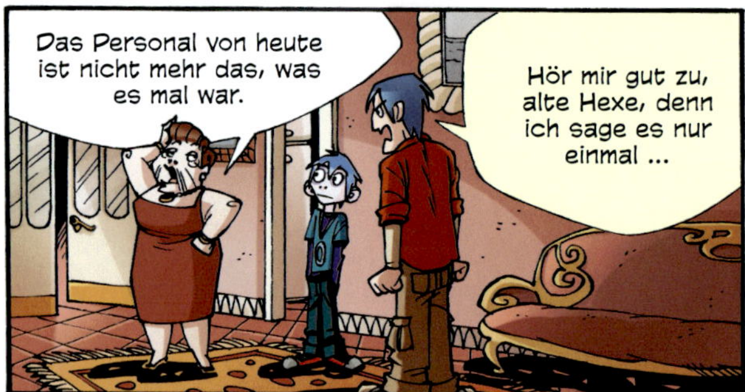
Das Personal von heute ist nicht mehr das, was es mal war.
Hör mir gut zu, alte Hexe, denn ich sage es nur einmal ...

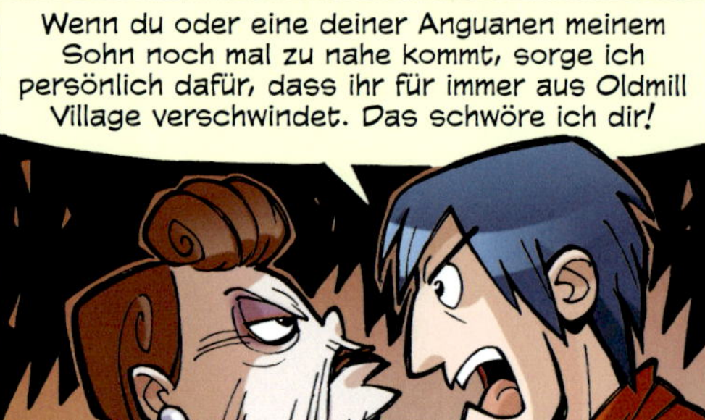
Wenn du oder eine deiner Anguanen meinem Sohn noch mal zu nahe kommt, sorge ich persönlich dafür, dass ihr für immer aus Oldmill Village verschwindet. Das schwöre ich dir!

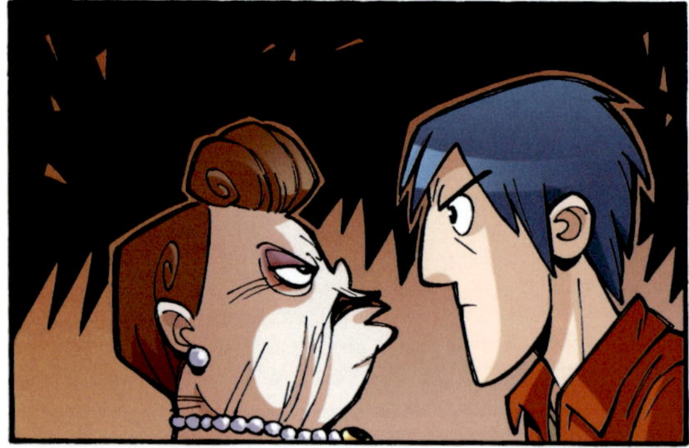

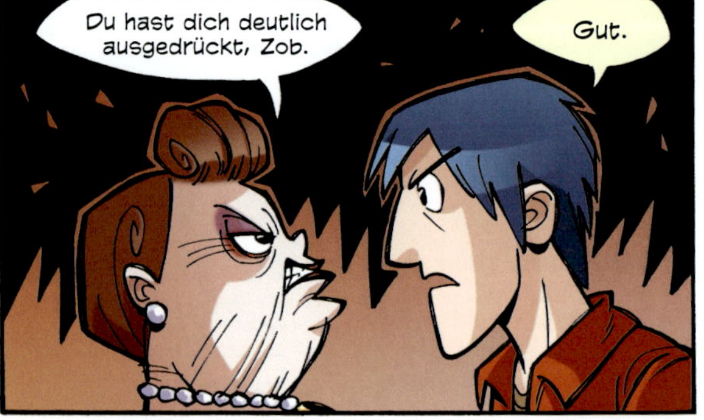
Du hast dich deutlich ausgedrückt, Zob.
Gut.

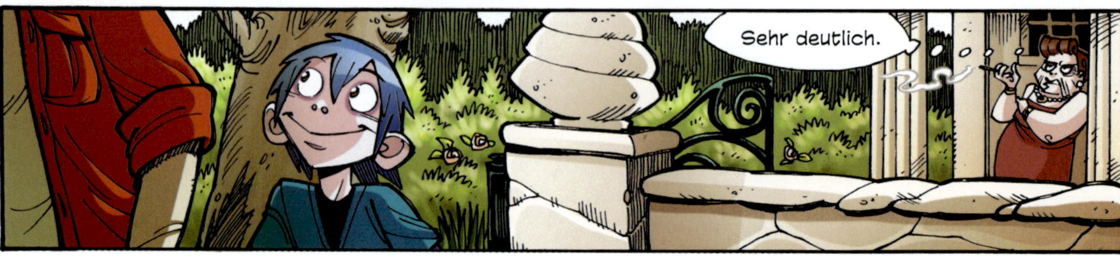
Sehr deutlich.

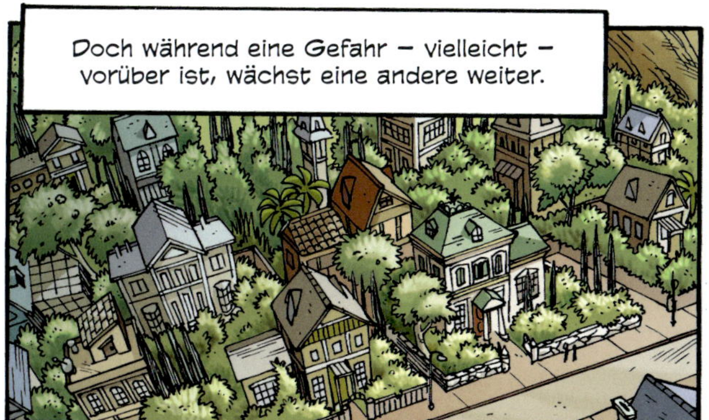
Doch während eine Gefahr – vielleicht – vorüber ist, wächst eine andere weiter.

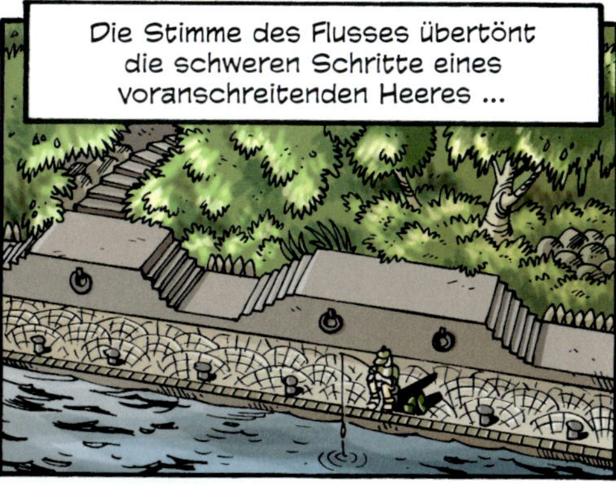
Die Stimme des Flusses übertönt die schweren Schritte eines voranschreitenden Heeres ...

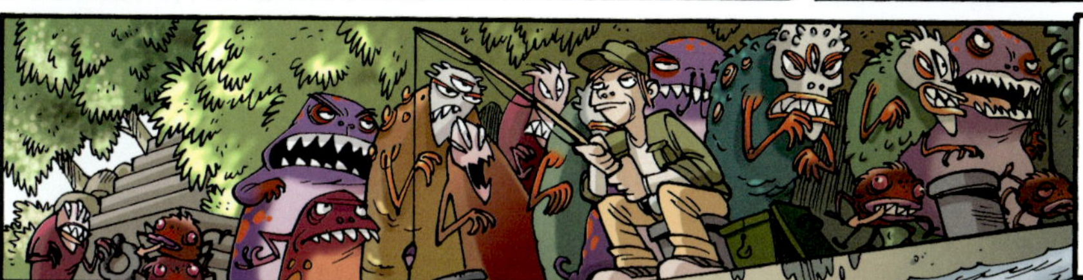
Wer nicht sieht, ahnt nicht, welch Horror sich an ihm vorbeidrängt ... Doch wenn er die Gabe des Blickes hätte ...

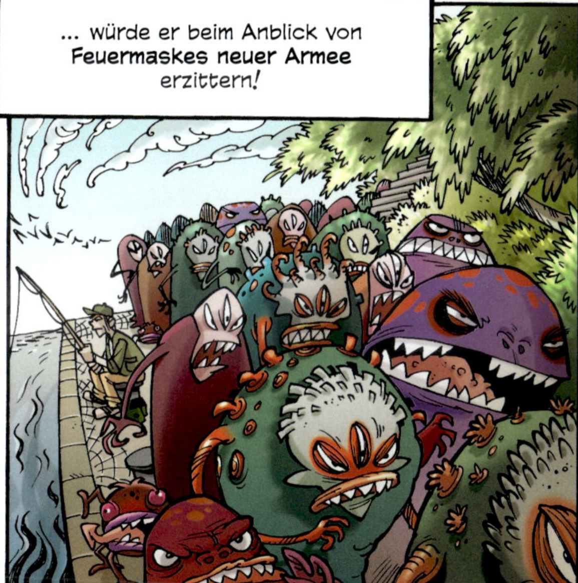
... würde er beim Anblick von **Feuermaskes neuer Armee** erzittern!

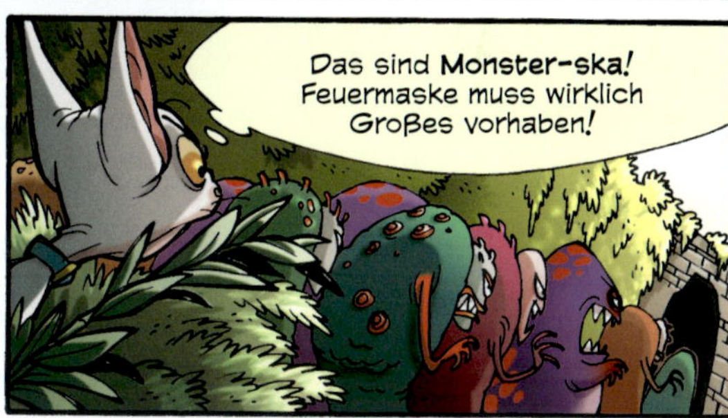
Das sind **Monster-ska!** Feuermaske muss wirklich Großes vorhaben!

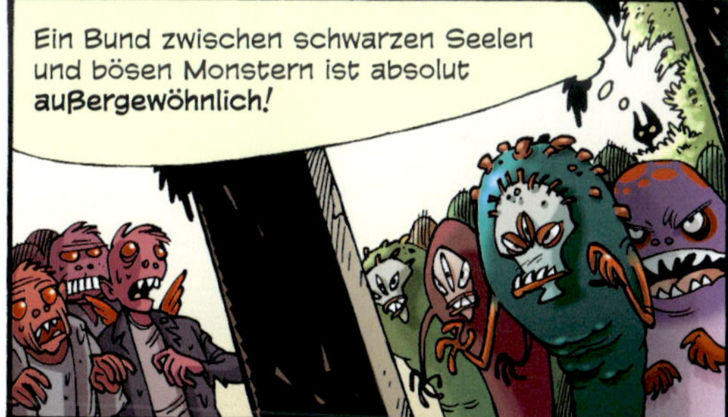
Ein Bund zwischen schwarzen Seelen und bösen Monstern ist absolut **außergewöhnlich!**

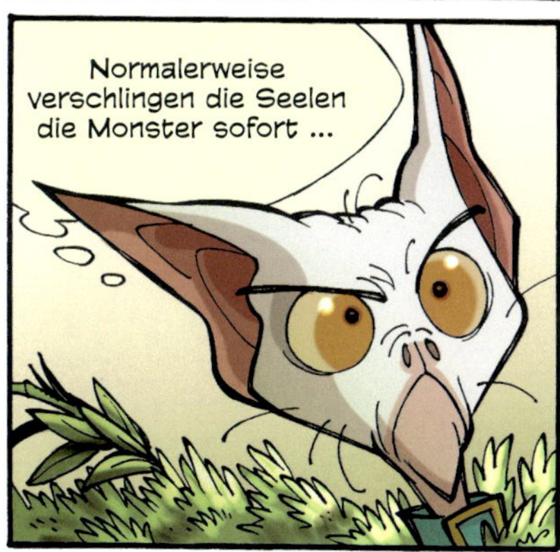
Normalerweise verschlingen die Seelen die Monster sofort ...

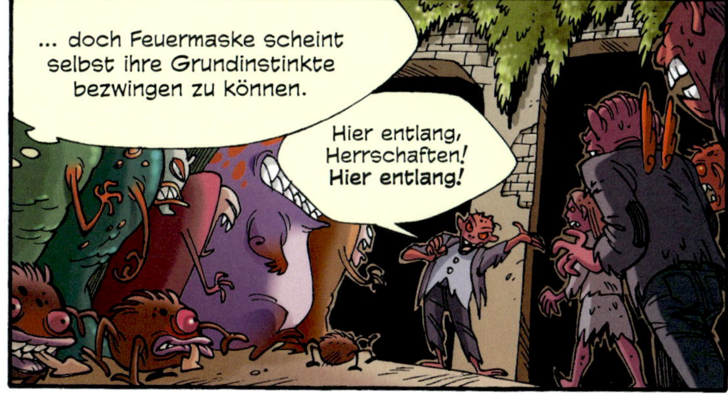
... doch Feuermaske scheint selbst ihre Grundinstinkte bezwingen zu können.
Hier entlang, Herrschaften! **Hier entlang!**

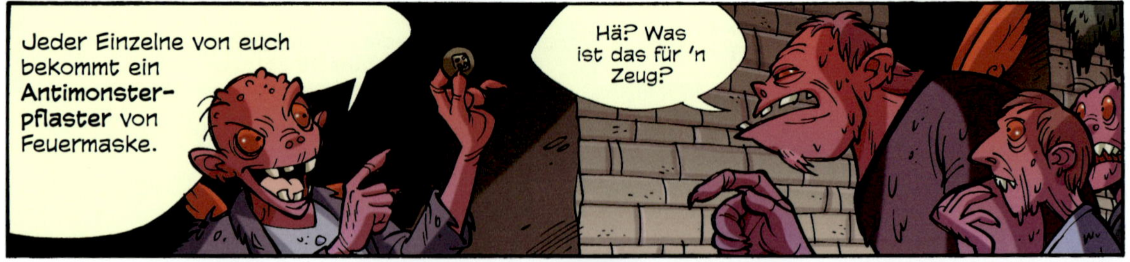
Jeder Einzelne von euch bekommt ein **Antimonster-pflaster** von Feuermaske.
Hä? Was ist das für 'n Zeug?

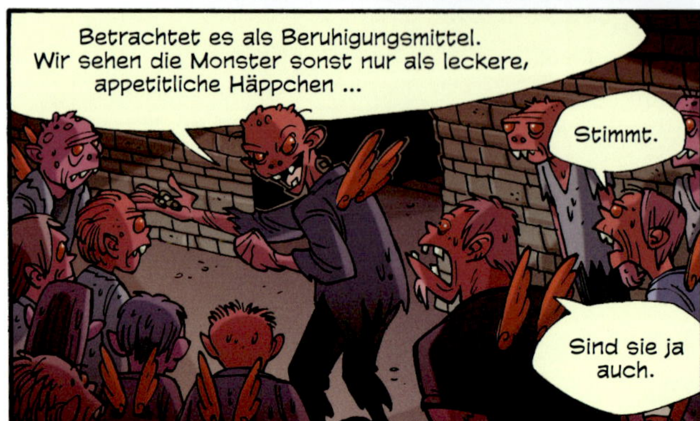
Betrachtet es als Beruhigungsmittel. Wir sehen die Monster sonst nur als leckere, appetitliche Häppchen ...
Stimmt.
Sind sie ja auch.

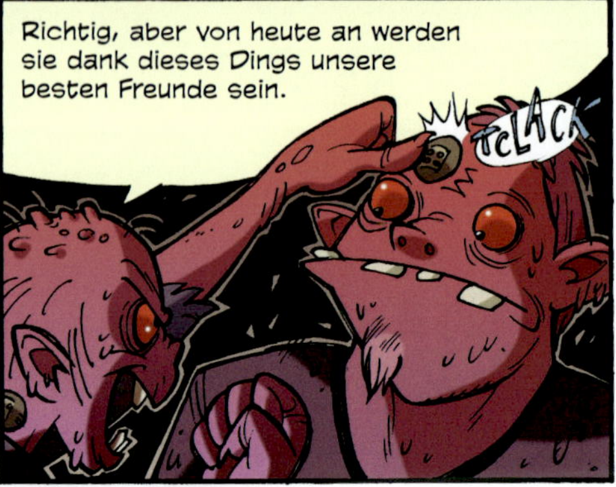
Richtig, aber von heute an werden sie dank dieses Dings unsere besten Freunde sein.
TCLACK

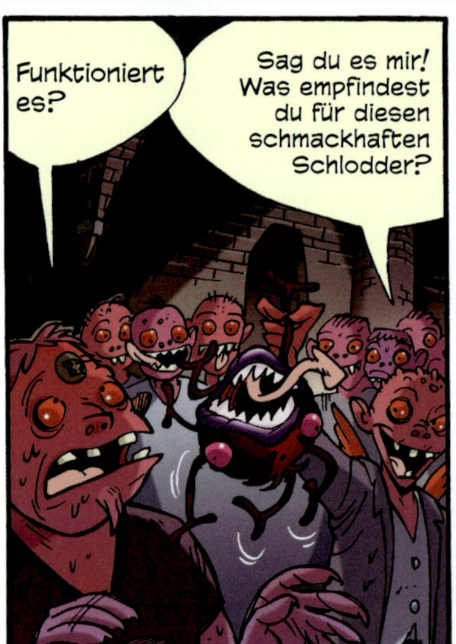
Funktioniert es?
Sag du es mir! Was empfindest du für diesen schmackhaften Schlodder?

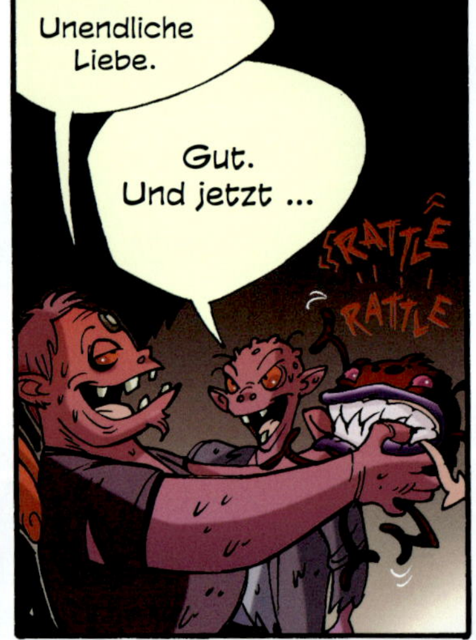
Unendliche Liebe.
Gut. Und jetzt ...
RATTLE
RATTLE

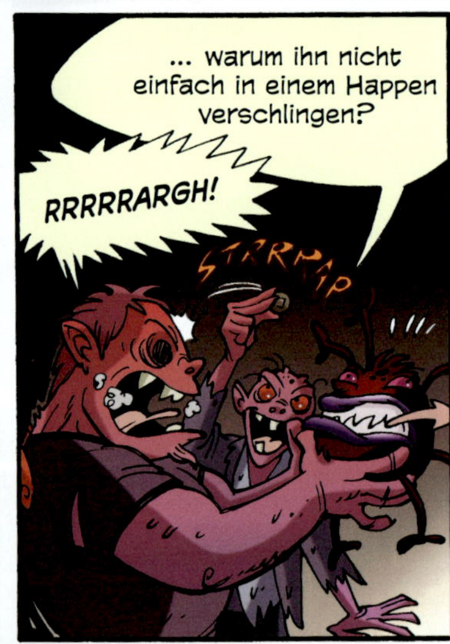
... warum ihn nicht einfach in einem Happen verschlingen?
RRRRRARGH!

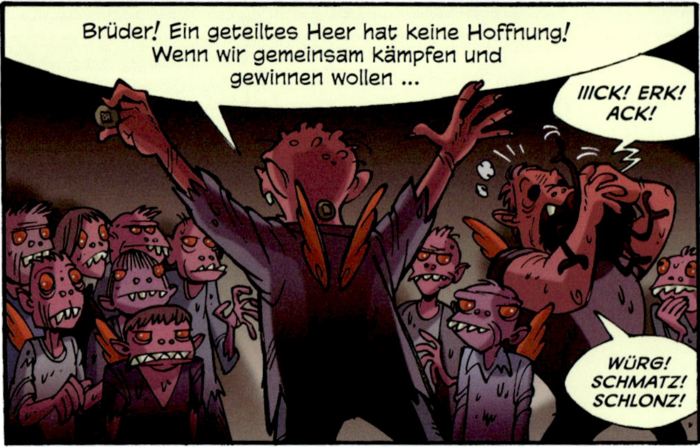
Brüder! Ein geteiltes Heer hat keine Hoffnung! Wenn wir gemeinsam kämpfen und gewinnen wollen ...
IIICK! ERK! ACK!
WÜRG! SCHMATZ! SCHLONZ!

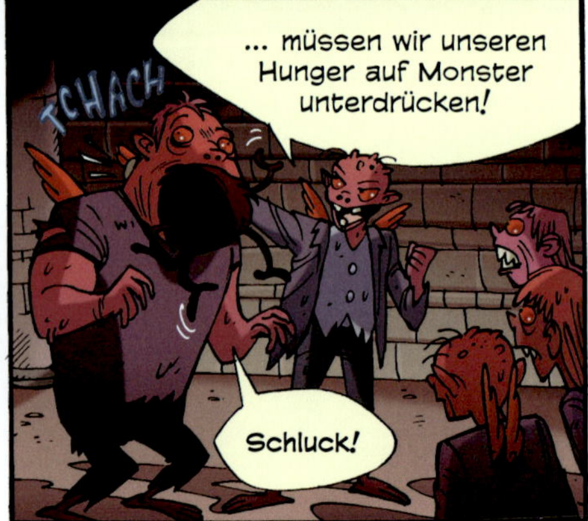
... müssen wir unseren Hunger auf Monster unterdrücken!
TCHACH
Schluck!

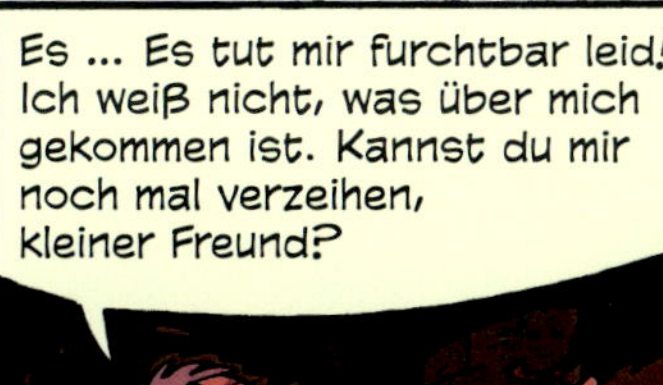
Es ... Es tut mir furchtbar leid! Ich weiß nicht, was über mich gekommen ist. Kannst du mir noch mal verzeihen, kleiner Freund?

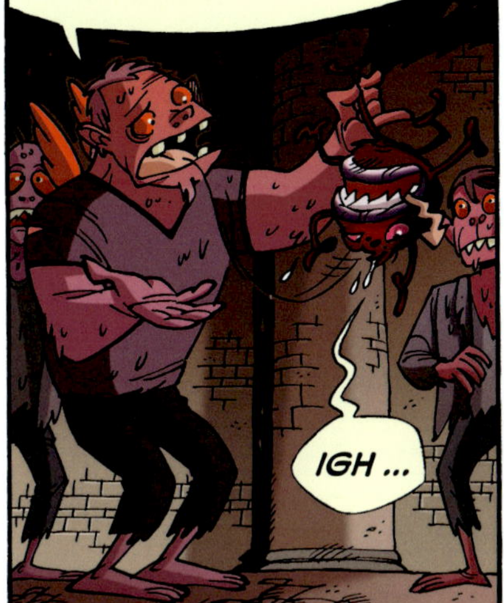
IGH ...

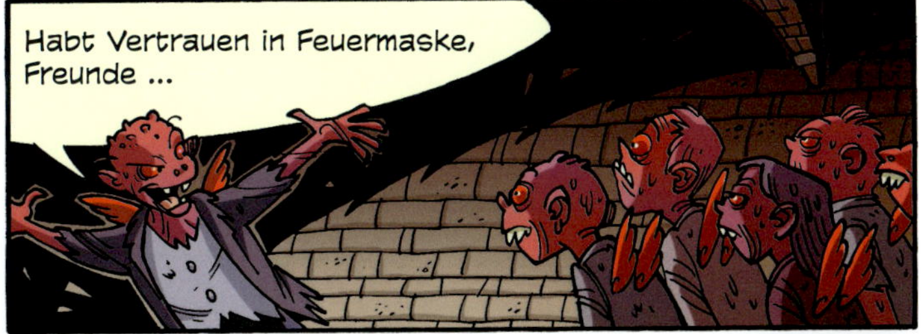
Habt Vertrauen in Feuermaske, Freunde ...

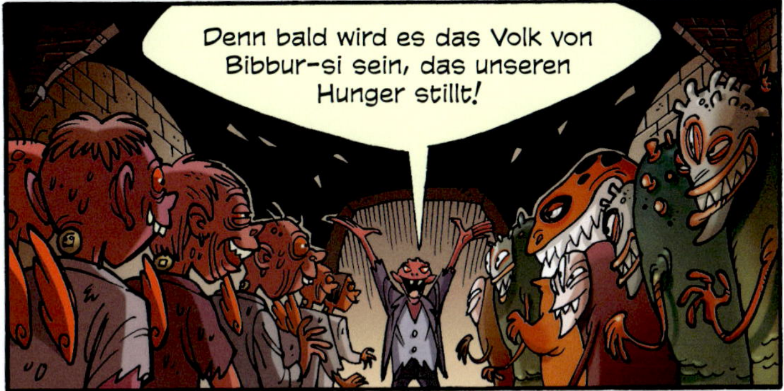
Denn bald wird es das Volk von Bibbur-si sein, das unseren Hunger stillt!

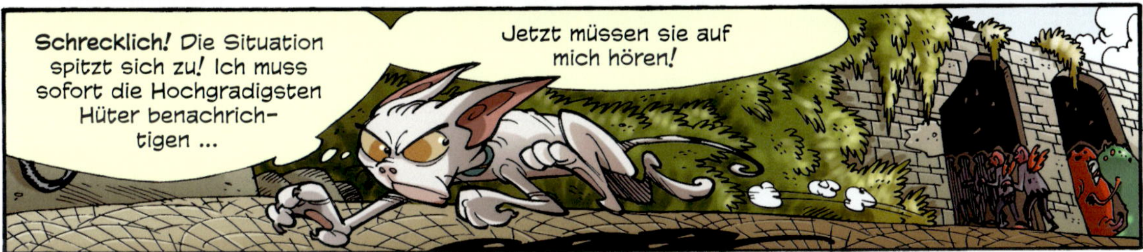
Schrecklich! Die Situation spitzt sich zu! Ich muss sofort die Hochgradigsten Hüter benachrichtigen ...
Jetzt müssen sie auf mich hören!

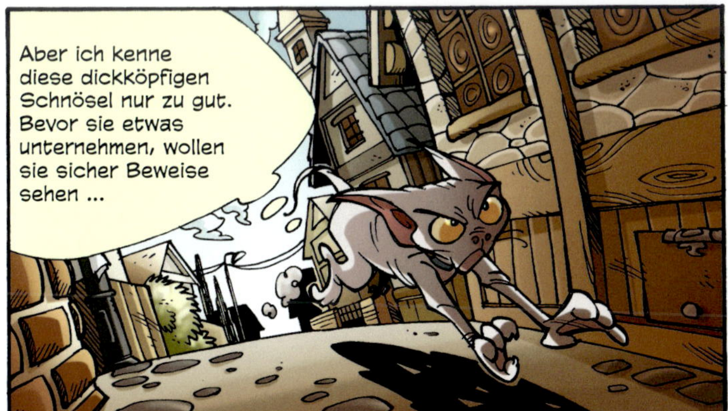
Aber ich kenne diese dickköpfigen Schnösel nur zu gut. Bevor sie etwas unternehmen, wollen sie sicher Beweise sehen ...

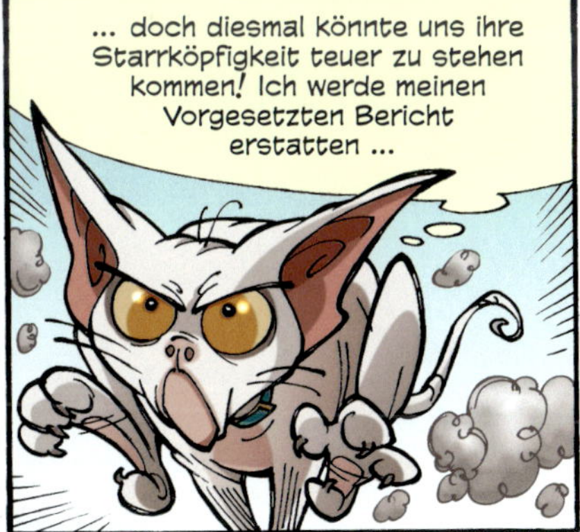
... doch diesmal könnte uns ihre Starrköpfigkeit teuer zu stehen kommen! Ich werde meinen Vorgesetzten Bericht erstatten ...

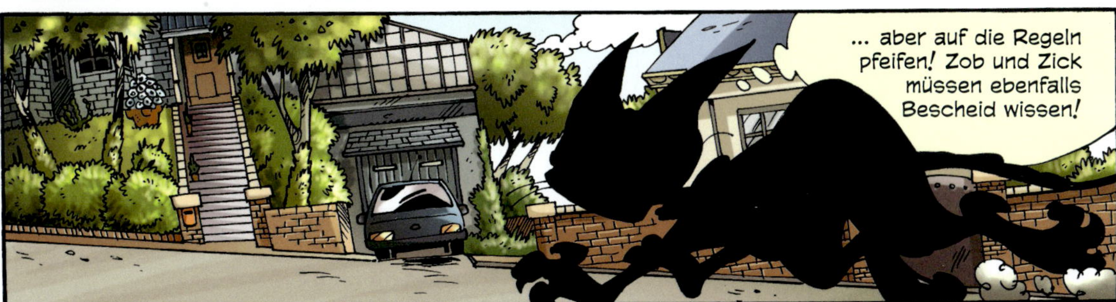
... aber auf die Regeln pfeifen! Zob und Zick müssen ebenfalls Bescheid wissen!

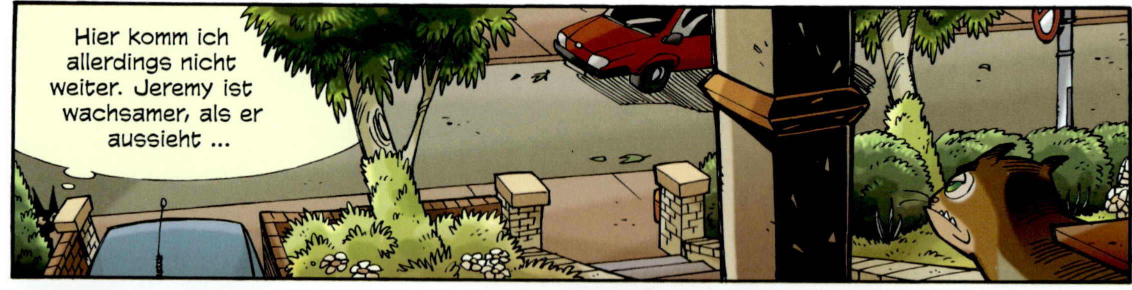
Hier komm ich allerdings nicht weiter. Jeremy ist wachsamer, als er aussieht ...

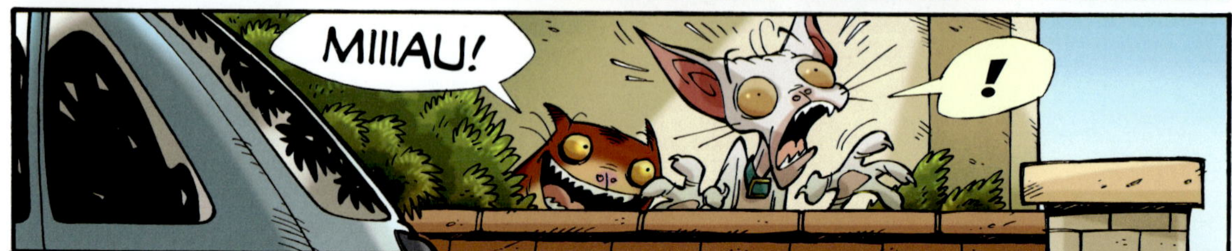
MIIIAU!
!

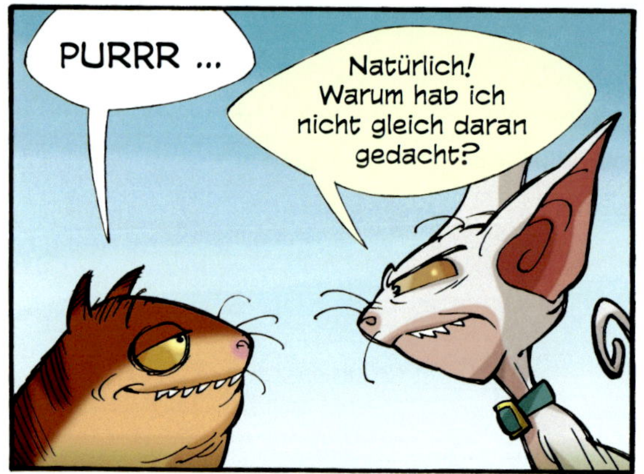
PURRR ...
Natürlich! Warum hab ich nicht gleich daran gedacht?

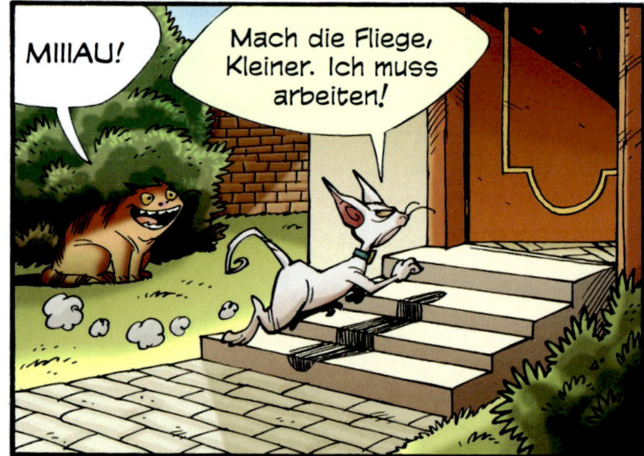
MIIIAU!
Mach die Fliege, Kleiner. Ich muss arbeiten!

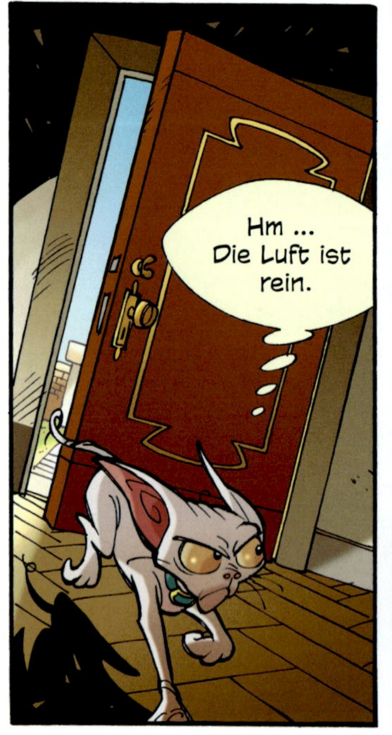
Hm ... Die Luft ist rein.

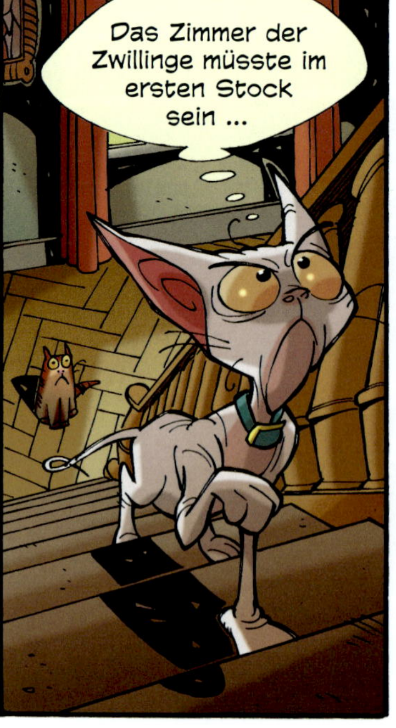
Das Zimmer der Zwillinge müsste im ersten Stock sein ...

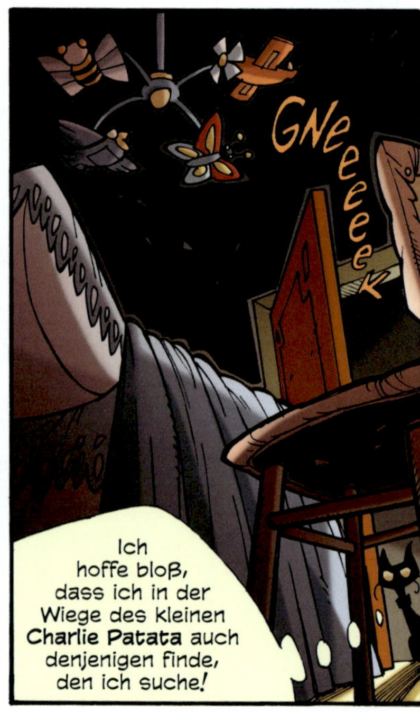
GNeeeeek
Ich hoffe bloß, dass ich in der Wiege des kleinen **Charlie Patata** auch denjenigen finde, den ich suche!

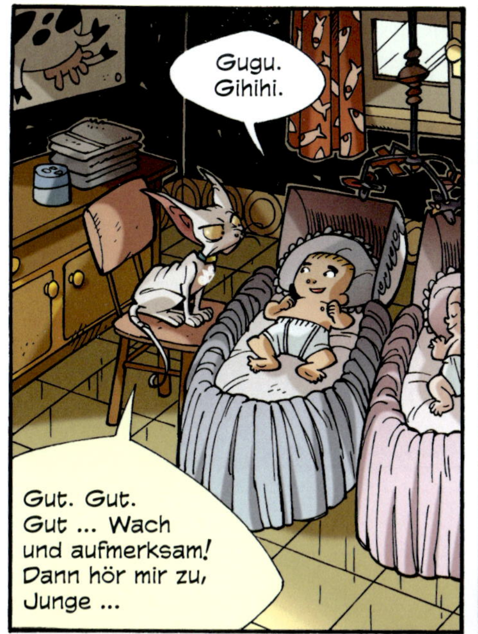
Gugu.
Gihihi.
Gut. Gut.
Gut ... Wach
und aufmerksam!
Dann hör mir zu,
Junge ...

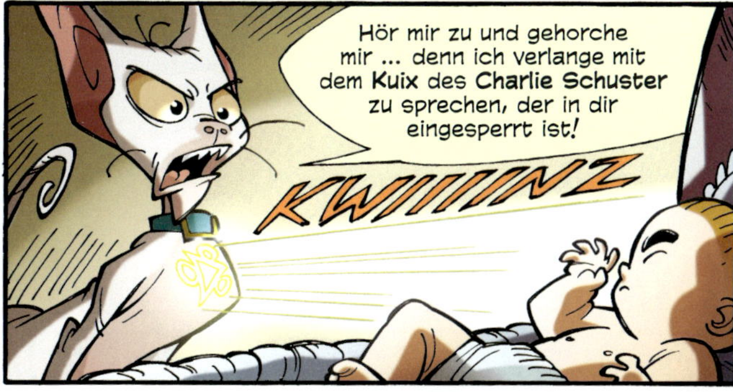
Hör mir zu und gehorche
mir ... denn ich verlange mit
dem **Kuix** des **Charlie Schuster**
zu sprechen, der in dir
eingesperrt ist!
KWIIIINZ

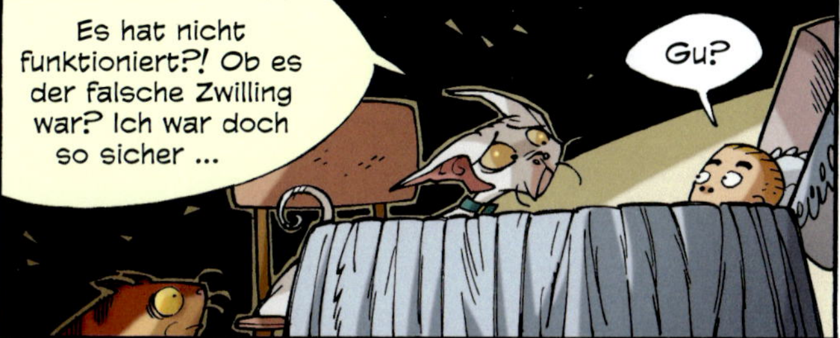
Es hat nicht
funktioniert?! Ob es
der falsche Zwilling
war? Ich war doch
so sicher ...
Gu?

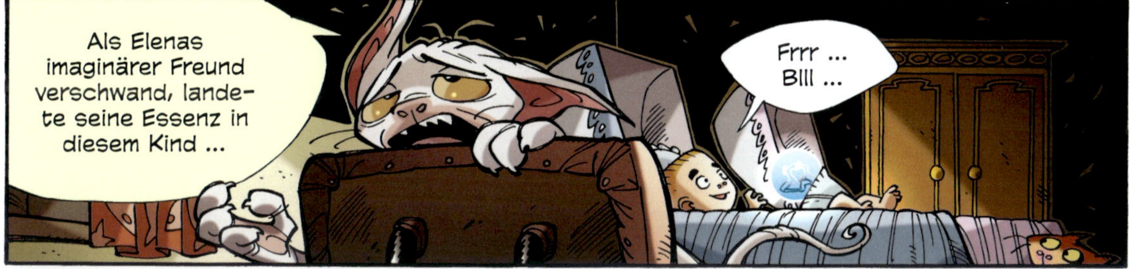
Als Elenas
imaginärer Freund
verschwand, lande-
te seine Essenz in
diesem Kind ...
Frrr ...
Blll ...

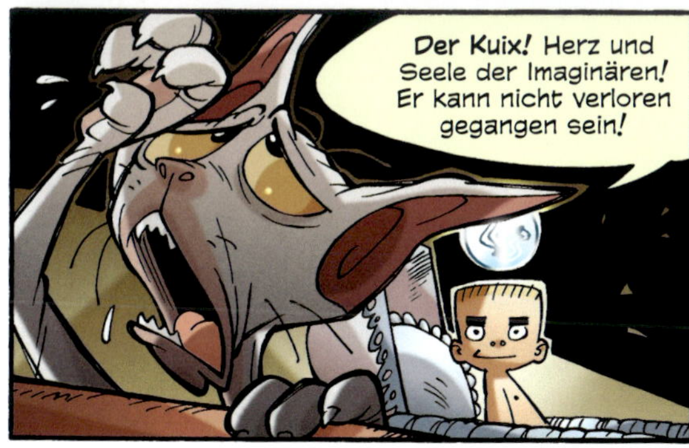
Der Kuix! Herz und
Seele der Imaginären!
Er kann nicht verloren
gegangen sein!

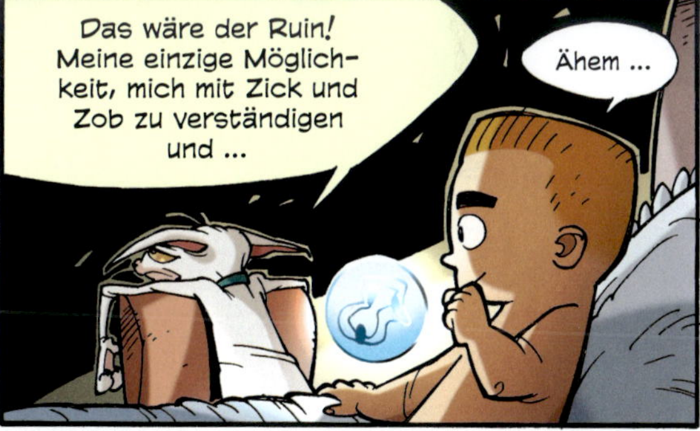
Das wäre der Ruin!
Meine einzige Möglich-
keit, mich mit Zick und
Zob zu verständigen
und ...
Ähem ...

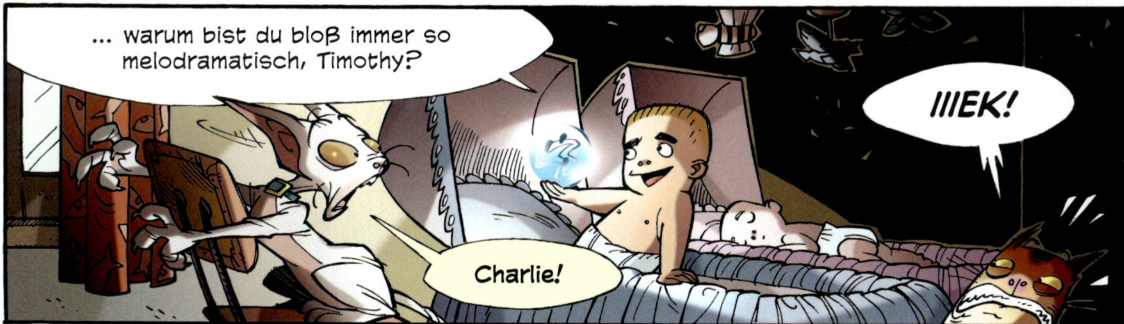
... warum bist du bloß immer so
melodramatisch, Timothy?
IIIEK!
Charlie!

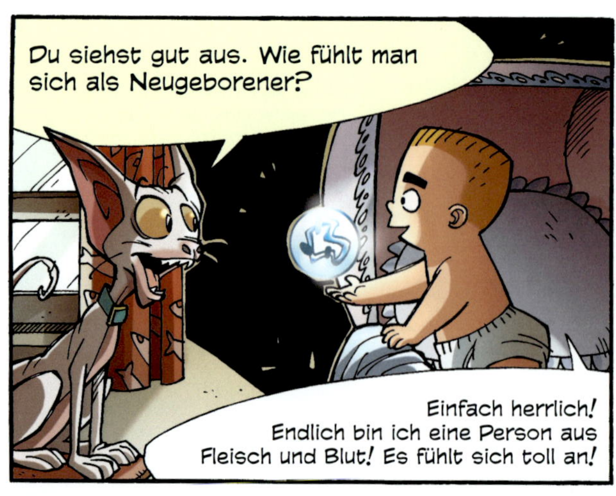
Du siehst gut aus. Wie fühlt man sich als Neugeborener?
Einfach herrlich! Endlich bin ich eine Person aus Fleisch und Blut! Es fühlt sich toll an!

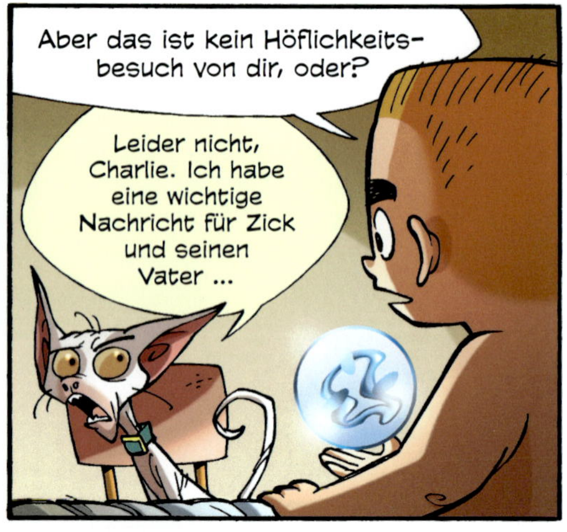
Aber das ist kein Höflichkeits-besuch von dir, oder?
Leider nicht, Charlie. Ich habe eine wichtige Nachricht für Zick und seinen Vater ...

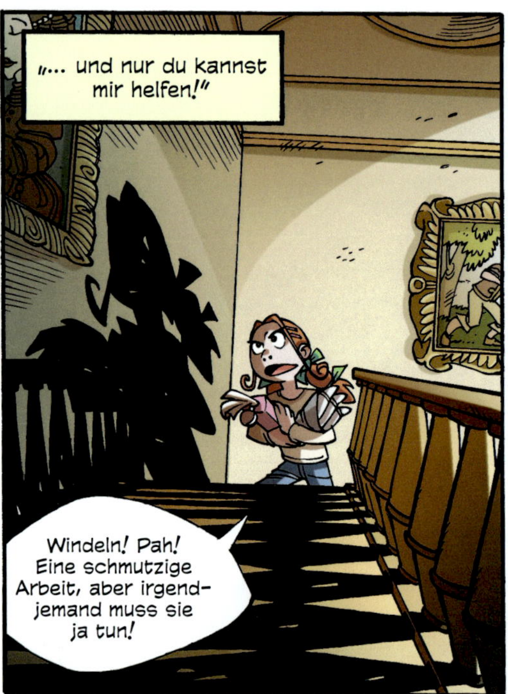
„... und nur du kannst mir helfen!"
Windeln! Pah! Eine schmutzige Arbeit, aber irgend-jemand muss sie ja tun!

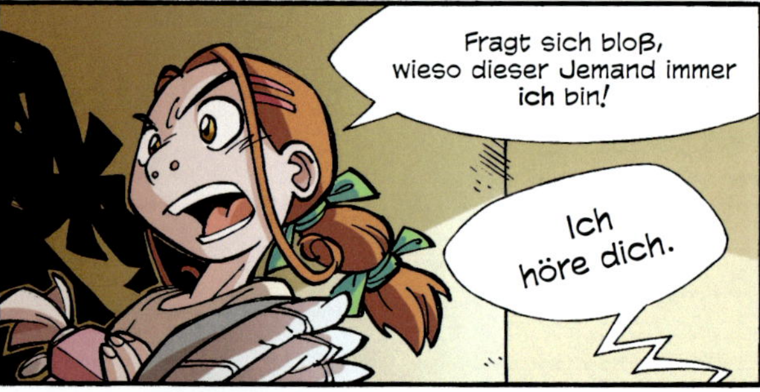
Fragt sich bloß, wieso dieser Jemand immer ich bin!
Ich höre dich.

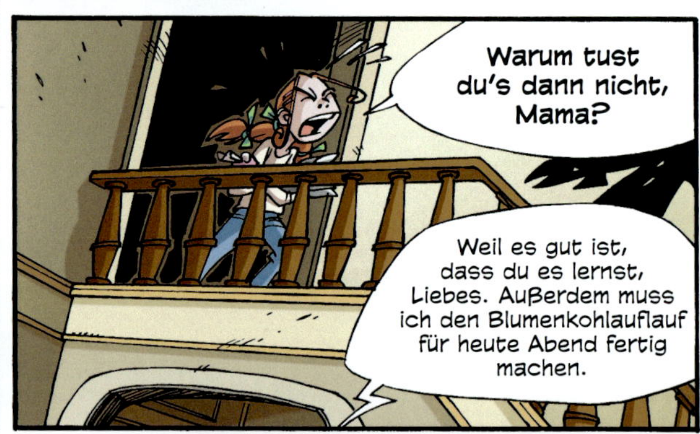
Warum tust du's dann nicht, Mama?
Weil es gut ist, dass du es lernst, Liebes. Außerdem muss ich den Blumenkohlauflauf für heute Abend fertig machen.

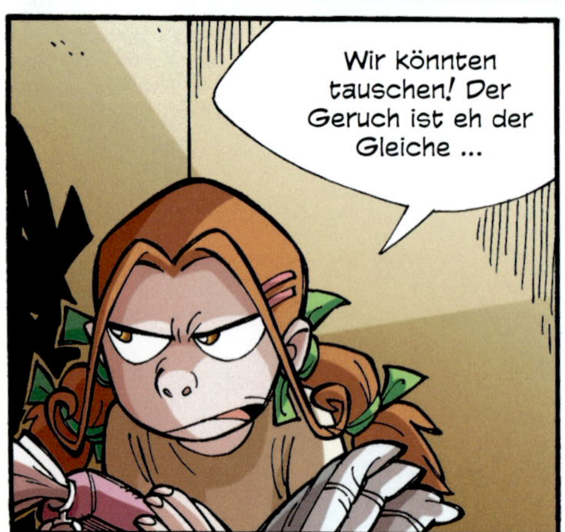
Wir könnten tauschen! Der Geruch ist eh der Gleiche ...

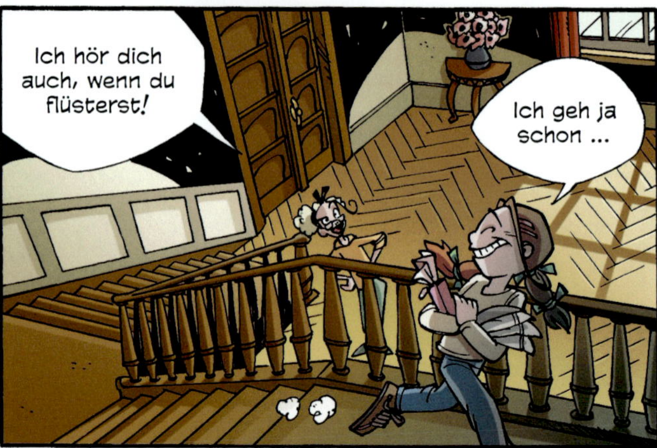
Ich hör dich auch, wenn du flüsterst!
Ich geh ja schon ...

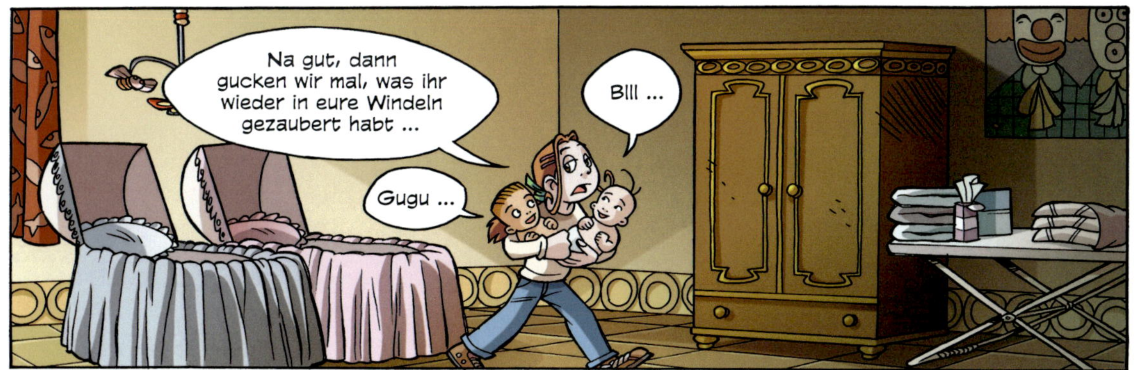
Na gut, dann gucken wir mal, was ihr wieder in eure Windeln gezaubert habt ...
Blll ...
Gugu ...

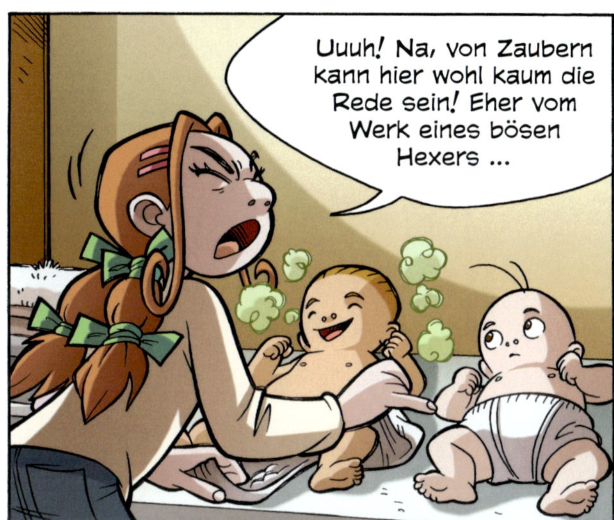
Uuuh! Na, von Zaubern kann hier wohl kaum die Rede sein! Eher vom Werk eines bösen Hexers ...

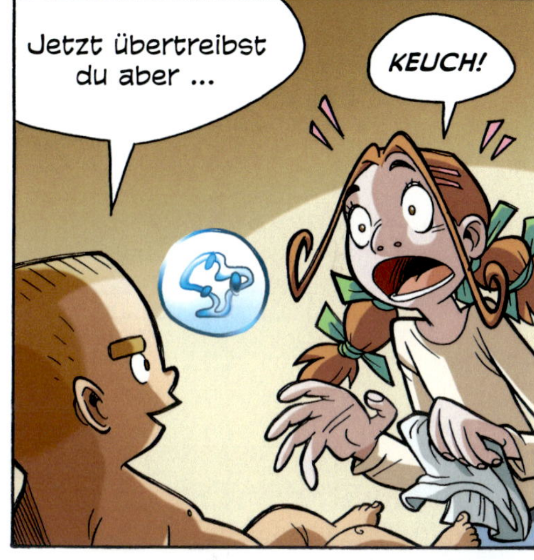
Jetzt übertreibst du aber ...
KEUCH!

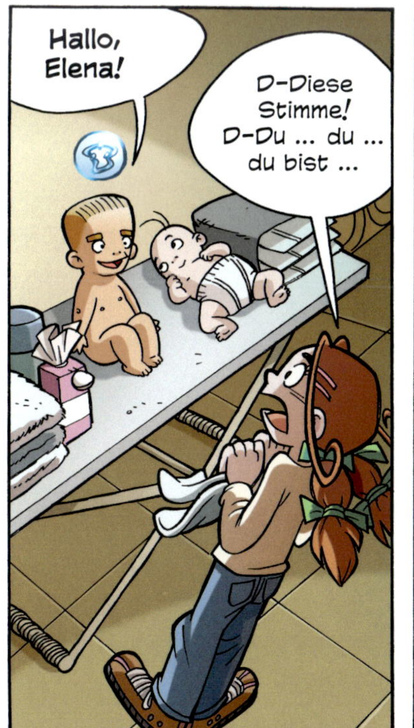
Hallo, Elena!
D-Diese Stimme! D-Du ... du ... du bist ...

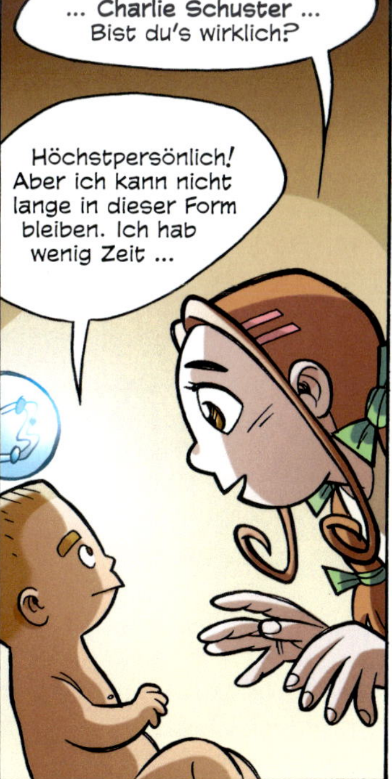
... Charlie Schuster ... Bist du's wirklich?
Höchstpersönlich! Aber ich kann nicht lange in dieser Form bleiben. Ich hab wenig Zeit ...

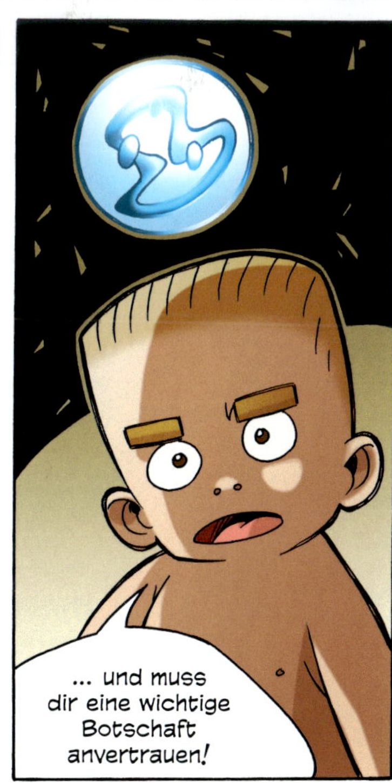
... und muss dir eine wichtige Botschaft anvertrauen!

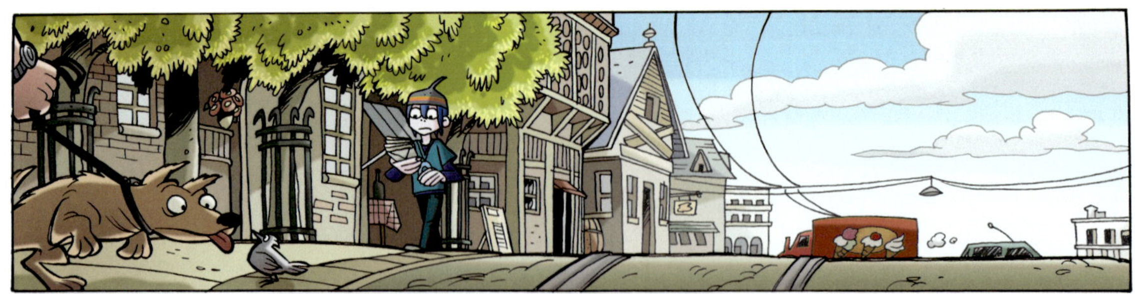

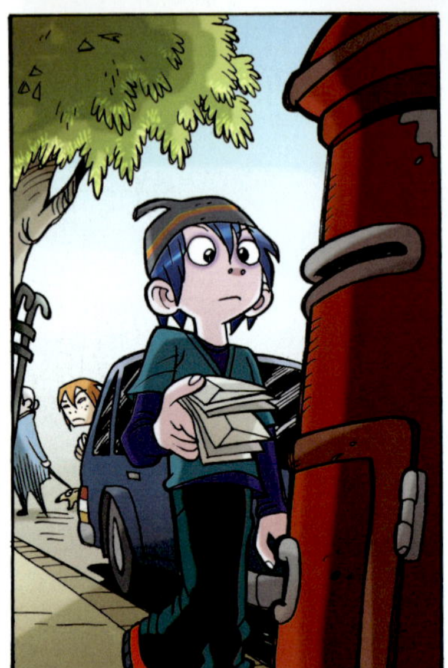

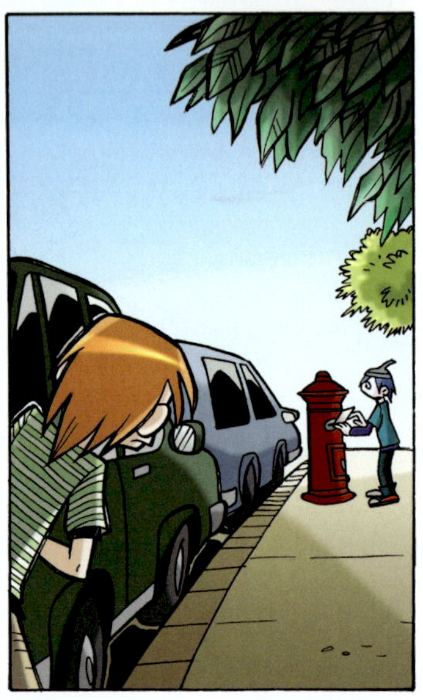

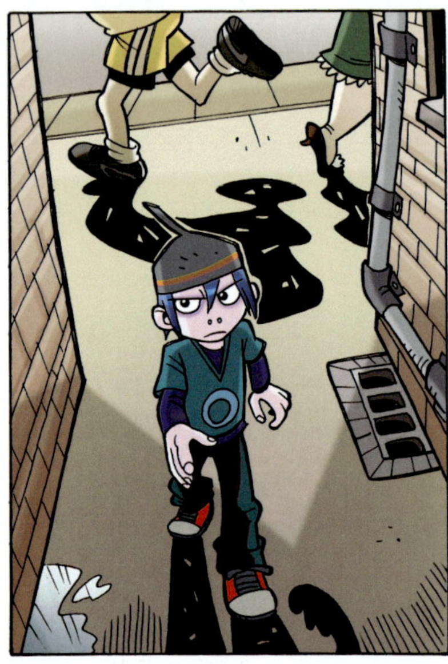

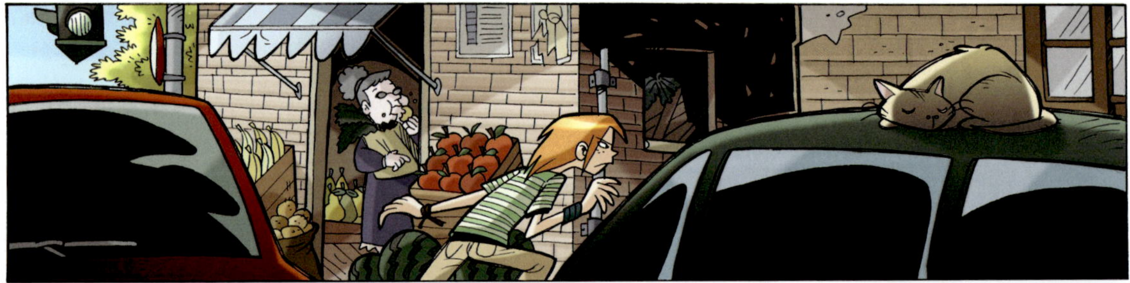

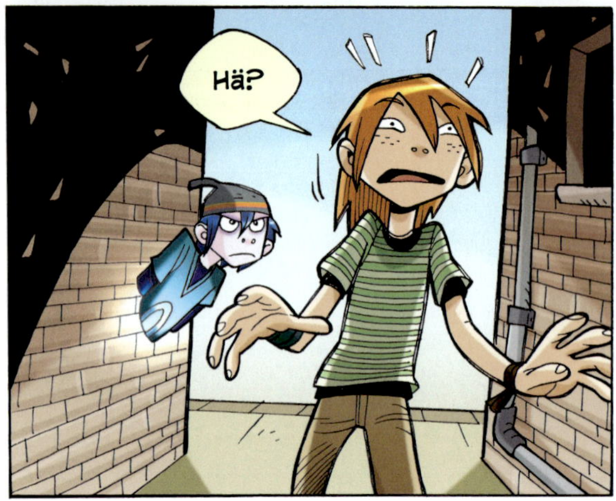
Hä?

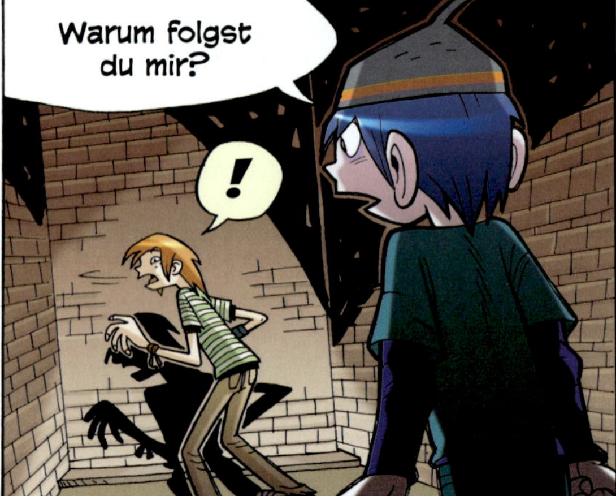
Warum folgst du mir?
!

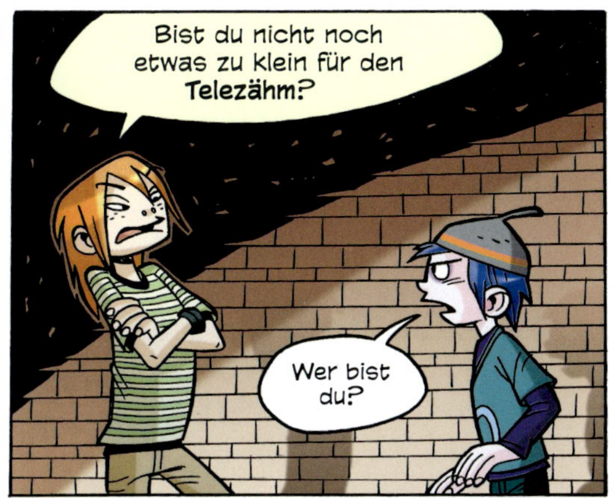

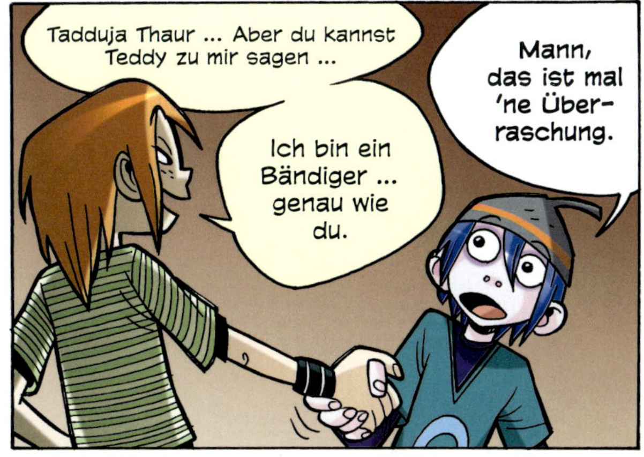

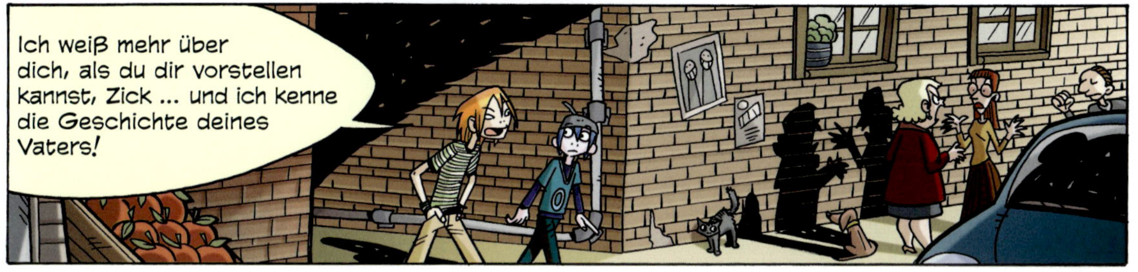

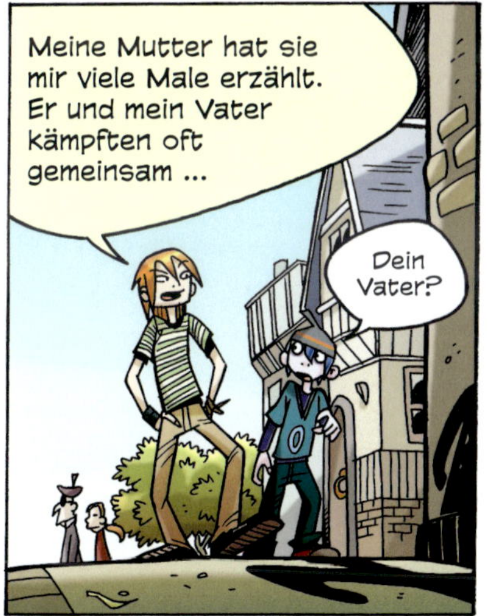

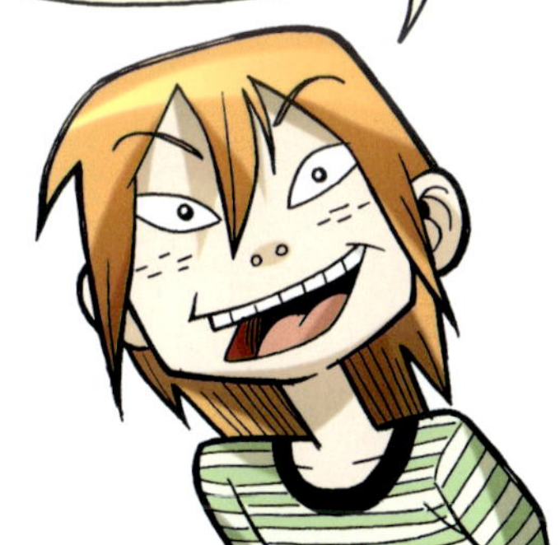

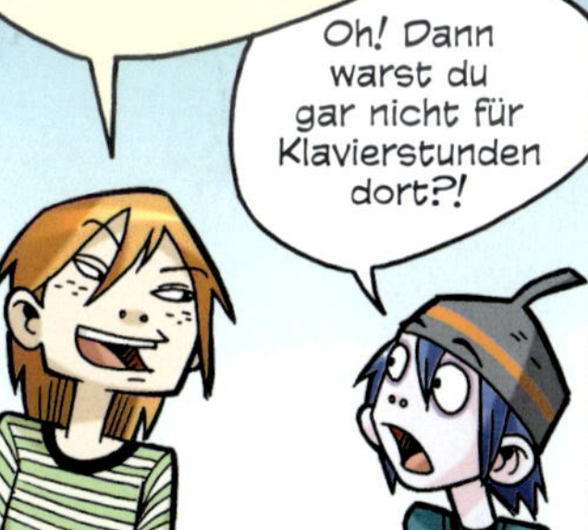

Blödsinn, natürlich nicht! Ich will dieser ollen Hexe bloß den Atem des Mugalak stehlen ...

Unter all dem Gebräu, das sie zu Hause lagert, wird sie wohl auch eine Ampulle davon haben ... und du könntest mir helfen, sie zu besorgen.

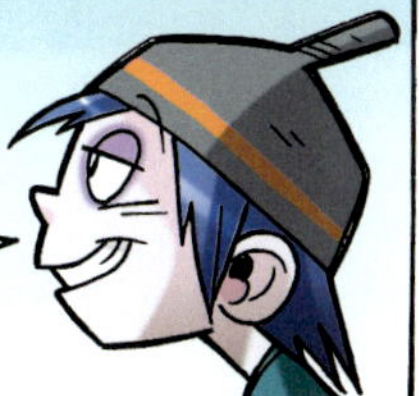

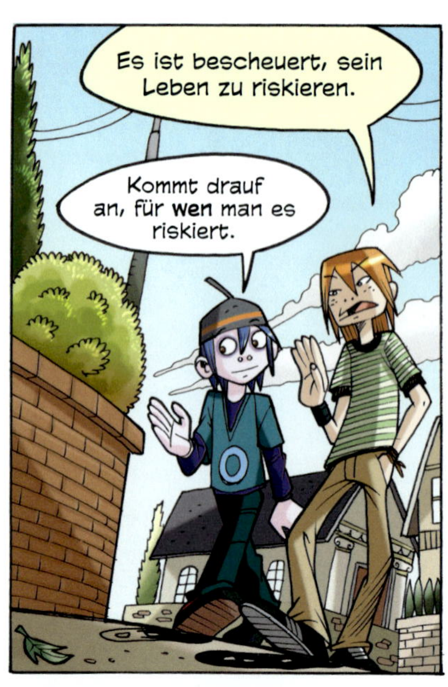
Es ist bescheuert, sein Leben zu riskieren.
Kommt drauf an, für **wen** man es riskiert.

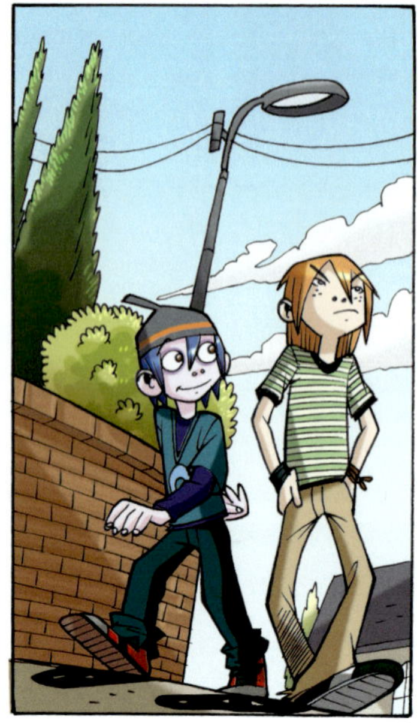

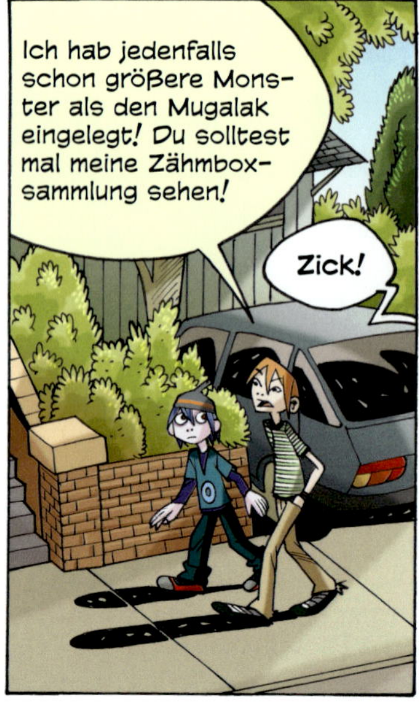
Ich hab jedenfalls schon größere Monster als den Mugalak eingelegt! Du solltest mal meine Zähmboxsammlung sehen!
Zick!

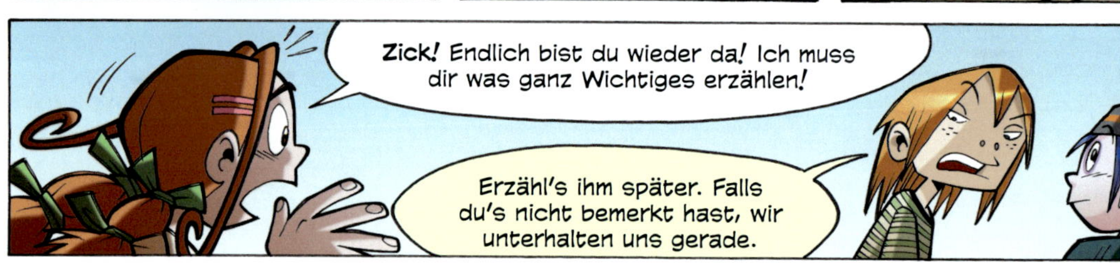
Zick! Endlich bist du wieder da! Ich muss dir was ganz Wichtiges erzählen!
Erzähl's ihm später. Falls du's nicht bemerkt hast, wir unterhalten uns gerade.

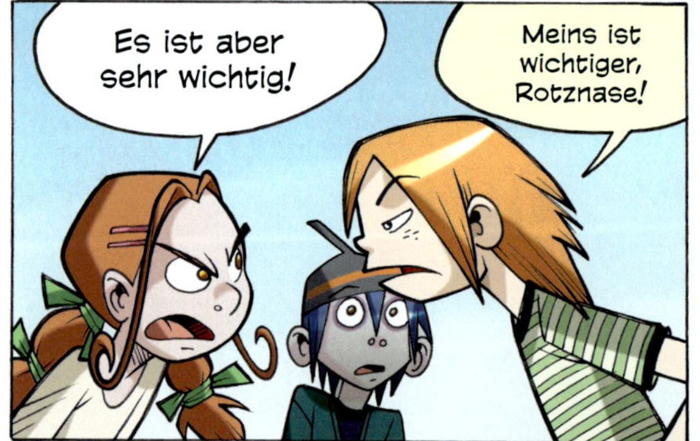
Es ist aber sehr wichtig!
Meins ist wichtiger, Rotznase!

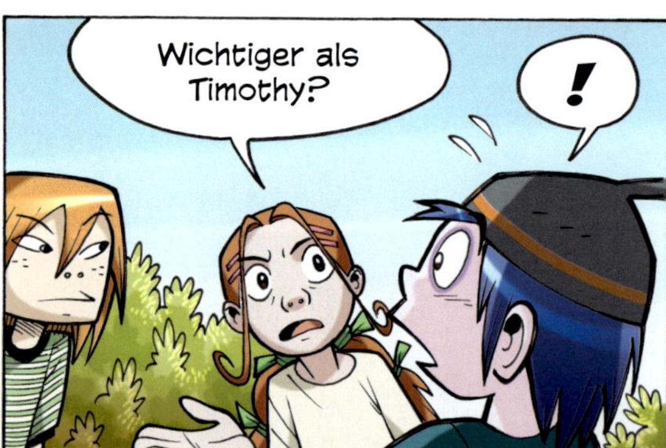
Wichtiger als Timothy?
!

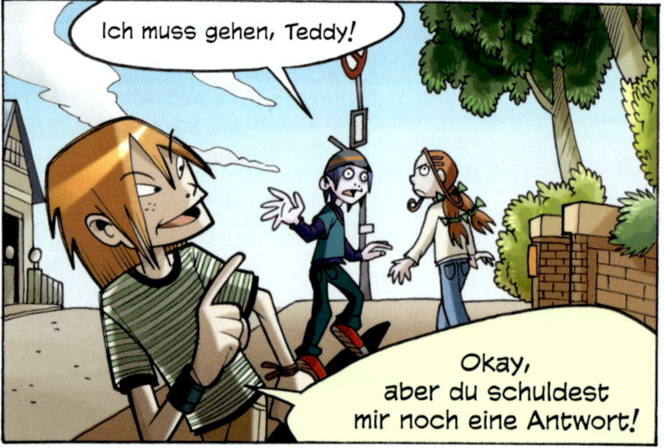
Ich muss gehen, Teddy!
Okay, aber du schuldest mir noch eine Antwort!

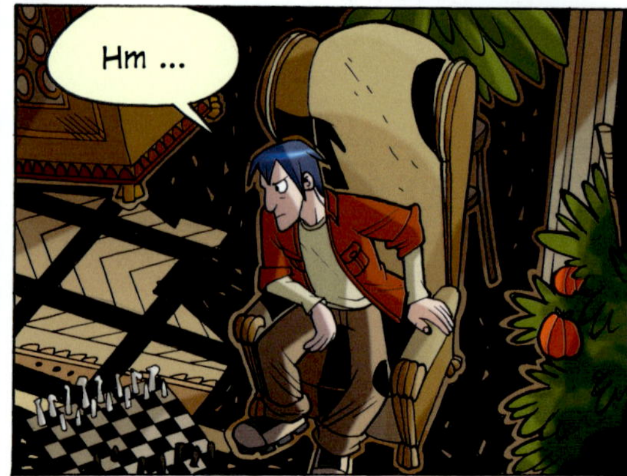
Hm ...

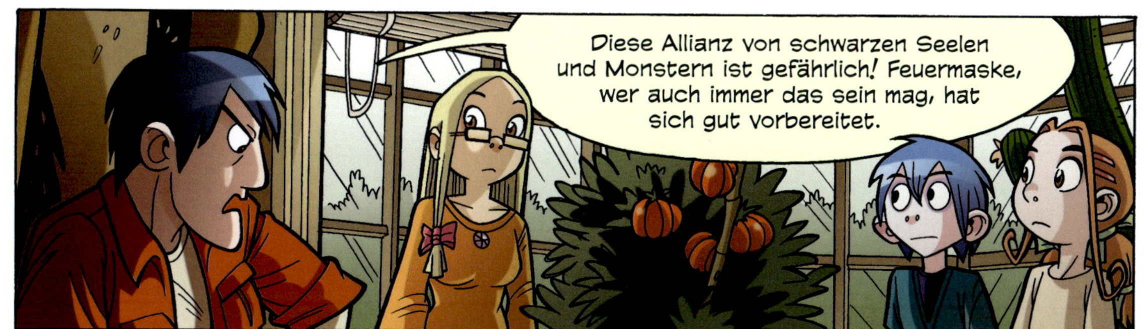
Diese Allianz von schwarzen Seelen und Monstern ist gefährlich! Feuermaske, wer auch immer das sein mag, hat sich gut vorbereitet.

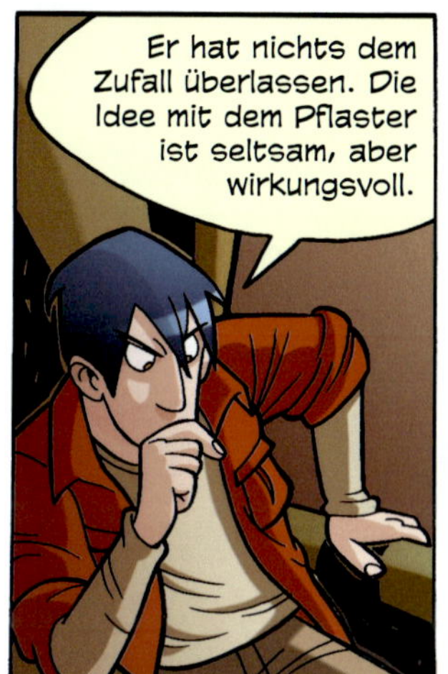
Er hat nichts dem Zufall überlassen. Die Idee mit dem Pflaster ist seltsam, aber wirkungsvoll.

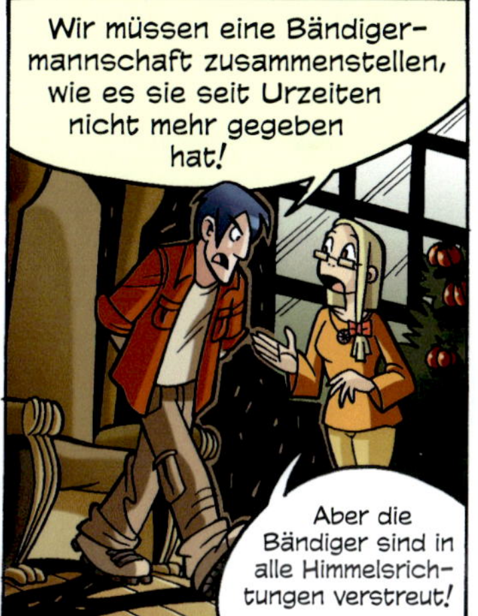
Wir müssen eine Bändiger-mannschaft zusammenstellen, wie es sie seit Urzeiten nicht mehr gegeben hat!
Aber die Bändiger sind in alle Himmelsrich-tungen verstreut!

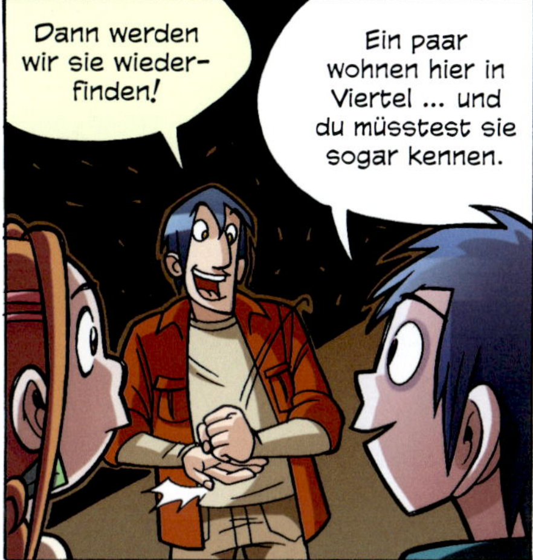
Dann werden wir sie wieder-finden!
Ein paar wohnen hier in Viertel ... und du müsstest sie sogar kennen.

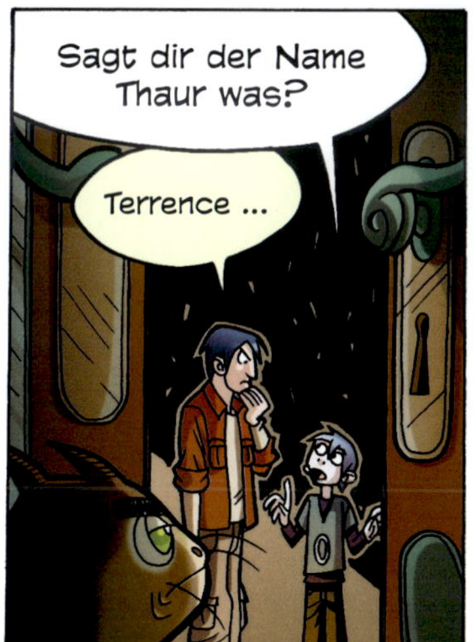
Sagt dir der Name Thaur was?
Terrence ...

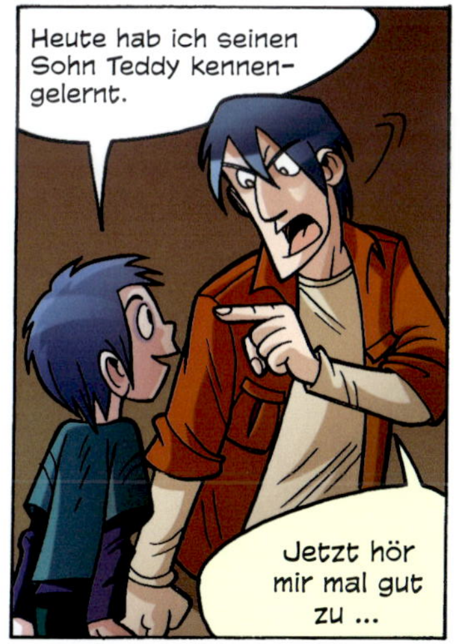
Heute hab ich seinen Sohn Teddy kennen-gelernt.
Jetzt hör mir mal gut zu ...

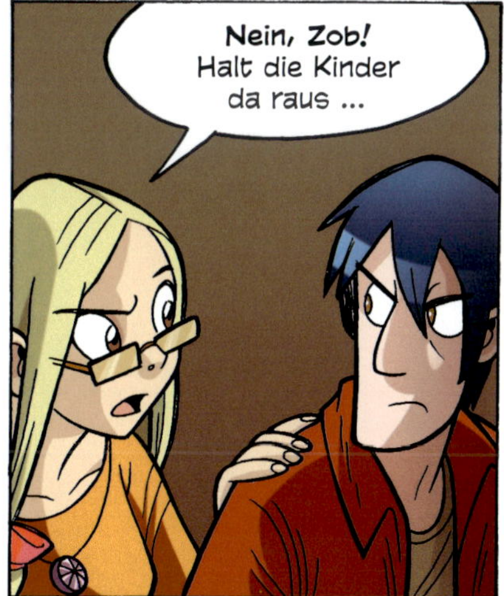
Nein, Zob! Halt die Kinder da raus ...

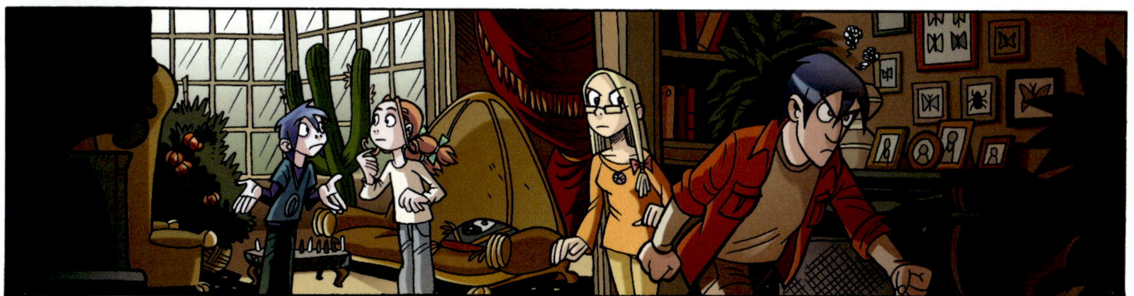

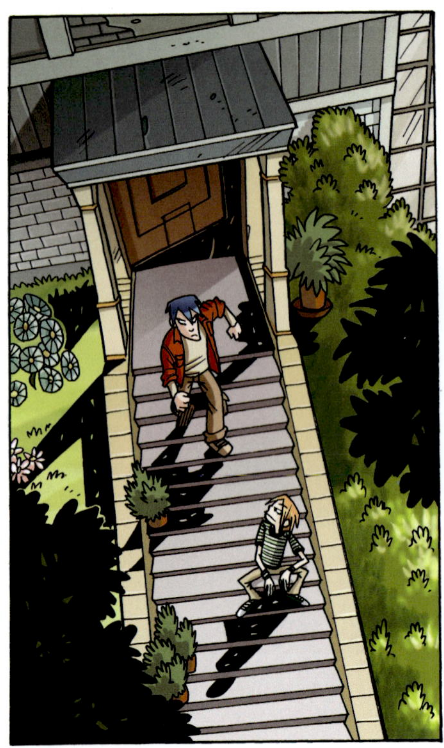

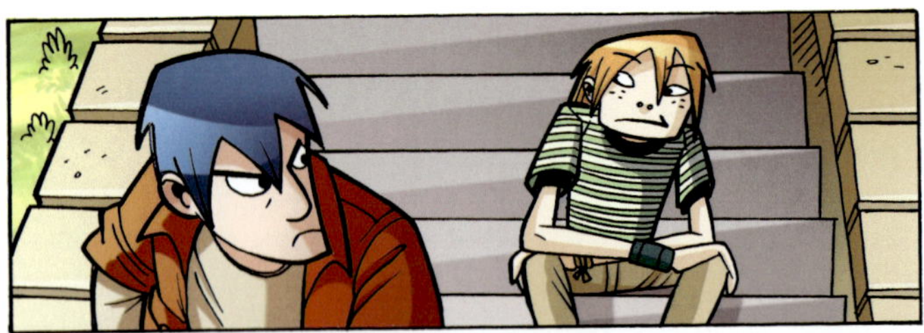

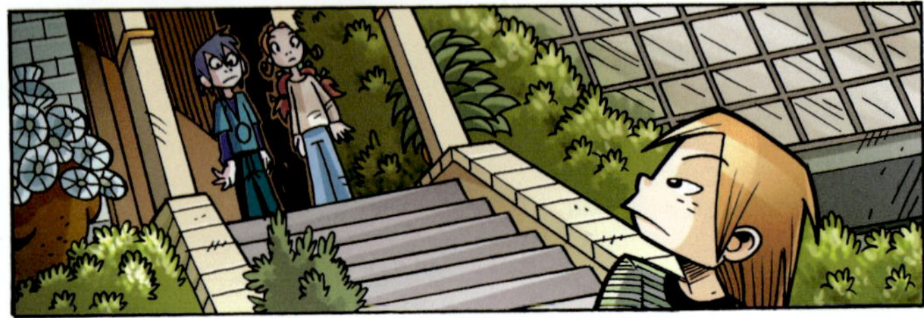

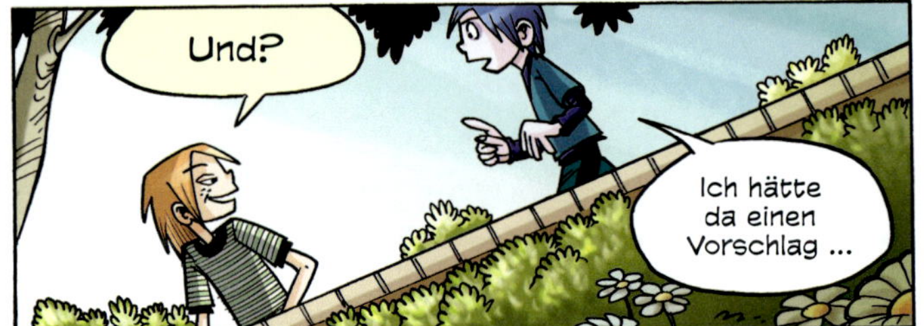
Und?
Ich hätte da einen Vorschlag ...

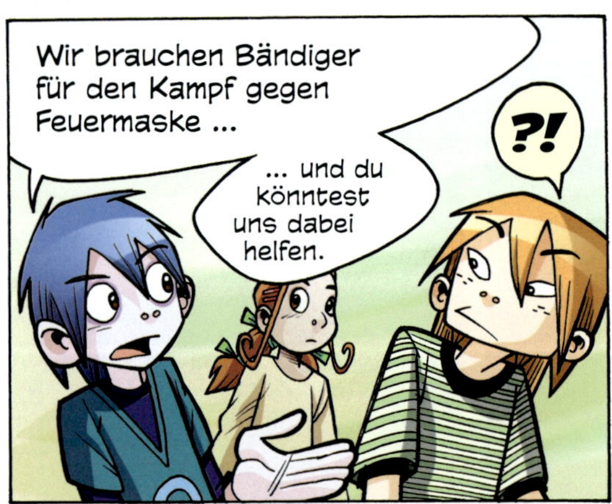
Wir brauchen Bändiger für den Kampf gegen Feuermaske ...
... und du könntest uns dabei helfen.
?!

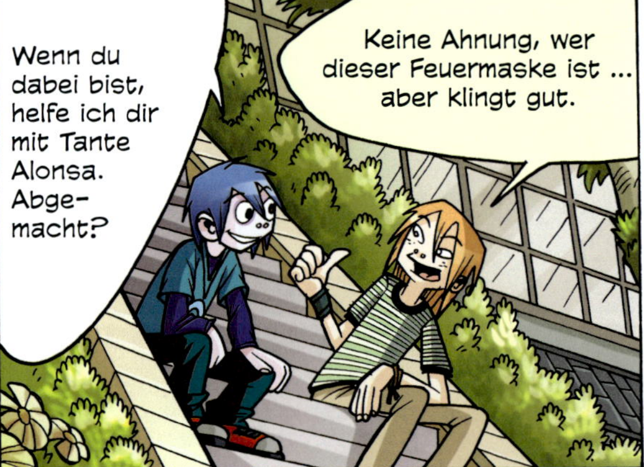
Keine Ahnung, wer dieser Feuermaske ist ... aber klingt gut.
Wenn du dabei bist, helfe ich dir mit Tante Alonsa. Abge-macht?

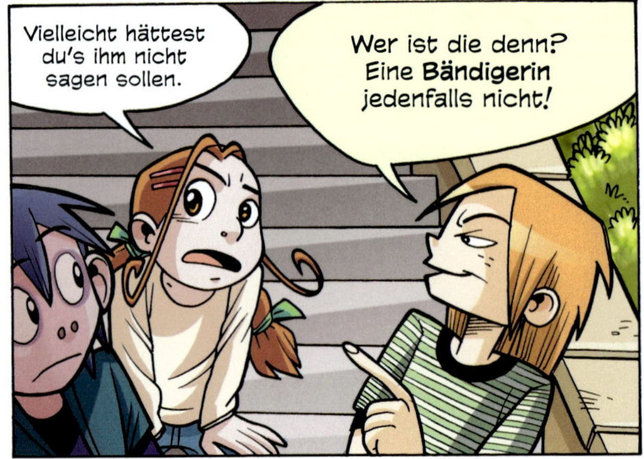
Vielleicht hättest du's ihm nicht sagen sollen.
Wer ist die denn? Eine Bändigerin jedenfalls nicht!

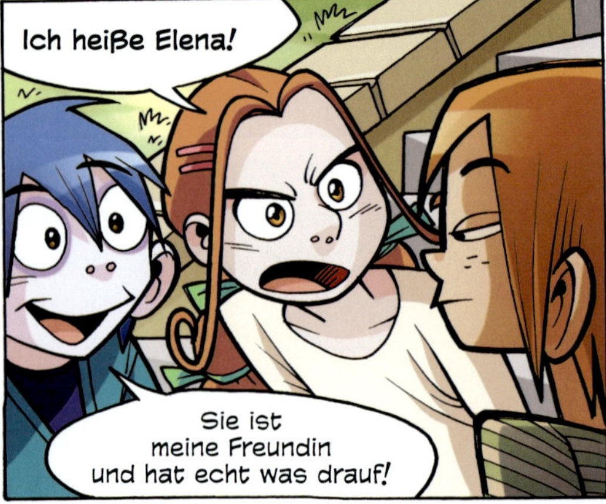
Ich heiße Elena!
Sie ist meine Freundin und hat echt was drauf!

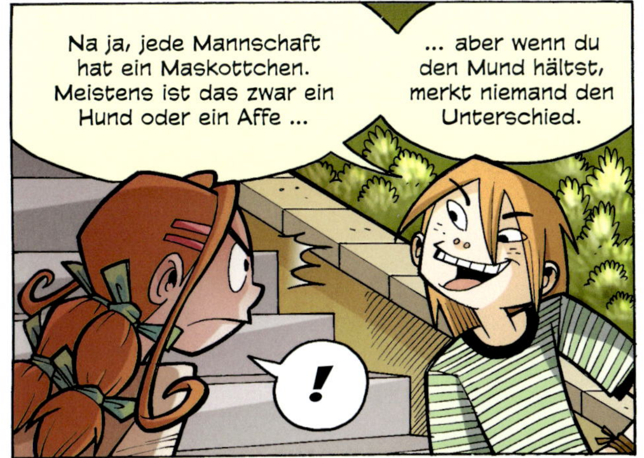
Na ja, jede Mannschaft hat ein Maskottchen. Meistens ist das zwar ein Hund oder ein Affe ...
... aber wenn du den Mund hältst, merkt niemand den Unterschied.
!

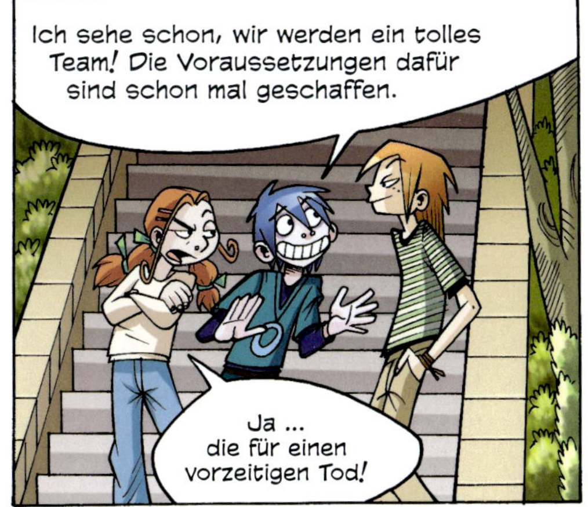
Ich sehe schon, wir werden ein tolles Team! Die Voraussetzungen dafür sind schon mal geschaffen.
Ja ... die für einen vorzeitigen Tod!

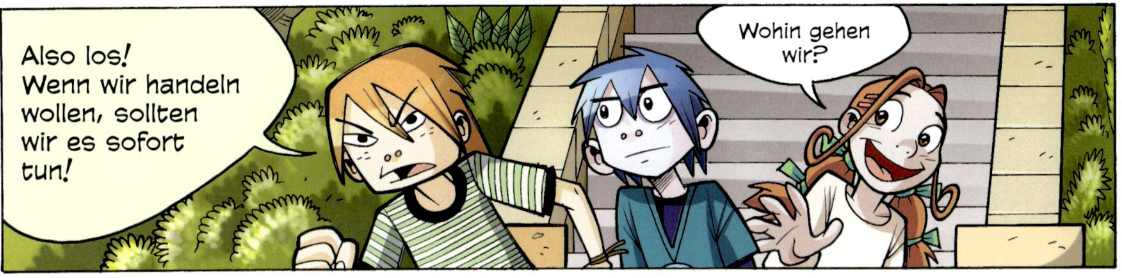
Also los! Wenn wir handeln wollen, sollten wir es sofort tun!
Wohin gehen wir?

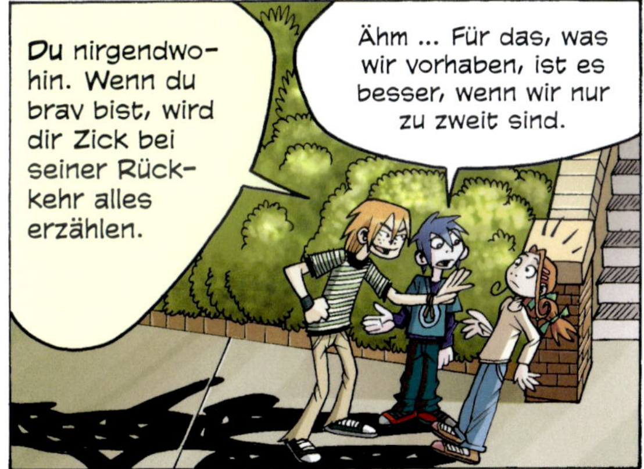
Du nirgendwohin. Wenn du brav bist, wird dir Zick bei seiner Rückkehr alles erzählen.
Ähm ... Für das, was wir vorhaben, ist es besser, wenn wir nur zu zweit sind.

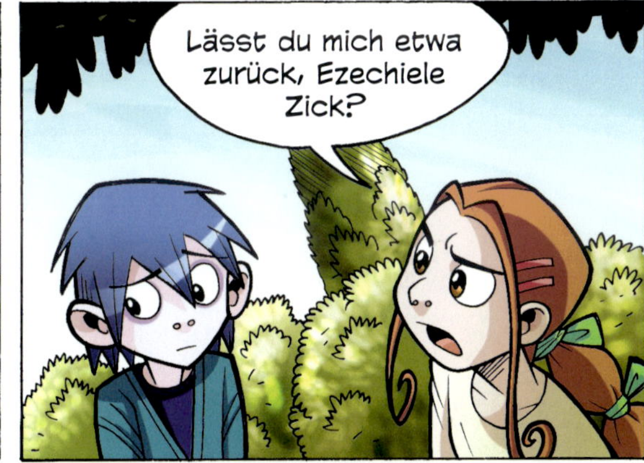
Lässt du mich etwa zurück, Ezechiele Zick?

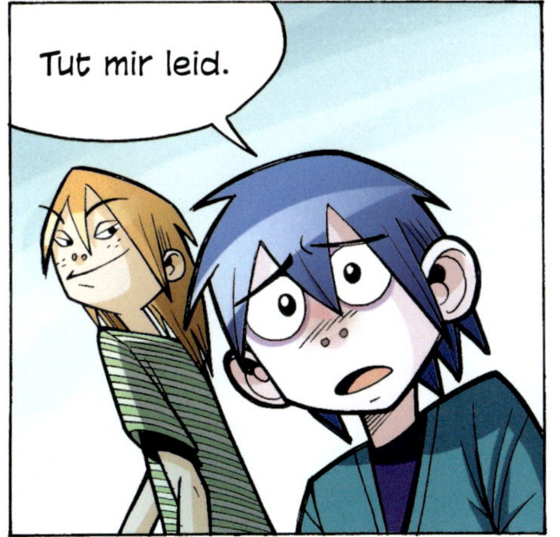
Tut mir leid.

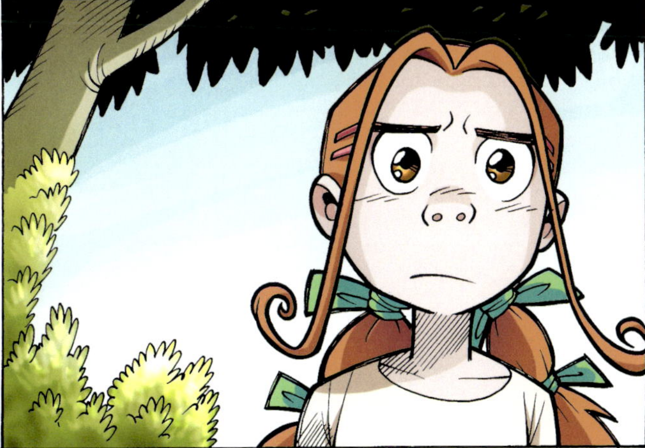

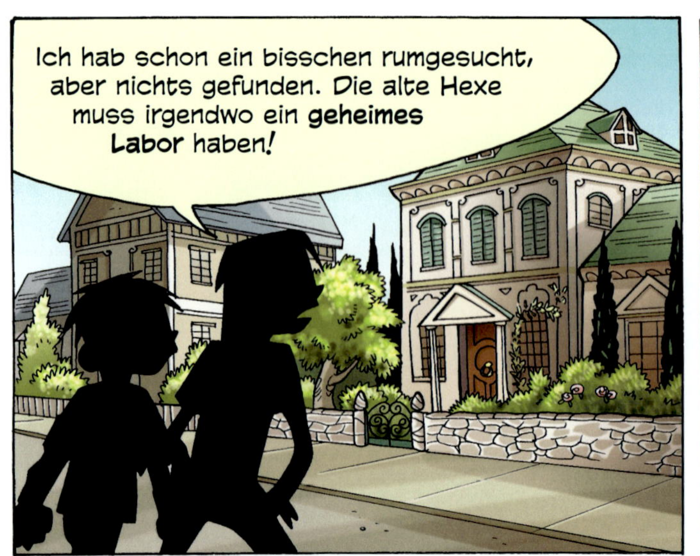
Ich hab schon ein bisschen rumgesucht, aber nichts gefunden. Die alte Hexe muss irgendwo ein **geheimes Labor** haben!

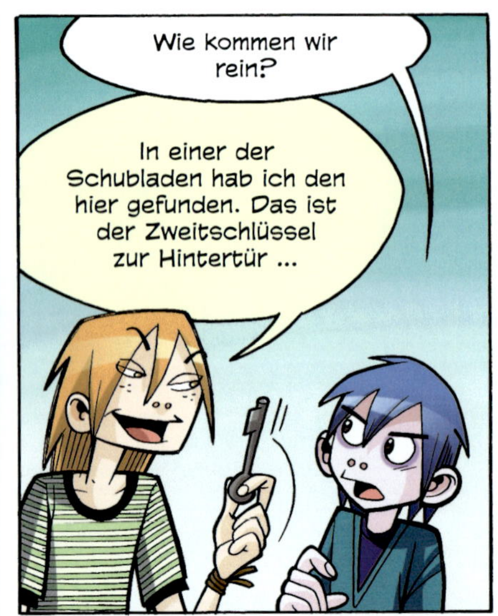
Wie kommen wir rein?
In einer der Schubladen hab ich den hier gefunden. Das ist der Zweitschlüssel zur Hintertür ...

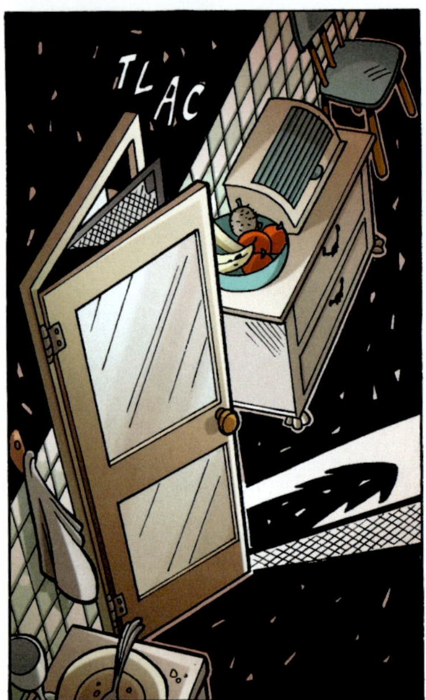
TLAC

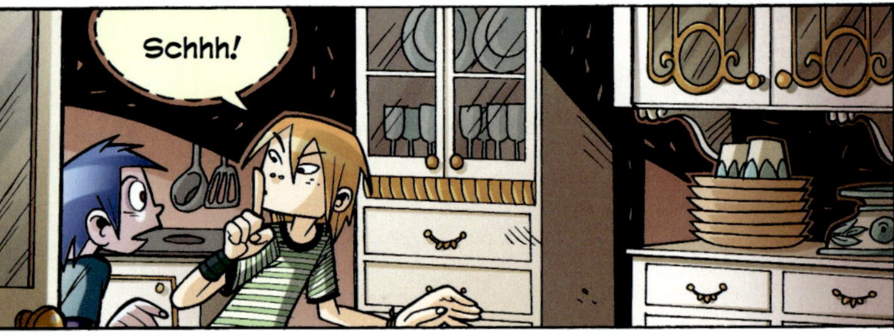
Schhh!

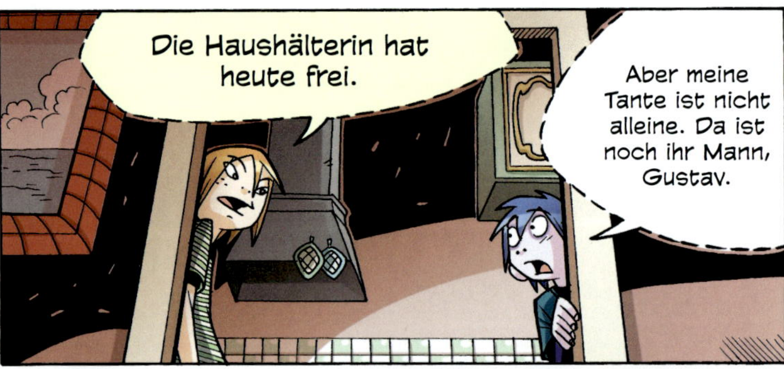
Die Haushälterin hat heute frei.
Aber meine Tante ist nicht alleine. Da ist noch ihr Mann, Gustav.

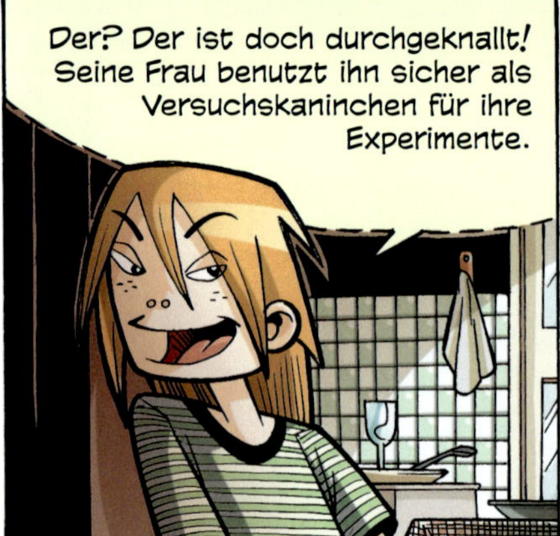
Der? Der ist doch durchgeknallt! Seine Frau benutzt ihn sicher als Versuchskaninchen für ihre Experimente.

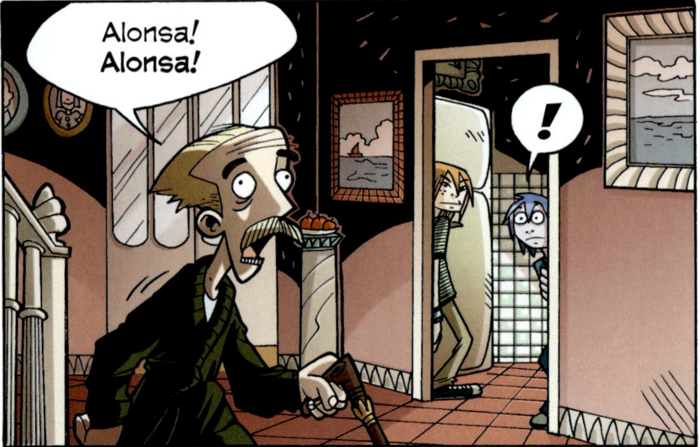
Alonsa!
Alonsa!
!

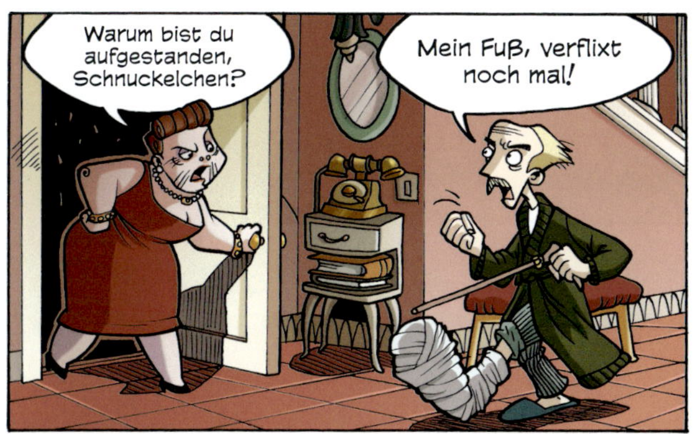
Warum bist du aufgestanden, Schnuckelchen?
Mein Fuß, verflixt noch mal!
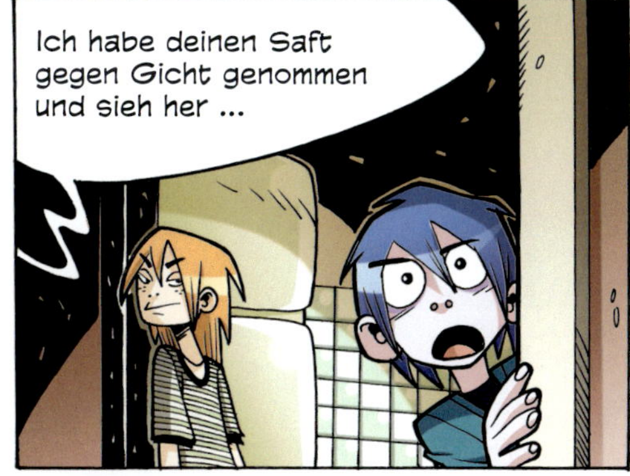
Ich habe deinen Saft gegen Gicht genommen und sieh her ...
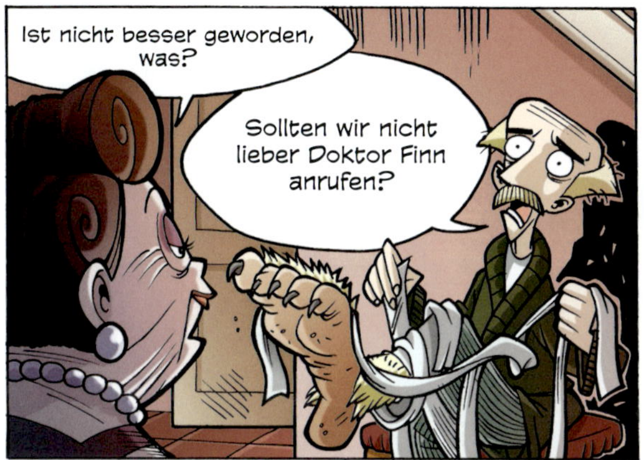
Ist nicht besser geworden, was?
Sollten wir nicht lieber Doktor Finn anrufen?
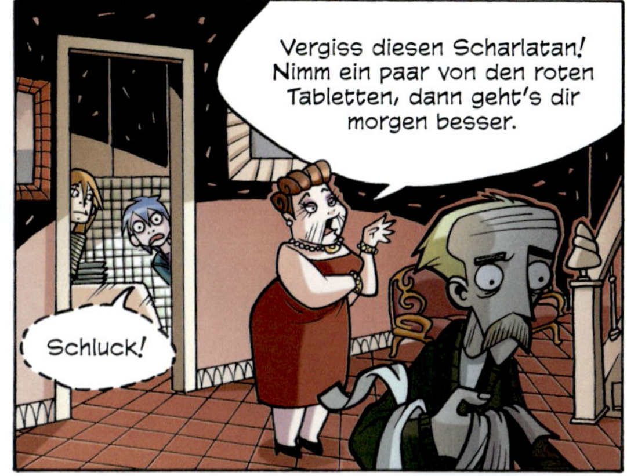
Vergiss diesen Scharlatan! Nimm ein paar von den roten Tabletten, dann geht's dir morgen besser.
Schluck!
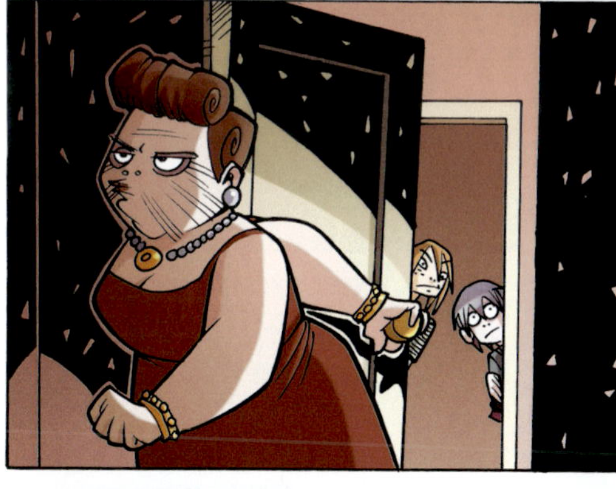
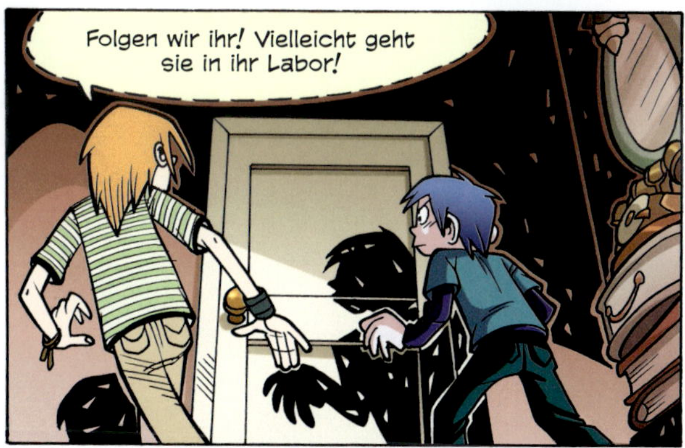
Folgen wir ihr! Vielleicht geht sie in ihr Labor!
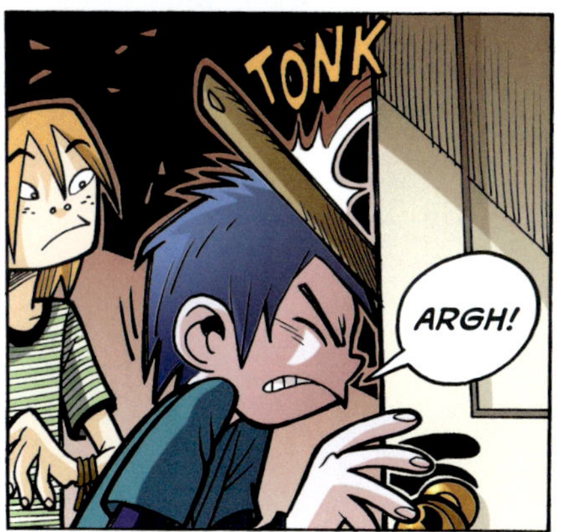
TONK
ARGH!
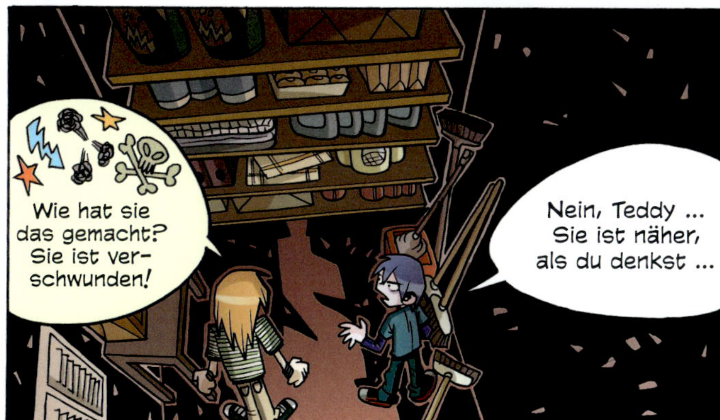
Wie hat sie das gemacht? Sie ist ver-schwunden!
Nein, Teddy ... Sie ist näher, als du denkst ...

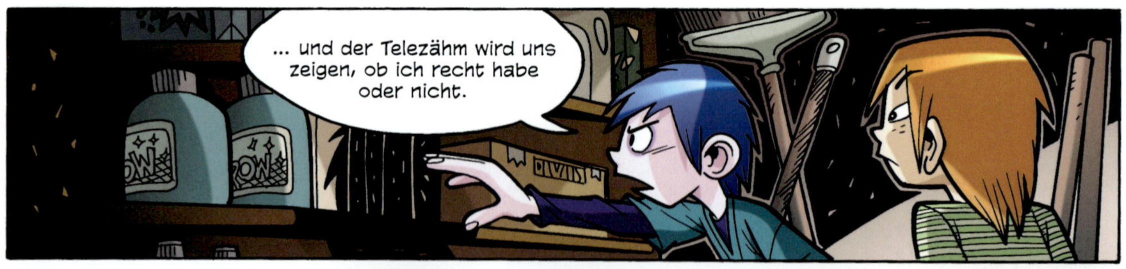
... und der Telezähm wird uns zeigen, ob ich recht habe oder nicht.

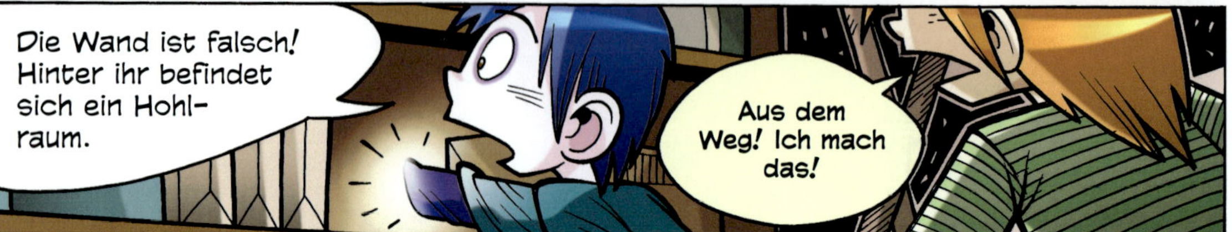
Die Wand ist falsch! Hinter ihr befindet sich ein Hohlraum.
Aus dem Weg! Ich mach das!

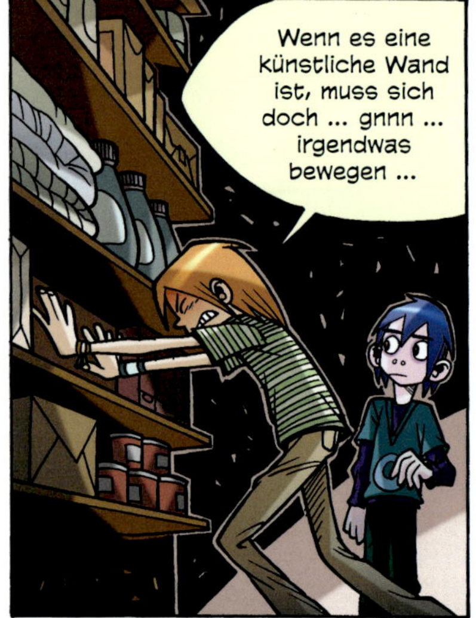
Wenn es eine künstliche Wand ist, muss sich doch ... gnnn ... irgendwas bewegen ...

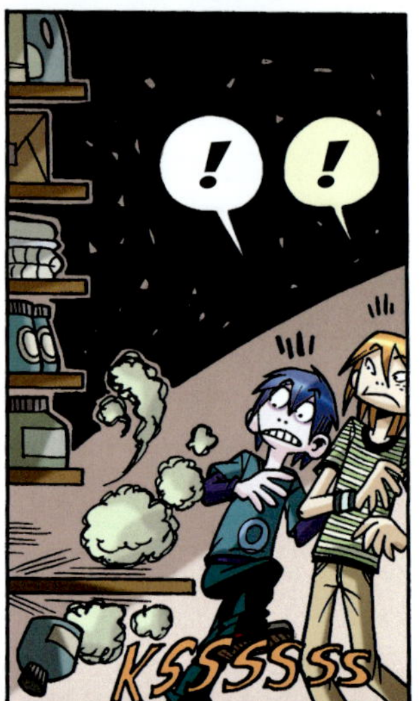
!
!
KSSSSSSS

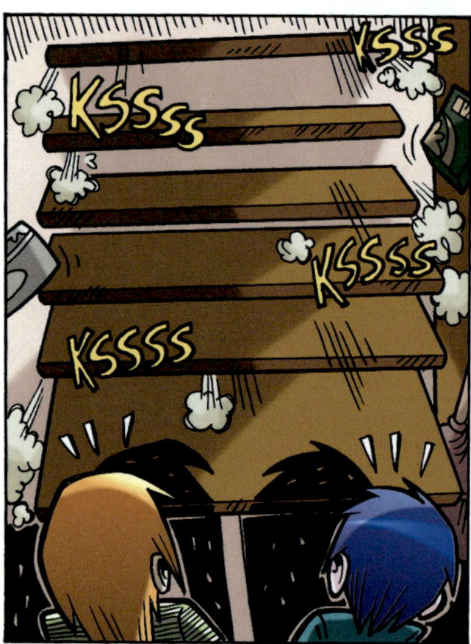
KSSS
KSSSS
KSSSS
KSSSS

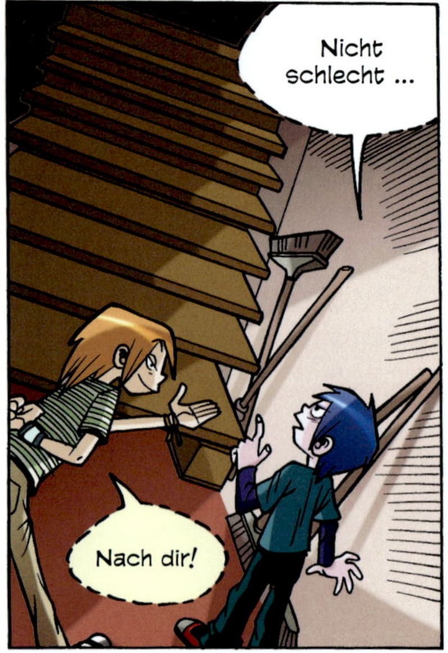
Nicht schlecht ...
Nach dir!

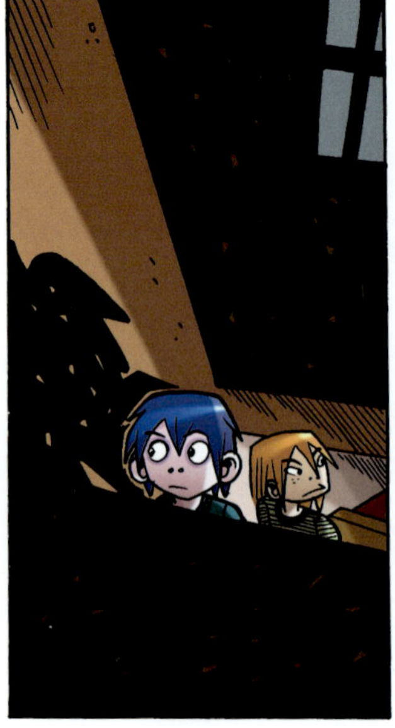

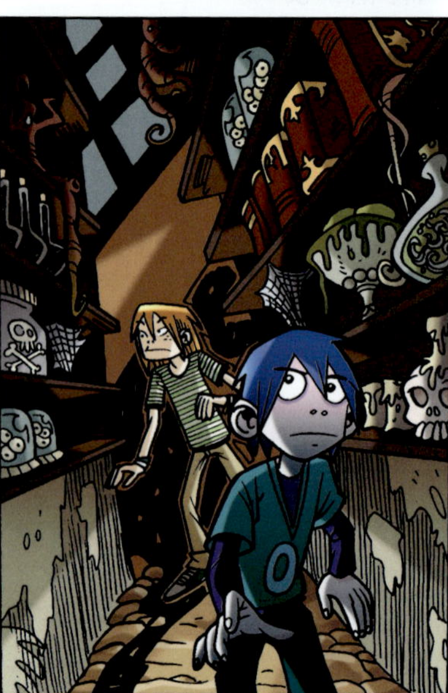

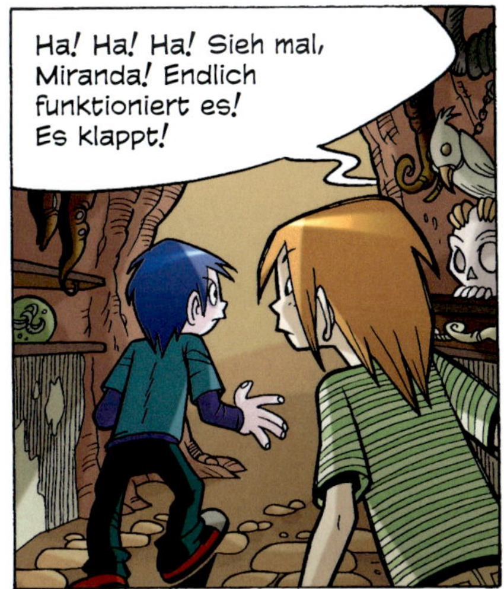
Ha! Ha! Ha! Sieh mal, Miranda! Endlich funktioniert es! Es klappt!

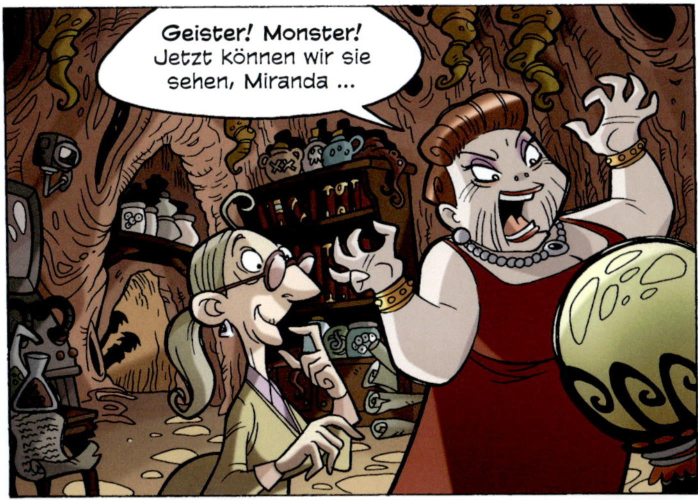
Geister! Monster! Jetzt können wir sie sehen, Miranda ...

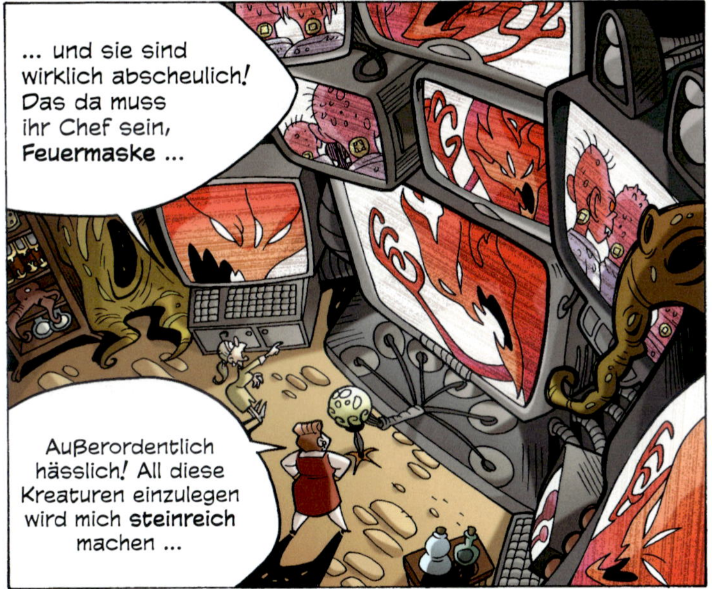
... und sie sind wirklich abscheulich! Das da muss ihr Chef sein, Feuermaske ...
Außerordentlich hässlich! All diese Kreaturen einzulegen wird mich steinreich machen ...

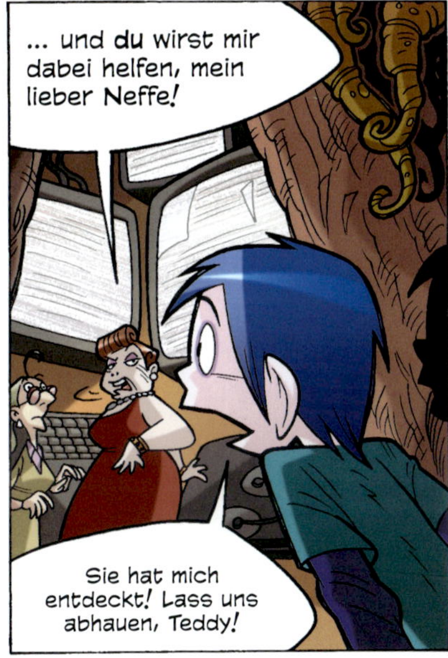
... und du wirst mir dabei helfen, mein lieber Neffe!
Sie hat mich entdeckt! Lass uns abhauen, Teddy!

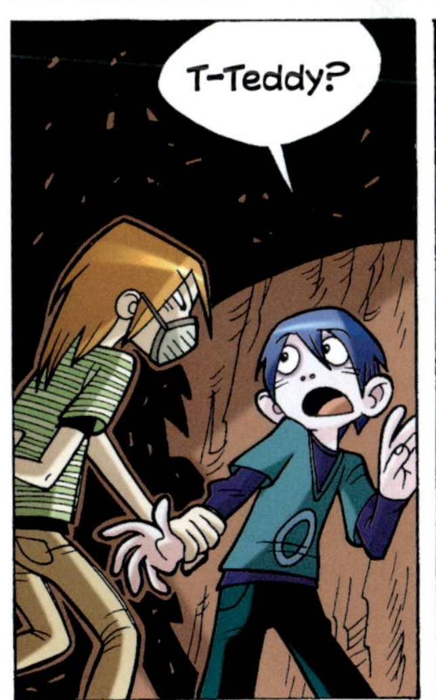
T-Teddy?

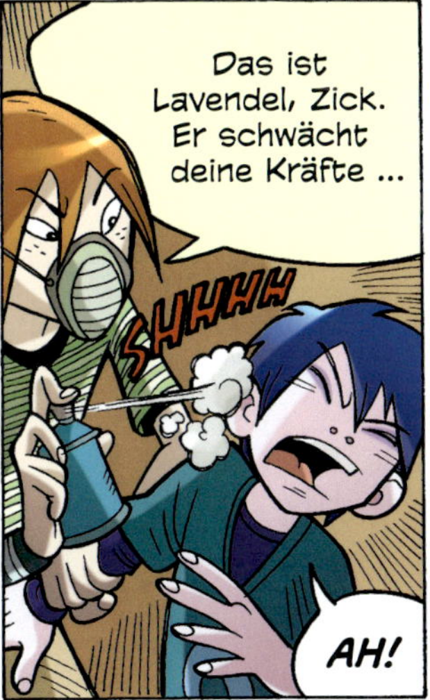
Das ist Lavendel, Zick. Er schwächt deine Kräfte ...
SHHHHH
AH!

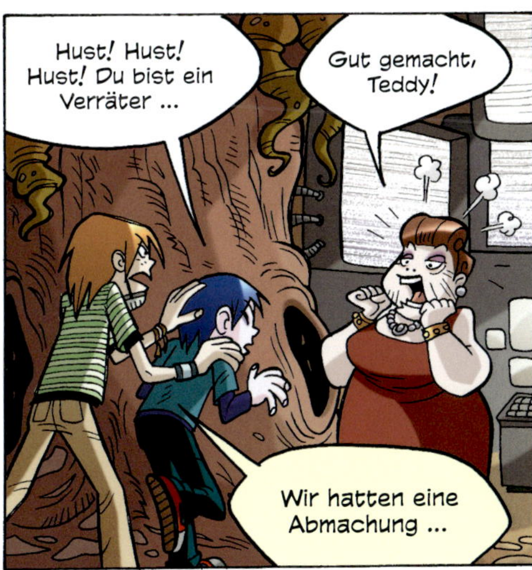
Hust! Hust! Hust! Du bist ein Verräter ...
Gut gemacht, Teddy!
Wir hatten eine Abmachung ...

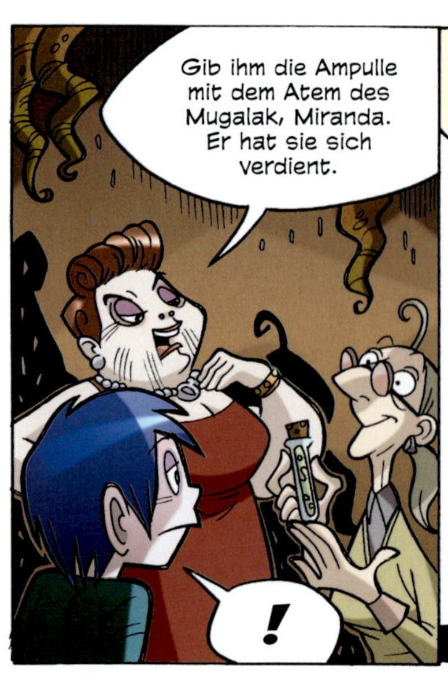
Gib ihm die Ampulle mit dem Atem des Mugalak, Miranda. Er hat sie sich verdient.
!

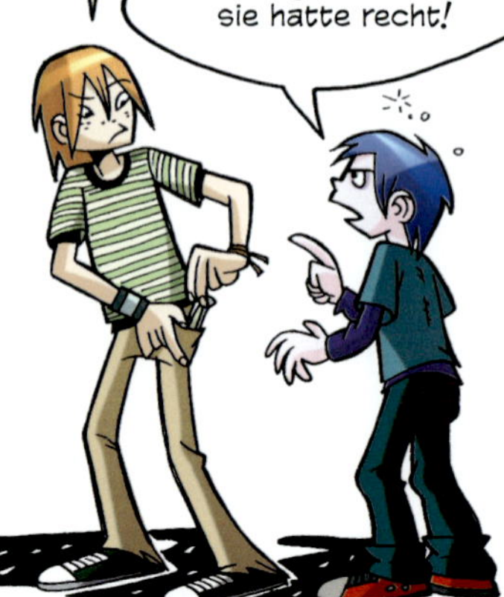
Tut mir leid, Zick ... Ich mach das nur für meinen Vater.
Elena hat dir nicht getraut und sie hatte recht!

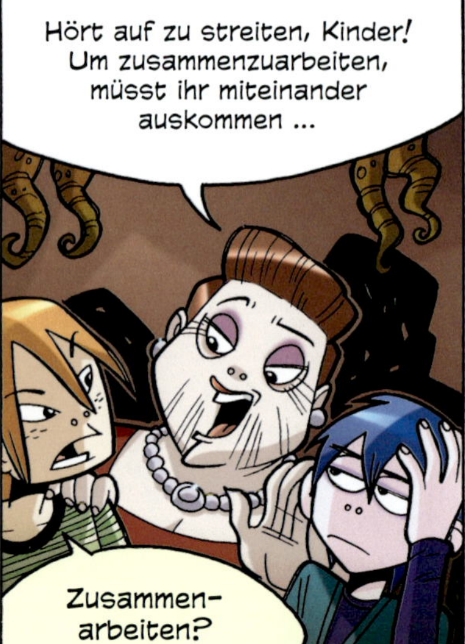
Hört auf zu streiten, Kinder! Um zusammenzuarbeiten, müsst ihr miteinander auskommen ...
Zusammen-arbeiten?

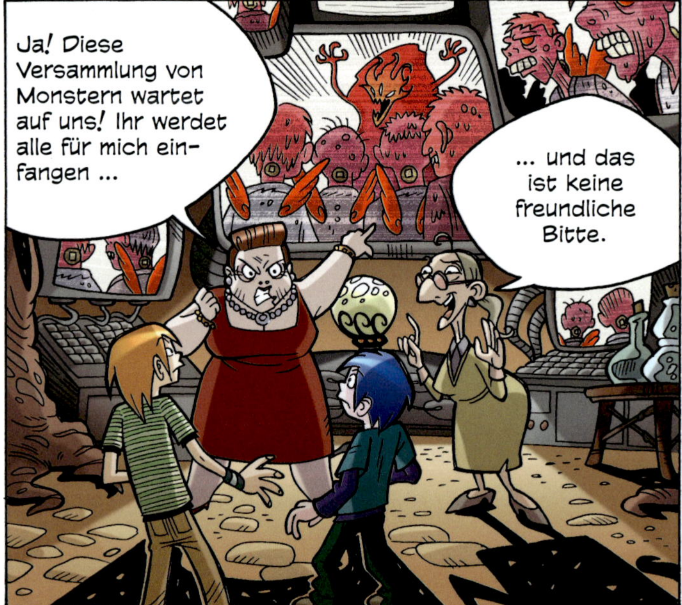
Ja! Diese Versammlung von Monstern wartet auf uns! Ihr werdet alle für mich ein-fangen ...
... und das ist keine freundliche Bitte.

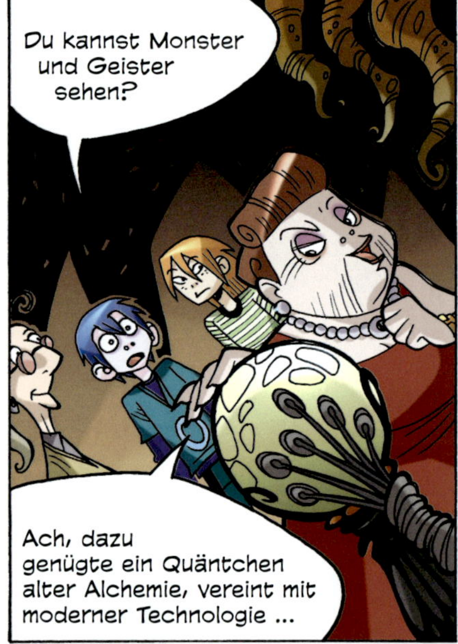
Du kannst Monster und Geister sehen?
Ach, dazu genügte ein Quäntchen alter Alchemie, vereint mit moderner Technologie ...

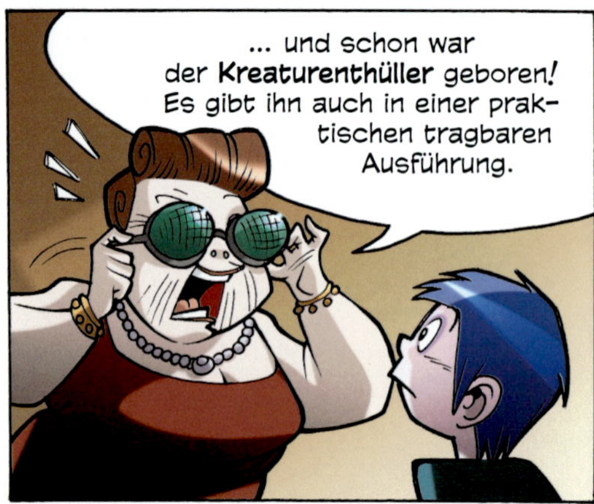
... und schon war der **Kreaturenthüller** geboren! Es gibt ihn auch in einer prak-tischen tragbaren Ausführung.

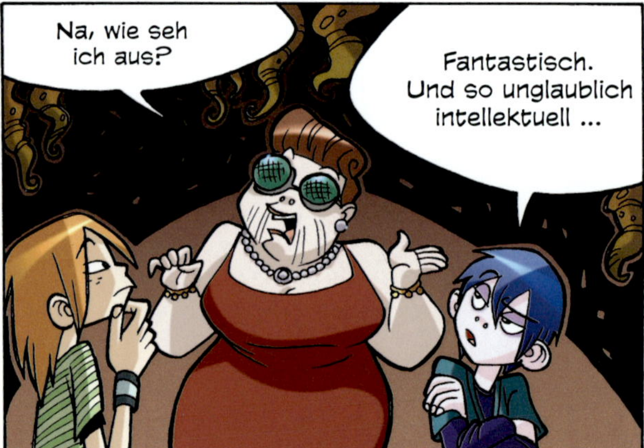
Na, wie seh ich aus?
Fantastisch. Und so unglaublich intellektuell ...

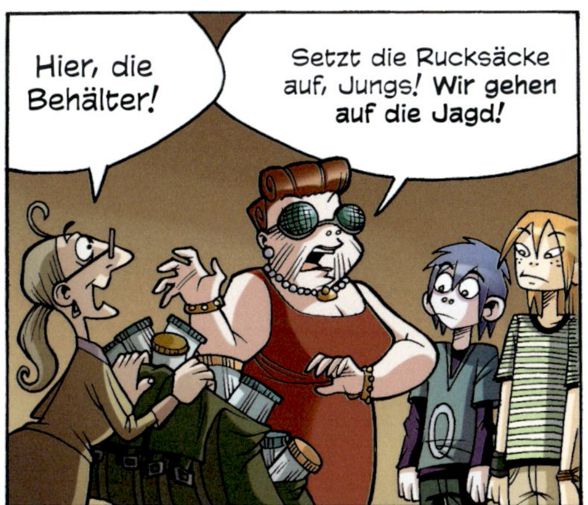
Hier, die Behälter!
Setzt die Rucksäcke auf, Jungs! Wir gehen auf die Jagd!

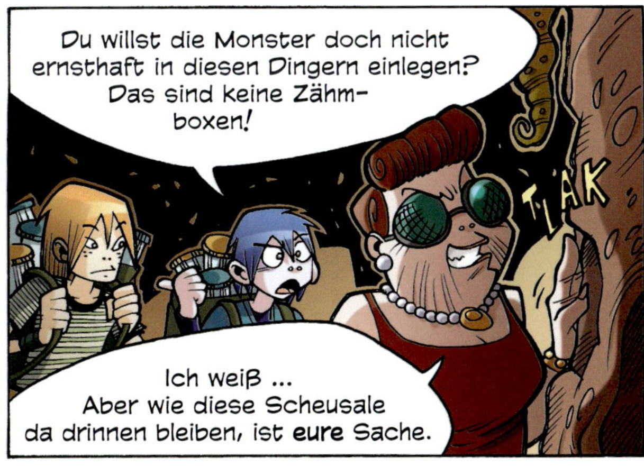
Du willst die Monster doch nicht ernsthaft in diesen Dingern einlegen? Das sind keine Zähmboxen!
TAK
Ich weiß ... Aber wie diese Scheusale da drinnen bleiben, ist eure Sache.

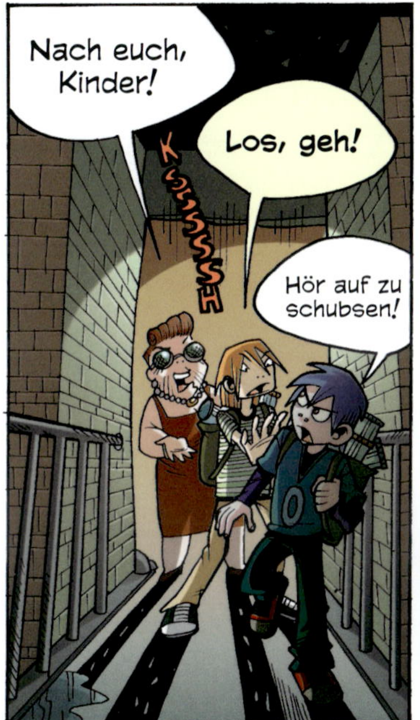
Nach euch, Kinder!
Los, geh!
KSSSSSSH
Hör auf zu schubsen!

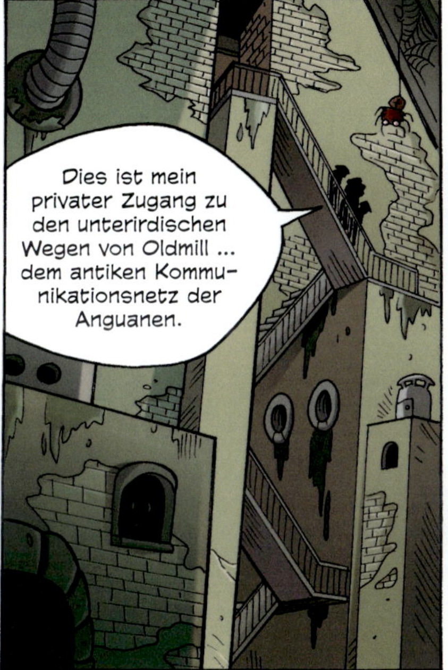
Dies ist mein privater Zugang zu den unterirdischen Wegen von Oldmill ... dem antiken Kommunikationsnetz der Anguanen.

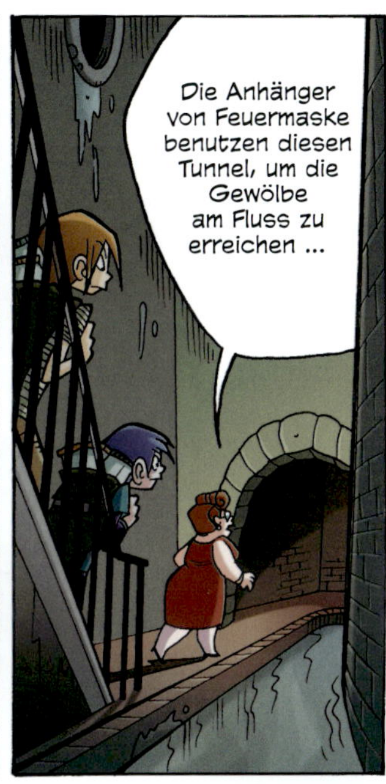
Die Anhänger von Feuermaske benutzen diesen Tunnel, um die Gewölbe am Fluss zu erreichen ...

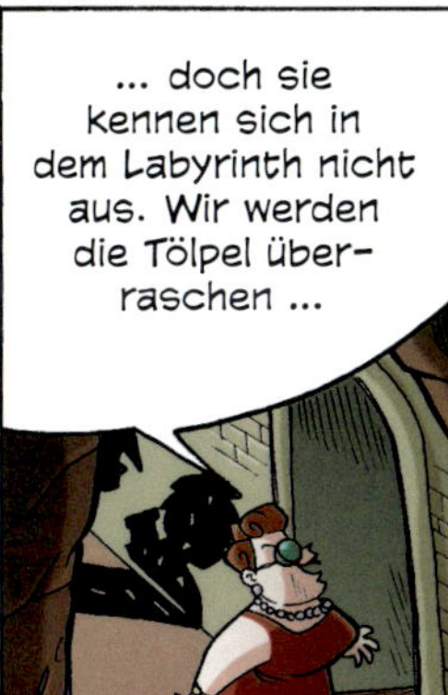
... doch sie kennen sich in dem Labyrinth nicht aus. Wir werden die Tölpel überraschen ...

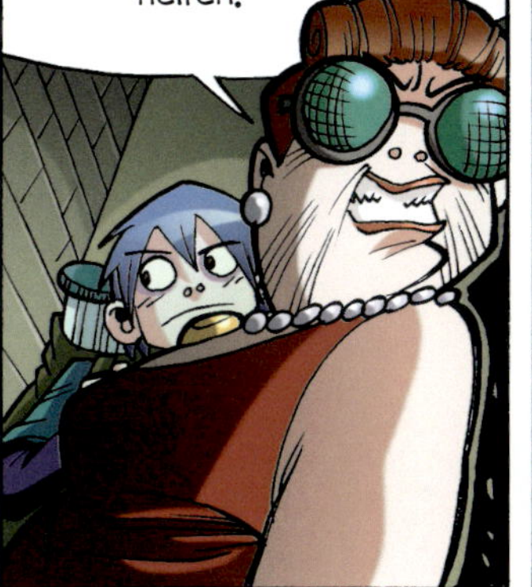
... und wenn sie bemerken, dass sie in der Falle sind, kann ihnen auch ihr maskierter Freund nicht mehr helfen!

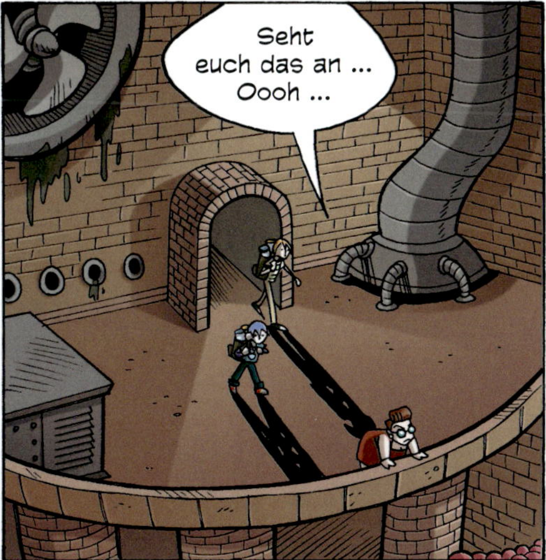
Seht euch das an ... Oooh ...

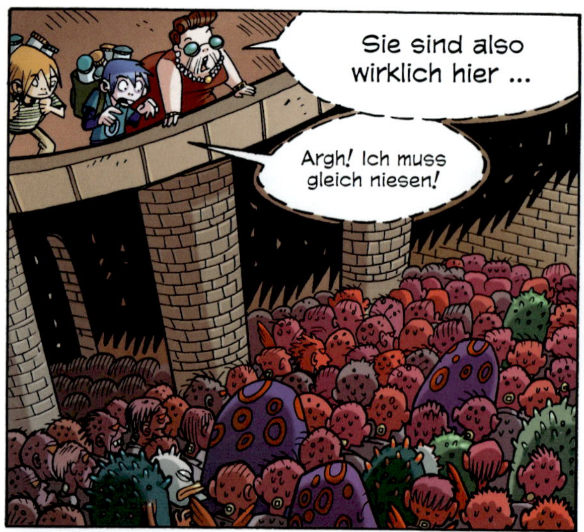
Sie sind also wirklich hier ...
Argh! Ich muss gleich niesen!

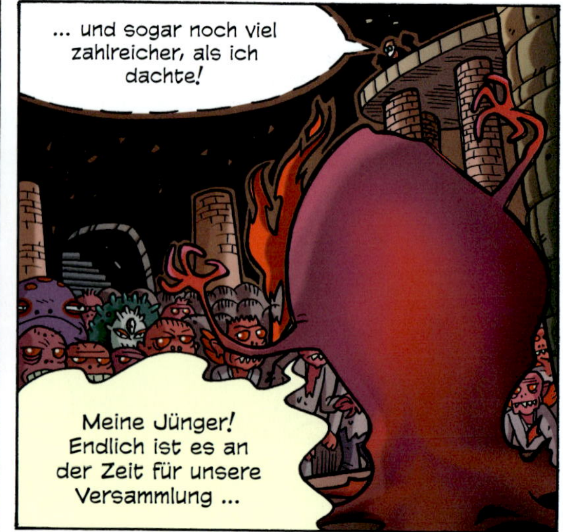
... und sogar noch viel zahlreicher, als ich dachte!
Meine Jünger! Endlich ist es an der Zeit für unsere Versammlung ...

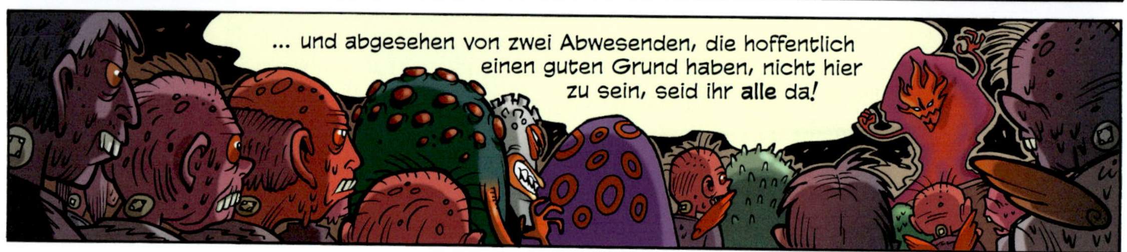
... und abgesehen von zwei Abwesenden, die hoffentlich einen guten Grund haben, nicht hier zu sein, seid ihr alle da!

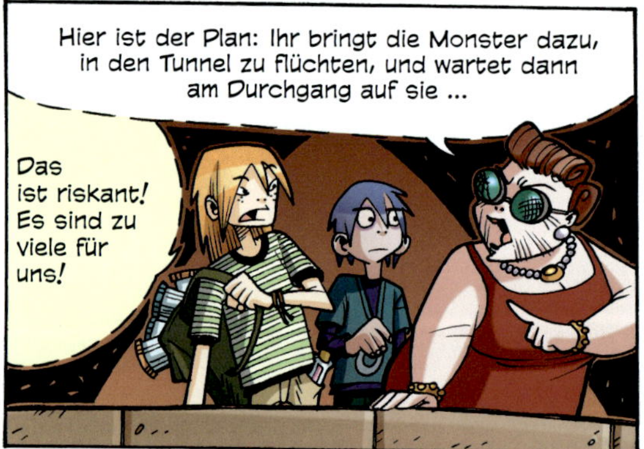
Hier ist der Plan: Ihr bringt die Monster dazu, in den Tunnel zu flüchten, und wartet dann am Durchgang auf sie ...
Das ist riskant! Es sind zu viele für uns!

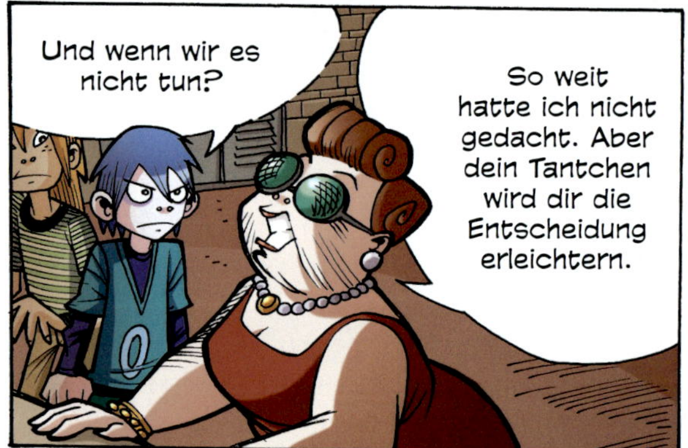
Und wenn wir es nicht tun?
So weit hatte ich nicht gedacht. Aber dein Tantchen wird dir die Entscheidung erleichtern.

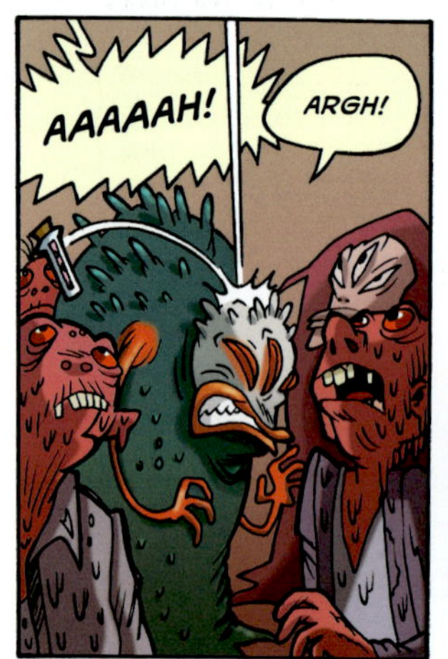
AAAAAH!
ARGH!

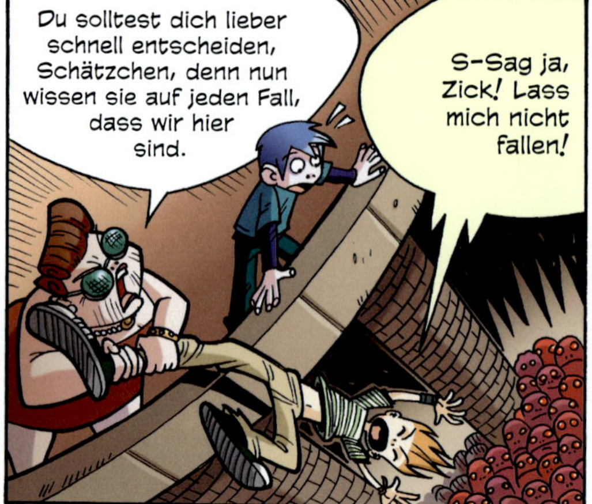
Du solltest dich lieber schnell entscheiden, Schätzchen, denn nun wissen sie auf jeden Fall, dass wir hier sind.
S-Sag ja, Zick! Lass mich nicht fallen!

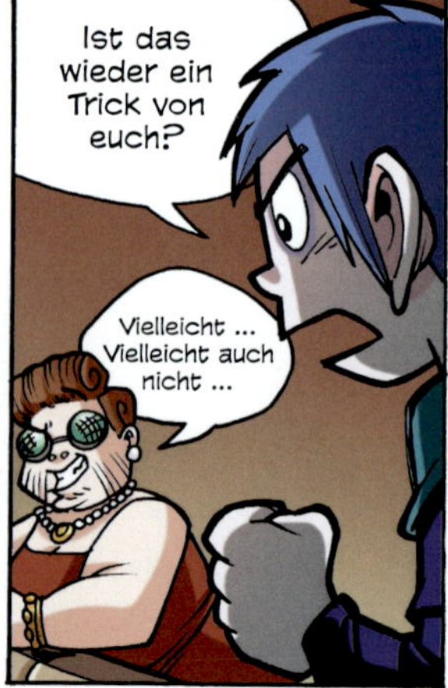
Ist das wieder ein Trick von euch?
Vielleicht ... Vielleicht auch nicht ...

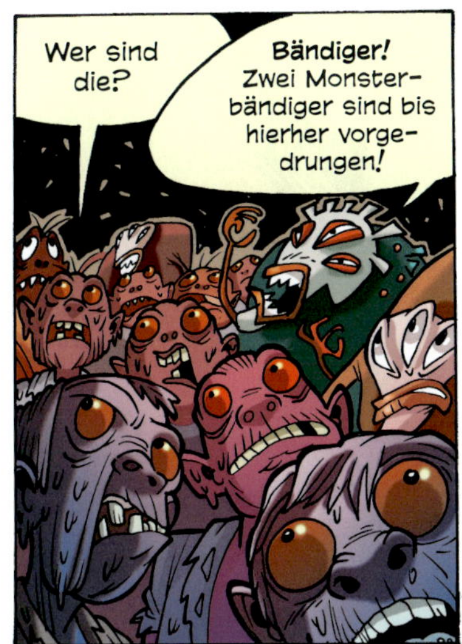
Wer sind die?
Bändiger! Zwei Monster-bändiger sind bis hierher vorge-drungen!
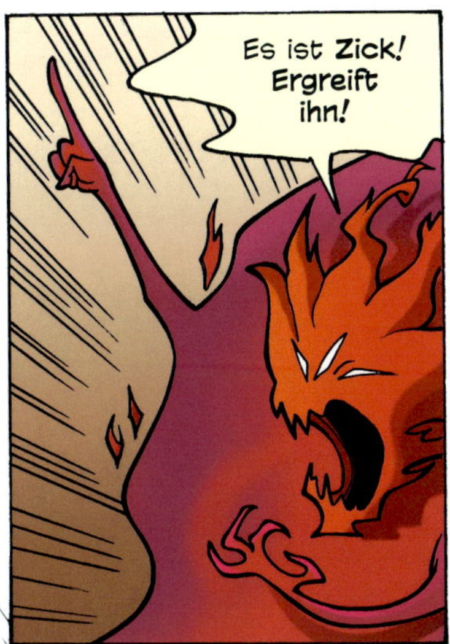
Es ist Zick! Ergreift ihn!
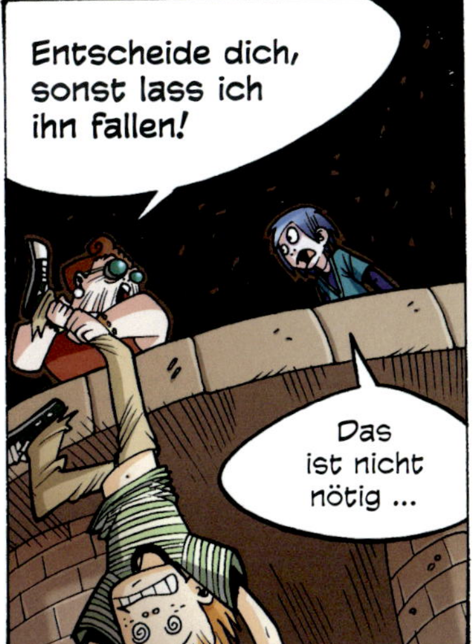
Entscheide dich, sonst lass ich ihn fallen!
Das ist nicht nötig ...
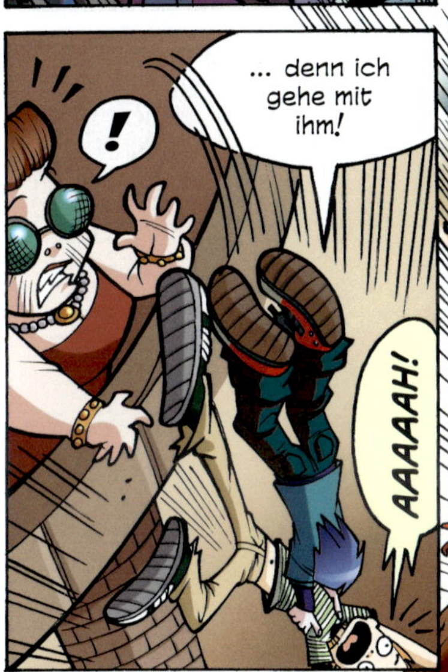
!
... denn ich gehe mit ihm!
AAAAAAH!
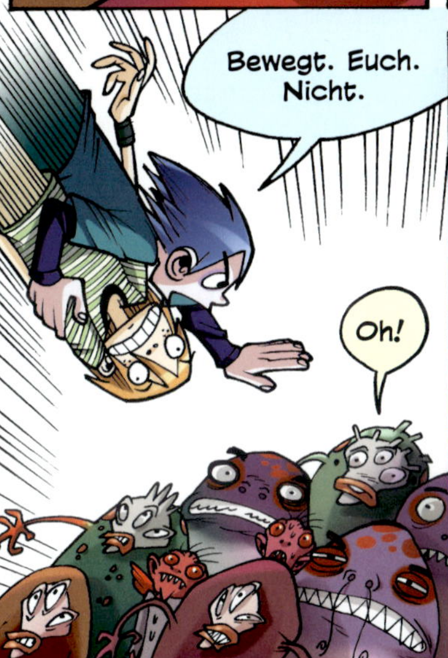
Bewegt. Euch. Nicht.
Oh!
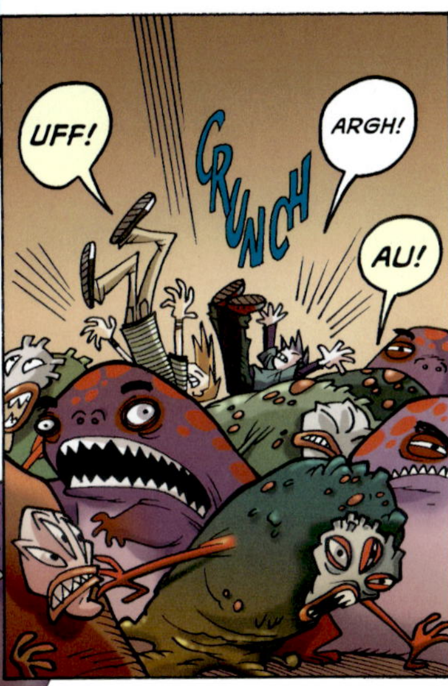
UFF!
CRUNCH
ARGH!
AU!
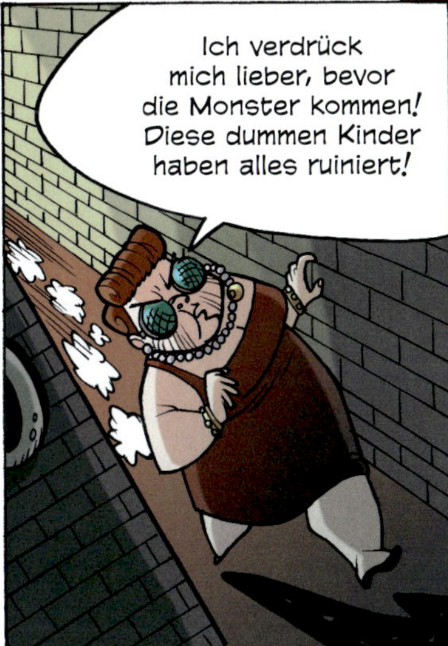
Ich verdrück mich lieber, bevor die Monster kommen! Diese dummen Kinder haben alles ruiniert!
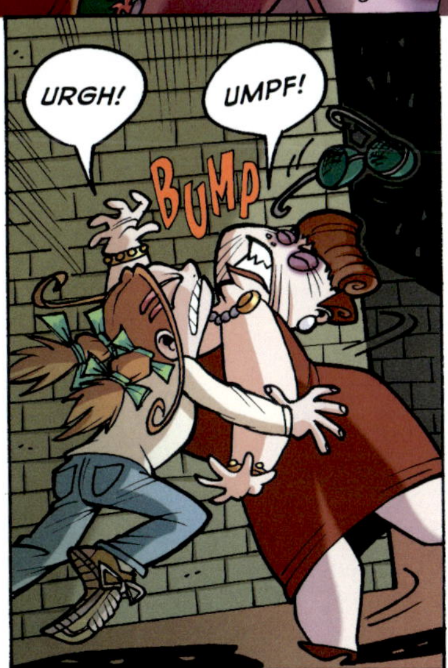
URGH!
UMPF!
BUMP
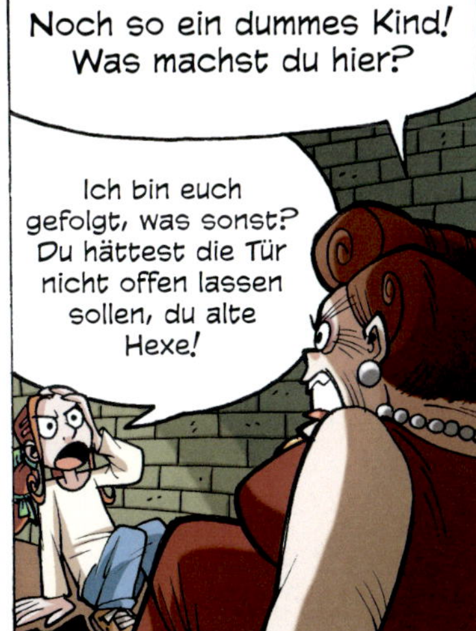
Noch so ein dummes Kind! Was machst du hier?
Ich bin euch gefolgt, was sonst? Du hättest die Tür nicht offen lassen sollen, du alte Hexe!

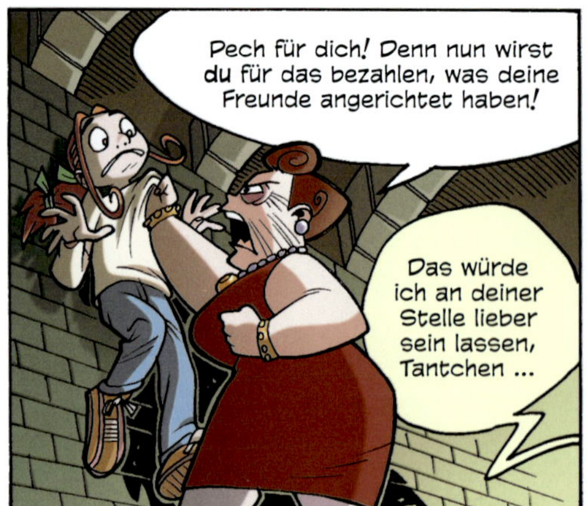
Pech für dich! Denn nun wirst du für das bezahlen, was deine Freunde angerichtet haben!
Das würde ich an deiner Stelle lieber sein lassen, Tantchen ...

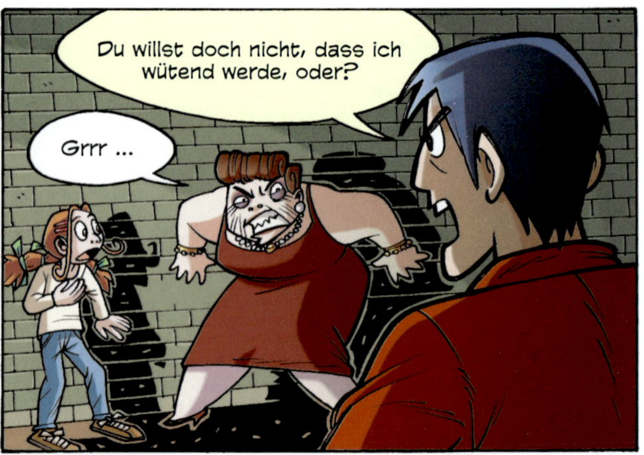
Du willst doch nicht, dass ich wütend werde, oder?
Grrr ...

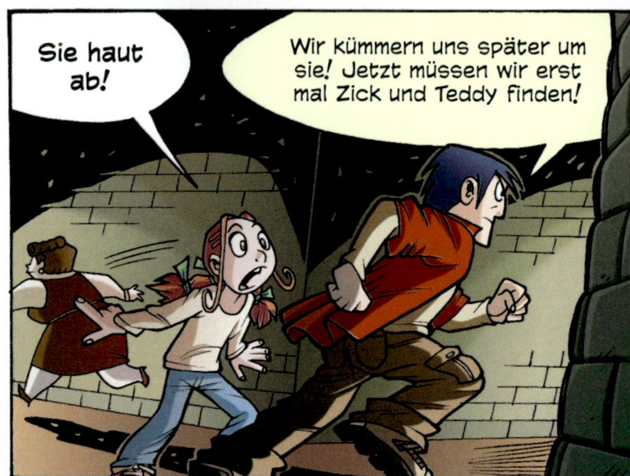
Sie haut ab!
Wir kümmern uns später um sie! Jetzt müssen wir erst mal Zick und Teddy finden!

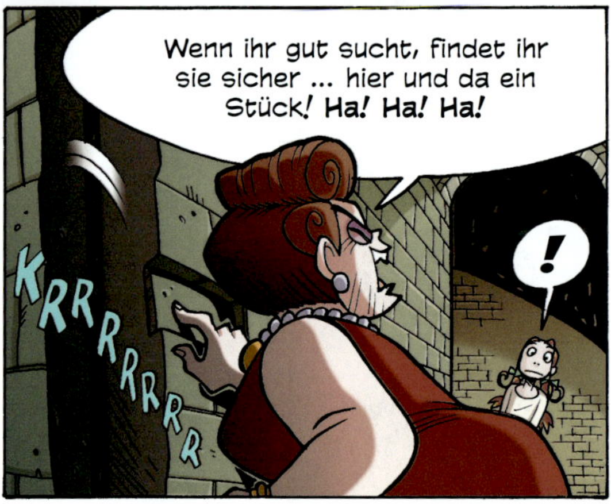
Wenn ihr gut sucht, findet ihr sie sicher ... hier und da ein Stück! Ha! Ha! Ha!
KRRRRRRRR
!

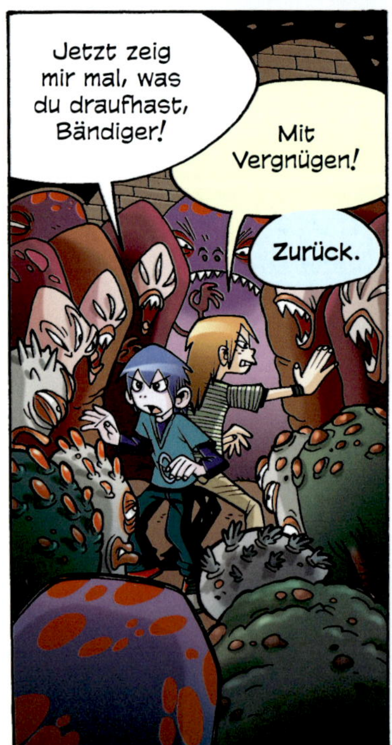
Jetzt zeig mir mal, was du draufhast, Bändiger!
Mit Vergnügen!
Zurück.

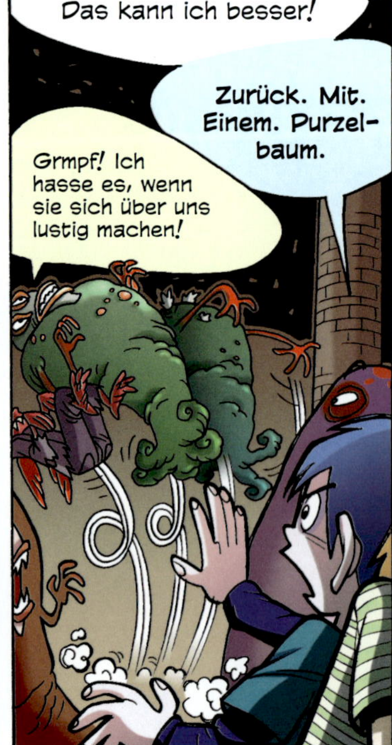
Das kann ich besser!
Zurück. Mit. Einem. Purzelbaum.
Grmpf! Ich hasse es, wenn sie sich über uns lustig machen!

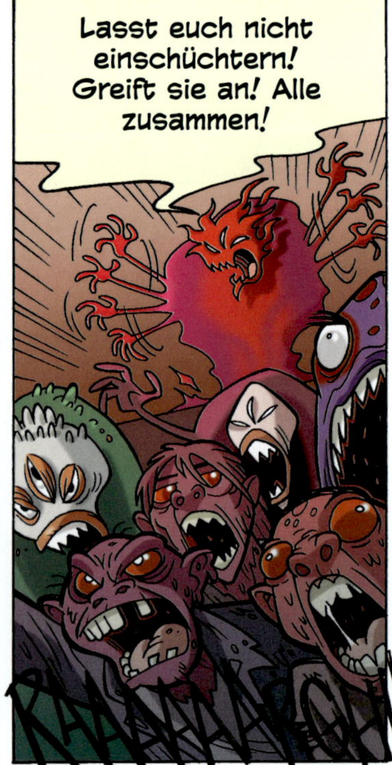
Lasst euch nicht einschüchtern! Greift sie an! Alle zusammen!

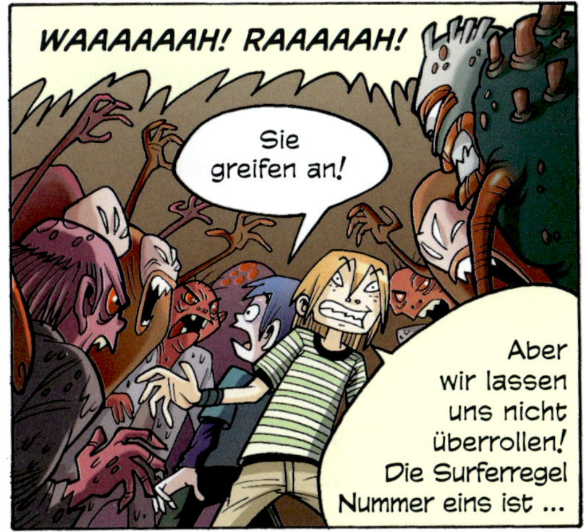
WAAAAAAH! RAAAAAH!
Sie greifen an!
Aber wir lassen uns nicht überrollen! Die Surferregel Nummer eins ist ...

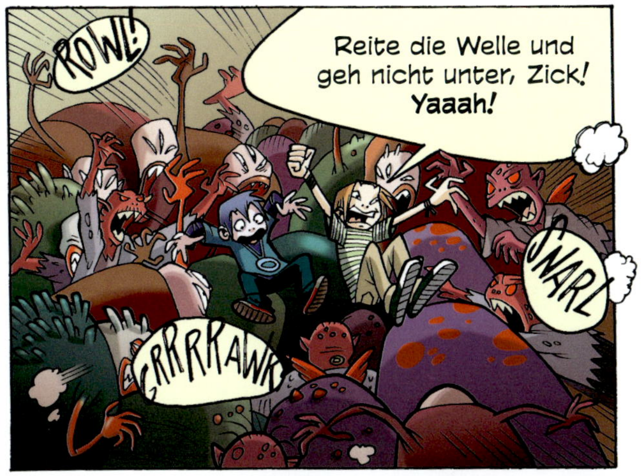
ROWL!
Reite die Welle und geh nicht unter, Zick! **Yaaah!**
SNARL
GRRRKAWK

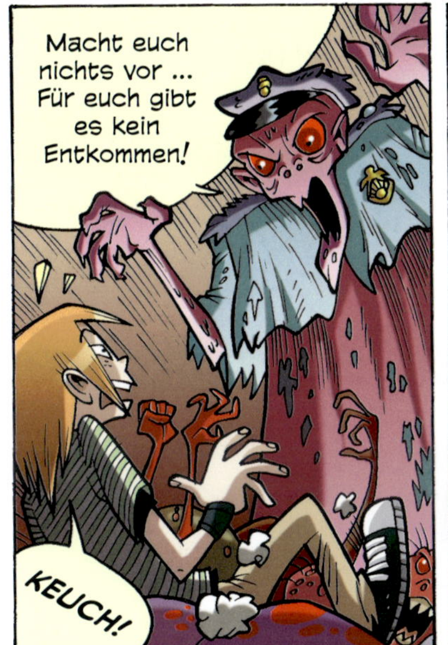
Macht euch nichts vor ... Für euch gibt es kein Entkommen!
KEUCH!

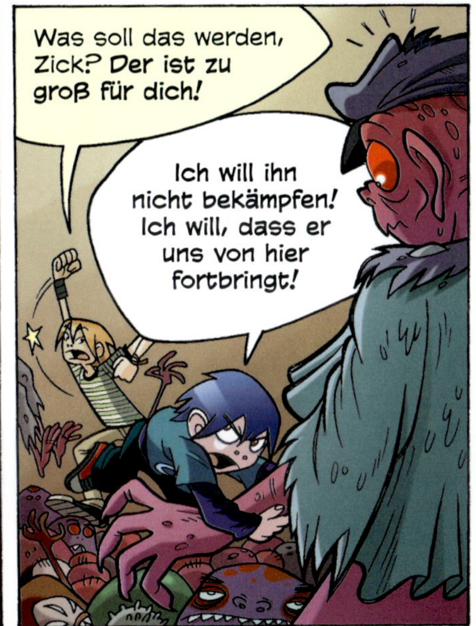
Was soll das werden, Zick? **Der ist zu groß für dich!**
Ich will ihn nicht bekämpfen! Ich will, dass er uns von hier fortbringt!

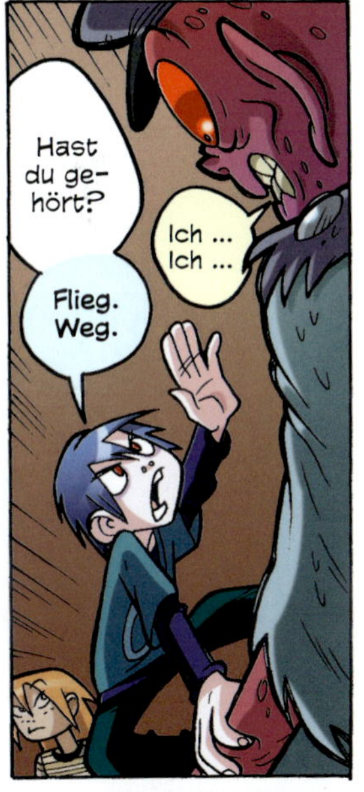
Hast du gehört?
Flieg. Weg.
Ich ... Ich ...

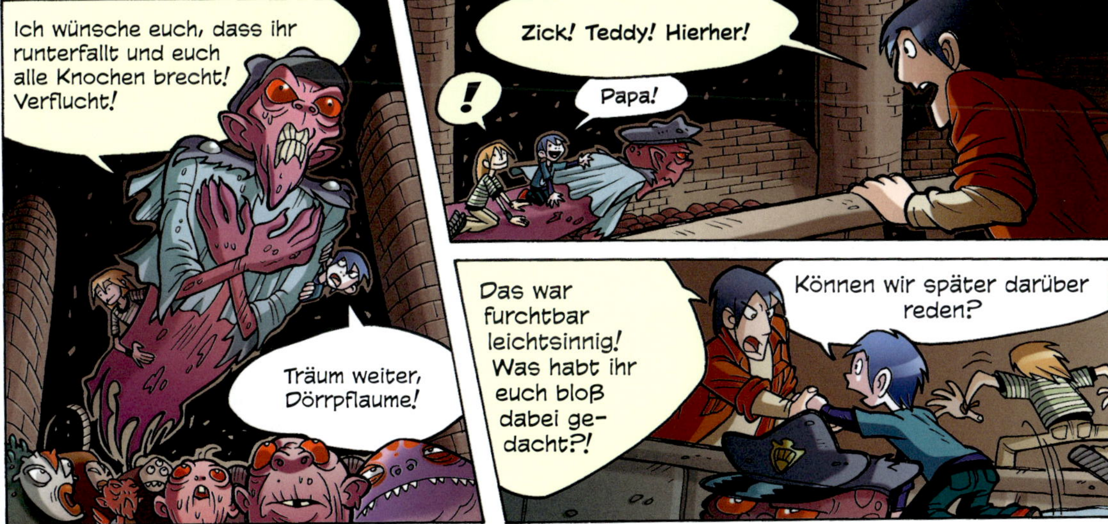
Ich wünsche euch, dass ihr runterfallt und euch alle Knochen brecht! Verflucht!
Träum weiter, Dörrpflaume!
Zick! Teddy! Hierher!
!
Papa!
Das war furchtbar leichtsinnig! Was habt ihr euch bloß dabei gedacht?!
Können wir später darüber reden?

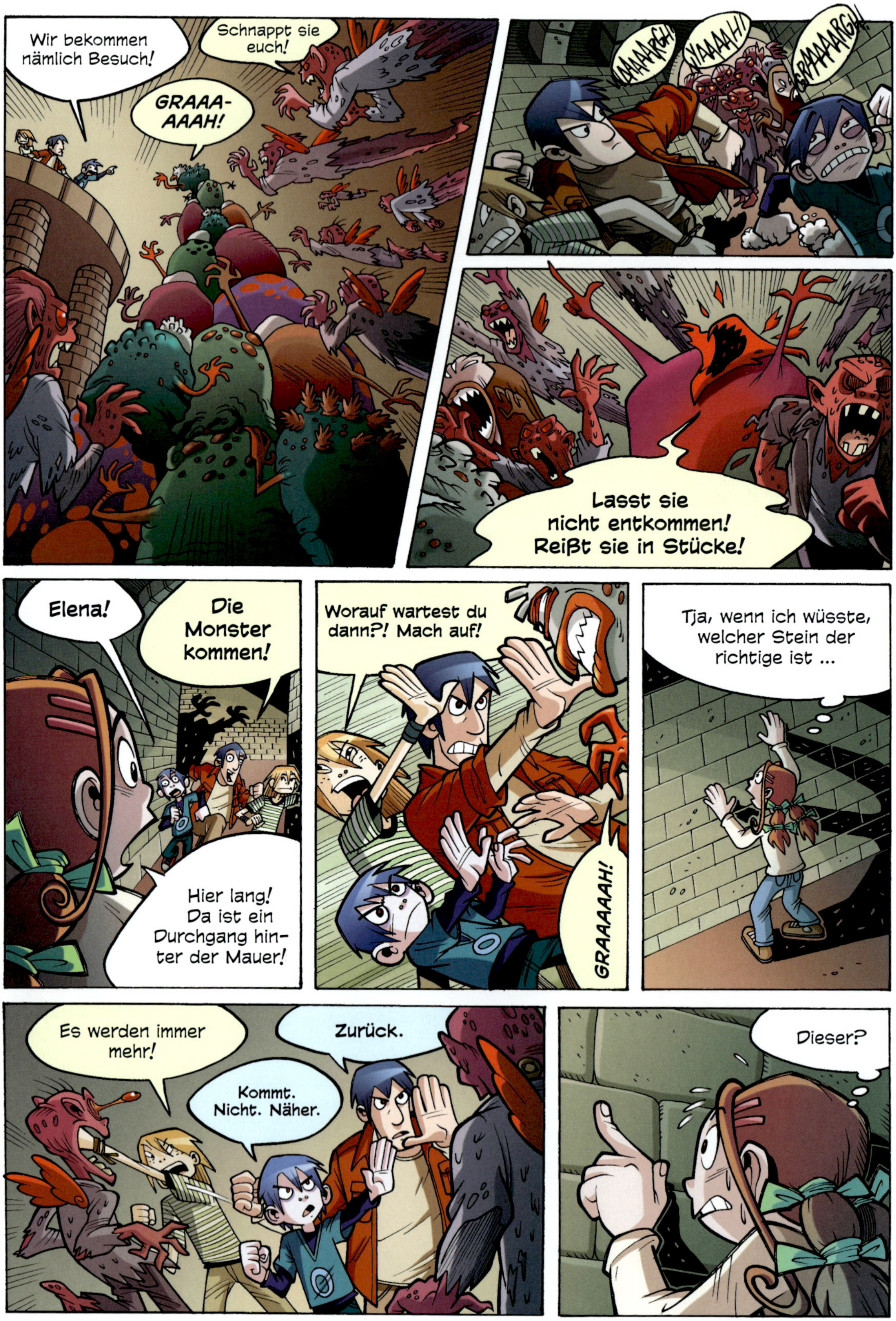

Wir bekommen nämlich Besuch!
Schnappt sie euch!
GRAAA-AAAH!

YAAAAH!

Lasst sie nicht entkommen! Reißt sie in Stücke!

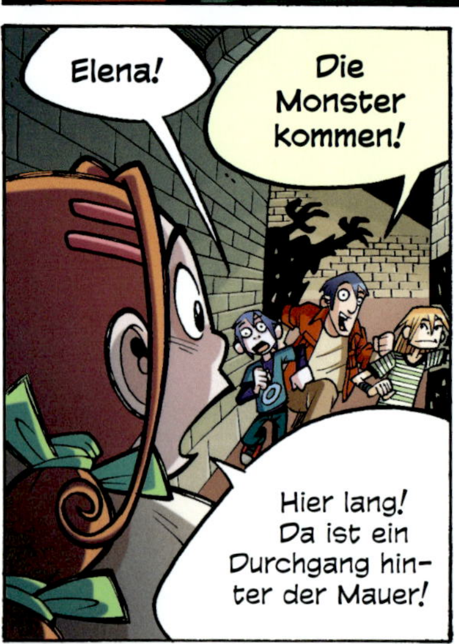

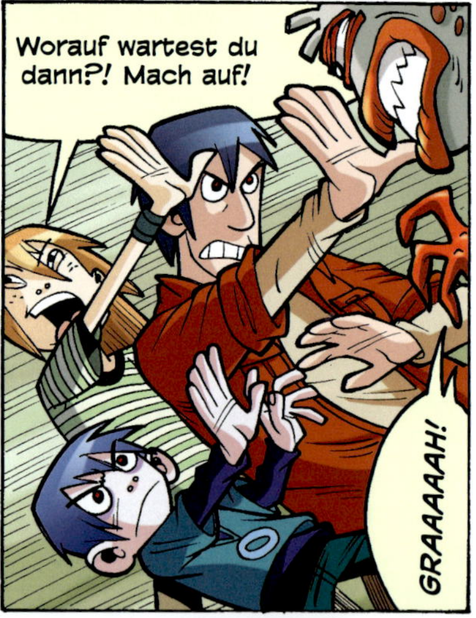

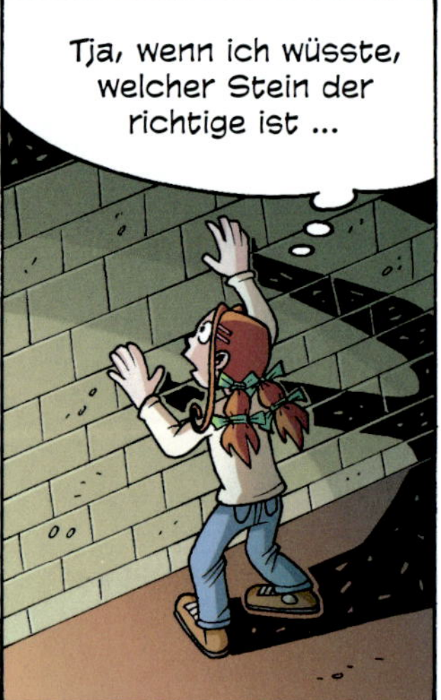

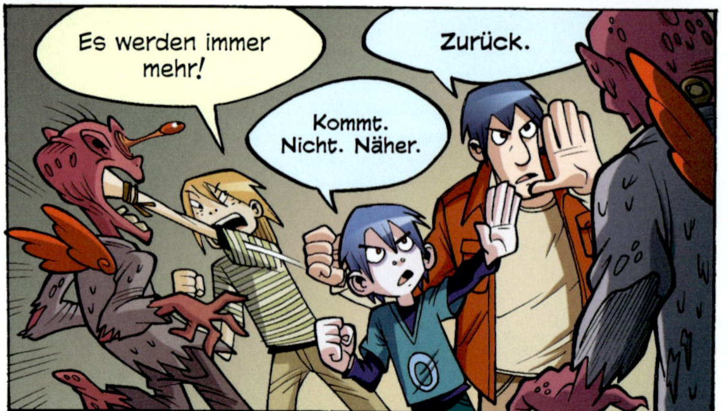

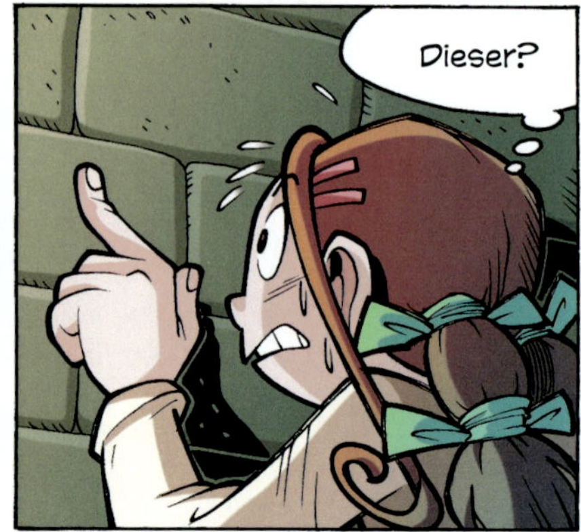

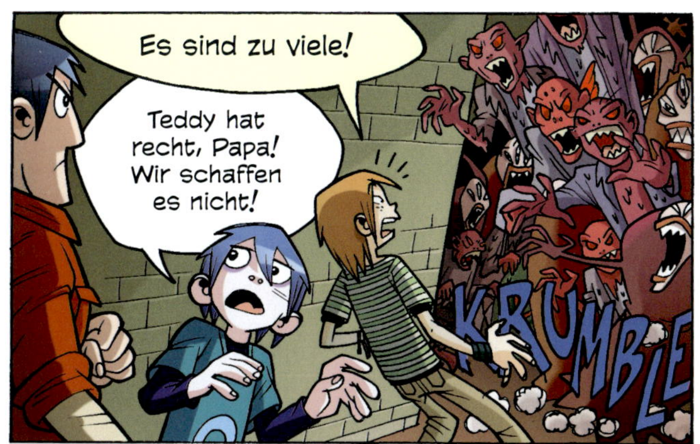
Es sind zu viele!
Teddy hat recht, Papa! Wir schaffen es nicht!
KRUMBLE

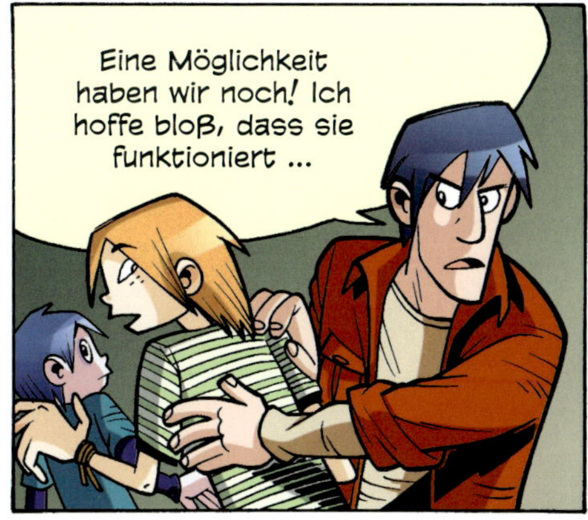
Eine Möglichkeit haben wir noch! Ich hoffe bloß, dass sie funktioniert ...

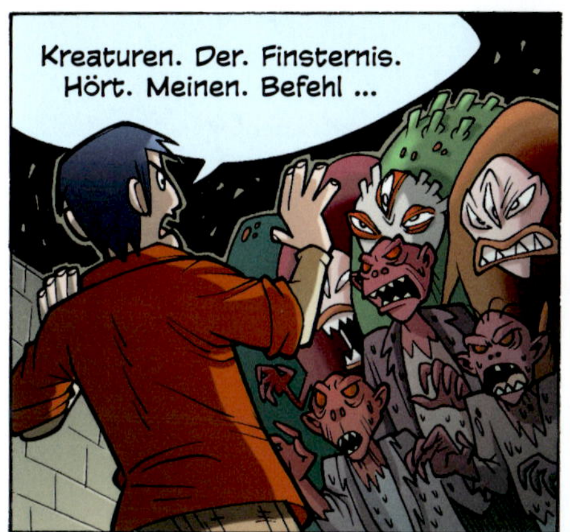
Kreaturen. Der. Finsternis. Hört. Meinen. Befehl ...

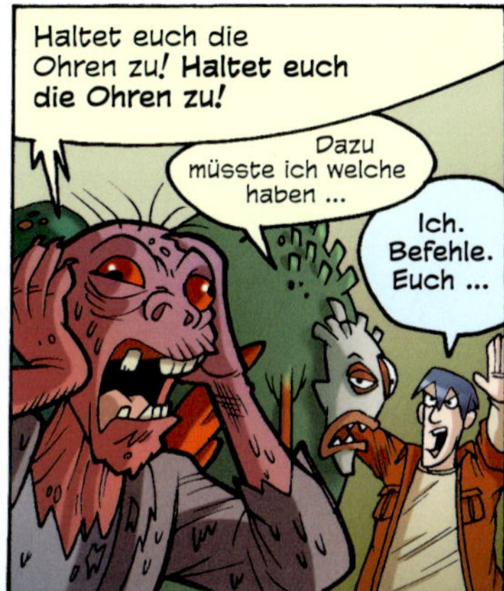
Haltet euch die Ohren zu! Haltet euch die Ohren zu!
Dazu müsste ich welche haben ...
Ich. Befehle. Euch ...

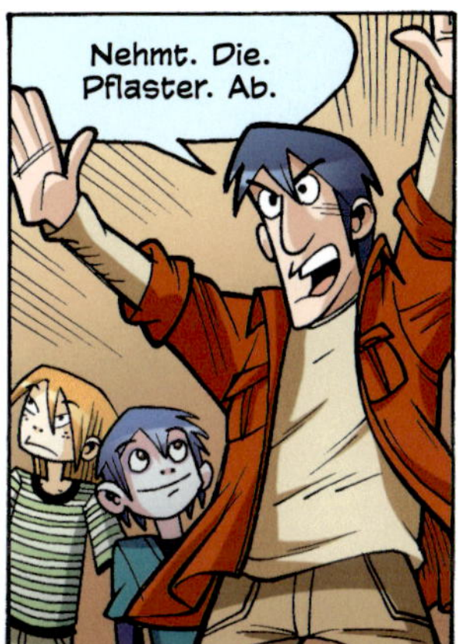
Nehmt. Die. Pflaster. Ab.

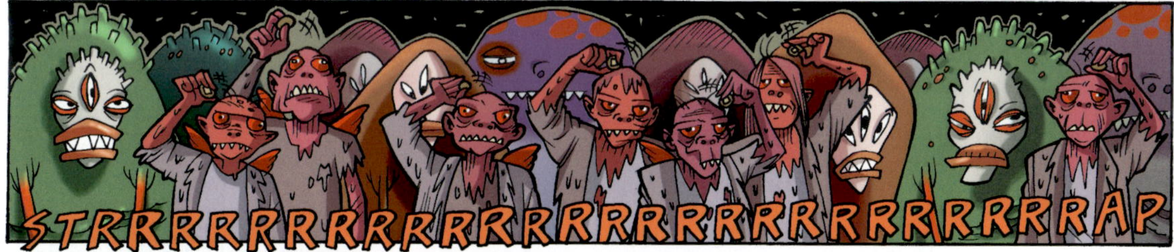
STRRRRRRRRRRRRRRRRRRRRRRRRRRAP

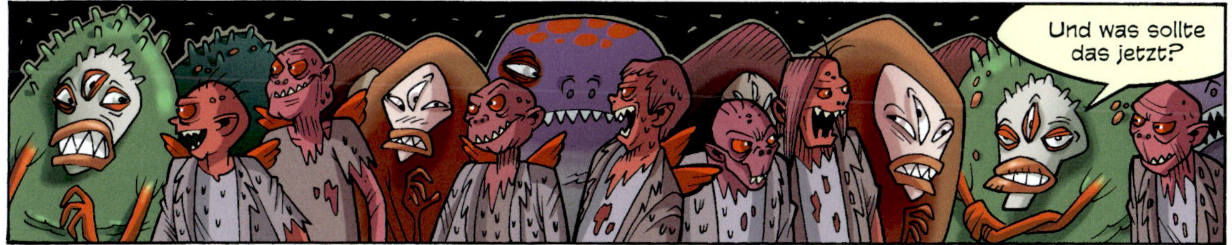
Und was sollte das jetzt?

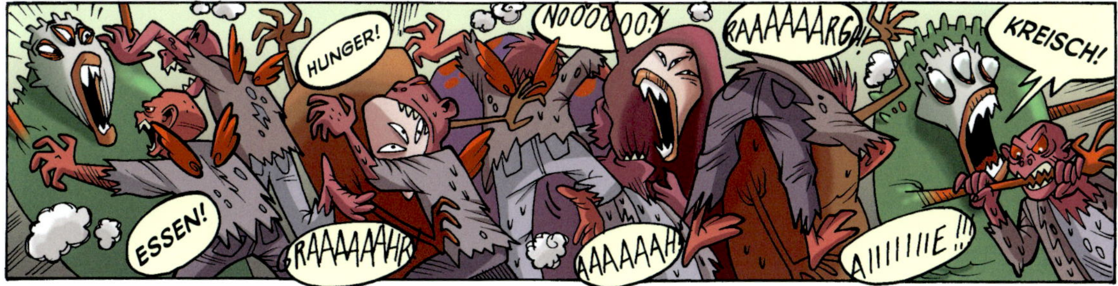
HUNGER!
NOOOOOOO!
RAAAAAAARGH!
KREISCH!
ESSEN!
GRAAAAAAHR!
AAAAAAH!
AIIIIIIE!!!

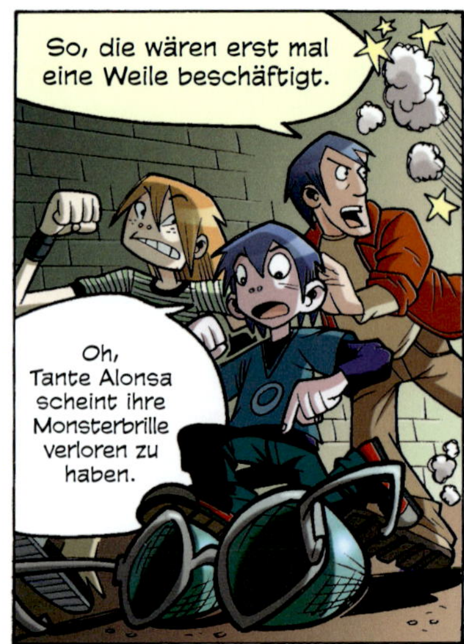
So, die wären erst mal eine Weile beschäftigt.
Oh, Tante Alonsa scheint ihre Monsterbrille verloren zu haben.

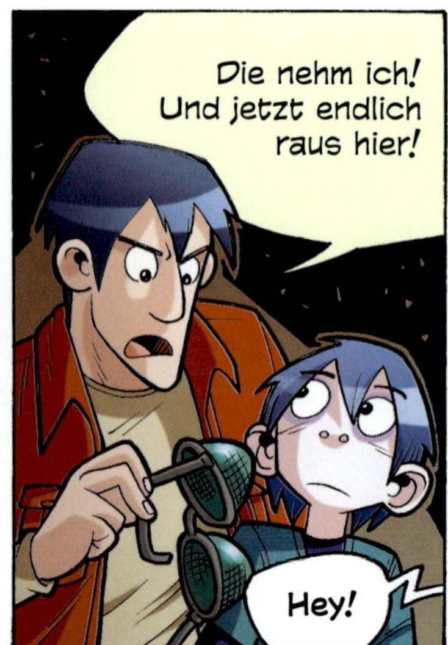
Die nehm ich! Und jetzt endlich raus hier!
Hey!

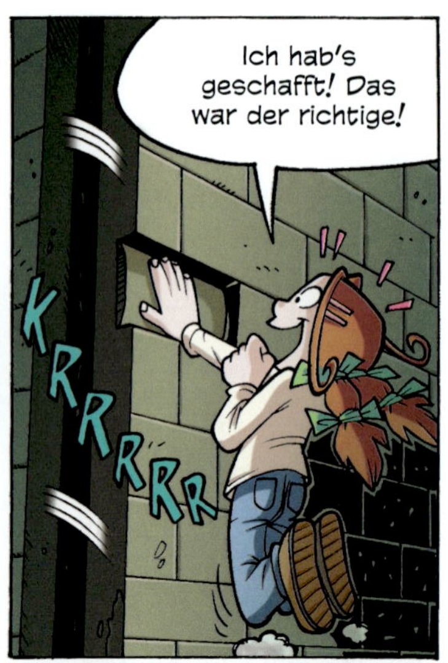
Ich hab's geschafft! Das war der richtige!
KRRRRRR

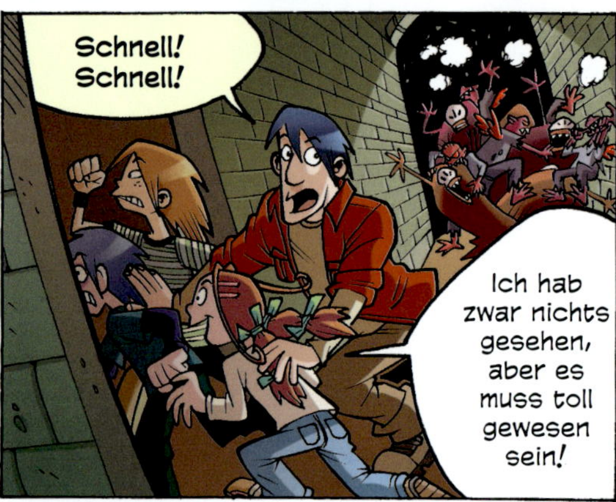
Schnell! Schnell!
Ich hab zwar nichts gesehen, aber es muss toll gewesen sein!

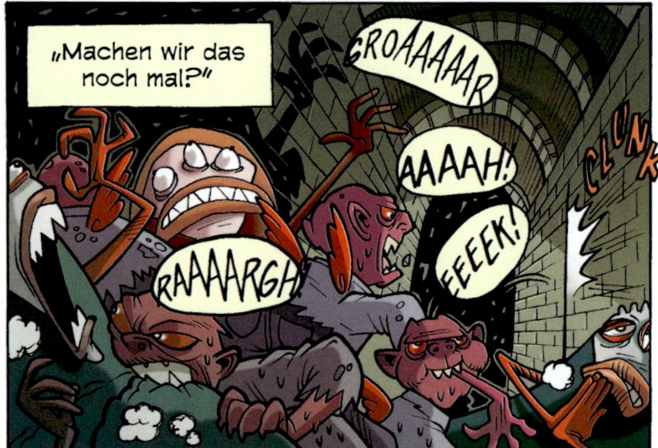
„Machen wir das noch mal?"
GROAAAAAR
AAAAH!
EEEEK!
RAAAARGH
CLUNK

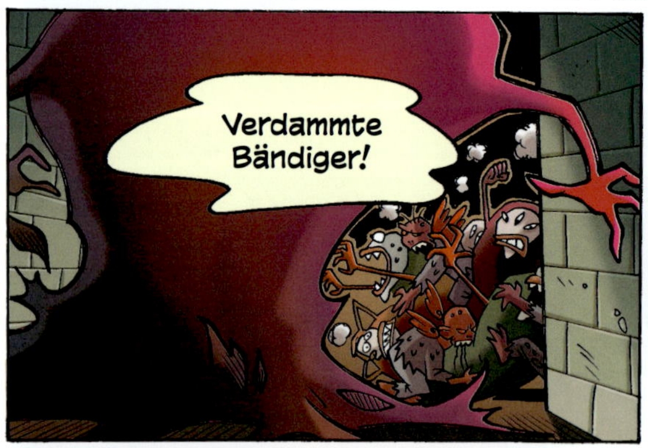
Verdammte Bändiger!

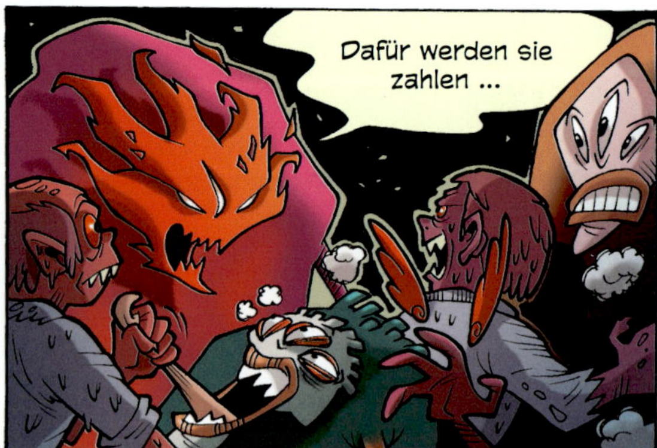
Dafür werden sie zahlen ...

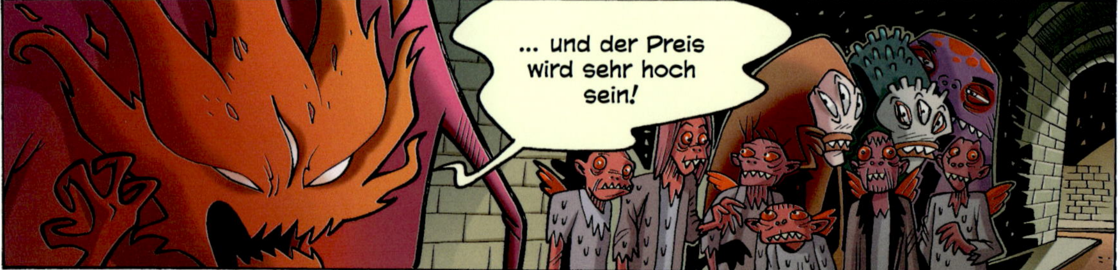
... und der Preis wird sehr hoch sein!

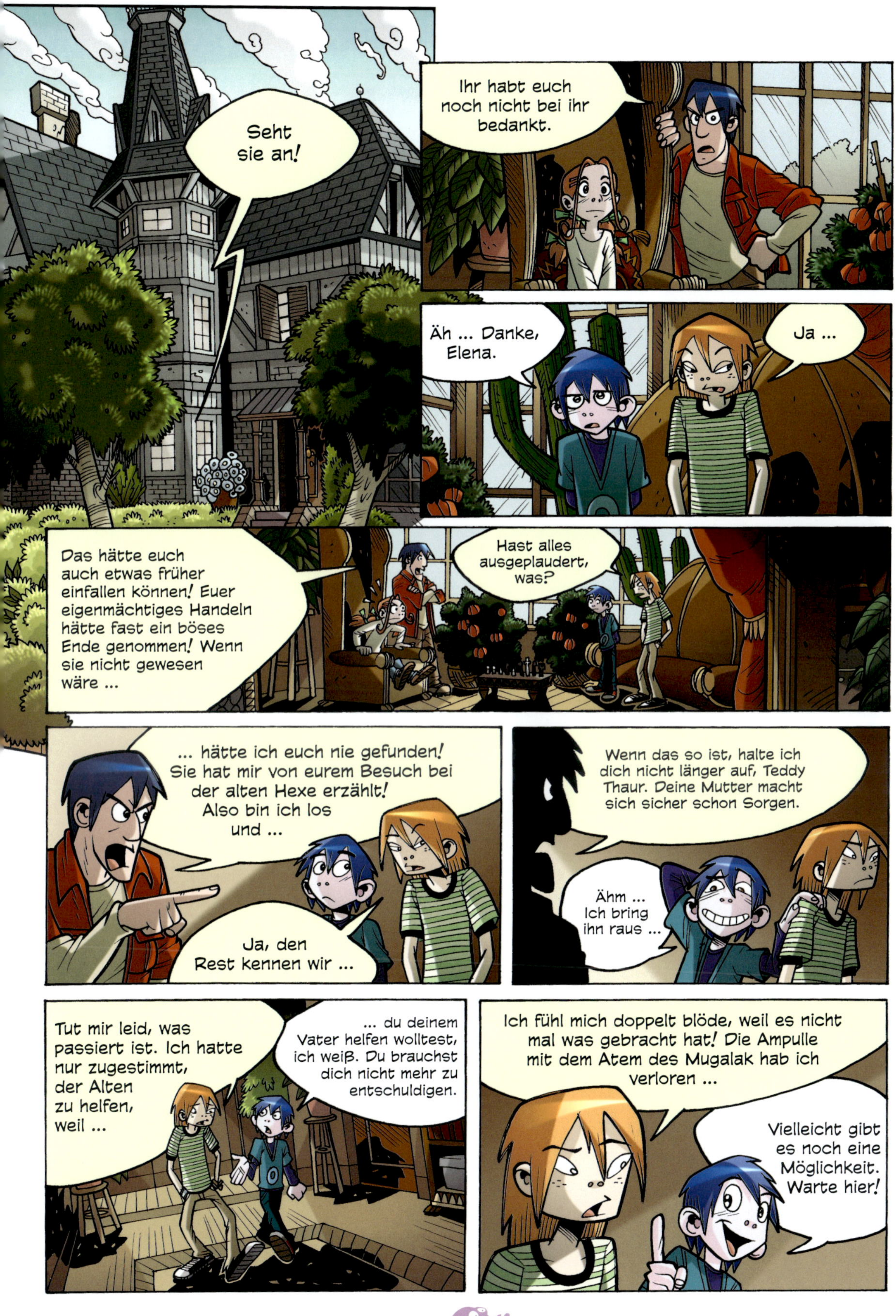

Seht sie an!

Ihr habt euch noch nicht bei ihr bedankt.

Äh ... Danke, Elena.

Ja ...

Das hätte euch auch etwas früher einfallen können! Euer eigenmächtiges Handeln hätte fast ein böses Ende genommen! Wenn sie nicht gewesen wäre ...

Hast alles ausgeplaudert, was?

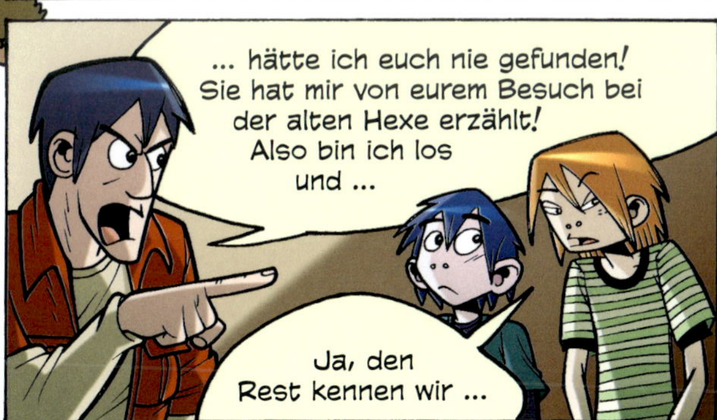

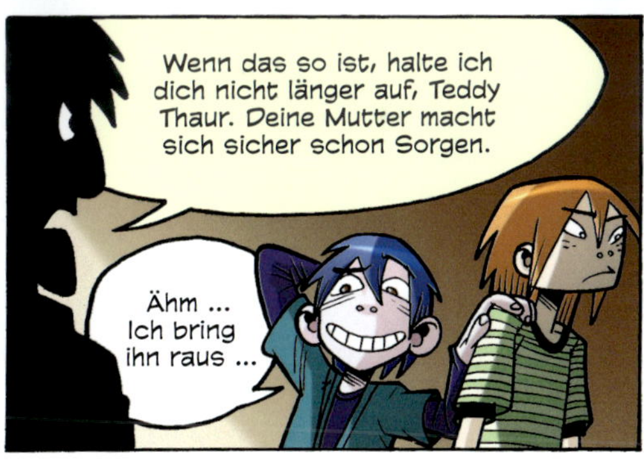

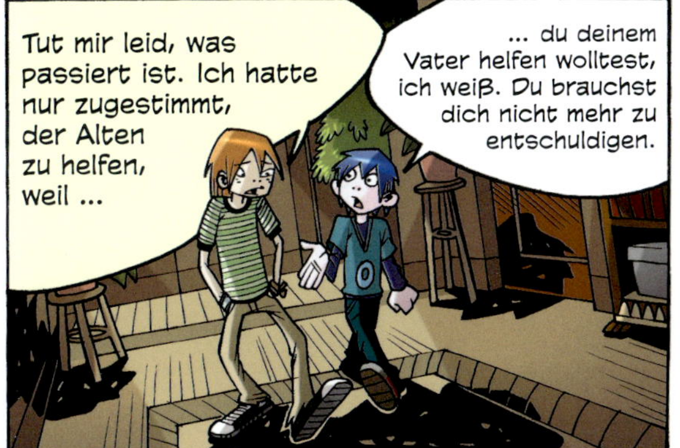

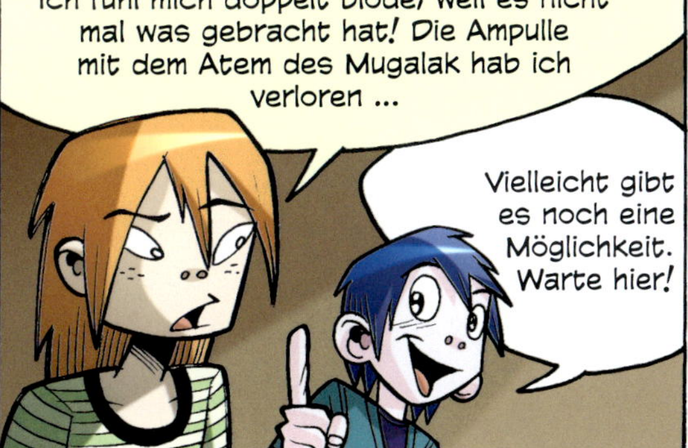

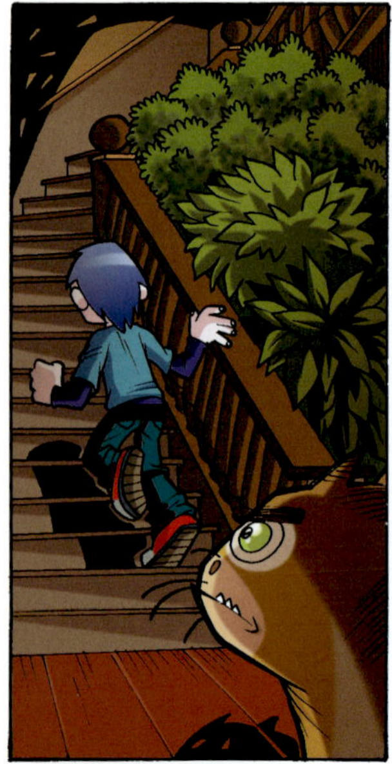

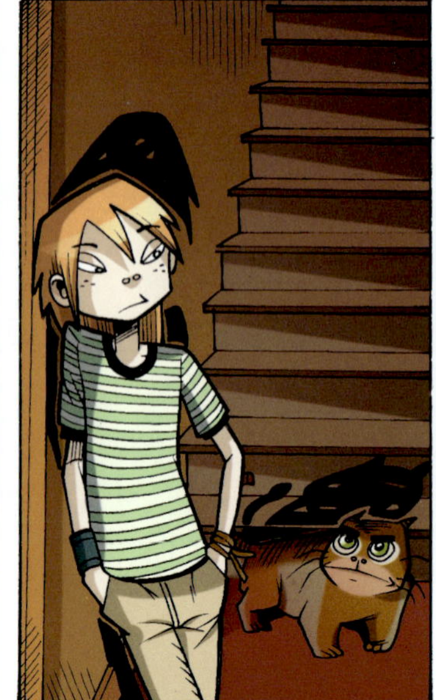

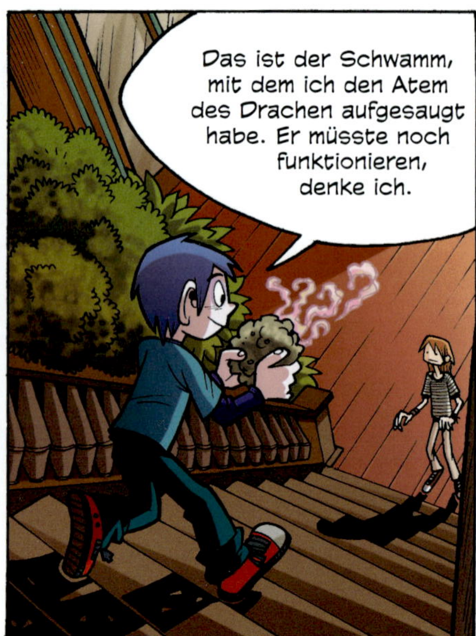
Das ist der Schwamm, mit dem ich den Atem des Drachen aufgesaugt habe. Er müsste noch funktionieren, denke ich.

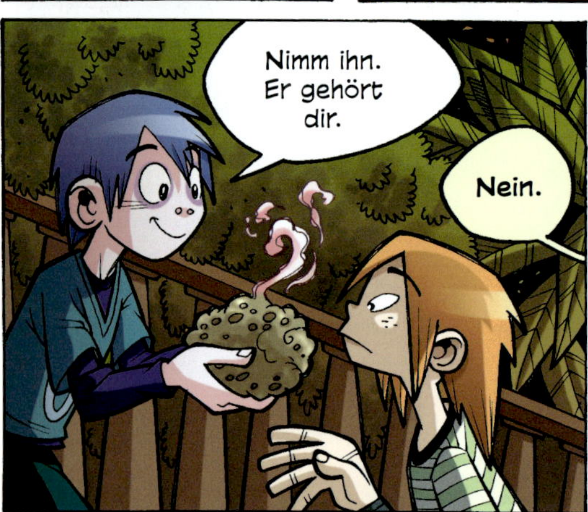
Nimm ihn. Er gehört dir.
Nein.

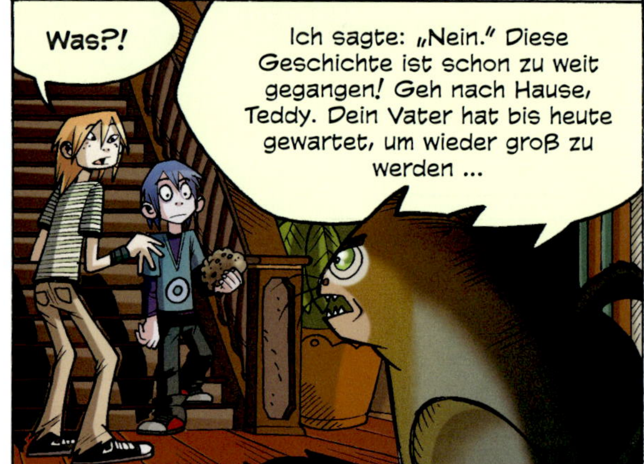
Was?!
Ich sagte: „Nein." Diese Geschichte ist schon zu weit gegangen! Geh nach Hause, Teddy. Dein Vater hat bis heute gewartet, um wieder groß zu werden ...

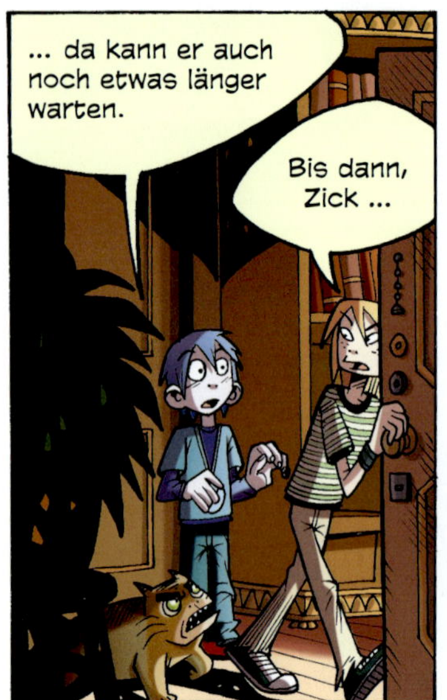
... da kann er auch noch etwas länger warten.
Bis dann, Zick ...

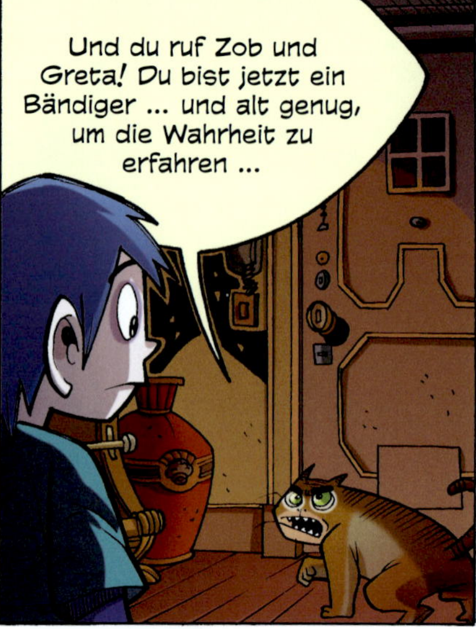
Und du ruf Zob und Greta! Du bist jetzt ein Bändiger ... und alt genug, um die Wahrheit zu erfahren ...

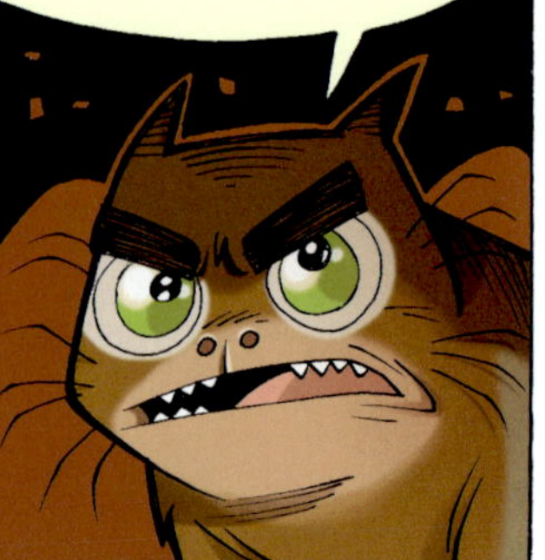
In letzter Zeit ist viel geschehen ... Daher wird es nun Zeit für eine kleine Geschichtsstunde.

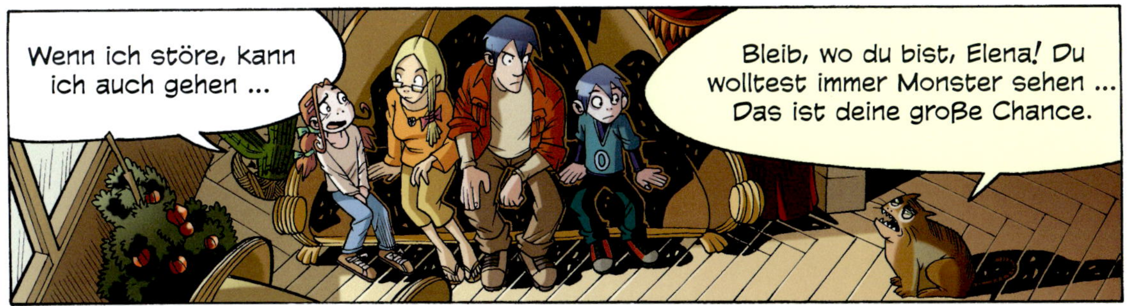
Wenn ich störe, kann ich auch gehen ...
Bleib, wo du bist, Elena! Du wolltest immer Monster sehen ... Das ist deine große Chance.

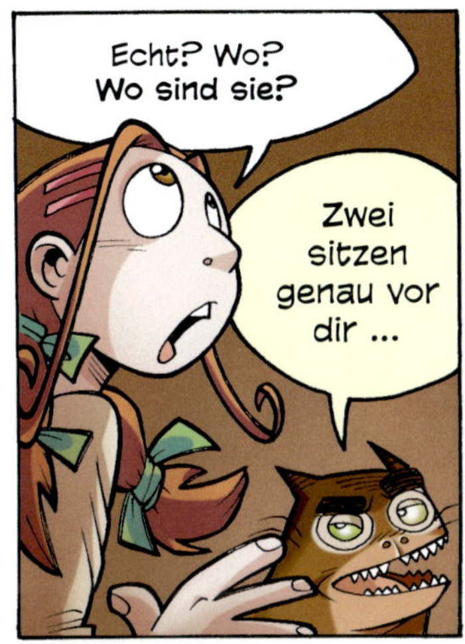
Echt? Wo? **Wo sind sie?**
Zwei sitzen genau vor dir ...

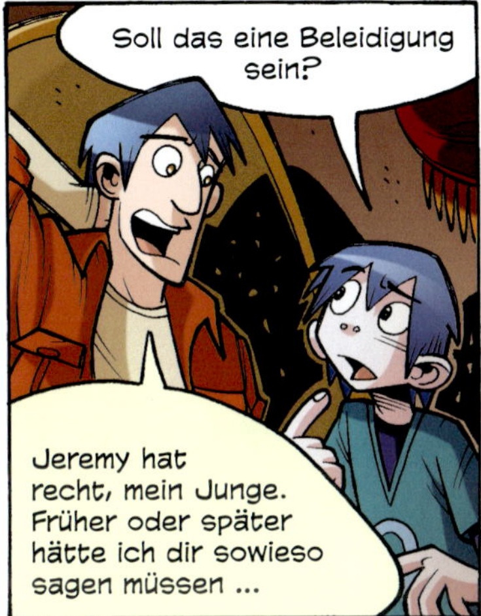
Soll das eine Beleidigung sein?
Jeremy hat recht, mein Junge. Früher oder später hätte ich dir sowieso sagen müssen ...

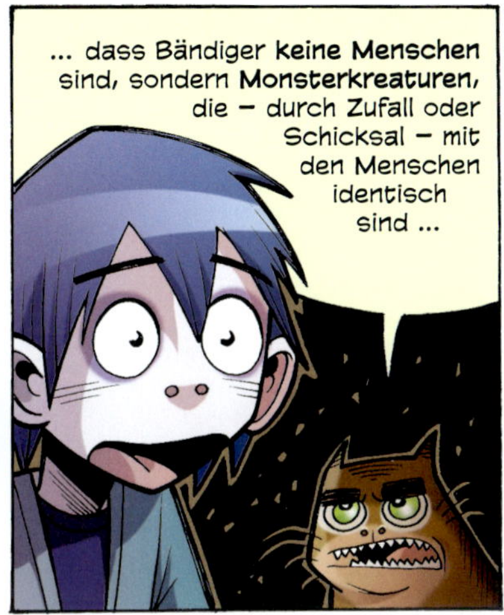
... dass Bändiger **keine Menschen** sind, sondern **Monsterkreaturen**, die – durch Zufall oder Schicksal – mit den Menschen identisch sind ...

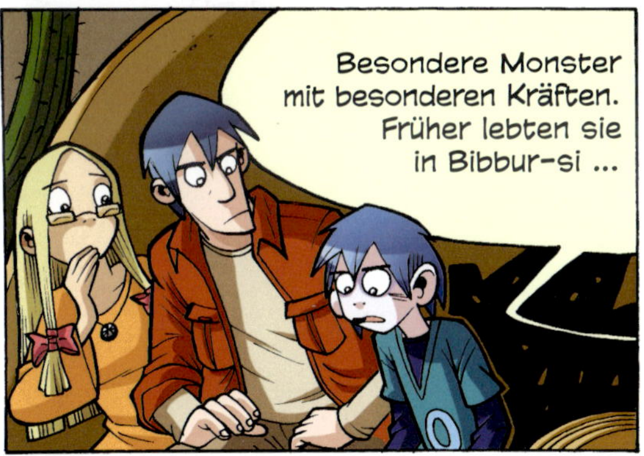
Besondere Monster mit besonderen Kräften. Früher lebten sie in Bibbur-si ...

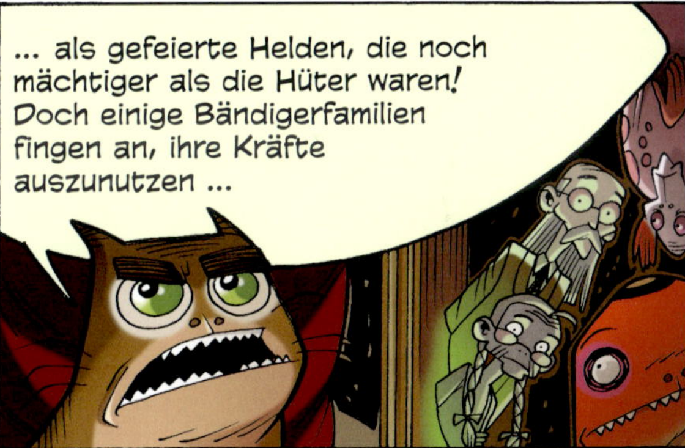
... als gefeierte Helden, die noch mächtiger als die Hüter waren! Doch einige Bändigerfamilien fingen an, ihre Kräfte auszunutzen ...

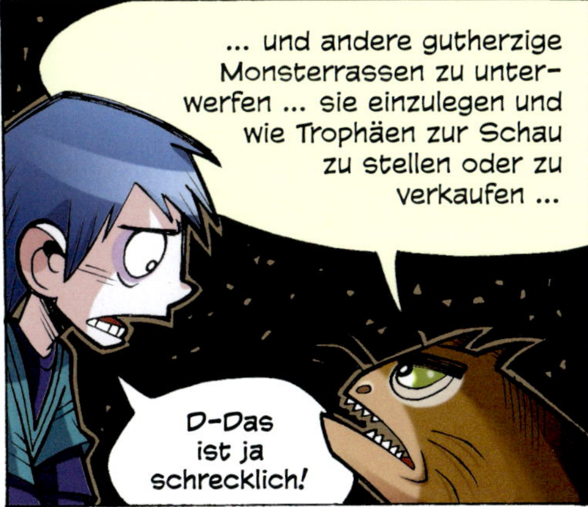
... und andere gutherzige Monsterrassen zu unterwerfen ... sie einzulegen und wie Trophäen zur Schau zu stellen oder zu verkaufen ...
D-Das ist ja schrecklich!

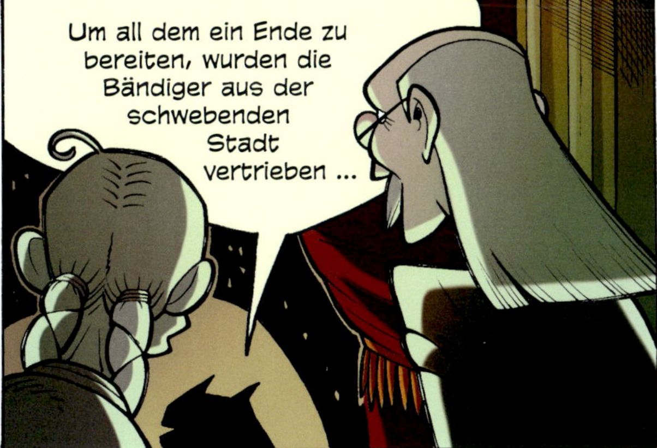
Um all dem ein Ende zu bereiten, wurden die Bändiger aus der schwebenden Stadt vertrieben ...

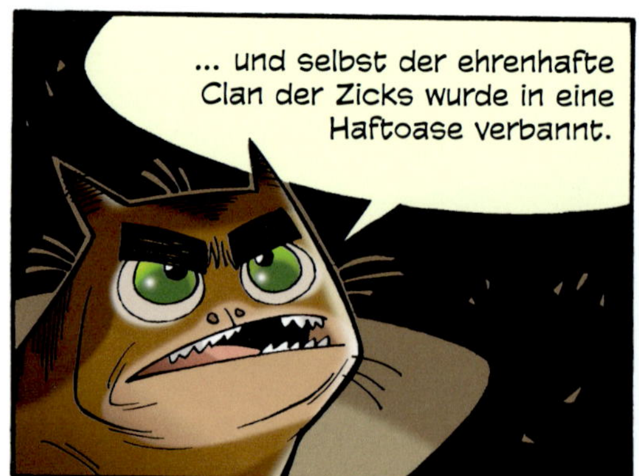
... und selbst der ehrenhafte Clan der Zicks wurde in eine Haftoase verbannt.

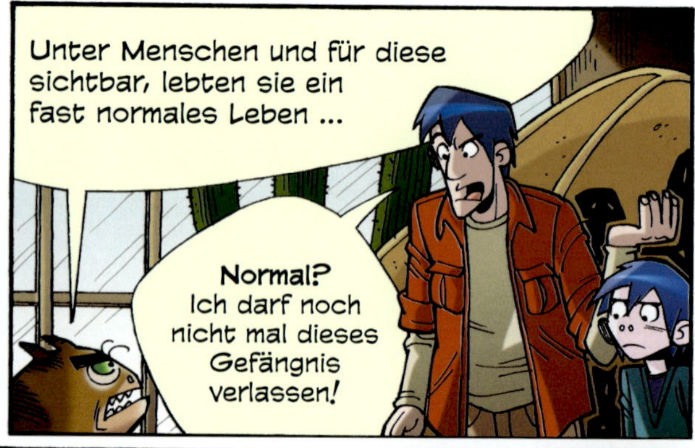
Unter Menschen und für diese sichtbar, lebten sie ein fast normales Leben ...
Normal? Ich darf noch nicht mal dieses Gefängnis verlassen!

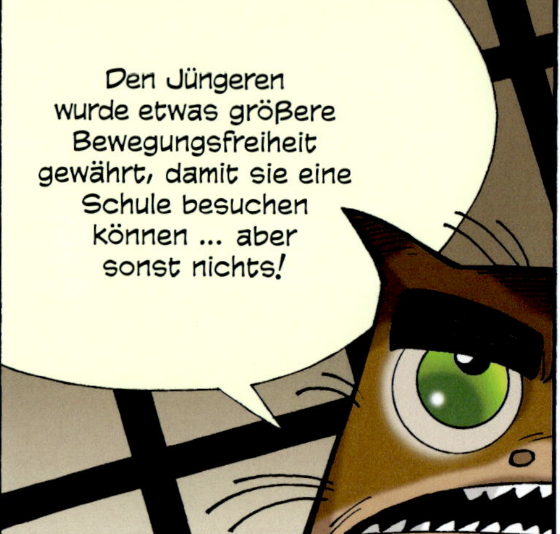
Den Jüngeren wurde etwas größere Bewegungsfreiheit gewährt, damit sie eine Schule besuchen können ... aber sonst nichts!

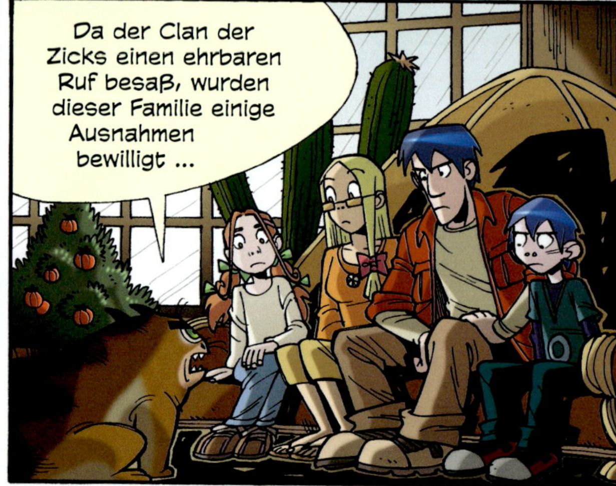
Da der Clan der Zicks einen ehrbaren Ruf besaß, wurden dieser Familie einige Ausnahmen bewilligt ...

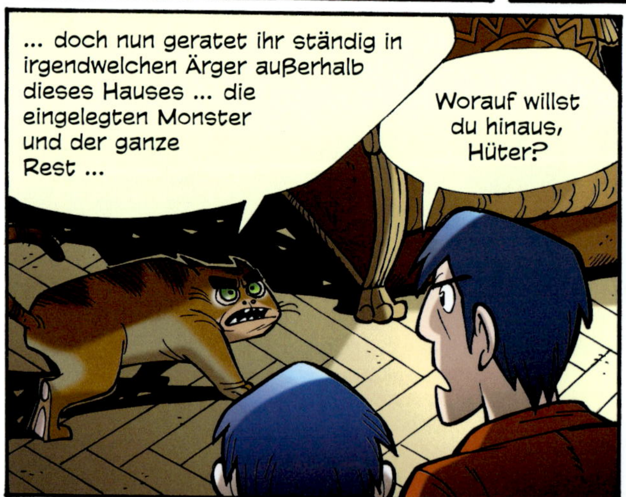
... doch nun geratet ihr ständig in irgendwelchen Ärger außerhalb dieses Hauses ... die eingelegten Monster und der ganze Rest ...
Worauf willst du hinaus, Hüter?

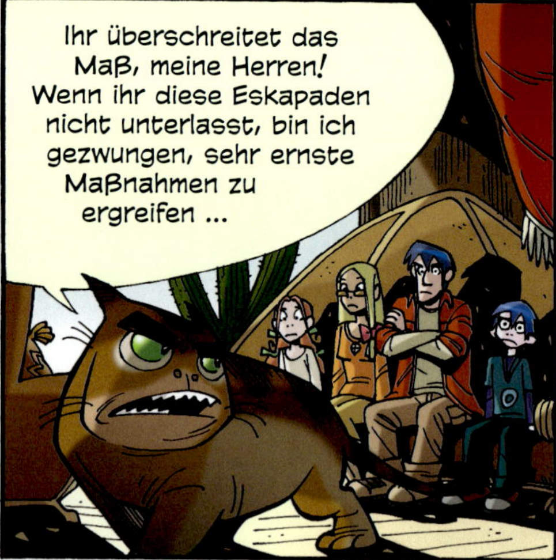
Ihr überschreitet das Maß, meine Herren! Wenn ihr diese Eskapaden nicht unterlasst, bin ich gezwungen, sehr ernste Maßnahmen zu ergreifen ...

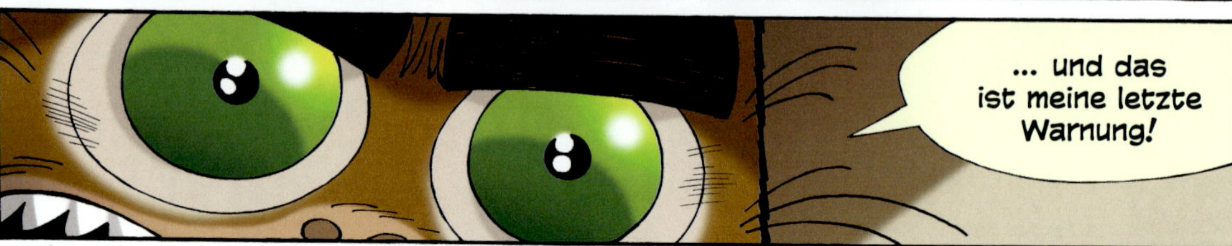
... und das ist meine letzte Warnung!

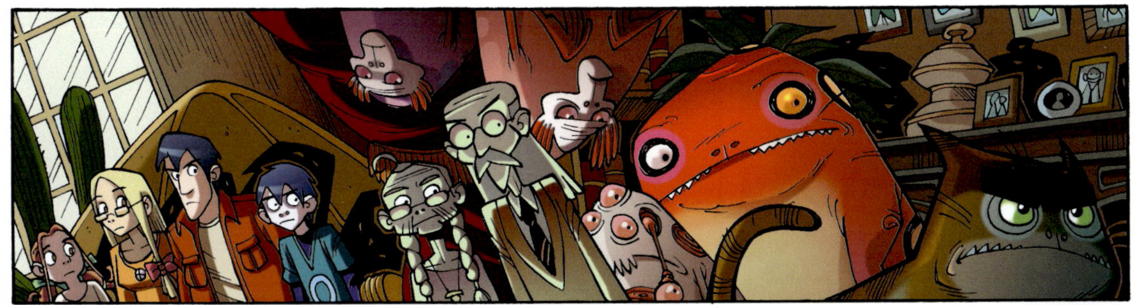

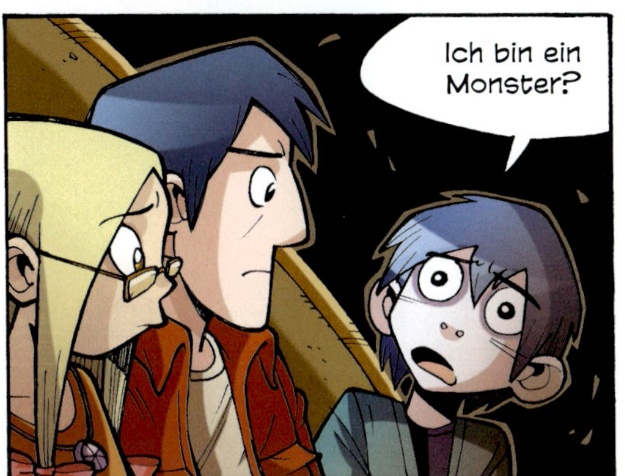
Ich bin ein Monster?

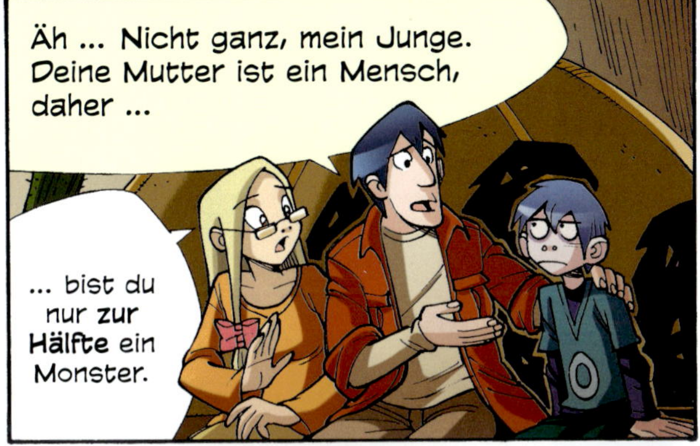
Äh ... Nicht ganz, mein Junge. Deine Mutter ist ein Mensch, daher ...
... bist du nur **zur Hälfte** ein Monster.

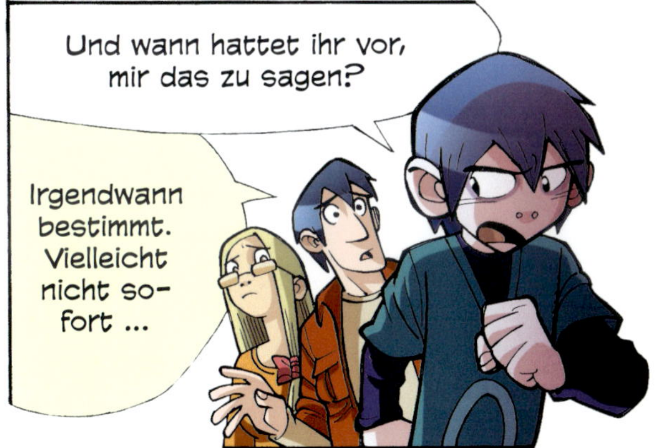
Und wann hattet ihr vor, mir das zu sagen?
Irgendwann bestimmt. Vielleicht nicht so-fort ...

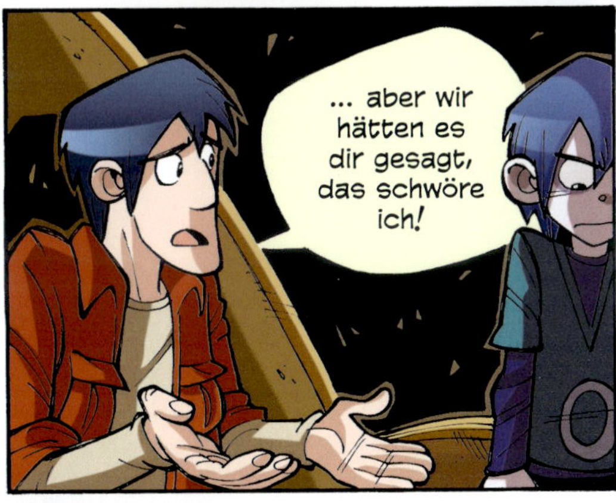
... aber wir hätten es dir gesagt, das schwöre ich!

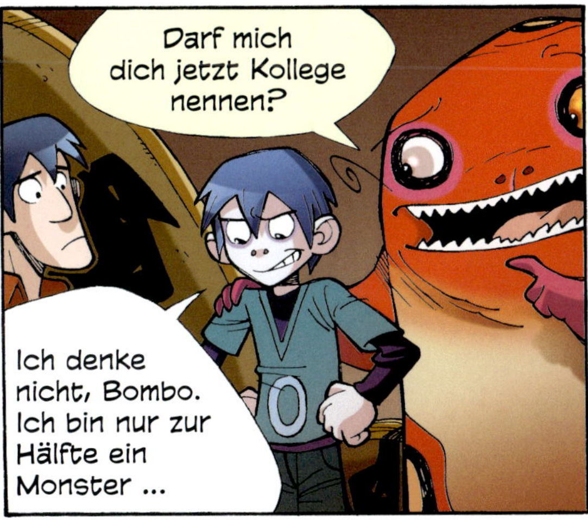
Darf mich dich jetzt Kollege nennen?
Ich denke nicht, Bombo. Ich bin nur zur Hälfte ein Monster ...

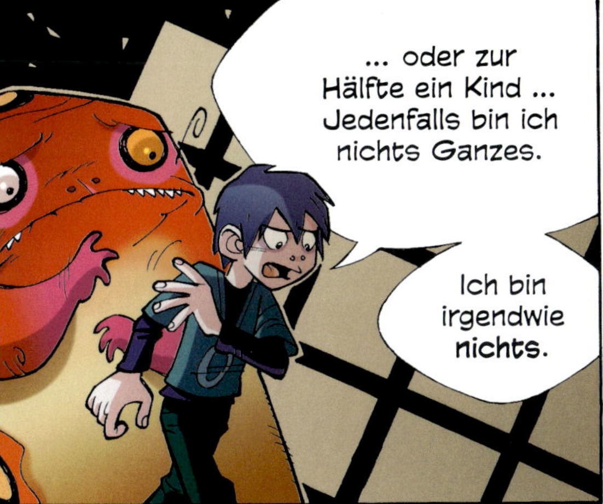
... oder zur Hälfte ein Kind ... Jedenfalls bin ich nichts Ganzes.
Ich bin irgendwie **nichts**.

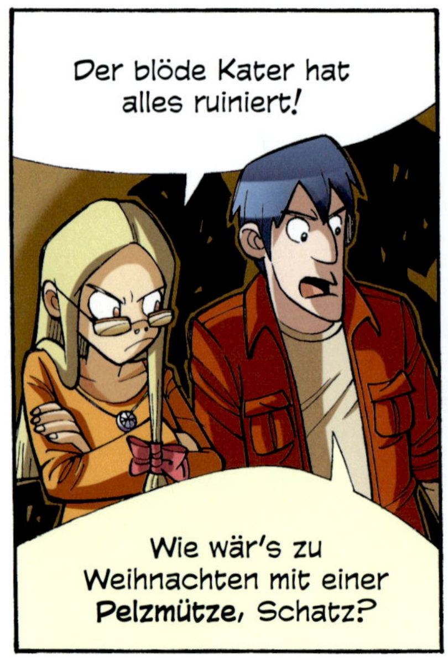
Der blöde Kater hat alles ruiniert!
Wie wär's zu Weihnachten mit einer Pelzmütze, Schatz?

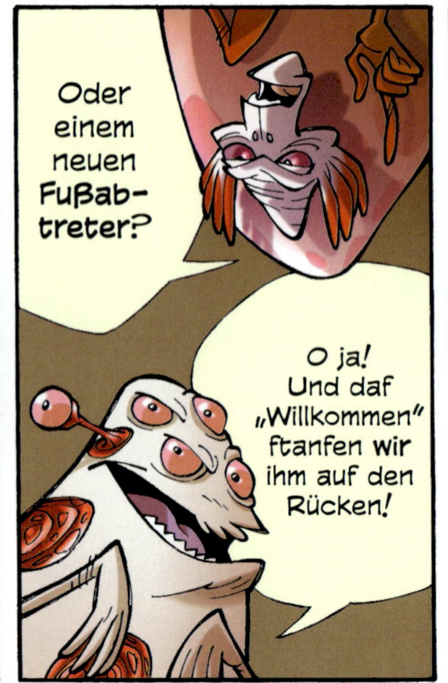
Oder einem neuen Fußabtreter?
O ja! Und daf „Willkommen" ftanfen wir ihm auf den Rücken!

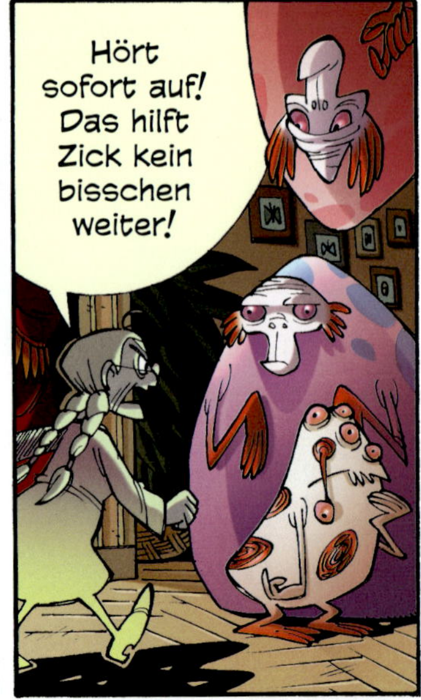
Hört sofort auf! Das hilft Zick kein bisschen weiter!

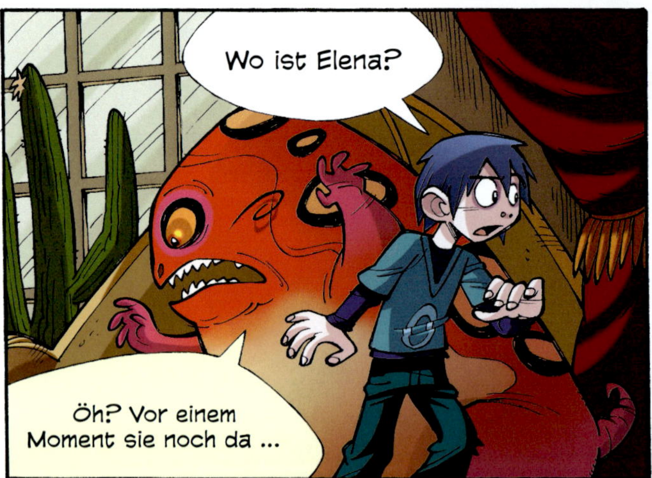
Wo ist Elena?
Öh? Vor einem Moment sie noch da ...

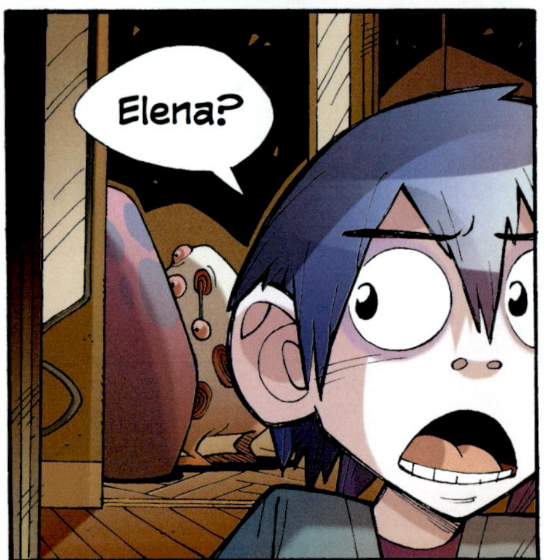
Elena?

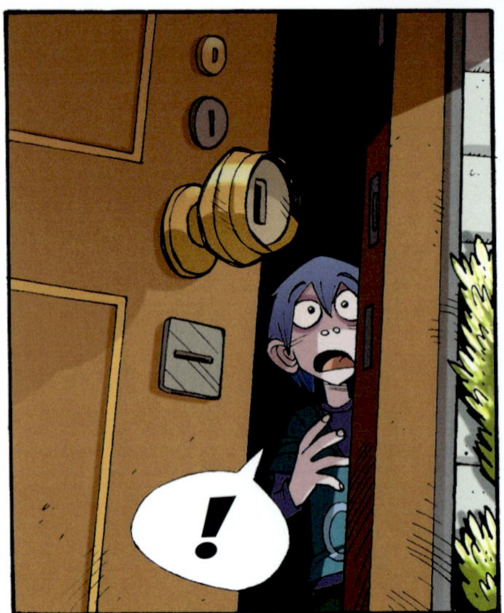
!

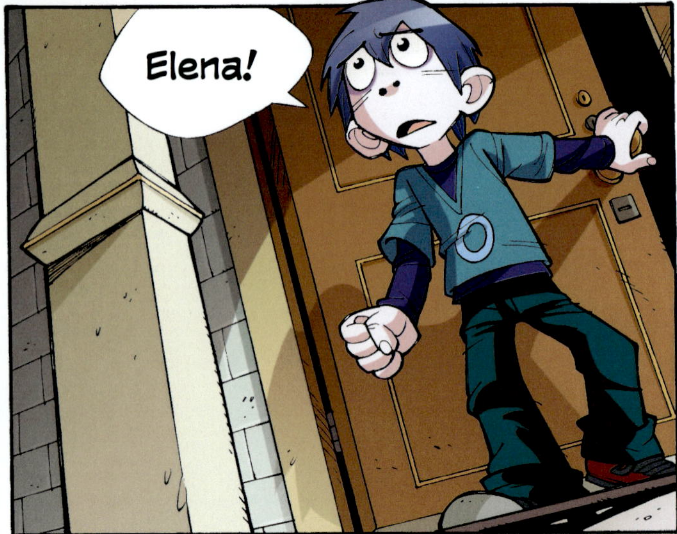
Elena!

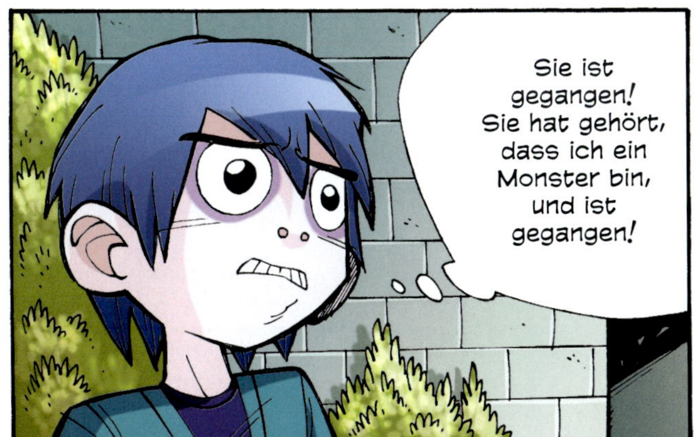
Sie ist gegangen! Sie hat gehört, dass ich ein Monster bin, und ist gegangen!
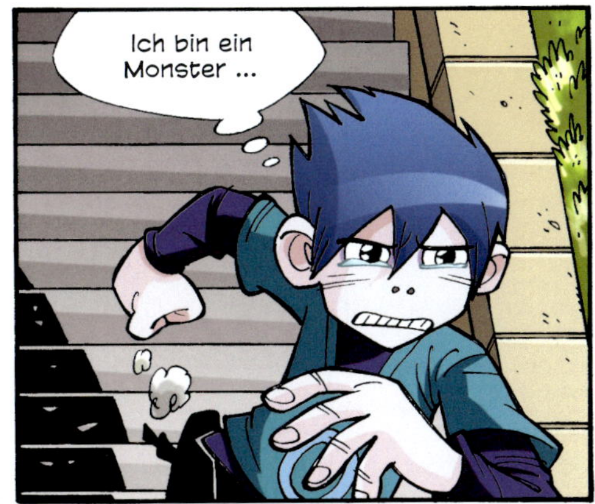
Ich bin ein Monster ...
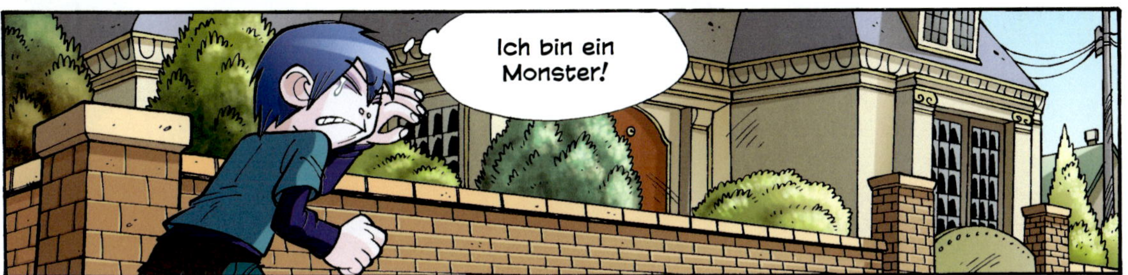
Ich bin ein Monster!
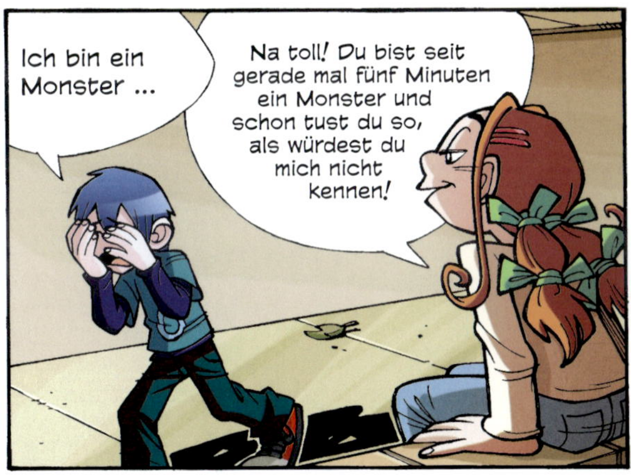
Ich bin ein Monster ...
Na toll! Du bist seit gerade mal fünf Minuten ein Monster und schon tust du so, als würdest du mich nicht kennen!
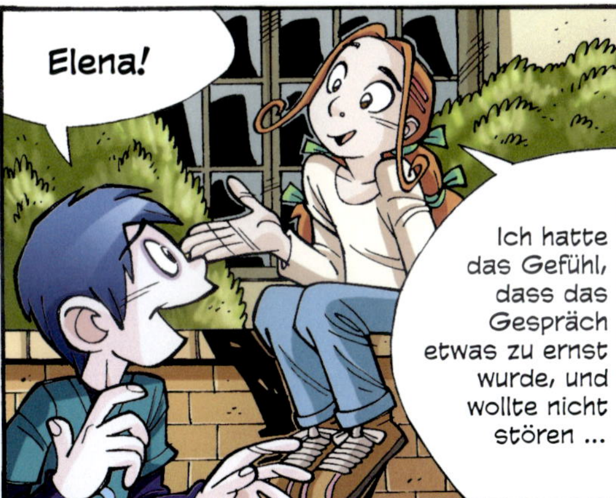
Elena!
Ich hatte das Gefühl, dass das Gespräch etwas zu ernst wurde, und wollte nicht stören ...
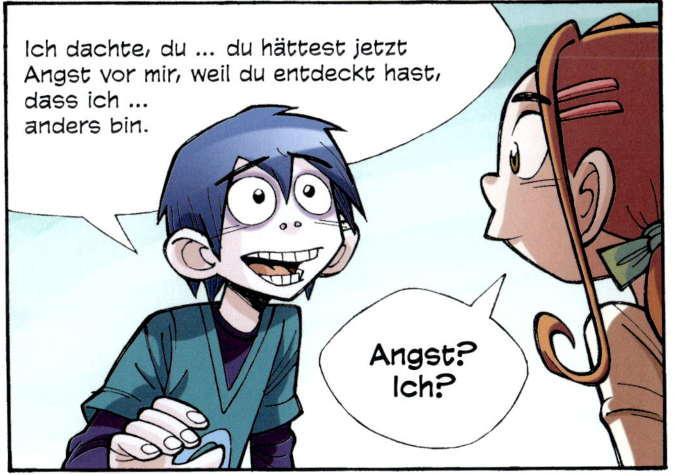
Ich dachte, du ... du hättest jetzt Angst vor mir, weil du entdeckt hast, dass ich ... anders bin.
Angst? Ich?
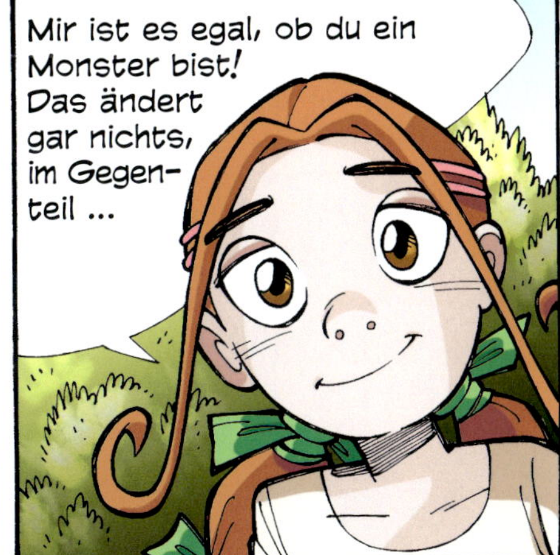
Mir ist es egal, ob du ein Monster bist! Das ändert gar nichts, im Gegenteil ...

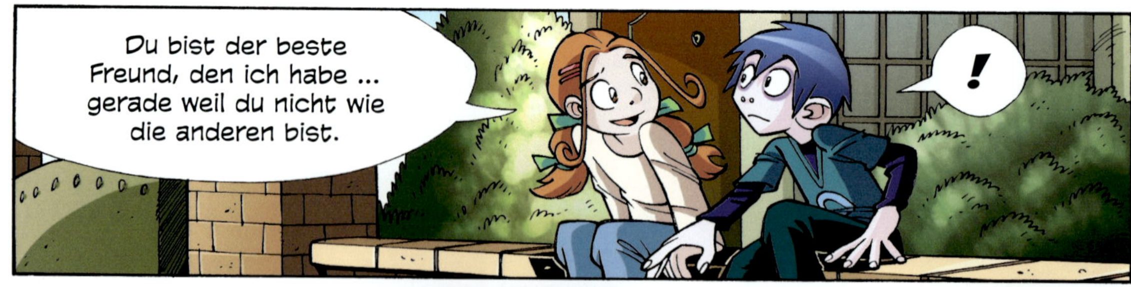

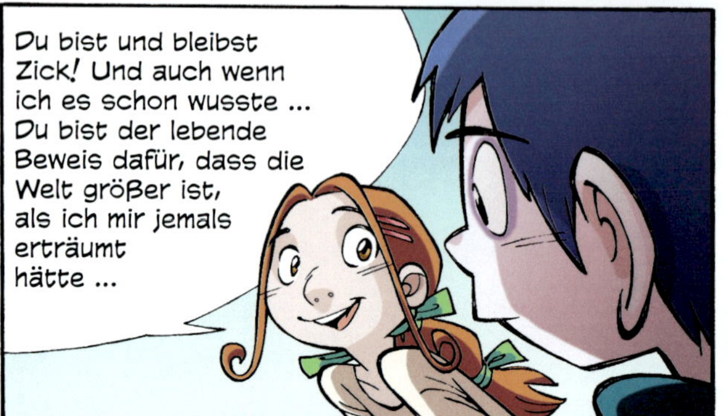

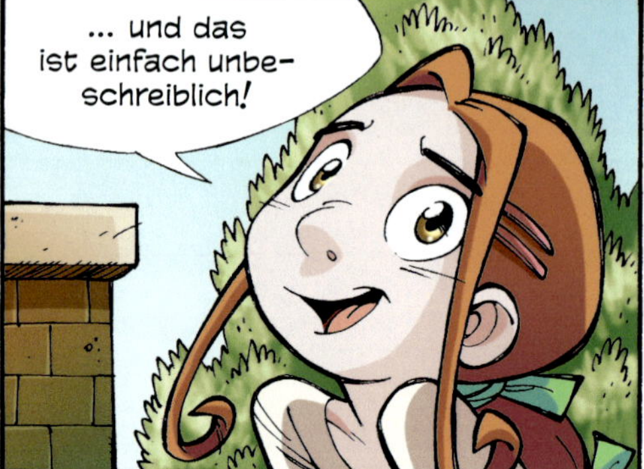

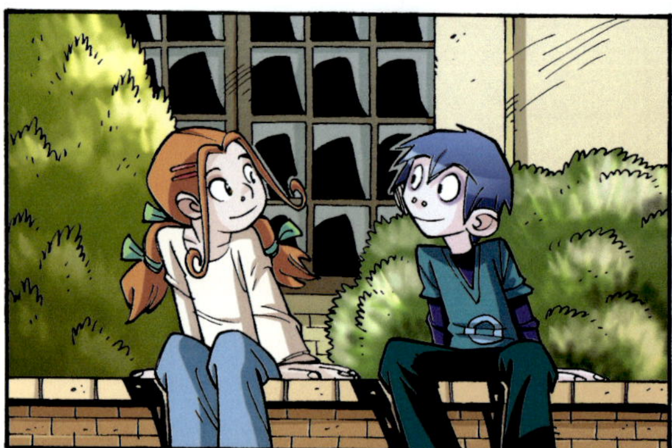

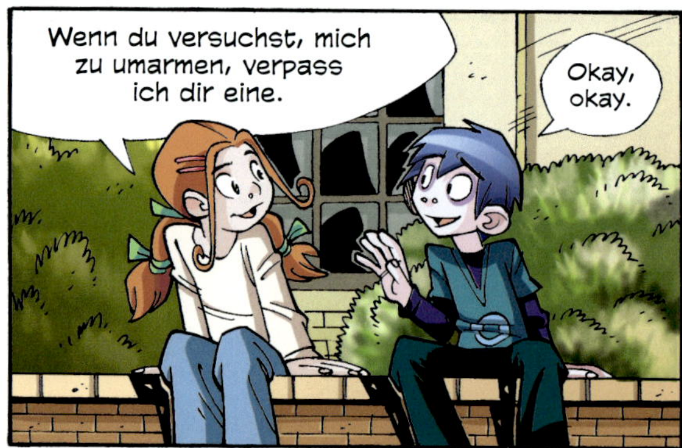

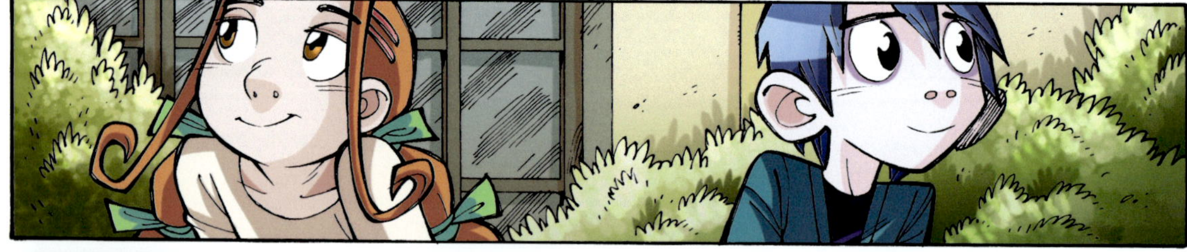

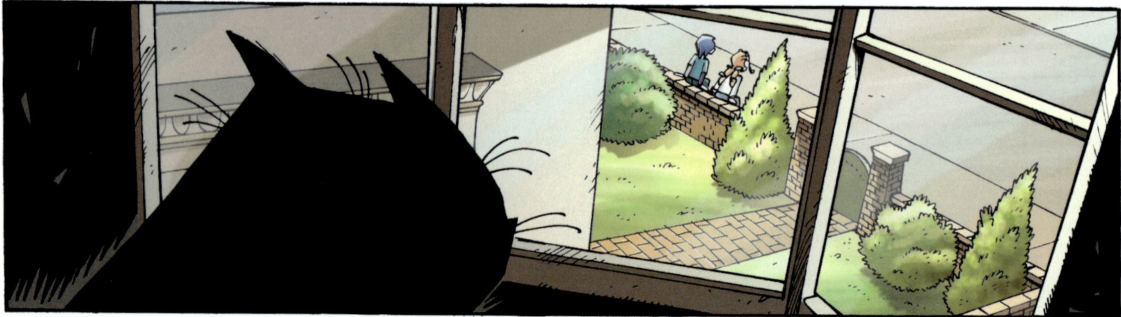

Ende der zwölften Episode.

Diese und nächste Seite:
Vorabstudien zu Zicks Haus von Alessandro Barbucci

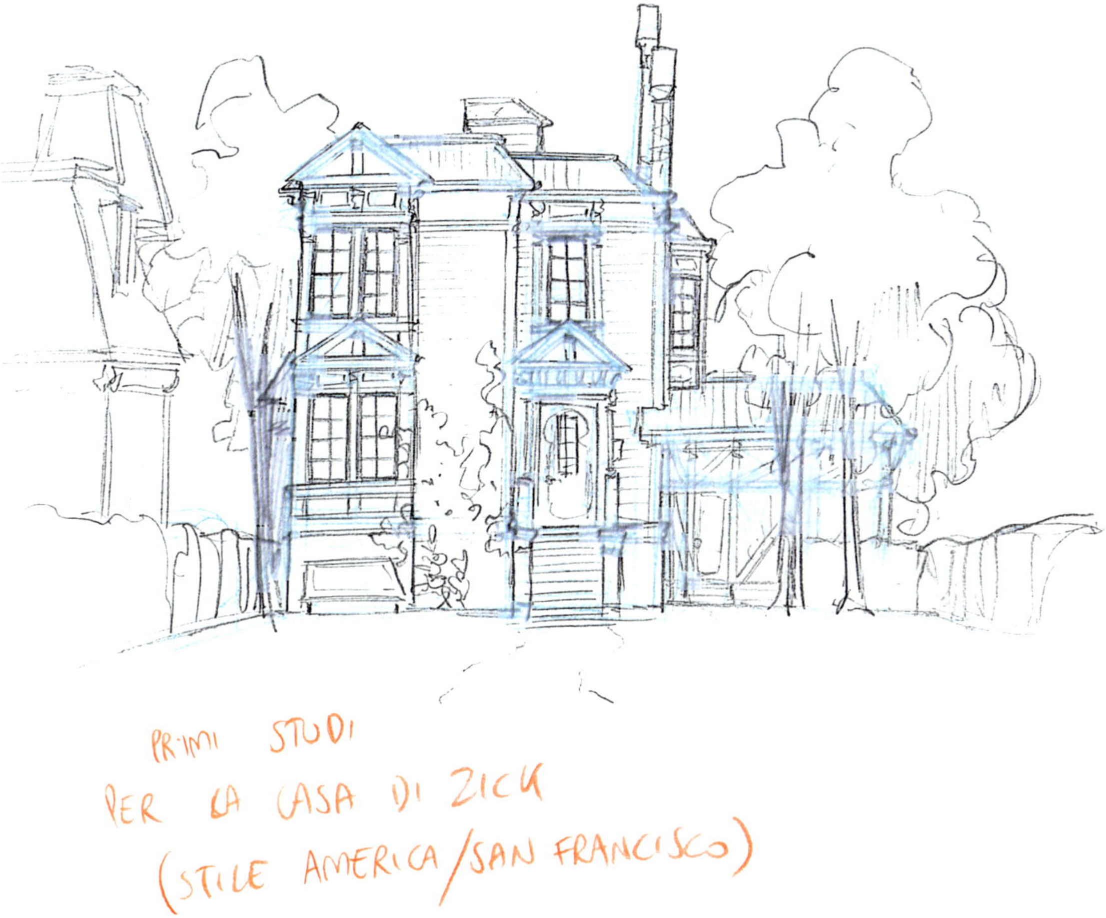

PRIMI STUDI
PER LA CASA DI ZICK
(STILE AMERICA/SAN FRANCISCO)

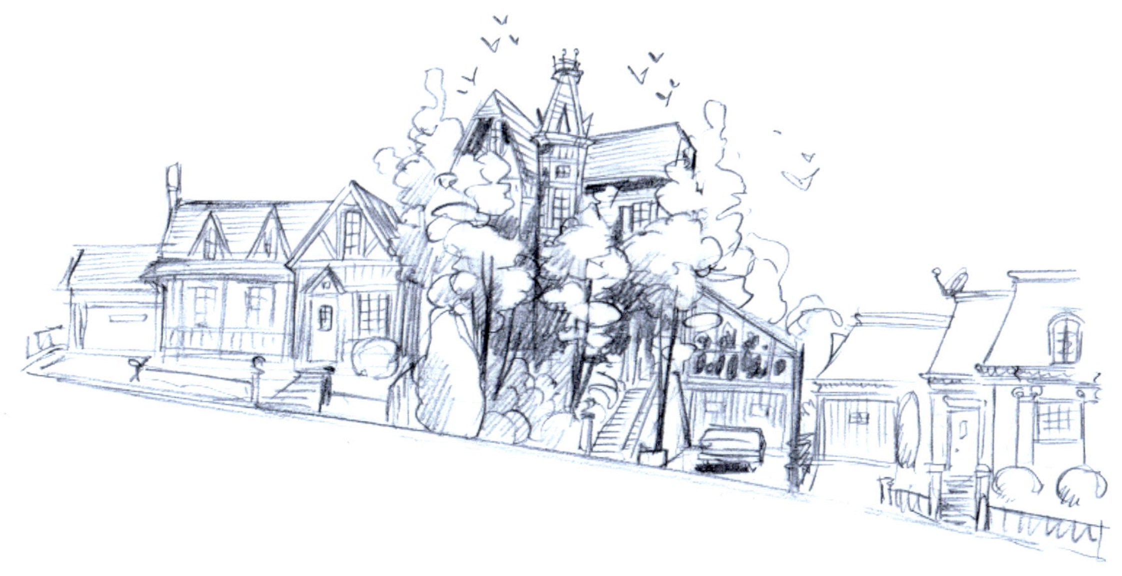

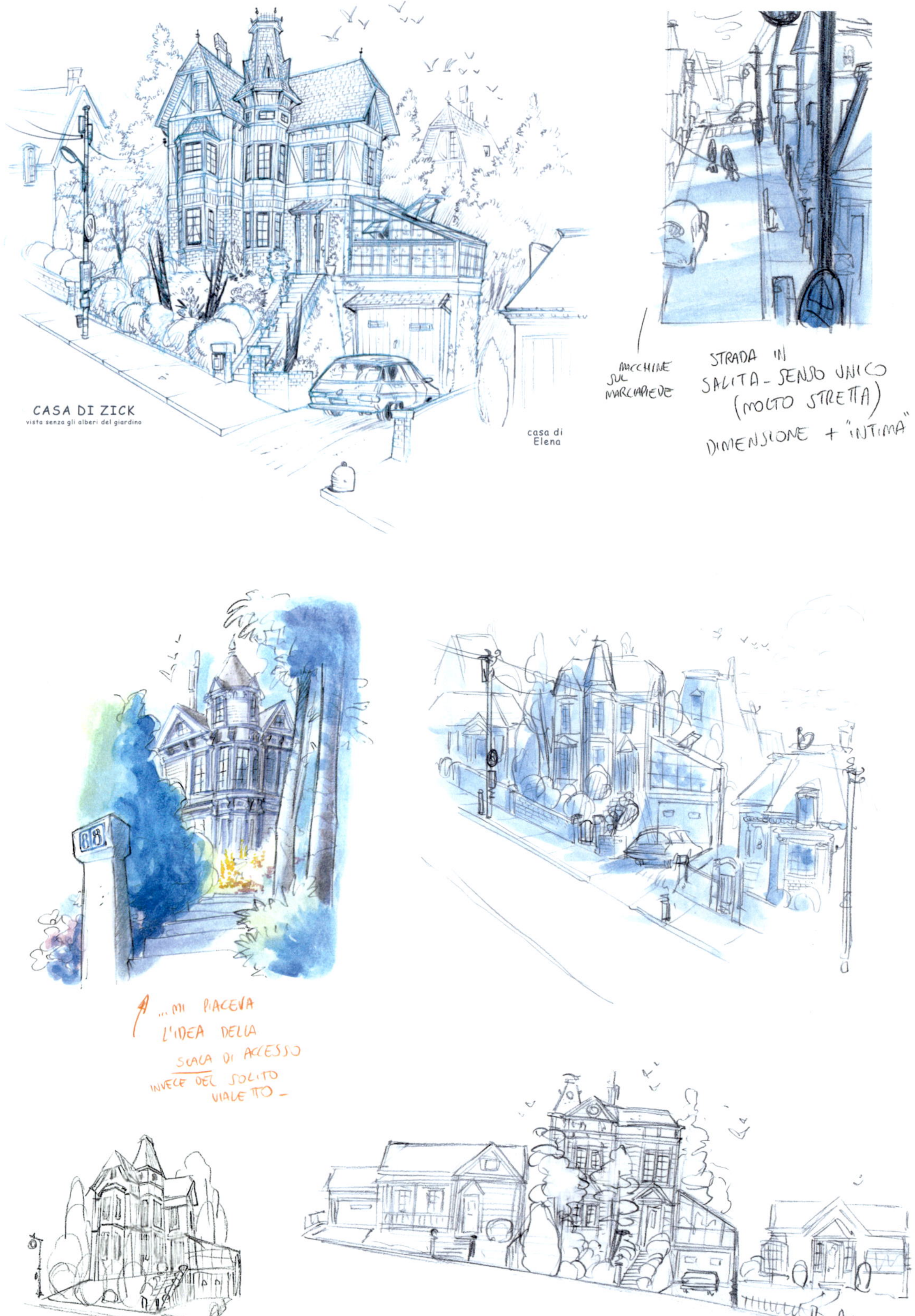
CASA DI ZICK
vista senza gli alberi del giardino
casa di Elena
MACCHINE SUL MARCIAPIEDE
STRADA IN SALITA - SENSO UNICO (MOLTO STRETTA)
DIMENSIONE + "INTIMA"
...MI PIACEVA L'IDEA DELLA SCALA DI ACCESSO INVECE DEL SOLITO VIALETTO -

Und beim nächsten Mal:

Die Pläne des mysteriösen Feuermaske scheinen für den Moment vereitelt zu sein ... doch sind sie das wirklich? Neue Verbündete und alte Feinde treffen aufeinander, als sich Zick und Elena der bisher größten Bedrohung Bibbur-sis stellen müssen.

Band 4 von Monster Allergy erscheint im Sommer 2014 !

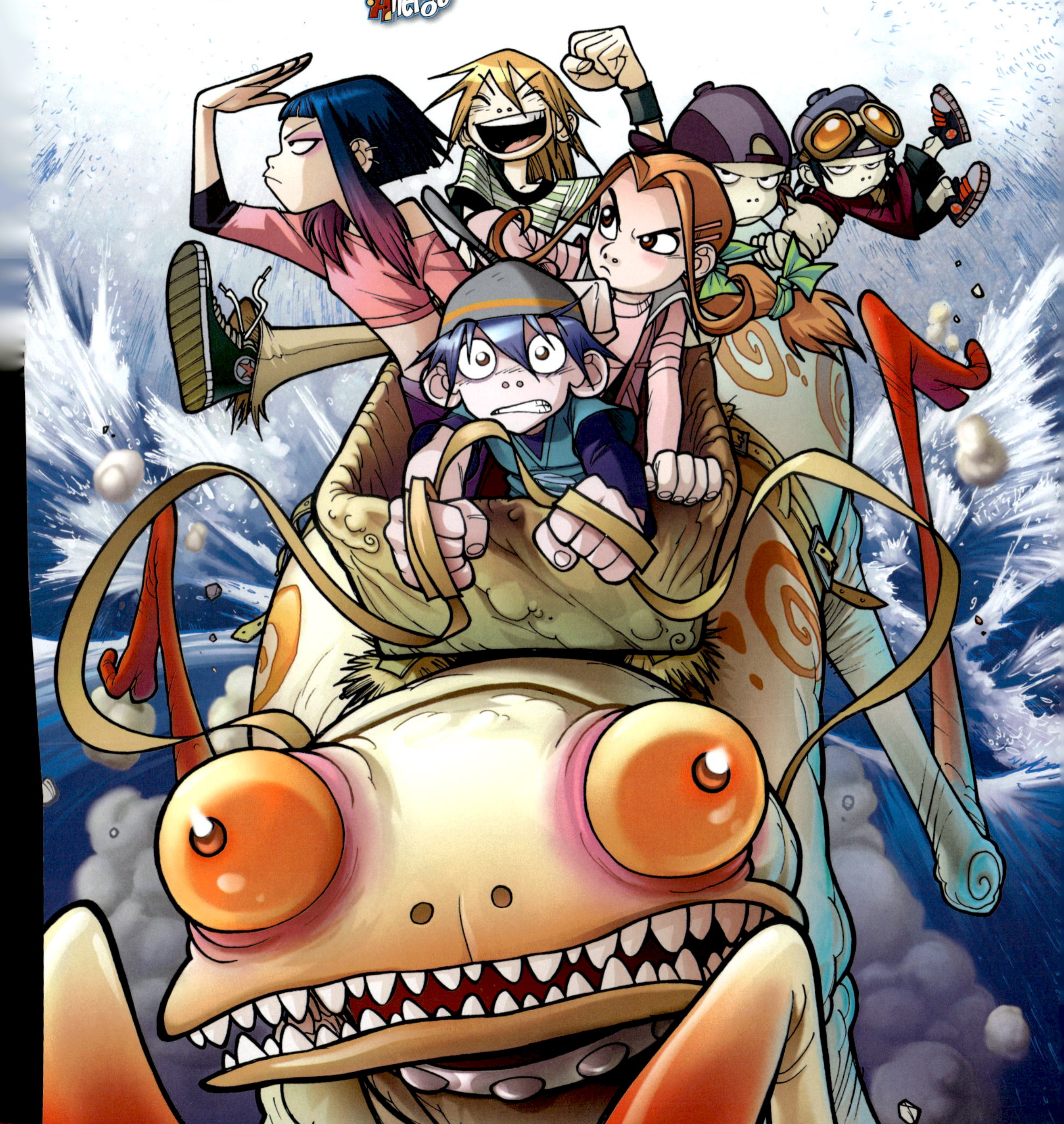

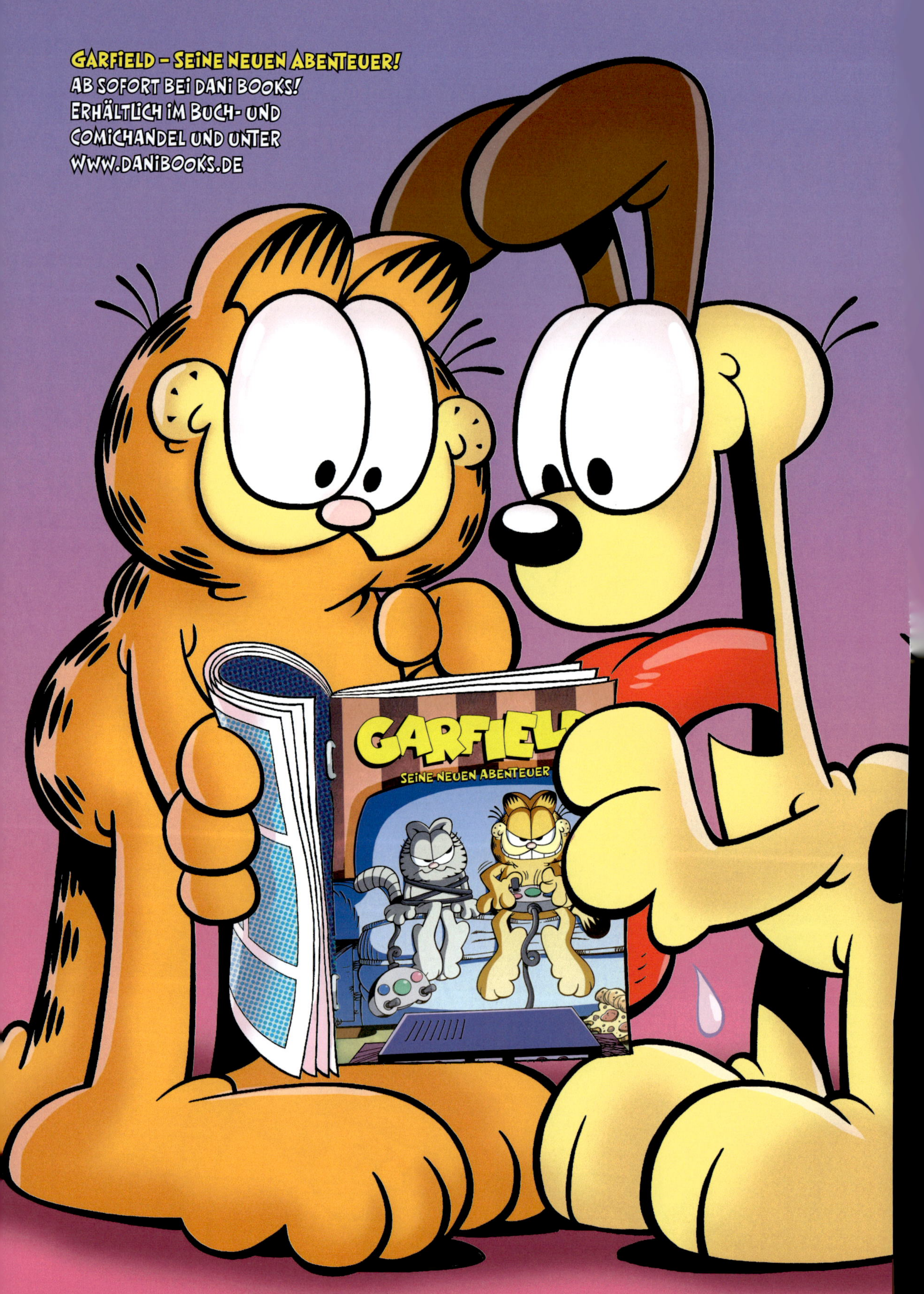
GARFIELD – SEINE NEUEN ABENTEUER!
AB SOFORT BEI DANI BOOKS!
ERHÄLTLICH IM BUCH- UND
COMICHANDEL UND UNTER
WWW.DANIBOOKS.DE
GARFIEL
SEINE NEUEN ABENTEUER